D1692021

### Die Bonus-Seite

#### Ihr Vorteil als Käufer dieses Buches

Auf der Bonus-Webseite zu diesem Buch finden Sie zusätzliche Informationen und Services. Dazu gehört auch ein kostenloser **Testzugang** zur Online-Fassung Ihres Buches. Und der besondere Vorteil: Wenn Sie Ihr **Online-Buch** auch weiterhin nutzen wollen, erhalten Sie den vollen Zugang zum **Vorzugspreis**.

#### So nutzen Sie Ihren Vorteil

Halten Sie den unten abgedruckten Zugangscode bereit und gehen Sie auf **www.sap-press.de**. Dort finden Sie den Kasten **Die Bonus-Seite für Buchkäufer**. Klicken Sie auf **Zur Bonus-Seite/ Buch registrieren**, und geben Sie Ihren **Zugangscode** ein. Schon stehen Ihnen die Bonus-Angebote zur Verfügung.

Ihr persönlicher Zugangscode: bhtn-i5wz-jfgr-8uyd

**Organisationsmanagement mit SAP® ERP HCM**

# SAP PRESS

SAP PRESS ist eine gemeinschaftliche Initiative von SAP und Galileo Press. Ziel ist es, Anwendern qualifiziertes SAP-Wissen zur Verfügung zu stellen. SAP PRESS vereint das fachliche Know-how der SAP und die verlegerische Kompetenz von Galileo Press. Die Bücher bieten Expertenwissen zu technischen wie auch zu betriebswirtschaftlichen SAP-Themen.

Anja Junold, Christian Buckowitz, Nathalie Cuello, Sven-Olaf Möller
Praxishandbuch SAP-Personalwirtschaft
588 S., 3., aktualisierte und erweiterte Auflage 2011, geb.
ISBN 978-3-8362-1766-8

Richard Haßmann, Christian Krämer, Jens Richter
Personalplanung und -entwicklung mit SAP ERP HCM
633 S., 2., aktualisierte und erweiterte Auflage 2009, geb.
ISBN 978-3-8362-1122-2

Jörg Edinger, Richard Haßmann, Gerold Heitz
Personalabrechnung mit SAP
690 S., 2., aktualisierte und erweiterte Auflage 2012, geb.
ISBN 978-3-8362-1807-8

Martin Esch, Hans-Jürgen Figaj, Markus Kiener, Thomas Schüttler
Personaleinsatzplanung mit SAP ERP HCM
308 S., 2., aktualisierte und erweiterte Auflage 2010, geb.
ISBN 978-3-8362-1482-7

Aktuelle Angaben zum gesamten SAP PRESS-Programm finden Sie unter *www.sap-press.de*.

Elke Nigge

# Organisationsmanagement mit SAP® ERP HCM

Galileo Press

Bonn • Boston

## Liebe Leserin, lieber Leser,

vielen Dank, dass Sie sich für ein Buch von SAP PRESS entschieden haben.

Wenn Sie SAP ERP HCM im Einsatz haben, nutzen Sie auch das Organisationsmanagement auf die eine oder andere Art und Weise. Ihnen zu zeigen, wie Sie es optimal nutzen und seine weitreichenden Möglichkeiten ausschöpfen, ist Ziel dieses Buches.

Als erfahrene HCM-Projektleiterin und Beraterin weiß Elke Nigge um die zentrale Bedeutung eines gut eingerichteten und gepflegten Organisationsmanagements und sie versteht es, das dazu nötige Wissen praxisnah und gut nachvollziehbar zu vermitteln. Ob Sie sich neu ins Organisationsmanagement einarbeiten oder Ihre Kenntnisse vertiefen möchten – mit diesem Buch haben Sie einen kundigen Begleiter an Ihrer Seite, der Ihnen helfen wird, diese wichtige Komponente effektiv einzusetzen.

Wir freuen uns stets über Lob, aber auch über kritische Anmerkungen, die uns helfen, unsere Bücher zu verbessern. Am Ende dieses Buches finden Sie daher eine Postkarte, mit der Sie uns Ihre Meinung mitteilen können. Als Dankeschön verlosen wir unter den Einsendern regelmäßig Gutscheine für SAP PRESS-Bücher.

**Ihre Sonja Corsten**
Lektorat SAP PRESS


Galileo Press
Rheinwerkallee 4
53227 Bonn

sonja.corsten@galileo-press.de
www.sap-press.de

# Auf einen Blick

| | | |
|---|---|---:|
| 1 | Überblick über SAP ERP HCM | 19 |
| 2 | Grundlagen des Organisationsmanagements in SAP ERP HCM | 29 |
| 3 | Objektverknüpfungen im Organisationsmanagement | 97 |
| 4 | Infotypen im Organisationsmanagement | 149 |
| 5 | Bearbeitungsoptionen im Organisationsmanagement | 207 |
| 6 | Das SAP-Hierarchieframework | 271 |
| 7 | Reporting im Organisationsmanagement | 303 |
| 8 | Das Berechtigungs- und Rollenkonzept | 335 |
| 9 | Integration des Organisationsmanagements mit anderen SAP ERP HCM-Komponenten | 359 |
| A | Objekttypen im Organisationsmanagement | 409 |
| B | Infotypen im Organisationsmanagement | 415 |
| C | Transaktionscodes im Organisationsmanagement | 417 |
| D | Reports im Organisationsmanagement | 419 |
| E | Literaturempfehlungen | 423 |
| F | Die Autorin | 425 |

Der Name Galileo Press geht auf den italienischen Mathematiker und Philosophen Galileo Galilei (1564–1642) zurück. Er gilt als Gründungsfigur der neuzeitlichen Wissenschaft und wurde berühmt als Verfechter des modernen, heliozentrischen Weltbilds. Legendär ist sein Ausspruch *Eppur si muove* (Und sie bewegt sich doch). Das Emblem von Galileo Press ist der Jupiter, umkreist von den vier Galileischen Monden. Galilei entdeckte die nach ihm benannten Monde 1610.

**Lektorat** Eva Tripp, Sonja Corsten
**Fachgutachter** Martin Esch
**Korrektorat** Alexandra Müller, Olfen
**Einbandgestaltung** Janina Conrady
**Coverbild** GettyImages, David Madison, 200205933-001_RM
**Typografie und Layout** Vera Brauner
**Herstellung** Maxi Beithe
**Satz** Typographie & Computer, Krefeld
**Druck und Bindung** Kösel GmbH & Co. KG, Altusried-Krugzell

**Gerne stehen wir Ihnen mit Rat und Tat zur Seite:**
sonja.corsten@galileo-press.de bei Fragen und Anmerkungen zum Inhalt des Buches
service@galileo-press.de für versandkostenfreie Bestellungen und Reklamationen
thomas.losch@galileo-press.de für Rezensionsexemplare

**Bibliografische Information der Deutschen Nationalbibliothek**
Die Deutsche Nationalbibliothek verzeichnet diese Publikation in der Deutschen Nationalbibliografie; detaillierte bibliografische Daten sind im Internet über *http://dnb.d-nb.de* abrufbar.

**ISBN** 978-3-8362-1733-0

© Galileo Press, Bonn 2012
1. Auflage 2012

Das vorliegende Werk ist in all seinen Teilen urheberrechtlich geschützt. Alle Rechte vorbehalten, insbesondere das Recht der Übersetzung, des Vortrags, der Reproduktion, der Vervielfältigung auf fotomechanischen oder anderen Wegen und der Speicherung in elektronischen Medien. Ungeachtet der Sorgfalt, die auf die Erstellung von Text, Abbildungen und Programmen verwendet wurde, können weder Verlag noch Autor, Herausgeber oder Übersetzer für mögliche Fehler und deren Folgen eine juristische Verantwortung oder irgendeine Haftung übernehmen.

Die in diesem Werk wiedergegebenen Gebrauchsnamen, Handelsnamen, Warenbezeichnungen usw. können auch ohne besondere Kennzeichnung Marken sein und als solche den gesetzlichen Bestimmungen unterliegen.
Sämtliche in diesem Werk abgedruckten Bildschirmabzüge unterliegen dem Urheberrecht © der SAP AG, Dietmar-Hopp-Allee 16, D-69190 Walldorf.

SAP, das SAP-Logo, mySAP, mySAP.com, mySAP Business Suite, SAP NetWeaver, SAP R/3, SAP R/2, SAP B2B, SAPtronic, SAPscript, SAP BW, SAP CRM, SAP EarlyWatch, SAP ArchiveLink, SAP GUI, SAP Business Workflow, SAP Business Engineer, SAP Business Navigator, SAP Business Framework, SAP Business Information Warehouse, SAP interenterprise solutions, SAP APO, AcceleratedSAP, InterSAP, SAPoffice, SAPfind, SAPfile, SAPtime, SAPmail, SAPaccess, SAP-EDI, R/3 Retail, Accelerated HR, Accelerated HiTech, Accelerated Consumer Products, ABAP, ABAP/4, ALE/WEB, Alloy, BAPI, Business Framework, BW Explorer, Duet, Enjoy-SAP, mySAP.com e-business platform, mySAP Enterprise Portals, RIVA, SAPPHIRE, TeamSAP, Webflow und SAP PRESS sind Marken oder eingetragene Marken der SAP AG, Walldorf.

# Inhalt

Vorwort .................................................................................................... 13
Einleitung ............................................................................................... 15

## 1 Überblick über SAP ERP HCM .................................................. 19

1.1 Integration von HCM in SAP ERP und die SAP Business Suite ................................................................ 20
1.2 Überblick über die SAP ERP HCM-Komponenten .................. 26
1.3 Zusammenfassung ..................................................................... 27

## 2 Grundlagen des Organisationsmanagements in SAP ERP HCM ............................................................................ 29

2.1 Objektorientiertes Design ......................................................... 29
2.2 Allgemeines zum Customizing des Organisationsmanagements ............................................................................. 31
2.3 Basisobjekttypen des Organisationsmanagements ................. 32
    2.3.1 Organisationseinheiten ................................................ 34
    2.3.2 Stellen ............................................................................ 44
    2.3.3 Planstellen ..................................................................... 47
    2.3.4 Personen ........................................................................ 58
    2.3.5 Kostenstellen ................................................................. 59
2.4 Weitere Objekttypen im Organisationsmanagement ............. 61
    2.4.1 Aufgaben ....................................................................... 61
    2.4.2 Arbeitsplatz ................................................................... 65
    2.4.3 Benutzer ........................................................................ 71
    2.4.4 Objekttypen in anderen SAP ERP HCM-Komponenten ................................................................ 71
2.5 Anlegen eigener Objekttypen ................................................... 72
2.6 Transporte von Organisationsobjekten .................................... 74
    2.6.1 Automatischer Transport ............................................. 75
    2.6.2 Manueller Transport .................................................... 75
    2.6.3 Transport über die Objektsperre ................................. 76
    2.6.4 Integration vorbereiten von OM nach PA ................... 78
    2.6.5 Konsistenzprüfung nach durchgeführtem Transport von Objekten ........................................... 78
2.7 Nummernkreise .......................................................................... 79
2.8 Planungsmöglichkeiten im Organisationsmanagement ......... 83
    2.8.1 Arbeiten mit Planvarianten ......................................... 83

|     |        | 2.8.2   | Planstatus ........................................................... | 86 |
|-----|--------|---------|--------------------------------------------------------------------|----|
|     | 2.9    | Maßnahmen im Organisationsmanagement .......................... | | 90 |
|     |        | 2.9.1   | Maßnahmen in OM ausführen ...................................... | 90 |
|     |        | 2.9.2   | Definition von OM-Maßnahmen im Customizing ........ | 91 |
|     | 2.10   | Kopieren von Organisationsstrukturen .................................. | | 93 |
|     | 2.11   | Zusammenfassung ................................................................ | | 95 |

## 3 Objektverknüpfungen im Organisationsmanagement ........ 97

| | 3.1 | Grundlagen der Verknüpfungsmethodik .................................. | | 97 |
|---|---|---|---|---|
| | 3.2 | Das Datenmodell im Organisationsmanagement ..................... | | 99 |
| | | 3.2.1 | Verknüpfung zwischen Organisationseinheiten ............ | 101 |
| | | 3.2.2 | Verknüpfung zwischen Organisationseinheiten und Planstellen ....................................................................... | 103 |
| | | 3.2.3 | Verknüpfung zwischen Stelle und Planstelle ................ | 107 |
| | | 3.2.4 | Verknüpfung zwischen Person und Planstelle .............. | 108 |
| | | 3.2.5 | Verknüpfung zwischen Kostenstelle und Planstelle bzw. Organisationseinheit ............................................. | 111 |
| | 3.3 | Customizing der Objektverknüpfungen ................................... | | 113 |
| | | 3.3.1 | Verknüpfungseigenschaften ............................................ | 114 |
| | | 3.3.2 | Verknüpfungszusätze ....................................................... | 115 |
| | | 3.3.3 | Erlaubte Verknüpfungen definieren ................................ | 117 |
| | | 3.3.4 | Pflege externer Objektverknüpfungen ........................... | 119 |
| | | 3.3.5 | Zeitbindung von Objektverknüpfungen ......................... | 120 |
| | | 3.3.6 | Verknüpfungskürzel ........................................................ | 122 |
| | 3.4 | Das Vererbungsprinzip bei Objektverknüpfungen ................... | | 123 |
| | 3.5 | Anlegen eigener Verknüpfungen ............................................. | | 124 |
| | 3.6 | Auswertungswege im Organisationsmanagement ................... | | 127 |
| | | 3.6.1 | Standardauswertungswege ............................................. | 128 |
| | | 3.6.2 | Anlegen eigener Auswertungswege ............................... | 131 |
| | | 3.6.3 | Nutzung von Auswertungswegen im Reporting .......... | 136 |
| | | 3.6.4 | Nutzung von Auswertungswegen bei der strukturellen Berechtigungsprüfung ............................. | 146 |
| | 3.7 | Zusammenfassung ................................................................... | | 147 |

## 4 Infotypen im Organisationsmanagement .......................... 149

| | 4.1 | Grundlagen des Infotyp-Managements ................................... | | 149 |
|---|---|---|---|---|
| | 4.2 | Ausgewählte Standardinfotypen im Organisationsmanagement ....................................................... | | 152 |
| | | 4.2.1 | Infotyp 1000 (Objekt) ..................................................... | 152 |
| | | 4.2.2 | Infotyp 1001 (Verknüpfungen) ...................................... | 156 |

|  |  |  |  |
|---|---|---|---|
|  | 4.2.3 | Infotyp 1002 (Verbale Beschreibung) | 159 |
|  | 4.2.4 | Infotyp 1003 (Abteilung/Stab) | 161 |
|  | 4.2.5 | Infotyp 1005 (Sollbezahlung) | 163 |
|  | 4.2.6 | Infotyp 1008 (Kontierungsmerkmale) | 168 |
|  | 4.2.7 | Infotyp 1010 (Kompetenzen/Hilfsmittel) | 169 |
|  | 4.2.8 | Infotyp 1011 (Arbeitszeit) | 173 |
|  | 4.2.9 | Infotyp 1015 (Kostenplanung) | 178 |
|  | 4.2.10 | Infotyp 1016 (Standard-Profile) | 180 |
|  | 4.2.11 | Infotyp 1017 (PD-Profile) | 182 |
|  | 4.2.12 | Infotyp 1018 (Kostenverteilung) | 184 |
|  | 4.2.13 | Infotyp 1028 (Adresse) | 186 |
|  | 4.2.14 | Infotyp 1032 (Mail-Adresse) | 188 |
|  | 4.2.15 | Infotyp 1050 (Stellenbewertungsergebnis) | 188 |
|  | 4.2.16 | Infotyp 1051 (Umfrageergebnisse) | 191 |
|  | 4.2.17 | Infotyp 1208 (SAP-Organisationsobjekt) | 193 |
| 4.3 | Subtypen im Organisationsmanagement | | 195 |
| 4.4 | Zeitbindung von Infotypen | | 197 |
| 4.5 | Erweiterung von Infotypen | | 199 |
|  | 4.5.1 | Anlegen eigener Infotypen | 199 |
|  | 4.5.2 | Erweiterung von OM-Infotypen | 203 |
| 4.6 | Zusammenfassung | | 205 |

# 5 Bearbeitungsoptionen im Organisationsmanagement ........ 207

|  |  |  |  |
|---|---|---|---|
| 5.1 | Bearbeitung der Aufbauorganisation | | 208 |
|  | 5.1.1 | Organisation und Besetzung | 209 |
|  | 5.1.2 | Strukturen allgemein | 232 |
|  | 5.1.3 | Matrixorganisation | 236 |
|  | 5.1.4 | Einfache Pflege | 241 |
| 5.2 | Bearbeitung über den Expertenmodus | | 258 |
|  | 5.2.1 | Objekte bearbeiten | 259 |
|  | 5.2.2 | Anlegen und Pflegen von Infotypen | 266 |
| 5.3 | Zusammenfassung | | 270 |

# 6 Das SAP-Hierarchieframework ................................................. 271

|  |  |  |  |
|---|---|---|---|
| 6.1 | Layout der Pflegeoberfläche »Organisation und Besetzung« | | 271 |
| 6.2 | Grundeinstellungen | | 273 |
| 6.3 | Anpassung des Objektmanagers | | 276 |
|  | 6.3.1 | Das Objektmanager-Szenario | 277 |
|  | 6.3.2 | Anpassung des Suchbereichs | 279 |
|  | 6.3.3 | Zuordnung des Suchwerkzeugs | 281 |

| | 6.4 | Anpassung des Layouts ............................................................. | 285 |
|---|---|---|---|
| | | 6.4.1 Modifikation der Spalten ............................................. | 285 |
| | | 6.4.2 Registerkarten im Detailbereich anpassen ................. | 290 |
| | | 6.4.3 Reports zum Zurücksetzen von Benutzereinstellungen ............................................... | 298 |
| | 6.5 | Zusammenfassung .................................................................... | 301 |

## 7 Reporting im Organisationsmanagement ............................. 303

| | 7.1 | Standardreports im Organisationsmanagement ...................... | 304 |
|---|---|---|---|
| | | 7.1.1 Standardreports zu Organisationseinheiten ............... | 304 |
| | | 7.1.2 Standardreports zu Stellen ........................................... | 307 |
| | | 7.1.3 Standardreports zu Planstellen .................................... | 309 |
| | | 7.1.4 Sonstige Standardreports im Organisationsmanagement ............................................ | 314 |
| | 7.2 | Reporting-Werkzeuge ............................................................... | 319 |
| | | 7.2.1 Human Resource Information System (HIS) ................ | 319 |
| | | 7.2.2 Reporting über SAP NetWeaver BW ............................ | 326 |
| | | 7.2.3 Ad-hoc Query ................................................................ | 329 |
| | | 7.2.4 SAP Query ..................................................................... | 330 |
| | | 7.2.5 Logische Datenbank PCH als Datenquelle für InfoSets ..................................................................... | 330 |
| | 7.3 | Organizational-Charting-Schnittstelle (OCI) ............................ | 331 |
| | 7.4 | Zusammenfassung .................................................................... | 332 |

## 8 Das Berechtigungs- und Rollenkonzept ................................. 335

| | 8.1 | Allgemeine Berechtigungen ..................................................... | 336 |
|---|---|---|---|
| | | 8.1.1 Objektklasse .................................................................. | 337 |
| | | 8.1.2 Berechtigungsobjekte ................................................... | 337 |
| | | 8.1.3 Berechtigungen ............................................................. | 341 |
| | | 8.1.4 Berechtigungsprofil ....................................................... | 342 |
| | | 8.1.5 Benutzerstammsatz ....................................................... | 342 |
| | | 8.1.6 Rollenzuordnung über die Transaktion PFCG .............. | 345 |
| | 8.2 | Strukturelle Berechtigungen ..................................................... | 346 |
| | | 8.2.1 Strukturelle Berechtigungsprofile zuordnen ................. | 350 |
| | | 8.2.2 Performanceoptimierung .............................................. | 353 |
| | | 8.2.3 Automatische Zuordnung von strukturellen Berechtigungsprofilen ................................................... | 355 |
| | 8.3 | Zusammenfassung .................................................................... | 357 |

# 9 Integration des Organisationsmanagements mit anderen SAP ERP HCM-Komponenten ... 359

| | | |
|---|---|---|
| 9.1 | Verteiltes Organisationsmanagement ... | 359 |
| 9.2 | Integration mit der Personaladministration ... | 363 |
| | 9.2.1 Customizing der Integration zwischen OM und PA ... | 364 |
| | 9.2.2 Datenabgleich zwischen OM und PA ... | 369 |
| 9.3 | Integration mit der Personalkostenplanung ... | 373 |
| | 9.3.1 Elemente der Personalkostenplanung ... | 374 |
| | 9.3.2 Customizing der Personalkostenplanung ... | 376 |
| 9.4 | Integration mit dem Vergütungsmanagement ... | 377 |
| | 9.4.1 Elemente des Vergütungsmanagements ... | 377 |
| | 9.4.2 Customizing des Vergütungsmanagements ... | 378 |
| 9.5 | Integration mit der Personalentwicklung ... | 380 |
| | 9.5.1 Elemente der Personalentwicklung ... | 381 |
| | 9.5.2 Planung für eine bestimmte Organisationseinheit ... | 382 |
| | 9.5.3 Qualifikationen und Anforderungen ... | 383 |
| | 9.5.4 Laufbahn- und Nachfolgeplanung ... | 386 |
| | 9.5.5 Entwicklungspläne ... | 387 |
| | 9.5.6 Zielvereinbarungen ... | 387 |
| | 9.5.7 Beurteilungssysteme ... | 387 |
| 9.6 | Integration mit dem Veranstaltungsmanagement/ der SAP Learning Solution (LSO) ... | 392 |
| 9.7 | Integration mit der Personalbeschaffung ... | 395 |
| | 9.7.1 Der Personalbeschaffungsprozess ... | 395 |
| | 9.7.2 Customizing der Personalbeschaffung ... | 397 |
| 9.8 | Das Organisationsmanagement als Basis für den SAP Manager's Desktop und den Manager Self-Service ... | 403 |
| 9.9 | Das Organisationsmanagement als Basis für SAP ERP HCM-Workflows ... | 405 |
| 9.10 | Zusammenfassung ... | 406 |

# Anhang ... 407

| | | |
|---|---|---|
| A | Objekttypen im Organisationsmanagement ... | 409 |
| B | Infotypen im Organisationsmanagement ... | 415 |
| C | Transaktionscodes im Organisationsmanagement ... | 417 |
| D | Reports im Organisationsmanagement ... | 419 |
| E | Literaturempfehlungen ... | 423 |
| F | Die Autorin ... | 425 |

Index ... 427

# Vorwort

In den vielen Jahren meiner Tätigkeit als SAP ERP HCM Consultant, Trainerin und Beraterin für personalwirtschaftliche Prozesse habe ich immer wieder festgestellt, wie wichtig ein optimal gepflegtes Organisationsmanagement als Basis für die Nutzung anderer SAP-Komponenten und -Module ist. Deshalb habe ich immer viel Zeit für die konzeptionelle und systemseitige Planung und Realisierung des Organisationsmanagements in diesen Projekten eingeplant. Der Erfolg dieser Projekte hat mir gezeigt, dass dies der richtige Weg war und ist. Viele dieser Erfahrungen finden Sie als Hinweise, Tipps und Tricks in diesem Buch.

Einige Kollegen der METRO GROUP, insbesondere aber mein Kollege Klaus Bernemann und frühere Kollegen aus meiner Zeit als SAP Consultant, haben mich bei der Durchführung dieses Buchprojekts unterstützt und beraten. Bei diesen Kollegen möchte ich mich an dieser Stelle ganz herzlich bedanken. Ohne diese Kollegen – ich kann schon sagen: Freunde – wäre dieses Projekt viel schwieriger, wenn nicht sogar unmöglich gewesen. Besonders bedanken möchte ich mich auch bei meinem Arbeitgeber, der METRO AG, der mir u. a. durch die Bereitstellung eines SAP-Systems sehr geholfen hat.

Auch dem sehr professionellen, kompetenten und freundlichen Team von SAP PRESS gilt mein besonderer Dank. Dieses tolle Team hat mich auf dem gesamten Weg vom Manuskript bis zum fertigen Buch für mehr als ein Jahr perfekt betreut und war immer an meiner Seite, wenn ich als unerfahrene Autorin Unterstützung und Hilfe benötigte.

Ich hatte – trotz des großen Aufwands – viel Freude beim Schreiben dieses Buches. Dieser Aufwand hat sich aber nur gelohnt, wenn Sie, liebe Leserin und lieber Leser, durch dieses Buch bei Ihrem Tages- und Projektgeschäft mit dem Organisationsmanagement in SAP ERP HCM unterstützt werden.

**Elke Nigge**

*Welche Themen behandelt dieses Buch und wie ist es aufgebaut?*
*An wen richtet es sich und wie können Sie damit optimal arbeiten?*
*Die Antworten finden Sie hier!*

# Einleitung

Ziel dieses Buches ist es, Ihnen einen umfassenden Überblick über die SAP ERP HCM-Komponente Organisationsmanagement (OM) zu geben und Ihnen zu vermitteln, wie Sie deren Möglichkeiten optimal nutzen.

Die in diesem Buch behandelten Funktionen des Organisationsmanagements in SAP ERP HCM sind so dargestellt, dass der Funktionsumfang und die wesentlichen Eigenschaften deutlich werden. Das Buch vermittelt Ihnen ein Verständnis für die Funktionen, die Zusammenhänge und Prozesse im Organisationsmanagement und auch das Customizing, also die kundenspezifische Konfiguration, wird detailliert erklärt.

Damit auch Leser, die aktuell keinen Zugriff auf ein SAP-System haben, die beschriebenen Abläufe so gut wie möglich nachvollziehen können, sind an vielen Stellen Screenshots aus dem SAP-System und Grafiken eingebunden.

Nicht Bestandteil dieses Buches sind die SAP-Systembasis sowie die Programmierung im Organisationsmanagement, wenn Systemerweiterungen (z. B. kundeneigene Infotypen oder Erweiterungen von Standardinfotypen) notwendig sein sollten.

Die Beschreibungen in diesem Buch sowie sämtliche Screenshots basieren auf dem SAP-Releasestand SAP ERP 6.0.

**Zielgruppen**
Folgende Zielgruppen möchte ich mit diesem Buch erreichen:

- **Entscheider in Organisations-, Personal- und IT-Abteilungen**
  Unter anderem durch die ausführlichen Beschreibungen zum Customizing geht dieses Buch teilweise fachlich und technisch sehr in die Tiefe. Trotzdem erhalten auch Verantwortliche in SAP-Projekten wichtige und hilfreiche Tipps und Hinweise für ihre Entscheidungsfindung. Zum Beispiel

werden sie bei der Entscheidungsfindung hinsichtlich der richtigen Organisationsform (Aufbau- oder Matrix-Organisation) unterstützt.

- **Mitglieder von Projektteams**
  Mitarbeitern in Projektteams werden notwendige Customizing-Schritte und Funktionalitäten des Organisationsmanagements in SAP ERP HCM detailliert beschrieben. Die Einarbeitung von neuen Projektmitarbeitern wird durch dieses Buch unterstützt.

- **Berater**
  Berater erhalten Hinweise, die es ihnen erleichtern, fachliche Vorgaben für die Konzeption, die Optimierung und die Umsetzung einer Organisationsstruktur zu beschreiben. Ebenso lernen sie Möglichkeiten kennen, den SAP-Standard im Organisationsmanagement, z. B. durch eigene Objekttypen und Verknüpfungen, zu erweitern.

- **Key-User**
  Key-User, die auch für die Weiterentwicklung des Organisationsmanagements in SAP ERP HCM zuständig sind, und interessierte Anwender, die gerne ihren Horizont erweitern möchten, erhalten einen Überblick über die Bearbeitungsoptionen, die Reporting-Werkzeuge, die Erweiterungsmöglichkeiten des SAP-Standards sowie das Zusammenspiel des Organisationsmanagements mit anderen HCM-Komponenten.

- **Studenten und andere Interessierte**
  Wenn Sie sich in das Thema Organisationsmanagement einarbeiten möchten, bekommen Sie einen umfassenden Überblick über den Funktionsumfang und das Zusammenwirken der einzelnen Komponenten.

- **Datenschutzbeauftragte und -experten**
  Personaldaten müssen besonders geschützt werden. In Kapitel 8 dieses Buches werden ausführlich die allgemeinen und strukturellen Berechtigungen beschrieben.

**Aufbau des Buches**

Die Kapitel des Buches behandeln folgende Themen:

- **Kapitel 1** gibt Ihnen einen Überblick über SAP ERP HCM sowie die SAP Business Suite und die darin enthaltenen Anwendungen. Beschrieben wird neben den Anwendungen auch die Technologieplattform SAP NetWeaver, auf der die SAP Business Suite basiert.

- In **Kapitel 2** werden die Grundlagen des HCM-Organisationsmanagements erläutert. Insbesondere lernen Sie alle wichtigen Objekttypen von OM und das Konzept des objektorientierten Designs kennen. Das Kapitel vermittelt außerdem Basiswissen zum Customizing und zur Vorgehensweise beim Transport von Organisationsobjekten.

- **Kapitel 3** beschreibt die Notwendigkeit und die Syntax von Objektverknüpfungen und geht darauf ein, wie und wofür diese genutzt werden. Sie erfahren, welche Verknüpfungen für bestimmte Objekte zugelassen sind, wie Sie Auswertungswege nutzen und eigene Auswertungswege anlegen können. Das Customizing der Objektverknüpfungen wird genauso beschrieben wie die Auswirkungen der Verknüpfungen auf die strukturellen Berechtigungen.

- In **Kapitel 4** beschreibe ich das Infotypkonzept des Organisationsmanagements. Sie erfahren, welche Infotypen für bestimmte Objekte zugelassen sind und wie Sie das Customizing für diese Infotpyen durchführen.

- Welche Bearbeitungsoptionen Sie haben, wenn organisatorische oder strukturelle Änderungen in einem Unternehmen anstehen, erfahren Sie in **Kapitel 5**. Dabei gehe ich sowohl auf die Bearbeitung von kleineren Anpassungen, wie z. B. die Anlage einer neuen Organisationseinheit, als auch auf die Anpassung ganzer Strukturzweige in der Organisationsstruktur ein.

- Den Aufbau, die Anpassung sowie die Arbeit mit dem SAP-Hierarchieframework beschreibe ich in **Kapitel 6**. Dabei erfahren Sie, wie Sie die Pflegeoberfläche ORGANISATION UND BESETZUNG mithilfe des Hierarchieframeworks an Ihre unternehmensspezifischen Anforderungen anpassen können, um auf diese Weise eine ideale Benutzeroberfläche für Ihre Anwender zu schaffen.

- **Kapitel 7** beschreibt die im Organisationsmanagement genutzten Standardreports sowie die Nutzung des HIS (Human Resource Information System) und SAP NetWeaver BW. (Die Nutzung der Reporting-Werkzeuge Ad-hoc Query und SAP Query wird nicht detailliert beschrieben, da diese Reporting-Werkzeuge nicht im direkten Zusammenhang mit dem Organisationsmanagement stehen.) Außerdem behandelt das Kapitel die SAP-Standardschnittstelle OCI (Organizational Charting Interface), durch die Sie die Möglichkeit haben, externe Anbieter in die Erstellung von Organigrammen einzubeziehen.

- **Kapitel 8** gibt Ihnen einen Überblick über die Möglichkeiten, die Ihnen zur Verfügung stehen, um Berechtigungen für OM einzurichten und auszuwerten, und liefert eine ausführliche Beschreibung der Berechtigungsarten allgemeine und strukturelle Berechtigung.

- In **Kapitel 9** wird die Integration des Organisationsmanagements mit anderen HCM-Komponenten beschrieben.

Im **Anhang** dieses Buches stelle ich Ihnen weiterführende Informationen zur Verfügung:

- **Anhang A** enthält einen Überblick über die verschiedenen Objekttypen des Organisationsmanagements.
- **Anhang B** bietet Ihnen eine Übersicht über alle Infotypen des Organisationsmanagements.
- **Anhang C** liefert eine Auflistung der Standardtransaktionscodes im Organisationsmanagement.
- **Anhang D** bietet eine Übersicht über die in diesem Buch behandelten Reports.
- In **Anhang E** habe ich einige Literaturempfehlungen für Sie zusammengestellt.

**Arbeiten mit diesem Buch**

Die einzelnen Kapitel des Buches können Sie in beliebiger Reihenfolge durcharbeiten. Die einzelnen Kapitel enthalten zahlreiche Verweise, die Ihnen helfen sollen, notwendige Informationen schnell zu finden. Wenn Sie allerdings noch nicht über umfangreiche Erfahrung mit dem HCM-Organisationsmanagement verfügen, empfehle ich Ihnen, mit den Kapiteln 1 bis 4 zu beginnen.

Wenn der Schwerpunkt Ihrer Interessen nicht beim Customizing des SAP-Organisationsmanagements liegt, können Sie die zahlreichen Beschreibungen zum Customizing auch überspringen.

Tipps und Hinweise finden Sie in grauen Infokästen. Diese Hinweise habe ich aus meiner Praxis als Beraterin gewonnen oder durch Anwender erhalten. Ihnen sollen sie bei Ihrer Arbeit mit dem HCM-Organisationsmanagement helfen.

*SAP ERP HCM unterstützt durch seine Komponenten nahezu alle Prozesse der Personalwirtschaft und verringert durch die Integration mit anderen SAP-Komponenten den administrativen Aufwand bei der Pflege der Daten.*

# 1 Überblick über SAP ERP HCM

Ein perfekt funktionierendes Personalmanagement ist elementar für den Erfolg eines Unternehmens. SAP ERP Human Capital Management (SAP ERP HCM) unterstützt Sie dabei, qualifizierte Mitarbeiter zu finden, diese für Ihr Unternehmen zu gewinnen und daran zu binden, sie zu verwalten und zu betreuen sowie nach ihren Talenten zu fördern. HCM stellt zahlreiche Personalverwaltungs-, Abrechnungs- und Dokumentationsfunktionen bereit und unterstützt Sie außerdem dabei,

- personalwirtschaftliche Prozesse und Qualifikationen der Mitarbeiter konsequent auf die Anforderungen Ihres Unternehmens auszurichten,
- qualifizierte Mitarbeiter für Führungs- und Fachlaufbahnen zu identifizieren,
- Top-Mitarbeiter zu motivieren und zu binden,
- Leistung und Vergütung zu verknüpfen und
- Personalkosten durch Automatisierung von Prozessen zu optimieren.

Unabhängig von der Größe des Unternehmens, für das Sie arbeiten, unabhängig davon, ob Sie lediglich nationale oder auch internationale Personalstrukturen berücksichtigen müssen und ob es sich um ein privates oder öffentliches Unternehmen handelt: SAP ERP HCM hilft Ihnen, andere SAP-Komponenten zu nutzen und den Aufwand bei der Pflege Ihrer Daten gering zu halten.

Das Organisationsmanagement in SAP ERP HCM ermöglicht es Ihnen, die Organisationsstruktur und die Berichtsstruktur Ihres Unternehmens als *Aufbauorganisation* oder Matrixstruktur abzubilden. Diese Strukturen können Sie dann mit den unterschiedlichsten Bearbeitungsoptionen modifizieren, analysieren und auswerten. Sie haben die Möglichkeit, Planungsszenarien zu entwerfen, um mögliche neue Strukturen zu planen und zu simulieren. Im Zentrum des Organisationsmanagements stehen die *Organisationseinheiten*, die durch Verknüpfungen die Hierarchie Ihres Unternehmens und so den funktionalen Aufbau abbilden. Durch Hinzufügen von Planstellen wird aus der Hierarchie die Berichtsstruktur. Ein gut gepflegtes Organisationsmanagement bildet die Basis für nahezu alle HCM-Komponenten und auch für die Nutzung von Workflows.

## 1.1 Integration von HCM in SAP ERP und die SAP Business Suite

Die Basis von SAP ERP ist SAP NetWeaver. Dies unterscheidet SAP ERP von der Vorläuferversion SAP R/3. Die SAP-Module (SAP Central Components), die aus SAP R/3 bekannt sind, werden unter SAP ERP weiterhin bereitgestellt.

SAP NetWeaver verbindet unterschiedliche Integrationstechnologien auf einer einzigen Plattform und reduziert so den Bedarf an individuellen Schnittstellen. SAP NetWeaver beinhaltet eine Vielzahl von Werkzeugen und Anwendungen für die Konsolidierung von Daten und Prozessen.

Folgende SAP ERP-Lösungen gibt es:

- **SAP ERP Human Capital Management**
  SAP ERP HCM deckt nahezu alle HR-Prozesse mit separaten, integrativen Funktionen und Lösungen ab. Diese Lösungen und Funktionen können Sie Ihren Mitarbeitern und Kollegen auf unterschiedlichen Wegen zur Verfügung stellen:
  - Über *Employee Self-Service (ESS)* und *Manager Self-Services (MSS)* können Mitarbeiter auf ERP-Services (z. B. Urlaubsanträge, Gehaltsabrechnung, Trainingskatalog) zugreifen.
  - Über *Workforce Analytics* haben Sie in Echtzeit einen Überblick über die aktuelle Situation der Belegschaft.
  - Durch das *Talent Management* unterstützen Sie die Mitarbeiter während des gesamten Employee Lifecycles, d. h. von der Bewerbung über die Aus- und Weiterbildung bis zur Karriereplanung.
  - Das *Workforce Process Management* gibt Ihnen die Möglichkeit, zentrale Personalprozesse (z. B. Organisationsmanagement, Personalverwaltung, Zeitmanagement) zu reorganisieren und zu integrieren.
  - Durch *Workforce Deployment* erreichen Sie, dass die Mitarbeiter mit den besten Qualifikationen immer zur richtigen Zeit für die richtige Position zur Verfügung stehen.

- **SAP ERP Financials**
  Mit SAP ERP Financials bilden Sie alle integrativen Finanzprozesse ab. Dazu gehören alle Buchhaltungs- und Berichtsfunktionen sowie die Finanz- und Zahlungsprozesse.

- **SAP ERP Operations**
  SAP ERP Operations umfasst alle Beschaffungs- und Logistikprozesse, die Prozesse in der Produktentwicklung, in der Produktion sowie in Vertrieb und Service. Mit SAP ERP Operations können Sie Lösungen optimieren, automatisieren und analysieren und schaffen so die Voraussetzungen für unternehmerische Entscheidungen.

- **SAP ERP Corporate Services**
  Mit SAP ERP Corporate Services können Sie zentrale und dezentrale Services optimieren. Dazu gehört z. B. die kaufmännische und technische Verwaltung von Immobilien und Bauprojekten. Die zentrale Anwendung ist das *SAP Real Estate Management*.

  Ein weiterer Bestandteil von SAP ERP Corporate Services ist z. B. das *Reisemanagement* mit der Lösung *SAP Travel Management*. Mit dem Reisemanagement bilden Sie sämtliche Teilprozesse der Planung einer Dienstreise – von der Buchung von Reisemitteln über die Bearbeitung von Reiseanträgen bis hin zur eigentlichen Reisekostenabrechnung und dem dazugehörigen Berichtswesen – vollständig ab.

  Darüber hinaus können Sie mit SAP ERP Corporate Services *Qualitätsprüfungen* planen, verwalten und dokumentieren.

Mit den integrierten Lösungen der *SAP Business Suite* können Sie Ihre Geschäftsstrategien und Ihre IT-Konzepte aufeinander abstimmen und realisieren. Die modular und integrativ aufgebauten SAP-Lösungen lassen sich bei Bedarf mit anderen Lösungen – auch von anderen Anbietern – verknüpfen. Die Basis der SAP-Business-Suite-Lösungen ist eine offene serviceorientierte Architektur (SOA) sowie die technische Plattform SAP NetWeaver. SAP NetWeaver fasst prozessübergreifende Komponenten zusammen, die dann von diversen SAP-Anwendungen genutzt werden können. Dies sind z. B. SAP NetWeaver Application Server, SAP NetWeaver Portal, SAP NetWeaver Exchange Infrastructure und SAP NetWeaver Business Intelligence.

Üblicherweise wird in einem Unternehmen nicht nur *ein* SAP NetWeaver-System eingesetzt, sondern eine Kombination der soeben genannten Systeme. Hinzu kommen Anwendungen der SAP Business Suite. Die Lösungen der SAP Business Suite bestehen aus den folgenden Paketen:

- **SAP ERP (Enterprise Resource Planning)**
  Das Paket SAP ERP hat sich aus SAP R/3 heraus entwickelt. Die letzte R/3-Version war das Release 4.7.

- **SAP CRM (Customer Relationship Management)**
  SAP CRM ist ein webbasiertes Paket für die vollständige Abwicklung aller Geschäftsprozesse wie z. B. Marketing, Vertrieb, Service und Call-Center-Aktivitäten. Informationen über Kunden werden konsolidiert und in einer Wissensdatenbank bereitgestellt, die ständig aktualisiert wird.

- **SAP PLM (Product Lifecycle Management)**
  SAP PLM unterstützt die Geschäftsprozesse Produktmanagement, Produktentwicklung, Produktdatenmanagement sowie Lebenszyklusmanagement. Im Produktmanagement können Sie u. a. Projektpläne auf die Entwicklungsstrategie Ihres Unternehmens abstimmen. Sie können im Bereich Produktentwicklung und Produktkoordination Daten wie z. B. technische Zeichnungen, Produktstrukturen und -dokumentationen, Wartungsanleitungen sowie Auditergebnisse bereitstellen. Der Bereich Lebenszyklusmanagement bietet u. a. Funktionen für die Produktinformation und -kalkulation sowie für das Projekt-, Ressourcen- und Dokumentenmanagement.

- **SAP SCM (Supply Chain Management)**
  SAP SCM deckt alle SCM-Prozesse, wie Planungs-, Ausführungs- und Koordinationsfunktionen, vollständig ab. So ermöglicht Ihnen SAP SCM die Planung eines Logistiknetzes sowie Koordination, Verwaltung und Analyse sämtlicher Aktivitäten entlang der Logistikkette. Sie können Prozessphasen unternehmensübergreifend steuern und abwickeln und so den organisatorischen Aufwand verringern.

- **SAP SRM (Supplier Relationship Management)**
  SAP SRM unterstützt Sie bei der Bearbeitung komplexer Beschaffungsprozesse, d. h. von der Bedarfsermittlung über die Auftragserteilung bis zum Bezahlprozess. Dadurch können Hersteller und Lieferanten über einen durchgängigen Beschaffungsprozess effizient zusammenarbeiten.

Die einzelnen personalwirtschaftlichen Prozesse sind in die Prozesse des SAP ERP-Systems integriert. SAP ERP unterstützt Sie bei den wichtigsten Business-Prozessen und stellt Lösungen bereit, die Sie bei der Arbeit mit diesen Prozessen begleiten. Eine dieser Lösungen ist die *SAP ERP Solution Map* – eine mehrstufige Darstellung der einzelnen ERP Solutions. Abbildung 1.1 zeigt die SAP ERP Solution Map.

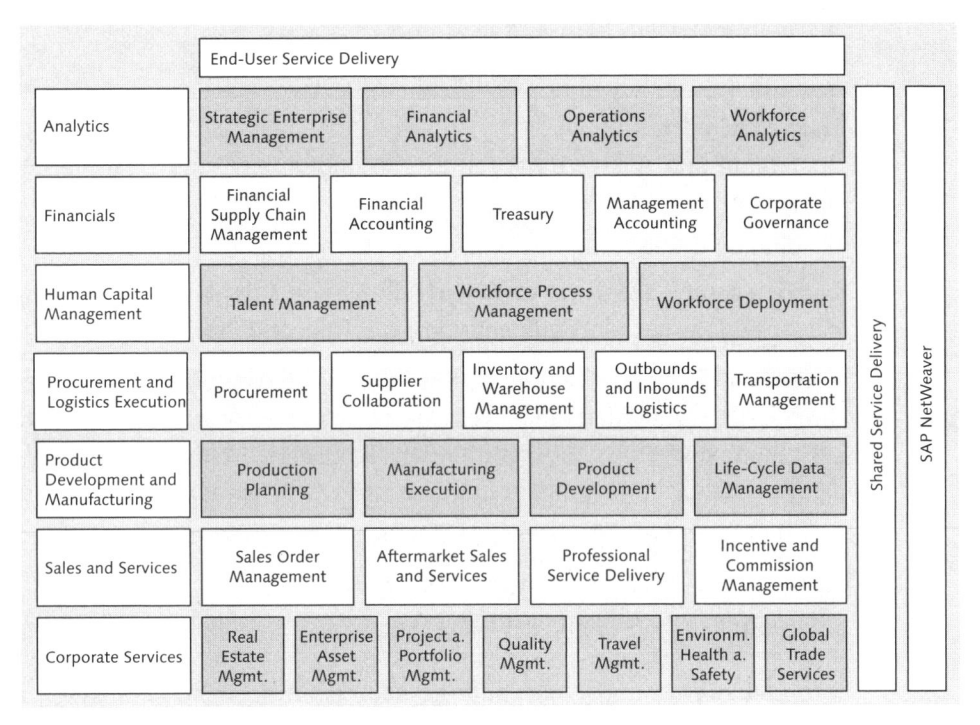

# Integration von HCM in SAP ERP und die SAP Business Suite | 1.1

**Abbildung 1.1** SAP ERP Solution Map

SAP ERP HCM (Release 6.0) ist in die drei Bereiche *Talent Management, Workforce Process Management* und *Workforce Deployment* unterteilt (siehe Abbildung 1.1), die im Folgenden näher erläutert werden.

**Talent Management**

Das *Talent Management* deckt die Prozesse der Personalgewinnung, der Personalentwicklung sowie der Personalbindung/-motivation ab. Im Einzelnen sind dies:

- **Kompetenzmanagement**
  - Evaluierung und Optimierung der Qualifikationen und Kompetenzen der Mitarbeiter und Ausrichtung auf die Unternehmensziele
  - Erstellung von Stellenbeschreibungen
- **Bewerbermanagement mit SAP E-Recruiting**
  - Erstellung eines Bewerberpools mit internen und externen Bewerbern
  - Abbildung des vollständigen Einstellungsprozesses von der Personalwerbung über die Bewerberverwaltung und -auswahl bis zum eigentlichen Einstellungsprozess

- Auswertungen über die Bewerbungsprozesse und -status
- Anbindung an Stellenbörsen und Karriereportale

▶ **Mitarbeiterbeurteilungen**
- Erstellung und Auswertung von Zielvereinbarungen und Leistungsbeurteilungen
- Abbildung des leistungsbezogenen Vergütungsmanagements

▶ **Identifizierung, Förderung und Beurteilung von Talenten**
- Organisation und Management von Feedback- und Zieldialogen
- Management und Förderung von Talenten für zukünftige Führungsaufgaben oder Fachlaufbahnen
- Erstellung und Monitoring von Entwicklungsplänen für die Mitarbeiter
- Profilvergleich mit Stellenausschreibungen und Berücksichtigung der Ergebnisse in Entwicklungsmaßnahmen

▶ **Weiterbildung mit SAP Enterprise Learning**
- Konzeption und Organisation von Aus- und Weiterbildungen/Seminaren, auch auf elektronischer, webbasierter Basis auf der Grundlage des ermittelten Aus- und Weiterbildungsbedarfs für Ihr Unternehmen
- Erfolgskontrolle der durchgeführten Weiterbildungsmaßnahmen in Verbindung mit den festgesetzten Unternehmenszielen

▶ **Nachfolgeplanung**
- Identifizierung von Talenten als mögliche Nachfolger für bestimmte Positionen
- Erstellung von zielgerichteten Entwicklungsplänen für potenzielle Nachfolger im Hinblick auf zukünftig zu besetzende Positionen

▶ **Vergütungsmanagement**
- Vergleich von Benchmarks hinsichtlich der Vergütungsstrategien und -pläne sowie leistungsorientierter Bezahlung
- Planung und Umsetzung von Vergütungskonzepten

▶ **Analysen und Berichtswesen im Talent Management**
- Auswertungen über die Qualifikationsprofile Ihrer Mitarbeiter
- Analysen über die Erfolgsquote des Personalbeschaffungsprozesses sowie der Aus- und Weiterbildungsprogramme
- Analysen über die erfolgreiche und gegebenenfalls auch weniger erfolgreiche Nachfolgeplanung
- Auswertungen über die Zielerreichung Ihrer Mitarbeiter sowie der Vergütungsprogramme

**Workforce Process Management**

Während sich das *Talent Management* mit den Prozessen der Personalgewinnung, -motivation und -entwicklung befasst, deckt das *Workforce Process Management* alle administrativen Prozesse der Personalwirtschaft ab. Im Workforce Process Management werden im Wesentlichen folgende Prozesse abgebildet:

- **Personalverwaltung**
    - Aufbau und Bearbeitung einer Personalstammdatenverwaltung, auf die dann nicht nur durch die Personaladministration zugegriffen werden kann, sondern auf die – über spezielle Lösungen – auch die Mitarbeiter selbst (ESS) oder die Führungskräfte (MSS) zugreifen können
    - Automatisierung von Personalverwaltungsprozessen
    - Steuerung internationaler Personalverwaltungsprozesse, einschließlich der Personalabrechnung (z. B. für Expatriates)
- **Organisationsmanagement**
    - Aufbau, Pflege und Auswertung der Aufbauorganisation/Organisationsstruktur
    - Bereitstellung der Daten z. B. für Organisationscharts oder im Rahmen der Integration für andere Lösungen (z. B. Berichtswesen, Berechtigungen)
- **Zeitwirtschaft**
    - Erfassung, Kontrolle und Auswertung von Daten der Zeitwirtschaft
    - Umsetzung von Konzepten im Rahmen der Zeitwirtschaft
- **Lohn- und Gehaltsabrechnung**
    - Durchführung von Lohn- und Gehaltsabrechnungen und des damit in Zusammenhang stehenden Berichtswesens unter Berücksichtigung des lokalen Steuer- und Sozialversicherungsrechts
- **Altersversorgung**
    - Unterstützung der betrieblichen und gesetzlichen Altersversorgung
- **Personalprozesse und Formulare**
    - Optimierung personalwirtschaftlicher Prozesse z. B. durch Nutzung von Workflows bzw. elektronisch unterstützten Personalmaßnahmen (z. B. organisatorische Umbesetzungsmaßnahmen)
    - Nutzung von Formularen für die Datenerfassung und -bearbeitung

**Workforce Deployment**

Mit den beiden zuvor beschriebenen Komponenten sind die Prozesse der Personalgewinnung und -administration sowie der Personalentwicklung und -vergütung abgedeckt. Das *Workforce Management* steuert den Personaleinsatz der Mitarbeiter mit den folgenden Komponenten:

- **Projektbezogene Ressourcenplanung**
  - Übersicht über alle Ressourcen hinsichtlich Verfügbarkeit und Qualifikation für eine optimale Auslastungs- sowie Projektplanung
  - Zuordnung von Mitarbeitern zu Projekten bzw. Aufträgen
- **Ressourcen- und Projektmanagement**
  - Durchführung klassischer Projektmanagementprozesse hinsichtlich Zeiterfassung, Kostenübersicht, Budgetplanung und -kontrolle
  - Steuerung von Projektressourcen für die Bildung optimaler Projektteams

## 1.2 Überblick über die SAP ERP HCM-Komponenten

SAP unterstützt alle wesentlichen Prozesse der Personalwirtschaft mit separaten Komponenten für die einzelnen personalwirtschaftlichen Bereiche. Die Grundlage bilden dabei das Organisationsmanagement und die Personaladministration. Im Einzelnen werden die Prozesse durch folgende HCM-Komponenten unterstützt:

- **Organisationsmanagement**
  Durch die Organisations- und Berichtsstruktur wird die Grundlage für die Nutzung nahezu aller anderen HCM-Komponenten geschaffen.
- **Personaladministration**
  In der Personaladministration werden die Personalstammdaten zu den Mitarbeitern angelegt und gepflegt und stehen so über die Integration bei Bedarf auch für andere HCM-Komponenten zur Verfügung.
- **Personalabrechnung**
  Die Berechnung der Löhne, Gehälter und der Besoldung erfolgt in der Personalabrechnung. In der Komponente Personalabrechnung erfolgt auch das gesetzliche Berichtswesen sowie die Berücksichtigung von länderspezifischer Besonderheiten (z. B. Pfändungsregelungen).

- **Vergütungsmanagement**
  In der Komponente Vergütungsmanagement werden monetäre Stellenbewertungen durchgeführt, Vergütungsrichtlinien, Aktienprogramme sowie Benchmarks berücksichtigt.

- **Personalkostenplanung**
  In dieser Komponente werden Personalkostenplanungen und FTE-/Headcountplanungen für Budget und Forecast durchgeführt.

- **Personaleinsatzplanung**
  In dieser Komponente planen Sie den qualitativen und quantitativen Personaleinsatz der Mitarbeiter.

- **Personalzeitwirtschaft**
  In der Zeitwirtschaft werden die Zeitdaten der Mitarbeiter erfasst, bewertet und bearbeitet.

- **Personalbeschaffung**
  Die Komponente Personalbeschaffung deckt den vollständigen Beschaffungsprozess ab – von der Personalwerbung über die Bewerberauswahl und die Bewerberverwaltung bis zur Übernahme in die Personalstammdatenverwaltung.

- **Reisemanagement**
  Mit den Funktionen des Reisemanagements können Sie Reisen planen, Reisemittel buchen, Reiseanträge bearbeiten und Reisekostenabrechnungen erstellen.

- **Personalentwicklung**
  Über die Personalentwicklung erstellen und verwalten Sie die Karriereplanung sowie die Potenzialanalyse Ihrer Mitarbeiter und führen Nachfolgeplanungen sowie Mitarbeiterbeurteilungen durch.

- **Veranstaltungsmanagement**
  Die Planung, Organisation und Nachbereitung von Veranstaltungen jeglicher Art führen Sie in der Komponente Veranstaltungsmanagement durch. Sie planen Ressourcen, kalkulieren und verrechnen die Veranstaltungskosten und erstellen den entsprechenden Schriftverkehr.

## 1.3 Zusammenfassung

Basis für die meisten in diesem Kapitel beschriebenen Prozesse sind die Daten des Organisationsmanagements und der Personaladministration sowie ein sauber aufgesetztes SAP-Basissystem. Daher ist es elementar, dass das SAP-

Integrationsmodell bei der Konzepterstellung zur Implementierung eines SAP-Systems genügend Aufmerksamkeit erhält. Der modulare Aufbau der SAP ERP HCM-Lösungen erlaubt es, auf unternehmensspezifische Bedürfnisse einzugehen. Die einzelnen Module sind inhaltlich und prozesstechnisch aufeinander abgestimmt, lassen sich aber auch getrennt voneinander einführen.

*Das Organisationsmanagement ist die Basis für den Einsatz der Komponenten von SAP ERP HCM sowie des SAP Business Workflows. Für das Reporting über die Unternehmensstruktur ist das Organisationsmanagement elementar.*

# 2 Grundlagen des Organisationsmanagements in SAP ERP HCM

Um aktuelle und geplante Unternehmensstrukturen systemseitig darzustellen, wird im Organisationsmanagement (OM) eine Vielzahl von Objekttypen bereitgestellt. Das zentrale Objekt ist die *Organisationseinheit*. Mehrere hierarchisch angeordnete Organisationseinheiten bilden die *Aufbauorganisation* eines Unternehmens. Wenn diese Aufbauorganisation durch Planstellen ergänzt wird, ist auch die Berichtsstruktur eines Unternehmens abgebildet. Mit zusätzlichen Objekttypen wie z. B. der *Stelle*, der *Aufgabe* und dem *Arbeitsplatz* sowie der *Kostenstelle* können weitere funktionale Informationen ergänzt werden.

In diesem Kapitel vermittle ich Ihnen die Grundlagen des Organisationsmanagements. Insbesondere gehe ich dabei auf alle wichtigen Objekttypen ein und beschreibe das Konzept des *objektorientierten Designs*. Sie erfahren Details über die Durchführung des Customizings der Nummernkreise sowie der Maßnahmen, und ich erläutere Ihnen auch, was Sie bei der Anlage von Transportaufträgen für Organisationsobjekte beachten müssen.

## 2.1 Objektorientiertes Design

Die Organisations- und Berichtsstrukturen werden durch ein objektorientiertes Design abgebildet. Das bedeutet, dass jedes Organisationsobjekt mit seinen Eigenschaften auch als eigenständiges Objekt abgebildet und gepflegt wird (siehe Abbildung 2.1). Diese Eigenschaften werden in Infotypen und Rollen beschrieben.

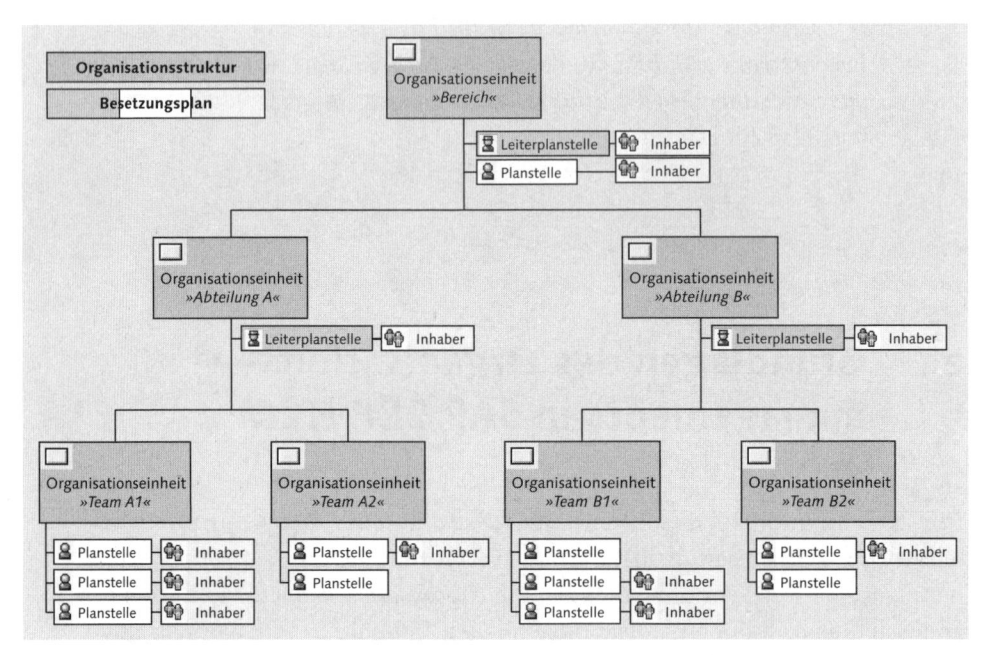

**Abbildung 2.1** Objektorientiertes Design

Folgende Objekttypen werden üblicherweise bei der Modellierung einer Aufbauorganisation für das objektorientierte Design von OM eingesetzt:

- Organisationseinheit
- Stelle
- Planstelle
- Arbeitsplatz
- Aufgabe

Verknüpfungen bringen diese Organisationsobjekte miteinander in Beziehung. Zum Beispiel wird die Verknüpfung A002 (berichtet an) angelegt, wenn eine Organisationseinheit an eine andere Organisationseinheit berichtet. Die Zuordnung einer Planstelle zu einer Organisationseinheit wird durch die Verknüpfung A003 (gehört zu) abgebildet. Eine Verknüpfung wird immer in beide Richtungen angelegt. So wird etwa die Sicht von der Organisationseinheit auf die zugeordneten Planstellen (top down) durch die Verknüpfung B003 (umfasst) dargestellt. Verknüpfungen bilden die Basis für die Nutzung von Reports, Berechtigungen und Workflows. Ausführlich werde ich die Handhabung von Verknüpfungen in Kapitel 3, »Objektverknüpfungen im Organisationsmanagement«, beschreiben.

Das objektorientierte Design ermöglicht Ihnen eine flexible Abbildung der Unternehmensstruktur, da Sie neben den Standard-Objekttypen und -Verknüpfungen auch eigene Objekttypen und Verknüpfungen anlegen können (siehe Abschnitt 2.5, »Anlegen eigener Objekttypen«). So besteht die Möglichkeit, eine einfache Organisations- und Berichtsstruktur abzubilden (siehe Abbildung 2.1), um z. B. Genehmigungsworkflows entlang der Hierarchiestruktur zu nutzen. Sie haben aber auch die Möglichkeit, eine deutlich komplexere Organisations- und Berichtsstruktur durch eigene Objekttypen und Verknüpfungen anzulegen. So könnten Sie z. B. durch einen eigenen Objekttyp *Region* und die Verknüpfung dieses Objekttyps mit Organisationseinheiten regionale Strukturen abbilden.

## 2.2 Allgemeines zum Customizing des Organisationsmanagements

Bei SAP ERP HCM handelt es sich um eine betriebswirtschaftliche Standardsoftware. Das bedeutet, dass SAP ihre Software mit sogenannten SAP-Standardeinträgen (SAP-eigene Einträge) an ihre Kunden ausliefert. Wenn diese Standardeinstellungen nicht ausreichen, um Ihre unternehmensspezifischen betriebswirtschaftlichen Anforderungen abzudecken, können Sie sie im Customizing an Ihre Bedürfnisse anpassen. Dazu führen Sie Änderungen und Ergänzungen an Parametern in Datenbanktabellen durch. SAP stellt ihren Kunden für das Customizing einen eigenen Namensraum zur Verfügung (Y und Z).

> **Hinweis: Kundeneigener Namensraum**
> Es ist wichtig, dass Sie sich beim Customizing Ihrer Anforderungen an den Namensraum Y und Z halten, da ansonsten Ihre Einträge bei Releasewechseln oder anderen Systemerweiterungen, die durch SAP initiiert werden, mit den Standardeinstellungen überschrieben werden können. Dazu finden Sie in den einzelnen Kapiteln dieses Buches noch detaillierte Erläuterungen bei den Customizing-Beschreibungen.

Sie haben zwei Möglichkeiten, um das Customizing zu starten:

- direkt über die Transaktion SPRO im Kommandofeld/Transaktionsfeld des *SAP Easy Access-Menüs*
- über das SAP-Menü Werkzeuge • Customizing • IMG • Projektbearbeitung (siehe Abbildung 2.2)

Über den Button SAP REFERENZ IMG gelangen Sie nun in den Einführungsleitfaden (IMG).

Der Einführungsleitfaden für das *Organisationsmanagement* ist ein Unterpunkt des *Personalmanagements*.

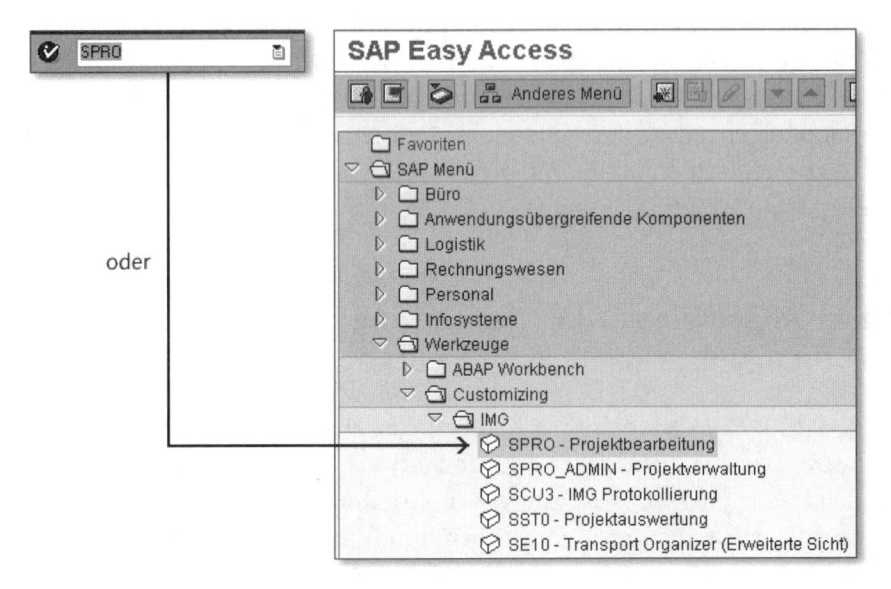

**Abbildung 2.2** Den Einführungsleitfaden aufrufen

## 2.3 Basisobjekttypen des Organisationsmanagements

Eine Unternehmensstruktur wird im Organisationsmanagement aus verschiedenen *Objekttypen* zusammengesetzt. Es gibt im SAP-System eine Vielzahl von Objekttypen (siehe Anhang A zu diesem Buch), die Basis für die Abbildung einer Unternehmensstruktur umfasst jedoch nur eine geringe Anzahl dieser Objekttypen.

Ein Objekttyp wird durch folgende Attribute charakterisiert (siehe Tabelle 2.1):

- einen ein- oder zweistelligen Objektschlüssel: A–ZZ für SAP-Standardobjekttypen, 1–99 für eigene Objekttypen, wie z. B. P (für den Objekttyp Person)
- ein grafisches Symbol, wie z. B. 👥 (für den Objekttyp Person)
- eine Objekttypenbezeichnung, wie z. B. Person

| Objekttypen | Objektschlüssel | Symbol |
|---|---|---|
| Organisationseinheit | O | |
| Stelle | C | |
| Planstelle | S | |
| Kostenstelle | K | |
| Person | P | |

**Tabelle 2.1** Objekttypen

In OM wird technisch zwischen *internen Objekttypen* und *externen Objekttypen* unterschieden:

- **Interne Objekttypen** werden in Tabellen von OM gepflegt. Dazu gehören z. B. die Objekttypen Organisationseinheit, Stelle, Planstelle, Arbeitsplatz und Aufgabe.

- **Externe Objekttypen** werden in anderen SAP-Anwendungen gepflegt. Auf diese Objekttypen haben Sie in OM nur über Verknüpfungen Zugriff. Zu externen Objekttypen gehören die Kostenstellen und die Personen.

    Damit Sie einen externen Objekttyp in OM nutzen können, müssen Sie einen Eintrag in der Tabelle T77EO (Externe Objekttypen) anlegen (siehe Abbildung 2.4).

Die Tabellen zur Ergänzung des bestehenden SAP-Datenmodells finden Sie im Einführungsleitfaden (IMG) unter PERSONALMANAGEMENT • ORGANISATIONSMANAGEMENT • GRUNDEINSTELLUNGEN • ERWEITERTE DATENMODELLIERUNG • OBJEKTTYPEN PFLEGEN. Diese Tabellen benötigen Sie, um bestehende Objekttypen anzupassen oder neue Objekttypen anzulegen. Wie Sie beim Customizing der Objekttypen vorgehen, wird in Abschnitt 2.5, »Anlegen eigener Objekttypen«, detailliert beschrieben.

Wichtige Tabellen zur Pflege von SAP-Objekttypen sind (siehe Abbildungen 2.3 und 2.4):

- T778O (Objekttypen)
- T77EO (Externe Objekttypen)

In den folgenden Abschnitten beschreibe ich Ihnen detailliert die wichtigsten SAP-Organisationsobjekte mit ihren Eigenschaften und den möglichen Verknüpfungen.

**Sicht "Objekttypen" anzeigen: Übersicht**

| O | Objekttyptext | OrgObjekttyp | Ikonenname |
|---|---|---|---|
| O | Organisationseinheit | PDOTYPE_O | ICON_ORG_UNIT |
| OD | Auftrag | | ICON_ORDER |
| OJ | Lernziel | | |
| OR | Rechtlich selbst. Einheit | PDOTYPE_OR | |
| P | Person | | ICON_EMPLOYEE |
| PC | Profit Center | | ICON_PROFIT_CENTER |

**Abbildung 2.3** Tabelle T778O (Objekttypen)

**Sicht "Externe Objekttypen" anzeigen: Übersicht**

Dialogstruktur
- Objekttypen
  - Mußverknüpfungen
  - Externe Objekttypen
  - Struktursuche
- Objekttypkürzel+Transaktionen

| OT | Objekttyptext | Keystrukt. | Dynpro | Umkehrv. | Schnittst. | St.Obj.typ | erw.Exist. |
|---|---|---|---|---|---|---|---|
| K | | PKEYK | 5010 | ☐ | RHKOST00 | ☐ | ☐ |

**Abbildung 2.4** Tabelle T77EO (Sicht »Externe Objekttypen«)

### 2.3.1 Organisationseinheiten

Die *Organisationseinheit* (Objektschlüssel O) ist das zentrale Objekt in einer Organisationsstruktur. Durch Verknüpfung verschiedener Organisationseinheiten bilden Sie die Organisationsstruktur eines Unternehmens ab und erstellen so die Basis für einen Organisationsplan und somit für die Aufbauorganisation eines Unternehmens.

Diese Organisationseinheiten können z. B. Bereiche, Abteilungen, Teams oder Produktionslinien eines Unternehmens darstellen. Alle anderen Objekttypen, wie z. B. Stellen, Planstellen oder Kostenstellen, können optional in die Organisationsstruktur integriert werden.

Einer Organisationseinheit können in der Aufbauorganisation jeweils mehrere Organisationseinheiten untergeordnet, es kann ihr aber immer nur *eine* andere Organisationseinheit übergeordnet sein (Abbildung 2.5).

Eine Alternative zur Aufbauorganisation bildet die *Matrixorganisation*. In der Matrixorganisation wird neben dem disziplinarischen Berichtsweg noch ein funktionaler abgebildet. Detaillierte Informationen zur Matrixorganisation finden Sie in Abschnitt 5.1.3, »Matrixorganisation«.

## 2.3 Basisobjekttypen des Organisationsmanagements

| Besetzungsplan (Struktur) | Kürzel | Id | Leiter | gültig ab | gültig bis |
|---|---|---|---|---|---|
| ▽ ☐ Personal (D) | HR D | O 60001578 | | 01.11.2010 | unbegrenzt |
| ☐ Personaladministration (D) | PA D | O 60001579 | | 01.11.2010 | unbegrenzt |
| ☐ Personalentwicklung (D) | PE D | O 60001580 | | 01.11.2010 | unbegrenzt |
| ▽ ☐ Recruiting (D) | RC D | O 60001581 | | 01.11.2010 | unbegrenzt |
| ☐ Recrutierung Auszubildende | RC Azubi | O 60001583 | | 01.11.2010 | unbegrenzt |
| ☐ Recrutierung Führungskräfte | RC FC | O 60001584 | | 01.11.2010 | unbegrenzt |
| ☐ Recrutierung Angestellte | RC Angest | O 60001585 | | 01.11.2010 | unbegrenzt |
| ▽ ☐ Personalabrechnung (D) | PY D | O 60001582 | | 01.11.2010 | unbegrenzt |
| ☐ Abrechnung Lohn | PY Gewerb | O 60001586 | | 01.11.2010 | unbegrenzt |
| ☐ Abrechnung Gehalt | PY Kfm | O 60001587 | | 01.11.2010 | unbegrenzt |

**Abbildung 2.5** Organisationsstruktur

Im Customizing definieren Sie, welche Verknüpfungen für Organisationseinheiten zugelassen sind. In der Standardauslieferung sind für Organisationseinheiten bereits einige vordefiniert. Sie können diese Verknüpfungen so übernehmen oder weitere im Customizing über den Einführungsleitfaden (IMG) unter ORGANISATIONSMANAGEMENT • GRUNDEINSTELLUNGEN • ERWEITERTE DATENMODELLIERUNG • VERKNÜPFUNGSPFLEGE hinzufügen (siehe Abbildung 2.6).

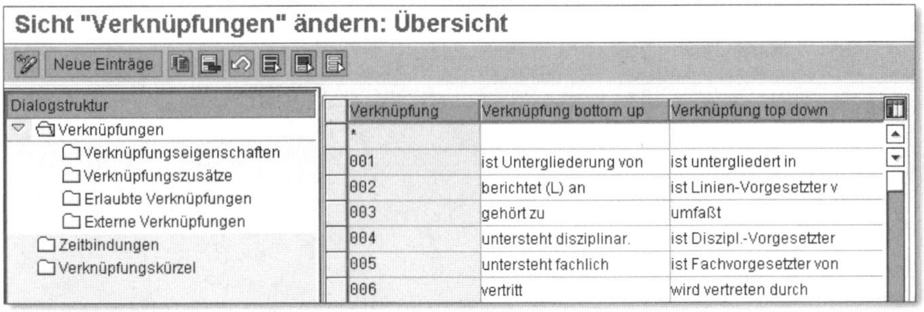

| Verknüpfung | Verknüpfung bottom up | Verknüpfung top down |
|---|---|---|
| 001 | ist Untergliederung von | ist untergliedert in |
| 002 | berichtet (L) an | ist Linien-Vorgesetzter v |
| 003 | gehört zu | umfaßt |
| 004 | untersteht disziplinar. | ist Diszipl.-Vorgesetzter |
| 005 | untersteht fachlich | ist Fachvorgesetzter von |
| 006 | vertritt | wird vertreten durch |

**Abbildung 2.6** Verknüpfung anlegen und bearbeiten

Verknüpfungsarten sind spezielle Subtypen im Infotyp 1001 (Verknüpfungen). Für jede einzelne Verknüpfung existieren zwei Verknüpfungsarten (A-Verknüpfung und B-Verknüpfung). Für jede Verknüpfung wird automatisch systemseitig die entsprechende Rückverknüpfung angelegt (A oder B).

Im Customizing können Sie folgende Einstellungen vornehmen:

- neue Verknüpfungen anlegen
- Systemreaktionen (z. B. Fehlermeldung, Warnungen oder Informationen) definieren

## 2 | Grundlagen des Organisationsmanagements in SAP ERP HCM

- den Gewichtungsprozentsatz einer Verknüpfung ein- oder ausblenden
- Verknüpfungszusätze festlegen (z. B. aktive Rekursionsprüfung für eigene Verknüpfungen)

Eine detaillierte Beschreibung über die Anlage eigener Verknüpfungen finden Sie in Abschnitt 3.5, »Anlegen eigener Verknüpfungen«.

Als Key User können Sie sich die so definierten möglichen Verknüpfungen beim Anlegen einer neuen Organisationseinheit über die Funktion ERLAUBTE VERKNÜPFUNGEN anzeigen lassen. Diese Funktion (siehe Abbildung 2.7) befindet sich im Infotyp 1001 (Verknüpfungen).

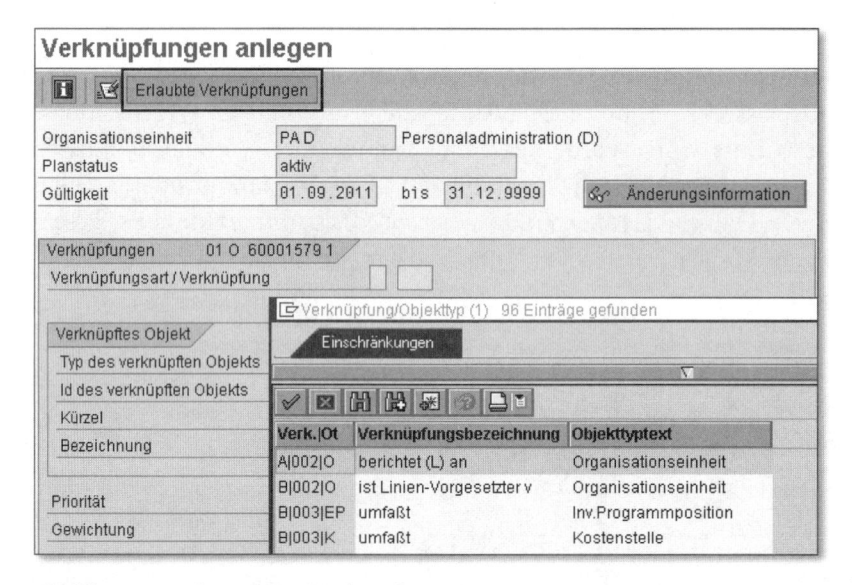

**Abbildung 2.7** Infotyp 1001 (Verknüpfungen)

Außerdem ist es möglich, mit dem Report RHRELAT0 (Erlaubte Verknüpfungen von Objekttypen) für Organisationseinheiten die erlaubten Verknüpfungen auszuwerten. Der Report RHRELAT0 zeigt alle möglichen Verknüpfungsarten zu einem ausgewählten Objekttyp auf. Im Selektionsbild des Reports wählen Sie zuerst den gewünschten Objekttyp (z. B. O für Organisationseinheit) aus und dann die Verknüpfungsart (siehe Abbildung 2.8). Bei den Verknüpfungsarten haben Sie folgende Möglichkeiten:

- VERKNÜPFUNGSART A zeigt alle Verknüpfungsarten zur Organisationseinheit (bottom up) an – also z. B. die Verknüpfung von einer Planstelle zur Organisationseinheit.

## Basisobjekttypen des Organisationsmanagements | 2.3

- VERKNÜPFUNGSART B zeigt alle Verknüpfungsarten an, die von der Organisationseinheit abgehen (top down) – also z. B. von der Organisationseinheit zur Planstelle.
- Wenn Sie das Feld VERKNÜPFUNGSART nicht füllen, werden alle Verknüpfungen angezeigt – also top down und bottom up.

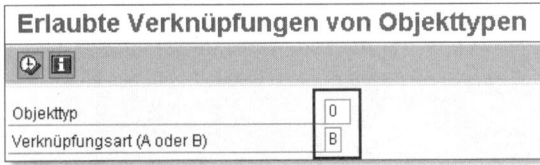

**ABAP: Programmausführung**

Programm: RHRELAT0

**Erlaubte Verknüpfungen von Objekttypen**

| Objekttyp | O |
|---|---|
| Verknüpfungsart (A oder B) | B |

**Erlaubte Verknüpfungen von Objekttypen**

| OT | Objekttyptext | A | Vrk | Verknüpfung bottom up | VO | Objekttyptext |
|---|---|---|---|---|---|---|
| O | Organisationseinheit | B | 002 | ist Linien-Vorgesetzter v | O | Organisationseinheit |
| O | Organisationseinheit | B | 003 | umfaßt | EP | Inv.Programmposition |
| O | Organisationseinheit | B | 003 | umfaßt | K | Kostenstelle |
| O | Organisationseinheit | B | 003 | umfaßt | O | Organisationseinheit |
| O | Organisationseinheit | B | 003 | umfaßt | S | Planstelle |
| O | Organisationseinheit | B | 003 | umfaßt | WA | Arbeitsbereich |
| O | Organisationseinheit | B | 007 | wird beschrieben durch | AG | Rolle |
| O | Organisationseinheit | B | 007 | wird beschrieben durch | C | Stelle |

**Abbildung 2.8** Report RHRELAT0 (Erlaubte Verknüpfungen von Objekttypen)

Die Eigenschaften von Organisationseinheiten beschreiben Sie in Infotypen. Sie können eine Vielzahl von Infotypen zur Beschreibung von Organisationseinheiten pflegen. Obligatorisch sind aber nur die Infotypen 1000 (Objekt) und 1001 (Verknüpfungen), da sie notwendig sind, um eine Organisationsstruktur abzubilden (siehe Abbildung 2.9). Über den Infotyp 1000 erhält das Objekt einen Gültigkeitszeitraum und einen Namen, und über den Infotyp 1001 wird ein Objekt durch Verknüpfungen mit anderen Objekttypen verbunden. So entsteht eine Organisationsstruktur.

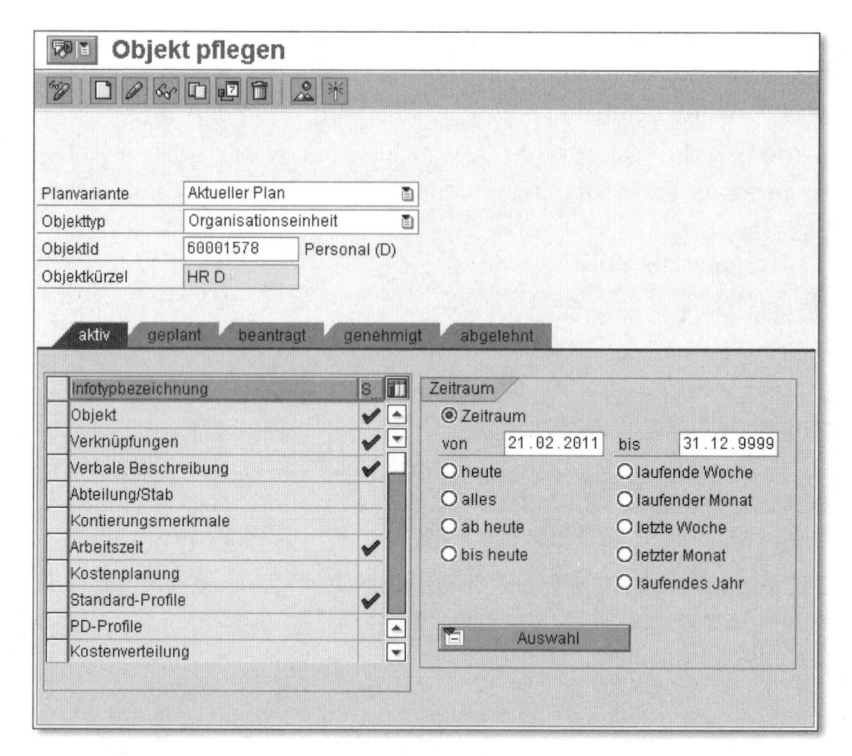

**Abbildung 2.9** Infotypen an einem Objekt pflegen

Die meisten Infotypen werden im Folgenden nur kurz beschrieben, ausführlichere Beschreibungen aller Infotypen finden Sie in Kapitel 4, »Infotypen im Organisationsmanagement«. Die Infotypen, die ausschließlich dem Objekttyp *Organisationseinheit* zugeordnet werden können, werde ich Ihnen aber schon in diesem Abschnitt detaillierter vorstellen; das sind die Infotypen 1019 (Kontingentplanung), 1027 (Ortsabhängige Zusatzinformation) und 1039 (Einsatzgruppe).

- **Infotyp 1000 (Objekt)**
  In diesem Infotyp werden ein Name und ein Gültigkeitszeitraum für die Organisationseinheit festgelegt.

- **Infotyp 1001 (Verknüpfungen)**
  Dieser Infotyp beinhaltet alle Verknüpfungen von einer Organisationseinheit zu anderen zugelassenen Objekttypen und deren Gültigkeitszeitraum.

- **Infotyp 1002 (Verbale Beschreibung)**
  Im Infotyp 1002 können Sie Beschreibungen zu Objekttypen des Organisationsmanagements anlegen. Die Pflege dieses Infotyps ist optional, da er nur informativen Charakter hat und nicht ausgewertet werden kann.

- **Infotyp 1003 (Abteilung/Stab)**
  Über diesen Infotyp können Sie definieren, ob eine Organisationseinheit eine Stabsfunktion beinhaltet oder eine Abteilung repräsentiert.

- **Infotyp 1008 (Kontierungsmerkmale)**
  In diesem Infotyp können Sie Vorschlagswerte für Kostenstellenzuordnungen festlegen. Die hier eingegebenen Werte werden dann an untergeordnete Organisationseinheiten und Planstellen vererbt.

  Im SAP-Standard ist die Vererbung deaktiviert. Damit das Vererbungsprinzip für die Kontierungsmerkmale (Kostenrechnungskreis, Buchungskreis und Geschäftsbereich) greift, müssen Sie dies im Einführungsleitfaden (IMG) einstellen. Gehen Sie dazu folgendermaßen vor:

  1. Die zu pflegende Tabelle rufen Sie über ORGANISATIONSMANAGEMENT • GRUNDEINSTELLUNGEN • VERERBUNG VON KONTIERUNGSMERKMALEN AKTIVIEREN auf.

  2. Im nächsten Dialogbild (siehe Abbildung 2.10) müssen Sie folgende Einträge vornehmen:
     - Spalte WERT KÜRZ. = »X« – Vererbung ist aktiviert.
     - Spalte WERT KÜRZ. = » « (kein Eintrag) – Vererbung ist deaktiviert.

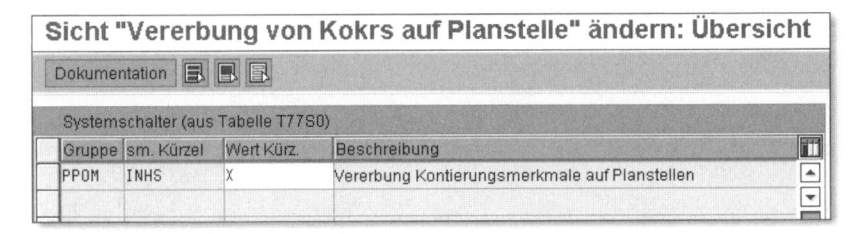

  **Abbildung 2.10** Vererbung von Kontierungsmerkmalen aktivieren

  3. Nachdem Sie Ihre Eingaben gesichert haben, ist die Vererbung von Kontierungsmerkmalen aktiviert.

- **Infotyp 1011 (Arbeitszeit)**
  In diesem Infotyp können Sie Soll-Arbeitszeiten für Organisationseinheiten definieren, die dann als Vorschlagswerte auf die zugeordneten Planstellen übertragen werden.

- **Infotyp 1016 (Standardprofile)**
  Der Organisationseinheit können Sie über diesen Infotyp Berechtigungsprofile zuordnen. Diese Berechtigungsprofile vererben sich auf die zugeordneten Stellen, Planstellen und Personen. Über die Berechtigungs-

profile können Sie z. B. steuern, welche Benutzer auf welche Infotypen Zugriff haben.

- **Infotyp 1017 (PD-Profile)**
  Mit dem Infotyp 1017 (PD-Profile) können Sie personalplanungsspezifische, strukturelle Berechtigungsprofile an der Organisationseinheit anlegen und verwalten, die sich auf die zugeordneten Stellen, die Planstellen und auf die Personen vererben.

  Ein PD-Profil kann eine unbegrenzte Anzahl von Berechtigungen enthalten. Um eine maximale Sicherheit zu garantieren, sollte der Infotyp 1017 in Kombination mit dem Infotyp 1016 angelegt werden.

- **Infotyp 1018 (Kostenverteilung)**
  Kosten, die an einer Organisationseinheit anfallen, werden über die Verknüpfung A/B 011 (Kostenstellenzuordnung) der Organisationseinheit direkt zugeordnet oder vererben sich über die übergeordnete Organisationseinheit.

  Den Infotyp 1018 pflegen Sie dann an einer Organisationseinheit, wenn Sie die anfallenden Kosten auf mehrere Kostenstellen prozentual verteilen möchten.

  Die Informationen aus dem Infotyp 1018 (Kostenverteilung) vererben sich innerhalb einer Organisationseinheit auf untergeordnete Planstellen und Arbeitsplätze, wenn diese keine eigene Zuordnung zu einer Stammkostenstelle oder zum Infotyp 1018 (Kostenverteilung) haben.

- **Infotyp 1019 (Kontingentplanung)**
  Der Infotyp 1019 ist nur für Organisationseinheiten zugelassen. Über die Kontingentplanung können Sie die Anzahl der Planstellen (über den Objekttyp Stelle, *Objektschlüssel C*) planen, die für eine bestimmte Organisationseinheit benötigt werden (siehe Abbildung 2.11).

**Abbildung 2.11** Infotyp 1019 (Kontingentplanung)

Damit diese Eingaben durchgeführt werden können, müssen Sie die Planungsarten (z. B. Erste Planung, Zweite Planung, Dritte Planung) im Customizing definieren. Es kann immer nur eine aktive Planungsart geben, die ebenfalls im Customizing festgelegt wird. Nur für diese Planungsart sind dann Eingaben im Infotyp 1019 (Kontingentplanung) möglich. Das Customizing der Planungsarten führen Sie folgendermaßen durch:

1. Rufen Sie über die Transaktion SM30 die Tabelle T778U (Subtypen ändern) auf.

2. Über die Funktion Ändern pflegen Sie den neuen Subtyp (z. B. 0003 – Dritte Planung) zum Infotyp 1019 (siehe Abbildung 2.12).

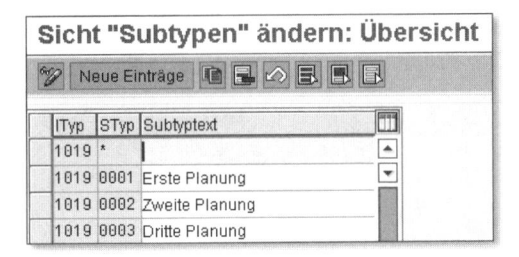

**Abbildung 2.12** Subtypen für die Kontingentplanung definieren

3. Legen Sie danach über den Einführungsleitfaden (IMG) unter Organisationsmanagement • Betriebswirtschaftliche Infotypeinstellungen • Kontingentplanung • Planungsart und Zeiträume festlegen die Planungsart, das Zeitintervall sowie den Planungszeitraum fest. Alternativ ist die Pflege auch direkt über die Tabelle T77POSBUD (Grunddaten für Kontingentplanung) möglich (siehe Abbildung 2.13).

**Abbildung 2.13** Pflege der Grunddaten für die Kontingentplanung

Sie können über den Infotyp 1019 (Kontingentplanung) auch eine FTE-Planung (Vollzeitäquivalent) durchführen. Dazu müssen Sie in der Systemtabelle T77S0 den Schalter WORKT FTEQ auf »X« setzen. Es ist möglich, hier bis zu zwei Nachkommastellen festzulegen.

> **Hinweis: Nachträgliche Änderung des Schalters WORKT FTEQ**
>
> Bei der nachträglichen Änderung des Schalters von »X« auf » « (kein Eintrag) werden die Nachkommastellen für die Kontingentplanung abgeschnitten. Deshalb ist es wichtig, dass die fachliche Anforderung für die Aktivierung des Schalters vorher gut abgestimmt ist.

Mithilfe des Schalters WORKT FTEP kann sich der Wert für ein FTE entweder auf die Soll-Arbeitszeit der Planstellen – in diesem Fall lassen Sie den Schalter auf » « (kein Eintrag, Standardeinstellung) – oder auf den Besetzungsprozentsatz der Planstelle – in diesem Fall setzen Sie den Schalter auf »X« – beziehen (siehe Abbildung 2.14). Bei der zuletzt beschriebenen Möglichkeit wird somit bei der Berechnung der FTE die tatsächlich an der Planstelle geleistete Arbeitszeit eines Mitarbeiters zugrunde gelegt.

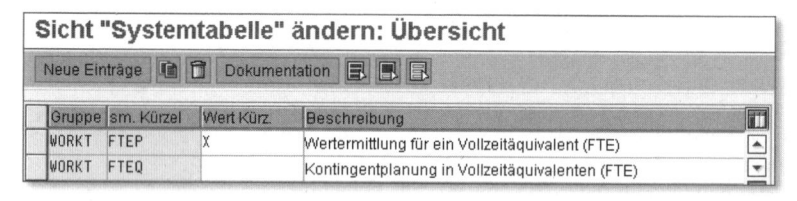

| Gruppe | sm. Kürzel | Wert Kürz. | Beschreibung |
|---|---|---|---|
| WORKT | FTEP | X | Wertermittlung für ein Vollzeitäquivalent (FTE) |
| WORKT | FTEQ | | Kontingentplanung in Vollzeitäquivalenten (FTE) |

**Abbildung 2.14** Tabelle T77S0 – Definition, ob der Wert eines FTEs auf der Soll-Arbeitszeit oder dem Besetzungsprozentsatz basiert

Wenn Sie den Schalter auf der Standardeinstellung » « lassen, müssen Sie bei der Ermittlung eines FTEs folgende Situationen unterscheiden:

- An der Planstelle ist kein Infotyp 1011 (Arbeitszeit) gepflegt. In diesem Fall wird ein FTE mit dem Wert 1 berechnet.
- An der Planstelle ist ein Infotyp 1011 (Arbeitszeit) gepflegt. Ein FTE wird über die im Infotyp 1011 gepflegten Arbeitszeitwerte ermittelt.

> **Beispiel: FTE-Berechnung auf Basis des Infotyps 1011**
>
> Wenn an einer Planstelle eine wöchentliche Arbeitszeit von 20 Stunden ausgewiesen ist und über den Infotyp 1011 durch die übergeordnete Organisationseinheit eine wöchentliche Arbeitszeit von 40 Stunden auf die Planstelle vererbt wird, wird der FTE-Wert mit 0,5 berechnet (Planstelle 20 Stunden/Organisationseinheit 40 Stunden = 0,5 FTE).
>
> Wenn aber die Planstelle eine wöchentliche Arbeitszeit von 40 Stunden ausweist und durch die Vererbung des Infotyps 1011 von der Organisationseinheit nur eine wöchentliche Arbeitszeit von 30 Stunden angegeben wird, wird der FTE-Wert mit 1,33 FTE berechnet (Planstelle 40 Stunden/Organisationseinheit 30 Stunden = 1,33 FTE).

Wenn Sie den Schalter auf die Standardeinstellung, den Wert »X«, setzen, müssen Sie bei der Ermittlung eines FTEs folgende Fälle unterscheiden:

- Die Planstelle ist mit einem Planstelleninhaber (Person/Mitarbeiter) besetzt. In diesem Fall berechnet sich der FTE-Wert aus dem Besetzungsgrad, der im Infotyp 0008 (Basisbezüge) im Stammsatz des Mitarbeiters gepflegt ist. Wenn der Besetzungsgrad des Mitarbeiters 100 % beträgt, ist der FTE-Wert 1.
- Die Planstelle ist *nicht* mit einem Planstelleninhaber (Person/Mitarbeiter) besetzt. In diesem Fall wird der FTE-Wert mit 0 ermittelt, da hier die Berücksichtigung eines Besetzungsgrades durch den Planstelleninhaber (Person/Mitarbeiter) nicht möglich ist.

**Beispiel: FTE-Berechnung auf Basis des Besetzungsgrades im Infotyp 0008**

Wenn der Besetzungsprozentsatz der Planstelle 100 % beträgt, die Planstelle aber mit einem Mitarbeiter besetzt ist, der im Infotyp 0008 (Basisbezüge) nur einen Besetzungsgrad von 50 % ausweist, beträgt der FTE-Wert 0,5.

- **Infotyp 1027 (Ortsabhängige Zusatzinformation)**
  Mit dem Infotyp 1027 (Ortsabhängige Zusatzinformation) können Sie Kalenderinformationen an einer Organisationseinheit pflegen, wenn diese vom eigentlichen, im SAP-System eingestellten Kalender abweichen. Diese Abweichungen können z. B. regional gültige gesetzliche und kirchliche Feiertage oder unternehmens-/werksspezifische Betriebsferien sein (siehe Abbildung 2.15).

  Grundsätzlich ist die Pflege dieses Infotyps optional. Wenn Sie aber die HCM-Komponenten Veranstaltungsmanagement oder Personaleinsatzplanung einsetzen, werden diese Kalenderinformationen benötigt. Bei der zeitlichen Planung von Veranstaltungen und Arbeitszeiten sind die im Infotyp 1027 gepflegten Informationen unbedingt notwendig.

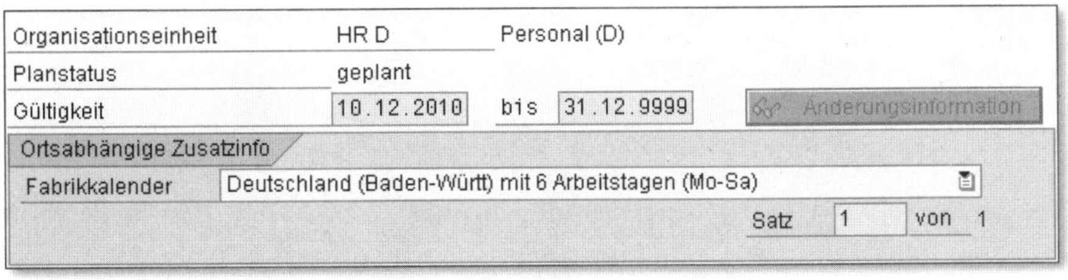

**Abbildung 2.15** Infotyp 1027 (Ortsabhängige Zusatzinformation)

- **Infotyp 1028 (Adresse)**
  In diesem Infotyp können Sie eine Adresse zu einer Organisationseinheit pflegen, wenn diese z. B. von der eigentlichen Firmenanschrift abweicht.

- **Infotyp 1032 (Mail-Adresse)**
  Dieser Infotyp wird üblicherweise im Organisationsmanagement nur dann genutzt, wenn SAP Mail nicht eingesetzt wird und stattdessen Informationen an alle beteiligten Objekte über E-Mail-Adressen verschickt werden sollen (z. B. Buchungsbestätigungen für Trainings).

- **Infotyp 1039 (Einsatzgruppe)**
  Der Infotyp 1039 (Einsatzgruppe) kann ausschließlich für Organisationseinheiten verwendet werden und ist nur sinnvoll, wenn die HCM-Komponente Personaleinsatzplanung genutzt wird. Sollten Sie die Personaleinsatzplanung in Ihrem Unternehmen einsetzen und ist die Zuordnung der Einsatzgruppe zu einer Organisationseinheit nicht erfolgt, kommt es innerhalb der Personaleinsatzplanung zu einer Fehlermeldung. Die Einsatzgruppe enthält benutzerdefinierte Einträge, die für Einsätze wie *Tagesarbeitszeitpläne*, *An-/Abwesenheiten* und *Bereitschaftsdienste* stehen.

  Durch die Zuordnung einer Einsatzgruppe zu einer Organisationseinheit werden Einsätze, die in der jeweiligen Organisationseinheit anfallen, definiert. Einer Organisationseinheit kann immer nur eine Einsatzgruppe zugeordnet werden. Eine Einsatzgruppe kann hingegen zu mehreren verschiedenen Organisationseinheiten gehören.

- **Infotyp 1208 (SAP-Organisationsobjekt)**
  Der Infotyp 1208 wird genutzt, um Verbindungen zwischen SAP-Organisationsobjekten und Objekten aus dem Organisationsmanagement anzulegen.

  Normalerweise pflegen Sie diesen Infotyp an einer Organisationseinheit. Es ist aber auch möglich, dass Sie die Informationen an einer Planstelle, einer Stelle oder einem Arbeitsplatz hinterlegen. Ein SAP-Organisationsobjekt muss im *Business Object Repository* (BOR) definiert sein. Beim Business Object Repository handelt es sich um ein mandantenübergreifendes Verzeichnis aller Objekttypen.

### 2.3.2 Stellen

Die Stellen eines Unternehmens bilden in ihrer Gesamtheit den *Stellenplan*. Stellen (Objektschlüssel C) sind ein wichtiges Hilfsmittel zur Anlage von Planstellen (Objektschlüssel S) und unterstützen Sie somit bei der Anlage der Aufbauorganisation, da alle Informationen, die an der Stelle gepflegt sind, auf die Planstelle vererbt werden.

Stellen (z. B. Bereichsleitung) bilden die übergeordnete Klassifizierung von Planstellen (z. B. Bereichsleitung Personal) in einem Unternehmen. Stellen können durch die Verknüpfung mit dem Objekttyp *Aufgabe* und mithilfe einer Stellenbeschreibung/Funktionsbeschreibung näher beschrieben werden. Diese Stellenbeschreibung steht durch die Vererbung allen Planstellen, die mit der Stelle verknüpft sind und einen ähnlichen fachlichen Schwerpunkt haben, zur Verfügung. Das Vererbungsprinzip wird in Kapitel 3, »Objektverknüpfungen im Organisationsmanagement«, detailliert beschrieben.

Planstellenspezifische Eigenschaften, die nicht an der Stelle gepflegt sind, können Sie direkt an der Planstelle ergänzen.

> **Beispiel: Ergänzung planstellenspezifischer Eigenschaften**
>
> Im Unternehmen gibt es 30 Bereichsleiter (Stellenbezeichnung), deren Planstellen (z. B. Planstelle Bereichsleiter Personal, Planstelle Bereichsleiter Marketing, Planstelle Bereichsleiter Vertrieb) der Stelle Bereichsleiter zugeordnet sind. Diese Planstellen werden durch die Stellenbeschreibungen (Objekttyp Aufgabe) allgemein beschrieben (z. B. Budgetverantwortung) und können ergänzt werden durch spezifische Aufgaben, z. B. Bereichsleiter Personal – verantwortlich für die Personalkostenplanung des Unternehmens oder Bereichsleiter Marketing – verantwortlich für die Organisation von Road Shows).

Im Customizing wird definiert, welche Verknüpfungen für Stellen zugelassen sind. In der Standardauslieferung der SAP sind für Stellen bereits einige Verknüpfungen vordefiniert. Diese Verknüpfungen können Sie so übernehmen oder weitere im Customizing über den Einführungsleitfaden (IMG) unter ORGANISATIONSMANAGEMENT • GRUNDEINSTELLUNGEN • ERWEITERTE DATENMODELLIERUNG • VERKNÜPFUNGSPFLEGE hinzufügen.

Die so definierten möglichen Verknüpfungen können Sie sich als Key User bei der Anlage einer neuen Stelle über die Funktion ERLAUBTE VERKNÜPFUNGEN anzeigen lassen. Diese Funktion befindet sich im Infotyp 1001 (Verknüpfungen) (siehe Abbildung 2.7).

Außerdem ist es möglich, mit dem Report RHRELAT0 (Erlaubte Verknüpfungen von Objekttypen) für Stellen die erlaubten Verknüpfungen auszuwerten. Eine Stelle muss mindestens durch die Verknüpfung A/B 007 (beschreibt/wird beschrieben durch) mit einer Planstelle verknüpft sein. Für die Verknüpfung mit dem Objekttyp Aufgabe wird ebenfalls die Verknüpfung A/B 007 (beschreibt/wird beschrieben durch) genutzt.

Eine Stellenbeschreibung inklusive der verbalen Beschreibung, des Anforderungsprofils und des Aufgabenprofils sowie die Informationen zu eventuell vorhandenen Kompetenzen und Hilfsmitteln können Sie sich über den Report RHXSCRP0 (Komplette Stellenbeschreibung) anzeigen lassen. Voraussetzung hierfür ist natürlich, dass Sie die entsprechenden Infotypen an der Stelle gepflegt haben. Das Anforderungsprofil kann über den Report nur angezeigt werden, wenn die HCM-Komponente *Personalentwicklung* im Unternehmen eingesetzt wird.

Zur Beschreibung einer Stelle können Sie die folgenden Infotypen nutzen. Eine umfassende Beschreibung der einzelnen Infotypen finden Sie in Kapitel 4, »Infotypen im Organisationsmanagement«.

- **Infotyp 1000 (Objekt)**
  Der Infotyp 1000 (Objekt) beinhaltet einen Namen sowie einen Gültigkeitszeitraum für eine Stelle.

- **Infotyp 1001 (Verknüpfungen)**
  Die Verknüpfung A007 (beschreibt) ist die Standardverknüpfung zwischen dem Objekttyp *Stelle* (Objektschlüssel C) und dem Objekttyp *Planstelle* (Objektschlüssel S). Sie können beliebig viele Verknüpfungen vom Objekttyp Stelle zu verschiedenen Planstellen anlegen. Von einer Planstelle kann es aber nur eine B007-Verknüpfung (wird beschrieben) zu einer Stelle geben.

- **Infotyp 1002 (Verbale Beschreibung)**
  Im Infotyp 1002 können Sie Beschreibungen zu Objekttypen des Organisationsmanagements anlegen, in diesem Fall zum Objekttyp Stelle. Sie können diesen Infotyp nicht auswerten. Daher ist die Anlage des Infotyps 1002 (Verbale Beschreibung) optional.

- **Infotyp 1005 (Sollbezahlung)**
  In diesem Infotyp können Sie Gehalts- und Tarifinformationen ablegen, um Vorschlagswerte zu bilden, die dann über die Stelle und die Planstelle an den Mitarbeiter vererbt werden. Die vererbten Informationen zur Sollbezahlung erscheinen dann im Infotyp 0008 (Basisbezüge) im Personalstammsatz des Mitarbeiters.

  Sie können den Infotyp 1005 (Sollbezahlung) dem Objekttyp Stelle (Objektschlüssel C) und dem Objekttyp Planstelle (Objektschlüssel S) zuordnen.

- **Infotyp 1015 (Kostenplanung)**
  Im Infotyp 1015 (Kostenplanung) können Sie Informationen zu allen Kostenarten hinterlegen, die sich auf Kostenplanungen über Soll-Bezüge beziehen. Der Infotyp Kostenplanung ist nur sinnvoll, wenn auch die Kompo-

nente *Personalkostenplanung* eingesetzt wird. Die üblicherweise am Objekttyp Stelle hinterlegen Informationen vererben sich auf die zugeordneten Planstellen.

- **Infotyp 1016 (Standardprofile)**
  Über diesen Infotyp können der Stelle Standardprofile zugeordnet werden. Diese Profile, die sich automatisch auf die zugeordneten Planstellen und Personen vererben, steuern z. B. die Berechtigung für den Zugriff auf Infotypen.

- **Infotyp 1017 (PD-Profile)**
  Mit dem Infotyp 1017 (PD-Profile) können Sie personalplanungsspezifische, strukturelle Berechtigungsprofile an der Stelle anlegen und verwalten, die sich auf die zugeordneten Planstellen und Personen vererben.

  Ein PD-Profil kann eine unbegrenzte Anzahl von Berechtigungen enthalten. Um eine maximale Sicherheit zu garantieren, sollte der Infotyp 1017 in Kombination mit dem Infotyp 1016 angelegt werden.

- **Infotyp 1050 (Ergebnis Stellenbewertung)**
  Im Infotyp 1050 werden die Ergebnisse einer Stellenbewertung für das Objekttyp Stelle oder auch für Planstellen in Subtypen erfasst. Diese Informationen können z. B. als Grundlage für die Bildung von Gehaltsstrukturen in einem Unternehmen genutzt werden.

- **Infotyp 1051 (Umfrageergebnisse)**
  Im Infotyp 1051 werden Ergebnisse aus Gehaltsumfragen (z. B. Grundgehalt und Bonuszahlungen) in Subtypen erfasst. Er wird üblicherweise zusammen mit dem Infotyp 1050 (Ergebnis Stellenbewertung) angelegt.

  Während der Infotyp 1050 eine fachliche Stellenbewertung über Bewertungsgruppen und Bewertungspunkte beinhaltet, wird im Infotyp 1051 der monetäre Wert einer Stelle festgelegt.

  Gehaltsumfragen werden üblicherweise durchgeführt, um die Gehaltsstruktur des eigenen Unternehmens mit der Gehaltsstruktur eines ähnlichen Unternehmens zu vergleichen.

### 2.3.3 Planstellen

*Planstellen* (Objektschlüssel S) sind die konkret von einem oder mehreren Mitarbeiter(n) besetzten Positionen in einem Unternehmen (z. B. Bereichsleiter Personal, Sekretärin Personal, Sachbearbeitung Personalabrechnung) und bilden somit das zentrale Objekt für die Integration mit der Personaladministration.

Einer Planstelle können Sie eine oder mehrere Personen zuordnen. Der Besetzungsprozentsatz sollte dabei aber generell 100 % nicht überschreiten. Es gibt aber Situationen, in denen es vorübergehend schon mal notwendig ist, mehr als eine Person einer Planstelle zuzuordnen: Eine Planstelle kann z. B. vorübergehend mit zwei Personen zu jeweils 100 % besetzt sein, wenn es sich z. B. um eine Übergabe der Aufgaben handelt (etwa bei einem geplanten Austritt des derzeitigen Planstelleninhabers).

Planstellen werden durch das übergeordnete Objekttyp Stelle (Objektschlüssel C) klassifiziert. Über die Verknüpfung mit der Stelle und somit durch die Vererbung werden einer Planstelle Aufgaben, Eigenschaften und Hilfsmittel vererbt, die an einer Stelle gepflegt sind. Diese vererbten Kriterien können bei Bedarf an der Planstelle ergänzt oder geändert werden und somit die konkreten, zu einer Planstelle gehörenden Stellenbeschreibungen bilden (siehe Abbildung 2.16).

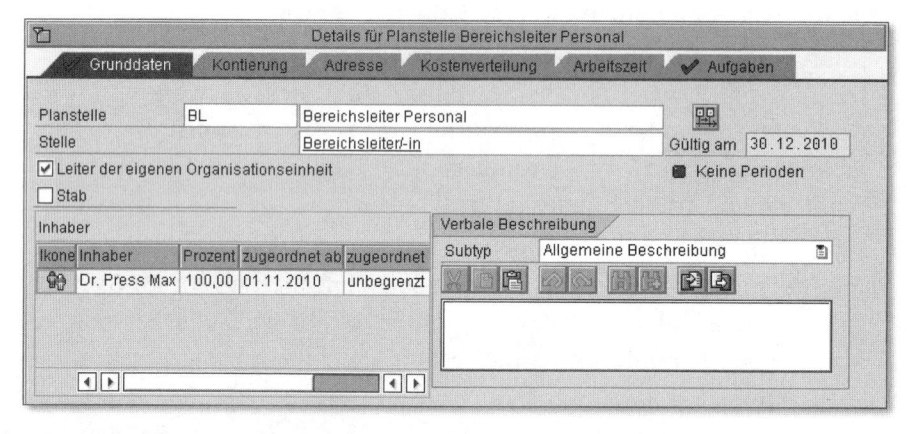

**Abbildung 2.16** Details einer Planstelle

Darüber hinaus erbt die Planstelle die an der übergeordneten Organisationseinheit gepflegten Informationen (z. B. Kostenstellenzuordnung). Das bedeutet, dass automatisch eine Planstelle die gleiche Kostenstellenzuordnung hat wie die übergeordnete Organisationseinheit. Sollte dies nicht gewollt sein, können Sie die Kostenstellenzuordnung an der Planstelle ändern.

Durch die Verknüpfung A/B 012 (leitet/wird geleitet von) können Sie eine Planstelle zu einer Leiterplanstelle innerhalb einer Organisationseinheit definieren. Alle anderen Planstellen innerhalb dieser Organisationseinheit berichten an diese Leiterplanstelle. Die Leiterplanstelle berichtet automatisch an die Leiterplanstelle in der übergeordneten Organisationseinheit. Durch diese Zuordnungen wird die Berichtsstruktur eines Unternehmens abgebildet (siehe Abbildung 2.17).

| Besetzungsplan (Struktur) | Kürzel | Id | Leiter |
|---|---|---|---|
| ▽ ☐ Personal (D) | HR D | O 60001578 | Bereichsleiter Personal |
|     Bereichsleiter Personal | BL | S 60001801 | |
|     Assistentin Bereichsleitung Personal | Sekr BL | S 60001822 | |
|   ▽ ☐ Personaladministration (D) | PA D | O 60001579 | Abteilungsleiter Personaladministration |
|     Abteilungsleiter Personaladministration | AL | S 60001809 | |
|     Assistentin Abteilungsleitung PA | Sekr AL | S 60001829 | |
|     Sachbearbeitung PA | SB | S 60001840 | |
|     Sachbearbeitung PA | SB | S 60001841 | |
|   ▽ ☐ Personalentwicklung (D) | PE D | O 60001580 | Abteilungsleiter Personalentwicklung |
|     Abteilungsleiter Personalentwicklung | AL | S 60001810 | |
|     Assistentin Abteilungsleitung PE | Sekr AL | S 60001833 | |
|     Sachbearbeitung PE | SB | S 60001842 | |
|     Sachbearbeitung PE | SB | S 60001843 | |
|     Sachbearbeitung PE | SB | S 60001844 | |
|   ▽ ☐ Recruiting (D) | RC D | O 60001581 | Abteilungsleiter Recruiting |
|     Abteilungsleiter Recruiting | AL | S 60001814 | |
|     Assistentin Abteilungsleitung RC | Sekr AL | S 60001838 | |
|     Sachbearbeitung RC | SB | S 60001847 | |
|     ▽ ☐ Recrutierung Auszubildende | RC Azubi | O 60001583 | |
|       Sachbearbeitung RC | SB | S 60001848 | |
|     ▽ ☐ Recrutierung Führungskräfte | RC FC | O 60001584 | |
|       Sachbearbeitung RC | SB | S 60001852 | |
|     ▽ ☐ Recrutierung Angestellte | RC Angest | O 60001585 | |
|       Sachbearbeitung RC | SB | S 60001859 | |

**Abbildung 2.17** Berichtsstruktur

Sollte die Berichtsstruktur nicht nur disziplinarisch eindimensional, also entlang der Organisationsstruktur in einem Unternehmen, abgebildet werden, besteht die Möglichkeit, eine weitere fachliche Zuordnung und somit eine Matrixorganisation abzubilden (siehe Abschnitt 5.1.3, »Matrixorganisation«). Das bedeutet, dass eine Planstelle mit mehreren Organisationseinheiten verknüpft sein kann.

> **Beispiel: Planstelle ist mit mehreren Organisationseinheiten verknüpft**
>
> Ein Mitarbeiter berichtet disziplinarisch an den Personalleiter, arbeitet aber aktuell in einem Projektteam für die Einführung von SAP Travel Management mit. Während der Projektlaufzeit ist er als Projektleiter zuständig für die Genehmigung von Urlaubsanträgen, während die Anträge für Weiterbildung weiterhin vom disziplinarischen Vorgesetzten freigegeben werden sollen. Damit hier die Genehmigungsworkflows richtig zugeordnet werden, sind jeweils separate Verknüpfungen von der Planstelle zu den jeweiligen Organisationseinheiten notwendig.

Planstellen werden in folgenden Fällen genutzt:

- für die Erstellung eines Besetzungsplans, also für die Zuordnung eines Mitarbeiters zu einer Planstelle und der Organisationseinheit
- für den Einsatz von Workflows
- für das Reporting durch Einsatz von Auswertungswegen
- für die konkrete Aufgaben-/Stellenbeschreibung

Die von SAP für Planstellen zugelassenen Verknüpfungen können Sie im Einführungsleitfaden (IMG) über den Pfad ORGANISATIONSMANAGEMENT • GRUNDEINSTELLUNGEN • ERWEITERTE DATENMODELLIERUNG • VERKNÜPFUNG ergänzen oder ändern.

Über die Funktion ERLAUBTE VERKNÜPFUNGEN kann ein Key User sich diese Verknüpfungen bei der Bearbeitung von Planstellen anzeigen lassen (siehe Abbildung 2.7). Außerdem ist es möglich, dass Sie mit dem Report RHRELAT0 (Erlaubte Verknüpfungen von Objekttypen) für Planstellen die erlaubten Verknüpfungen auswerten. Eine Planstelle muss mindestens mit der Verknüpfung A/B 003 (gehört zu/umfasst) mit einer Organisationseinheit verknüpft sein. Eine Zuordnung zur Stelle mit der Verknüpfung A/B 007 (beschreibt/wird beschrieben durch) sollte ebenfalls zu jeder Planstelle vorhanden sein.

Darüber hinaus können Sie für eine Planstelle die folgenden Verknüpfungen einsetzen:

- A/B 012 (leitet/wird geleitet von) – Verknüpfung zwischen Planstelle und Organisationseinheit
- A/B 008 (Inhaber) – Verknüpfung zwischen einer Planstelle und einem oder mehreren Planstelleninhaber(n)/Mitarbeiter(n)
- A/B 007 (beschreibt/wird beschrieben durch) – Verknüpfung zwischen einer Planstelle und einer Aufgabe
- A/B 003 (gehört zu/umfasst) – Verknüpfung zwischen einer Planstelle und einem Arbeitsplatz
- A/B 011 (Kostenstellenzuordnung) – Verknüpfung zwischen einer Planstelle und einer Kostenstelle, wenn diese von der durch die Organisationseinheit vererbten Kostenstelle abweicht.
- A/B 014 (Kostenstellenverteilung) – Verknüpfung von einer Planstelle zu mehreren Kostenstellen, wenn diese von der durch die Organisationseinheit vererbten Kostenstelle abweichen.

## 2.3 Basisobjekttypen des Organisationsmanagements

Auch die Attribute einer Planstelle können Sie in Infotypen beschreiben. Die Infotypen werden in diesem Kapitel nur kurz beschrieben. Eine ausführlichere Beschreibung erhalten Sie in Kapitel 4, »Infotypen im Organisationsmanagement«. Die Infotypen, die ausschließlich dem Objekttyp Planstelle zugeordnet werden können, beschreibe ich im Folgenden ausführlicher. Im Einzelnen sind dies die Infotypen 1013 (Mitarbeitergruppe und Mitarbeiterkreis) und 1014 (Obsolet).

- **Infotyp 1000 (Objekt)**
  Im Infotyp 1000 (Objekt) werden ein Name und ein Gültigkeitszeitraum für die Planstelle festgelegt.

- **Infotyp 1001 (Verknüpfungen)**
  Der Infotyp 1001 (Verknüpfungen) beinhaltet alle Verknüpfungen der Planstelle zu anderen Organisationsobjekten und deren Gültigkeitszeitraum.

- **Infotyp 1002 (Verbale Beschreibung)**
  Im Infotyp 1002 können Sie Beschreibungen zu Objekttypen des Organisationsmanagements anlegen, wie in diesem Fall zur Planstelle. Die Pflege des Infotyps 1002 ist optional, da dieser nur informativen Charakter hat und nicht ausgewertet werden kann.

- **Infotyp 1003 (Abteilung/Stab)**
  Im Infotyp 1003 wird definiert, ob eine Planstelle eine Stabsfunktion repräsentiert und somit nicht Bestandteil einer normalen Linienstruktur ist.

- **Infotyp 1005 (Solbezahlung)**
  In diesem Infotyp können Gehalts- und Tarifinformationen abgelegt werden, um Vorschlagswerte zu bilden, die dann von der Planstelle an den Mitarbeiter vererbt werden. Diese Vorschlagswerte erscheinen dann im Infotyp 0008 (Basisbezüge) im Personalstammsatz des Mitarbeiters und können hier übernommen oder geändert werden.

  Der Infotyp 1005 (Sollbezahlung) kann dem Objekttyp Stelle (Objektschlüssel C) und dem Objekttyp Planstelle (Objektschlüssel S) zugeordnet werden.

> **Hinweis: Infotyp 1005 (Sollbezahlung) der Stelle zuordnen**
>
> Ich empfehle Ihnen, den Infotyp 1005 (Sollbezahlung) direkt dem Objekttyp Stelle (Objektschlüssel C) zuzuordnen, da die dort gepflegten Informationen als Vorschlagswerte auf die Planstelle vererbt werden und somit der Pflegeaufwand für Sie minimiert wird.

▶ **Infotyp 1007 (Vakanz)**
Mit dem Infotyp 1007 (Vakanz) können Planstellen ab sofort oder für die Zukunft auf VAKANT gesetzt werden (siehe Abbildung 2.18). Dazu aktivieren Sie den Radiobutton ZU BESETZEN und legen ein Datum fest, ab wann die Planstelle vakant ist. Das bedeutet, dass diese Planstelle wieder – ab dem definierten Gültigkeitsdatum – neu besetzt werden kann, wenn der aktuelle Planstelleninhaber diese Planstelle verlässt. Der Infotyp kann nur dem Objekttyp Planstelle zugeordnet werden und steht somit nicht für andere Objekte zur Verfügung. Bei der Zuordnung des Infotyps 1007 zur Planstelle ist es unerheblich, ob diese aktuell besetzt oder unbesetzt ist, da die vakante Planstelle auch schon an die Recruiting-Abteilung gemeldet werden und somit die Neubesetzung initiiert werden kann, wenn die Planstelle aktuell noch besetzt ist.

**Abbildung 2.18** Infotyp 1007 (Vakanz)

Die Verwendung des Infotyps 1007 (Vakanz) ist nur dann obligatorisch, wenn Sie die HCM-Komponenten *Personalkostenplanung*, *Bewerberverwaltung* oder *Laufbahn- und Karriereplanung* einsetzen.

Wenn Sie z. B. die Personalkostenplanung nutzen, können Vakanzen bei der NN-Planung (Planung der Stellenbesetzung mit namentlich noch nicht bekannten Mitarbeitern) und somit bei der Kostenplanung berücksichtigt werden. Darüber hinaus können Sie Vakanzen bei der Laufbahn- und Nachfolgeplanung nutzen, wo diese bei der Identifizierung von geeigneten Planstellen für Mitarbeiter eingesetzt werden.

Die Komponente *Bewerberverwaltung* sucht nach vakanten Planstellen und nutzt dabei die Integration mit der Komponente *Personaladministration*.

Wenn Sie vakante Planstellen in der Bewerberverwaltung nutzen wollen, müssen Sie die Entscheidung treffen, ob alle unbesetzten Planstellen den

## 2.3 Basisobjekttypen des Organisationsmanagements

Status VAKANT erhalten sollen oder nicht. Wenn alle unbesetzten Planstellen den Status VAKANT erhalten sollen, brauchen Sie keine Einstellung vorzunehmen; die Statussetzung erfolgt automatisch. Wenn der Status VAKANT nicht automatisiert gesetzt werden soll, muss die Zuordnung für die Planstellen manuell über den Infotyp 1007 erfolgen.

Das diesbezügliche Customizing erfolgt im Einführungsleitfaden (IMG) über den Pfad ORGANISATIONSMANAGEMENT • BETRIEBSWIRTSCHAFTLICHE INFOTYPEINSTELLUNG • INFOTYP VAKANZ AKTIVIEREN/DEAKTIVIEREN oder alternativ direkt in der Systemtabelle T77S0 (siehe Abbildung 2.19).

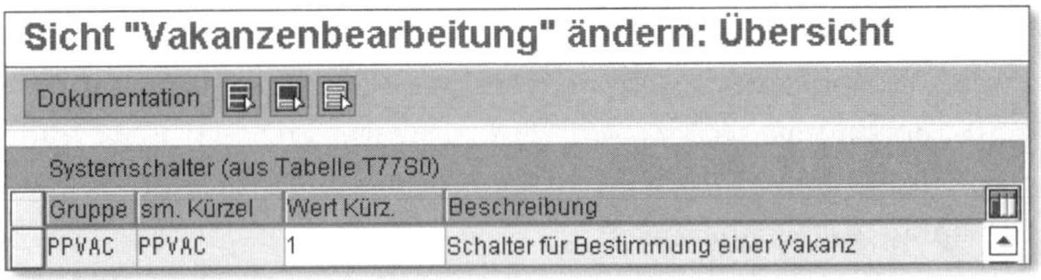

**Sicht "Vakanzenbearbeitung" ändern: Übersicht**

| Gruppe | sm. Kürzel | Wert Kürz. | Beschreibung |
|--------|-----------|-----------|--------------|
| PPVAC  | PPVAC     | 1         | Schalter für Bestimmung einer Vakanz |

**Abbildung 2.19** Tabelle T77S0 (Systemschalter für die Bestimmung einer Vakanz)

Damit grundsätzlich alle unbesetzten Planstellen auf den Status VAKANT gesetzt werden, wie im vorangegangenen Absatz beschrieben, müssen Sie dies im Customizing entsprechend einrichten. In diesem Fall müssen Sie die Schalter PPVAC (GRUPPE) und PPVAC (SM. KÜRZEL) auf den Wert »0« (WERT KÜRZ.) setzen. Der Infotyp 1007 (Vakanz) kann dann nicht direkt für eine Planstelle gepflegt werden.

Wenn Sie die Schalter PPVAC (GRUPPE) und PPVAC (SM. KÜRZEL) auf den Wert »1« (WERT KÜRZ.) setzen, müssen Sie den Infotyp 1007 (Vakanz) für eine Planstelle manuell pflegen, damit die Planstelle als vakant markiert wird. Sobald dies geschehen ist, wird systemseitig ein Satz in der Tabelle T750X (Vakanz) angelegt (siehe Abbildung 2.20). Durch den Eintrag in der Tabelle T750X wird die Schnittstelle zur Personalbeschaffung hergestellt.

**Sicht "Vakanz" anzeigen: Übersicht**

| Vakanz | Planstellenkurztext | Beginn | Ende | gepflegt durch | Bes |
|--------|---------------------|--------|------|----------------|-----|
| 01200005 | Hauptabteilungsleiter/in | 01.01.2003 | 31.12.9999 | P | 0 |
| 01200026 | Abteilungsleiter | 01.10.2002 | 31.12.9999 | P | 0 |
| 01203714 | kfm. Mitarbeiter/in | 01.11.2002 | 31.12.9999 | P | 0 |
| 01203720 | Bereichsleiter/in | 01.10.2002 | 31.12.9999 | P | 0 |

**Abbildung 2.20** Tabelle T750X (Vakante Planstellen)

Für die Auswertung des Infotyps 1007 (Vakanz) steht Ihnen der Standardreport RHVOPOS0 (Vakante Planstellen) zur Verfügung. Dieser Report zeigt Ihnen eine Liste mit allen vakanten oder obsoleten Planstellen an und enthält folgende Informationen:

- Kürzel und Bezeichnung der Organisationseinheit, zu der die vakante Planstelle gehört
- Planstellenbezeichnung
- Zeitraum, in dem die Planstelle vakant ist
- Datum, seit dem die Planstelle unbesetzt ist

- **Infotyp 1008 (Kontierungsmerkmale)**
  Im Infotyp 1008 (Kontierungsmerkmale) können Sie Vorschlagswerte für Kostenstellenzuordnungen festlegen. Üblicherweise werden diese Informationen an der Organisationseinheit gepflegt und dann über die Vererbung auf die Planstelle übertragen.

- **Infotyp 1010 (Kompetenzen/Hilfsmittel)**
  Der Infotyp 1010 (Kompetenzen/Hilfsmittel) wird in der Regel für eine Planstelle angelegt. Es ist aber auch möglich, diese Informationen dem Objekttyp *Arbeitsplatz* zuzuordnen. Bei der Anlage eines neuen Satzes zu diesem Infotyp werden die Daten in Subtypen gespeichert:

  - Im Subtyp KOMPETENZEN können z. B. Vollmachten, Zutrittsberechtigungen und Einkaufsberechtigungen zugeordnet werden.
  - Im Subtyp HILFSMITTEL können spezielle Hilfsmittel, z. B. spezielle Bildschirme oder Sicherheitsbekleidung, für diese Planstelle hinterlegt werden.

- **Infotyp 1011 (Arbeitszeit)**
  In diesem Infotyp können Soll-Arbeitszeiten für Planstellen direkt definiert werden, oder die Arbeitszeit wird durch das Vererbungsprinzip von der Organisationseinheit auf die Planstelle vererbt. Für die Vererbung gelten folgende Prinzipien:

  - Die Arbeitszeit wird direkt am Objekttyp Planstelle im Infotyp 1011 angelegt. In diesem Fall erfolgt keine Vererbung durch die Organisationseinheit.
  - Für eine Planstelle existiert weder ein Datensatz des Infotyps 1011 noch ein Datensatz des Infotyps 1013 (Mitarbeitergruppe/-kreis). In diesem Fall wird die Arbeitszeit der übergeordneten Organisationseinheit auf die Planstelle vererbt.

- Wenn in der gesamten Organisationsstruktur keine Datensätze mit definierten Soll-Arbeitszeiten identifiziert werden, gelten die im Customizing hinterlegten Arbeitszeiten.

- **Infotyp 1013 (Mitarbeitergruppe/-kreis)**
  Der Infotyp 1013 (Mitarbeitergruppe/-kreis) wird nur für Planstellen angelegt und ist grundsätzlich optional. Über ihn wird eine Planstelle einer Mitarbeitergruppe und einem Mitarbeiterkreis zugeordnet (siehe Abbildung 2.21).

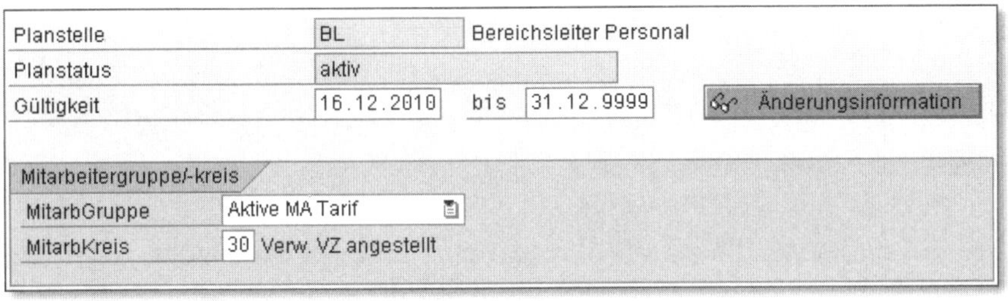

**Abbildung 2.21** Infotyp 1013 (Mitarbeitergruppe/-kreis)

Wenn die HCM-Komponenten *Personaladministration* und *Personalplanung und -entwicklung* eingesetzt werden, ist es möglich, die Personalstammdaten und die Planstellendaten zu verproben, d. h. miteinander zu vergleichen. Dazu muss sichergestellt sein, dass die Mitarbeitergruppen und -kreise in beiden Komponenten vorhanden sind.

Bei der Verprobung prüft das System die folgenden Sachverhalte:

- Sind die Planstelle und die zugeordnete Person der gleichen Mitarbeitergruppe und dem gleichen Mitarbeiterkreis zugeordnet?
- Entsprechen die Arbeitszeiten, die in der Komponente Personalplanung gepflegt sind, den Arbeitszeiten, wie sie dem Mitarbeiter in der Komponente Personaladministration zugeordnet wurden?

Sollte bei der Verprobung herauskommen, dass die Arbeitszeiten abweichen, wird eine Warnung durch das SAP-System erzeugt.

Mitarbeitergruppen werden unternehmensspezifisch über den Einführungsleitfaden (IMG) unter UNTERNEHMENSSTRUKTUR • DEFINITION • PERSONALWIRTSCHAFT • MITARBEITERGRUPPEN angelegt. Die gleiche Vorgehensweise wählen Sie auch bei der Anlage von Mitarbeiterkreisen, die Sie ebenfalls im Customizing unter UNTERNEHMENSSTRUKTUR • DEFINITION • PERSONALWIRTSCHAFT • MITARBEITERKREISE anlegen können.

- **Infotyp 1014 (Obsolet)**
  Mit diesem Infotyp können Planstellen als obsolet gekennzeichnet werden (siehe Abbildung 2.22). Normalerweise wird dieser Infotyp nur für Planstellen angelegt; es kommt aber auch vor, dass ein Arbeitsplatz als obsolet gekennzeichnet wird.

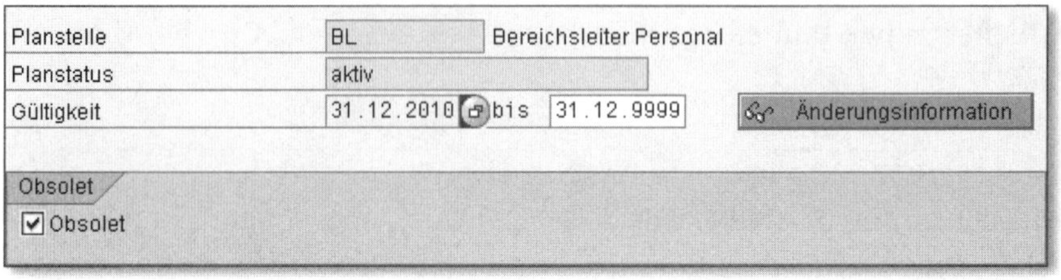

**Abbildung 2.22** Infotyp 1014 (Obsolet)

Wenn eine Planstelle als obsolet markiert wird, bedeutet das, dass diese Planstelle nicht mehr neu besetzt werden soll, wenn der aktuelle Planstelleninhaber diese Planstelle verlässt. Wenn der Planstelleninhaber die Planstelle verlässt, wird das Gültigkeitsdatum der Planstelle vom System automatisch abgegrenzt. Die Planstelle ist somit ab diesem Termin nicht mehr gültig.

Wenn Sie die HCM-Komponente Personalbeschaffung nutzen, sollten Sie den Infotyp 1014 (Obsolet) für eine Planstelle pflegen. Dadurch haben Sie die Möglichkeit, frühzeitig nach einer neuen Planstelle für den derzeitigen Planstelleninhaber zu suchen (z. B. wenn Umstrukturierungsmaßnahmen in Ihrem Unternehmen stattfinden). Wenn der Planstelleninhaber die obsolete Planstelle verlässt, wird die Gültigkeit der Planstelle abgegrenzt.

Für die Auswertung des Infotyps 1014 (Obsolet) kann der Standardreport RHVOPOS1 (Obsolete Planstellen) genutzt werden. Dieser Report zeigt Ihnen folgende Informationen an:

- Zeitpunkt, bis zu dem die Planstelle noch besetzt ist
- Zeitpunkt, seit dem eine Planstelle nicht mehr besetzt ist
- Zeitpunkt, ab dem eine Planstelle obsolet ist

- **Infotyp 1015 (Kostenplanung)**
  Im Infotyp 1015 (Kostenplanung) können Sie Informationen zu allen Kostenarten hinterlegen, die sich auf Kostenplanungen über Soll-Bezüge beziehen. Der Infotyp Kostenplanung ist nur sinnvoll, wenn auch die Komponente Personalkostenplanung eingesetzt wird. Die üblicherweise am

Objekttyp Stelle hinterlegten Informationen vererben sich auf die zugeordnete Planstelle. Es ist aber auch möglich, diese Daten direkt an der Planstelle zu hinterlegen.

- **Infotyp 1016 (Standardprofile)**
Über den Infotyp 1016 können der Planstelle Standardprofile zugeordnet werden. Diese Profile, die sich automatisch auf die der Planstelle zugeordneten Personen vererben, steuern z. B. die Berechtigung für den Zugriff auf Infotypen. Damit der Pflegeaufwand minimiert wird, empfehle ich Ihnen, diesen Infotyp der Stelle zuzuordnen.

- **Infotyp 1017 (PD-Profile)**
Mit dem Infotyp 1017 (PD-Profile) können Sie personalplanungsspezifische, strukturelle Berechtigungsprofile an der Planstelle anlegen und verwalten, die sich auf die zugeordneten Personen vererben. Um den Pflegeaufwand zu verringern, empfehle ich Ihnen, diesen Infotyp der Stelle zuzuordnen.

  Ein PD-Profil kann eine unbegrenzte Anzahl von Berechtigungen enthalten. Um eine maximale Sicherheit zu garantieren, sollte der Infotyp 1017 (PD-Profile) in Kombination mit dem Infotyp 1016 (Standardprofile) angelegt werden.

- **Infotyp 1018 (Kostenverteilung)**
Üblicherweise werden die an einer Planstelle anfallenden Kosten über die Stammkostenstelle verbucht, die über die Verknüpfung A/B 011 (Kostenstellenzuordnung) der Planstelle direkt zugeordnet oder durch eine übergeordnete Organisationseinheit vererbt werden. Der Infotyp 1018 wird dann an einer Planstelle gepflegt, wenn die anfallenden Kosten auf mehrere Kostenstellen prozentual verteilt werden sollen.

- **Infotyp 1028 (Adresse)**
In diesem Infotyp können Sie eine Adresse zu einer Planstelle pflegen. Häufig sind dies Gebäude- und Raumnummern. Wenn Sie den Infotyp 1028 (Adresse) für Gebäudeanschriften verwenden, müssen Sie diese zuerst separat im Customizing pflegen. Diese Vorgehensweise ist detailliert in Kapitel 4, »Infotypen im Organisationsmanagement«, beschrieben.

- **Infotyp 1032 (Mail-Adresse)**
Dieser Infotyp wird üblicherweise in OM nur dann genutzt, wenn SAP Mail nicht eingesetzt wird und stattdessen Informationen an alle beteiligten Objekte über E-Mail-Adressen verschickt werden sollen (z. B. Buchungsbestätigungen).

- **Infotyp 1050 (Ergebnis Stellenbewertung)**
  Im Infotyp 1050 werden die Ergebnisse einer Stellenbewertung für den Objekttyp Stelle oder auch für Planstellen in Subtypen erfasst. Diese Informationen können z. B. als Grundlage für die Bildung von Gehaltsstrukturen in einem Unternehmen genutzt werden. Üblich ist es, diesen Infotyp am Objekttyp Stelle zu pflegen.

- **Infotyp 1051 (Umfrageergebnis)**
  Im Infotyp 1051 werden Ergebnisse aus Gehaltsumfragen (z. B. Grundgehalt und Bonuszahlungen) in Subtypen erfasst. Der Infotyp 1051 wird normalerweise zusammen mit dem Infotyp 1050 (Ergebnis Stellenbewertung) angelegt und dem Objekt Stelle zugeordnet.

  Während der Infotyp 1050 (Ergebnis Stellenbewertung) eine fachliche Stellenbewertung über Bewertungsgruppen und Bewertungspunkte beinhaltet, wird im Infotyp 1051 (Umfrageergebnis) der monetäre Wert einer Planstelle festgelegt.

### 2.3.4 Personen

Personen (Objektschlüssel P) sind konkrete Inhaber einer Planstelle. Durch die Zuordnung zur Planstelle ist die Person der Aufbauorganisation eines Unternehmens zugeordnet. Die Person ist ein sogenanntes *externes Objekt*. Externe Organisationsobjekte sind Objekte, die nicht über das Organisationsmanagement angelegt werden (Personen werden über die HCM-Komponente Personaladministration gepflegt), die durch die Verknüpfung mit anderen Objekten aber im Organisationsmanagement berücksichtigt werden.

Informationen zu diesen Inhabern/Personen pflegen Sie in der HCM-Komponente Personaladministration im Personalstammsatz. Der PA-Infotyp 0001 (Organisatorische Zuordnung) enthält die Planstellenzuordnung der Personen/Mitarbeiter.

Die Zuordnung zu einer Planstelle in der Personaladministration findet in der Regel nicht durch die direkte Eingabe der Planstelle im Infotyp 0001 (Organisatorische Zuordnung) statt, sondern über Personalmaßnahmen. Die Personalmaßnahmen zur Zuordnung einer Planstelle in der Personaladministration können z. B. eine Einstellungsmaßnahme oder ein organisatorischer Wechsel sein.

Darüber hinaus können Sie organisatorische Wechsel über OM durchführen. Diese werden dann unmittelbar, d. h. ohne weitere Aktivitäten in der Personaladministration, im Infotyp 0001 (Organisatorische Zuordnung) automatisch übertragen. Die Durchführung einer Maßnahme in der Personaladministration ist hier also nicht notwendig, aber möglich.

Wenn die Integration zwischen Personaladministration und Organisationsmanagement aktiviert ist (Tabelle: T77S0, Eintrag: PLOGI PLOGI und PLOGI ORGA), werden im Infotyp 0001 (Organisatorische Zuordnung) auch die Organisationseinheit sowie die Zuordnung zur Stelle und zur Kostenstelle angezeigt (siehe Abbildung 2.23).

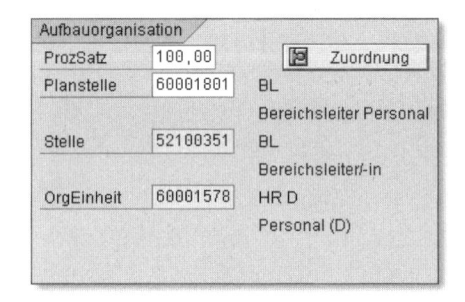

```
Aufbauorganisation
ProzSatz    100,00        Zuordnung
Planstelle  60001801  BL
                      Bereichsleiter Personal
Stelle      52100351  BL
                      Bereichsleiter/-in
OrgEinheit  60001578  HR D
                      Personal (D)
```

**Abbildung 2.23** Infotyp 0001 (Organisatorische Zuordnung) in der Personaladministration

Folgende Verknüpfungen stehen Ihnen für die Zuordnung einer Person innerhalb der Aufbauorganisation eines Unternehmens zur Verfügung:

- A/B 008 (Inhaber) – Verknüpfung zwischen der Person und der Planstelle
- A/B 017 (wird ausgeübt von/übt aus) – direkte Zuordnung zwischen der Person und der Stelle (Objektschlüssel C), wenn für die Person nicht die vererbten Merkmale aus der Zuordnung Stelle – Planstelle gelten sollen.

### 2.3.5 Kostenstellen

Der Objekttyp *Kostenstelle* (Objektschlüssel K) ist ein externes Objekt, das im Controlling vorhanden sein muss, damit Sie es im Organisationsmanagement zuordnen können. Externe Organisationsobjekte sind Objekte, die nicht über das Organisationsmanagement angelegt werden (Kostenstellen werden über das SAP-Modul CO gepflegt), durch die Verknüpfung mit anderen Objekten aber in OM berücksichtigt werden. Durch die Verknüpfung von Kostenstellen mit Organisationsobjekten wird die Verbuchung von Kosten festgelegt, die an Organisationsobjekten entstehen.

Bei der Zuordnung von Kostenstellen gilt das Vererbungsprinzip entlang der hierarchischen Struktur. Dies bedeutet: Wenn einem Organisationsobjekt nicht direkt eine Kostenstelle zugeordnet wurde, greift die Kostenstelle, die dem übergeordneten Organisationsobjekt zugeordnet ist. Einem Organisationsobjekt können auch mehrere Kostenstellen – Infotyp 1018 (Kostenverteilung) – zugeordnet werden. Die Kostenverteilung findet hier prozentual statt und kann 100 % nicht überschreiten. Dabei ist zu beachten, dass auch hier das Vererbungsprinzip greift. Das bedeutet, dass alle untergeordneten Objekte die gleiche Kostenverteilung zugeordnet bekommen, falls diese Objekte nicht mit einer eigenen Kostenstelle verknüpft sind.

Wenn die Integration zwischen dem Organisationsmanagement und der HCM-Komponente Personaladministration (PA) aktiv ist, werden die Kostenstelleninformationen direkt aus der Organisationszuordnung im Organisationsmanagement in den Personalstammsatz des Mitarbeiters (PA, Infotyp 0001 (Organisatorische Zuordnung) übertragen.

Beim Anlegen von Verknüpfungen zwischen Organisationsobjekten und Kostenstellen wird als Verknüpfungsart grundsätzlich immer die A 011 (Kostenstellenzuordnung) ausgewählt. Im Wesentlichen kann der Objekttyp Kostenstelle mit den folgenden Objekttypen verknüpft werden:

- A 011 (Kostenstellenzuordnung) – Verknüpfung einer *Organisationseinheit* mit einer Kostenstelle
- A 011 (Kostenstellenzuordnung) – Verknüpfung einer *Planstelle* mit einer Kostenstelle
- A 011 (Kostenstellenzuordnung) – Verknüpfung eines *Arbeitsplatzes* mit einer Kostenstelle

### Empfehlungen zur Kostenstellenzuordnung

Bei der Kostenstellenzuordnung beachten Sie bitte Folgendes:
- Die Kostenstellenzuordnung sollte immer direkt an der Organisationseinheit erfolgen. Durch die Vererbung greift diese Zuordnung auf alle dieser Organisationseinheit zugeordneten Objekte (z. B. Planstelle) zu. Durch diese Vorgehensweise vermeiden Sie Pflegeaufwand.
- Wenn eine Kostenstelle mit einer Organisationseinheit verknüpft wird, empfiehlt es sich, in das Kürzel der Organisationseinheit die Kostenstelle zu schreiben. Häufig besteht die Anforderung an den HR-Fachbereich darin, einen Mitarbeiter auf eine bestimmte Kostenstelle zu versetzen. Da oftmals der Name der Organisationseinheit nicht identisch ist mit der Bezeichnung der Kostenstelle, ist die Suche in so einem Fall aufwendig. Indem Sie die ID der Kostenstelle in die Kurzbezeichnung der Organisationseinheit übernehmen, finden Sie die entsprechende Organisationseinheit sehr einfach (siehe Abbildung 2.24).

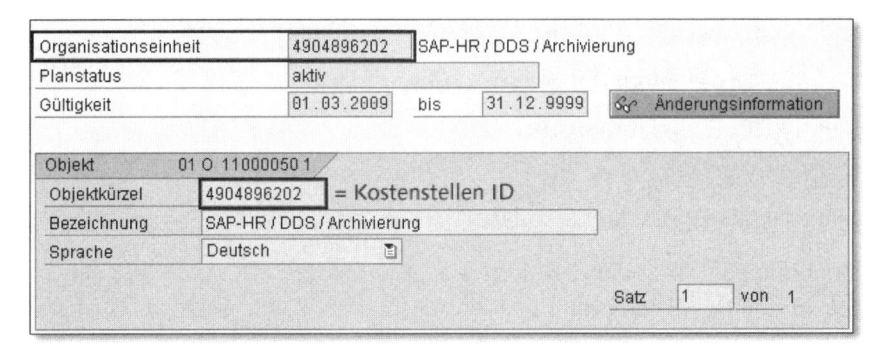

```
Organisationseinheit    4904896202    SAP-HR / DDS / Archivierung
Planstatus              aktiv
Gültigkeit              01.03.2009  bis  31.12.9999   Änderungsinformation

Objekt         01 O 1100000501
Objektkürzel   4904896202       = Kostenstellen ID
Bezeichnung    SAP-HR / DDS / Archivierung
Sprache        Deutsch

                                                     Satz  1   von  1
```

**Abbildung 2.24** Objektkürzel identisch mit der Kostenstellen-ID

## 2.4 Weitere Objekttypen im Organisationsmanagement

Wie bereits erwähnt, stellt SAP eine Vielzahl von Organisationsobjekten bereit (eine Auflistung aller Objekttypen finden Sie in Anhang A dieses Buches). Die Objekttypen, die für die Abbildung einer Unternehmensstruktur wichtig sind, habe ich im vorangegangenen Abschnitt ausführlich beschrieben. Im Folgenden möchte ich Ihnen noch einige Objekttypen vorstellen, die hilfreich, aber nicht elementar für die Abbildung Ihrer Unternehmens- und Berichtsstruktur sind.

### 2.4.1 Aufgaben

Der Objekttyp *Aufgaben* beschreibt die konkreten Tätigkeiten, Verantwortlichkeiten und Zuständigkeiten einer Organisationseinheit, einer Stelle, einer Planstelle, einer Person oder eines Arbeitsplatzes.

Der Objekttyp Aufgaben kann folgenden Objekten zugeordnet werden:

- einer Organisationseinheit (Objektschlüssel O), wenn die Aufgaben für alle untergeordneten Planstellen gelten sollen
- einer Stelle (Objektschlüssel C), wenn die Aufgaben für alle durch die Stelle beschriebenen Planstellen gelten sollen
- einer Planstelle (Objektschlüssel S), wenn die Aufgaben für alle Personen bzw. Benutzer gelten sollen, die diese Planstelle besetzen
- einer Person (Objektschlüssel P), wenn die Aufgaben nur für diese einzelne Person gelten sollen
- einem Benutzer (Objektschlüssel US), wenn die Aufgaben für diesen einzelnen Benutzer gelten sollen

Es werden die folgenden Aufgabentypen unterschieden:

- Objekttyp T (Kundendefinierte Aufgaben)
- Objekttyp TS (Standardaufgaben)
- Objekttyp WF (Kundendefinierte Workflow-Aufgaben)
- Objekttyp WS (Workflow-Standard)

Die Objekttypen T (Kundendefinierte Aufgaben) und TS (Standardaufgaben) werden in der HCM-Komponente Personalwirtschaft eingesetzt, da aus personalwirtschaftlichen Gesichtspunkten Aufgaben individuelle Zuständigkeiten und Verantwortlichkeiten bedeuten. Beispiele aus personalwirtschaftlicher Sicht für die Aufgaben sind z. B. Meetings organisieren, Bewerbungsgespräche führen oder Konzepte schreiben.

Sie können einzelne Aufgaben in einer Aufgabengruppe zusammenfassen, indem Sie die Aufgaben mit einer Aufgabengruppe verknüpfen (siehe Abbildung 2.25). Dies führen Sie im SAP Easy Access-Menü unter WERKZEUGE • BUSINESS WORKFLOW • ENTWICKLUNG • DEFINITIONSWERKZEUGE • AUFGABEN/ AUFGABENGRUPPEN • ANLEGEN durch.

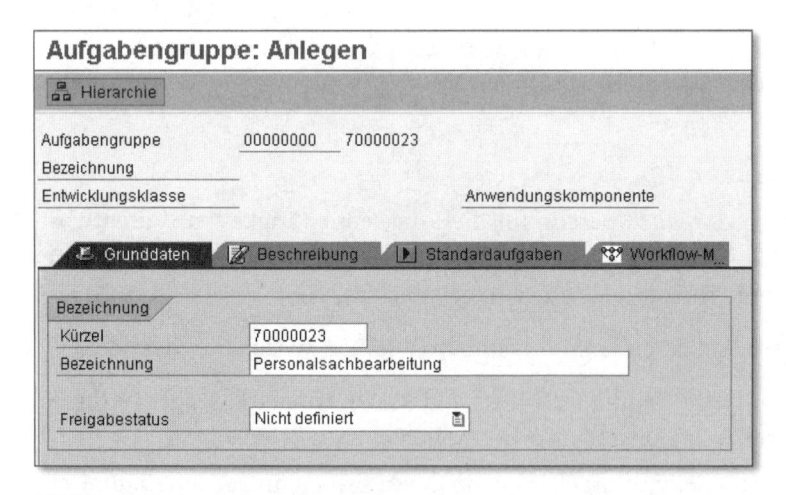

**Abbildung 2.25** Aufgabengruppe anlegen

Die Aufgabengruppe PERSONALSACHBEARBEITUNG kann z. B. aus den Einzelaufgaben PERSONALSTAMMSÄTZE PFLEGEN, BEWERBUNGSTERMINE ORGANISIEREN und STELLENAUSSCHREIBUNGEN ERSTELLEN bestehen. Durch die Anlage von Aufgabengruppen sparen Sie Zeit, da die Verknüpfung zwischen einer Stelle oder einer Planstelle mit einer Aufgabengruppe schneller durchzuführen ist als die Verknüpfung mit diversen einzelnen Aufgaben.

## 2.4 Weitere Objekttypen im Organisationsmanagement

Alle Aufgaben sind in einem Aufgabenkatalog zusammengefasst, in dem auch die Beziehungen zwischen den einzelnen Aufgaben angezeigt werden. Den Aufgabenkatalog pflegen Sie über folgenden Pfad im SAP Easy Access-Menü: PERSONAL • ORGANISATIONSMANAGEMENT • EXPERTENMODUS • AUFGABENKATALOG. In dieser Funktion können Sie die Infotypen zu Aufgaben innerhalb eines Aufgabenkatalogs pflegen oder auch neue Aufgaben anlegen (siehe Abbildung 2.26).

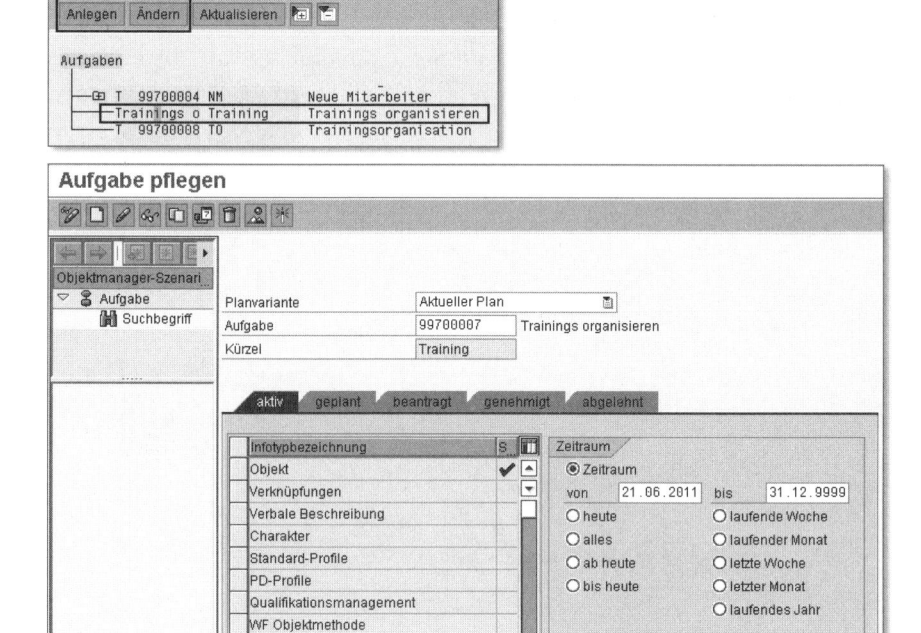

**Abbildung 2.26** Aufgabenkatalog pflegen

> **Empfehlung zu Aufgabengruppen**
>
> Ich empfehle Ihnen, mit Aufgabengruppen zu arbeiten, da die Verknüpfung einer Aufgabengruppe mit einer Stelle oder einer Planstelle mit einer Aufgabengruppe deutlich schneller durchzuführen ist als die Verknüpfung mit jeder einzelnen Aufgabe.

Für Workflows können alle Objekttypen eingesetzt werden: TS, WF und WS. In Abschnitt 9.9, »Das Organisationsmanagement als Basis für HCM Workflows« finden Sie weitere Informationen zu Workflows.

Die folgenden Infotypen stehen für die Beschreibung einer Aufgabe zur Verfügung:

- **Infotyp 1000 (Objekt)**
  Im Infotyp 1000 werden ein Name und ein Gültigkeitszeitraum für das Objekt Aufgaben definiert.

- **Infotyp 1001 (Verknüpfungen)**
  Der Infotyp 1001 beinhaltet alle Verknüpfungen vom Objekttyp Aufgaben zu anderen zugelassenen Objekttypen und deren Gültigkeitszeitraum.

- **Infotyp 1004 (Charakter)**
  Den Infotyp 1004 (Charakter) können Sie ausschließlich an Objekten des Objekttyps Aufgaben pflegen. Die Pflege ist aber grundsätzlich optional. Die im Aufgabenkatalog definierten Aufgaben können Sie nach diversen Faktoren charakterisieren (siehe Abbildung 2.27). Die Informationen im Infotyp 1004 (Charakter) können unter anderem bei Entscheidungen über Vergütungen hilfreich sein.

**Abbildung 2.27** Infotyp 1004 (Charakter)

Im Infotyp werden folgende Kategorien unterschieden:

- RANG: In der Kategorie RANG können Sie definieren, ob eine Aufgabe einen planenden, ausführenden oder kontrollierenden Charakter hat.

- PHASE: In dieser Kategorie legen Sie fest, ob eine spezifische Aufgabe entscheidenden oder ausführenden Charakter hat.

- ZWECK: In der Kategorie ZWECK definieren Sie, ob die Aufgabe eher zweckgebundenen oder eher verwaltenden Charakter hat.

Wie Sie die Kategorien aber genau verwenden bzw. für Ihr Unternehmen definieren und ob Sie diese überhaupt verwenden, ist Ihnen überlassen. Die Definitionen sind lediglich als Vorschlag zu verstehen.

Zur Auswertung des Infotyps 1004 stehen Ihnen zwei Standardreports zur Verfügung. Der Report RHXIAW04 (Charakterisierung einer Aufgabe in einer Organisation) listet die Kennzeichen von Aufgaben innerhalb von Organisationseinheiten auf. Der Report RHXIAW05 (Charakterisierung einzelner Aufgaben) listet die Attribute einzelner Aufgaben auf.

▶ **Infotyp 1016 (Standardprofile)**
Über den Infotyp 1016 können Sie der Aufgabe Standardprofile zuordnen. Die Zuordnung wird automatisch an die verknüpften Planstellen und Stellen vererbt. Sie können die Planstellen und Stellen aber bei Bedarf um weitere Berechtigungen erweitern.

### 2.4.2 Arbeitsplatz

Das Objekt Arbeitsplatz (Objektschlüssel A) beschreibt den konkreten Ort, an dem eine Tätigkeit ausgeübt wird. Dabei können Sie sich entscheiden, ob Sie eine generelle Beschreibung (z. B. Niederlassung Düsseldorf) oder eine detailliertere Beschreibung (z. B. Gebäude A, 2. Etage, Raum A2-05) angeben.

Neben einer Ortsbeschreibung des Arbeitsplatzes können Sie auch Eigenschaften (z. B. Hilfsmittel, die für diesen Arbeitsplatz benötigt werden, oder die Sollbezahlung) sowie Einschränkungen (z. B. Arbeitsplatz ist nicht geeignet für Schwerbehinderte) hinzufügen.

Arbeitsplätze können mit den folgenden Objekten verknüpft werden:

▶ A/B 003 (gehört zu/umfasst) – Verknüpfung zwischen einem Arbeitsplatz und einer oder mehreren Planstellen

▶ A/B 003 (gehört zu/umfasst) – Verknüpfung zwischen einem Arbeitsplatz und einem anderen Arbeitsplatz

In den folgenden Infotypen können Sie die Eigenschaften eines Arbeitsplatzes beschreiben:

▶ **Infotyp 1000 (Objekt)**
Hier legen Sie einen aussagekräftigen Titel und einen Gültigkeitszeitraum für den Arbeitsplatz fest.

▶ **Infotyp 1001 (Verknüpfungen)**
Im Infotyp 1001 (Verknüpfungen) werden die Verknüpfungen vom Arbeitsplatz zu anderen Objekten, also zu einer Planstelle und gegebenenfalls auch zu einem anderen Arbeitsplatz, angelegt.

- **Infotyp 1002 (Verbale Beschreibung)**
  Hier können Sie Informationen zum Arbeitsplatz ablegen, die nicht in den Standardinfotypen enthalten sind. Die verbale Beschreibung hat lediglich informativen Charakter und kann nicht ausgewertet werden.

- **Infotyp 1005 (Sollbezahlung)**
  Im Infotyp 1005 können Sie die Sollbezahlung (Gehalt oder Tarif) für einen Arbeitsplatz hinterlegen.

- **Infotyp 1006 (Einschränkungen)**
  Der Infotyp 1006 kennzeichnet Arbeitsplätze, die aufgrund von Ausstattung, Lage oder Arbeitszeit für bestimmte Personen nicht geeignet sind. Dieser Infotyp steht nur für Objekte des Objekttyps Arbeitsplatz zur Verfügung. Die Pflege des Infotyps ist optional.

  Einschränkungen werden individuell für jedes Unternehmen definiert. Die Einschränkungen, die für einen bestimmten Arbeitsplatz gelten, legen Sie in der Tabelle T778C (Einschränkungen) fest (siehe Abbildung 2.28).

**Sicht "Einschränkungen" anzeigen: Übersicht**

| Eins | Einschränkungsbezeichnung |
|---|---|
| 0001 | nicht geeignet für weibl. Mitarbeiter |
| 0002 | nicht geeignet für Schwerbehinderte Kl. |
| 0003 | nicht geeignet für Jugendliche |

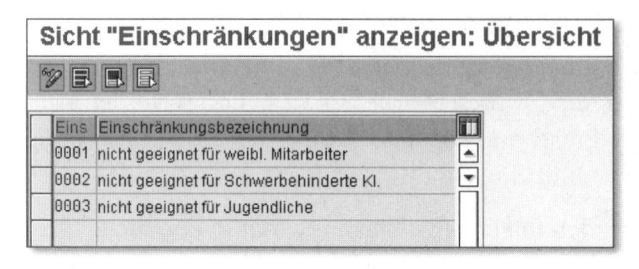

**Abbildung 2.28** Tabelle T778C (Einschränkungen)

Zu den Einschränkungen müssen Sie auch Begründungen im Customizing pflegen. Für diese Definitionen steht Ihnen die Tabelle T778X (Begründungen) zur Verfügung (siehe Abbildung 2.29).

**Sicht "Begründungen" anzeigen: Übersicht**

| Begründung | Begründungsbezeichnung |
|---|---|
| 0001 | Röntgenstrahlung |
| 0002 | ständige Nachtarbeit |
| 0003 | es muß oft über 10kg gehoben werden |
| 0004 | Akkord-Arbeitsplatz |

**Abbildung 2.29** Tabelle T778X (Begründungen)

Weitere Objekttypen im Organisationsmanagement | **2.4**

Für die Auswertung des Infotyps 1006 (Einschränkung) stehen Ihnen zwei Standardreports zur Verfügung:

▶ RHXIAW00 (Arbeitsplätze mit Einschränkungen einer Organisationseinheit): Die Auswertung über diesen Report gibt Ihnen einen Überblick über *alle* Arbeitsplätze entlang einer Organisationsstruktur, die nur unter Berücksichtigung der im Infotyp 1006 definierten Einschränkungen besetzbar sind.

▶ RHXIAW01 (Einzelne Arbeitsplätze mit Einschränkungen): Die Auswertung über diesen Report gibt Ihnen einen Überblick über *einzelne* Arbeitsplätze, die nur unter Berücksichtigung der im Infotyp 1006 definierten Einschränkungen besetzbar sind. Im Selektionsbild des Reports geben Sie einzelne oder mehrere Arbeitsplätze an und legen den Auswertungszeitraum fest. Im Ergebnis werden Ihnen dann pro Arbeitsplatz die Einschränkungen angezeigt, falls Einschränkungen im Infotyp 1006 für einen Arbeitsplatz gepflegt sind (siehe Abbildung 2.30).

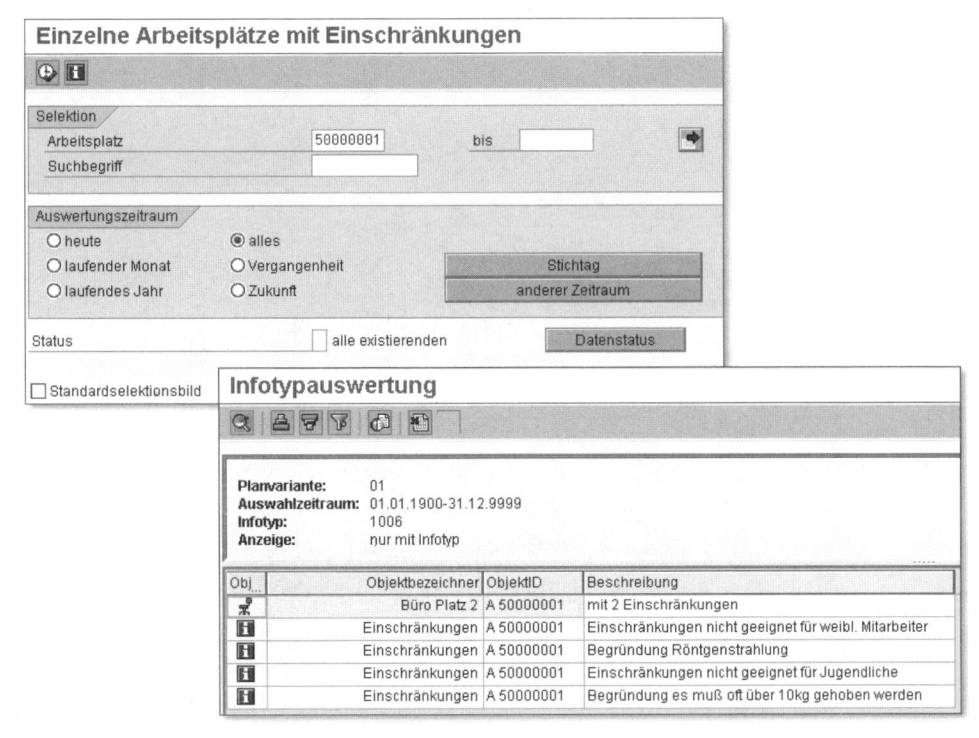

**Abbildung 2.30** Report RHXIAW01 (Auswertung einzelner Arbeitsplätze mit Einschränkungen)

- **Infotyp 1009 (Gesundheitsvorsorge)**
  Im Infotyp 1009 (Gesundheitsvorsorge) können Sie gesundheitliche Voraussetzungen und Einschränkungen für einen bestimmten Arbeitsplatz erfassen. Dieser Infotyp wird nur für Objekte des Objekttyps Arbeitsplatz gepflegt. Die Pflege des Infotyps ist optional. Der Infotyp Gesundheitsvorsorge unterteilt sich in die Subtypen HANDICAP und VORSORGE. Wenn Ihnen diese Subtypen zur Abbildung Ihrer Anforderungen nicht ausreichen, können Sie weitere Subtypen im Customizing anlegen.
  - Im Subtyp HANDICAP können Sie definieren, für welche Arbeitsplätze Mitarbeiter mit bestimmten Krankheiten (z. B. Allergien oder Sehbehinderungen) nicht eingesetzt werden dürfen.
  - Mit dem Subtyp VORSORGE können Arbeitsplätze gekennzeichnet werden, für die regelmäßige Vorsorgeuntersuchungen vorgeschrieben sind (z. B. Seh- und Hörtests, siehe Abbildung 2.31).

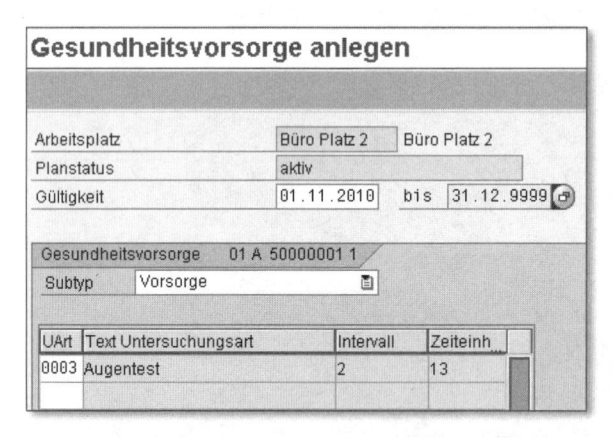

**Abbildung 2.31** Infotyp 1009 (Gesundheitsvorsorge)

Für die Auswertung des Infotyps 1009 (Gesundheitsvorsorge) stehen Ihnen zwei Standardreports zur Verfügung:

- RHXIAW02 (Arbeitsplätze mit Gesundheitsvorsorge einer Organisation): Die Auswertung über diesen Report gibt Ihnen eine Auflistung über *alle* Arbeitsplätze, die entweder mit Handicaps belegt sind oder der Gesundheitsvorsorge gemäß Definition im Infotyp 1009 unterliegen.
- RHXIAW03 (Einzelne Arbeitsplätze Gesundheitsvorsorge): Die Auswertung über diesen Report gibt Ihnen einen Überblick über *einzelne* Arbeitsplätze, die entweder mit Handicaps belegt sind oder der Gesundheitsvor-

sorge nach der Definition im Infotyp 1009 unterliegen. Im Selektionsbild selektieren Sie einen einzelnen Arbeitsplatz oder auch mehrere im Infotyp 1009 gepflegte Handicaps/Gesundheitsvorsorgen. Diese werden dann für jeden Arbeitsplatz angezeigt (siehe Abbildung 2.32).

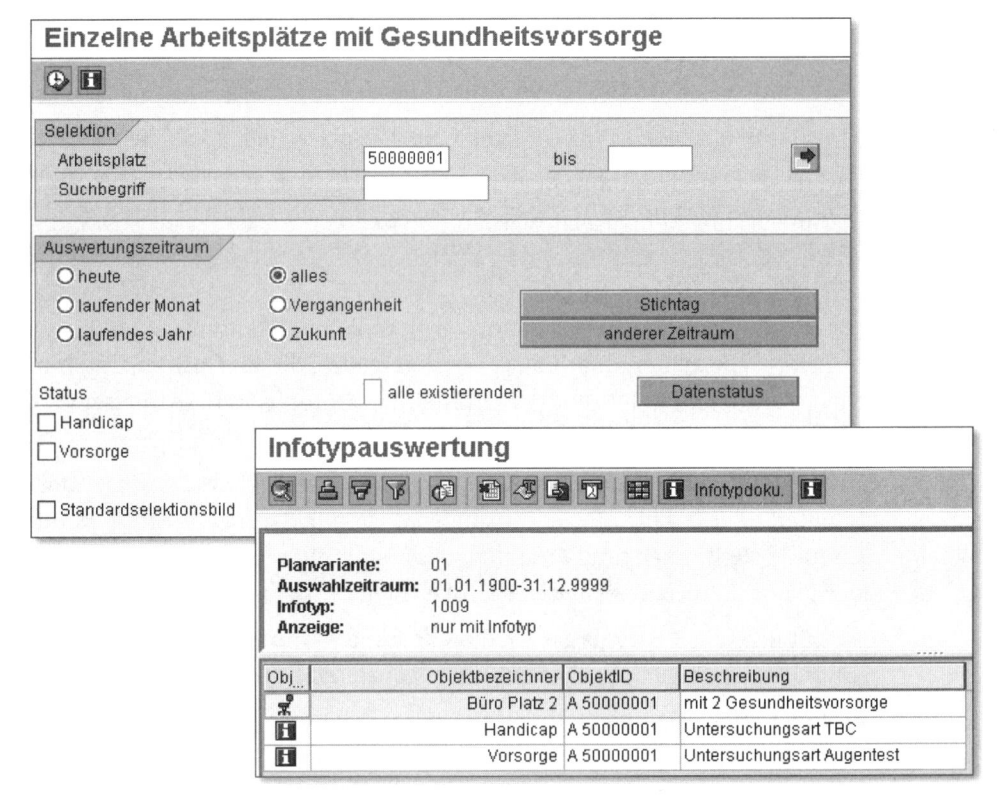

**Abbildung 2.32** Report RHXIAW03 (Auswertung einzelner Arbeitsplätze mit Gesundheitsvorsorge)

- **Infotyp 1010 (Kompetenzen/Hilfsmittel)**
  Der Infotyp 1010 (Kompetenzen/Hilfsmittel) kann für Objekte des Objekttyps Planstelle und Arbeitsplatz angelegt werden. Die Daten werden in Subtypen abgelegt, die unternehmensspezifisch definiert werden können.
  - Im Subtyp KOMPETENZEN können Sie z. B. Vollmachten, Zutrittsberechtigungen und Einkaufsberechtigungen zuordnen.
  - Im Subtyp HILFSMITTEL können Sie Informationen dazu hinterlegen, welche speziellen Hilfsmittel (z. B. besondere Bildschirme oder Sicherheitsbekleidung) für diesen Arbeitsplatz vorgesehen sind.

- **Infotyp 1011 (Arbeitszeit)**
  In diesem Infotyp können Sie Soll-Arbeitszeiten für Arbeitsplätze direkt definieren, oder die Arbeitszeit wird durch das Vererbungsprinzip auf den Arbeitsplatz vererbt.

  Für die Vererbung gelten folgende Prinzipien:
  - Die Arbeitszeit wird *direkt* am Objekt Arbeitsplatz im Infotyp 1011 (Arbeitszeit) angelegt. In diesem Fall erfolgt keine Vererbung.
  - Die Arbeitszeit wird *nicht* direkt am Objekt Arbeitsplatz im Infotyp 1011 (Arbeitszeit) angelegt. Das Objekt Arbeitsplatz ist aber mit einer Planstelle verknüpft, für die ein Datensatz im Infotyp 1011 (Arbeitszeit) angelegt wurde. In diesem Fall wird die Arbeitszeit von der Planstelle auf den Arbeitsplatz vererbt.

  Wenn in der gesamten Organisationsstruktur keine Datensätze mit definierten Soll-Arbeitszeiten identifiziert werden, gelten die im Customizing hinterlegten Arbeitszeiten (siehe Abschnitt 4.2.8, »Infotyp 1010 (Arbeitszeit)«).

- **Infotyp 1015 (Kostenplanung)**
  Kostendaten werden im Infotyp 1015 (Kostenplanung) zu Organisationseinheiten oder Arbeitsplätzen normalerweise nur dann gepflegt, wenn es sich um feste Beträge oder Pauschalen handelt, die nicht einzelnen Stellen oder Planstellen zugeordnet werden können.

  Es ist üblich, die Kostendaten am Objekt Stelle zu hinterlegen. Diese Informationen vererben sich dann auf die zugeordneten Planstellen.

- **Infotyp 1018 (Kostenverteilung)**
  Üblicherweise werden Kosten, die an einer Organisationseinheit anfallen, über die Stammkostenstelle verbucht. Die Stammkostenstelle wird über die Verknüpfung A/B 011 (Kostenstellenzuordnung) der Organisationseinheit direkt zugeordnet oder aber durch eine übergeordnete Organisationseinheit vererbt. Der Infotyp 1018 (Kostenverteilung) wird dann an einer Organisationseinheit gepflegt, wenn die anfallenden Kosten auf mehrere Kostenstellen prozentual verteilt werden sollen.

- **Infotyp 1028 (Adresse)**
  In diesem Infotyp kann eine Adresse zu einem Arbeitsplatz gepflegt werden, wenn diese z. B. von der eigentlichen Firmenanschrift abweicht.

- **Infotyp 1032 (Mail-Adresse)**
  Dieser Infotyp wird üblicherweise in OM nur dann eingesetzt, wenn SAP Mail nicht verwendet wird und stattdessen Informationen an alle beteiligten Objekte über E-Mail-Adressen verschickt werden sollen (z. B. Buchungsbestätigungen).

### 2.4.3 Benutzer

Beim Objekttyp *Benutzer* (Objektschlüssel US) handelt es sich um eine eindeutige, technische User-ID, die zu den Basisobjekttypen in OM gehört.

Um ihre Aufgaben wahrnehmen zu können, benötigen Mitarbeiter u. a. elektronische Workflows und Berechtigungen. Die erforderlichen Rollen/Berechtigungen können dem Mitarbeiter direkt oder indirekt über das Organisationsmanagement zugeordnet werden.

Die indirekte Zuordnung über OM hat den Vorteil, dass Sie bei einem Mitarbeiterwechsel dem neuen Mitarbeiter nicht erneut die Rollen/Berechtigungen zuordnen müssen, sondern nur die Planstelle. Der neue Mitarbeiter erhält damit automatisch die indirekt über die Planstelle zugeordneten Rollen/Berechtigungen. Nachteilig ist, dass einem Mitarbeiter, der eine Planstelle verlassen hat, alle mit dieser Planstelle verknüpften Berechtigungen unverzüglich entzogen werden. Bleibt er im Unternehmen, kann er dann z. B. keine Arbeiten aus dem alten Aufgabengebiet abarbeiten, für die bestimmte Berechtigungen notwendig sind, die mit seiner neuen Planstelle nicht verknüpft sind.

Damit die indirekte Rollenzuordnung funktioniert, muss das Organisationsmanagement sauber gepflegt sein. Dies gilt insbesondere für die Planstellen, in denen Aufgaben eindeutig zusammengefasst sein müssen. Außerdem muss im Personalstammsatz der Infotyp 0105 (Kommunikation) mit dem Benutzernamen (US) des Mitarbeiters gepflegt sein, damit die Verbindung zwischen dem Mitarbeiter und dem Benutzer (US) hergestellt werden kann. Dann muss noch der Planstelle die Rolle zugeordnet werden. Durch diese indirekte Rollenzuordnung erfolgt im Benutzerstammabgleich die direkte Rollenzuordnung zum Benutzer.

### 2.4.4 Objekttypen in anderen SAP ERP HCM-Komponenten

Über die in diesem Kapitel beschriebenen Objekttypen hinaus gibt es noch eine Vielzahl von Objekttypen, die in anderen HCM-Komponenten genutzt werden. Eine vollständige Auflistung aller möglichen Objekttypen finden Sie in Anhang A zu diesem Buch.

## 2.5 Anlegen eigener Objekttypen

Wenn Ihnen die Standardobjekttypen nicht ausreichen, um die Struktur eines Unternehmens abzubilden, haben Sie die Möglichkeit, eigene Objekttypen im Customizing anzulegen (siehe Abbildung 2.33). Den entsprechenden Zugang zum Customizing finden Sie im Einführungsleitfaden (IMG).

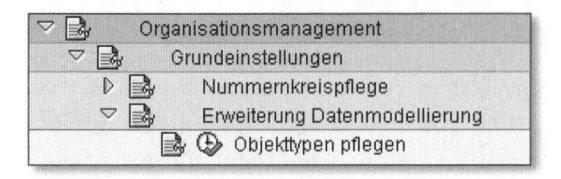

**Abbildung 2.33** Eigene Objekttypen anlegen

Für die Anlage eigener Objekttypen stellt SAP einen numerischen Zahlenraum (1–99) bereit. Ich empfehle Ihnen bei der Anlage eigener Objekttypen die folgende Vorgehensweise:

1. **Objekttyp anlegen**
   Legen Sie einen eigenen Objekttyp direkt über die Pflege der Tabelle T778O (Objekttypen) oder über den Einführungsleitfaden (IMG) ORGANISATIONSMANAGEMENT • GRUNDEINSTELLUNGEN • ERWEITERTE DATENMODELLIERUNG • OBJEKTTYPEN PFLEGEN an.

2. **Zulässige Verknüpfungen pflegen**
   Sie haben zwei Möglichkeiten, die zulässigen Verknüpfungen für den neuen Objekttyp zu pflegen:
   - über den Einführungsleitfaden (IMG): ORGANISATIONSMANAGEMENT • GRUNDEINSTELLUNGEN • ERWEITERTE DATENMODELLIERUNG • VERKNÜPFUNGSPFLEGE • VERKNÜPFUNGEN PFLEGEN
   - direkt über die Tabelle T777E (Verknüpfungen)
   
   Sie können die Standardverknüpfungen der SAP nutzen oder eigene Verknüpfungen anlegen.

3. **Infotypen pflegen**
   Anschließend definieren Sie im Customizing, welche Infotypen für den neuen Objekttyp zugelassen werden. Der Infotyp 1000 (Objekt) und der Infotyp 1001 (Verknüpfungen) müssen mindestens zugeordnet werden. Nachfolgend erfahren Sie, wie der eigene Objekttyp für den Infotyp 1001 (Verknüpfungen) zugelassen (siehe Abbildung 2.34) und die Zeitbindung für diesen Infotyp definiert wird.

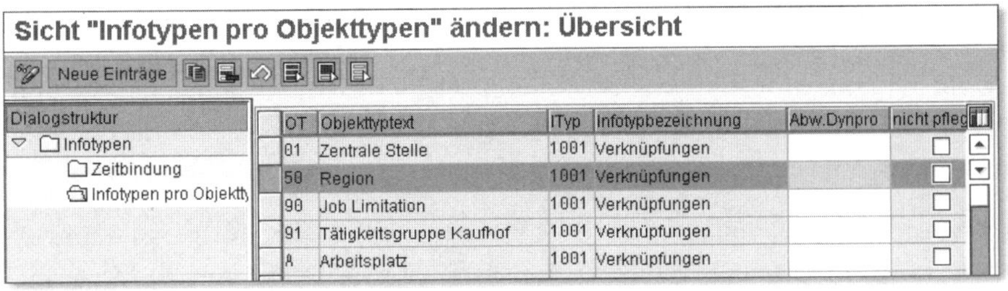

## 2.5 | Anlegen eigener Objekttypen

**Abbildung 2.34** Infotyp 1001 pro Objekttyp ändern

Wenn keine Subtypen vorhanden sind, müssen Sie die Zeitbindung nur am Infotyp pflegen. Wenn Subtypen vorhanden sind, wird die Zeitbindung direkt am Subtyp gepflegt, da sich diese von Subtyp zu Subtyp unterscheiden kann (siehe Abbildung 2.35).

Bei der Zeitbindung werden folgende Ausprägungen unterschieden:

- 0 – darf nur einmal vorhanden sein
- 1 – muss lückenlos vorhanden sein
- 2 – darf zeitliche Lücken aufweisen
- 3 – darf beliebig oft vorhanden sein

4. **Subtypen pflegen**
   Da der Infotyp 1001 (Verknüpfungen) in Subtypen untergliedert ist, müssen Sie im Customizing auch den Schritt SUBTYPEN PFLEGEN durchführen.

   Bei der Zeitbindung für Subtypen gelten die gleichen Ausprägungen wie bei den Infotypen (0–3). Sollten mehrere Subtypen pro Infotyp vorhanden sein, muss die Zeitbindung für jeden Subtyp festgelegt werden (siehe Abbildung 2.35).

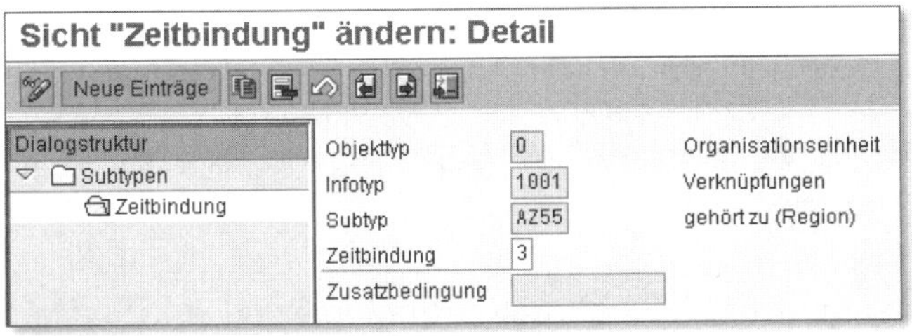

**Abbildung 2.35** Zeitbindung für Subtypen ändern

Nachdem Sie die beschriebenen Schrittfolgen ausgeführt haben, stehen Ihnen die neuen Objekttypen einschließlich der zugeordneten Infotypen und Subtypen für die Einordnung in Ihre Organisationsstruktur zur Verfügung.

## 2.6 Transporte von Organisationsobjekten

Wenn Organisationsobjekte, die im Entwicklungssystem angelegt wurden, produktiv genutzt werden sollen, müssen Sie diese in das Produktivsystem transportieren.

Es werden immer vollständige Objekte, also Objekte inklusive aller Infotypen, transportiert. Falls diese im Zielsystem bisher nicht vorhanden sind – das System prüft dies durch einen Abgleich der Objekt-IDs –, werden sie neu angelegt. Wenn bei einem Transport ein erwartetes Objekt nicht vorhanden ist (z. B. Verknüpfung ist vorhanden, aber nicht das zugeordnete Objekt), werden Sie durch eine Systemmeldung darauf aufmerksam gemacht. Sollte schon ein Objekt mit der gleichen Objekt-ID vorhanden sein, wird dieses Objekt einschließlich der dazugehörigen Infotypen durch den Transport ersetzt.

Wenn Sie verhindern möchten, dass bestimmte Objekte, Infotypen oder Verknüpfungen im Zielsystem durch einen Transport überschrieben werden, können Sie dies durch eine *Importsperre* erreichen. Für die Importsperre steht die Tabelle T77TR (Transportsperre für Infotypen und Subtypen pro Objekt) zur Verfügung.

Um einen Sperreintrag zu erzeugen, also um festzulegen, welche Daten nicht importiert werden sollen, gehen Sie folgendermaßen vor:

1. Im Zielsystem starten Sie über die Transaktion SM30 die Tabelle T77TR.
2. In der Tabelle legen Sie dann für jeden Infotyp, der nicht importiert werden soll, einen Datensatz an.

> **Hinweis zur Nutzung der Tabelle T77TR**
> Wenn Objekte in einem Entwicklungs- oder Testsystem ohne Verknüpfungen gepflegt werden, dürfen diese Objekte nicht ohne entsprechenden Eintrag in der Tabelle T77TR (Transportsperre für Infotypen und Subtypen pro Objekt) transportiert werden. In diesem Fall würden durch den Transport die Verknüpfungen im Zielsystem gelöscht bzw. überschrieben.

Nachdem Sie Objekte und die dazugehörigen Infotypen im Quellsystem angelegt oder geändert und in der aktiven Planvariante gesichert haben, müssen Sie diese einem Änderungsauftrag zuordnen, da keine automatische Abfrage nach einem Änderungsauftrag erfolgt. Anschließend müssen Sie die Objekte und Infotypen im Transport-Organizer freigeben. Den Transport-Organizer erreichen Sie über die Transaktionen SE10 oder SE09. Alle freigegebenen Objekte werden dann ins Zielsystem importiert. Eine Ausnahme bilden hier die Objekte, die zuvor in der Tabelle T77TR (Transportsperre für Infotypen und Subtypen pro Objekt) für den Import gesperrt wurden.

Für den Transport von Organisationsobjekten stehen Ihnen im SAP-System drei Varianten zur Verfügung, die ich Ihnen im Folgenden vorstelle.

### 2.6.1 Automatischer Transport

Wenn Sie für den Transport von Objekten die Variante AUTOMATISCHER TRANSPORT wählen möchten, müssen Sie im Customizing folgende Einstellungen vornehmen:

1. Zuerst richten Sie einen automatischen Transportanschluss ein: Rufen Sie direkt die Systemtabelle T77S0 über die Transaktion SM30 auf, oder aktivieren Sie die Tabelle über den IMG-Pfad PERSONALMANAGEMENT • ORGANISATIONSMANAGEMENT • TRANSPORT • TRANSPORTANSCHLUSS EINRICHTEN.

2. Anschließend muss in der Customizing-Aktivität TRANSPORTANSCHLUSS EINRICHTEN die Option AUTOMATISCHER TRANSPORTANSCHLUSS aktiviert werden. Dazu tragen Sie in der entsprechenden Zeile (GRUPPE = TRSP, SM. KÜRZEL = CORR) in der Spalte WERT KÜRZ den Wert » « (Feld bleibt leer) ein (siehe Abbildung 2.36).

Es werden nur interne OM-Objekte und keine externen Objekte (z. B. Objekt *Person* und/oder *Kostenstelle*) transportiert.

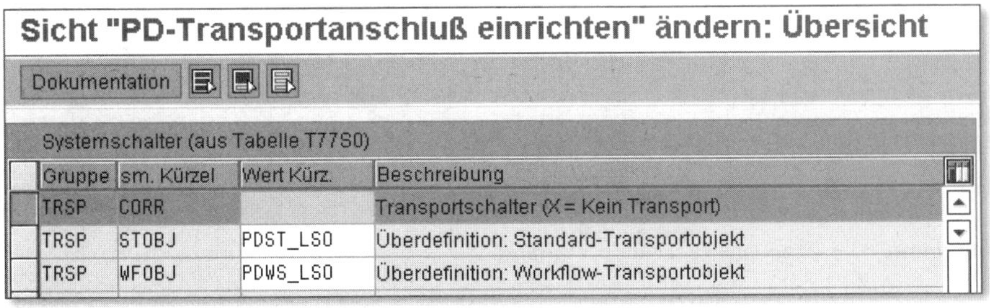

| Gruppe | sm. Kürzel | Wert Kürz. | Beschreibung |
|---|---|---|---|
| TRSP | CORR | | Transportschalter (X = Kein Transport) |
| TRSP | STOBJ | PDST_LS0 | Überdefinition: Standard-Transportobjekt |
| TRSP | WFOBJ | PDWS_LS0 | Überdefinition: Workflow-Transportobjekt |

**Abbildung 2.36** Automatischen Transport einrichten

### 2.6.2 Manueller Transport

Ein manueller Transport erfolgt über den Report RHMOVE30 (Manueller Transportanschluss). Sie starten den Report entweder über die Transaktion RE_RHMOVE30 oder über das SAP Easy Access-Menü PERSONAL • ORGANISATIONSMANAGEMENT • WERKZEUGE • DATENÜBERTRAGUNG • MANUELLER TRANS-

PORT. Es ist auch möglich, den Report RHMOVE30 direkt über die Transaktion SA38 zu starten. Im Selektionsbild des Reports müssen Sie alle Objekte (OM- und PD-Objekte, keine externen Objekte) angeben, die transportiert werden sollen. Diese Objekte werden dann einem Änderungsauftrag zugeordnet, den Sie anschließend über die Transaktion SE10 oder SE09 im Transport-Organizer freigeben müssen. Alle freigegebenen Objekte werden danach ins Zielsystem importiert. Eine Ausnahme bilden hier die Objekte, die zuvor in der Tabelle T77TR (Transportsperre für Infotypen und Subtypen pro Objekt) für den Import gesperrt wurden.

Auch beim manuellen Transport werden nur interne OM-Objekte und keine externen Objekte transportiert. Um einen manuellen Transport einzurichten, gehen Sie folgendermaßen vor:

1. Richten Sie zuerst einen *manuellen Transportanschluss* ein: Rufen Sie direkt die Systemtabelle T77S0 über die Transaktion SM30 auf, oder aktivieren Sie die Tabelle über den IMG-Pfad PERSONALMANAGEMENT • ORGANISATIONSMANAGEMENT • TRANSPORT • TRANSPORTANSCHLUSS EINRICHTEN.

2. Anschließend aktivieren Sie in der Customizing-Aktivität TRANSPORTANSCHLUSS EINRICHTEN die Option KEIN AUTOMATISCHER TRANSPORTANSCHLUSS. Dazu tragen Sie den Wert »X« in der Rubrik GRUPPE = TRSP, SM. KÜRZEL = CORR ein (siehe Abbildung 2.37).

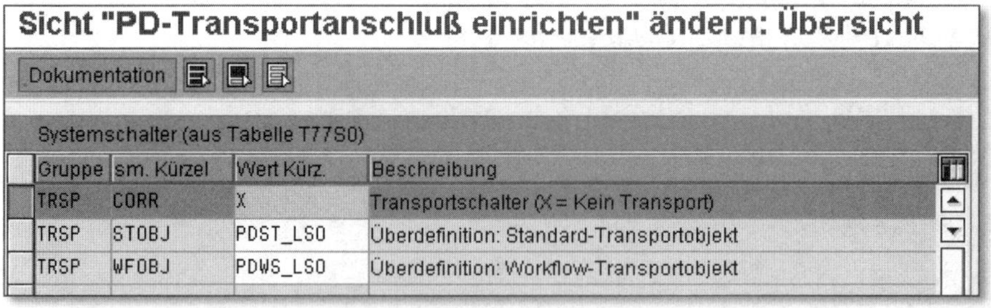

**Sicht "PD-Transportanschluß einrichten" ändern: Übersicht**

| Gruppe | sm. Kürzel | Wert Kürz. | Beschreibung |
|--------|-----------|------------|--------------|
| TRSP | CORR | X | Transportschalter (X = Kein Transport) |
| TRSP | STOBJ | PDST_LSO | Überdefinition: Standard-Transportobjekt |
| TRSP | WFOBJ | PDWS_LSO | Überdefinition: Workflow-Transportobjekt |

**Abbildung 2.37** Manuellen Transport einrichten

### 2.6.3 Transport über die Objektsperre

Wenn Sie Organisationsobjekte erstellen oder bearbeiten, wird für diese geänderten Organisationsobjekte ein Änderungskennzeichen (Feld REPAIR, Tabelle PLOGI oder PLOGI_DEL) gesetzt (siehe Abbildung 2.38). Über den Report RHMOVE50 (Transport von Objekten über Objektsperre) werden diese gekennzeichneten Objekte (OM- und PD-Objekte, keine externen

Objekte) ausgelesen und transportiert. Dazu wählen Sie im Selektionsbild des Reports den entsprechenden Transportauftrag aus, in dem die geänderten Objekte enthalten sind. Nachdem Sie den Report ausgeführt haben, werden die Reparaturflags automatisch aus den Tabellen PLOGI und PLOGI_DEL gelöscht.

Den Änderungsauftrag müssen Sie dann noch über die Transaktion SE10 oder SE09 im Transport-Organizer freigeben, damit die Änderungen ins Zielsystem transportiert werden. Die Objekte, die zuvor in der Tabelle T77TR (Transportsperre für Infotypen und Subtypen pro Objekt) für den Import gesperrt wurden, werden nicht importiert. Durch den Transport wird das Reparaturkennzeichen an den Objekten wieder entfernt.f3

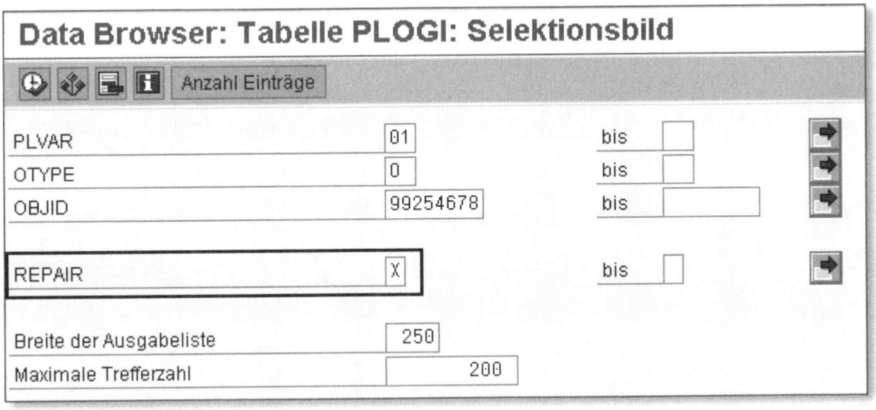

**Abbildung 2.38** Reparaturkennzeichen in der Tabelle PLOGI

Um einen Transportauftrag über die Objektsperre einzurichten, gehen Sie folgendermaßen vor:

1. Rufen Sie direkt die Systemtabelle T77S0 über die Transaktion SM30 auf, oder aktivieren Sie die Tabelle über den IMG-Pfad PERSONALMANAGEMENT • ORGANISATIONSMANAGEMENT • TRANSPORT • TRANSPORTANSCHLUSS EINRICHTEN.

2. Wenn Sie einen manuellen Transport einrichten möchten, müssen Sie in der Customizing-Aktivität TRANSPORTANSCHLUSS EINRICHTEN die Option TRANSPORTANSCHLUSS ÜBER OBJEKTSPERRE aktivieren. Dazu tragen Sie den Wert »T« in der Rubrik GRUPPE = TRSP, SM. KÜRZEL = CORR ein (siehe Abbildung 2.39).

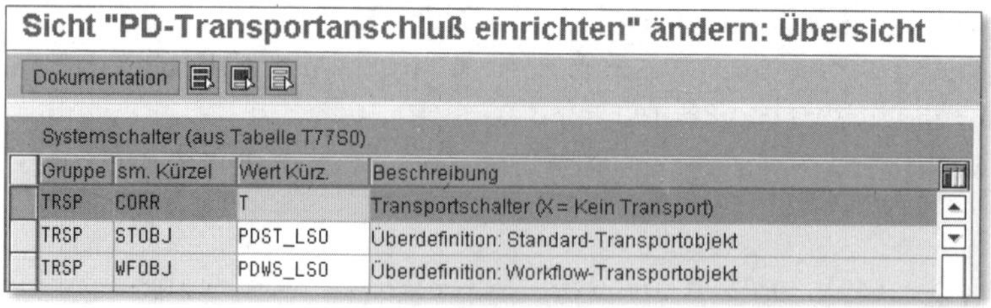
Sicht "PD-Transportanschluß einrichten" ändern: Übersicht
Dokumentation
Systemschalter (aus Tabelle T77S0)
Gruppe
sm. Kürzel
Wert Kürz.
Beschreibung
TRSP
CORR
T
Transportschalter (X = Kein Transport)
TRSP
STOBJ
PDST_LSO
Überdefinition: Standard-Transportobjekt
TRSP
WFOBJ
PDWS_LSO
Überdefinition: Workflow-Transportobjekt

**Abbildung 2.39** Transport über Objektsperre

### 2.6.4 Integration vorbereiten von OM nach PA

Nach dem Transport von Organisationseinheiten, Stellen, Planstellen und Arbeitsplätzen müssen Sie noch den Report RHINTE10 (Integration vorbereiten OM nach PA) – für einen oder alle benötigten Objekttypen – starten. Mit diesem Report lassen sich für die Integration Objekttypen in der Personaladministration (HR-PA) anlegen, die bereits im Organisationsmanagement vorhanden sind. Diese Objekte werden für den Infotyp 0001 (Organisatorische Zuordnung) benötigt. Die folgenden Objekttypen sind relevant für die Integration von OM nach PA:

| OM-Objekttyp | PA |
|---|---|
| Organisationseinheit – Objektschlüssel O | Tabelle T527X |
| Stelle – Objektschlüssel C | Tabelle T513<br>Tabelle T513S |
| Planstelle – Objektschlüssel S | Tabelle T528B<br>Tabelle T528T |
| Arbeitsplatz – Objektschlüssel A | Tabelle T528B<br>Tabelle T528T |

**Tabelle 2.2** Relevante Objekttypen für die Integration von OM nach PA

Es werden nur Objekte berücksichtigt, die im Status AKTIV in der aktiven Planvariante existieren.

### 2.6.5 Konsistenzprüfung nach durchgeführtem Transport von Objekten

Nach erfolgtem Transport von Organisationsobjekten sollten Sie eine Konsistenzprüfung durchführen. Dafür stehen die folgenden Standardreports zur Verfügung:

- **RHCHECK1 (Datenbankkonsistenz prüfen)**
 Dieser Report prüft, ob alle Infotypen eines Objekts innerhalb des Gültigkeitszeitraums des Infotyps 1000 (Objekt) liegen. Außerdem wird geprüft, ob alle Objekte, auf die in den Verknüpfungen – Infotyp 1001 (Verknüpfungen) – referenziert wird, auch existieren und ob die entsprechenden Umkehrverknüpfungen vorhanden sind.

- **RHCHECKV (Anzeigen und Anlegen fehlender Umkehrverknüpfungen)**
 Der Report RHCHECKV überprüft, ob für alle Verknüpfungen – Infotyp 1001 (Verknüpfungen) – jeweils die Umkehrverknüpfungen angelegt sind. Als Ergebnis werden alle Verknüpfungen ohne entsprechende Umkehrverknüpfung aufgelistet. Die Umkehrverknüpfungen können Sie in einem nächsten Schritt anlegen.

- **RHCHECKP (Konsistenzprüfung PD-Datenbank Tabellen- und Zusatzdaten-Pointer)**
 Der Report RHCHECKP führt unter anderem eine Nummernkreisüberprüfung im Hinblick auf Inkonsistenzen durch. Sollte es durch die Datenübernahme der Objekte zu Inkonsistenzen bei den Nummernkreisständen gekommen sein (z. B. Objekt-IDs liegen über dem aktuellen Nummernkreisstand des internen Nummernkreises), müssen Sie den aktuellen Nummernkreisstand des entsprechenden Intervalls manuell anpassen.

Diese Anpassungen werden im Customizing durchgeführt. Wählen Sie dazu im Einführungsleitfaden (IMG) den Pfad Personalmanagement • Organisationsmanagement • Grundeinstellungen • Nummernkreispflege • Nummernkreise pflegen.

## 2.7 Nummernkreise

Objekte im Organisationsmanagement werden mit einer achtstelligen Nummer (ID) angelegt. Für jedes Objekt muss die Definition der Nummernkreise separat erfolgen. Im Customizing legen Sie fest, ob für ein Objekt eine manuelle oder eine automatische Nummernvergabe durchgeführt werden soll (siehe Abbildung 2.40). Ich empfehle Ihnen generell eine automatisierte Nummernvergabe.

Die Nummernkreisvergabe nehmen Sie im Einführungsleitfaden (IMG) über den Pfad Organisationsmanagement • Grundeinstellungen • Nummernkreispflege vor.

Bei der Definition der Nummernvergabe wird zwischen interner und externer Nummernvergabe unterschieden. Die *interne Nummernvergabe* wählen Sie, wenn die Nummernvergabe durch das SAP-System erfolgen soll. In diesem Fall müssen Sie in das Feld Nr die Buchstaben »IN« eintragen. Wenn Sie die *externe Nummernvergabe* wählen, vergibt der Anwender die Nummern für die Objekte. In diesem Fall müssen Sie in das Feld Nr die Buchstaben »EX« eintragen (siehe Abbildung 2.40).

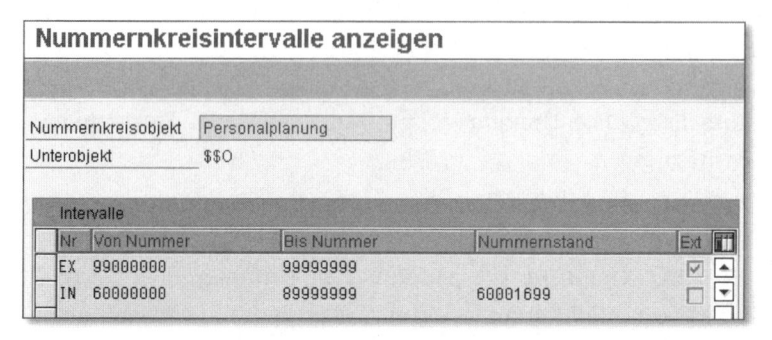

| Nummernkreisintervalle anzeigen | | | | |
|---|---|---|---|---|
| Nummernkreisobjekt | Personalplanung | | | |
| Unterobjekt | $$O | | | |
| **Intervalle** | | | | |
| Nr | Von Nummer | Bis Nummer | Nummernstand | Ext |
| EX | 99000000 | 99999999 | | ☑ |
| IN | 60000000 | 89999999 | 60001699 | ☐ |

**Abbildung 2.40** Nummernkreisintervalle

> **Empfehlung für die interne Nummernvergabe**
> Da für die Auswahl von Objekten der Matchcode zur Verfügung steht, empfehle ich Ihnen die interne Nummernvergabe. Ein Matchcode ist eine Hilfe, um im SAP-System gespeicherte Datensätze (z. B. OM-Objekte) zu suchen. Die Vergabe von sprechenden Nummern/IDs ist dabei nicht notwendig.

Für einzelne Planvarianten und Objekttypen können Sie eigene Nummernintervalle – sogenannte *Subgruppen* – definieren. Die Bezeichnungen der Subgruppen sind so aufgebaut, dass die beiden ersten Stellen die Planvariante und die beiden letzten Stellen den Objekttyp näher beschreiben. Dabei hängt der Aufbau der Subgruppen davon ab, ob mit oder ohne planvariantenübergreifende Nummernvergabe gearbeitet wird.

Für die Definition von Nummernkreisen sind folgende Schritte im Customizing notwendig:

1. Rufen Sie über den IMG-Pfad ORGANISATIONSMANAGEMENT • GRUNDEINSTELLUNGEN • NUMMERNKREISPFLEGE die Customizing-Funktionalität auf. Bei der Definition einer Subgruppe, für die die Nummernvergabe *nicht planvariantenübergreifend* eingerichtet werden soll, sind folgende Definitionen erlaubt (siehe Tabelle 2.3):

| Subgruppe | Definition |
|---|---|
| $$$$ | Nummernkreisintervall gilt für alle Planvarianten und Objekttypen. |
| PV$$ | Nummernkreis gilt für alle Objekttypen einer bestimmten Planvariante (z. B. 01$$). |
| PVOT | Nummernkreis gilt für eine bestimmte Planvariante und auch nur für einen bestimmten Objekttyp (z. B. 01S). |

**Tabelle 2.3** Definition einer Subgruppe für die nicht planvariantenübergreifende Nummernvergabe

Nicht erlaubt ist die Definition einer Subgruppe, die die Planvariante maskiert und den Objekttyp definiert (z. B. $$S).

Bei der Definition einer Subgruppe mit einer *planvariantenübergreifenden* Nummernvergabe sind folgende Definitionen erlaubt (siehe Tabelle 2.4):

| Subgruppe | Definition |
|---|---|
| $$$$ | Nummernkreisintervall gilt für alle Planvarianten und Objekttypen. |
| $$OT | Nummernkreis gilt planvariantenübergreifend, aber nur für einen bestimmten Objekttyp (z. B. $$O). |

**Tabelle 2.4** Definition einer Subgruppe für die planvariantenübergreifende Nummernvergabe

Nicht erlaubt sind bei der Definition einer Subgruppe für die planvariantenübergreifende Nummernvergabe die Angabe einer spezifischen Planvariante, die Maskierung des Objekts (z. B. 01$$) und die vollständige Definition von Planvariante und Objekt (z. B. 01S).

Wenn Sie nun die Eingaben sichern, legt das SAP-System automatisch einen externen (EX) und einen internen (IN) Nummernkreis an.

2. Nun müssen Sie die Subgruppe auswählen und die Funktion INTERVALLE ÄNDERN aktivieren (siehe Abbildung 2.41).

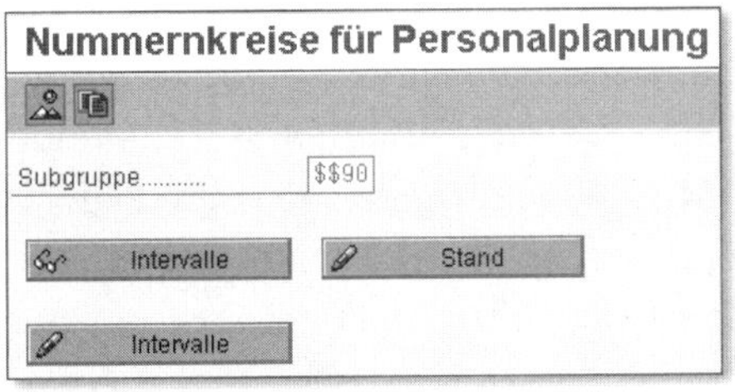

**Abbildung 2.41** Nummernkreisintervalle ändern

3. Im folgenden Datenbild (siehe Abbildung 2.42) müssen Sie die Funktion INTERVALL EINFÜGEN ( Intervall ) aktivieren.

4. Im Dialogfenster tragen Sie dann in dem Feld NR das Kennzeichen für die interne (»IN«) oder externe (»EX«) Nummernvergabe ein.

Darüber hinaus müssen Sie noch die Unter- und die Obergrenze des Intervalls festlegen. Sollten Sie sich für die externe Nummernvergabe entscheiden, markieren Sie noch das Feld EXT.

Nachdem Sie die Eingaben gesichert haben, ist der neue Nummernkreis angelegt.

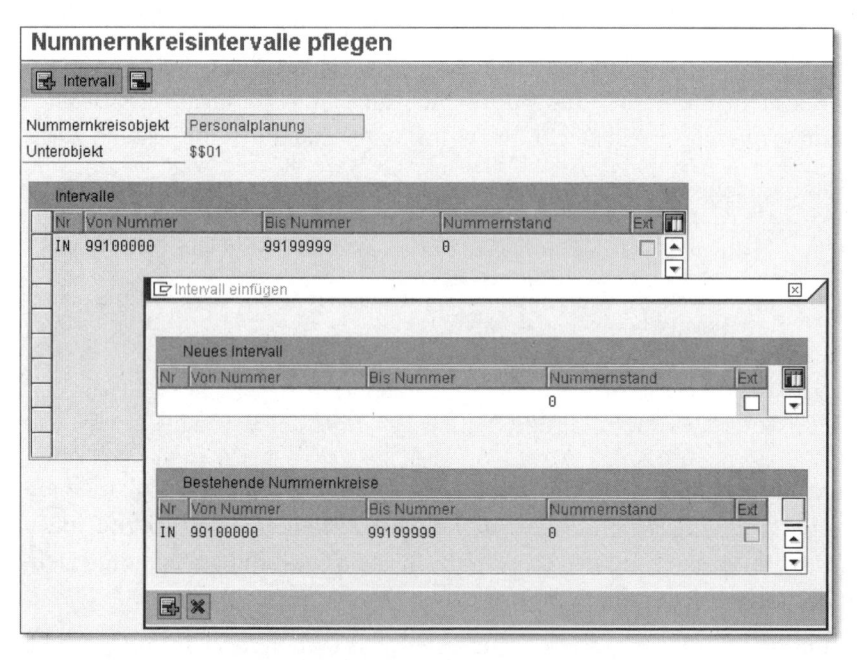

**Abbildung 2.42** Nummernkreisintervall einfügen

Wenn Sie mehrere Planvarianten verwenden, besteht die Möglichkeit, mit einer *planvariantenübergreifenden Nummernvergabe* zu arbeiten. Von der Einstellung, ob eine planvariantenübergreifende Nummernvergabe vorgesehen ist, hängt ab, in welchem Detaillierungsgrad die Nummernkreise vergeben werden müssen. Wenn Sie sich gegen die planvariantenübergreifende Nummernvergabe entschieden haben, müssen Sie für jede angelegte Planvariante einen eigenen Nummernkreis definieren. Die Einstellungen für die planvariantenübergreifende Nummernvergabe führen Sie im Customizing (IMG) unter ORGANISATIONSMANAGEMENT • GRUNDEINSTELLUNGEN • NUMMERNKREISPFLEGE • PLANVARIANTENÜBERGREIFENDE NUMMERNVERGABE EIN-

STELLEN durch oder direkt in der Tabelle T77S0 (Systemtabelle) in der GRUPPE NUMRG, SM. KÜRZEL COMP (siehe Abbildung 2.43).

**Sicht "Variabler View zur T77S0" anzeigen: Übersicht**

| Gruppe | sm. Kürzel | Wert Kürz. | Beschreibung |
|---|---|---|---|
| NUMRG | COMP | X | Planvarianten übergreifende Nummernvergabe |

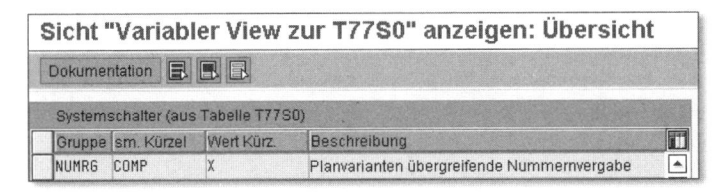

**Abbildung 2.43** Planvariantenübergreifende Nummernvergabe (Tabelle T77S0)

> **Empfehlung: Planvariantenübergreifende Nummernvergabe**
>
> Ich empfehle Ihnen, mit der planvariantenübergreifenden Nummernvergabe zu arbeiten, wenn Sie mehrere Planvarianten einsetzen, zwischen denen ein Datentransfer stattfindet. Wenn Sie die planvariantenübergreifende Nummernvergabe nicht verwenden, besteht die Gefahr, dass Objekte überschrieben werden.

## 2.8 Planungsmöglichkeiten im Organisationsmanagement

In den folgenden Abschnitten erläutere ich Ihnen, welche Möglichkeiten Ihnen das SAP-System mit dem Konzept der Planvarianten und dem Objektstatus zur Verfügung stellt. Da Ihnen SAP die Möglichkeit bietet, beliebig viele Planvarianten parallel zu verwalten, können Sie unterschiedliche Szenarien für Ihr Unternehmen in verschiedenen Plänen abbilden und simulieren.

### 2.8.1 Arbeiten mit Planvarianten

Mit Planvarianten können Sie zeitgleich verschiedene Aufbauorganisationen Ihres Unternehmens simulieren, ohne die *aktuelle Planvariante 01* dadurch zu beeinflussen. Sie können beliebig viele Planvarianten anlegen, um die verschiedenen Entwicklungsstufen Ihrer Unternehmensstruktur zu analysieren.

Neben der aktuellen Planvariante gibt es noch die *aktive Planvariante* (Integrationsplanvariante). Die aktive Planvariante ist die Planvariante, in der die derzeit gültigen Unternehmensdaten gepflegt werden.

Neben der aktiven Planvariante können also Sie noch zusätzliche Planvarianten mit verschiedenen Szenarien anlegen. In diesen Szenarien können z. B. unterschiedliche Ausprägungen organisatorischer Veränderungen innerhalb Ihres Unternehmens simuliert und so geplant werden, die dann – falls gewollt – vollständig oder teilweise zu einem späteren Zeitpunkt in die aktive Planvariante übernommen werden können.

> **Hinweis: Planvariante 01 (Aktive Planvariante)**
>
> Bitte beachten Sie, dass die Planvariante 01, die einmalig bei der Anlage eines integrativen SAP-Systems festgelegt wurde, immer als *aktive Planvariante* beibehalten wird. Eine nachträgliche Änderung kann zu Datenschiefständen führen, die nicht mehr behoben werden können.

Die aktive Planvariante wird einmalig beim Systemsetup eines integrativen SAP-Systems gesetzt und steht somit für alle HCM-Komponenten, die mit Planvarianten arbeiten (z. B. Personaleinsatzplanung und Personalkostenplanung), zur Verfügung. Sie müssen also hier keine eigene Planvariante anlegen.

Die aktive Planvariante legen Sie im Customizing (IMG) über folgenden Pfad fest (siehe Abbildung 2.44): PERSONALMANAGEMENT • GLOBALE EINSTELLUNGEN IM PERSONALMANAGEMENT • PLANVARIANTENPFLEGE • AKTIVE PLANVARIANTE SETZEN.

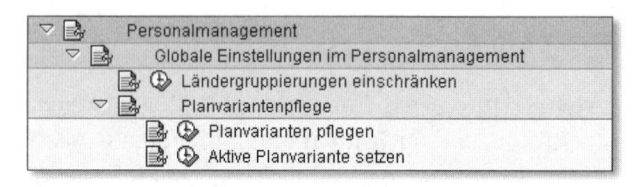

**Abbildung 2.44** Einführungsleitfaden – Planvariantenpflege

Hierbei handelt es sich um die Systemtabelle T77S0, die Sie auch direkt pflegen können (siehe Abbildung 2.45). Dort legen Sie in der GRUPPE PLOGI, SM. KÜRZEL PLOGI die aktive Planvariante fest (siehe Abbildung 2.45).

| Gruppe | sm. Kürzel | Wert Kürz. | Beschreibung |
|---|---|---|---|
| PLOGI | PLOGI | 01 | Integrationsvariante / Aktive Planvariante |

**Abbildung 2.45** Aktive Planvariante festlegen

Bevor Sie eine aktive Planvariante festlegen können, müssen Sie in der Planvariantenpflege die Planvarianten zuerst einmal definieren (siehe Abbildung 2.46). Die Planvariante darf nicht benutzt oder gelöscht werden, da sie für Datentransporte von einem System in ein anderes genutzt wird.

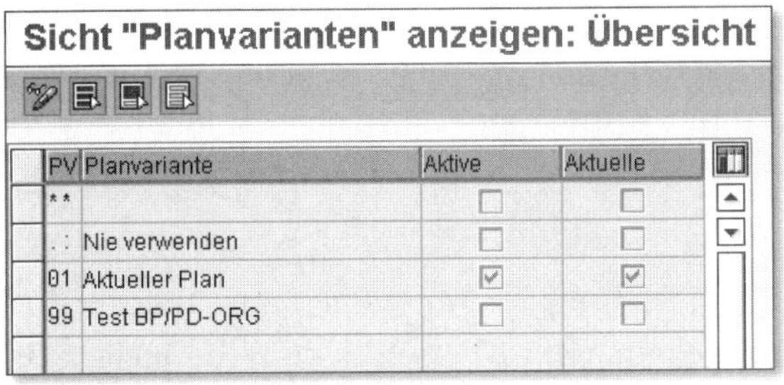

## 2.8 | Planungsmöglichkeiten im Organisationsmanagement

**Abbildung 2.46** Planvariante pflegen (Tabelle T778P)

Um die aktive Planvariante 01 in eine andere Planvariante zu kopieren, können Sie den Report RHCOPL00 (Planvariante kopieren) nutzen (siehe Abbildung 2.47). Dabei müssen Sie aber unbedingt beachten, dass Sie diesen Report nur dann verwenden dürfen, wenn Sie überschneidungsfreie Objektbereiche kopieren möchten. Das bedeutet, Sie kopieren entweder in eine leere Planvariante oder nur in überschneidungsfreie Bereiche.

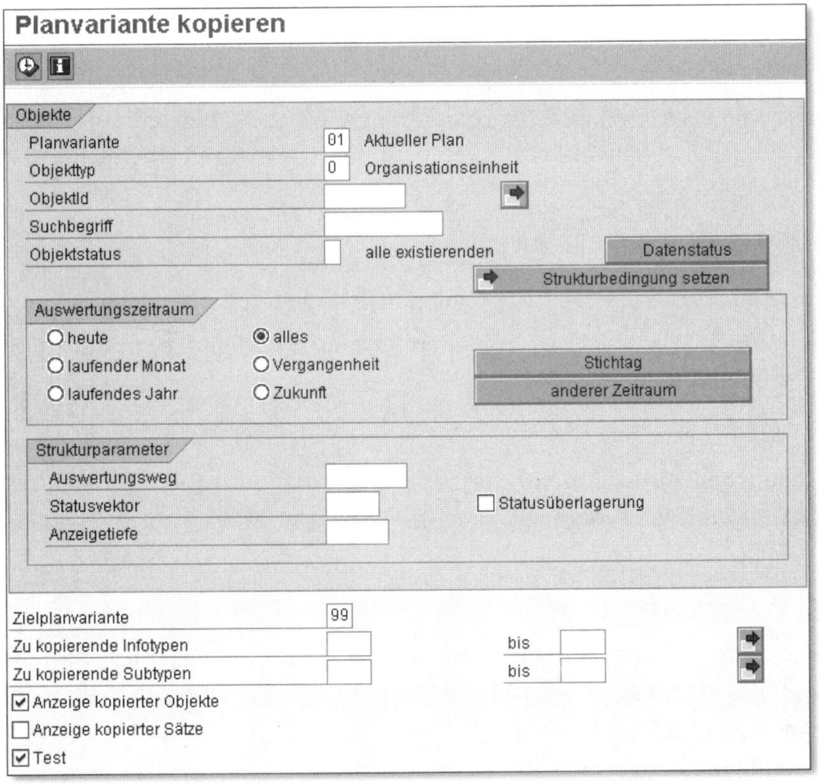

**Abbildung 2.47** Report RHCOPL00 (Planvariante kopieren)

85

Beim Kopieren einer Planvariante können Sie entscheiden, ob ein kompletter Plan in eine leere Zielvariante kopiert oder lediglich ein Teilbereich kopiert werden soll. Nachdem Sie die aktive Planvariante 01 in eine Zielplanvariante kopiert haben, entwickeln sich beide Planvarianten vollkommen unabhängig voneinander.

Wenn Sie nicht in eine leere Planvariante kopieren wollen oder nicht sicher sind, ob es in der Zielvariante gegebenenfalls Überschneidungsbereiche gibt, sollten Sie den Report RHCOPLPT (Planvariante abgleichen) einsetzen. Dieser Report arbeitet in zwei Phasen. Er vergleicht zuerst die Ausgangs- und die Zielplanvariante, zeigt Ihnen das Ergebnis an, und Sie können dann in der zweiten Phase entscheiden, ob und welche Objekte oder Strukturbereiche Sie kopieren möchten.

Wenn Sie den Report RHCOPLPT (Planvarianten abgleichen) einsetzen möchten, geben Sie zuerst im Selektionsbild des Reports an, welche Objekte bzw. welche Teilstrukturen Sie kopieren möchten. Als Ergebnis werden die ausgewählten Objekte bzw. Teilstrukturen in Ausgangsplanvariante und Zielvariante miteinander verglichen und Ihnen in einer strukturellen Auswertung zur Analyse bereitgestellt.

Über ein Ampelsystem wird Ihnen angezeigt, welche Objekte in der Ausgangs- und der Zielplanvariante übereinstimmen und wo es Abweichungen gibt.

Folgende Anzeigemöglichkeiten gibt es:

- grüne Ampel: Das Objekt ist in beiden Planvarianten vorhanden.
- gelbe Ampel: Das Objekt ist in beiden Varianten vorhanden, und die Objekte stimmen teilweise überein.
- rote Ampel: Das Objekt existiert nur in der Ausgangsplanvariante.

Im nächsten Schritt wählen Sie aus, welche Objekte Sie kopieren möchten, und starten den Kopiervorgang.

### 2.8.2 Planstatus

Der *Planstatus* gibt den aktuellen Status eines Objekts oder eines Infotyps innerhalb der Organisationsstruktur wieder. Vom Planstatus hängt auch ab, welche Bearbeitungsmöglichkeiten für ein Objekt oder einen Infotyp zur Verfügung stehen.

Planungsmöglichkeiten im Organisationsmanagement | **2.8**

In einer Planvariante können Objekte enthalten sein, die einen unterschiedlichen Planstatus haben. Objekte, die den Status AKTIV haben, spiegeln die derzeitige Organisationsstruktur eines Unternehmens wider. Mit Objekten, denen der Status GEPLANT zugeordnet ist, können Veränderungen an der Organisationsstruktur in der Aufbauorganisation dargestellt werden (z. B. neue Abteilungen oder Teams). Tabelle 2.5 erläutert Ihnen die unterschiedlichen Statusmöglichkeiten und deren Bedeutung.

| Status | Bedeutung |
|---|---|
| AKTIV | Der aktive Status bedeutet, dass das Objekt oder der Infotyp in der aktuellen Organisationsstruktur verwendet wird. Die Bearbeitung ist uneingeschränkt möglich.<br>Es bestehen folgende Bearbeitungsmöglichkeiten für Objekte und Infotypen, die sich im Status AKTIV befinden:<br>▸ Anlegen<br>▸ Abgrenzen<br>▸ Löschen<br>▸ Anzeigen<br>▸ Kopieren |
| GEPLANT | Der Status GEPLANT gibt an, dass das Objekt oder der Infotyp zwar vorgesehen ist, aber noch nicht in den Status AKTIV gesetzt wurde. Objekte und Infotypen, die sich im Status GEPLANT befinden, können folgendermaßen bearbeitet werden:<br>▸ Anlegen<br>▸ Ändern<br>▸ Abgrenzen<br>▸ Löschen<br>▸ Anzeigen<br>▸ Kopieren |
| BEANTRAGT | Ein Objekt oder ein Infotyp im Status BEANTRAGT kann weder angelegt noch geändert werden. Der Status BEANTRAGT bedeutet lediglich, dass das Objekt oder der Infotyp einer Person oder einer Organisation zur Prüfung weitergeleitet wurde. Von dieser Instanz kann das Objekt oder der Infotyp dann genehmigt oder abgelehnt werden. |

**Tabelle 2.5** Bedeutung der diversen Planstatus

| Status | Bedeutung |
|---|---|
| GENEHMIGT | Das Objekt oder der Infotyp wurde genehmigt. Die Bearbeitung des Objekts oder des Infotyps ist wieder möglich, wenn der Status auf AKTIV gesetzt wurde. |
| ABGELEHNT | Die Genehmigung des beantragten Objekts oder des Infotyps wurde abgelehnt. Abgelehnte Objekte können nur angezeigt, aber nicht bearbeitet werden. Die Bearbeitung ist erst wieder möglich, wenn der Status auf GEPLANT geändert wird. |

**Tabelle 2.5** Bedeutung der diversen Planstatus (Forts.)

Von der Bearbeitungsmethode hängt ab, wie Objekten oder Infotypen ein Status zugeordnet wird und wie der Status verändert werden kann. Wie die Statuszuordnung jeweils erfolgt, sehen Sie in Tabelle 2.6:

| Bearbeitungsmethode | Statuszuordnung |
|---|---|
| Detailpflege | Den Objekten und den Infotypen wird der Status einzeln zugeordnet. Der Status wird während des Anlagevorgangs gewählt. Es ist möglich, einen Default-Status als Voreinstellung festzulegen. |
| Einfache Pflege | Der Status kann nicht ausgewählt werden, da immer der Status AKTIV automatisch gesetzt wird. |
| Strukturgrafik | Der Status kann nicht einzeln zugeordnet werden, da automatisch ein voreingestellter Status zugeordnet wird. Dieser Status kann aber geändert werden. |

**Tabelle 2.6** Verhältnis von Bearbeitungsmethode zu Statuszuordnung

Der Status eines einzelnen Objekts kann im Expertenmodus über den Pfad BEARBEITEN • STATUSÄNDERUNG geändert werden (siehe Abbildung 2.48).

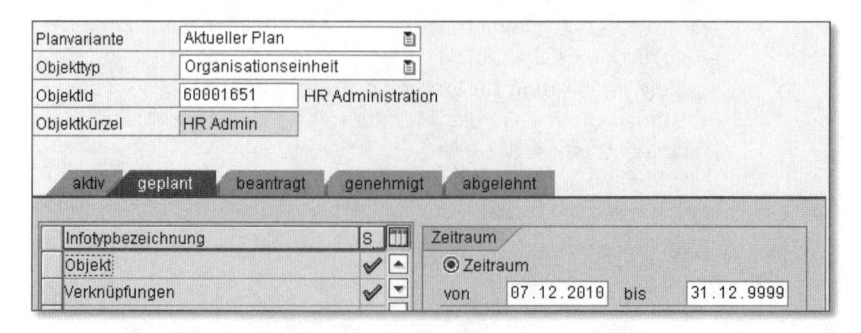

**Abbildung 2.48** Anzeige »Objektstatus« im Expertenmodus

Die Änderung des Status für mehrere Objekte und Infotypen ist über den Report RHAKTI00 (Status von Objekten ändern) möglich (siehe Abbildung 2.49).

Über Strukturbedingungen oder die Angabe mehrerer Objekt-IDs ist die Selektion der zu bearbeitenden Objekte möglich. Darüber hinaus können Sie die Infotypen angeben, für die Sie die Statusänderung ebenfalls durchführen möchten. Die gewünschte Statusänderung kann dann durch Setzen der entsprechenden Markierung erfolgen.

Der Vorteil bei diesem Report ist, dass Sie gleichzeitig den Status mehrerer Objekte aus dem Status GEPLANT in den Status AKTIV setzen können. Dies ist mit der Transaktion PP01 (Objekt pflegen) nicht möglich. In dieser Transaktion können Sie die Statusänderungen bei den Objekten nur nach und nach durchführen.

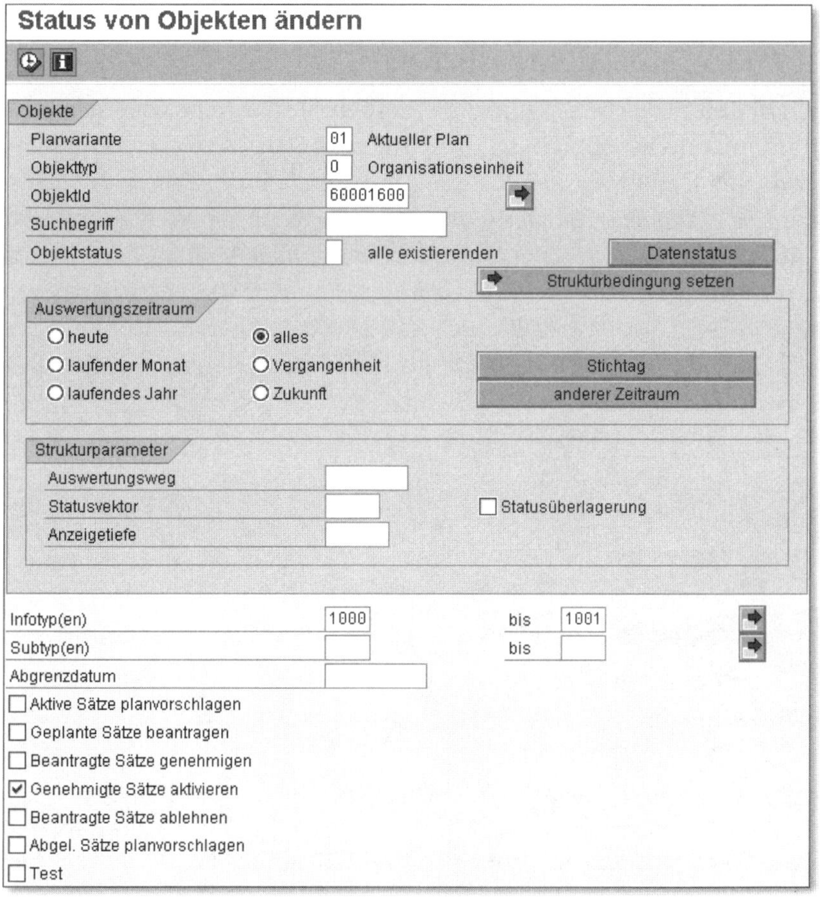

**Abbildung 2.49** Report RHAKTI00 (Status von Objekten ändern)

## 2.9 Maßnahmen im Organisationsmanagement

Um sicherzustellen, dass ein Anwender bei der Anlage eines neuen Objekts (z. B. einer Organisationseinheit), also bei der Bearbeitung der Organisationsstruktur, keine maßgeblichen Infotypen (z. B. Verknüpfungen) vergisst, werden hierfür oftmals OM-Maßnahmen eingesetzt.

Die Maßnahmen im Organisationsmanagement sind vom Aufbau und der Anwendbarkeit mit den Maßnahmen in der Personaladministration vergleichbar. In der Personaladministration werden Maßnahmen für die Durchführung von Prozessen wie z. B. Einstellungs-/Austrittsmaßnahmen oder organisatorische Wechsel genutzt. Im Organisationsmanagement können für die Anlage und die Bearbeitung der unterschiedlichsten Objekte innerhalb einer Organisationsstruktur Maßnahmen genutzt werden.

### 2.9.1 Maßnahmen in OM ausführen

Die Transaktion PP03 (OM-Maßnahme ausführen) führt eine generelle OM-Maßnahme aus (siehe Abbildung 2.50). Im Feld OBJEKTTYP entscheiden Sie sich für den Objekttyp, für den Sie die OM-Maßnahme ausführen möchten. Bei der *internen Nummernvergabe* wird automatisch eine Objekt-ID vergeben, wenn die Maßnahme gespeichert wird. Sie entscheiden dann noch, ob Sie ein Objekt im Planstatus AKTIV oder alternativ z. B. im Status GEPLANT anlegen möchten. Das Feld PLANSTATUS ist mit 1 AKTIV vorbelegt. Als Nächstes müssen Sie noch den Gültigkeitszeitraum für das Objekt definieren und die Maßnahme auswählen.

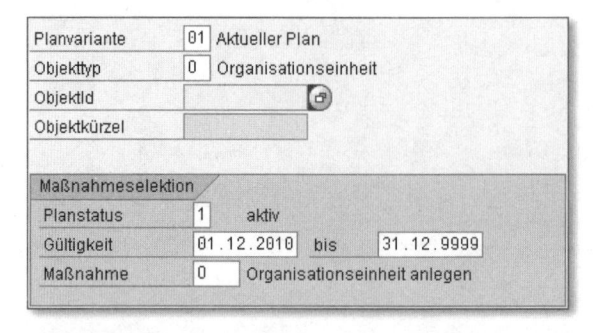

**Abbildung 2.50** Transaktion PP03 (OM-Maßnahme ausführen)

Die Transaktion PP03 ist eine generelle OM-Maßnahme, die für die verschiedensten Objekte genutzt werden kann. Für die Bearbeitung spezifischer Objekte können Sie aber auch Transaktionen nutzen (siehe Tabelle 2.7).

Wenn Sie die Maßnahme ausführen, öffnen sich nacheinander die Infotypen und Subtypen, die Sie für die gewählte OM-Maßnahme im Customizing definiert haben. Durch das Sichern der einzelnen Infotypen wird automatisch der nächste Infotyp gestartet, bis die OM-Maßnahme vollständig ausgeführt wurde.

| Transaktion | Beschreibung |
| --- | --- |
| PP03 | Generelle OM-Maßnahme ausführen |
| PQ01 | Maßnahmen zum Objekt Arbeitsplatz ausführen |
| PQ03 | Maßnahmen zum Objekt Stelle ausführen |
| PQ10 | Maßnahmen zum Objekt Organisationseinheit ausführen |
| PQ13 | Maßnahmen zum Objekt Planstelle ausführen |
| PQ14 | Maßnahmen zum Objekt Aufgabe ausführen |

**Tabelle 2.7** Transaktionscodes für OM-Maßnahmen

### 2.9.2 Definition von OM-Maßnahmen im Customizing

Im SAP-Standard wird eine Auswahl an OM-Maßnahmen bereitgestellt, die – falls ausreichend – so eingesetzt oder bei Bedarf angepasst werden können. Es ist aber auch möglich, dass Sie eigene OM-Maßnahmen im Customizing anlegen, wenn Ihnen die Standardmaßnahmen für Ihre OM-Prozesse nicht ausreichen (siehe Abbildung 2.51). Das Customizing der eigenen Maßnahmen wird im Einführungsleitfaden (IMG) über den Pfad PERSONALMANAGEMENT • ORGANISATIONSMANAGEMENT • GRUNDEINSTELLUNGEN • MASSNAHMEN PFLEGEN oder alternativ direkt über die Transaktion OOMT durchgeführt.

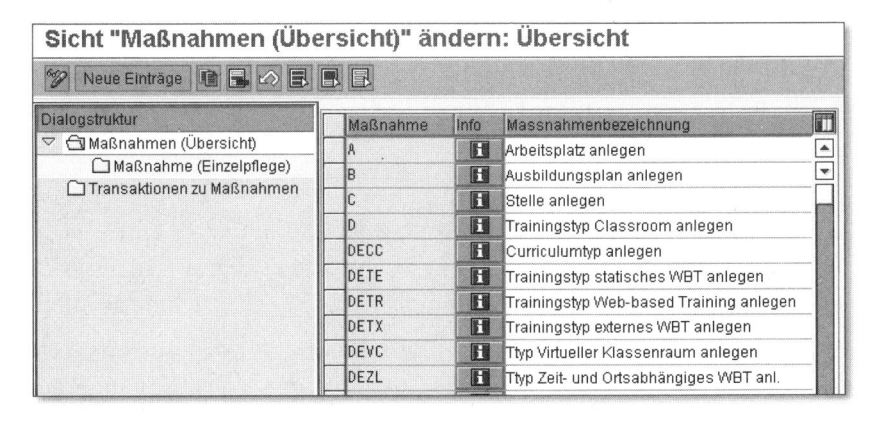

**Abbildung 2.51** Customizing der OM-Maßnahmen

Wenn Sie eine OM-Maßnahme durchführen möchten, nehmen Sie im Customizing folgende Schritte vor:

1. **Maßnahme definieren**
   Als Erstes definieren Sie einen Maßnahmenschlüssel (im eigenen Namensraum) sowie eine Maßnahmenbezeichnung. Eine Maßnahme kann immer nur für einen Objekttyp festgelegt werden.

2. **Ablaufdetails für die Maßnahme festlegen**
   Im nächsten Schritt legen Sie die Details für die Bearbeitung der einzelnen Infotypen fest (siehe Abbildung 2.52).

   In der Spalte FNR vergeben Sie eine laufende Nummer, über die die Reihenfolge der Infotypen gesteuert wird. Achten Sie darauf, dass der Infotyp 1000 (Objekt) immer als Erstes angelegt wird und somit auch die Nummer 1 in der Spalte FNR erhält. Alle anderen Infotypen können Sie in der gewünschten Reihenfolge und mit einer entsprechenden fortlaufenden Nummer anlegen. Ich empfehle Ihnen, zwischen den einzelnen Nummern immer eine Spanne frei zu lassen, damit Sie gegebenenfalls zu einem späteren Zeitpunkt Infotypen einfügen können.

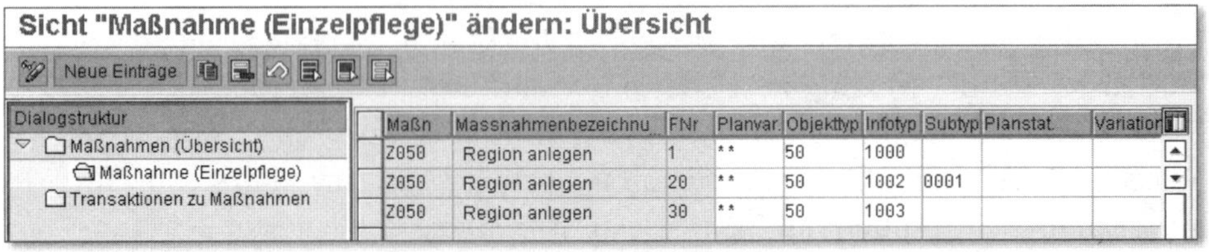

| Maßn | Massnahmenbezeichnu | FNr | Planvar. | Objekttyp | Infotyp | Subtyp | Planstat. | Variation |
|------|---------------------|-----|----------|-----------|---------|--------|-----------|-----------|
| Z050 | Region anlegen      | 1   | **       | 50        | 1000    |        |           |           |
| Z050 | Region anlegen      | 20  | **       | 50        | 1002    | 0001   |           |           |
| Z050 | Region anlegen      | 30  | **       | 50        | 1003    |        |           |           |

**Abbildung 2.52** Customizing – Maßnahme (Einzelpflege)

Folgende Daten tragen Sie in die Tabelle ein:

- In der Spalte OBJEKTTYP geben Sie den Objekttyp an, mit dem in der Maßnahme gearbeitet werden soll.
- Die zu bearbeitenden Infotypen bzw. Subtypen werden in den Spalten INFOTYP bzw. SUBTYP angegeben.
- In der Regel legen Sie in der Spalte FUNK.CODE die Funktion INSE (Anlegen) fest. Sie können aber auch weitere Funktionen (z. B. COPY – Objekt kopieren, DEL – Objekt löschen, CUT – Objekt abgrenzen) auswählen. Alle möglichen Funktionen können Sie über die Wertehilfe abrufen.
- In der letzten Spalte der Tabelle, F.CODE DYN. VAR, wird nur ein Wert eingegeben, wenn Sie in der Spalte FUNK.CODE den Wert INSE eingegeben haben. In diesem Fall können Sie in die Spalte F.CODE DYN.VAR den

Wert »MASS« eintragen und so eine Schnellerfassung des Infotyps verhindern (siehe Abbildung 2.53). Den Wert »DUTY« geben Sie an, wenn es sich bei dem Infotyp um einen obligatorischen Infotyp (Muss-Infotyp) handelt.

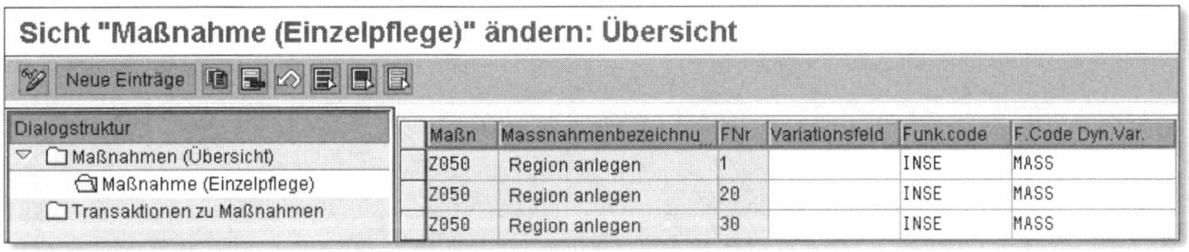

**Abbildung 2.53** Customizing – Funktionscodes in der Maßnahmen-Einzelpflege

3. **Transaktionen zu Maßnahmen**

In einem letzten Schritt können Sie eine Transaktion für die OM-Maßnahme definieren (siehe Abbildung 2.54). In der Spalte SM. KÜRZEL definieren Sie die Transaktion im eigenen Namensraum, und in der Spalte BESCHREIBUNG hinterlegen Sie dann eine kurze Beschreibung der Transaktion.

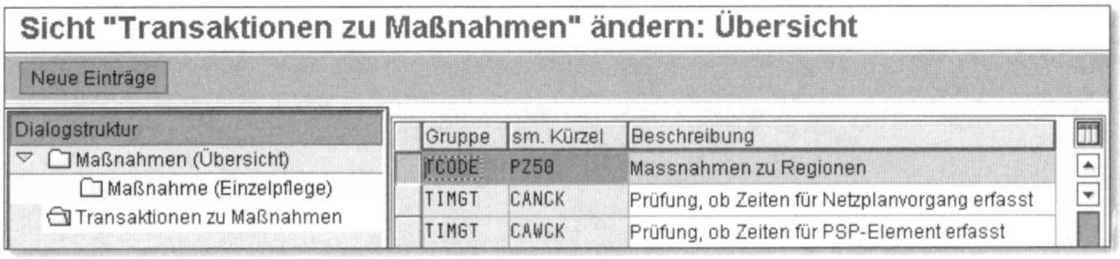

**Abbildung 2.54** Customizing – Transaktionscode für OM-Maßnahmen anlegen

## 2.10 Kopieren von Organisationsstrukturen

Der Aufbau z. B. von Teststrukturen oder Planvarianten in OM kann durch die Nutzung des Reports RHCOPYSTRUCT (Strukturen kopieren) vereinfacht werden.

Der Report kopiert die auf dem Selektionsbild angegebene Struktur in die gewünschte Planvariante. Als Planvariante können Sie die aktuelle oder eine beliebige andere auswählen (siehe Abbildung 2.55).

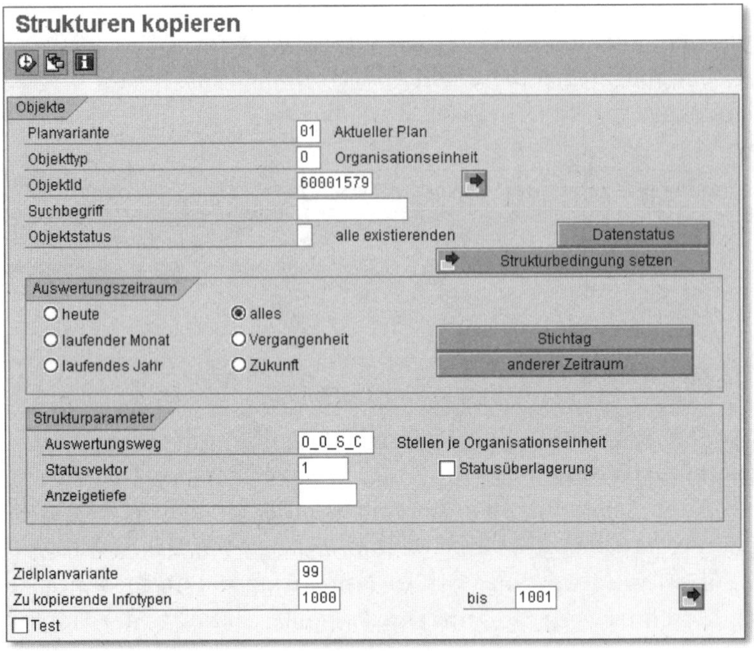


**Abbildung 2.55** Report RHCOPYSTRUCT (Struktur kopieren)

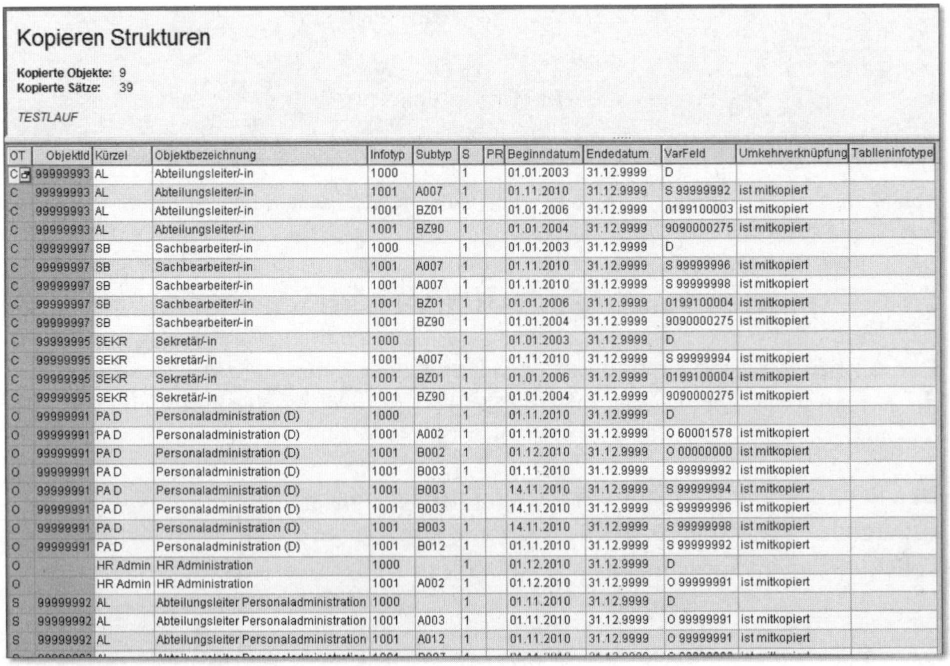

Kopieren Strukturen

Kopierte Objekte: 9
Kopierte Sätze: 39

TESTLAUF

| OT | ObjektId | Kürzel | Objektbezeichnung | Infotyp | Subtyp | S | PR | Beginndatum | Endedatum | VarFeld | Umkehrverknüpfung | Tablleninfotype |
|---|---|---|---|---|---|---|---|---|---|---|---|---|
| C | 99999993 | AL | Abteilungsleiter/-in | 1000 | | 1 | | 01.01.2003 | 31.12.9999 | D | | |
| C | 99999993 | AL | Abteilungsleiter/-in | 1001 | A007 | 1 | | 01.11.2010 | 31.12.9999 | S 99999992 | ist mitkopiert | |
| C | 99999993 | AL | Abteilungsleiter/-in | 1001 | BZ01 | 1 | | 01.01.2006 | 31.12.9999 | 0199100003 | ist mitkopiert | |
| C | 99999993 | AL | Abteilungsleiter/-in | 1001 | BZ90 | 1 | | 01.01.2004 | 31.12.9999 | 9090000275 | ist mitkopiert | |
| C | 99999997 | SB | Sachbearbeiter/-in | 1000 | | 1 | | 01.01.2003 | 31.12.9999 | D | | |
| C | 99999997 | SB | Sachbearbeiter/-in | 1001 | A007 | 1 | | 01.11.2010 | 31.12.9999 | S 99999996 | ist mitkopiert | |
| C | 99999997 | SB | Sachbearbeiter/-in | 1001 | A007 | 1 | | 01.11.2010 | 31.12.9999 | S 99999998 | ist mitkopiert | |
| C | 99999997 | SB | Sachbearbeiter/-in | 1001 | BZ01 | 1 | | 01.01.2006 | 31.12.9999 | 0199100004 | ist mitkopiert | |
| C | 99999997 | SB | Sachbearbeiter/-in | 1001 | BZ90 | 1 | | 01.01.2004 | 31.12.9999 | 9090000275 | ist mitkopiert | |
| C | 99999995 | SEKR | Sekretär/-in | 1000 | | 1 | | 01.01.2003 | 31.12.9999 | D | | |
| C | 99999995 | SEKR | Sekretär/-in | 1001 | A007 | 1 | | 01.11.2010 | 31.12.9999 | S 99999994 | ist mitkopiert | |
| C | 99999995 | SEKR | Sekretär/-in | 1001 | BZ01 | 1 | | 01.01.2006 | 31.12.9999 | 0199100004 | ist mitkopiert | |
| C | 99999995 | SEKR | Sekretär/-in | 1001 | BZ90 | 1 | | 01.01.2004 | 31.12.9999 | 9090000275 | ist mitkopiert | |
| O | 99999991 | PA D | Personaladministration (D) | 1000 | | 1 | | 01.11.2010 | 31.12.9999 | D | | |
| O | 99999991 | PA D | Personaladministration (D) | 1001 | A002 | 1 | | 01.11.2010 | 31.12.9999 | O 60001578 | ist mitkopiert | |
| O | 99999991 | PA D | Personaladministration (D) | 1001 | B002 | 1 | | 01.12.2010 | 31.12.9999 | O 00000000 | ist mitkopiert | |
| O | 99999991 | PA D | Personaladministration (D) | 1001 | B003 | 1 | | 01.11.2010 | 31.12.9999 | S 99999992 | ist mitkopiert | |
| O | 99999991 | PA D | Personaladministration (D) | 1001 | B003 | 1 | | 14.11.2010 | 31.12.9999 | S 99999994 | ist mitkopiert | |
| O | 99999991 | PA D | Personaladministration (D) | 1001 | B003 | 1 | | 14.11.2010 | 31.12.9999 | S 99999996 | ist mitkopiert | |
| O | 99999991 | PA D | Personaladministration (D) | 1001 | B003 | 1 | | 14.11.2010 | 31.12.9999 | S 99999998 | ist mitkopiert | |
| O | 99999991 | PA D | Personaladministration (D) | 1001 | B012 | 1 | | 01.11.2010 | 31.12.9999 | S 99999992 | ist mitkopiert | |
| O | | HR Admin | HR Administration | 1000 | | 1 | | 01.12.2010 | 31.12.9999 | D | | |
| O | | HR Admin | HR Administration | 1001 | A002 | 1 | | 01.12.2010 | 31.12.9999 | O 99999991 | ist mitkopiert | |
| S | 99999992 | AL | Abteilungsleiter Personaladministration | 1000 | | 1 | | 01.11.2010 | 31.12.9999 | D | | |
| S | 99999992 | AL | Abteilungsleiter Personaladministration | 1001 | A003 | 1 | | 01.11.2010 | 31.12.9999 | O 99999991 | ist mitkopiert | |
| S | 99999992 | AL | Abteilungsleiter Personaladministration | 1001 | A012 | 1 | | 01.11.2010 | 31.12.9999 | O 99999991 | ist mitkopiert | |

**Abbildung 2.56** Ergebnis des Reports RHCOPYSTRUCT (Struktur kopieren)

Beim Kopiervorgang werden alle angegebenen Objekte und Infotypen entlang des definierten Auswertungsweges und in der gewünschten Anzeigetiefe kopiert und neue Objekt-IDs per interner Nummernvergabe bestimmt. Es werden auch alle Verknüpfungen kopiert, es sei denn, dass die Umkehrverknüpfung, d. h. die Verknüpfung zum Objekt, das kopiert wurde, die Zeitbindung 2 hat (siehe Abbildung 2.56). Dies ist notwendig, da die Zeitbindung 2 bedeutet, dass zu einem Zeitpunkt höchstens ein gültiger Datensatz vorhanden sein darf.

## 2.11 Zusammenfassung

In diesem Kapitel haben Sie das grundsätzliche Konzept des Organisationsmanagements und des objektorientierten Designs kennengelernt, da ein funktionierendes, auf unternehmerische Bedürfnisse und auf die eingesetzten EDV-Lösungen abgestimmtes Organisationsmanagement unentbehrlich ist. Darüber hinaus habe ich Ihnen die wesentlichen Objekttypen vollständig mit den möglichen Infotypen und Verknüpfungen und die notwendigen Aktivitäten rund um die Nutzung dieser Objekttypen vorgestellt.

Dieses Kapitel ist die Basis für alle weiteren Kapitel dieses Buches, da ein optimal abgestimmtes und gepflegtes Organisationsmanagement im Einzelnen wichtig ist für:

- nahezu alle HR-Prozesse im Unternehmen
- die Berichtsstrukturen im Unternehmen
- die Nutzung elektronischer Workflows
- diverse Auswertungen/Reportings
- die Administration von Schnittstellen zu anderen IT Solutions
- die Planung organisatorischer Veränderungsmaßnahmen durch die Nutzung von Planvarianten
- die Nutzung einer einheitlichen Datenbasis
- die Userverwaltung und die Administration von Zugriffsberechtigungen
- die Visualisierung von Unternehmensstrukturen

Kapitel 3, »Objektverknüpfungen im Organisationsmanagement«, befasst sich nun mit der Beschreibung von Objektverknüpfungen und mit der Nutzung von Auswertungswegen.

*Mithilfe von Verknüpfungen stellen Sie Verbindungen zwischen Organisationsobjekten her. So bilden Sie die Organisationsstruktur eines Unternehmens ab und schaffen die Basis für Auswertungen.*

# 3 Objektverknüpfungen im Organisationsmanagement

In diesem Kapitel erfahren Sie, was Objektverknüpfungen sind und wie und wofür diese genutzt werden: Es wird beschrieben, wie Sie herausfinden, welche Verknüpfungen für bestimmte Objekte zugelassen sind und wie Sie erlaubte Verknüpfungen selbst definieren können. Sie lernen, wie Sie im Customizing notwendige Anpassungen durchführen und wie Sie im Bedarfsfall die Standardverknüpfungen durch eigene Verknüpfungen ergänzen können. Außerdem erfahren Sie, wie Sie Auswertungswege nutzen und eigene Auswertungswege anlegen können und welche Auswirkungen Objektverknüpfungen auf die strukturellen Berechtigungen haben.

## 3.1 Grundlagen der Verknüpfungsmethodik

Organisationsobjekte im SAP-System werden über Verknüpfungen miteinander verbunden. Diese Verknüpfungen bilden die Beziehung zwischen den einzelnen Objekttypen der Aufbauorganisation ab. Jede Verknüpfung hat dabei eine eigene Bedeutung wie z. B.:

- *Gehört zu/umfasst*
  Verknüpfung zwischen Organisationseinheiten und Planstellen
- *Ist Inhaber von/wird besetzt von*
  Verknüpfung zwischen Planstelle und Person
- *Beschreibt/wird beschrieben durch*
  Verknüpfung zwischen Stelle und Planstelle

Im Organisationsmanagement werden zahlreiche Arten von Objektverknüpfungen unterschieden. Diese verschiedenen Objektverknüpfungen ermöglichen es, die Daten des Organisationsmanagements für das Reporting auszuwerten und die Organisationsstruktur sowie die Berichtswege grafisch darzustellen.

Eine einfache Organisationsstruktur kann bereits durch die Verknüpfung von Planstellen zu Organisationseinheiten (A/B003 – gehört zu/umfasst) abgebildet werden. Diese Vorgehensweise reicht aber in den meisten Unternehmen nicht aus, um eine Organisations- und Berichtsstruktur vollständig abzubilden. Wenn die tatsächliche Berichtsstruktur Ihres Unternehmens von der Unternehmensstruktur abweicht und Sie dies abbilden möchten, müssen Sie weitere Verknüpfungen verwenden. Wie Sie bei der Modellierung der Organisations- und Berichtsstruktur genau vorgehen müssen, erfahren Sie in diesem Kapitel.

Die Pflege und Speicherung von Objektverknüpfungen erfolgt in der Detailplanung des Infotyps 1001 (Verknüpfungen). Die einzelnen Verknüpfungsarten legen Sie als Subtypen des Infotyps 1001 an. Dazu ist es notwendig, dass Sie im Vorfeld im Customizing die Eigenschaften dieser Verknüpfungsarten festlegen. Im Customizing können Sie z. B. definieren, ob das SAP-System Fehler-, Warn- oder Informationsmeldungen ausgibt, wenn bei der Bearbeitung von Verknüpfungen bestimmte Ereignisse auftreten, und ob gegebenenfalls Zusatzinformationen zu Verknüpfungen pflegbar sein sollen.

Die Definition bzw. technische Anlage von Objektverknüpfungen erfolgt im Customizing. Der Aufruf der Customizing-Tabelle (T778V, Verknüpfungen ändern) erfolgt über den Einführungsleitfaden (IMG) – der Pfad lautet ORGANISATIONSMANAGEMENT • ERWEITERUNG DATENMODELLIERUNG • VERKNÜPFUNGSPFLEGE • VERKNÜPFUNGEN PFLEGEN – oder direkt über die Transaktion OOVK. In der Tabelle T778V sind bereits die von SAP im Standard ausgelieferten Objektverknüpfungen enthalten. Mit diesen Verknüpfungsarten können Sie alle Standardobjekte miteinander verknüpfen. Sollten diese Verknüpfungsarten aber für Ihre unternehmensspezifischen Anforderungen nicht ausreichen, haben Sie die Möglichkeit, über das Customizing eigene Verknüpfungsarten anzulegen. Dafür stellt Ihnen SAP einen eigenen Namensraum zur Verfügung. Wie Sie eigene Verknüpfungsarten anlegen und welcher Namensraum Ihnen dafür zur Verfügung steht, erfahren Sie in Abschnitt 3.5, »Anlegen eigener Verknüpfungen«.

## 3.2 Das Datenmodell im Organisationsmanagement

Indem Sie Organisationsobjekte (z. B. Organisationseinheiten und Planstellen) durch Verknüpfungen miteinander verbinden, können Sie die Organisationsstruktur eines Unternehmens abbilden. Da die Objekte eine inhaltlich unterschiedliche Funktion darstellen, unterscheiden sich auch die Verknüpfungen, die Sie verwenden können. So stellen z. B. Organisationseinheiten die funktionalen Einheiten (z. B. Bereiche, Abteilungen, Teams) dar, während Planstellen die einzelnen Positionen und so die funktionalen Zuständigkeiten für die Erledigung von Aufgaben abbilden. Durch die Verknüpfung zwischen einer Organisationseinheit und einer Planstelle wird die einfache Berichtsstruktur abgebildet (A/B003 – gehört zu/umfasst). Dagegen wird die Leitungsfunktion einer Planstelle durch die Verknüpfung A/B012 (leitet/wird geleitet von) zwischen der Organisationseinheit und einer Planstelle hergestellt. Abbildung 3.1 zeigt Ihnen beispielhaft in einem Datenmodell verschiedene Standardorganisationsobjekte und wie diese über Standardverknüpfungen miteinander verbunden sind.

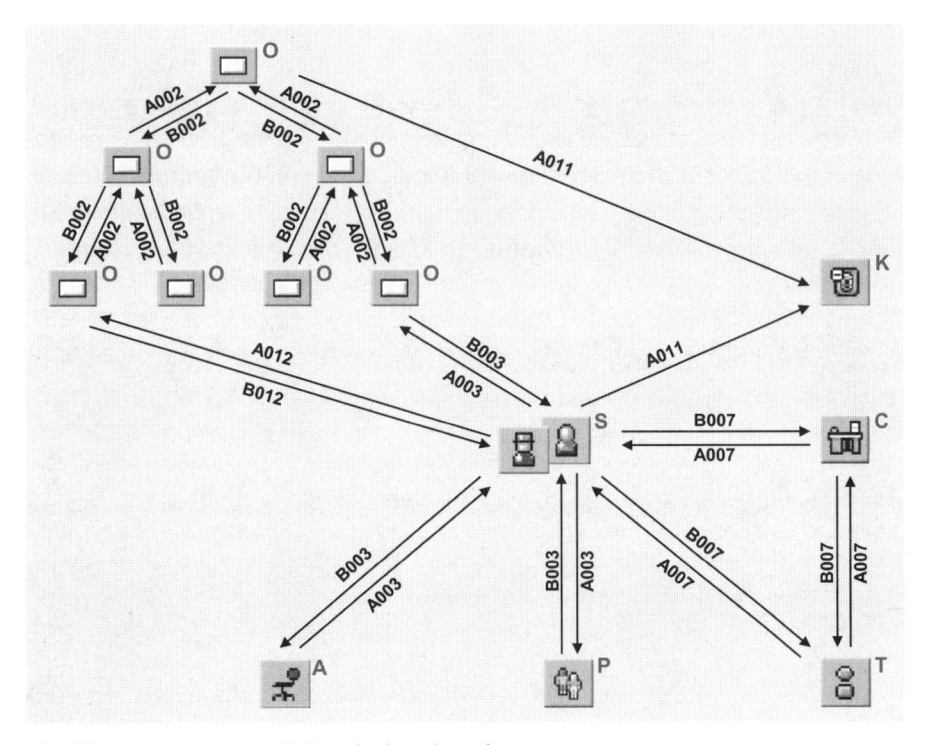

**Abbildung 3.1** Datenmodell der Objektverknüpfungen

Verknüpfungen zwischen zwei Objekten können unterschiedlich ausgerichtet sein:

- Bei einer Verknüpfung zwischen einer Leiterplanstelle und einer Planstelle in derselben Organisationseinheit handelt es sich um eine *hierarchische* Verknüpfung. Die leitende Planstelle ist über eine B002-Verknüpfung (ist Linienvorgesetzter) mit der untergeordneten Planstelle verbunden. Die untergeordnete Planstelle hingegen ist über eine A002-Verknüpfung (berichtet an) mit der Leiterplanstelle verknüpft.
- Die Verknüpfung zwischen einer Stelle und einer Planstelle (A/B007 beschreibt/wird beschrieben durch) wird als *laterale* oder auch *flache* Verknüpfung bezeichnet. Zwischen diesen beiden Objekten besteht keine hierarchische Verbindung, sie sind vielmehr vom Rang her gleichwertig.
- Eine Verknüpfung zwischen einem externen Objekt (z. B. Person) und einem internen Objekt (z. B. Planstelle) wird als *einseitige* bzw. *unilaterale* Verknüpfung bezeichnet, da diese nur in eine Richtung angelegt wird (z. B. A008 zwischen Planstelle und Person).

Die Syntax einer Verknüpfung besteht aus einem Buchstaben (A oder B), gefolgt von einer dreistelligen numerischen Kennung (z. B. 002). Die Verknüpfung A002 bedeutet z. B. »berichtet an«, B002 steht für »ist Linienvorgesetzter von«. Die Buchstaben A und B geben also die Richtung einer Verknüpfung an; A steht für die passive und B für die aktive Verknüpfungsrichtung. Oftmals wird die passive Verknüpfungsrichtung auch als *Bottom-up-Verknüpfung* und die aktive Verknüpfungsrichtung als *Top-down-Verknüpfung* bezeichnet.

> **Hinweis: Logik der Verknüpfungsrichtung**
>
> Bitte verwechseln Sie »aktive« und »passive« Verknüpfungsrichtung nicht mit »übergeordnet« und »untergeordnet«. Diese Bezeichnungen funktionieren nämlich zumindest bei flachen/lateralen und einseitigen/unilateralen Verknüpfungen nicht.
>
> Es ist besser, wenn Sie die Verknüpfungsrichtung von der Aufgabe eines Objekts ableiten. Ein Beispiel für eine aktive Verknüpfungsrichtung ist, wenn eine Stelle eine Planstelle beschreibt (A007). Dagegen wird eine Planstelle durch eine Stelle beschrieben. Somit ist die Verknüpfung von der Planstelle zur Stelle passiv, also B007.

Es gibt aber auch Verknüpfungsarten, die nur in eine Richtung angelegt werden (z. B. A011 – Kostenstellenzuordnung). Dies ist dann der Fall, wenn die Verknüpfung zwischen einem internen und einem externen Objekt erfolgt. Interne Objekttypen sind Objekttypen, die im Organisationsmanagement angelegt und gepflegt werden, während externe Objekttypen (z. B. Person und Kostenstelle) zwar im Organisationsmanagement mit anderen Objekttypen verknüpft, nicht aber angelegt und gepflegt werden können. Der Objekttyp *Person* kommt z. B. aus der Personaladministration und der Objekttyp *Kostenstelle* aus dem Controlling.

### 3.2.1 Verknüpfung zwischen Organisationseinheiten

Durch das Anlegen der Verknüpfungen zwischen Organisationseinheiten – A/B002 (berichtet an/ist Linienvorgesetzter von) – legen Sie Ihre Unternehmensstruktur an (siehe Abbildung 3.2).

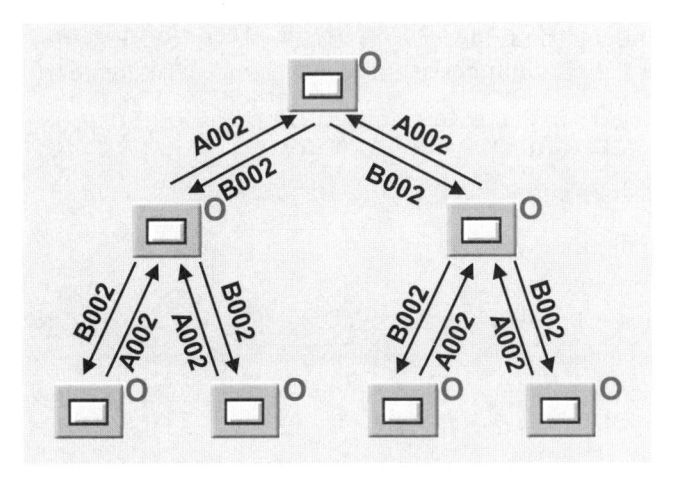

**Abbildung 3.2** Datenmodell – Verknüpfungen zwischen Organisationseinheiten

Wie in Abbildung 3.2 dargestellt, können einer Organisationseinheit mehrere Organisationseinheiten untergeordnet werden. Dagegen kann eine Organisationseinheit nur an *eine* übergeordnete Organisationseinheit berichten.

Für die Anlage von Verknüpfungen zwischen Organisationseinheiten haben Sie verschiedene Bearbeitungsoptionen (z. B. Expertenmodus, EINFACHE PFLEGE). Diese werden in Kapitel 5, »Bearbeitungsoptionen im Organisationsmanagement«, ausführlich beschrieben.

Die Listanzeige zu einer Organisationseinheit zeigt alle Verknüpfungen von einer spezifischen Organisationseinheit zu anderen verknüpften Objekten an und somit, wie eine Organisationseinheit in die Organisationsstruktur eingebunden ist. In Abbildung 3.3 können Sie einmal in Listform das sehen, was grafisch in Abbildung 3.2 dargestellt ist. Eine Organisationseinheit berichtet mit der A002-Verknüpfung an eine übergeordnete Organisationseinheit. Mit der B002-Verknüpfung wird dargestellt, welche untergeordneten Organisationseinheiten an diese Organisationseinheit berichten.

Die Listanzeige erhalten Sie, indem Sie die Transaktion PP01 (Expertenmodus – Objekt pflegen) aufrufen, dann die spezifische Organisationseinheit selektieren, den Infotyp 1001 (Verknüpfungen) markieren und anschließend auf das Symbol Überblick klicken. Alternativ können Sie auch direkt die Transaktion PO10 (Organisationseinheit pflegen) nutzen und dann wie zuvor beschrieben vorgehen. Über die soeben beschriebenen Transaktionen können Sie auch weitere Verknüpfungen zu untergeordneten Organisationseinheiten (B002) anlegen. Wenn Sie dagegen versuchen, eine weitere A002-Verknüpfung anzulegen, erhalten Sie eine Meldung, dass der Vorgängersatz abgegrenzt wird, da diese Verknüpfungsrichtung nur einmal existieren darf.

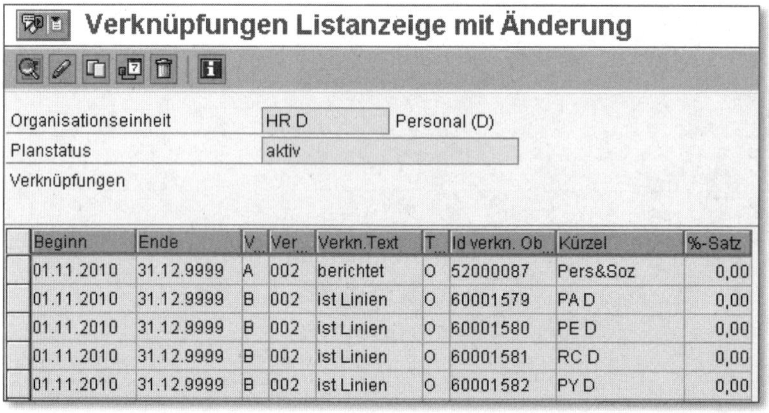


| Beginn | Ende | V... | Ver... | Verkn.Text | T... | Id verkn. Ob... | Kürzel | %-Satz |
|---|---|---|---|---|---|---|---|---|
| 01.11.2010 | 31.12.9999 | A | 002 | berichtet | O | 52000087 | Pers&Soz | 0,00 |
| 01.11.2010 | 31.12.9999 | B | 002 | ist Linien | O | 60001579 | PA D | 0,00 |
| 01.11.2010 | 31.12.9999 | B | 002 | ist Linien | O | 60001580 | PE D | 0,00 |
| 01.11.2010 | 31.12.9999 | B | 002 | ist Linien | O | 60001581 | RC D | 0,00 |
| 01.11.2010 | 31.12.9999 | B | 002 | ist Linien | O | 60001582 | PY D | 0,00 |

**Abbildung 3.3** Verknüpfungen von einer Organisationseinheit zu anderen Organisationseinheiten

Deutlich wird die vorgegebene Zuordnungslogik auch in der Strukturgrafik (siehe Abbildung 3.4). Die Strukturgrafik ist eine Bearbeitungs- und Anzeigeoption im Organisationsmanagement, mit der Sie Organisationsobjekte in der Aufbauorganisation grafisch darstellen und auch verschieben und bearbeiten können. Ausführlich wird diese Bearbeitungsoption in Abschnitt 5.1.2, »Strukturen allgemein«, beschrieben.

Eine Organisationseinheit wird mit einer passiven Verknüpfung (A002) einer in der Organisationsstruktur übergeordneten Organisationseinheit zugeordnet, bis die sogenannte *Root-Organisationseinheit* (Wurzel) erreicht ist. Bei der Root-Organisationseinheit handelt es sich um die Organisationseinheit, die das eigentliche Unternehmen symbolisiert (z. B. SAP AG).

## Strukturanzeige/Strukturpflege

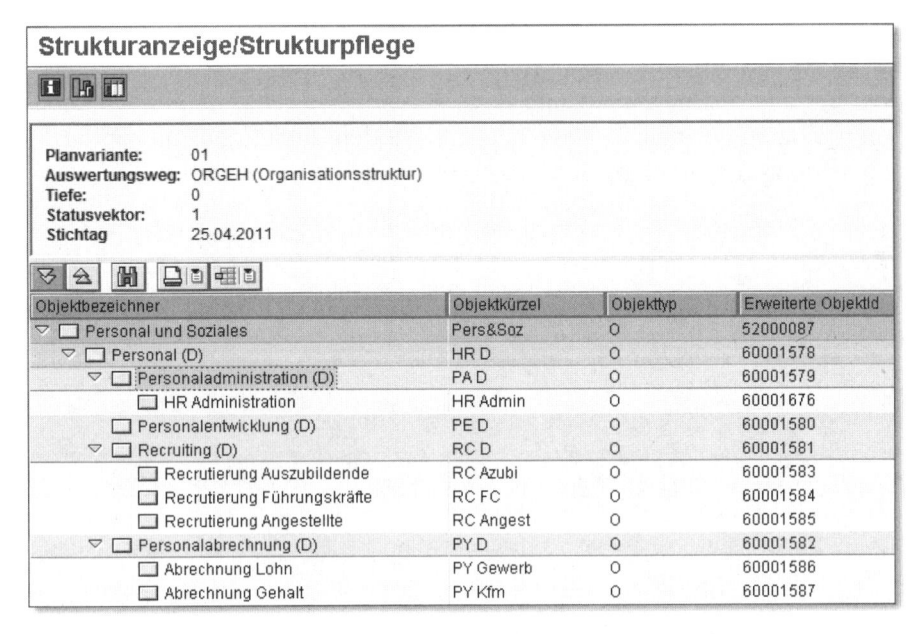

Planvariante: 01
Auswertungsweg: ORGEH (Organisationsstruktur)
Tiefe: 0
Statusvektor: 1
Stichtag: 25.04.2011

| Objektbezeichner | Objektkürzel | Objekttyp | Erweiterte ObjektId |
|---|---|---|---|
| ▽ ☐ Personal und Soziales | Pers&Soz | O | 52000087 |
| ▽ ☐ Personal (D) | HR D | O | 60001578 |
| ▽ ☐ Personaladministration (D) | PA D | O | 60001579 |
| ☐ HR Administration | HR Admin | O | 60001676 |
| ☐ Personalentwicklung (D) | PE D | O | 60001580 |
| ▽ ☐ Recruiting (D) | RC D | O | 60001581 |
| ☐ Recrutierung Auszubildende | RC Azubi | O | 60001583 |
| ☐ Recrutierung Führungskräfte | RC FC | O | 60001584 |
| ☐ Recrutierung Angestellte | RC Angest | O | 60001585 |
| ▽ ☐ Personalabrechnung (D) | PY D | O | 60001582 |
| ☐ Abrechnung Lohn | PY Gewerb | O | 60001586 |
| ☐ Abrechnung Gehalt | PY Kfm | O | 60001587 |

**Abbildung 3.4** Darstellung der Verknüpfung A/B002 in der Strukturgrafik

In Abbildung 3.3 und Abbildung 3.4 können Sie erkennen, dass es sich bei der Organisationseinheit HR D/PERSONAL (D) nicht um eine Root-Organisationseinheit handelt, da diese Organisationseinheit durch eine A002-Verknüpfung (berichtet an) der Organisationseinheit PERSONAL UND SOZIALES (Objekt-ID 52000087, Kürzel PERS&SOZ) untergeordnet ist.

> **Regel: Verknüpfung zwischen Organisationseinheiten (A/B002)**
>
> Für die Abbildung einer hierarchischen Beziehung zwischen Organisationseinheiten nutzen Sie die Verknüpfung A/B002 (berichtet an/ist Linienvorgesetzter von).
>
> Eine Organisationseinheit berichtet an eine übergeordnete Organisationseinheit (A002).
>
> Eine Organisationseinheit ist Linienvorgesetzter von einer oder von mehreren untergeordneten Organisationseinheiten (B002).

### 3.2.2 Verknüpfung zwischen Organisationseinheiten und Planstellen

Für die Abbildung der Aufbauorganisation und Berichtsstruktur im Organisationsmanagement werden Planstellen mit den Organisationseinheiten verknüpft. Dabei werden Eigenschaften, die Sie an einer Organisationseinheit gepflegt haben (z. B. Kosteninformationen einer Kostenstelle) auf die Planstellen und weiter auf die gegebenenfalls zugeordnete Person vererbt. Für die Anlage der Verknüpfung zwischen einer Organisationseinheit und einer oder mehrerer Planstellen haben Sie verschiedene Bearbeitungsoptionen (z. B. Expertenmodus, Einfache Pflege). Diese werden ausführlich in Kapitel 5, »Bearbeitungsoptionen im Organisationsmanagement«, beschrieben.

> **Regel: Verknüpfung zwischen Organisationseinheiten und Planstellen (A/B003)**
>
> Für die Verknüpfung einer Planstelle mit einer Organisationseinheit wird die Verknüpfung A/B003 (gehört zu/umfasst) genutzt.
> Eine Planstelle gehört zu einer Organisationseinheit (A003). Eine Organisationseinheit umfasst eine Planstelle (B003).

> **Regel: Kennzeichnung einer Planstelle als Leiterplanstelle (A/B012)**
>
> Wenn es sich bei der Planstelle um eine Leiterplanstelle handelt, müssen Sie zusätzlich zur Verknüpfung A003 (gehört zu/umfasst) noch die Verknüpfung A012 (leitet/wird geleitet von) anlegen.
> Eine Planstelle leitet eine Organisationseinheit (A012).
> Eine Organisationseinheit wird geleitet von einer Planstelle (B012).

Die Verknüpfung A/B012 können Sie auf drei Wegen anlegen, die im Folgenden aufgezeigt werden:

1. **Anlegen der Verknüpfung A/B012 über die Transaktion PP01 (Expertenmodus)**

    Wenn Sie die Transaktion PP01 (Objekt pflegen) nutzen möchten, gehen Sie folgendermaßen vor (siehe Abbildung 3.5):

    - Zuerst starten Sie die Transaktion PP01 (Objekt pflegen).
    - Dann wählen Sie den Objekttyp Planstelle aus.
    - Nun selektieren Sie die spezifische Planstelle, die Sie als Leiterplanstelle einer Organisationseinheit kennzeichnen möchten.
    - Danach markieren Sie den Infotyp 1001 (Verknüpfungen) und klicken auf den Button INFOTYP ANLEGEN.
    - In der nun erscheinenden Detailsicht des Infotyps 1001 (Verknüpfungen) legen Sie die Gültigkeit für die Verknüpfung A/B012 fest, also ab wann und bis wann diese Planstelle als Leiterplanstelle gekennzeichnet werden soll.
    - Wählen Sie nun die Verknüpfungsart A und die Verknüpfung 012 aus.

## 3.2 Das Datenmodell im Organisationsmanagement

▸ Selektieren Sie in dem Feld Typ des verknüpften Objekts den Objekttyp Organisationseinheit.

▸ Geben Sie nun die ID der Organisationseinheit ein, für die diese Planstelle die Leitungsfunktion erhalten soll, oder suchen Sie die entsprechende Planstelle über die Suchfunktion.

▸ Sichern Sie die neue Verknüpfung über den Button SICHERN.

2. **Anlegen der Verknüpfung A/B012 über die Transaktion PO13 (Planstelle pflegen) im Infotyp 1001 (Verknüpfungen)**
Die Vorgehensweise über die Transaktion PO13 unterscheidet sich nur minimal von der Vorgehensweise über die Transaktion PP01. Während Sie bei der Transaktion PP01 in einem ersten Schritt den Objekttyp selektieren müssen, entfällt dieser Schritt bei der Transaktion PO13, da die Transaktion PO13 direkt den Pflegemodus der Planstelle aufruft (siehe Abbildung 3.5).

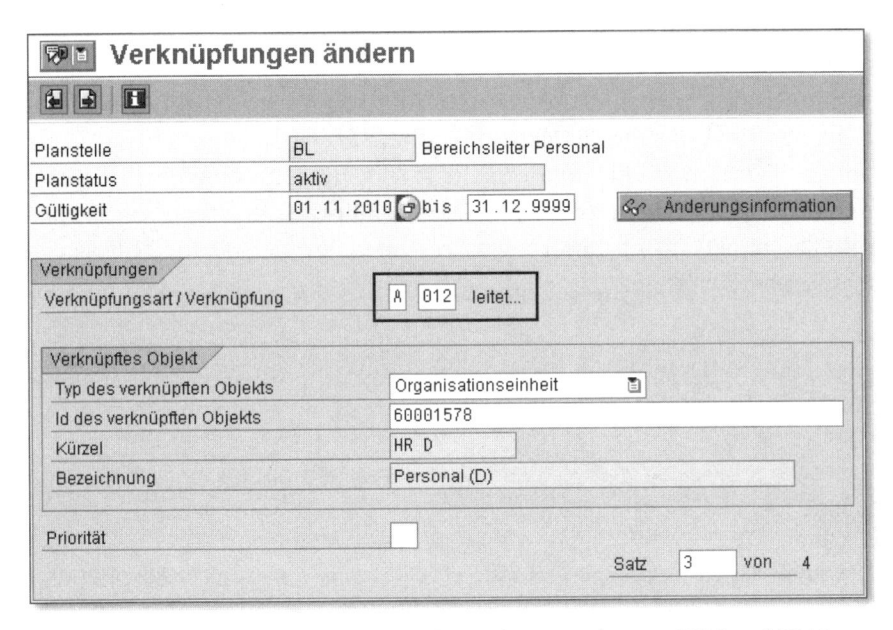

**Abbildung 3.5** Anlage einer Leiterplanstelle mit den Transaktionen PP01 und PO13

3. **Anlegen der Verknüpfung über die Transaktion PPOME**
Rufen Sie in der Sicht ORGANISATION UND BESETZUNG die Funktion DETAILS FÜR EINE PLANSTELLE auf. Wenn Sie hier ein Häkchen im Feld LEITER DER EIGENEN ORGANISATIONSEINHEIT setzen, wird die Verknüpfung A/B012 im Hintergrund, also systemseitig, angelegt (siehe Abbildung 3.6).

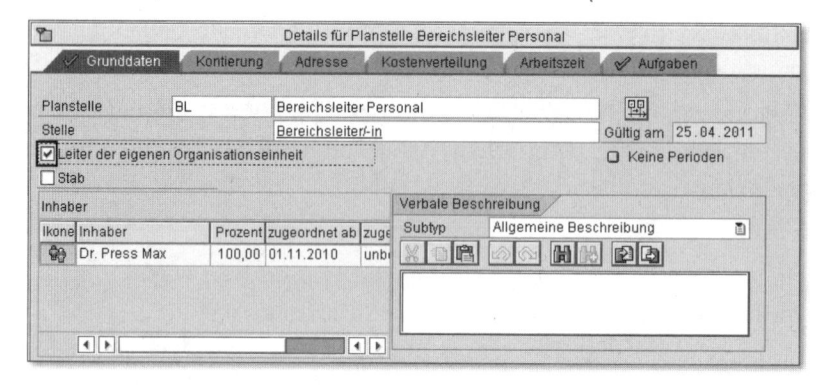

**Abbildung 3.6** Anlage einer Leiterplanstelle mit der Transaktion PPOME

Durch das Anlegen der Verknüpfung A/B012 kennzeichnen Sie die Planstelle funktional als Leiterplanstelle für eine Organisationseinheit. Das bedeutet, dass alle der Organisationseinheit zugeordneten Planstellen an diese Leiterplanstelle berichten. Als Folge ändert sich auch das Planstellen-Icon; ein Hut wird hinzugefügt (siehe Abbildung 3.7). Außerdem wird in der Darstellung der Organisationsstruktur in der Sicht ORGANISATION UND BESETZUNG (Transaktionen PPOME und PPOSE) die Spalte LEITER mit dem Namen des Planstelleninhabers gefüllt (siehe erste Zeile in Abbildung 3.7). Wenn eine Leiterplanstelle aktuell nicht besetzt ist, erscheint in der Spalte LEITER die Planstellenbezeichnung.

**Abbildung 3.7** Darstellung der Leiterplanstelle in der Sicht »Organisation und Besetzung«

Üblicherweise bildet bereits die Zuordnung der Planstellen zu Organisationseinheiten die Berichtsstruktur eines Unternehmens ab. Wenn aber die *tatsächliche* Berichtsstruktur Ihres Unternehmens von der im Organisationsmanagement dargestellten Berichtsstruktur abweicht, können Sie diese Berichtsstruktur durch weitere Verknüpfungen abbilden, die Sie auch separat auswerten können. Die Berichtsstruktur basiert dann auf einer sogenannten *Planstellenhierarchie*. Sie legen eine Planstellenhierarchie an, indem Sie zwei Planstellen mit der Verknüpfungsart A/B002 (berichtet an/ist Linienvorgesetzter von) miteinander verknüpfen.

Bitte beachten Sie, dass diese Art der Berichtsstruktur (Planstelle zu Planstelle) sehr pflegeintensiv ist, da jede Planstelle sowohl mit der Planstelle verknüpft werden muss, an die sie berichtet, als auch mit der Organisationseinheit, der sie zugeordnet ist.

> **Regel: Verknüpfung zwischen Planstellen und Planstellen**
> Eine Planstelle berichtet an eine andere Planstelle (A002).
> Eine Planstelle ist Linienvorgesetzter einer anderen Planstelle (B002).
> Eine Planstelle untersteht disziplinarisch einer anderen Planstelle (A004).
> Eine Planstelle ist disziplinarischer Vorgesetzter einer anderen Planstelle (B004).

### 3.2.3 Verknüpfung zwischen Stelle und Planstelle

Die Eigenschaften einer Planstelle definieren Sie, indem Sie die Planstelle mit einer Stelle verknüpfen. Durch die Verknüpfung A/B007 (beschreibt/wird beschrieben durch) vererben sich die an einer Stelle definierten Eigenschaften auf die Planstelle. Diese vererbten Eigenschaften können Sie bei Bedarf direkt an der Planstelle ändern bzw. erweitern. Eine Stelle kann beliebig vielen Planstellen zugeordnet werden. Sie können aber einer Planstelle nur eine Stelle zuordnen.

Wenn Sie über die Transaktion PPOME (Organisation und Besetzung) eine neue Planstelle anlegen, haben Sie direkt über die Registerkarte GRUNDDATEN die Möglichkeit, die Verknüpfung zur Stelle zu erstellen. Die Verknüpfungsart A/B007 zwischen der Planstelle und der Stelle wird dann im Hintergrund automatisch angelegt (Abbildung 3.8).

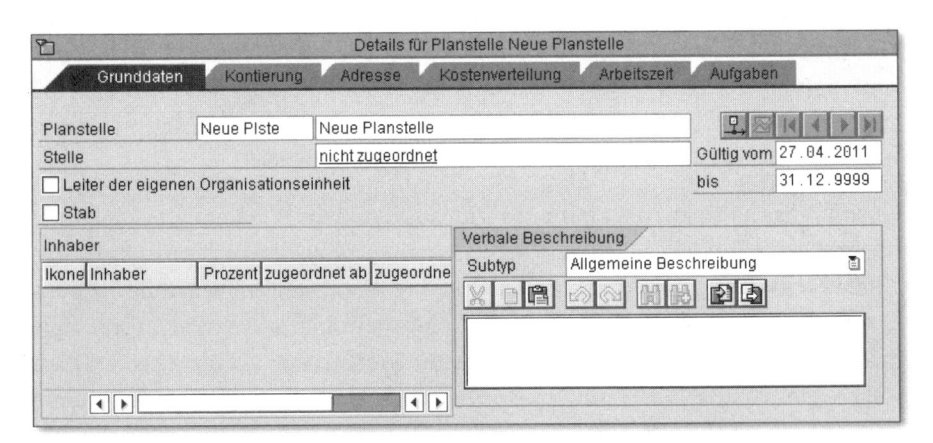

**Abbildung 3.8** Anlage einer neuen Planstelle über die Transaktion PPOME

Alternativ können Sie eine neue Planstelle auch über die Transaktion PP01 (Expertenmodus) oder die Transaktion PO13 (Planstelle pflegen) anlegen. Sollten Sie sich für diese – meiner Meinung nach aufwendigere – Methode entscheiden, legen Sie alle Verknüpfungen über den Infotyp 1001 (Verknüpfungen) manuell an.

> **Regel: Verknüpfung zwischen Stelle und Planstellen (A/B007)**
> Eine Stelle beschreibt eine Planstelle (A007).
> Eine Planstelle wird durch eine Stelle beschrieben (B007).

### 3.2.4 Verknüpfung zwischen Person und Planstelle

Wenn Sie eine Planstelle mit einer Person (Inhaber) besetzen, ordnen Sie diese Person auch gleichzeitig einer Organisationseinheit zu, da die Planstelle in der Organisationsstruktur mit einer Organisationseinheit verknüpft ist. Eine Person/ein Inhaber wird nicht direkt, sondern immer über eine Planstelle mit der Organisationseinheit verknüpft.

Die Zuordnung einer Person zu einer Planstelle sollte über den Infotyp 0000 (Maßnahmen) in der Personaladministration stattfinden. Bei der Ausführung der Einstellungsmaßnahme in der Personaladministration werden die Informationen abgefragt, die für die organisatorische Zuordnung eines Mitarbeiters notwendig sind. Sobald die Personalmaßnahme durch Speichern abgeschlossen wurde, wird automatisch ein Personalstammsatz für den neuen Mitarbeiter angelegt. Der PA-Infotyp 0001 (Organisatorische Zuordnung) enthält alle notwendigen Detailinformationen über einen Mitarbeiter (siehe Abbildung 3.9). Im Einzelnen sind dies Informationen über die Zuordnung in der Unternehmensstruktur (Buchungskreis, Personalbereich, Kostenstelle, Personalteilbereich und Geschäftsbereich), in der Personalstruktur (Mitarbeitergruppe und Mitarbeiterkreis) sowie in der Aufbauorganisation (Besetzungsprozentsatz, Planstelle, Stelle, Organisationseinheit).

Personalmaßnahmen, die einen Einfluss auf die Planstellenzuordnung haben, sind z. B. die Einstellungs- und Austrittsmaßnahmen sowie der organisatorische Wechsel. Bei der Zuordnung einer Person zu einer Planstelle in einer Personalmaßnahme schlägt das SAP-System automatisch einen Besetzungsprozentsatz von 100 % vor. Sie können eine Person aber auch mehreren Planstellen zuordnen. Der Besetzungsprozentsatz darf aber in dem Fall einen Gesamtprozentsatz von 100 % nicht übersteigen.

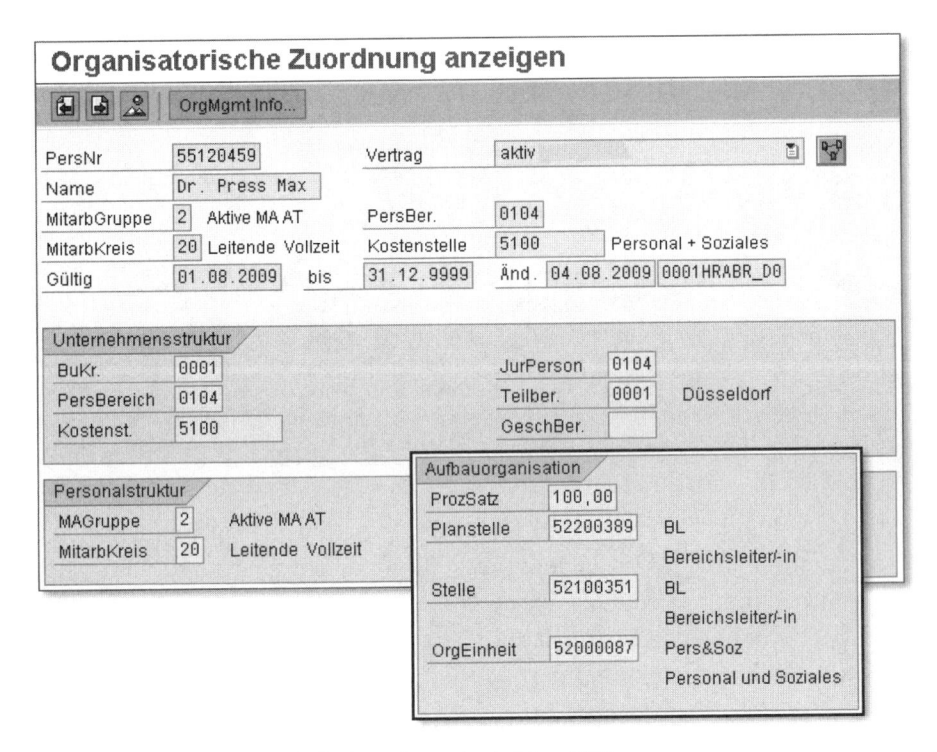

**Abbildung 3.9** Organisatorische Zuordnung im Infotyp 0001

Wie sich das System im Falle einer Überschreitung des Besetzungsprozentsatzes verhalten soll, können Sie im Customizing definieren. Möglich ist, dass bei einer Überschreitung des Besetzungsprozentsatzes eine Fehlermeldung oder nur eine Warnung erscheint.

Durch die Zuordnung einer Person zu einer Planstelle in der Personaladministration wird im Organisationsmanagement die Verknüpfung A/B008 automatisch gesetzt – vorausgesetzt, die Integration zwischen Personaladministration und Organisationsmanagement ist aktiviert. Für die Aktivierung der Integration zwischen dem Organisationsmanagement und der Personaladministration müssen Sie das Merkmal PLOGI pflegen. Wie dies genau zu erfolgen hat, wird ausführlich in Abschnitt 9.2, »Integration mit der Personaladministration«, beschrieben. Ob die automatische Verknüpfung funktioniert hat, können Sie überprüfen, indem Sie sich die Objektverknüpfung A008 in der Infotypübersicht (z. B. Transaktion PP01 oder PO13) anzeigen lassen (siehe Abbildung 3.10).

# 3 | Objektverknüpfungen im Organisationsmanagement

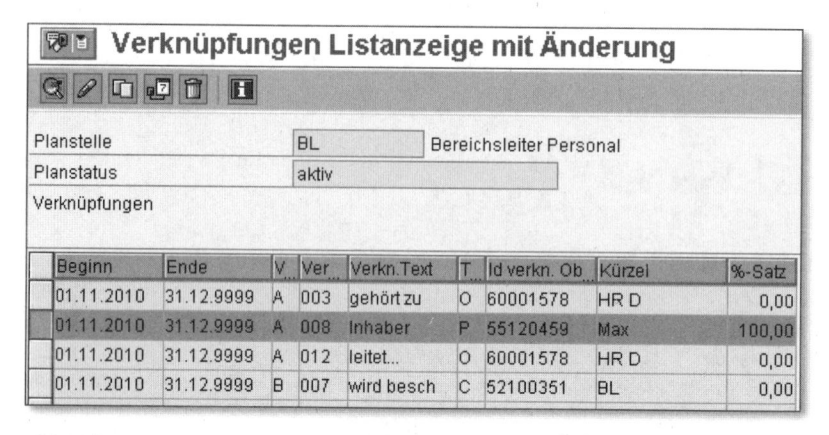

| | | | | | | | | |
|---|---|---|---|---|---|---|---|---|
| **Verknüpfungen Listanzeige mit Änderung** | | | | | | | | |
| Planstelle | | BL | | Bereichsleiter Personal | | | | |
| Planstatus | | aktiv | | | | | | |
| Verknüpfungen | | | | | | | | |
| Beginn | Ende | V | Ver | Verkn.Text | T | Id verkn. Ob | Kürzel | %-Satz |
| 01.11.2010 | 31.12.9999 | A | 003 | gehört zu | O | 60001578 | HR D | 0,00 |
| 01.11.2010 | 31.12.9999 | A | 008 | Inhaber | P | 55120459 | Max | 100,00 |
| 01.11.2010 | 31.12.9999 | A | 012 | leitet... | O | 60001578 | HR D | 0,00 |
| 01.11.2010 | 31.12.9999 | B | 007 | wird besch | C | 52100351 | BL | 0,00 |

**Abbildung 3.10** Verknüpfung A008 zwischen Person und Planstelle

Es ist auch möglich, Personen über das Organisationsmanagement Planstellen zuzuordnen. Diese Vorgehensweise empfehle ich aber nicht, da es sich bei dieser Aktion um eine klassische Personalmaßnahme handelt, die durch eine Maßnahme in der Personaladministration durchgeführt und im Infotyp 0000 (Maßnahmen) dokumentiert werden sollte.

Wenn Sie einer Person keine Planstelle zuordnen, wird dieser Person im PA-Infotyp 0001 (Organisatorische Zuordnung) systemseitig die Default-Planstelle (99999999) zugeordnet. Die ID 99999999 ist der Default-Planstelle durch SAP bereits zugeordnet. Eine Änderung dieser Default-Planstelle empfehle ich nicht, da dies zu Problemen mit der Integration (z. B. bei Reports, Darstellung in verschiedenen Sichten) führen kann. Die Default-Planstelle wird bei den Grundeinstellungen der Integration zwischen der Personaladministration und dem Organisationsmanagement im Merkmal GRUPPE PLOGI, SM.KÜRZEL PRELI, festgelegt (siehe Abbildung 3.11). Sie erreichen die Pflege der Grundeinstellungen im Merkmal PLOGI über den Einführungsleitfaden (IMG) unter ORGANISATIONSMANAGEMENT • INTEGRATION • INTEGRATION ZUR PERSONALADMINISTRATION • INTEGRATION ZUR PERSONALADMINISTRATION EINRICHTEN.

| | | | |
|---|---|---|---|
| **Sicht "Integration Planung - Stammdaten" ändern: Übersicht** | | | |
| Dokumentation | | | |
| Systemschalter (aus Tabelle T77S0) | | | |
| Gruppe | sm. Kürzel | Wert Kürz. | Beschreibung |
| PLOGI | PRELI | 99999999 | Integration: Defaultplanstelle |

**Abbildung 3.11** Default-Planstelle im Merkmal PLOGI

Personen mit einer Zuordnung zu der Default-Planstelle werden nicht in der Organisationsstruktur in OM angezeigt.

> **Regel: Verknüpfung zwischen Person und Planstelle (A/B008)**
> Eine Planstelle ist mit einer Person als Inhaber verknüpft (A008).
> Eine Person ist der Inhaber einer Planstelle (B008).

### 3.2.5 Verknüpfung zwischen Kostenstelle und Planstelle bzw. Organisationseinheit

Für die Zuordnung einer Kostenstelle zu einer Organisationseinheit oder einer Planstelle wird die Verknüpfung A011 (Kostenstellenzuordnung) genutzt. Hierbei handelt es sich um eine eindimensionale Verknüpfung, da es sich bei der Kostenstelle um ein sogenanntes *externes Objekt* handelt, das im Controlling (CO) angelegt und administriert wird.

Es ist üblich, Kostenstellen mit der Organisationseinheit zu verknüpfen. Diese Kostenstellenzuordnung vererbt sich dann auf alle untergeordneten Organisationseinheiten, Planstellen und Personen. Wenn eine Planstelle eine andere Kostenstellenzuordnung erhalten soll als die Organisationseinheit, zu der sie gehört, können Sie dieser Planstelle mit der Verknüpfungsart A011 eine eigene Kostenstelle zuordnen. Andere der Organisationseinheit zugeordnete Planstellen haben dann weiterhin die durch die Organisationseinheit vererbte Kostenstellenzuordnung.

Sie können einem Objekt auf verschiedenen Wegen eine Kostenstelle zuordnen. Ich schlage auch hier wieder den Weg über die Transaktion PPOME (Organisation und Besetzung) vor. Lassen Sie sich die Detailansicht zum Objekt anzeigen. Dort können Sie über die Registerkarte KONTIERUNG die Kostenstellenzuordnung vornehmen (siehe Abbildung 3.12). Die Änderung einer angezeigten, gegebenenfalls vererbten Kostenstelle bzw. die Zuordnung einer neuen Kostenstelle nehmen Sie vor, indem Sie den Button STAMMKOSTENSTELLE ERSETZEN anklicken. Dieser Button befindet sich neben dem Feld STAMMKOSTENSTELLE. Als alternative Pflegeoption für die Kostenstelle können Sie auch hier wieder die Transaktion PP01 oder PO13 über den Infotyp 1001 (Verknüpfungen) nutzen. Es ist unerheblich, für welche der diversen Pflegeoptionen Sie sich entscheiden. Dies hängt ganz von Ihren persönlichen Vorlieben und natürlich auch von den zugeordneten Berechtigungen ab.

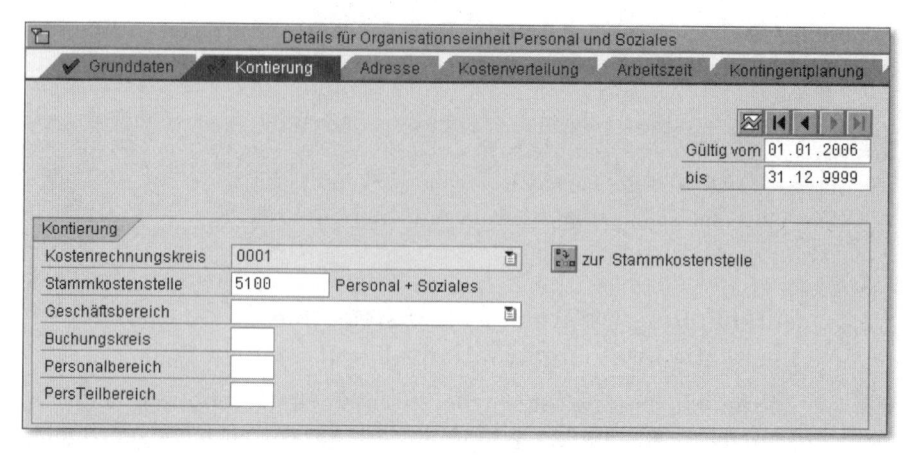

**Abbildung 3.12** Kostenstellenzuordnung über die Transaktion PPOME

Wenn die Kostenstelle durch ein übergeordnetes Objekt vererbt wurde, erscheint hinter dem Feld STAMMKOSTENSTELLE ein entsprechender Hinweis (siehe Abbildung 3.13). Wenn Sie dann für dieses Objekt eine abweichende Kostenstelle eingeben wollen, müssen Sie zuerst einen neuen Gültigkeitszeitraum definieren. Danach ist die Eingabe der abweichenden Kostenstelle für das Objekt möglich. Die Verknüpfung A011 (Kostenstellenzuordnung) wird dann im Hintergrund automatisch angelegt. Außerdem wird ein Datensatz im Infotyp 1008 (Kontierungsmerkmale) erstellt.

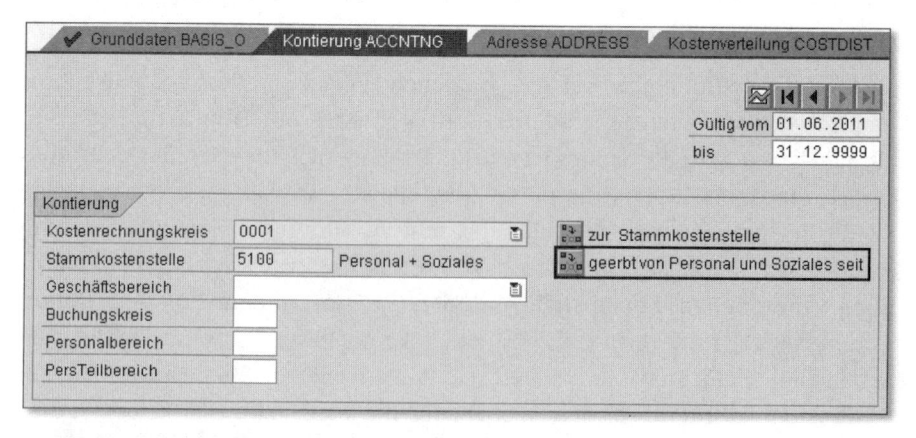

**Abbildung 3.13** Darstellung einer durch ein übergeordnetes Objekt vererbten Kostenstelle

Sie haben außerdem die Möglichkeit, über die Transaktion PP01 (Expertenmodus) oder die Transaktion PO10 (Organisationseinheit pflegen) eine Kostenstellenzuordnung vorzunehmen. Dazu legen Sie die Verknüpfungsart

A011 mit einem Gültigkeitszeitraum im Infotyp 1001 (Verknüpfungen) an. Wenn Sie die Kostenstelle über die Transaktion PP01 (Objekt pflegen) oder die Transaktion PO10 (Organisationseinheit pflegen) im Infotyp 1001 (Verknüpfungen) mit der Verknüpfungsart A011 (Kostenstellenzuordnung), pflegen möchten, geben Sie zuerst die zu bebuchende Kostenstelle in das Feld ID DES VERKNÜPFTEN OBJEKTES ein und dann direkt dahinter den entsprechenden Kostenrechnungskreis. Einfacher geht es, wenn Sie die Kostenstelle über die Wertehilfe selektieren. In diesem Fall haben Sie direkt die vollständige ID (Kostenstelle und Kostenrechnungskreis).

**Regel: Verknüpfung zwischen Kostenstelle und Organisationseinheit bzw. Planstelle (A011)**

Eine Organisationseinheit bzw. Planstelle ist mit einer Kostenstelle durch eine Kostenstellenzuordnung (A011) verknüpft.

Im nächsten Abschnitt erfahren Sie, welche Systemeinstellungen im Customizing für das Anlegen von Objektverknüpfungen notwendig sind.

## 3.3 Customizing der Objektverknüpfungen

Objektverknüpfungen sind Subtypen des Infotyps 1001 (Verknüpfung). Beim Customizing dieser Objektverknüpfungen bzw. Subtypen müssen die in den folgenden Abschnitten beschriebenen Attribute definiert bzw. bedacht werden. Das Customizing dieser Attribute führen Sie im Einführungsleitfaden (IMG) unter ORGANISATIONSMANAGEMENT • ERWEITERUNG DATENMODELLIERUNG • VERKNÜPFUNGSPFLEGE • VERKNÜPFUNGEN PFLEGEN durch (siehe Abbildung 3.14).

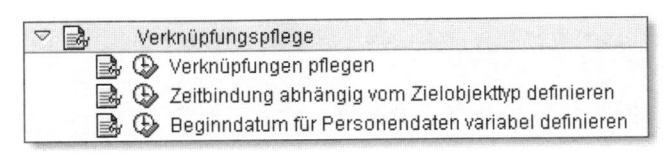

**Abbildung 3.14** Customizing der Objektverknüpfungen

Wenn Sie den Customizing-Schritt VERKNÜPFUNG PFLEGEN aktivieren, erscheint ein Tabellen-View (T777E), in dem Sie alle notwendigen Schritte für die Anlage neuer und die Pflege existierender Objektverknüpfungen durchführen können (siehe Abbildung 3.15).

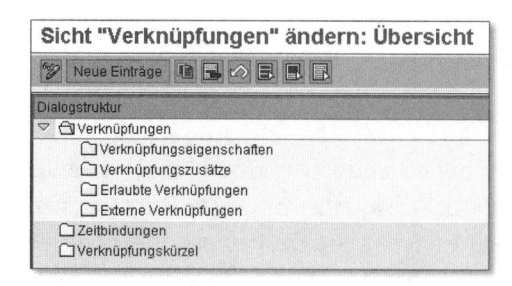

**Abbildung 3.15** Tabelle T777E (Verknüpfungen ändern)

Die folgenden Abschnitte beschreiben die Customizing-Aktivitäten, die Sie in der Tabelle T777E (Verknüpfungen ändern) durchführen können. Sie erfahren z. B., wie Sie Warn- oder Fehlermeldungen bei einem bestimmten Systemverhalten im Customizing definieren, wie Sie für einen Objekttyp bestimmte Verknüpfungen zulassen und wie Sie die Zeitbindung für diese Verknüpfungen definieren können.

### 3.3.1 Verknüpfungseigenschaften

Über die Verknüpfungseigenschaften regeln Sie das Verhalten des Systems bei bestimmten Eingaben. In der Customizing-Funktion VERKNÜPFUNGS-EIGENSCHAFTEN definieren Sie z. B., ob Fehlermeldungen, Warnungen oder nur Informationen erscheinen sollen, wenn bestimmte Eingaben erfolgen. Wie soll sich das System z. B. verhalten, wenn die 100%-Marke beim Besetzungsprozentsatz überschritten wurde? Soll hier eine Fehlermeldung erscheinen oder vielleicht doch nur eine Warnung?

**Abbildung 3.16** Verknüpfungen pflegen – Verknüpfungseigenschaften

Abbildung 3.16 zeigt Ihnen als Beispiel die Verknüpfungseigenschaften für die Verknüpfung A/B008 – Inhaber. Das System gibt hier eine Warnung aus, wenn der Besetzungsprozentsatz die 100%-Marke überschreitet. Eine Prüfung in Verbindung mit dem Infotyp 1011 (Arbeitszeit) findet nicht statt.

Systemseitig wird eine Fehlermeldung erzeugt, wenn über den Infotyp 1014 (Obsolet) eine Verknüpfung mit einer obsoleten Planstelle erfolgt.

In dem Feld 100 %-Prüf. definieren Sie die Art der Meldung, die ausgegeben wird, wenn durch die angelegte Verknüpfungsart die 100 %-Marke beim Besetzungsprozentsatz überschritten wird. Mögliche Einträge sind:

- E – Fehler
- I – Information
- W – Warnung
- » « (kein Eintrag) – Es wird keine Prüfung durchgeführt.

In dem Feld Arbeitszeit pr. können Sie die Art der Meldung angeben, die ausgegeben werden soll, wenn bei einer Verknüpfungen von Personen mit dem Infotyp 1011 (Arbeitszeit) die 100 %-Marke überschritten wird – Sie bestimmen also, wie sich das System verhalten soll, wenn der Vorschlagswert aus dem Infotyp 1011 von der an der Person gepflegten Arbeitszeit abweicht. Die Arten der möglichen Meldungen sind die gleichen wie in dem Feld 100 %-Prüf., also Fehler, Information oder Warnung. Wenn Sie keinen Eintrag vornehmen, erfolgt keine Prüfung.

In dem Feld Prüf. Obsolet definieren Sie die Meldung, die erzeugt werden soll, wenn Sie Objektverknüpfungen in Verbindung mit einer obsoleten Planstelle bearbeiten. Eine Planstelle kennzeichnen Sie als obsolet, wenn Sie den Infotyp 1014 (Obsolet) für die Planstelle pflegen. Die Arten der möglichen Meldungen sind die gleichen wie in den Feldern 100 %-Prüf. und Arbeitszeit pr., also Fehler, Information, oder Warnung. Wenn Sie keinen Eintrag vornehmen, erfolgt keine Prüfung.

### 3.3.2 Verknüpfungszusätze

Bei den Verknüpfungszusätzen definieren Sie im Customizing, ob es möglich sein soll, dass Zusatzdaten zu einer Verknüpfung gepflegt werden können und ob der Verknüpfungsprozentsatz (Gewichtungsprozentsatz) zu einer Verknüpfung ein- oder ausgeblendet werden soll. Sie blenden ihn ein, indem Sie das Häkchen im Kontrollkästchen vor Verknüpfungsprozentsatz setzen. Der Prozentsatz erscheint in der Listanzeige des Infotyps 1001 (Verknüpfungen) in der letzten Spalte. Diese Information ist z. B. dann relevant, wenn die Arbeitszeit einer Person auf mehrere Planstellen verteilt ist. Die Prozentzahl ist dann die Angabe, wie viel Prozent der Arbeitszeit der zugeordneten Person exakt auf diese Planstelle entfallen. Bei den Verknüpfungszusätzen können Sie außerdem definieren, ob für eine Objektverknüpfung bereits bei der Anlage der Verknüpfung – z. B. über die Transaktion PP01 (Objekt pflegen) oder die Transaktion PP03 (Plandaten pflegen: OM-Maßnahme ausführen) keine Rekursionsprüfung durchgeführt werden soll. Im SAP-Standard findet eine Rekursionsprüfung statt (siehe Abbildung 3.17).

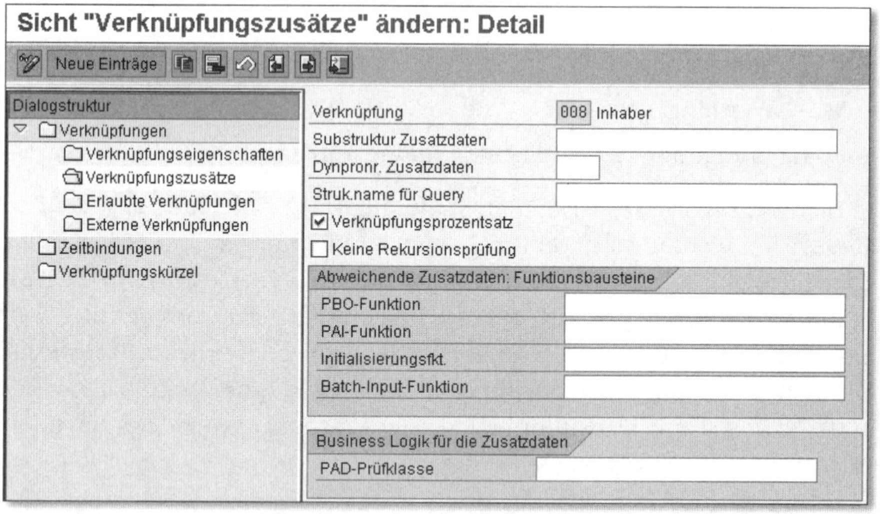

**Abbildung 3.17** Verknüpfungen pflegen – Verknüpfungszusätze

> **Beispiel: Rekursionsprüfung bei Objektverknüpfungen**
>
> Im SAP-Standard ist für die Verknüpfung A/B 002 (berichtet an/ist Linienvorgesetzter von) die Rekursionsprüfung aktiv. Das bedeutet, dass innerhalb einer Organisationsstruktur keine Endlosschleife zwischen Organisationseinheiten hergestellt werden kann. Beispiel: Organisationseinheit C berichtet mit einer A002-Verknüpfung an Organisationseinheit B und Organisationseinheit B mit einer A002-Verknüpfung an Organisationseinheit A (Root-Organisationseinheit). Wenn Sie nun versuchen, Organisationseinheit C mit Organisationseinheit A durch eine B002-Verknüpfung zu verbinden, erhalten Sie die Fehlermeldung, dass dies eine unerlaubte Strukturverknüpfung sei, da Sie durch diese B-Verknüpfung eine Endlosschleife herstellen würden. Wenn Sie nun das Häkchen in dem Feld KEINE REKURSIONSPRÜFUNG setzen, wäre diese B-Verknüpfung möglich. Diese Einstellung kann sinnvoll sein, wenn es z. B. um Verknüpfungen zur Identifizierung von Vertretungen geht.

Bitte beachten Sie, dass Sie Änderungen in den Verknüpfungszusätzen der Standardverknüpfungen – mit Ausnahme des Verknüpfungs-/Gewichtungsprozentsatzes – nur in Absprache mit SAP durchführen sollten, da diese Einträge SAP gehören. Diese Einschränkung gilt nicht bei eigenen Verknüpfungen.

### 3.3.3 Erlaubte Verknüpfungen definieren

Ebenfalls in der Tabelle T777E (Verknüpfungen), in der Funktion ERLAUBTE VERKNÜPFUNGEN, definieren Sie die Verknüpfungen, die zwischen bestimmten Objekttypen erlaubt sind und somit über den Infotyp 1001 (Verknüpfungen) gepflegt werden dürfen. In Abbildung 3.18 sehen Sie z. B. die Objekttypen, die mit der Verknüpfung 008, für jede Verknüpfungsrichtung separat, verbunden werden dürfen.

Um die erlaubten Verknüpfungen zu pflegen, müssen Sie zuerst die Verknüpfungsart markieren und dann die Funktion ERLAUBTE VERKNÜPFUNGEN anklicken. Um neue Verknüpfungskombinationen anzulegen, klicken Sie auf den Button NEUE EINTRÄGE (siehe Abbildung 3.18).

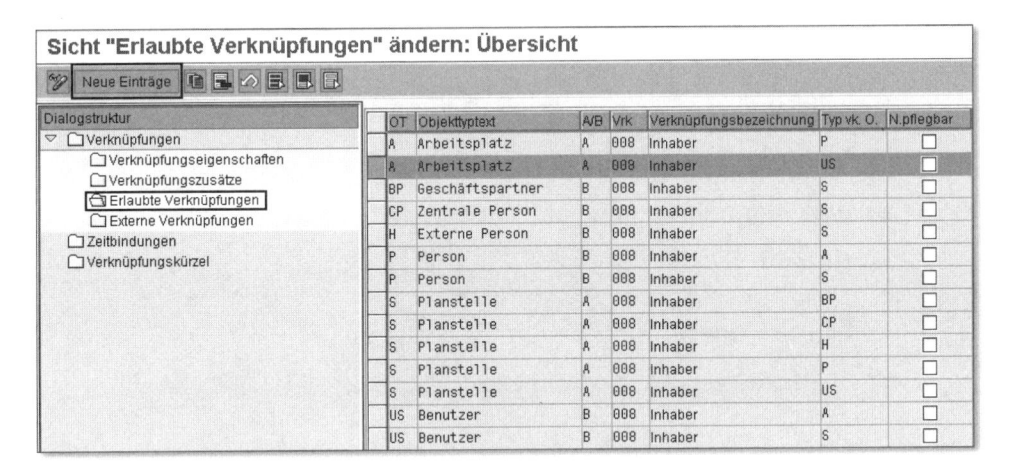

| OT | Objekttyptext | A/B | Vrk | Verknüpfungsbezeichnung | Typ vk. O. | N.pflegbar |
|---|---|---|---|---|---|---|
| A | Arbeitsplatz | A | 008 | Inhaber | P | ☐ |
| A | Arbeitsplatz | A | 008 | Inhaber | US | ☐ |
| BP | Geschäftspartner | B | 008 | Inhaber | S | ☐ |
| CP | Zentrale Person | B | 008 | Inhaber | S | ☐ |
| H | Externe Person | B | 008 | Inhaber | S | ☐ |
| P | Person | B | 008 | Inhaber | A | ☐ |
| P | Person | B | 008 | Inhaber | S | ☐ |
| S | Planstelle | A | 008 | Inhaber | BP | ☐ |
| S | Planstelle | A | 008 | Inhaber | CP | ☐ |
| S | Planstelle | A | 008 | Inhaber | H | ☐ |
| S | Planstelle | A | 008 | Inhaber | P | ☐ |
| S | Planstelle | A | 008 | Inhaber | US | ☐ |
| US | Benutzer | B | 008 | Inhaber | A | ☐ |
| US | Benutzer | B | 008 | Inhaber | S | ☐ |

**Abbildung 3.18** Verknüpfungen pflegen – Erlaubte Verknüpfungen

Folgende Einträge sind notwendig, um eine neue Verknüpfungskombination bzw. neue erlaubte Verknüpfungen anzulegen:

1. In das Feld OT tragen Sie den Objektschlüssel (z. B. O für Organisationseinheit oder S für Planstelle) ein, von dem die Verknüpfung ausgehen soll. Das Feld Objekttyptext wird dann mit der Bezeichnung des Objekttyps automatisch gefüllt.

2. In dem Feld A/B legen Sie die Verknüpfungsrichtung fest und in dem Feld VRK die Verknüpfungsart. Das Feld VERKNÜPFUNGSBEZEICHNUNG wird automatisch mit der Bezeichnung der Verknüpfungsart gefüllt.

3. Nun geben Sie noch den Objekttyp an, mit dem der Objekttyp in der ersten Spalte verknüpft werden soll.

4. Das Feld N.PFLEGBAR markieren Sie, wenn Sie nicht möchten, dass eine Verknüpfung über eine Grundtransaktion (z. B. PP01 – Objekt pflegen) pflegbar sein soll. Dies kann z. B. bei Objekttypen der Fall sein, die nicht über das Organisationsmanagement gepflegt werden (z. B. Trainingstyp oder Curriculumstyp). Wenn Sie dennoch versuchen, diese Verknüpfung über den Infotyp 1001 (Verknüpfungen) anzulegen, erhalten Sie eine Fehlermeldung.

Wenn Sie wissen möchten, welche Verknüpfungsarten bei einem bestimmten Objekttyp erlaubt sind, können Sie auch den Report RHRELAT0 (Erlaubte Verknüpfungen von Objekttypen) nutzen. Im Selektionsbild geben Sie das Kürzel des Objekts sowie die Verknüpfungsrichtung (A oder B) an. Wenn Sie keine Verknüpfungsrichtung angeben, zeigt Ihnen das Ergebnis beide Verknüpfungsrichtungen der Verknüpfungsarten zum Objekt an. Abbildung 3.19 zeigt exemplarisch das Ergebnis des Reports RHRELAT0 für den Objekttyp Planstelle. In diesem Fall wurde die Treffermenge auf erlaubte Verknüpfungen in die Verknüpfungsrichtung B beschränkt.

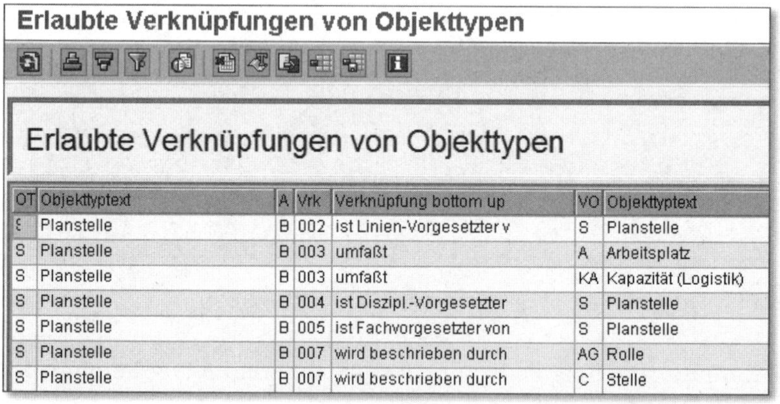
Erlaubte Verknüpfungen von Objekttypen

Erlaubte Verknüpfungen von Objekttypen

| OT | Objekttyptext | A | Vrk | Verknüpfung bottom up | VO | Objekttyptext |
|---|---|---|---|---|---|---|
| S | Planstelle | B | 002 | ist Linien-Vorgesetzter v | S | Planstelle |
| S | Planstelle | B | 003 | umfaßt | A | Arbeitsplatz |
| S | Planstelle | B | 003 | umfaßt | KA | Kapazität (Logistik) |
| S | Planstelle | B | 004 | ist Diszipl.-Vorgesetzter | S | Planstelle |
| S | Planstelle | B | 005 | ist Fachvorgesetzter von | S | Planstelle |
| S | Planstelle | B | 007 | wird beschrieben durch | AG | Rolle |
| S | Planstelle | B | 007 | wird beschrieben durch | C | Stelle |

**Abbildung 3.19** Report RHRELAT0 – erlaubte Verknüpfungen für den Objekttyp »Planstelle«

**Hinweis: Tipp für die Verknüpfungssuche**

Wenn ich z. B. feststellen möchte, mit welchen Organisationseinheiten eine Kostenstelle verknüpft ist, benutze ich sehr gerne in der Transaktion SE16 die Tabelle HRP1001. Als Objekttyp gebe ich dann »O« ein und bei ID DES VERK. OBJ. (ID des verknüpften Objekts) die Kostenstelle.

Diese Vorgehensweise funktioniert natürlich auch bei anderen Objekten.

### 3.3.4 Pflege externer Objektverknüpfungen

Im SAP-System gibt es interne und externe Objekttypen. Ob ein Organisationsobjekt als intern oder extern bezeichnet wird, hängt davon ob, wo die Stammdaten dieses Objekts gepflegt werden. Die Kostenstelle ist z. B. ein externes Objekt, da die Stammdaten im Controlling gepflegt werden. Das Gleiche gilt für das Objekt Person, da der Personalstammsatz eines Mitarbeiters in der Personaladministration angelegt und bearbeitet wird. Dagegen sind z. B. die Organisationseinheit, die Planstelle und die Stelle interne Objekttypen, da die Stammdaten dieser Organisationstypen in Infotypen des Organisationsmanagements administriert werden.

Als externe Verknüpfungen werden Verknüpfungen zwischen externen Objekttypen bezeichnet, d. h. Objekttypen, die nicht in der Datenbank PLOG der Personalplanung und -entwicklung gespeichert werden. Eine Verknüpfung zu einem externen Organisationsobjekt wird nur eindimensional angelegt, also aus Sicht des Organisationsmanagements zur externen Applikation (z. B. SAP ERP CO).

In der Customizing-Tabelle T777E (Externe Verknüpfungen) (siehe Abbildung 3.20) finden Sie alle Standardverknüpfungsarten, die SAP für die Verknüpfung zwischen internen und externen Objekten zur Verfügung stellt, einschließlich der entsprechenden Programme und Routinenamen. Diese Programme und Routinen werden genutzt, um die benötigten Informationen aus den externen Systemen auszulesen und dann dem entsprechenden Objekt zuzuordnen.

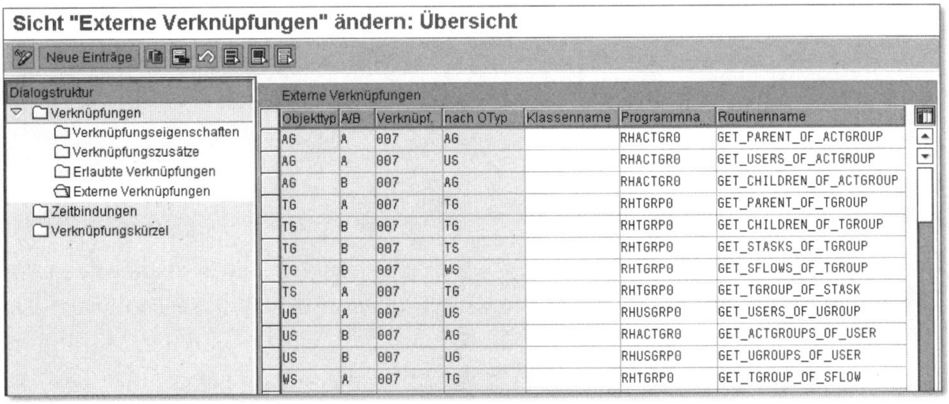


| Objekttyp | A/B | Verknüpf. | nach OTyp | Klassenname | Programmna | Routinenname |
|---|---|---|---|---|---|---|
| AG | A | 007 | AG | | RHACTGR0 | GET_PARENT_OF_ACTGROUP |
| AG | A | 007 | US | | RHACTGR0 | GET_USERS_OF_ACTGROUP |
| AG | B | 007 | AG | | RHACTGR0 | GET_CHILDREN_OF_ACTGROUP |
| TG | A | 007 | TG | | RHTGRP0 | GET_PARENT_OF_TGROUP |
| TG | B | 007 | TG | | RHTGRP0 | GET_CHILDREN_OF_TGROUP |
| TG | B | 007 | TS | | RHTGRP0 | GET_STASKS_OF_TGROUP |
| TG | B | 007 | WS | | RHTGRP0 | GET_SFLOWS_OF_TGROUP |
| TS | A | 007 | TG | | RHTGRP0 | GET_TGROUP_OF_STASK |
| UG | A | 007 | US | | RHUSGRP0 | GET_USERS_OF_UGROUP |
| US | B | 007 | AG | | RHACTGR0 | GET_ACTGROUPS_OF_USER |
| US | B | 007 | UG | | RHUSGRP0 | GET_UGROUPS_OF_USER |
| WS | A | 007 | TG | | RHTGRP0 | GET_TGROUP_OF_SFLOW |

**Abbildung 3.20** Verknüpfungen pflegen – Externe Verknüpfungen

### 3.3.5 Zeitbindung von Objektverknüpfungen

Die Zeitbindung von Objektverknüpfungen steuert, wie oft eine bestimmte Verknüpfungsart zu einem Zeitpunkt für ein spezifisches Objekt vorhanden sein kann. Durch Zeitbindungen bei Objektverknüpfungen wird verhindert, dass Verknüpfungen zu Objekten angelegt werden, die sich gegenseitig ausschließen. So hat z. B. die Verknüpfung von einer Organisationseinheit zu einer Planstelle die Zeitbindung 3. Das bedeutet, dass eine Organisationseinheit mit beliebig vielen Planstellen verknüpft sein darf (Verknüpfung B003). Die Verknüpfung einer Organisationseinheit mit einer übergeordneten Organisationseinheit (A002) hingegen hat die Zeitbindung 2. Dadurch ist sichergestellt, dass eine Organisationseinheit immer nur an eine hierarchisch übergeordnete Organisationseinheit berichtet. Die unterschiedlichen Ausprägungen der Zeitbindung lernen Sie im Folgenden kennen.

In der Customizing-Tabelle (siehe Abbildung 3.21) können Sie in der Spalte OBJEKTTYP das Zeichen für Wildcard (*) eingeben oder das Objektkürzel für einen bestimmten Objekttyp. Wenn Sie die Wildcard wählen, gilt die in dieser Zeile für diese spezifische Verknüpfungsart definierte Zeitbindung für alle Objekttypen. In der Spalte ZEITBINDG. legen Sie dann die Zeitbindung pro Objekt und Verknüpfungsart fest.

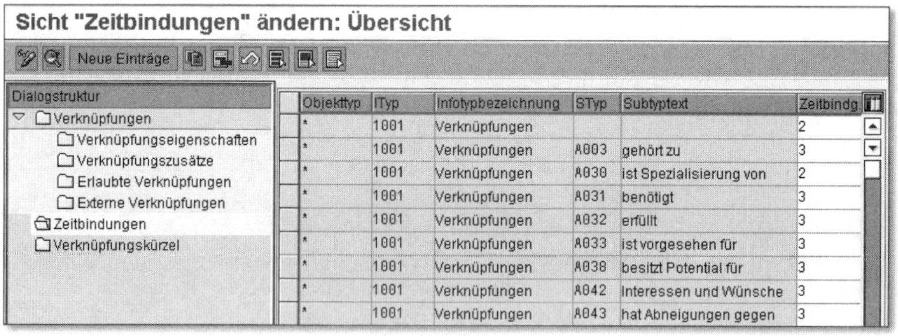

**Abbildung 3.21** Verknüpfungen pflegen – Zeitbindungen

Die meisten Verknüpfungsarten können zu einem Zeitpunkt mehrfach vorhanden sein (Zeitbindung 3). Dies trifft insbesondere für die Top-down-Verknüpfungen zu. Wie bereits oben beschrieben, wird neben der Zeitbindung 3 auch noch die Zeitbindung 2 für Verknüpfungen häufiger genutzt. Die Ausprägungen der Zeitbindungen 0 und 1 beschreibe ich nachfolgend aus Vollständigkeitsgründen, da Ihnen diese natürlich z. B. bei der Anlage eigener Verknüpfungen nutzen können.

Folgende Ausprägungen sind bei der Zeitbindung für Verknüpfungsarten möglich:

- **Zeitbindung 0**
  Die Zeitbindung 0 (Null) bedeutet, dass eine Verknüpfungsart eines bestimmten Typs für ein spezifisches Objekt zu einem Zeitpunkt nur einmal vorhanden sein darf. Änderungen an dieser Verknüpfung sind nicht erlaubt.

- **Zeitbindung 1**
  Die Zeitbindung 1 bedeutet ebenfalls, dass eine Verknüpfungsart für ein spezifisches Objekt zu einem Zeitpunkt nur einmal vorhanden sein darf. In diesem Fall sind aber – anders als bei der Zeitbindung 0 – Änderungen an der Verknüpfung zugelassen. Wenn Sie etwas an der Verknüpfung ändern (z. B. den Gültigkeitszeitraum), müssen Sie beachten, dass zeitliche Lücken bei der Zeitbindung 1 nicht zugelassen sind.

- **Zeitbindung 2**
  Die Zeitbindung 2 bedeutet, dass eine Verknüpfungsart für ein spezifisches Objekt nur einmal vorhanden sein darf. Zum Beispiel darf einer Organisationseinheit nur eine Kostenstelle (A011) zugeordnet werden. Es ist aber – anders als bei den Zeitbindungen 0 und 1 – erlaubt, dass es zeitliche Lücken zwischen zwei Datensätzen gibt: Es ist möglich, diese Verknüpfung abzugrenzen, ohne direkt wieder eine neue Verknüpfung zu einer Kostenstelle anzulegen.

- **Zeitbindung 3**
  Bei der Zeitbindung 3 sind für ein spezifisches Objekt zu einem Zeitpunkt beliebig viele Verknüpfungen des gleichen Typs erlaubt. Zeitliche Lücken zwischen den einzelnen Datensätzen sind ebenfalls zugelassen. Zum Beispiel können einer Organisationseinheit mehrere Planstellenverknüpfungen zugeordnet werden.

> **Beispiel: Zeitbindung bei Objektverknüpfungen**
>
> Einer Organisationseinheit können zu einem Zeitpunkt mehrere Planstellen zugeordnet sein. Aus diesem Grund hat die Verknüpfung zwischen Organisationseinheit und Planstelle (B003) die Zeitbindung 3.
> Eine Planstelle kann aber zu einem Zeitpunkt normalerweise nur einer Stelle zugeordnet werden. In diesem Fall wird also die Zeitbindung 2 vergeben.

Sollten Sie die Zeitbindung abhängig vom Zielobjekt definieren wollen, müssen Sie zusätzlich zur Zeitbindung in der Customizing-Funktion VERKNÜPFUN-

GEN PFLEGEN noch die Customizing-Funktion ZEITBINDUNG ABHÄNGIG VOM ZIELOBJEKT DEFINIEREN bearbeiten. Diese Tätigkeit ist notwendig, wenn Sie z. B. erlauben möchten, dass eine Planstelle nur einer Stelle, aber mehreren Aufgaben zugeordnet werden kann. Im genannten Beispiel nutzen Sie in beiden Fällen die B007-Verknüpfung von der Planstelle ausgehend zu den Zielobjekttypen Stelle und Arbeitsplatz. Der Unterschied ist nur, dass Sie bei der Verknüpfung von der Planstelle zum Zielobjekttyp Stelle die Zeitbindung 2 und bei der Verknüpfung zum Zielobjekttyp Aufgaben die Zeitbindung 3 festlegen. Das Customizing für die Zeitbindung abhängig vom Zielobjekt führen Sie im Einführungsleitfaden (IMG) unter ORGANISATIONSMANAGEMENT • ERWEITERUNG DATENMODELLIERUNG • VERKNÜPFUNGSPFLEGE • ZEITBINDUNG ABHÄNGIG VOM ZIELOBJEKT DEFINIEREN durch.

Voraussetzung für diesen Customizing-Schritt ist, dass Sie zuvor für Ihre Verknüpfungsart die Zeitbindung 3 in der Customizing-Funktion VERKNÜPFUNGEN PFLEGEN definiert haben. In der Customizing-Funktion ZEITBINDUNG ABHÄNGIG VOM ZIELOBJEKT DEFINIEREN können Sie dann für die Verknüpfungsart, die nur einmal vorhanden sein soll (z. B. Zuordnung der Planstelle zur Stelle) die gewünschte Zeitbindung (z. B. 2 – darf nur einmal vorhanden sein, darf zeitliche Lücken haben) zuordnen.

### 3.3.6 Verknüpfungskürzel

Normalerweise werden für das Reporting im Organisationsmanagement die vom System vorgegebenen Namen der aktiven und passiven Verknüpfungen genutzt. Es gibt aber auch bestimmte Reports und Auswertungswege, die nicht die üblichen Verknüpfungsbezeichnungen (z. B. A003) verwenden. Für diese Fälle können Sie im Customizing einen Alias bzw. ein Verknüpfungskürzel definieren, das dann direkt einem semantischen Kürzel zugeordnet ist (siehe Abbildung 3.22). Diese Vorgehensweise optimiert die Performance der Reports, da direkt die Objekte mit dem entsprechenden Verknüpfungskürzel ausgelesen werden. Zum Beispiel nutzt der Report RHSBES00 (Besetzungsplan) als Kürzel für den Auswertungsweg ORGEH. Der Auswertungsweg ORGEH beschreibt die Verknüpfungskette Organisationseinheit – Planstelle – Person.

Die Verknüpfungskürzel für Objektverknüpfungen werden in der Gruppe PPREL und die Verknüpfungskürzel für Auswertungswege in der Gruppe PPWAY definiert. Die Änderung der von SAP bereits vordefinierten Verknüpfungskürzel, d. h. der Verknüpfungskürzel, die für die Standardverknüpfungen existieren, wird nicht empfohlen, da diese in vielen Standardreports so verwendet werden.

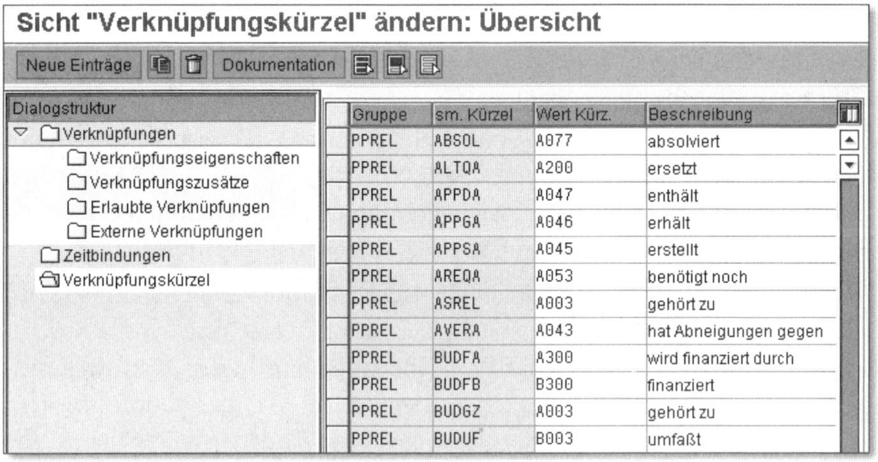

**Abbildung 3.22** Verknüpfungen pflegen – Verknüpfungskürzel

## 3.4 Das Vererbungsprinzip bei Objektverknüpfungen

Das Vererbungsprinzip ist eine der maßgeblichen Funktionalitäten im SAP-Organisationsmanagement. Wenn dieses Vererbungsprinzip optimal berücksichtigt und angewandt wird, erleichtert dies die Bearbeitung der Organisationsstruktur erheblich. Das Vererbungsprinzip besagt, dass die Eigenschaften, die an einem Objekt gepflegt sind, sich automatisch auf die untergeordneten Objekte vererben. Diese Vererbung entsteht entweder durch eine bestimmte Verknüpfung (z. B. zwischen Stelle und Planstelle) oder direkt über die hierarchische Organisationsstruktur (Objekte sind anderen Objekten untergeordnet). Bei Objekten greift die Vererbung immer so lange, bis einem untergeordneten Objekt eigene Attribute zugeordnet werden, die die vererbten Attribute ersetzen oder ergänzen.

Im Folgenden finden Sie einige Beispiele, bei denen das Vererbungsprinzip im Organisationsmanagement eine wichtige Rolle spielt:

▶ Attribute, die Sie direkt in Infotypen an einer Organisationseinheit gepflegt haben – dies können z. B. Kontierungsinformationen im Infotyp 1008 (Kontierungsmerkmale), die Arbeitszeit (Infotyp 1011) oder eine Adresse (Infotyp 1028) sein –, vererben sich auf untergeordnete Organisationseinheiten und gegebenenfalls auch auf andere Objekte (z. B. Planstellen), falls nicht an untergeordneten Objekten Attribute gepflegt sind, die die Vererbung unterbrechen. Allerdings ist die Vererbung von Kontierungsmerkmalen standardmäßig deaktiviert. Wenn Sie möchten, dass sich die Kontierungsmerkmale auf untergeordnete Objekte vererben, müssen Sie dies erst im Customizing einstellen (siehe Abschnitt 4.2.6, »Infotyp 1008 (Kontierungsmerkmale)«).

- Informationen, die direkt an einer Stelle gepflegt sind, vererben sich automatisch über die Verknüpfung A/B007 (beschreibt/wird beschrieben durch) auf alle zugeordneten Planstellen. An den Planstellen selber können dann ergänzende oder ersetzende Attribute gepflegt werden.

- Wenn eine Kostenstelle direkt an einer Organisationseinheit gepflegt wird (Verknüpfung A011 – Kostenstellenzuordnung), vererbt sich diese Kostenstelleninformation automatisch auf alle untergeordneten Organisationseinheiten und Planstellen. An den untergeordneten Organisationsobjekten können Sie dann bei Bedarf eine abweichende Kostenstelle pflegen, die sich dann wiederum auf die darunter angeordneten Objekte vererbt.

## 3.5 Anlegen eigener Verknüpfungen

Wie bereits in den vorangegangenen Abschnitten erwähnt, können Sie die von SAP im Standard ausgelieferten Objektverknüpfungen durch eigene Verknüpfungen ergänzen, wenn Ihnen diese Standardverknüpfungen nicht zur Abbildung Ihrer unternehmensspezifischen Bedürfnisse genügen. Der Aufruf der entsprechenden Tabelle (T778V) erfolgt im Einführungsleitfaden (IMG) über den Pfad ORGANISATIONSMANAGEMENT • GRUNDEINSTELLUNGEN • ERWEITERUNG DATENMODELLIERUNG • VERKNÜPFUNGSPFLEGE • VERKNÜPFUNGEN PFLEGEN (siehe Abbildung 3.23) – oder alternativ direkt über die Transaktion OOVK.

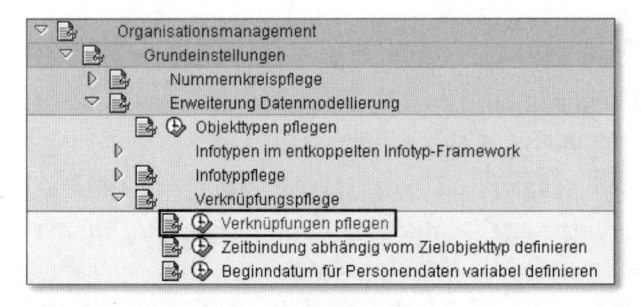

**Abbildung 3.23** Verknüpfungen pflegen

Für die Anlage einer neuen Verknüpfung müssen Sie, nachdem Sie die Customizing-Tabelle aufgerufen haben, die folgenden Schritte durchführen:

1. Über den Button NEUE EINTRÄGE öffnen Sie eine Eingabezeile in der Customizing-Tabelle. Zuerst müssen Sie dann ein Verknüpfungskürzel im kundeneigenen Namensraum definieren. Dafür steht Ihnen der von SAP bereitgestellte Namensraum AAA – ZZZ zur Verfügung. Im Anschluss vergeben Sie dann noch die Bezeichnung für die Bottom-up- und die Top-down-Verknüpfung (siehe Abbildung 3.24).

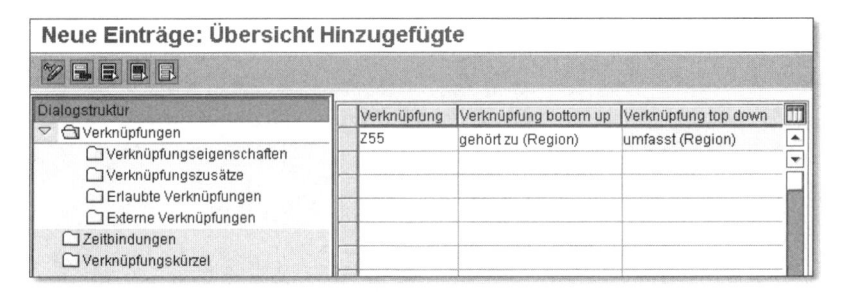

**Abbildung 3.24** Verknüpfungen pflegen – neue Verknüpfung anlegen

2. Danach sichern Sie Ihre Eingaben.

3. Im nächsten Schritt markieren Sie in der Übersicht die soeben angelegte neue Verknüpfung und aktivieren mit einem Doppelklick die Funktion ERLAUBTE VERKNÜPFUNGEN.

4. Selektieren Sie nun die Objekte, die Sie für die neue Bottom-up-Verknüpfung und die Top-down-Verknüpfung zulassen möchten (siehe Abbildung 3.25).

5. Der Objekttext und die Verknüpfungsbezeichnung werden automatisch angezeigt, wenn Sie Ihre Eingaben sichern.

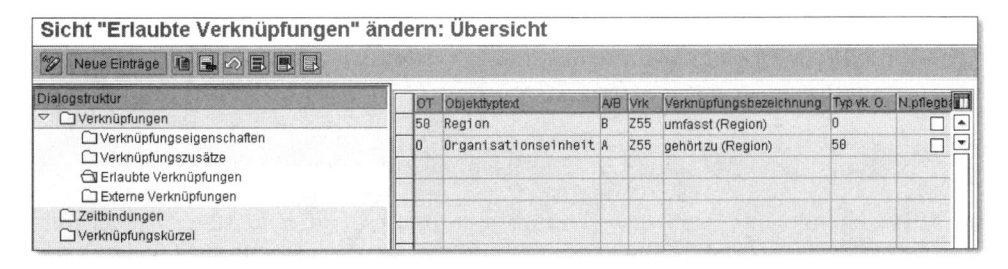

**Abbildung 3.25** Verknüpfungen anlegen – Erlaubte Verknüpfungen

6. Bevor Sie die Zeitbindung für die neue Verknüpfung festlegen können, müssen Sie sicherstellen, dass die Subtypen dieser neu angelegten Verknüpfung (im Beispiel AZ55 und BZ55) in der Tabelle T778U (Subtypen) enthalten sind (siehe Abbildung 3.26). Um die Subtypen in der Tabelle anzulegen, rufen Sie diese auf (Transaktionscode SM30) und aktivieren den Eingabemodus über die Funktion PFLEGEN. Über den Button NEUE EINTRÄGE können Sie dann die Subtypen anlegen und anschließend speichern.

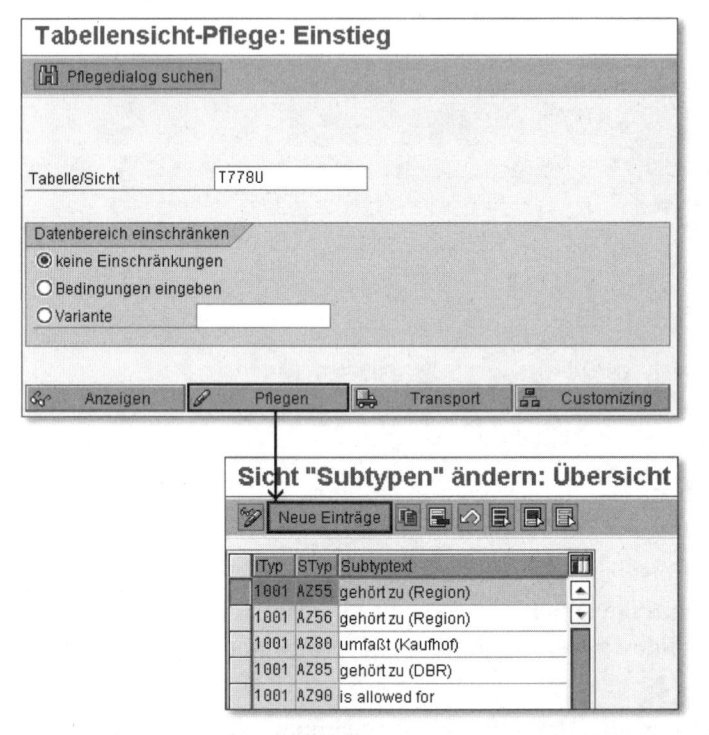

**Abbildung 3.26** Tabelle T778U (Pflege von Verknüpfungen) – Subtypen pflegen

7. Für die Definition der Zeitbindung müssen Sie dann die Funktion ZEITBINDUNGEN in der Dialogstruktur der Customizing-Tabelle T778V doppelt anklicken. Danach definieren Sie die für die neue Objektverknüpfung – gegebenenfalls für beide Verknüpfungsrichtungen – vorgesehene Zeitbindung (siehe Abbildung 3.27). Anschließend sichern Sie Ihre Daten.

Die Anlage einer neuen Verknüpfung können Sie über den hier beschriebenen Weg – also über den IMG – durchführen oder aber direkt über die entsprechenden Customizing-Tabellen. Der direkte Aufruf der Customizing-Tabellen erfolgt über die Transaktion SM30 (Tabellensicht: PFLEGE). Die folgenden Tabellen sind relevant für die Pflege von Verknüpfungen:

- T778V/T777E (Verknüpfungen)
- T777Z (Zeitbindung der Infotypen)
- T778U (Subtypen)
- T77ZR (Zeitbindung abhängig vom Zielobjekt definieren)

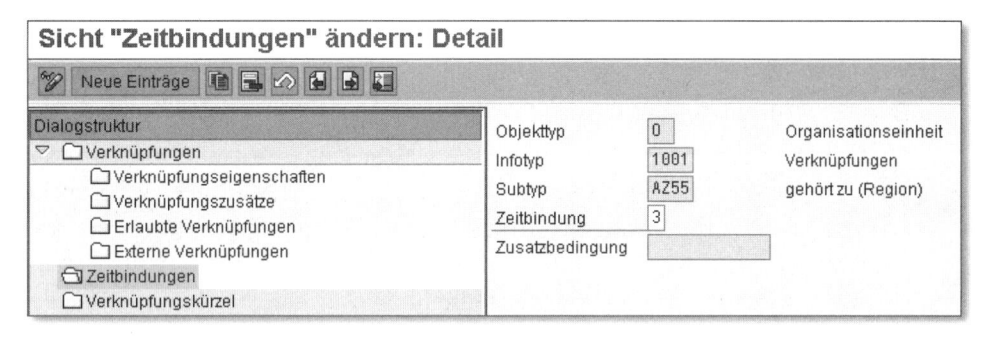

**Abbildung 3.27** Verknüpfungen pflegen – Zeitbindung definieren

## 3.6 Auswertungswege im Organisationsmanagement

Wie zu Beginn dieses Kapitels bereits beschrieben, können Sie die *Organisationsstruktur* Ihres Unternehmens bereits durch die einfache Verknüpfung von Organisationseinheiten abbilden. Die so entstandene Organisationsstruktur ist die Basis für die Anlage der *Aufbauorganisation*. Durch die Aufbauorganisation können Sie so die *Unternehmensstruktur* Ihres Unternehmens detailliert abbilden. Weicht dann aber die tatsächliche *Berichtsstruktur* Ihres Unternehmens von der durch die Organisationsstruktur vorgegebenen Berichtsstruktur ab, können Sie dies durch die entsprechende Verknüpfung der Planstellen zueinander abbilden – wie in Abschnitt 3.2.2, »Verknüpfung zwischen Organisationseinheiten und Planstellen«, beschrieben. Diese Form der Berichtsstruktur nennt man dann *Planstellenhierarchie*.

Ein *Besetzungsplan* entsteht dann durch die Verknüpfung der Planstellen zu den Organisationseinheiten und die Verknüpfung von Personen zu den Planstellen. Idealerweise erstellen Sie einen Besetzungsplan, indem Sie Planstellen auf Basis von Stellen anlegen, diese Planstellen dann einer Organisationseinheit zuordnen und die Stellenbesetzung mit einer Person durch die entsprechende Maßnahme in der Personaladministration vornehmen.

Um dann die vorgenannten und beschriebenen Strukturen grafisch abzubilden – z. B. mit dem Report RHSBES00 (Besetzungsplan) – und alle in diesem Strukturzweig abgelegten Daten anzuzeigen bzw. auszuwerten, nutzen Sie

*Auswertungswege.* Ein Auswertungsweg besteht aus einer Abfolge von Verknüpfungsarten zwischen Organisationsobjekten. Auswertungswege können sehr einfach strukturiert sein: Es gibt z. B. einen Auswertungsweg, der nur die an einer Organisationseinheit verknüpften Planstellen auswerten soll. Ein Auswertungsweg kann aber auch sehr komplex definiert sein und z. B. mehrere Objekte über mehrere Verknüpfungen berücksichtigen.

### 3.6.1 Standardauswertungswege

Über Auswertungswege legen Sie fest, wie Sie eine Organisationsstruktur auswerten möchten. Dies ist notwendig, da nicht immer alle an einem Objekt vorhandenen Verknüpfungsarten für eine bestimmte Auswertung relevant sind. Welche spezifischen Objekte mit welcher Verknüpfung in welche Verknüpfungsrichtung und in welcher Reihenfolge für eine bestimmte Auswertung genutzt werden sollen – wie also der Auswertungsweg aufgebaut sein soll – legen Sie im Customizing fest. Die Einstellungen im Customizing sind natürlich nur notwendig, falls die bereits von SAP im Standard ausgelieferten Auswertungswege für Ihre Anforderung nicht ausreichen. Alle Auswertungswege, die für die Standardreports genutzt werden, sind bereits in der SAP-Standardauslieferung enthalten.

> **Beispiel: Planstellenbesetzung entlang der Organisationsstruktur (Auswertungsweg O – S – P)**
>
> Wenn Sie sich einen Planstellenbesetzungsplan entlang der Organisationsstruktur anzeigen lassen möchten, starten Sie den entsprechenden Report entweder über das SAP Easy Access-Menü oder über die Transaktion SA38. Im Folgenden beschreibe ich Ihnen die durchzuführenden Schritte am Beispiel des Reports RHSBES00 (Besetzungsplan). Diese Schritte gelten so oder so ähnlich auch für andere Reports, die Daten entlang der Organisationsstruktur auswerten. Wenn Sie den Report RHSBES00 über das SAP Easy Access-Menü starten, ist der Auswertungsweg O-S-P fest hinterlegt und kann nicht mehr geändert werden. Wenn Sie den Report über die Transaktion SA38 starten, ist das Feld AUSWERTUNGSWEG im Selektionsbild des Reports mit ORGEH vorbelegt, kann aber überschrieben werden. Im Selektionsbild des Reports geben Sie außerdem noch die Organisationseinheit ein, ab der Sie die Auswertung – auch für untergeordnete Organisationseinheiten – starten möchten, und legen den Auswertungsweg fest. Das Feld AUSWERTUNGSWEG ist mit dem Kürzel ORGEH (Auswertungsweg O-S-P) bereits vorbelegt. Diese Vorbelegung können Sie auch einem anderen Auswertungsweg (z. B. O-O-S-P) über die Wertehilfe überschreiben. Die Auswertung geht von der Organisationseinheit aus, geht dann entlang der Planstellen und zuletzt zu den Inhabern der Planstellen, den Personen.

Diese Abfolge wird so lange durchlaufen, bis die unterste Organisationseinheit mit den zugeordneten Planstellen und Personen auf diese Art und Weise ausgelesen wurde (siehe Abbildung 3.28).

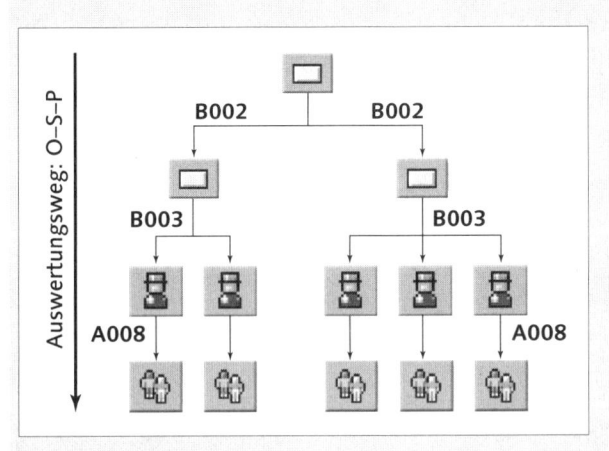

**Abbildung 3.28** Auswertung der Planstellenbesetzung entlang der Organisationsstruktur (Auswertungsweg O – S – P)

Für die Auswahl von Auswertungswegen eignet sich sehr gut die Funktion STRUKTUREN ALLGEMEIN. Sie finden diese Funktion im SAP Easy Access-Menü unter ORGANISATIONSMANAGEMENT • AUFBAUORGANISATION • STRUKTUREN ALLGEMEIN oder direkt über die Transaktion PPSS.

Folgende Schritte sind notwendig, damit Ihnen die Auswertungswege angezeigt werden:

1. Starten Sie die Funktion STRUKTUREN ALLGEMEIN, wie zuvor beschrieben.
2. Geben Sie in das Feld OBJEKTTYP den Schlüssel des Objekttyps ein (z. B. »O« für Organisationseinheit), von dem aus Sie entlang der Organisationsstruktur die Auswertung starten möchten (siehe Abbildung 3.29).

**Abbildung 3.29** Strukturen allgemein – Selektionsbild

3. In dem Feld OBJEKTID geben Sie die ID des Objekts ein, das die Basis für die Auswertung sein soll (siehe Abbildung 3.29). Unterhalb dieses Objekts werden dann gemäß dem Auswertungsweg alle Objekte ausgelesen.

4. Über die Wertehilfe (F4-Hilfe) in dem Feld AUSWERTUNGSWEG haben Sie die Möglichkeit, sich alle möglichen Auswertungswege anzeigen zu lassen oder bis zu drei Objekttypen als Selektionskriterium zu nutzen und so das Ergebnis einzuschränken (siehe Abbildung 3.30).

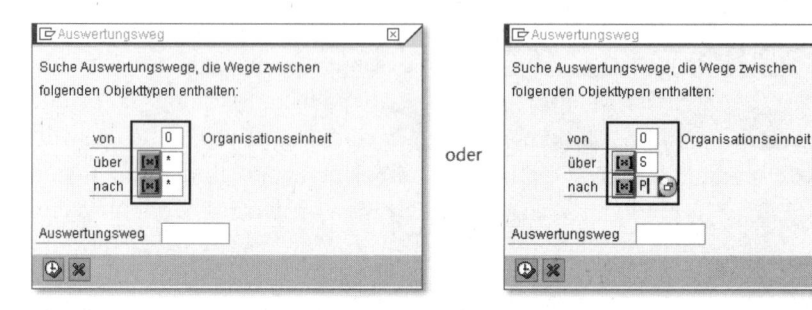

**Abbildung 3.30** Strukturen allgemein – Wertehilfe

5. Wenn Sie im Suchfenster der Wertehilfe auf den Button AUSFÜHREN ( ) klicken, werden Ihnen alle den Selektionskriterien entsprechenden Auswertungswege angezeigt.

6. Das Ergebnis zeigt Ihnen in Listform alle Auswertungswege, die den Selektionskriterien entsprechen (siehe Abbildung 3.31).

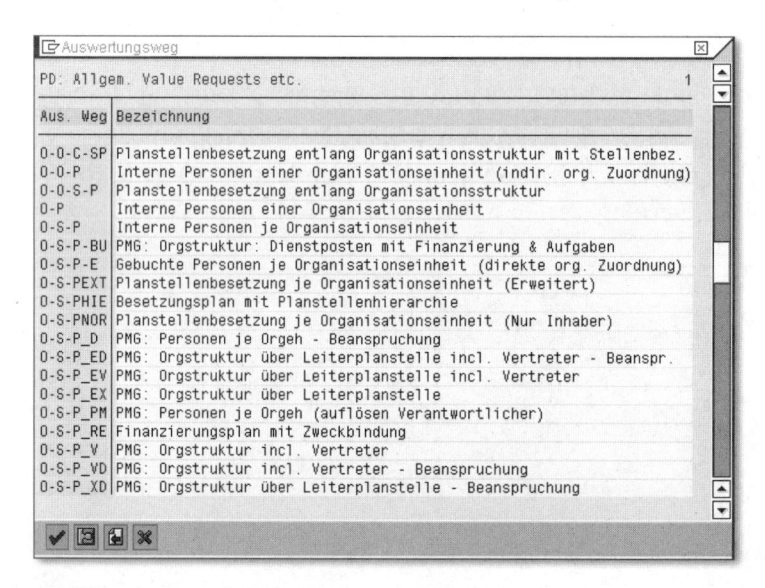

**Abbildung 3.31** Strukturen allgemein – Ergebnis

In den folgenden Abschnitten beschreibe ich, wie Sie eigene Auswertungswege im Customizing anlegen können, wenn Ihnen die von SAP im Standard ausgelieferten Auswertungswege nicht genügen.

### 3.6.2 Anlegen eigener Auswertungswege

SAP liefert für jedes Objekt und jede Verknüpfungsart und Verknüpfungsrichtung einen Standardauswertungsweg aus. Es sind auch viele komplexe Auswertungswege im SAP-Standard enthalten. Wenn die Vielzahl der von SAP im Standard ausgelieferten Auswertungswege Ihnen nicht ausreicht, um Ihre unternehmensspezifischen Bedürfnisse abzudecken, können Sie eigene Auswertungswege im Customizing anlegen. Sie benötigen z. B. neue Auswertungswege, wenn Sie neue Objekttypen angelegt haben und diese neuen Objekttypen zusammen mit Standardobjekttypen auswerten wollen. Wenn ein Standardauswertungsweg nahezu Ihren Anforderungen entspricht, können Sie diesen auch nach Ihren Vorstellungen modifizieren, nachdem Sie den Standardauswertungsweg in den Kundennamensraum (beginnt mit Y und Z) kopiert haben und eine sprechende Bezeichnung für den neuen Auswertungsweg vergeben haben.

Auswertungswege legen Sie im Customizing des Organisationsmanagements im Einführungsleitfaden (IMG) unter dem Pfad ORGANISATIONSMANAGEMENT • GRUNDEINSTELLUNGEN • AUSWERTUNGSWEGE PFLEGEN an. Abbildung 3.32 zeigt die Customizing-Tabelle T778A (Auswertungswege), die Sie auch direkt über die Transaktion OOAW erreichen. Um neue Auswertungswege anzulegen, klicken Sie auf den Button NEUE EINTRÄGE. Wenn Sie einen bestehenden Auswertungsweg in den kundeneigenen Namensraum kopieren möchten, klicken Sie auf den Button KOPIEREN (siehe Abbildung 3.32).

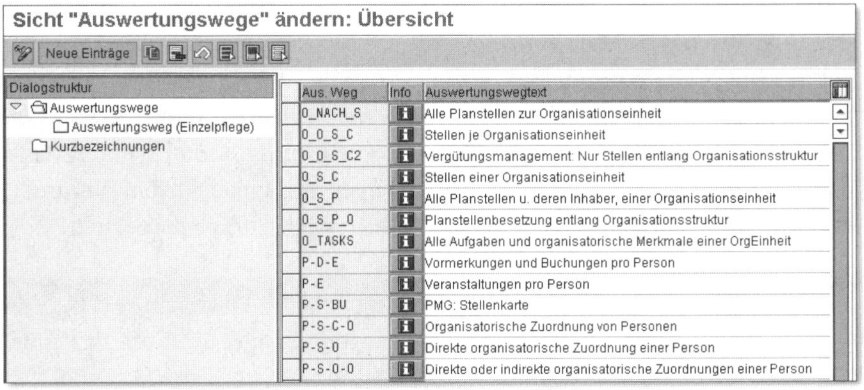

**Abbildung 3.32** Tabelle T778A (Auswertungswege)

Für eigene Auswertungswege müssen Sie eine bis zu achtstellige alphanumerische Kennung definieren, die mit dem Buchstaben Z beginnt, sowie einen Text, der den Auswertungsweg kurz erklärt.

In der Sicht AUSWERTUNGSWEG (EINZELPFLEGE) der Customizing-Tabelle für Auswertungswege sind die Details des Auswertungsweges spezifiziert (siehe Abbildung 3.33).

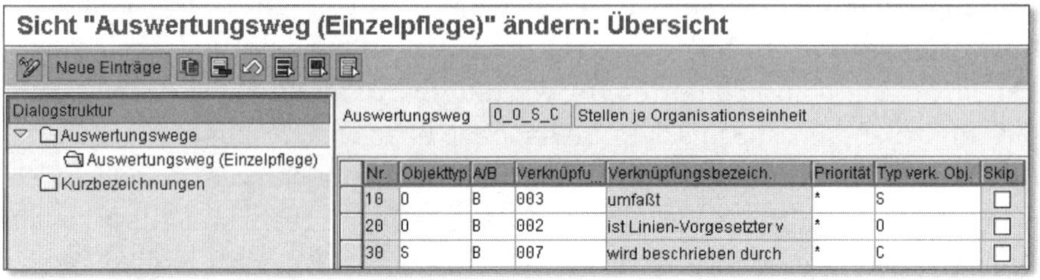

| Nr. | Objekttyp | A/B | Verknüpfu | Verknüpfungsbezeich. | Priorität | Typ verk. Obj | Skip |
|---|---|---|---|---|---|---|---|
| 10 | O | B | 003 | umfaßt | * | S | ☐ |
| 20 | O | B | 002 | ist Linien-Vorgesetzter v | * | O | ☐ |
| 30 | S | B | 007 | wird beschrieben durch | * | C | ☐ |

**Abbildung 3.33** Tabelle T778A – Auswertungsweg (Einzelpflege)

**Hinweis: Modifikation von Standardauswertungswegen**

Modifizieren Sie auf keinen Fall die von SAP ausgelieferten Auswertungswege, da ansonsten die Standardreports, die diese Auswertungswege nutzen, nicht mehr einwandfrei funktionieren. Wenn Sie es dennoch versuchen, erhalten Sie eine Meldung, dass dieser Auswertungsweg SAP gehört.

Wenn Sie Anpassungen an einem Standardauswertungsweg vornehmen möchten, speichern Sie diesen zuvor im kundeneigenen Namensraum (Y oder Z) und vergeben eine kurze Bezeichnung, die diesen Auswertungsweg kurz erläutert.

Die Detailsicht der Tabelle T778A (Auswertungswege) enthält folgende Felder/Informationen:

▶ **Nummer (Nr.)**
Ein komplexer Auswertungsweg enthält mehrere Zeilen, die die Abfolge darstellen, in der die Auswertungsstufen (Sequenzen) durchlaufen werden sollen. Durch die Nummer in der ersten Spalte der Tabelle wird die Reihenfolge des Durchlaufs definiert. Das System beginnt beim Durchlauf eines Auswertungsweges mit der niedrigsten Nummer und durchläuft dann die einzelnen Auswertungsstufen (Sequenzen) bis zur höchsten Nummer. Das Ergebnis wird dann auch in exakt dieser Reihenfolge dargestellt.

**Empfehlung: Anlage neuer Auswertungswege**

Wenn Sie einen eigenen Auswertungsweg anlegen, definieren Sie die laufende Nummer in Zehnerschritten. Der Vorteil ist, dass Sie diesen Auswertungsweg bei Bedarf problemlos ergänzen können.

- **Objekttyp**
  Das Feld OBJEKTTYP hinter der laufenden Nummer enthält das Kürzel des Objekttyps, das in dieser Sequenz ausgelesen wird. Wenn Sie möchten, dass in dieser Sequenz alle Objekttypen ausgelesen werden sollen, können Sie das Sternchen (*) anstelle eines spezifischen Objekts als Zeichen für Wildcard einsetzen.

- **Verknüpfungsausprägung (A/B)**
  In diesem Feld geben Sie die Verknüpfungsrichtungen an: Tragen Sie ein, ob in dieser Sequenz die aktive (B) oder passive (A) Verknüpfungsart ausgelesen werden soll.

- **Verknüpfung/Verknüpfungsbezeichnung**
  In dem Feld VERKNÜPFUNG definieren Sie die Verknüpfungsart (z. B. 003), die entsprechend der zuvor definierten Verknüpfungsausprägung in der spezifischen Sequenz des Auswertungswegs ausgelesen werden soll. In dem Feld VERKNÜPFUNGSBEZEICHNUNG wird dann automatisch der Langtext der Verknüpfungsart eingeblendet.

- **Priorität**
  Das Feld PRIORITÄT enthält in der Regel einen Stern (*) als Zeichen für Wildcard, da normalerweise alle Verknüpfungen ausgelesen werden. Wenn aber für einen bestimmten Auswertungsweg nur Objekte berücksichtigt werden sollen, denen eine bestimmte Priorität zugeordnet wurde, definieren Sie dieses im Feld PRIORITÄT (1 = höchste Priorität, 99 = niedrigste Priorität). Die Priorisierung von Objekten ist dann notwendig, wenn über den Auswertungsweg mehrere Objekte auf der gleichen Ebene einer hierarchischen Struktur erscheinen. In so einem Fall müssen diese Objekte in einer festgelegten Reihenfolge ausgelesen werden.

- **Typ verknüpftes Objekt (Typ verk. Obj)**
  In diesem Feld geben Sie das Zielobjekt in dieser Sequenz des Auswertungsweges an. Auch hier haben Sie wieder die Möglichkeit, den Stern (*) für die Wildcard zu nutzen, wenn alle Objekte ausgelesen werden sollen.

- **Skip**
  Wenn Sie das Feld SKIP markieren, legen Sie fest, dass eine spezifische Verknüpfung in dem Auswertungsweg ausgelesen, aber nicht im Ergebnis angezeigt werden soll. Das folgende Beispiel zeigt, dass die Verknüpfungen zwischen den Objekttypen US (Benutzer) und P (Person) in der Verknüpfungsrichtung A mit der Verknüpfungsart 208 und alle anderen Objekttypen, die in der Verknüpfungsrichtung B mit der Verknüpfungsart 008 und dem Objekt S (Planstelle) verbunden sind, ausgelesen, aber nicht im Ergebnis angezeigt werden.

### Beispiel: Auswertungsweg WF_ORGUN – Auswirkung der Markierung »Skip«

Über den Auswertungsweg WF-ORGUN können Sie, ausgehend vom Objekt Person (P) oder Benutzer (US), zuerst die zugeordnete Planstelle (S) und dann die Organisationseinheit (O) ermitteln. Durch Setzen des Skip-Kennzeichens in den Zeilen 10 und 15 in der Detailsicht der Tabelle T778A (Auswertungswege) zeigt das Ergebnis nur die letztlich ermittelte Organisationseinheit an (Zeile 20). Durch diese Definition des Auswertungsweges funktioniert dieser sowohl dann, wenn das Objekt Planstelle mit einem Benutzer besetzt ist, als auch dann, wenn die Planstelle mit einer Person besetzt ist, die dann einem Benutzer zugeordnet wurde. Sie können bei diesem Auswertungsweg wählen, ob Sie als Einstiegsobjekt das Objekt Benutzer oder das Objekt Person nutzen.

| Nr. | Objekttyp | A/B | Verknüpfung | Priorität | Typ verk. Obj. | Skip |
|-----|-----------|-----|-------------|-----------|----------------|------|
| 10  | US        | A   | 208         | *         | P              | X    |
| 15  | *         | B   | 008         | *         | S              | X    |
| 20  | S         | A   | 003         | *         | O              |      |

Für die Analyse und das Testen von Auswertungswegen stellt Ihnen SAP den Report RHSTRU00 (Strukturanzeige/Strukturpflege) zur Verfügung. Im Selektionsbild definieren Sie zuerst ein Ausgangsobjekt inklusive ID (siehe Abbildung 3.34).

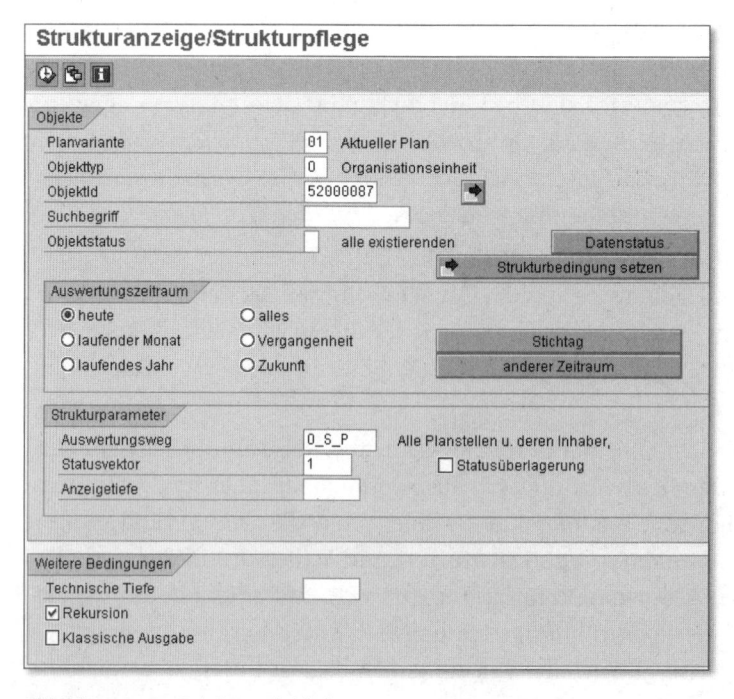

**Abbildung 3.34** Selektionsbild des Reports RHSTRU00

## 3.6 Auswertungswege im Organisationsmanagement

Ausgehend von diesem Objekt, werden dann alle Objekte angezeigt, die über den ausgewählten Auswertungsweg mit diesem spezifischen Objekt verknüpft sind. Den Auswertungsweg selektieren Sie in dem Feld AUSWERTUNGSWEG im Bereich STRUKTURPARAMETER. Über die Wertehilfe werden Ihnen alle Auswertungswege angezeigt, die in der Tabelle T778A (Auswertungswege) enthalten sind. Ich empfehle Ihnen, das Feld REKURSION zu markieren, um Endlosschleifen bei der Auswertung zu vermeiden.

Im Ergebnis sehen Sie dann, wie das selektierte Objekt in die Hierarchiestruktur eingebunden ist, d. h., wie das Ausgangsobjekt über den ausgewählten Auswertungsweg mit den Objekten des Auswertungsweges verknüpft ist (siehe Abbildung 3.35).

**Strukturanzeige/Strukturpflege**

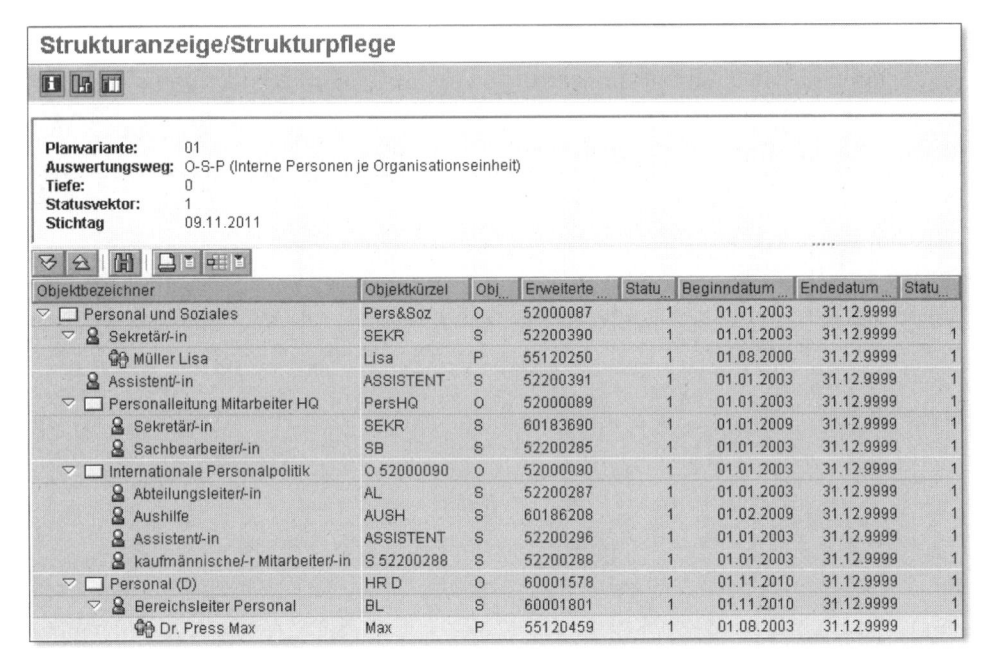

| Planvariante: | 01 |
| Auswertungsweg: | O-S-P (Interne Personen je Organisationseinheit) |
| Tiefe: | 0 |
| Statusvektor: | 1 |
| Stichtag | 09.11.2011 |

| Objektbezeichner | Objektkürzel | Obj. | Erweiterte | Statu | Beginndatum | Endedatum | Statu |
|---|---|---|---|---|---|---|---|
| Personal und Soziales | Pers&Soz | O | 52000087 | 1 | 01.01.2003 | 31.12.9999 | |
|   Sekretär/-in | SEKR | S | 52200390 | 1 | 01.01.2003 | 31.12.9999 | 1 |
|     Müller Lisa | Lisa | P | 55120250 | 1 | 01.08.2000 | 31.12.9999 | 1 |
|   Assistent/-in | ASSISTENT | S | 52200391 | 1 | 01.01.2003 | 31.12.9999 | 1 |
| Personalleitung Mitarbeiter HQ | PersHQ | O | 52000089 | 1 | 01.01.2003 | 31.12.9999 | |
|   Sekretär/-in | SEKR | S | 60183690 | 1 | 01.01.2009 | 31.12.9999 | 1 |
|   Sachbearbeiter/-in | SB | S | 52200285 | 1 | 01.01.2003 | 31.12.9999 | 1 |
| Internationale Personalpolitik | O 52000090 | O | 52000090 | 1 | 01.01.2003 | 31.12.9999 | |
|   Abteilungsleiter/-in | AL | S | 52200287 | 1 | 01.01.2003 | 31.12.9999 | 1 |
|   Aushilfe | AUSH | S | 60186208 | 1 | 01.02.2009 | 31.12.9999 | 1 |
|   Assistent/-in | ASSISTENT | S | 52200296 | 1 | 01.01.2003 | 31.12.9999 | 1 |
|   kaufmännische/-r Mitarbeiter/-in | S 52200288 | S | 52200288 | 1 | 01.01.2003 | 31.12.9999 | 1 |
| Personal (D) | HR D | O | 60001578 | 1 | 01.11.2010 | 31.12.9999 | |
|   Bereichsleiter Personal | BL | S | 60001801 | 1 | 01.11.2010 | 31.12.9999 | 1 |
|     Dr. Press Max | Max | P | 55120459 | 1 | 01.08.2003 | 31.12.9999 | 1 |

**Abbildung 3.35** Ergebnis des Reports RHSTRU00

Alternativ zum Report RHSTRU00 (Strukturanzeige/Strukturpflege) können Sie auch die Transaktion PPSS (Struktur anzeigen) nutzen, um sich Daten anzeigen zu lassen, die in einem Auswertungsweg berücksichtigt werden. Die notwendigen Schritte für die Nutzung der Transaktion PPSS werden in Abschnitt 3.6.1, »Standardauswertungswege«, beschrieben.

Abbildung 3.36 zeigt das Ergebnis des Auswertungsweges O-S-P unter Nutzung der Transaktion PPSS. Über das Menü (Funktion: SICHT) können Sie die Ausgabe des Ergebnisses an Ihre Bedürfnisse anpassen.

Sie können folgende Elemente ein- und ausblenden:

- den Schlüssel
- den Verknüpfungstext
- das Kürzel
- den Objektzeitraum
- den Verknüpfungszeitraum
- den Besetzungsprozentsatz

Im nächsten Abschnitt erfahren Sie, welche Reports Auswertungswege benötigen und wie Sie diese Auswertungswege optimal nutzen können.

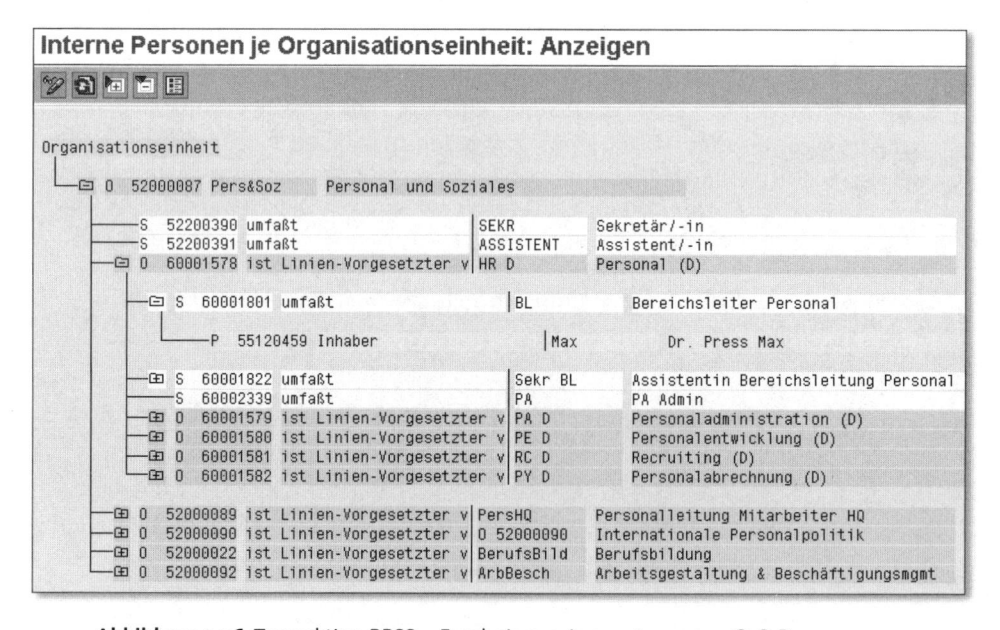

```
Interne Personen je Organisationseinheit: Anzeigen

Organisationseinheit
    O  52000087 Pers&Soz     Personal und Soziales
        S  52200390 umfaßt               SEKR        Sekretär/-in
        S  52200391 umfaßt               ASSISTENT   Assistent/-in
        O  60001578 ist Linien-Vorgesetzter v HR D   Personal (D)
            S  60001801 umfaßt           BL          Bereichsleiter Personal
                P  55120459 Inhaber      Max         Dr. Press Max
            S  60001822 umfaßt           Sekr BL     Assistentin Bereichsleitung Personal
            S  60002339 umfaßt           PA          PA Admin
            O  60001579 ist Linien-Vorgesetzter v PA D   Personaladministration (D)
            O  60001580 ist Linien-Vorgesetzter v PE D   Personalentwicklung (D)
            O  60001581 ist Linien-Vorgesetzter v RC D   Recruiting (D)
            O  60001582 ist Linien-Vorgesetzter v PY D   Personalabrechnung (D)
    O  52000089 ist Linien-Vorgesetzter v PersHQ     Personalleitung Mitarbeiter HQ
    O  52000090 ist Linien-Vorgesetzter v O 52000090 Internationale Personalpolitik
    O  52000022 ist Linien-Vorgesetzter v BerufsBild Berufsbildung
    O  52000092 ist Linien-Vorgesetzter v ArbBesch   Arbeitsgestaltung & Beschäftigungsmgmt
```

**Abbildung 3.36** Transaktion PPSS – Ergebnis aus Auswertungsweg O-S-P

### 3.6.3 Nutzung von Auswertungswegen im Reporting

Auswertungswege werden in nahezu allen Standardreports genutzt, die von SAP ausgeliefert werden. Manche Selektionsbilder dieser Standardreports verlangen die Angabe eines Auswertungsweges, bei anderen hingegen ist schon ein Auswertungsweg fest hinterlegt. Zum Beispiel ist im Selektionsbild des Reports RHXSTR04 (Berichtsstruktur mit Personen) der Auswertungsweg fest hinterlegt und wird Ihnen daher im Selektionsbild des Reports weder angezeigt noch zur Änderung freigegeben.

Folgende Standardreports im Organisationsmanagement benötigen die Angabe eines Auswertungsweges:

- **RHVOPOS0 (Vakante Planstellen)**
  In dem Selektionsbild des Reports RHVOPOS0 geben Sie eine Organisationseinheit als Basisselektionskriterium an, indem Sie die ID DES OBJEKTS in das Feld OBJEKTID eingeben (siehe Abbildung 3.37). Der Auswertungsweg PLSTE (Planstellenübersicht entlang Organisationseinheit) ist als Default-Wert vorgegeben, kann aber bei Bedarf geändert werden.

  Das Feld OBJEKTSTATUS ist eine weitere Möglichkeit, das Ergebnis des Reports zu beeinflussen. Dieses Feld verwenden Sie, um das Ergebnis der Auswertung auf Objekte mit einem bestimmten Status einzuschränken. Es enthält einen einstelligen Schlüssel, der für einen Status steht. Sie können entscheiden, dass Sie im Ergebnis alle Objekte – unabhängig vom Status (aktiv, geplant, beantragt, genehmigt, abgelehnt) – sehen möchten. In diesem Fall lassen Sie das Feld leer. Ansonsten selektieren Sie über die Wertehilfe den entsprechenden Eintrag.

  Über den Button DATENSTATUS können Sie ein zusätzliches Feld einblenden, über das Sie die Ausgabe hinsichtlich des Planstatus der Infotypen einschränken können. Die Vorgehensweise ist dieselbe wie beim Objektstatus.

  Das Feld STATUSVEKTOR hat einen ähnlichen Zweck wie das Feld OBJEKTSTATUS. Der Unterschied ist, dass nicht direkt der Status des Objekts, sondern der Status der Verknüpfung ausgelesen wird, damit eine Auswertung des zugehörigen Objekts stattfindet.

  Über das Feld ANZEIGETIEFE steuern Sie, wie tief die Hierarchieebenen ausgelesen werden. Wenn Sie z. B. eine 3 eintragen, werden die ersten drei Ebenen in der Auswertung berücksichtigt. Sie haben aber auch die Möglichkeit, eine bis zu sechsstellige Zahl in das Feld einzutragen (z. B. 123). Die 1 entspricht dabei der höchsten Ebene; alle folgenden Zahlen entsprechen den jeweils darunterliegenden Ebenen. So können Sie auch innerhalb einer Hierarchiestufe steuern, wie viele Ebenen Sie innerhalb dieser Hierarchiestufe auswerten möchten.

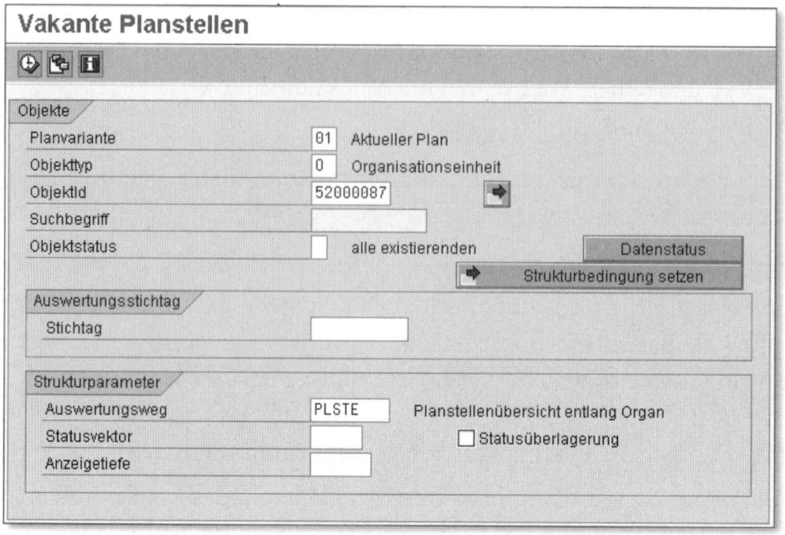

**Abbildung 3.37** Report RHVOPOS0 (Vakante Planstellen)

Entlang der angegebenen Organisationseinheit selektiert der Report die vakanten Planstellen und zeigt diese im Ergebnis an (siehe Abbildung 3.38). Der Report zeigt zusätzlich den Zeitraum an, in dem eine Planstelle vakant ist, den Zeitraum, in dem eine Planstelle noch besetzt ist, sowie den Zeitpunkt, seit dem eine Planstelle unbesetzt ist. Voraussetzung hierfür ist, dass der Infotyp 1007 (Vakanz) für Planstellen gepflegt ist.

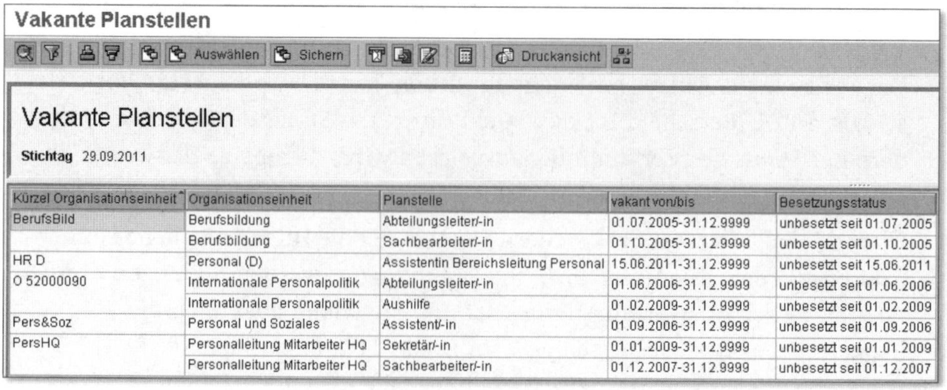

| Kürzel Organisationseinheit | Organisationseinheit | Planstelle | vakant von/bis | Besetzungsstatus |
|---|---|---|---|---|
| BerufsBild | Berufsbildung | Abteilungsleiter/-in | 01.07.2005-31.12.9999 | unbesetzt seit 01.07.2005 |
| | Berufsbildung | Sachbearbeiter/-in | 01.10.2005-31.12.9999 | unbesetzt seit 01.10.2005 |
| HR D | Personal (D) | Assistentin Bereichsleitung Personal | 15.06.2011-31.12.9999 | unbesetzt seit 15.06.2011 |
| O 52000090 | Internationale Personalpolitik | Abteilungsleiter/-in | 01.06.2006-31.12.9999 | unbesetzt seit 01.06.2006 |
| | Internationale Personalpolitik | Aushilfe | 01.02.2009-31.12.9999 | unbesetzt seit 01.02.2009 |
| Pers&Soz | Personal und Soziales | Assistent/-in | 01.09.2006-31.12.9999 | unbesetzt seit 01.09.2006 |
| PersHQ | Personalleitung Mitarbeiter HQ | Sekretär/-in | 01.01.2009-31.12.9999 | unbesetzt seit 01.01.2009 |
| | Personalleitung Mitarbeiter HQ | Sachbearbeiter/-in | 01.12.2007-31.12.9999 | unbesetzt seit 01.12.2007 |

**Abbildung 3.38** Report RHVOPOS0 (Vakante Planstellen) – Ergebnis

▶ **RHVOPOS1 (Obsolete Planstellen)**
Der Report für die Auswertung von obsoleten Planstellen (RHVOPOSI) funktioniert im Prinzip wie der soeben beschriebene Report für die Aus-

wertung vakanter Planstellen (RHVOPOS0). In dem Selektionsbild des Reports RHVOPOS1 geben Sie eine Organisationseinheit als Basisselektionskriterium an, indem Sie die ID des Objekts in das Feld OBJEKTID eingeben. Der Auswertungsweg PLSTE (Planstellenübersicht entlang Organisationseinheit) ist als Vorschlagswert vorgegeben (siehe Abbildung 3.39).

Die weiteren Selektionsmöglichkeiten sind identisch mit den Feldern im Report RHVOPOS0 (Vakante Planstellen). Eine Beschreibung der Felder für die Selektion finden Sie dort.

Entlang der gewählten Organisationseinheit selektiert der Report die obsoleten Planstellen. Das Ergebnis dieses Reports zeigt alle Planstellen an, die als obsolet gekennzeichnet sind (Abbildung 3.40). Voraussetzung hierfür ist, dass der Infotyp 1014 (Obsolet) für Planstellen gepflegt ist.

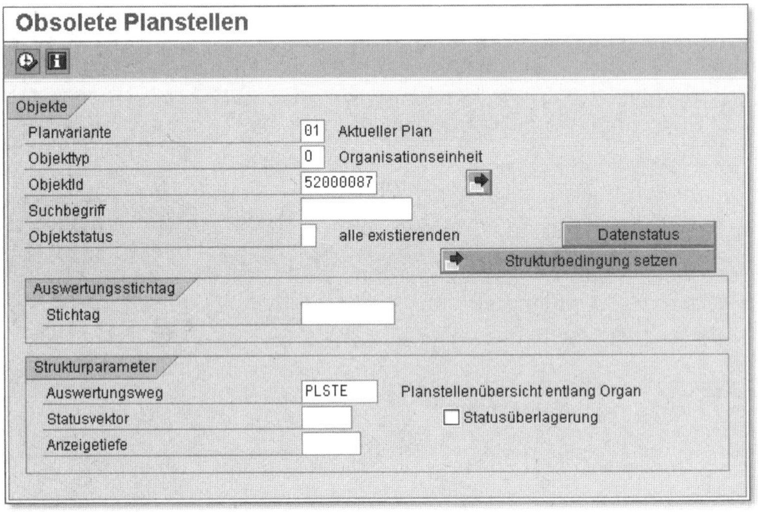

**Abbildung 3.39** Report RHVOPOS1 (Obsolete Planstellen)

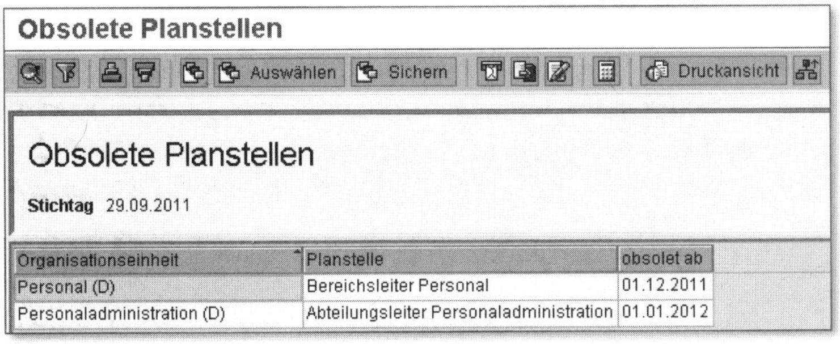

**Abbildung 3.40** Report RHVOPOS1 (Obsolete Planstellen) – Ergebnis

▶ **RHNAVIG0 (Struktur-Navigationsinstrument)**
Der Report RHNAVIG0 wertet gemäß den definierten Selektionskriterien alle vorhandenen Objekte aus – sortiert nach Objekttyp und Objekt-ID. Im Selektionsbild des Reports RHNAVIG0 geben Sie u. a. einen Objekttyp und die Objekt-ID sowie einen Auswertungsweg an (siehe Abbildung 3.41). Das Ergebnis aus dem Report zeigt Ihnen alle existierenden Objekte an, die entlang des Auswertungsweges unter Berücksichtigung der Selektionskriterien gefunden wurden. Um das Ergebnis weiter einzuschränken, können Sie auch in diesem Selektionsbild – wie bei den beiden zuvor beschriebenen – einen Objektstatus, den Statusvektor und die Anzeigetiefe festlegen.

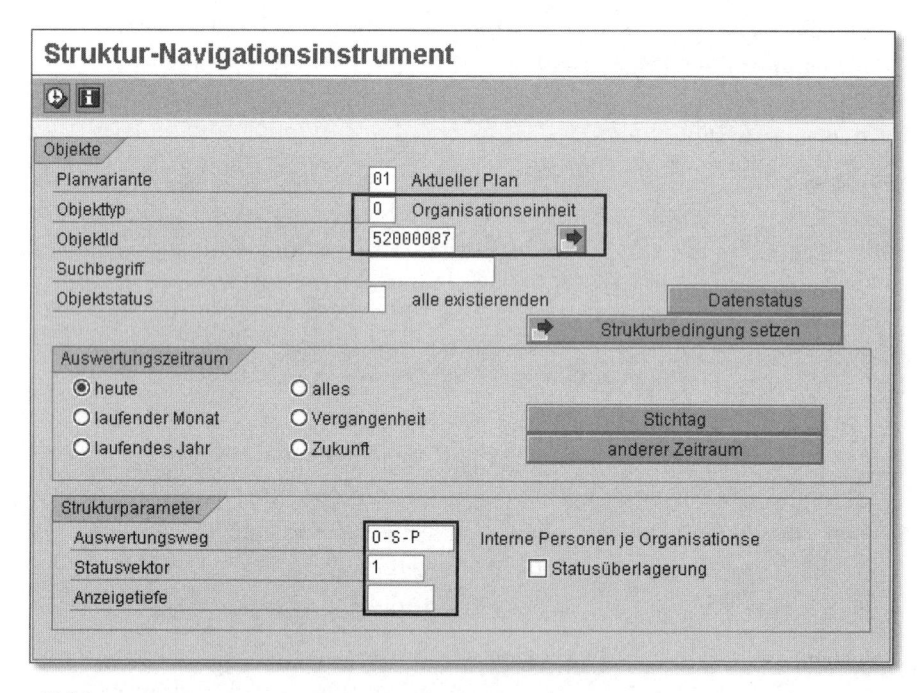

**Abbildung 3.41** Report RHNAVIG0 (Struktur-Navigationsinstrument) – Selektionsbild

Im angezeigten Ergebnis können Sie ein Objekt markieren und dann über die Funktionen OBJBESCHR (Objektbeschreibung), STRUKTUR, VERKNÜPFUNG und PFLEGEN (Objekt pflegen) die folgenden Aktionen ausführen (siehe Abbildung 3.42):

## 3.6 | Auswertungswege im Organisationsmanagement

```
Struktur-Navigationsinstrument
[ObjBeschr] [Struktur] [Verknüpfung] [Pflegen]

Struktur-Navigationsinstrument                                    1

Planvariante: 01    Status: 1              Stichtag: 15.05.2011

Auswertungsweg O-S-P
Objekttyp              ObjektID    Kürzel     S Gültigkeit

Organisationseinheit   52000087    Pers&Soz   1 01.01.2003 - 31.12.9999
Planstelle             52200390    SEKR       1 01.01.2003 - 31.12.9999
Planstelle             52200391    ASSISTENT  1 01.01.2003 - 31.12.9999
Organisationseinheit   60001578    HR D       1 01.11.2010 - 31.12.9999
Planstelle             60001801    BL         1 01.11.2010 - 31.12.9999
Person                 55120459    Max        1 01.08.2003 - 31.12.9999
Planstelle             60001822    Sekr BL    1 01.11.2010 - 31.12.9999
```

**Abbildung 3.42** Report RHNAVIG0 (Struktur-Navigationsinstrument) – Ergebnis

- Mit den Funktionen Objektbeschreibung (OBJBESCHR) und PFLEGEN wechseln Sie in den Anzeige- und den Pflegemodus der Objekte.
- Über die Funktion STRUKTUR können Sie unter Angabe eines Auswertungsweges in die Strukturanzeige wechseln. Als Wurzelobjekt dient das markierte Objekt.
- Über die Funktion VERKNÜPFUNG wird Ihnen eine Auflistung aller Verknüpfungen des Objekts angezeigt.

▶ **RHINFAW0 (Auswertung eines Infotyps)**
Über den Report RHINFAW0 können Sie jeden beliebigen Infotyp des Organisationsmanagements – auch eigene Infotypen – auswerten. Der Report kann entweder sequenziell oder strukturell genutzt werden. Wenn Sie den Report strukturell nutzen möchten, ist die Angabe eines Auswertungsweges über das Selektionsbild des Reports obligatorisch.

Im Selektionsbild des Reports geben Sie den Infotyp und gegebenenfalls die Subtypen an, die ausgewertet werden sollen (siehe Abbildung 3.43). Wenn Sie keinen Subtyp angeben, werden alle Subtypen des angegebenen Infotyps ausgewertet.

Als Ergebnis werden Ihnen nur die Objekte angezeigt, die den selektierten Infotypen zugeordnet sind. Diese Standardeinstellung können Sie umgehen, indem Sie im Bereich ANZEIGE die Checkbox ALLE OBJEKTE markieren. In diesem Fall werden alle Objekte entlang des Auswertungsweges angezeigt, unabhängig davon, ob Sie den selektierten Infotyp gepflegt haben oder nicht. Wenn Sie zusätzlich noch die Checkbox OBJEKTE OHNE DIESEN INFOTYP markieren, erhalten Sie in der Ergebnisliste noch die Information, in welchen Objekten der Infotyp nicht angelegt ist.

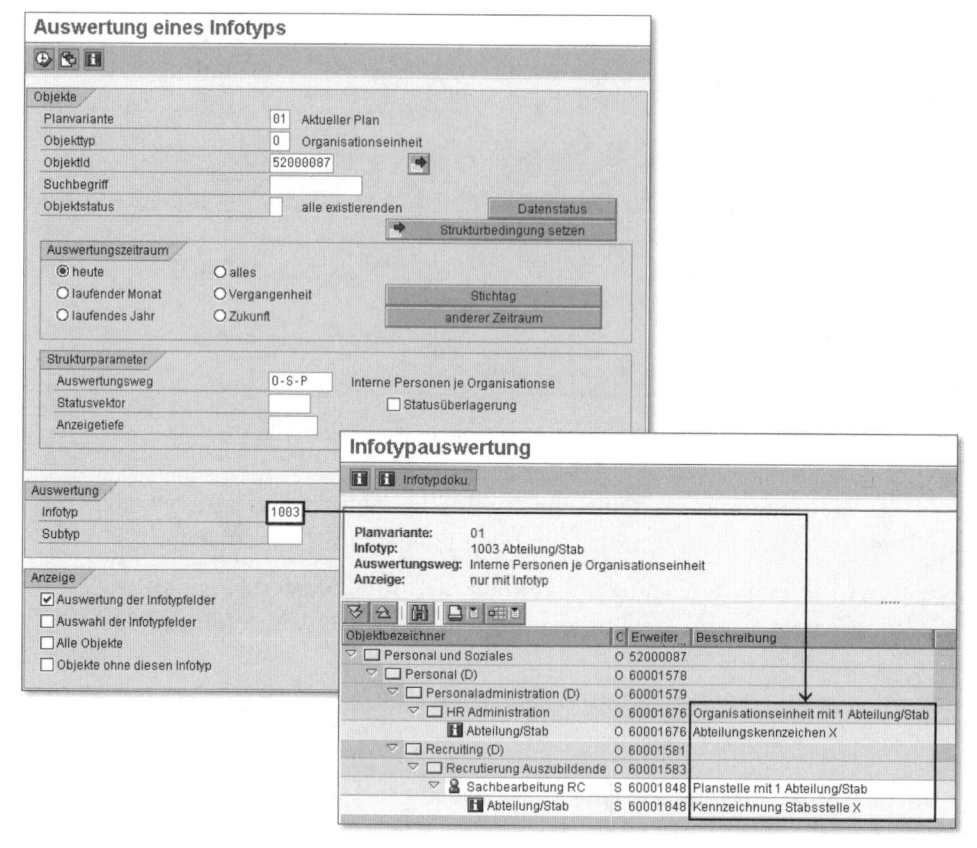

**Abbildung 3.43** Report RHINFAW0 (Auswertung eines Infotyps)

Im Ergebnisbild (siehe Abbildung 3.43 unten) können Sie über den Button INFOTYPDOKU. (Infotypdokumentation) die SAP-Standarddokumentation zu dem jeweils selektierten Infotyp aufrufen. Wenn Sie den blauen Informations-Button unterhalb des im Ergebnis angezeigten Objekts anklicken, wechseln Sie in die Transaktion PP01_DISP (Objekt anzeigen).

### Selektionsmöglichkeiten für Auswertungswege

Elementar für das optimale Ergebnis ist, dass Sie in einem Report das richtige Wurzelobjekt sowie den richtigen Auswertungsweg angeben. Nur so ist gewährleistet, dass Ihnen das korrekte Ergebnis eines Reports in einer angemessenen Systemlaufzeit angezeigt wird.

Um den richtigen Auswertungsweg zu finden, bietet das SAP-System drei Optionen:

## 3.6 Auswertungswege im Organisationsmanagement

▶ **Variante 1**
Falls Ihnen der genaue Name des Auswertungswegs bekannt ist, können Sie ihn im Selektionsbild des Reports im Feld AUSWERTUNGSWEG direkt angeben (siehe Abbildung 3.44).

▶ **Variante 2**
Sie geben im Selektionsbild der Wertehilfe die Objekte ein, über die ausgewertet werden soll. Diese Variante empfehle ich Ihnen, da Sie ein Wurzelobjekt, ein Mittelobjekt und ein Zielobjekt definieren können (siehe Abbildung 3.45). Es ist auch möglich, dass Sie nur ein Objekt angeben. Das SAP-System zeigt in jedem Fall alle Auswertungswege an, die die angegebenen Objekte enthalten.

▶ **Variante 3**
Sie selektieren den gewünschten Auswertungsweg aus der Gesamtübersicht der Werteliste (siehe Abbildung 3.46). Diese Variante setzt – genau wie Variante 1 – voraus, dass Sie den genauen Namen des richtigen Auswertungswegs kennen. Die Suche nach dem richtigen Auswertungsweg wäre ansonsten sehr mühsam, da SAP einige Hundert Standardauswertungswege bereitstellt.

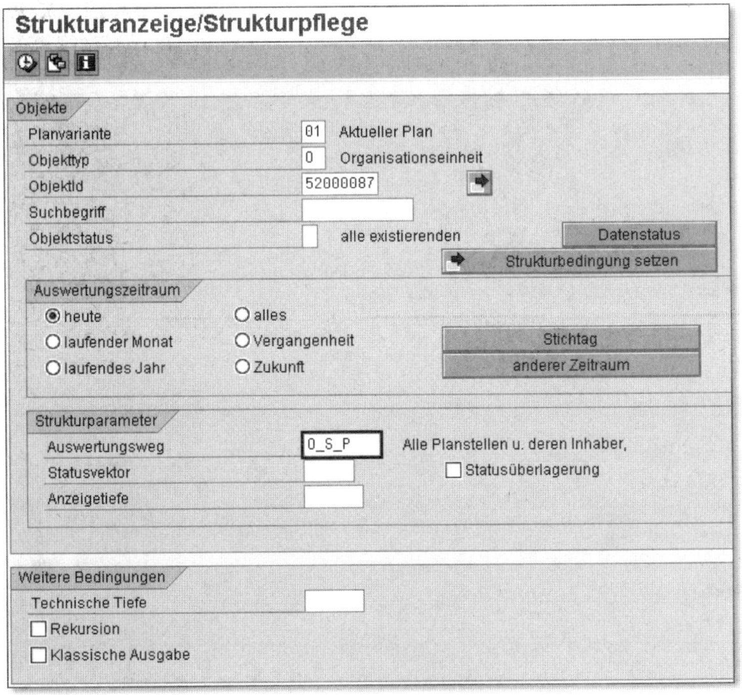

**Abbildung 3.44** Auswertungsweg direkt eingeben

# 3 | Objektverknüpfungen im Organisationsmanagement

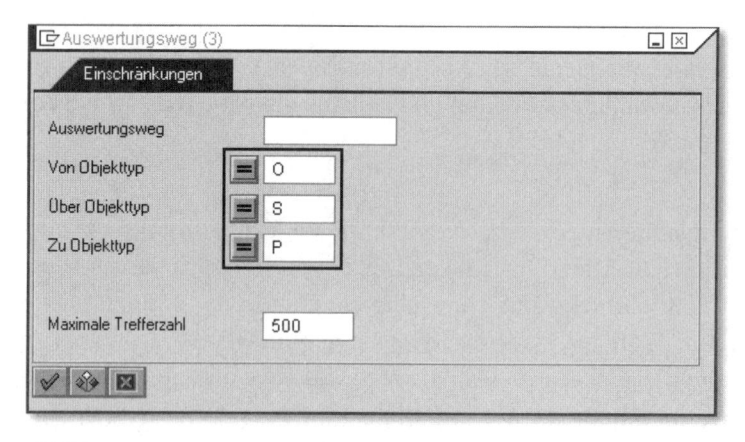

**Abbildung 3.45** Auswertungsweg einschränken

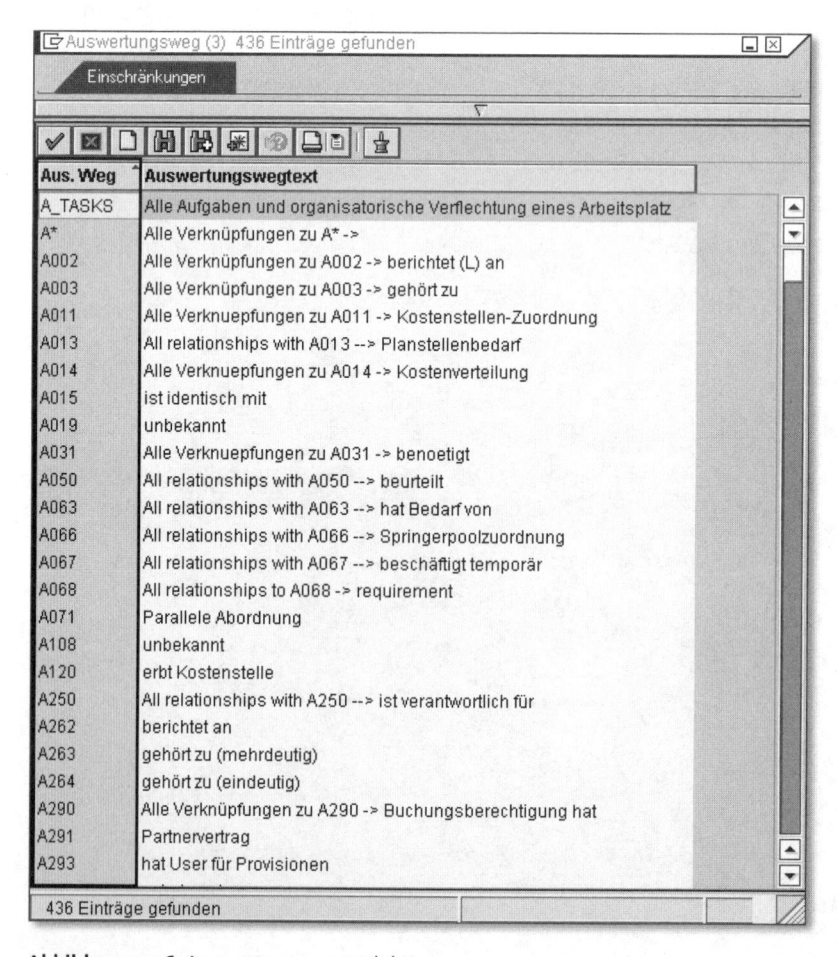

| Aus. Weg | Auswertungswegtext |
|---|---|
| A_TASKS | Alle Aufgaben und organisatorische Verflechtung eines Arbeitsplatz |
| A* | Alle Verknüpfungen zu A* -> |
| A002 | Alle Verknüpfungen zu A002 -> berichtet (L) an |
| A003 | Alle Verknüpfungen zu A003 -> gehört zu |
| A011 | Alle Verknuepfungen zu A011 -> Kostenstellen-Zuordnung |
| A013 | All relationships with A013 --> Planstellenbedarf |
| A014 | Alle Verknuepfungen zu A014 -> Kostenverteilung |
| A015 | ist identisch mit |
| A019 | unbekannt |
| A031 | Alle Verknuepfungen zu A031 -> benoetigt |
| A050 | All relationships with A050 --> beurteilt |
| A063 | All relationships with A063 --> hat Bedarf von |
| A066 | All relationships with A066 --> Springerpoolzuordnung |
| A067 | All relationships with A067 --> beschäftigt temporär |
| A068 | All relationships to A068 -> requirement |
| A071 | Parallele Abordnung |
| A108 | unbekannt |
| A120 | erbt Kostenstelle |
| A250 | All relationships with A250 --> ist verantwortlich für |
| A262 | berichtet an |
| A263 | gehört zu (mehrdeutig) |
| A264 | gehört zu (eindeutig) |
| A290 | Alle Verknüpfungen zu A290 -> Buchungsberechtigung hat |
| A291 | Partnervertrag |
| A293 | hat User für Provisionen |

436 Einträge gefunden

**Abbildung 3.46** Auswertungsweg selektieren

### Selektionskriterien für die Einschränkung von Reportingergebnissen

Zusätzlich zum Auswertungsweg bietet SAP noch weitere Selektionskriterien an, um das Ergebnis einer Auswertung zielgerichtet zu erreichen bzw. einzuschränken. In der Strukturanzeige gehören dazu z. B. die im Folgenden beschriebenen Felder:

- **Statusvektor**

    Im Feld STATUSVEKTOR geben Sie den Status der Verknüpfung an (z. B. »1« für aktiv, »2« für geplant). Damit erreichen Sie, dass Ihnen im Ergebnis nur Objekte angezeigt werden, deren Verknüpfungen den angegebenen Status haben. Sie können auch mehrere Status angeben. Bitte beachten Sie dabei, dass die einzelnen Status direkt hintereinander in das Feld geschrieben werden, also z. B. ohne Leer- oder Kommazeichen.

    Im Organisationsmanagement werden folgende Status unterschieden:

    - 1 – aktiv
    - 2 – geplant
    - 3 – beantragt
    - 4 – genehmigt
    - 5 – abgelehnt

    Der Default-Wert im Feld STATUSVEKTOR ist 1 (aktiv).

- **Statusüberlagerung**

    Das Feld STATUSÜBERLAGERUNG wird zusammen mit dem Feld STATUSVEKTOR verwendet und ermöglicht eine Simulation, die die Ergebnisse nach einer Aktivierung aller Verknüpfungsinfotypen anzeigt. Die Aktivierung der Verknüpfungsinfotypen erfolgt nur für die Darstellung des Ergebnisses aus dem Report und hat keine Auswirkung auf die aktuelle Organisationsstruktur.

- **Anzeigetiefe**

    Das Feld ANZEIGETIEFE steuert, wie tief die Hierarchieebenen ausgelesen werden. Wenn in diesem Feld z. B. eine 3 eintragen wird, werden die ersten drei Ebenen in der Auswertung berücksichtigt. Die Zahl, die Sie in das Feld eintragen, kann bis zu sechs Stellen haben (z. B. 123). Die 1 entspricht dabei der höchsten Ebene; alle folgenden Zahlen entsprechen den jeweils darunterliegenden Ebenen. So können Sie auch innerhalb einer Hierarchieebene die Anzeigetiefe steuern.

### 3.6.4 Nutzung von Auswertungswegen bei der strukturellen Berechtigungsprüfung

In SAP ERP HCM gibt es zwei Möglichkeiten, um Berechtigungen anzulegen:

- **Allgemeine Berechtigungen**
  *Allgemeine Berechtigungen* werden eingesetzt, um den Zugriff auf vertrauliche Personaldaten über sogenannte *Berechtigungsobjekte* zu steuern.

- **Strukturelle Berechtigungen**
  *Strukturelle Berechtigungen* prüfen auf Basis der Organisationsstruktur die Zuständigkeit eines Anwenders für bestimmte Personaldaten und nutzen dabei Auswertungswege, um die Daten an den Objekten zu selektieren.

Meistens werden beide Berechtigungsoptionen zusammen genutzt und steuern so die strukturelle Zuständigkeit eines Mitarbeiters, z. B. für einen bestimmten Bereich oder eine Gesellschaft (strukturelle Berechtigungen) und innerhalb dieser strukturellen Zuständigkeit die Zuständigkeit für bestimmte Tätigkeiten (wie z. B. die Bearbeitung von Personalstammdaten).

Die strukturelle Berechtigungsprüfung hat das Ziel, Segmente aus Organisationsstrukturen auszuwerten. Die strukturelle Berechtigungsprüfung hat ihren Ausgangspunkt bei einem Wurzelobjekt und ordnet dann allen untergeordneten Objekten die gewünschte Berechtigung zu.

Eine Berechtigungsprüfung über Auswertungswege reagiert extrem flexibel auf Änderungen an der Organisationsstruktur. Wenn z. B. zu einem bestimmten Termin dem Wurzelobjekt eine neue Organisationseinheit zugeordnet wird, gehört diese ab dem Gültigkeitstermin zu den Objekten, die die definierte Berechtigung erhalten.

Die Pflege der strukturellen Berechtigungsprofile erfolgt über die Transaktion OOSP (Berechtigungsprofilpflege) oder alternativ im Einführungsleitfaden (IMG) über den Pfad ORGANISATIONSMANAGEMENT • GRUNDEINSTELLUNGEN • BERECHTIGUNGSVERWALTUNG • STRUKTURELLE BERECHTIGUNG • STRUKTURELLE PROFILE PFLEGEN. In der Customizing-Tabelle geben Sie zusätzlich zum Wurzelobjekt in der Spalte AUSW.WEG auch den Auswertungsweg an, der für die Berechtigungsprüfung relevant ist. Wenn verschiedene Auswertungswege bzw. Wurzelobjekte benötigt werden, können Sie in dieser Sicht auch mehrere Zeilen angeben (siehe Abbildung 3.47).

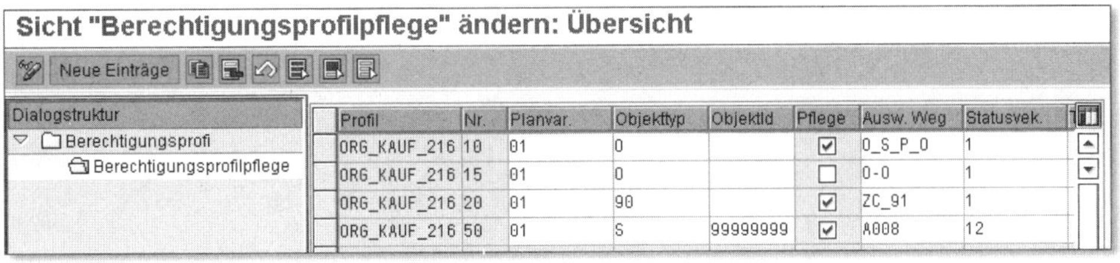

| Sicht "Berechtigungsprofilpflege" ändern: Übersicht | | | | | | | | |
|---|---|---|---|---|---|---|---|---|
| Dialogstruktur | Profil | Nr. | Planvar. | Objekttyp | ObjektId | Pflege | Ausw. Weg | Statusvek. |
| ▽ ☐ Berechtigungsprofi | ORG_KAUF_216 | 10 | 01 | O | | ☑ | O_S_P_O | 1 |
|     ☐ Berechtigungsprofilpflege | ORG_KAUF_216 | 15 | 01 | O | | ☐ | O-O | 1 |
| | ORG_KAUF_216 | 20 | 01 | 90 | | ☑ | ZC_91 | 1 |
| | ORG_KAUF_216 | 50 | 01 | S | 99999999 | ☑ | A008 | 12 |

**Abbildung 3.47** Transaktion OOSP (Berechtigungsprofile pflegen)

Weiterführende Informationen zum Thema »Strukturelle Berechtigungsprüfung« finden Sie im Buch »Berechtigungen in SAP ERP HCM« (SAP PRESS, 2008).

## 3.7 Zusammenfassung

In diesem Kapitel haben Sie das Prinzip, die Methodik und die Verwendung der Objektverknüpfungen sowie Auswertungswege kennengelernt. Ich habe Ihnen die Standardobjektverknüpfungen vorgestellt, die SAP Ihnen für die Abbildung der Organisations- und Berichtsstruktur sowie der Aufbauorganisation bereitstellt. Dabei haben Sie erfahren, welche Objektverknüpfungen für bestimmte Objekte zugelassen sind und wie Sie im Customizing eigene Objektverknüpfungen anlegen können. Außerdem haben Sie die Standardreports kennengelernt, die Sie bei der Nutzung von Objektverknüpfungen unterstützen, und Sie haben gelernt, wie Sie Auswertungswege für die Zuordnung struktureller Berechtigungen einsetzen können.

*Infotypen bilden die thematisch zusammengehörenden Eigenschaften eines Objekts ab, strukturieren die Informationen und erleichtern so die Bearbeitung von Objekten.*

# 4 Infotypen im Organisationsmanagement

In diesem Kapitel wird das Infotypkonzept des Organisationsmanagements beschrieben. Sie erfahren, welche Infotypen für bestimmte Objekte zugelassen sind und wie das Customizing für diese Infotypen im Einführungsleitfaden (IMG) durchgeführt wird. Außerdem beschreibe ich die Grundlagen für die Anlage von eigenen Infotypen sowie für die Erweiterung bestehender Infotypen um eigene Felder.

## 4.1 Grundlagen des Infotyp-Managements

Infotypen im Organisationsmanagement erfüllen die gleiche Funktion wie in der Personaladministration: Sie werden genutzt, um spezifische Eigenschaften von Objekten zu beschreiben. Während z. B. im Infotyp 1000 (Objekt) für ein Objekt ein Name und ein Gültigkeitszeitraum hinterlegt werden, wird im Infotyp 1001 (Verknüpfungen) definiert, wie die verschiedenen Objekte miteinander in Verbindung stehen.

Die Bearbeitung der Infotypen können Sie über alle Pflegetransaktionen (z. B. PP01, PPOME) im Organisationsmanagement durchführen. Wie Sie dabei genau vorgehen müssen, wird in Kapitel 5, »Bearbeitungsoptionen im Organisationsmanagement«, detailliert beschrieben. Durch die Neuanlage eines Infotyps wird ein sogenannter *Infotypsatz* mit einem Gültigkeitszeitraum erzeugt.

Infotypen können auch in *Subtypen* aufgegliedert werden. Für diese Subtypen gilt – wie für die Infotypen selbst – das Zeitbindungskonzept (siehe Abschnitt 4.4, »Zeitbindung von Infotypen«). Der Infotyp 1001 (Verknüpfungen) besteht z. B. aus diversen Subtypen, also unterschiedlichen Verknüpfungsarten.

Durch diese unterschiedlichen Verknüpfungsarten wird die Verbindung eines Objekts zu einem anderen Objekt beschrieben. Weitere Beispiele für Infotypen mit einer fachlichen Untergliederung in Subtypen sind der Infotyp 1010 (Kompetenzen/Hilfsmittel) und der Infotyp 1002 (Verbale Beschreibung). Im Infotyp 1010 können Sie z. B. einen speziellen Bildschirm als Subtyp HILFSMITTEL oder »Handlungsvollmacht« als Subtyp KOMPETENZ anlegen. Beispiele für Subtypen im Infotyp 1002 (Verbale Beschreibung) sind *Allgemeine Beschreibung* und *Hinweis*.

Für Anwender ist ein Infotyp eine Datenerfassungsmaske mit einer Gruppe fachlich zusammengehörender Felder, über die die Dateneingabe für einen bestimmten Gültigkeitszeitraum erfolgt.

Bei der Datenerfassung erfolgt eine automatische Verprobung und Plausibilitätsprüfung gegen Tabelleneinträge. Hilfreich bei der Erfassung ist, wenn Sie im Customizing Vorschlagswerte definieren, die bei Bedarf durch den Anwender angepasst oder überschrieben werden können. Ein Beispiel für das Customizing von Vorschlagswerten finden Sie in Abschnitt 4.2.5, »Infotyp 1005 (Sollbezahlung)«.

Bei der Aktualisierung von Infotypen ist wichtig, dass Daten nicht verloren gehen. Dies stellen Sie durch zeitabhängiges Speichern von Infotypen sicher. Das bedeutet, dass bei der Aktualisierung von Daten die vorherigen Datensätze abgegrenzt werden. Dadurch können für einen Infotyp mehrere Datensätze – abhängig von der Zeitbindung – existieren. Diese Datensätze stehen Ihnen dann z. B. für Auswertungen weiterhin zur Verfügung.

Nicht alle Infotypen sind für alle Objekte relevant. SAP liefert im Standard bereits eine Zuordnung von Infotypen zu Objekttypen aus. Im Customizing können Sie diese Vorschläge aber an Ihre eigenen unternehmensspezifischen Bedürfnisse anpassen und zusätzlich festlegen, wie die Zeitbindung für diese Objekte sein soll (siehe Abbildung 4.1).

Das Customizing für die Zulassung von Infotypen für bestimmte Objekte (Standardobjekte und eigene Objekte) befindet sich im Einführungsleitfaden (IMG) unter PERSONALMANAGEMENT • ORGANISATIONSMANAGEMENT • GRUNDEINSTELLUNGEN • ERWEITERTE DATENMODELLIERUNG • INFOTYPPFLEGE • INFOTYPEN PFLEGEN. Alternativ zum Aufruf der Customizing-Tabelle über den Einführungsleitfaden können Sie auch die Transaktion OOIT verwenden oder direkt die Tabelle T778T (Transaktion SM30) aufrufen. In dieser Customizing-Tabelle können Sie die Eigenschaften eines Infotyps definieren bzw. verändern. Die einzelnen Customizing-Schritte werden in Abschnitt 4.5.1, »Anlegen eigener Infotypen«, beschrieben.

## 4.1 Grundlagen des Infotyp-Managements

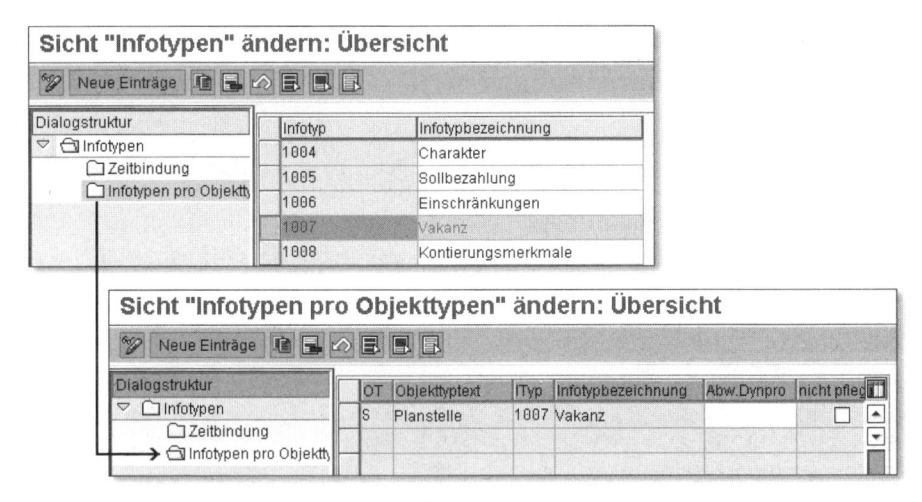

**Abbildung 4.1** Infotypen für Objekte zulassen

Folgende Einstellungen können Sie in der Tabelle durchführen:

- Sie können Infotypbezeichnungen anpassen, indem Sie die Bezeichnung in dem Feld INFOTYPBEZEICHNUNG der Tabelle T778T (Infotypen) ändern oder überschreiben.

- Sie können die Zeitbindungen in der Tabelle T777Z (Zeitbindung der Infotypen) anpassen. Welche Arten bzw. Ausprägungen es bei Zeitbindung gibt, wird in Abschnitt 4.4, »Zeitbindung von Infotypen«, beschrieben. Beachten Sie, dass Sie die Zeitbindung pro Subtyp anpassen müssen, wenn ein Infotyp in Subtypen untergliedert ist. Die Zeitbindung der Subtypen pflegen Sie im Einführungsleitfaden (IMG) unter PERSONALMANAGEMENT • ORGANISATIONSMANAGEMENT • GRUNDEINSTELLUNGEN • ERWEITERTE DATENMODELLIERUNG • INFOTYPPFLEGE • SUBTYPEN PFLEGEN.

- Sie können Infotypen für eigene oder Standardobjekte zulassen. Die dazu notwendigen Einträge führen Sie in der Tabelle T777I (Infotyp pro Objekttyp) durch.

Änderungen an Infotypen sollten Sie nur für eigene und nicht für Standardinfotypen durchführen, da diese Infotypen SAP gehören. Sie erhalten einen entsprechenden Hinweis, wenn Sie dennoch Änderungen an Standardinfotypen vornehmen. Eine Ausnahme ist die Erweiterung von Standardinfotypen um eigene Felder in dem dafür vorgesehenen Bereich. In Abschnitt 4.5.2, »Erweiterung von OM-Infotypen«, erhalten Sie dazu entsprechende Informationen.

## 4.2 Ausgewählte Standardinfotypen im Organisationsmanagement

Details an Objekten (z. B. Soll-Arbeitszeiten oder Beschreibungen) werden in Infotypen gepflegt. In den folgenden Abschnitten werden die wichtigsten Infotypen im Organisationsmanagement beschrieben. Eine Übersicht über alle Infotypen in der Personalplanung (PD) und im Organisationsmanagement (OM) können Sie sich über die Transaktion OOIT (siehe Abbildung 4.2) oder alternativ direkt über die Tabelle T778T (Sicht INFOTYPEN) anzeigen lassen.

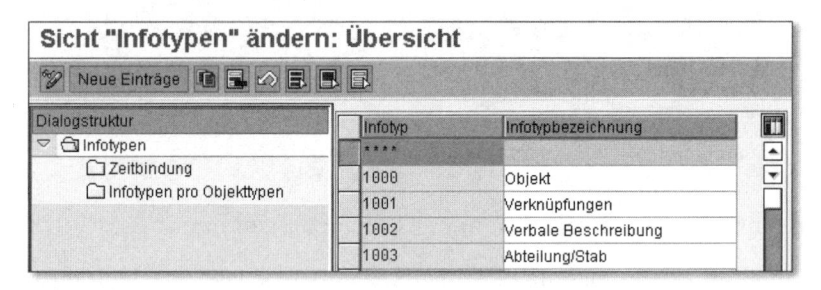

**Abbildung 4.2** Transaktion OOIT – Infotypen ändern

Kapitel 2, »Grundlagen des Organisationsmanagements in SAP ERP HCM«, beinhaltet eine Übersicht der Infotypen pro Objekttyp sowie ausführlichere Beschreibungen der Infotypen, die lediglich für ein bestimmtes Objekt freigegeben werden. In Kapitel 2 werden die folgenden Infotypen ausführlich beschrieben:

- Organisationseinheit – Infotyp 1019 (Kontingentplanung)
- Organisationseinheit – Infotyp 1027 (Ortsabhängige Zusatzinformation)
- Organisationseinheit – Infotyp 1039 (Einsatzgruppe)
- Planstelle – Infotyp 1013 (Mitarbeitergruppe und Mitarbeiterkreis)
- Planstelle – Infotyp 1014 (Obsolet)

Auf diese Infotypen gehe ich daher im Folgenden nicht mehr ein.

### 4.2.1 Infotyp 1000 (Objekt)

Über den Infotyp 1000 (Objekt) können Sie in der Komponente Organisationsmanagement (OM) sowie in der Komponente Personalplanung (PD) von SAP ERP HCM neue Objekte anlegen (siehe Abbildung 4.3). Dieser Infotyp beschreibt nicht wie andere Infotypen die Eigenschaften eines Objekts, er beinhaltet lediglich folgende Elemente:

- einen Gültigkeitszeitraum
- ein Objektkürzel
- eine Objektbezeichnung

Der Infotyp Objekt kann nicht modifiziert werden. Dies bedeutet, dass Sie z. B. keine eigenen Felder hinzufügen können.

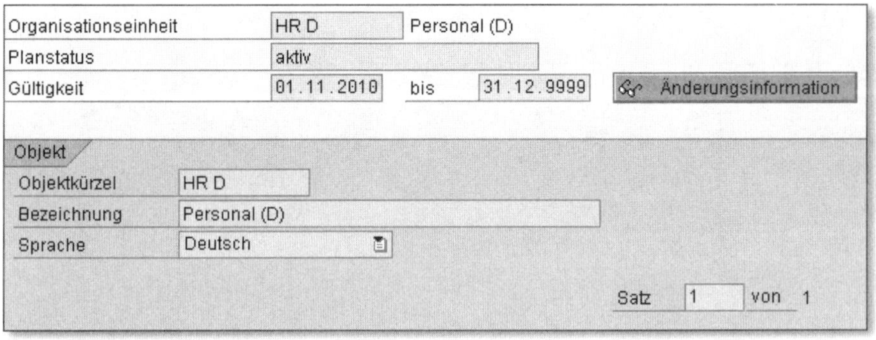

**Abbildung 4.3** Infotyp 1000 (Objekt)

Wenn Sie sich im Customizing für die automatische Nummernvergabe entschieden haben, wird, sobald Sie den Infotyp 1000 (Objekt) sichern, eine achtstellige Objekt-ID aus dem definierten Nummernkreis vergeben. Wenn Sie sich nicht für die automatische Nummernvergabe entschieden haben, müssen Sie die Objekt-ID manuell vergeben. Die Pflege der Nummernkreise wird in Abschnitt 2.7, »Nummernkreise«, beschrieben.

Zwingend notwendig ist es, dass Sie nach der Anlage des Infotyps 1000 (Objekt) auch den Infotyp 1001 (Verknüpfung) anlegen und dadurch das Objekt mit anderen Objekten aus der Organisationsstruktur verbinden. Sollten Sie dies versäumen, würde es sich bei dem neuen Objekt um ein sogenanntes *Unverknüpftes Objekt* handeln, also um ein Objekt, das aufgrund der fehlenden Verknüpfungen nicht mit anderen Objekten verbunden ist und deshalb nicht über die Auswertungsstrukturen angezeigt oder gefunden werden kann. Wenn Sie den Infotyp 1001 angelegt haben, können Sie auch weitere Details über die Infotyppflege (z. B. Transaktion PP01 oder PO10) pflegen.

Der Gültigkeitszeitraum, der im Infotyp 1000 (Objekt) für ein Objekt festgelegt wird, ist automatisch auch der maximale Gültigkeitszeitraum für alle anderen Infotypen, die für dieses spezielle Objekt angelegt werden. Dies gilt sowohl für das Beginn- als auch für das Ende-Datum. Es ist somit nicht möglich, dass z. B. eine Verknüpfung zu einem anderen Zielobjekt einen längeren

Gültigkeitszeitraum hat als das Objekt (Infotyp 1000) selbst. Es ist aber möglich, dass der Gültigkeitszeitraum einer Verknüpfung zu einem späteren Zeitpunkt beginnt als der des eigentlichen Objekts, nicht aber früher.

Einen einmal festgelegten Gültigkeitszeitraum können Sie nur noch über die Funktion ABGRENZEN ändern. Dazu markieren Sie zuerst den Infotyp 1000 (Objekt) und aktivieren dann die Funktion ABGRENZEN über die Menüleiste OBJEKT • ABGRENZEN (siehe Abbildung 4.4).

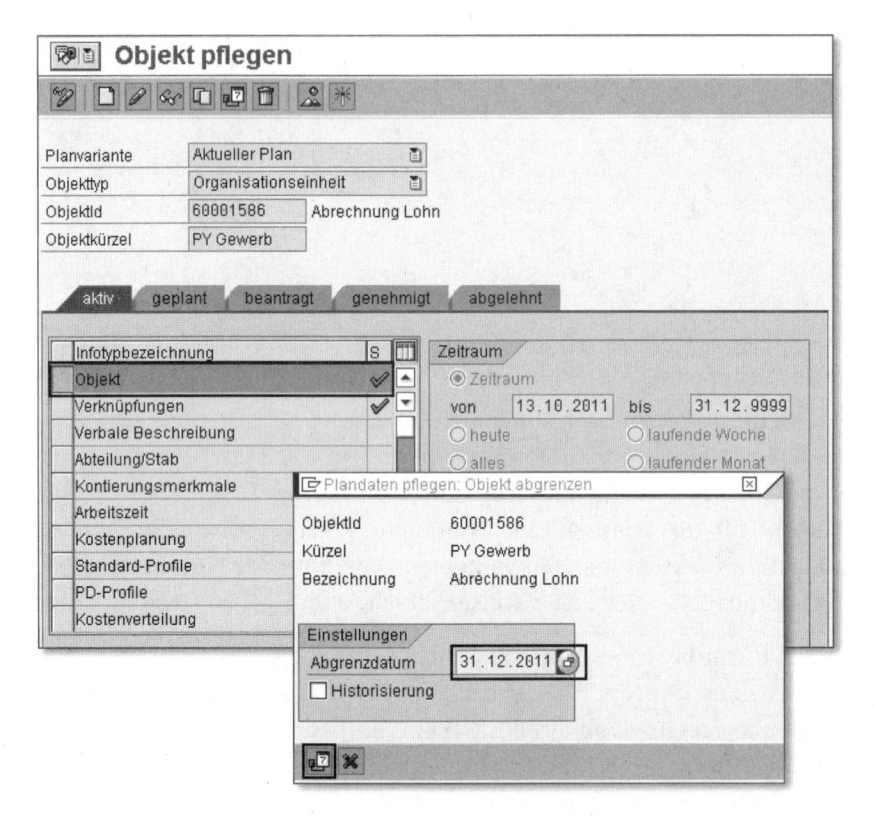

**Abbildung 4.4** Objekt abgrenzen

Sie können ein Objekt auch vollständig löschen. Dabei werden aber auch alle Informationen in den Infotypen, die zu diesem Objekt gehören, gelöscht. Deshalb sollten Sie diese Funktion nur nutzen, wenn ein Objekt definitiv nicht mehr benötigt wird, z. B. weil Sie es irrtümlicherweise angelegt haben, und wenn keine Verknüpfungen mehr zu anderen Objekten existieren. Wenn Sie versuchen, ein Objekt zu löschen, das noch abhängige andere Objekte hat (z. B. möchten Sie eine Organisationseinheit löschen, mit der noch Planstellen verknüpft sind), erhalten Sie eine Systemmeldung, die darauf aufmerksam macht. Sie löschen ein Objekt auf ähnliche Art und Weise, wie Sie ein Objekt abgrenzen – allerdings über die Funktion LÖSCHEN und nicht über ABGRENZEN. Sie markieren zuerst den Infotyp 1000 (Objekt) und klicken dann die Funktion LÖSCHEN über den Pfad in der Menüleiste OBJEKT • LÖSCHEN an.

Die Kurz- und Langbezeichnung (Felder OBJEKTKÜRZEL und BEZEICHNUNG) eines Objekts können Sie frei wählen. Wenn Sie diese Bezeichnungen noch einmal ändern möchten, können Sie das jederzeit tun, indem Sie die Bezeichnungen einfach überschreiben. Eine Veränderung des Gültigkeitszeitraums ist dafür nicht zwingend notwendig.

> **Hinweis: Kurzbezeichnung und Langbezeichnung eines Objekts**
>
> Ich empfehle Ihnen, sprechende Bezeichnungen für den Kurz- und den Langtitel zu wählen, da diese für verschiedene Auswertungen genutzt werden. Dies hilft Ihnen auch bei der Nutzung der Suchfunktion.

Wenn eine Objektbezeichnung in mehreren Sprachen verfügbar sein soll, können Sie dafür den Report RHTRANS0 (Sprachabhängige Sätze übersetzen) nutzen. Dieser Report übersetzt die Kurz- und die Langbezeichnung des Objekts sowie – falls gewünscht – auch den Infotyp 1002 (Beschreibung). Sie können gleichzeitig eine oder mehrere Sprachen pflegen oder eine bestehende Übersetzung ändern oder löschen. Wenn sich ein Anwender dann im SAP-System anmeldet und das Objekt in der Anmeldesprache gepflegt wurde, wird der Name des Objekts automatisch in der entsprechenden Sprache angezeigt, ansonsten in der Sprache, die im Report als Quellsprache definiert wurde.

Bevor Sie den Report starten können, müssen Sie im Selektionsbild die Quellsprache (z. B. die eigene Logon-Sprache Deutsch) sowie die Zielsprache (z. B. Englisch) angeben.

Nachdem der Report gestartet wurde, erscheint eine Liste mit einer separaten Zeile für jeden zu übersetzenden Text aus den Infotypen 1000 (Objekt) und 1002 (Beschreibung). Dabei wird eine Zeile für die Quellsprache und darunter eine Zeile für die Zielsprache angezeigt. Die Zeile, in der die Informationen in der Quellsprache angezeigt werden, ist nicht änderbar – sie ist grau hinterlegt. In der Zeile mit der Zielsprache sind die Felder mit den Inhalten aus der Quellsprache vorbelegt, können aber geändert werden (siehe Abbildung 4.5). Die eingabebereiten Felder erkennen Sie daran, dass diese weiß hinterlegt sind.

| Sprachabhängige Sätze übersetzen | | | | | | | | | | | |
|---|---|---|---|---|---|---|---|---|---|---|---|
| PV | OT | ObjektId | ITyp | STyp | S | Beginndatum | Endedatum | SP | Kürzel | Objektbezeichnung | Text | Textpflege |
| 01 | O | 60001578 | 1000 | | 1 | 01.11.2010 | 31.12.9999 | DE | HR D | Personal (D) | | |
| 01 | O | 60001578 | 1000 | | 2 | 01.01.2011 | 31.12.9999 | DE | Pers D | Personal (D) | | |
| 01 | O | 60001578 | 1000 | | 1 | 01.11.2010 | 31.12.9999 | EN | HR G | HR (Germany) | | |
| 01 | O | 60001578 | 1000 | | 2 | 01.01.2011 | 31.12.9999 | EN | HR G | HR (Germany) | | |
| 01 | O | 60001578 | 1002 | 0001 | | 01.12.2010 | 31.12.9999 | DE | | | | |
| 01 | O | 60001578 | 1002 | 0001 | | 01.12.2010 | 31.12.9999 | EN | | | | |
| 01 | O | 60001579 | 1000 | | 1 | 01.11.2010 | 31.12.9999 | DE | PA D | Personaladministration (D) | | |
| 01 | O | 60001579 | 1000 | | 1 | 01.11.2010 | 31.12.9999 | EN | PA G | Personnel Administration (G) | | |
| 01 | O | 60001580 | 1000 | | 1 | 01.11.2010 | 31.12.9999 | DE | PE D | Personalentwicklung (D) | | |
| 01 | O | 60001580 | 1000 | | 1 | 01.11.2010 | 31.12.9999 | EN | PD G | Personnel Development (G) | | |
| 01 | O | 60001581 | 1000 | | 1 | 01.11.2010 | 31.12.9999 | DE | RC D | Recruiting (D) | | |
| 01 | O | 60001581 | 1000 | | 1 | 01.11.2010 | 31.12.9999 | EN | RC G | Recruiting (G) | | |
| 01 | O | 60001582 | 1000 | | 1 | 01.11.2010 | 31.12.9999 | DE | PY D | Personalabrechnung (D) | | |
| 01 | O | 60001582 | 1000 | | 1 | 01.11.2010 | 31.12.9999 | EN | PY G | Payroll (G) | | |

**Abbildung 4.5** Report RHTRANS0 (Sprachabhängige Sätze übersetzen)

### 4.2.2 Infotyp 1001 (Verknüpfungen)

Über den Infotyp 1001 (Verknüpfungen) und die darin enthaltenen Subtypen werden die Beziehungen zwischen den verschiedenen Organisationsobjekten definiert. In Abbildung 4.6 können Sie z. B. erkennen, dass die Organisationseinheit PERSONAL (D) über eine A002-Verknüpfung an die Organisationseinheit PERS&SOZ berichtet.

Durch die Verknüpfung von Objekten können Eigenschaften, die an einem Objekt definiert sind, auf die zugeordneten Objekte vererbt werden. Wenn Sie z. B. an einer Organisationseinheit den Infotyp 1008 (Kontierungsmerkmale) gepflegt haben, werden die Kontierungsmerkmale von der Organisationseinheit auf die Planstellen vererbt, die ihr durch die Verknüpfungsart B003 (umfasst) untergeordnet sind.

Jede Verknüpfungsart bildet einen eigenen Subtyp innerhalb des Infotyps 1001. So wird z. B. mit der Verknüpfung zwischen den einzelnen Organisationseinheiten – durch die Verknüpfungsart A002 (berichtet an) – die Organisationsstruktur eines Unternehmens abgebildet. Ein weiteres Beispiel ist die Verknüpfung zwischen einer Planstelle und einer Person (Verknüpfungsart: B 008, Inhaber). Sie bildet die Integration zwischen den HCM-Komponenten Organisationsmanagement und Personaladministration.

Die Nutzung der verschiedenen Verknüpfungen kann individuell durch jedes Unternehmen nach Bedarf im Customizing festgelegt werden. Das Customizing der Verknüpfungsarten wird in Kapitel 3, »Objektverknüpfungen im Organisationsmanagement«, ausführlich beschrieben.

Ausgewählte Standardinfotypen im Organisationsmanagement | **4.2**

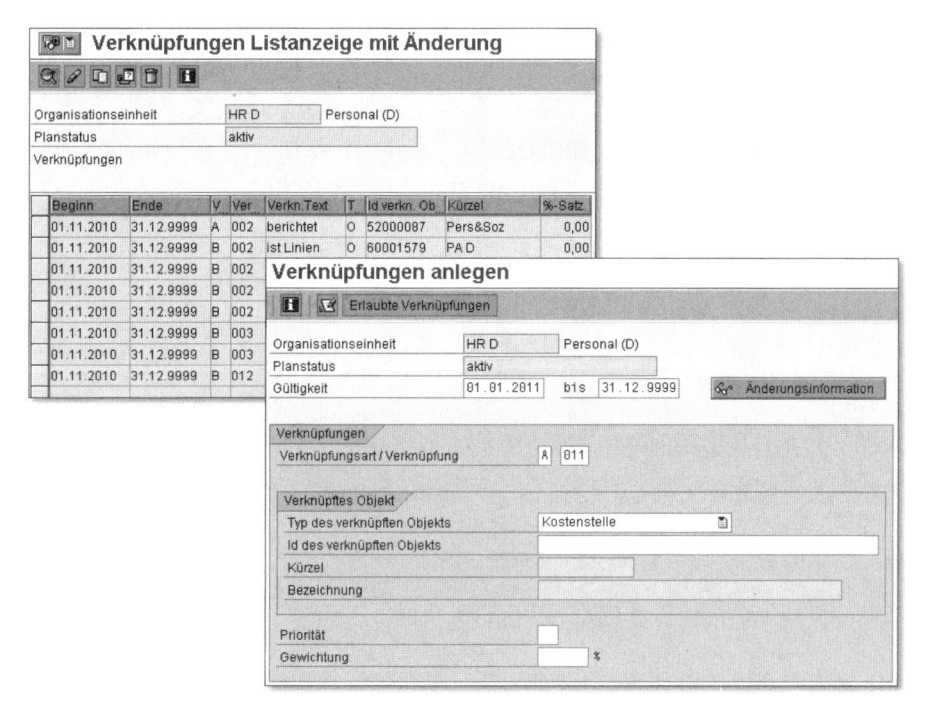

**Abbildung 4.6** Infotyp 1001 (Verknüpfungen)

Für die Pflege von Verknüpfungen stellt das SAP-System verschiedene Methoden bereit. Während in der *Detailpflege* die Anlage von Verknüpfungen zwischen den einzelnen Objekten manuell erfolgt, können Sie in der *Einfachen Pflege* sowie in der *Strukturgrafik* Verknüpfungen automatisch anlegen lassen. Die Pflege der Verknüpfungen in den verschiedenen Bearbeitungsmethoden wird in Kapitel 5, »Bearbeitungsoptionen im Organisationsmanagement«, beschrieben.

Ohne Verknüpfungen ist die Abbildung einer Aufbauorganisation und Berichtsstruktur für ein Unternehmen nicht möglich. Für die Nutzung von Reports werden Ketten von Verknüpfungen, sogenannte *Auswertungswege*, genutzt. Die Reports berücksichtigen alle Objekte entlang des Auswertungsweges und stellen dann das Ergebnis bereit. Wie Sie Auswertungswege nutzen und das Customizing durchführen, erfahren Sie in Kapitel 3, »Objektverknüpfungen im Organisationsmanagement«.

Im Customizing legen Sie dann fest, welche Verknüpfungen für bestimmte Objekte zugelassen sind. In der Standardauslieferung der SAP sind für die Standardobjekte bereits Verknüpfungen definiert.

Die Syntax der Standardverknüpfungen besteht aus einem eindeutigen, dreistelligen numerischen Schlüssel, dem ein Buchstabe (A oder B) vorangestellt ist. Der numerische Schlüssel steht dabei für die Art der Verknüpfung. Der Buchstabe gibt die Verknüpfungsrichtung an: A steht für die passive Verknüpfungsrichtung (auch bottom-up genannt), B steht für die aktive Verknüpfungsrichtung (auch top-down genannt).

Eine Verknüpfung zwischen zwei Objekten kann folgende Ausrichtungen haben:

- hierarchisch (Eine Planstelle wird z. B. mit einer Organisationseinheit verknüpft.)
- lateral/flach (Sie ordnen einer Stelle z. B. diverse Planstellen zu.)
- unilateral/einseitig (Eine Organisationseinheit wird z. B. mit einer Kostenstelle/einem externen Objekt verknüpft.)

Im Customizing definieren Sie ebenfalls, welche Zeitbindung für die einzelnen Verknüpfungen – abhängig vom Objekttyp – gilt.

> **Beispiele: Objektverknüpfungen**
>
> Einige Beispiele für Objektverknüpfungen (siehe auch Kapitel 3):
> - Eine Organisationseinheit *berichtet an* eine andere Organisationseinheit und ist somit dieser Organisationseinheit untergeordnet: A002.
> - Eine Organisationseinheit *ist Linienvorgesetzter* einer anderen Organisationseinheit und dieser somit in der Aufbau- und Berichtsstruktur übergeordnet: B002.
> - Eine Planstelle *gehört zu* einer Organisationseinheit: A003.
> - Eine Organisationseinheit *umfasst* eine Planstelle: B003.
> - Eine Stelle *beschreibt* eine Planstelle: A007.
> - Eine Planstelle *wird* durch eine Stelle *beschrieben*: B007.

Eigene Verknüpfungen definieren Sie im Einführungsleitfaden (IMG) unter ORGANISATIONSMANAGEMENT • GRUNDEINSTELLUNGEN • ERWEITERUNG DATENMODELLIERUNG • VERKNÜPFUNGSPFLEGE (siehe Abbildung 4.7). SAP stellt Ihnen für die Anlage eigener Verknüpfungen den Namensraum von AAA bis ZZZ zur Verfügung. Wie Sie das Customizing durchführen, ist ausführlich in Abschnitt 3.5, »Anlegen eigener Verknüpfungen«, beschrieben.

Eine Verknüpfung zwischen zwei Objekten wird wechselseitig angelegt. Das bedeutet, dass Sie immer nur eine Verknüpfung in eine Richtung anlegen müssen. Die Umkehrverknüpfung wird dann automatisch durch das System erstellt.

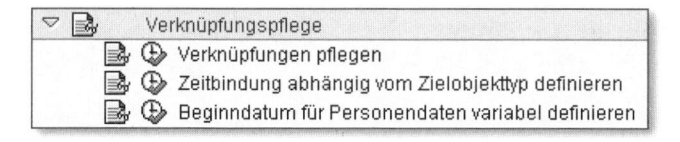

```
▽ 📄    Verknüpfungspflege
    📄 ⊕  Verknüpfungen pflegen
    📄 ⊕  Zeitbindung abhängig vom Zielobjekttyp definieren
    📄 ⊕  Beginndatum für Personendaten variabel definieren
```

**Abbildung 4.7** Verknüpfungspflege

Über den Report RHRELAT0 (Erlaubte Verknüpfungen von Objekttypen) können Sie eine Auswertung starten, die Ihnen die für ein bestimmtes Objekt zugelassenen Verknüpfungen anzeigt. Außerdem haben Sie die Möglichkeit, sich im Infotyp 1001 (Verknüpfungen) über die Funktion ERLAUBTE VERKNÜPFUNGEN die möglichen Verknüpfungen direkt anzeigen zu lassen. Detaillierte Ausführungen zur Nutzung des Reports RHRELAT0 finden Sie in Abschnitt 2.3.1, »Organisationseinheiten«.

### 4.2.3 Infotyp 1002 (Verbale Beschreibung)

Im Infotyp 1002 (Verbale Beschreibung) können Sie Beschreibungen zu Objekten für einen bestimmten Gültigkeitszeitraum hinterlegen (siehe Abbildung 4.8). Diese Beschreibungen sind rein informativ und können nicht direkt über Reports ausgewertet werden. Aus diesem Grund empfiehlt SAP, Stellen- oder Planstellenbeschreibungen nicht über den Infotyp 1002 anzulegen. Stellen- und Planstellenbeschreibungen bestehen aus diversen Aufgaben, die einem Planstelleninhaber zugeordnet sind, sowie z. B. Einschränkungen und Hilfsmitteln, die einer Stelle oder Planstelle zugeordnet werden. Solche Stellen-/Planstellenbeschreibungen erzeugen Sie, indem Sie Stellen, Planstellen und Aufgaben sowie die Objektverknüpfungen zwischen diesen Objekten anlegen. Über Reports – z. B. RHXSCRP0 (Stellenbeschreibung) oder RHXSCRP1 (Planstellenbeschreibung) – werden dann die Stellenbeschreibungen bzw. Planstellenbeschreibungen erzeugt. In den Abschnitten 7.1.2, »Standardreports zu Stellen«, und 7.1.3, »Standardreports zu Planstellen«, werden diese Standardberichte ausführlich beschrieben.

Für den Infotyp 1002 (Verbale Beschreibung) werden im SAP-Standard bereits einige Subtypen bereitgestellt, die eine Strukturierung der Beschreibungen unterstützen (z. B. Allgemeine Beschreibung, Trainingsinhalt, Hinweise).

# 4 | Infotypen im Organisationsmanagement

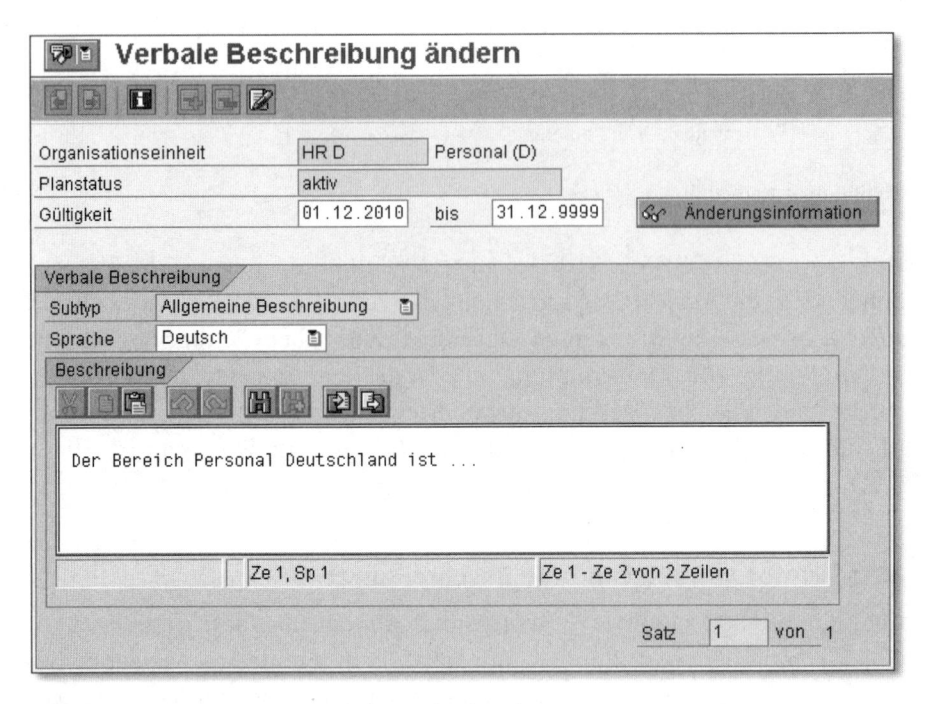

**Abbildung 4.8** Infotyp 1002 (Verbale Beschreibung)

Diese Einträge können Sie beliebig ergänzen, indem Sie benutzerdefinierte Subtypen anlegen. Benutzerdefinierte Subtypen legen Sie im Einführungsleitfaden (IMG) über den Pfad ORGANISATIONSMANAGEMENT • GRUNDEINSTELLUNGEN • ERWEITERUNG DATENMODELLIERUNG • INFOTYPPFLEGE • SUBTYPEN PFLEGEN direkt an (Transaktion OOSU) (siehe Abbildung 4.9). SAP stellt Ihnen für die Erweiterung der Subtypen den numerischen Namensraum 9000–9999 zur Verfügung.

**Abbildung 4.9** Neuen Subtyp für Infotyp 1002 anlegen

Beachten Sie, dass Sie für jeden neu angelegten Subtyp eine Zeitbindung im Customizing definieren müssen (siehe Abbildung 4.10).

| Sicht "Zeitbindung" ändern: Übersicht | | | | | | |
|---|---|---|---|---|---|---|
| Dialogstruktur | OT | ITyp | Infotypbezeichnung | STyp | Subtyptext | Zeitbindg. |
| ▽ ☐ Subtypen | 50 | 1002 | Verbale Beschreibung | 9002 | | 3 |
| ☐ Zeitbindung | | | | | | |

**Abbildung 4.10** Erweiterung der Subtypen für den Infotyp 1002 – Zeitbindung

Die Beschreibungen im Infotyp 1002 können in mehreren Sprachen bereitgestellt werden. Die Übersetzung kann über den Report RHTRANS0 (Sprachabhängige Sätze übersetzen) erfolgen. Wenn Sie also den Infotyp 1002 an einem Objekt gepflegt haben, wird dieser auch im Report angezeigt (Spalte TEXTPFLEGE) und steht so zur Übersetzung bereit (siehe Abbildung 4.11).

Eine detaillierte Beschreibung zur Nutzung des Reports RHTRANS0 finden Sie in Abschnitt 4.1, »Grundlagen des Infotyp-Managements«.

**Sprachabhängige Sätze übersetzen**

| PV | OT | ObjektId | IType | SType | S | Beginndatum | Endedatum | SP | Kürzel | Objektbezeichnung | Text | Textpflege |
|---|---|---|---|---|---|---|---|---|---|---|---|---|
| | O | 60001578 | 1000 | | 1 | 01.11.2010 | 31.12.9999 | DE | HR D | Personal (D) | | |
| 01 | O | 60001578 | 1000 | | 2 | 01.01.2011 | 31.12.9999 | DE | Pers D | Personal (D) | | |
| 01 | O | 60001578 | 1000 | | 1 | 01.11.2010 | 31.12.9999 | EN | HR G | HR (Germany) | | |
| 01 | O | 60001578 | 1000 | | 2 | 01.01.2011 | 31.12.9999 | EN | HR G | HR (Germany) | | |
| 01 | O | 60001578 | 1002 | 0001 | | 01.12.2010 | 31.12.9999 | DE | | | | |
| 01 | O | 60001578 | 1002 | 0001 | | 01.12.2010 | 31.12.9999 | EN | | | | |
| 01 | O | 60001579 | 1000 | | 1 | 01.11.2010 | 31.12.9999 | DE | PA D | Personaladministration (D) | | |
| 01 | O | 60001579 | 1000 | | 1 | 01.11.2010 | 31.12.9999 | EN | PA G | Personnel Administration (G) | | |

**Abbildung 4.11** Report RHTRANS0 (Sprachabhängige Sätze übersetzen) – Pflege von Übersetzungen für den Infotyp 1002

### 4.2.4 Infotyp 1003 (Abteilung/Stab)

Im Infotyp 1003 (Abteilung/Stab) können Sie Organisationseinheiten und Planstellen als Stabsstelle kennzeichnen sowie eine Organisationseinheit als Abteilung (siehe Abbildung 4.12). Für andere Objekttypen ist der Infotyp 1003 nicht zugelassen.

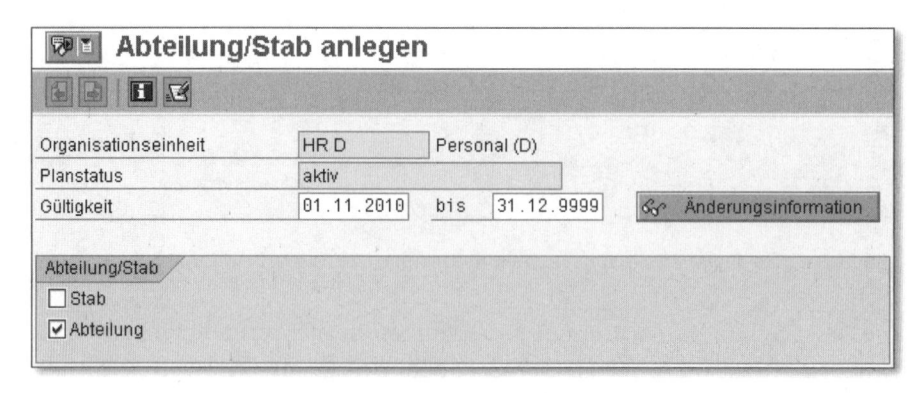

**Abbildung 4.12** Infotyp 1003 (Abteilung/Stab)

Setzen Sie ein Häkchen im Ankreuzfeld STAB, wenn eine Organisationseinheit oder eine Planstelle nicht direkter Bestandteil der Aufbauorganisation bzw. Linienstruktur ist, sondern an eine höher angeordnete Organisationseinheit oder Planstelle berichtet.

Visualisiert wird die Zuordnung einer Stabsstelle in der Strukturgrafik. Die Strukturgrafik erreichen Sie über folgenden Pfad im SAP Easy Access-Menü: PERSONAL • ORGANISATIONSMANAGEMENT • INFOSYSTEM • ALLGEMEIN • PD-GRAFIKSCHNITTSTELLE.

Sie müssen eine Organisationseinheit nur dann als Abteilung markieren, wenn die Integration zwischen der Personalplanung und der Personaladministration aktiviert ist (siehe dazu Abschnitt 9.2, »Integration mit der Personaladministration«). Eine Organisationseinheit wird in der Personalplanung nicht automatisch als Abteilung angesehen, da dort Organisationseinheiten auch andere Einheiten wie z. B. Teams oder Projektgruppen innerhalb einer Abteilung oder eines Bereichs repräsentieren. Bei aktiver Integration zwischen der Personalplanung und der Personaladministration werden Daten aus der Personalplanung in die Personaladministration übertragen. Wenn Sie die Kennzeichnung als Abteilung nicht vornehmen, werden z. B. auch Teams oder Projektgruppen, die ebenfalls als Organisationseinheiten angelegt sind, in den PA-Infotyp 0001 (Organisatorische Zuordnung) für einen Mitarbeiter übertragen und angezeigt.

Wenn Sie eine Organisationseinheit durch eine entsprechende Kennzeichnung im Infotyp 1003 als Abteilung kennzeichnen möchten, ist es notwendig, dass Sie zuvor im Customizing in der Tabelle T77S0 (Systemtabelle) die Einträge PPABT PPABT setzen (siehe Abbildung 4.13). Dazu sind folgende Schritte notwendig:

1. Rufen Sie die Systemtabelle T77S0 auf, indem Sie die Transaktion SM30 oder den IMG-Pfad ORGANISATIONSMANAGEMENT • INTEGRATION • INTEGRATION ZUR PERSONALADMINISTRATION • INTEGRATION ZUR PERSONALADMINISTRATION EINRICHTEN nutzen.
2. In der Zeile mit den Angaben PPABT (Spalte GRUPPE) und PPABT (Spalte SM. KÜRZEL) müssen Sie den Schalter in dem Feld WERT KÜRZ. auf den Wert »1« setzen. Mit dieser Einstellung wird die einer Planstelle übergeordnete Organisationseinheit, die ein Abteilungskennzeichen hat, ermittelt. Wenn der Schalter auf den Wert 0 gesetzt bleibt (Default-Wert), wird die einer Planstelle direkt übergeordnete Organisationseinheit gelesen.

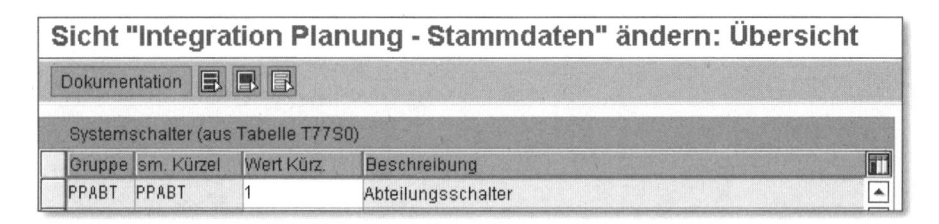

**Abbildung 4.13** Abteilungsschalter aktivieren (Tabelle T77S0)

Für die Auswertung von Stabsfunktionen stehen Ihnen die folgenden Standardreports zur Verfügung:

- **RHXSTAB0 (Stabsfunktionen für Organisationsstrukturen)**
  Dieser Report zeigt Ihnen alle Organisationseinheiten an, für die eine Stabsfunktion im Infotyp 1003 gepflegt ist.
- **RHXSTAB1 (Stabsfunktion für Planstellen)**
  Über diesen Report können Sie alle Planstellen auswerten, für die eine Stabsfunktion im Infotyp 1003 gepflegt ist.

### 4.2.5 Infotyp 1005 (Sollbezahlung)

Im Infotyp 1005 (Sollbezahlung) können Sie Vorschlagswerte für den Infotyp 0008 (Basisbezüge) anlegen, die dort für die Anlage des Basisgehalts bereitgestellt werden. Wenn Sie dann in der Personaladministration für einen Mitarbeiter einen Datensatz im Infotyp 0008 (Basisbezüge) anlegen möchten, erhalten Sie Vorschlagswerte, die auf Gehalts- und Tarifstrukturen basieren, die für die entsprechende Stelle oder die Planstelle im Infotyp 1005 gespeichert wurden.

Sie können mehrere Datensätze des Infotyps 1005 für eine Stelle bzw. Planstelle anlegen, da die Gehaltsstruktur von Land zu Land variieren kann.

Die Vorschlagswerte im Infotyp 1005 können über drei verschiedene Möglichkeiten definiert werden:

- **Gehalt**
Auf der Registerkarte GEHALT (siehe Abbildung 4.14) können Sie Daten aus der unternehmenseigenen Gehaltsstruktur speichern (z. B. die Gehaltsgruppe oder -stufe).

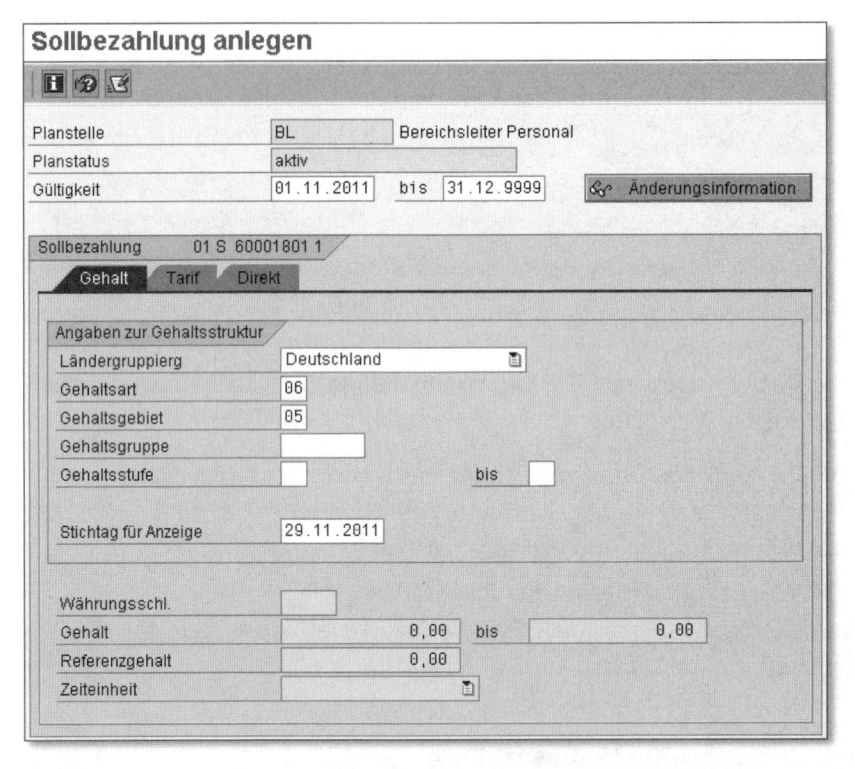

**Abbildung 4.14** Infotyp 1005 (Sollbezahlung) – Vorschlagswert für Gehalt aus Gehaltsstruktur anlegen

Dazu müssen Sie die die folgenden Felder füllen:

- Zuerst wählen Sie in dem Feld LÄNDERGRUPPIERUNG das Land aus, dem das selektierte Objekt (z. B. Planstelle oder Stelle) zugeordnet ist und für das das vorgeschlagene Gehalt gelten soll.
- In dem Feld GEHALTSART unterscheiden Sie zwischen den unterschiedlichen Gehaltsstrukturen (z. B. nach Gesellschaften oder nach Funktio-

nen). Die in diesem Feld bereitgestellten Werte werden im Customizing der HCM-Komponente Personalabrechnung (Tabelle T510A) definiert und können über die Wertehilfe (F4-Hilfe) ausgewählte werden.

- In dem Feld GEHALTSGEBIET unterscheiden Sie innerhalb der Gehaltsstruktur nach Regionen (z. B. Bundesländern) oder nach organisatorischen Regeln (z. B. Niederlassungen). Die in diesem Feld bereitgestellten Werte werden im Customizing der Komponente Personalabrechnung (Tabelle T510G) definiert und können über die Wertehilfe (F4-Hilfe) ausgewählte werden.

- Dann selektieren Sie die GEHALTGRUPPE und zum Schluss noch die GEHALTSSTUFE, da eine Gehaltsgruppe in mehrere Gehaltsstufen unterteilt sein kann, die jeweils über einen Mindest- und einen Höchstbetrag verfügen. Das Customizing der Gehaltsgruppe und der Gehaltsstufe erfolgt in der Tabelle T710 in der Komponente Personalabrechnung.

- **Tarif**
Auf der Registerkarte TARIF (siehe Abbildung 4.15) können Sie die Daten aus der Tarifstruktur des Unternehmens hinterlegen (z. B. Tarifart und -gebiet). Die Struktur der Feldeingabe ist ähnlich wie bei der Registerkarte GEHALT. Folgende Eingaben sind notwendig:

  - Auch in dieser Registerkarte wählen Sie zuerst in dem Feld LÄNDERGRUPPIERUNG das Land aus, dem das selektierte Objekt (z. B. Planstelle oder Stelle) zugeordnet ist und für das das vorgeschlagene Tarifgehalt gelten soll.

  - In dem Feld TARIFART wählen Sie die Tarifart (z. B. HANDEL, CHEMIE) aus. Die in diesem Feld bereitgestellten Werte werden – genau wie bei der Gehaltsart im Register GEHALT) – im Customizing der Komponente Personalabrechnung (Tabelle T510A) definiert und können über die Wertehilfe (F4-Hilfe) ausgewählte werden.

  - In dem Feld TARIFGEBIET unterscheiden Sie – genau wie beim Gehaltsgebiet – nach Regionen (z. B. Bundesländern) oder nach organisatorischen Regeln (z. B. Niederlassungen). Die in diesem Feld bereitgestellten Werte werden im Customizing der Komponente Personalabrechnung (Tabelle T510G) definiert und können über die Wertehilfe (F4-Hilfe) ausgewählt werden.

  - Über das Feld GRPG TARIFREGEL findet eine Gruppierung der Mitarbeiterkreise für eine Tarifregelung statt. Das heißt, dass es für bestimmte Mitarbeiterkreise eine einheitliche Tarifregelung gibt (z. B. gewerbliche Mitarbeiter, AT-Mitarbeiter, Angestellte).

▶ Genau wie bei der Registerkarte GEHALT selektieren Sie nun noch die GEHALTGRUPPE und die GEHALTSSTUFE, da eine Gehaltsgruppe in mehrere Gehaltsstufen unterteilt ist. Das Customizing der Gehaltsgruppe und der Gehaltsstufe erfolgt in der Tabelle T710 in der HCM-Komponente Personalabrechnung.

▶ In dem Feld ZEITEINHEIT legen Sie die Zeiteinheit fest, die zur Berechnung oder zum Anzeigen von Beträgen in der Vergütung genutzt werden soll (z. B. stündlich, täglich, monatlich, jährlich).

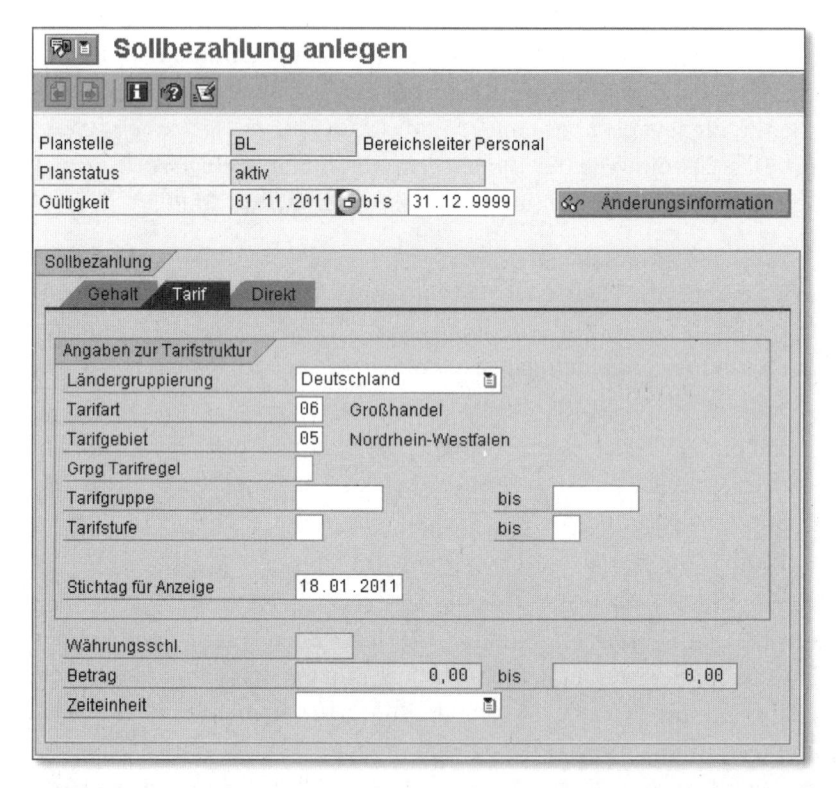

**Abbildung 4.15** Infotyp 1005 (Sollbezahlung) – Vorschlagswert für Tarifgehälter anlegen

▶ **Direkt**
Auf der Registerkarte DIREKT können Sie Mindest- und Maximalbeträge für eine Stelle bzw. Planstelle eingeben (siehe Abbildung 4.16). Diese Funktionalität wird dann genutzt, wenn es in einem Unternehmen keine Gehalts- bzw. Tarifstruktur gibt. Folgende Feldeingaben sind dafür notwendig:

▶ In dem Feld WÄHRUNGSSCHL. selektieren Sie den Währungsschlüssel, in dem die Vergütung als Vorschlagswert im Infotyp 0008 (Basisbezüge) angezeigt werden soll.

## 4.2 Ausgewählte Standardinfotypen im Organisationsmanagement

▸ Nun definieren Sie einen Mindest- und einen Maximalbetrag (Feld: BETRAG) für die Vergütung.

▸ Zum Schluss legen Sie dann noch – wie in der Registerkarte TARIF – die Zeiteinheit fest.

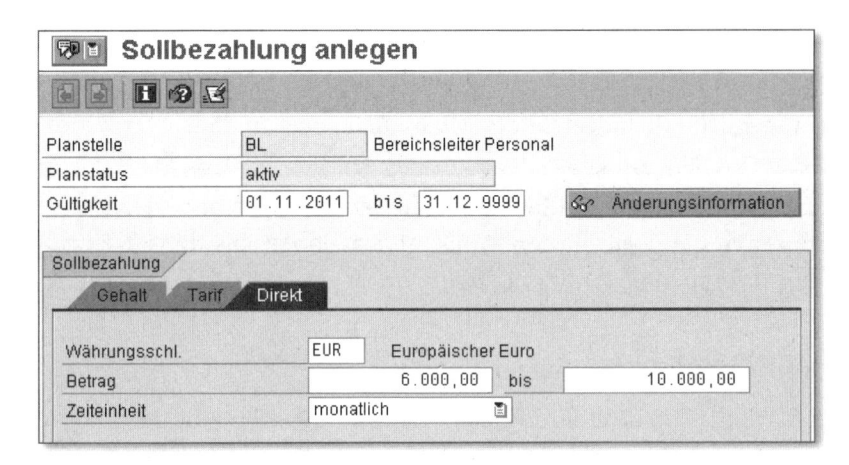

**Abbildung 4.16** Infotyp 1005 (Sollbezahlung) – Vorschlagswert für Gehälter ohne Tarifstruktur anlegen

Für die Auswertung des Infotyps 1005 (Sollbezahlung) stehen verschiedene Reports zur Verfügung:

▸ **RHCMPJOBPLCOMP (Gehaltsstruktur für Stellen)**
Über diesen Report können Sie sich die Gehaltsstruktur für alle Stellen innerhalb Ihres Unternehmens oder für Stellen, die einer bestimmten Organisationseinheit zugeordnet sind, anzeigen lassen.

Als Ergebnis werden folgende Daten angezeigt:

- Name der Stelle(n)
- Ländergruppierung
- Gehaltsart
- Gehaltsgebiet
- Gehaltsgruppe
- Minimale Gehaltsstufe pro Gehaltsgruppe
- Maximale Gehaltsstufe pro Gehaltsgruppe
- Referenzgehalt der Gehaltsgruppe
- Minimalgehalt der Gehaltsstufe
- Maximalgehalt der Gehaltsstufe

▶ **RHCMPCOMPARE_ACTUAL_PLANNED (Vergleich tatsächlicher Grundgehälter mit Sollbezahlungen)**
Mit diesem Report können Sie das tatsächliche Grundgehalt des Mitarbeiters – Infotyp 0008 (Basisbezüge) – mit der Gehaltsspanne vergleichen, die der Stelle oder der Planstelle des Mitarbeiters im Infotyp 1005 zugeordnet wurde. Der Report zeigt Ihnen als Ergebnis folgende Daten an:

▶ Name des Mitarbeiters

▶ das tatsächliche Grundgehalt des Mitarbeiters einschließlich der Zuordnung zur Gehalts- und Tarifstruktur – Infotyp 0008 (Basisgehalt)

▶ die Informationen zur Sollbezahlung an der Planstelle oder – falls dort keine Daten gepflegt wurden – die Informationen aus der jeweiligen Stelle – Infotyp 1005 (Sollbezahlung)

### 4.2.6 Infotyp 1008 (Kontierungsmerkmale)

Über den Infotyp 1008 (Kontierungsmerkmale) können Sie Vorschlagswerte für Kostenstellen erzeugen, die dann in anderen HCM-Komponenten (z. B. in der Personalkostenplanung und in der Personaladministration) zur Verfügung gestellt werden.

Über die im Infotyp 1008 enthaltenen Daten (siehe Abbildung 4.17) werden Ihnen die Kostenstellen in der Personaladministration vorgeschlagen – z. B. bei einer Einstellung eines neuen Mitarbeiters im Infotyp 0001 (Organisatorische Zuordnung). Der vorgeschlagene Wert leitet sich aus der Kombination der Kontierungsmerkmale (z. B. Buchungskreis, Geschäftsbereich und Personalbereich) ab.

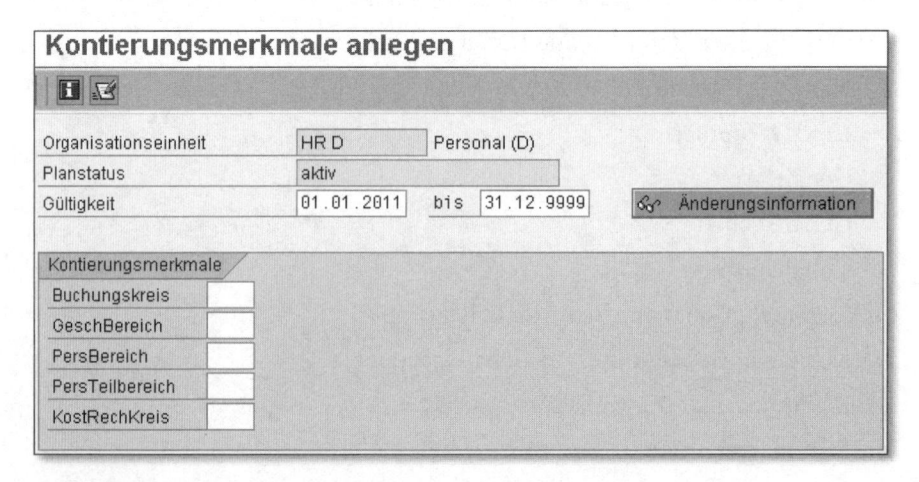

**Abbildung 4.17** Infotyp 1008 (Kontierungsmerkmale)

Der Infotyp 1008 kann Organisationseinheiten und Planstellen zugeordnet werden.

Die an einer Organisationseinheit definierten Kontierungsmerkmale werden an untergeordnete Organisationseinheiten sowie an zugeordnete Planstellen vererbt. Damit die Vererbung der Kontierungsmerkmale von Organisationseinheiten auf untergeordnete Planstellen greift, müssen Sie dies im Customizing einstellen. Im SAP-Standard ist die Vererbung für Kontierungsmerkmale deaktiviert. Sie aktivieren die Vererbung im Customizing über den IMG-Pfad ORGANISATIONSMANAGEMENT • GRUNDEINSTELLUNGEN • VERERBUNG VON KONTIERUNGSMERKMALEN AKTIVIEREN oder alternativ direkt über die Systemtabelle T77S0. Für die Aktivierung müssen Sie in der Zeile PPOM (GRUPPE), INHS (SM. KÜRZEL) den Wert »X« eintragen (siehe Abbildung 4.18).

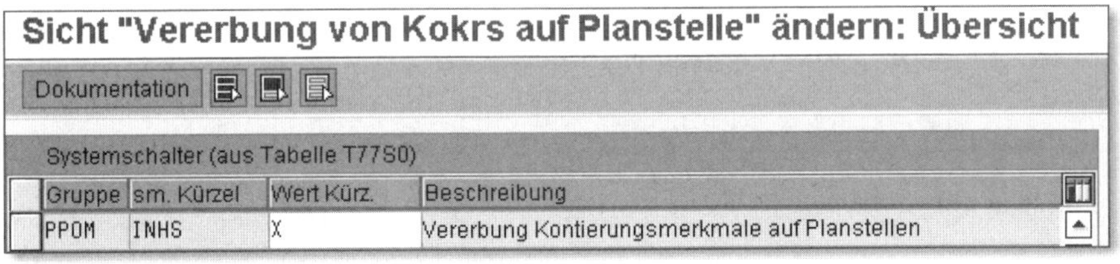

**Abbildung 4.18** Vererbung von Kontierungsmerkmalen auf Planstellen aktivieren

Darüber hinaus können Sie über den Infotyp 1008 Personalbereiche und Personalteilbereiche zu Organisationseinheiten oder Planstellen zuordnen. Der Vorteil dabei ist, dass diese Informationen ebenfalls über das Vererbungsprinzip auf untergeordnete Objekte weitergegeben werden. In den Mitarbeiterstammsätzen werden Ihnen dann automatisch die Organisationseinheiten und Planstellen vorgeschlagen, die dem Personalbereich zugeordnet sind. Das ermöglicht es Ihnen, Personalstammsätze – Infotyp 0001 (Organisatorische Zuordnung) – schneller und effektiver zu bearbeiten. Außerdem wird im Personalstammsatz direkt der dem Personalbereich zugeordnete Buchungskreis eingeblendet, da hier eine eindeutige Zuordnung besteht. Dies vereinfacht dann wieder die Zuordnung von Kostenstellen, da nur die Kostenstellen angezeigt werden, die dem Buchungskreis zugeordnet sind.

### 4.2.7 Infotyp 1010 (Kompetenzen/Hilfsmittel)

Der Infotyp 1010 (Kompetenzen/Hilfsmittel) kann den Objekttypen Planstelle und Arbeitsplatz zugeordnet werden. Er dient dazu, den Objekten Kompetenzen und Hilfsmittel zuzuordnen. Zum Beispiel können Sie hier einer Planstelle und somit dem Planstelleninhaber Prokura oder Handlungsvollmacht erteilen oder die Planstelle bzw. den Arbeitsplatz mit bestimmten Hilfsmitteln, wie z. B. einem Laptop oder einem Mobiltelefon, ausstatten (siehe Abbildung 4.19).

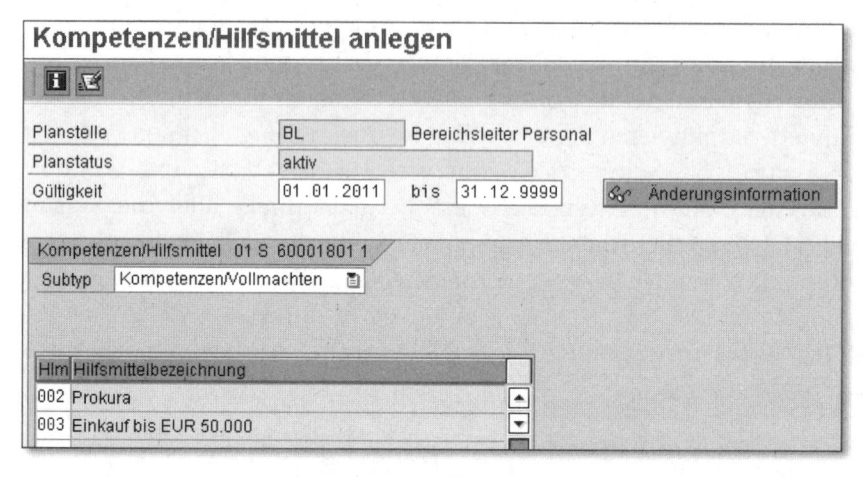

**Abbildung 4.19** Infotyp 1010 (Kompetenzen/Hilfsmittel)

Die Listanzeige des Infotyps 1010 zeigt zu einem Subtyp immer nur den ersten Eintrag an. Wenn Sie sich alle Einträge ansehen möchten, müssen Sie dazu über den jeweiligen Anzeigemodus des Subtyps gehen (siehe Abbildung 4.20).

**Abbildung 4.20** Infotyp 1010 (Kompetenzen/Hilfsmittel) – Listanzeige

Die Zuordnung der Kompetenzen und Hilfsmittel findet über Subtypen statt. Im SAP-Standard werden bereits einige Subtypen für den Infotyp 1010 ausgeliefert – z. B. Prokura für den Subtyp 0001 (Kompetenzen/Vollmachten) und Bildschirm für den Subtyp 0002 (Technische Hilfsmittel).

Die Standardsubtypen können Sie bei Bedarf im Customizing durch benutzerdefinierte Subtypen ergänzen. Die Erweiterung der Subtypen erfolgt über den IMG-Pfad Organisationsmanagement • Grundeinstellungen • Erweiterung Datenmodellierung • Infotyppflege • Subtypen pflegen oder alternativ direkt über die Systemtabelle T77S0 bzw. die Transaktion OOSU. Hier können Sie für den Infotyp 1010 einen eigenen Subtyp im vierstelligen numerischen Namensraum anlegen. Der von SAP bereitgestellte numerische Namensraum für die Anlage eigener Subtypen liegt im Bereich 9000 bis 9999.

Für bestimmte Infotypfelder des Infotyps 1010 müssen Sie im Customizing zulässige Eingaben festlegen. Konkret wird definiert, welche Hilfsmittel für welchen Subtyp im Infotyp 1010 zugelassen werden. Diese Einstellungen nehmen Sie im IMG vor, dazu nutzen Sie den Pfad Organisationsmanagement • Betriebswirtschaftliche Infotypeinstellungen • Prüfwerte für Kompetenzen/Hilfsmittel einstellen (siehe Abbildung 4.21).

**Sicht "Kompetenzen/Hilfsmittel" ändern: Übersicht**

Neue Einträge

| Subtyp | Hilfsmit. | Hilfsmittelbezeichnung |
|---|---|---|
| 0001 | 001 | Handlungsvollmacht |
| 0001 | 002 | Prokura |
| 0001 | 003 | Einkauf bis EUR 50.000 |
| 0002 | 001 | Bildschirm |
| 0002 | 002 | PC-Workstation |
| 0002 | 003 | CNC-Drehmaschine 51367 |
| 0002 | 010 | EBp-Berechtigter (<500) |
| 0002 | 011 | EBp-Berechtigter (<5000) |
| 0002 | 012 | EBp-Berechtigter (<50000) |
| 0002 | 013 | EBp-Berechtigter (max.) |
| 0002 | 020 | Country Manager |
| 0002 | 021 | HR Manager |
| 0002 | 022 | Store Manager |

**Abbildung 4.21** Prüfwerte für Kompetenzen/Hilfsmittel einstellen

Wenn Sie in dieser Tabelle einen neuen Eintrag vornehmen möchten, sind folgende Schritte notwendig:

1. Klicken Sie auf den Button Neue Einträge.
2. Danach selektieren Sie aus der Wertehilfe (F4-Hilfe) in dem Feld Subtyp den Subtyp, für den Sie den neuen Eintrag erstellen möchten, z. B. 0001 (Kompetenzen).

3. Danach vergeben Sie eine laufende Nummer in dem Feld HILFSMIT. und beschreiben in dem Feld HILFSMITTELBEZEICHNUNG das neue Hilfsmittel oder die Kompetenz kurz.

4. Zum Schluss sichern Sie den neuen Eintrag über den Button SICHERN.

Für die Auswertung des Infotyps 1010 (Kompetenzen/Hilfsmittel) steht der Report RHXHFMT0 (Kompetenzen und Hilfsmittel) zur Verfügung: Dieser Report zeigt alle Planstellen und Arbeitsplätze zu einer oder mehreren Organisationseinheiten an, für die Kompetenzen und/oder Hilfsmittel gepflegt sind.

Im Selektionsbild (siehe Abbildung 4.22) müssen Sie die Organisationseinheit sowie den gewünschten Auswertungszeitraum angeben. Darüber hinaus müssen Sie noch den Objektstatus (z. B. AKTIV oder GEPLANT) festlegen. Sie können auch angeben, dass der Report nur bestimmte Kompetenzen oder Hilfsmittel berücksichtigen soll. Wenn Sie keine Einschränkung in diesem Feld vornehmen, werden Ihnen alle Kompetenzen und Hilfsmittel angezeigt.

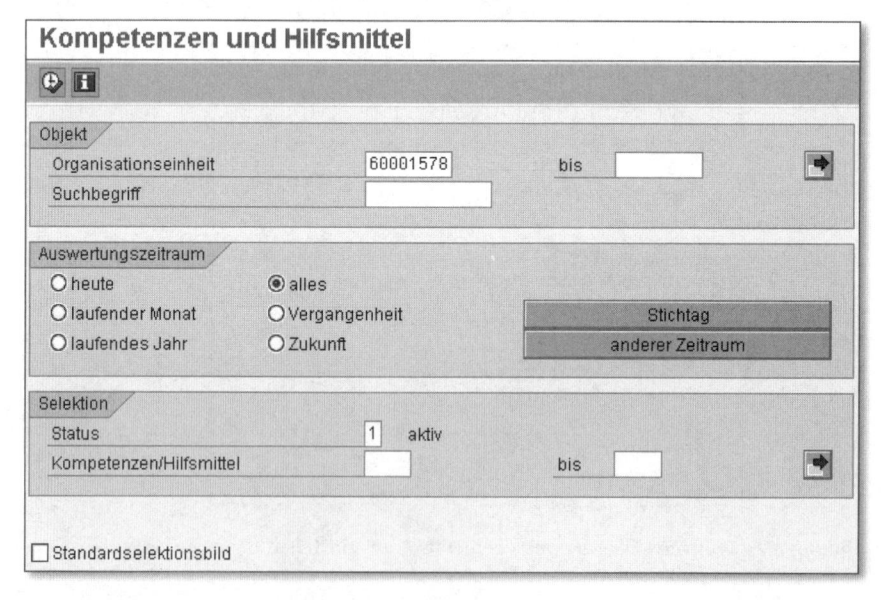

**Abbildung 4.22** Report RHXHFMT0 (Kompetenzen und Hilfsmittel) – Selektionsbild

Als Ergebnis werden Ihnen die ausgewählten Organisationseinheiten mit den ihnen untergeordneten Planstellen (ID und Bezeichnung) und Arbeitsplätzen sowie die den Objekten zugeordneten Kompetenzen/Hilfsmittel angezeigt (siehe Abbildung 4.23).

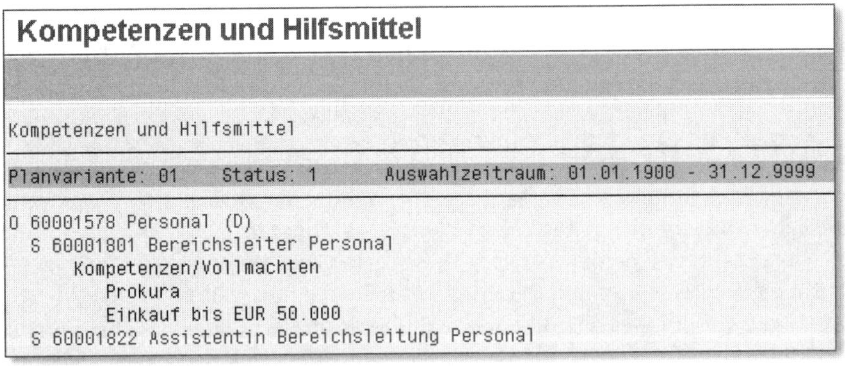

## Ausgewählte Standardinfotypen im Organisationsmanagement | 4.2

```
Kompetenzen und Hilfsmittel

Kompetenzen und Hilfsmittel
Planvariante: 01    Status: 1    Auswahlzeitraum: 01.01.1900 - 31.12.9999
O 60001578 Personal (D)
  S 60001801 Bereichsleiter Personal
      Kompetenzen/Vollmachten
        Prokura
        Einkauf bis EUR 50.000
  S 60001822 Assistentin Bereichsleitung Personal
```

**Abbildung 4.23** Report RHXHFMT0 (Kompetenzen und Hilfsmittel) – Ergebnis

### 4.2.8 Infotyp 1011 (Arbeitszeit)

Über den Infotyp 1011 (Arbeitszeit) können Sie Soll-Arbeitszeiten für Organisationseinheiten, Planstellen oder Arbeitsplätze definieren (siehe Abbildung 4.24). Diese Soll-Arbeitszeiten werden dann bei der Neubesetzung einer Planstelle als Vorschlagswerte in den Mitarbeiterstammsatz übernommen. Für die Erfassung des Vorschlagswertes geben Sie in dem Feld STUNDEN PRO MONAT die durchschnittliche Arbeitszeit pro Monat an. Das System passt – nachdem Sie die ⏎-Taste gedrückt haben – die Werte in den andern Feldern des Infotyps (STUNDEN PRO TAG, STUNDEN PRO WOCHE, STUNDEN PRO JAHR und PROZENTSATZ) automatisch an.

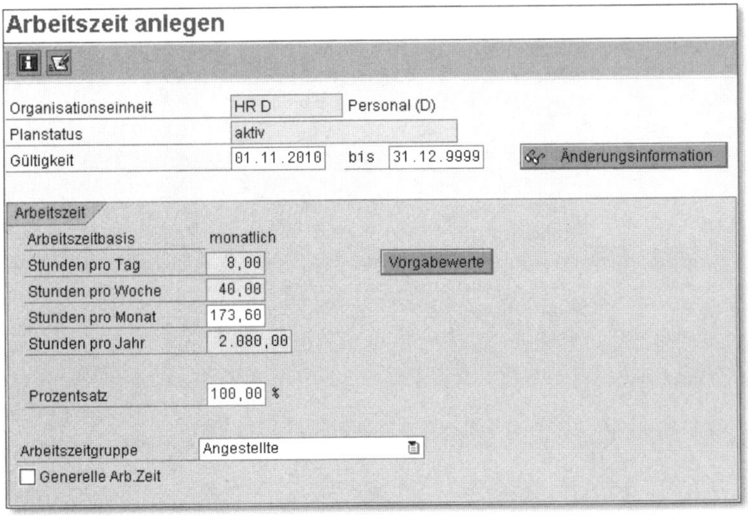

```
Arbeitszeit anlegen

Organisationseinheit   HR D         Personal (D)
Planstatus             aktiv
Gültigkeit             01.11.2010   bis  31.12.9999    Änderungsinformation

Arbeitszeit
  Arbeitszeitbasis     monatlich
  Stunden pro Tag      8,00                 Vorgabewerte
  Stunden pro Woche    40,00
  Stunden pro Monat    173,60
  Stunden pro Jahr     2.080,00

  Prozentsatz          100,00 %

  Arbeitszeitgruppe    Angestellte
  ☐ Generelle Arb.Zeit
```

**Abbildung 4.24** Infotyp 1011 (Arbeitszeit)

Sie können im Customizing den Infotyp aber auch so einstellen, dass die Arbeitszeit in einem der Felder STUNDEN PRO TAG, STUNDEN PRO WOCHE oder STUNDEN PRO JAHR eingegeben werden kann.

> **Empfehlung: Infotyp 1011 an Organisationseinheit pflegen**
>
> Da in einem Unternehmen für verschiedene Mitarbeiter(gruppen) häufig unterschiedliche Arbeitszeiten gelten, empfehle ich, den Infotyp 1011 (Arbeitszeit) an einer Organisationseinheit zu pflegen. Diese Daten werden dann als Vorschlagswerte auf alle untergeordneten Organisationseinheiten und Planstellen vererbt.
>
> Sollte in Ihrem Unternehmen aber unternehmensweit eine einheitliche Arbeitszeit gelten, kann diese Arbeitszeit im Customizing eingestellt werden. Eine Pflege des Infotyps 1011 ist dann nicht mehr notwendig.

Das Customizing einer unternehmensweiten, einheitlichen Soll-Arbeitszeit führen Sie im Einführungsleitfaden (IMG) über den Pfad ORGANISATIONSMANAGEMENT • BETRIEBSWIRTSCHAFTLICHE INFOTYPEINSTELLUNGEN • ARBEITSZEIT • REGELWERTE PFLEGEN oder direkt in der Systemtabelle T77S0 durch.

Beachten Sie, dass die Einträge in der Systemtabelle T77S0, Spalte WERT KÜRZ., zwei Nachkommastellen enthalten. Der Wert »800« bedeutet also 8,00 Stunden pro Tag (siehe Abbildung 4.25).

| Gruppe | sm. Kürzel | Wert Kürz | Beschreibung |
|---|---|---|---|
| WORKT | DAILY | 800 | Durchschnittliche Arbeitszeit pro Tag |
| WORKT | DAYMT | 2170 | Durchschnittliche Arbeitstage pro Monat |
| WORKT | DAYWK | 500 | Durchschnittliche Arbeitstage pro Woche |
| WORKT | DAYYR | 26000 | Durchschnittliche Arbeitstage pro Jahr |
| WORKT | DECNO | 2 | Anzahl Dezimalstellen bei Arbeitszeitvorgabenwert. |
| WORKT | FTEP | X | Wertermittlung für ein Vollzeitäquivalent (FTE) |
| WORKT | FTEQ | | Kontingentplanung in Vollzeitäquivalenten (FTE) |
| WORKT | MAXHR | 2400 | Maximumwerte der Arbeitszeit pro Tag |
| WORKT | MINHR | 100 | Minimumwerte der Arbeitszeit pro Tag |
| WORKT | PATHA | WRKT_AO | Auswertungsweg: Arbeitsplatz / OrgEinheit |
| WORKT | PATHO | WRKT_O | Auswertungsweg: OrgEinheit / OrgEinheit |
| WORKT | PATHS | WRKT_SO | Auswertungsweg: Planstelle / OrgEinheit |
| WORKT | PERCK | M | Art der Arbeitszeit-Prüfung |

**Abbildung 4.25** Regelwerte für die durchschnittliche Arbeitszeit festlegen

In der Systemtabelle T77S0 definieren Sie Regelwerte für die durchschnittliche Arbeitszeit, die dann für das gesamte Unternehmen Gültigkeit haben. Tabelle 4.1 zeigt, welche Einträge in der Tabelle T77S0 möglich sind.

## 4.2 Ausgewählte Standardinfotypen im Organisationsmanagement

| Gruppe | SM. Kürzel | Beschreibung |
|---|---|---|
| WORKT | DAILY | Durchschnittliche Arbeitszeit pro Tag in Stunden |
| WORKT | DAYMT | Durchschnittliche monatliche Arbeitszeit in Tagen |
| WORKT | DAYWK | Wöchentliche Arbeitszeit in Tagen |
| WORKT | DAYYR | Durchschnittliche jährliche Arbeitszeit in Tagen |
| WORKT | PERCK | Berechnungsgrundlage für die Soll-Arbeitszeit<br>D = täglich<br>W = wöchentlich<br>M = monatlich<br>Y = jährlich |
| WORKT | MAXHR | Maximalwert für die tägliche Arbeitszeit. Dieser Wert wird für eine Plausibilitätsprüfung des Infotyps 1011 herangezogen. |
| WORKT | MINHR | Minimalwert für die tägliche Arbeitszeit. Dieser Wert wird für eine Plausibilitätsprüfung des Infotyps 1011 herangezogen. |
| WORKT | PATHA | Auswertungsweg für das Auslesen einer Arbeitszeit für das Objekt Arbeitsplatz |
| WORKT | PATHO | Auswertungsweg für das Auslesen einer Arbeitszeit für das Objekt Organisationseinheit |
| WORKT | PATHS | Auswertungsweg für das Auslesen einer Arbeitszeit für das Objekt Planstelle |

**Tabelle 4.1** Mögliche Einträge in der Tabelle T77S0 (Regelwerte für die durchschnittliche Arbeitszeit)

Um den administrativen Aufwand so gering wie möglich zu halten, können Sie im Customizing auch Arbeitszeitgruppen definieren, die dann als Subtypen im Infotyp 1011 (Arbeitszeit) bereitgestellt werden. Planstellen können so über die zugeordneten *Mitarbeitergruppen/-kreise* – Infotyp 1013 (Mitarbeitergruppe/-kreise) – zu Arbeitszeitgruppen zusammengefasst werden. Die in einer Arbeitszeitgruppe enthaltenen Planstellen erhalten dann automatisch die definierte Arbeitszeit zugeordnet.

Wenn z. B. die an einer Organisationseinheit definierten Arbeitszeiten über das Vererbungsprinzip an die zugeordneten Planstellen weitergegeben werden sollen, können Sie dies durch die Definition von Arbeitszeitgruppen erreichen. In der Arbeitszeitgruppe definieren Sie, dass für eine bestimmte

Mitarbeitergruppe bzw. einen bestimmten Mitarbeiterkreis bestimmte Arbeitszeiten den Planstellen zugeordnet werden. Bitte beachten Sie dabei, dass an den Planstellen der Infotyp 1013 (Mitarbeitergruppe/-kreis) gepflegt sein muss.

> **Beispiel: Arbeitszeiten bei unterschiedlichen Mitarbeiterkreisen**
>
> Alle einer Organisationseinheit untergeordneten Planstellen gehören einer Mitarbeitergruppe, aber unterschiedlichen Mitarbeiterkreisen an. Über den Infotyp 1011 (Arbeitszeit) und die darin enthaltenen Subtypen/Arbeitszeitgruppen können diesen unterschiedlichen Mitarbeiterkreisen die spezifischen Arbeitszeiten zugeordnet werden.

Die Zuordnung einer Arbeitszeitgruppe zu Mitarbeitergruppen/-kreisen führen Sie im Customizing über den Pfad ORGANISATIONSMANAGEMENT • BETRIEBSWIRTSCHAFTLICHE INFOTYPEINSTELLUNGEN • ARBEITSZEIT • ARBEITSZEITGRUPPEN PFLEGEN durch (siehe Abbildung 4.26). In der Customizing-Tabelle kombinieren Sie eine Mitarbeitergruppe mit einem Mitarbeiterkreis und ordnen diese Kombination einer Arbeitszeitgruppe zu.

**Sicht "Zuordnung Mitarbeitergruppen/-kreise zu Arbeitszeitgruppen"**

| MAGrp | Mitarbeitergruppe | MAKrs | Mitarbeiterkreis | Aztg | Arbeitszeitgruppe |
|---|---|---|---|---|---|
| * | Alle Personengruppen | ** | Alle Personenkreise | ALL | alle Arbeitszeitgruppen |
| 1 | Aktive MA Tarif | 10 | Vorstand/Geschäftsfü | 0002 | Arbeiter |
| 1 | Aktive MA Tarif | 11 |  | 0002 | Arbeiter |
| 1 | Aktive MA Tarif | 20 | Leitende Vollzeit | 0002 | Arbeiter |
| 1 | Aktive MA Tarif | 30 | Verw. VZ angestellt | 0001 | Angestellte |
| 1 | Aktive MA Tarif | 32 |  | 0001 | Angestellte |
| 1 | Aktive MA Tarif | 35 | Verw. TZ angestellt | 0001 | Angestellte |
| 1 | Aktive MA Tarif | 36 | Verw. Angest. Std. | 0001 | Angestellte |
| 1 | Aktive MA Tarif | 39 | Verw. Aush. Ang.Std. | 0001 | Angestellte |
| 1 | Aktive MA Tarif | 40 | Markt VZ angestellt | 0001 | Angestellte |
| 1 | Aktive MA Tarif | 45 | Markt TZ angestellt | 0001 | Angestellte |
| 1 | Aktive MA Tarif | 49 | Markt Aush. Ang.Std. | 0001 | Angestellte |
| 1 | Aktive MA Tarif | 50 | Gewerbl. Vollzeit | 0001 | Angestellte |
| 1 | Aktive MA Tarif | 55 | Gewerbl. Teilzeit | 0001 | Angestellte |
| 1 | Aktive MA Tarif | 59 | Gewerbl. Aush. Std. | 0001 | Angestellte |
| 1 | Aktive MA Tarif | 60 |  | 0001 | Angestellte |
| 1 | Aktive MA Tarif | 70 | Outbound | 0001 | Angestellte |
| 1 | Aktive MA Tarif | 71 | Inbound | 0001 | Angestellte |
| 1 | Aktive MA Tarif | 80 | Azubi kaufm. | 0001 | Angestellte |
| 1 | Aktive MA Tarif | 90 | Stud./Schüler/gew | 0001 | Angestellte |
| 1 | Aktive MA Tarif | A0 | Rentner/-in | 0001 | Angestellte |
| 1 | Aktive MA Tarif | B0 | externe Mitarbeiter | 0001 | Angestellte |
| 1 | Aktive MA Tarif | DW | Externe Mitarbeiter | 0002 | Arbeiter |

**Abbildung 4.26** Zuordnung von Mitarbeitergruppen/-kreisen zu Arbeitszeitgruppen

Neue Arbeitszeitgruppen können Sie im Customizing als Subtypen für den Infotyp 1011 anlegen (siehe Abbildung 4.27). Das Customizing der Subtypen erfolgt im Einführungsleitfaden (IMG) über den Pfad ORGANISATIONSMANAGEMENT • GRUNDEINSTELLUNGEN • ERWEITERUNG DATENMODELLIERUNG • INFOTYPPFLEGE • SUBTYPEN PFLEGEN.

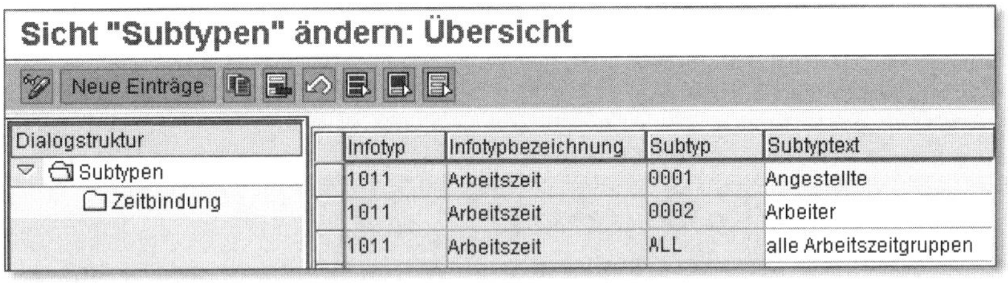

**Sicht "Subtypen" ändern: Übersicht**

| Infotyp | Infotypbezeichnung | Subtyp | Subtyptext |
|---|---|---|---|
| 1011 | Arbeitszeit | 0001 | Angestellte |
| 1011 | Arbeitszeit | 0002 | Arbeiter |
| 1011 | Arbeitszeit | ALL | alle Arbeitszeitgruppen |

**Abbildung 4.27** Subtyp für Infotyp 1011 – neue Arbeitszeitgruppe

Folgende Regeln gelten für das Vererbungsprinzip von Arbeitszeiten auf Planstellen:

▶ Wenn für eine Planstelle der Infotyp 1011 (Arbeitszeit) gepflegt ist, gilt die dort gepflegte Arbeitszeit.

▶ Wenn für eine Planstelle weder der Infotyp 1011 (Arbeitszeit) noch der Infotyp 1013 (Mitarbeitergruppe/-kreis) gepflegt ist, wird die Arbeitszeit aus dem Infotyp 1011 einer übergeordneten Organisationseinheit auf die Planstelle vererbt. Wenn an einer übergeordneten Organisationseinheit ebenfalls kein Infotyp 1011 (Arbeitszeit) gepflegt ist, gilt die im Customizing hinterlegte Arbeitszeit.

▶ Für eine Planstelle ist kein Infotyp 1011 (Arbeitszeit) gepflegt, aber ein Infotyp 1013 (Mitarbeitergruppe/-kreis), über den diese Planstelle einer Mitarbeitergruppe und einem Mitarbeiterkreis zugeordnet ist. Ist diese Kombination aus Mitarbeitergruppe und -kreis einer Arbeitszeitgruppe zugeordnet, wird die dort zugeordnete Arbeitszeit auf die Planstelle vererbt.

▶ Für eine Planstelle ist kein Infotyp 1011 (Arbeitszeit) gepflegt, aber ein Infotyp 1013 (Mitarbeitergruppe/-kreis), über den diese Planstelle einer Mitarbeitergruppe und einem Mitarbeiterkreis zugeordnet ist. Ist diese Kombination aus Mitarbeitergruppe und -kreis aber *keiner* Arbeitszeitgruppe zugeordnet, wird die Arbeitszeit des Subtyps ALL oder die Arbeitszeit einer übergeordneten Organisationseinheit auf die Planstelle vererbt. Wenn keine Arbeitszeit an einer übergeordneten Organisationseinheit gefunden wird, gilt die im Customizing hinterlegte Arbeitszeit.

Für die Auswertung von Arbeitszeiten steht der folgende Standardreport zur Verfügung:

- **RHXSBES0/RHSBES00 (Besetzungsplan)**
  - Mit diesem Report können Sie Arbeitszeiten auswerten. Als Ergebnis werden Ihnen die Ist-Arbeitszeit, die Soll-Arbeitszeit sowie weitere Informationen wie z. B. die Planstelle, der Planstelleninhaber und der Besetzungsstatus der Planstelle zum definierten Auswertungszeitraum angezeigt.

### 4.2.9 Infotyp 1015 (Kostenplanung)

Im Infotyp 1015 können Sie Informationen zu Lohnbestandteilen ablegen, die für die Personalkostenplanung relevant sind, aber nur dann, wenn die Kostenplanung über Soll-Bezüge erstellt wird. Diese Lohnbestandteile werden in der Personalkostenplanung von SAP ERP HCM *Kostenbestandteile* genannt. Lohnbestandteile sind z. B. Tarifgehälter, Bonuszahlungen, Abfindungszahlungen oder Arbeitgeberanteile zu Sozialversicherungsbeiträgen.

Bei der Anlage des Infotyps 1015 (Kostenplanung) müssen Sie sich für einen Subtyp in dem Feld ALTERNATIVE BEW. (Alternative Bewertung der Lohnbestandteile) entscheiden. Diese Subtypen stehen für unternehmensspezifische Kategorien im Personalkostenplanungsprozess. Beispiele für die unterschiedlichen Kategorien sind die Ist-Bewertung oder die Durchschnittsbildung.

Zu jedem Lohnbestandteil, den Sie im Infotyp 1015 erfassen, müssen Sie folgende Angaben machen (siehe Abbildung 4.28):

- Im Feld LOHNBESTANDTEIL müssen Sie den entsprechenden Lohnbestandteil selektieren.
- Im Feld DIR. BEW. legen Sie fest, ob Sie den Vorschlagswert zu dem Lohnbestandteil übernehmen möchten, d. h., ob Sie die Felder BETRAG, WÄHRUNG und/oder ZEIT direkt ausfüllen wollen oder nicht.
- Im Feld BETRAG bestimmen Sie den Betrag, der für diesen Lohnbestandteil gültig ist.
- Im Feld WÄHRUNG legen Sie die Währung, in der der Lohnbestandteil berücksichtigt werden soll, fest.
- Im Feld Z geben Sie an, in welchen Zeitintervallen die im Feld BETRAG angegebenen Kosten anfallen.

Einem Infotypsatz des Infotyps 1015 können maximal sieben Lohnbestandteile zugeordnet werden.

| Kostenplanung anlegen | | | | | | | |
|---|---|---|---|---|---|---|---|
| Stelle | | BL | Bereichsleiter/-in | | | | |
| Planstatus | | aktiv | | | | | |
| Gültigkeit | | 01.01.2011 | bis 31.12.9999 | | Änderungsinformation | | |
| Alternative Bew. | | Normalfall | | | | | |
| Kostenplanung | | | | | | | |
| Lohnbestandteil | Dir.Bew. | Betrag | | Währung | Z | Zeiteinheit | Prozentsatz |
| BASIS3 | ☐ | 44.000,00 | | EUR | 9 | JHR | |
| | ☐ | | | | | | |

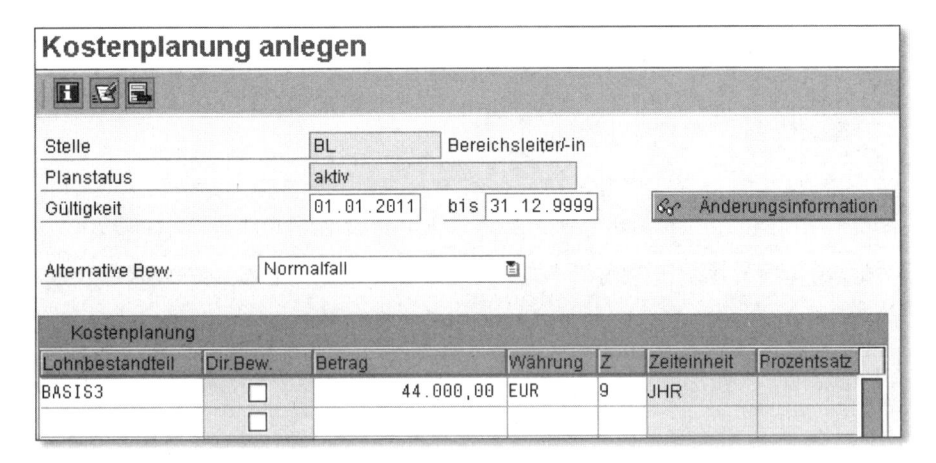

**Abbildung 4.28** Infotyp 1015 (Kostenplanung)

Wenn Ihnen die von SAP bereitgestellten Kategorien nicht zur Abbildung Ihres Personalkostenplanungsprozesses ausreichen, können Sie im Customizing weitere Kategorien als Subtypen für den Infotyp 1015 anlegen (siehe Abbildung 4.29). Das Customizing der neuen Kategorien/Subtypen führen Sie im Einführungsleitfaden (IMG) über den Pfad ORGANISATIONSMANAGEMENT • GRUNDEINSTELLUNGEN • ERWEITERUNG DATENMODELLIERUNG • INFOTYPPFLEGE • SUBTYPEN PFLEGEN durch.

Üblicherweise wird der Infotyp 1015 (Kostenplanung) am Objekt Stelle gepflegt. Die dort gepflegten Daten vererben sich dann auf die zugeordneten Planstellen. Es aber auch möglich, den Infotyp 1015 an einer Organisationseinheit oder am Objekt Arbeitsplatz zu pflegen. Diese Methode wählt man aber nur dann, wenn es sich bei den zu planenden Beträgen um feste Werte handelt, bei denen eine direkte Zuordnung an einzelne Stellen oder Planstellen nicht möglich ist.

Die Definition der Lohnbestandteile erfolgt in der Tabelle T77KL (Lohnbestandteile der Personalkostenplanung).

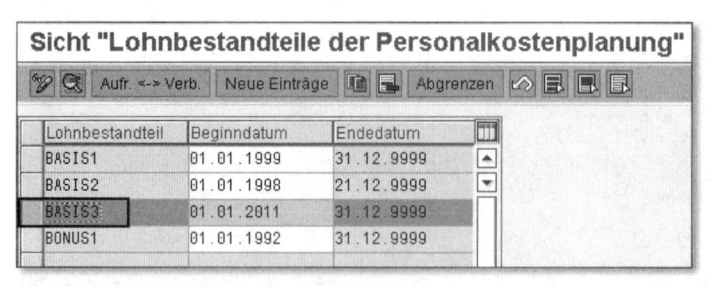

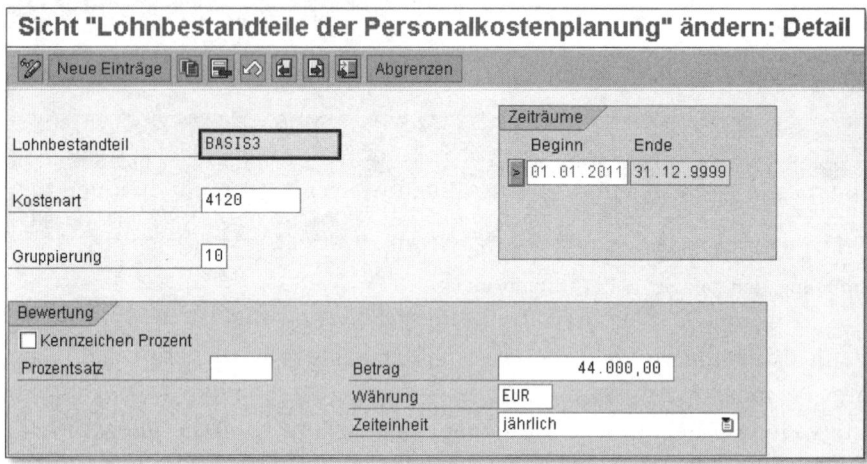

Abbildung 4.29 Pflege der Tabelle T77KL (Kostenarten/Lohnbestandteile)

### 4.2.10 Infotyp 1016 (Standard-Profile)

Über den Infotyp 1016 (Standard-Profile) können Sie den Objekten Organisationseinheit, Stelle, Planstelle und Aufgabe Berechtigungsprofile zuordnen (siehe Abbildung 4.30). Diese Berechtigungsprofile regeln den fachlichen Systemzugriff eines Benutzers, also unabhängig von der Organisationsstruktur, und sind ein wichtiger Bestandteil der Berechtigungsprüfung in Ihrem Unternehmen. Inzwischen wird für die Zuordnung von Organisationsobjekten zu Rollen meistens die Transaktion PFCG (Rollenpflege) eingesetzt. Hierzu finden Sie weitere Informationen in Kapitel 8, »Das Berechtigungs- und Rollenkonzept«, und im Buch »Berechtigungen in SAP ERP HCM« (SAP PRESS, 2008).

Ein Berechtigungsprofil besteht aus einzelnen Berechtigungen, die u. a. steuern, welche Aktivitäten ein Benutzer generell ausführen darf. Diese Berechtigungssteuerung kann bis auf Infotypebene heruntergehen. Im Infotyp 1016 (Standard-Profile) können mehrere Berechtigungsprofile in einem Satz angegeben werden.

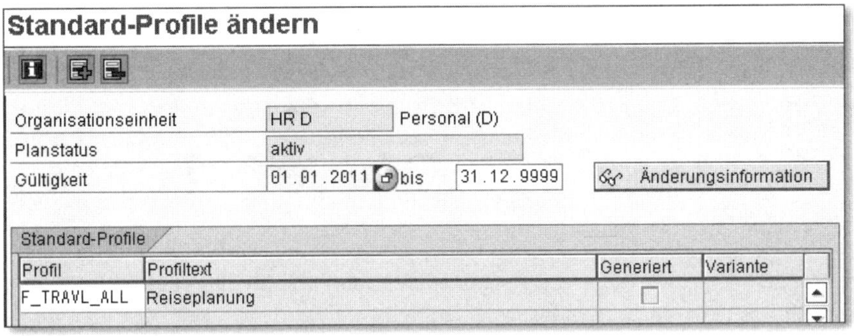

## Ausgewählte Standardinfotypen im Organisationsmanagement | 4.2

| Standard-Profile ändern | | | | |
|---|---|---|---|---|
| Organisationseinheit | HR D | Personal (D) | | |
| Planstatus | aktiv | | | |
| Gültigkeit | 01.01.2011 bis | 31.12.9999 | | Änderungsinformation |

| Standard-Profile | | | |
|---|---|---|---|
| Profil | Profiltext | Generiert | Variante |
| F_TRAVL_ALL | Reiseplanung | ☐ | |

**Abbildung 4.30** Infotyp 1016 (Standard-Profile)

Wenn Sie den Infotyp 1016 (Standard-Profile) an einem Objekt pflegen, müssen die Berechtigungsprofile den SAP-Benutzern nicht mehr individuell zugeordnet werden, da sich die Profile auf die Personen vererben, die mit dem Objekt verknüpft sind.

Für die Generierung von Berechtigungsprofilen für Benutzer stellt SAP den Report RHPROFL0 (Benutzerberechtigungen generieren) bereit.

Er steht Ihnen auch für die Zuordnung von Berechtigungsprofilen zu Benutzern innerhalb einer Aufbauorganisation zur Verfügung. Bei der Zuordnung wird unterschieden zwischen Standardberechtigungsprofilen und Berechtigungsprofilen für strukturelle Berechtigungen.

**Hinweis: Zuordnung von Standardprofilen**

Es ist wichtig, dass Sie sich gut überlegen, auf welcher Objektebene die Standardprofile zugeordnet werden sollen (siehe dazu Tabelle 4.2).

Wenn z. B. die Berechtigungsprofile für alle einer Organisationseinheit zugeordneten Mitarbeiter überwiegend gleich sind, empfehle ich die Zuordnung der Berechtigungsprofile an einer Organisationseinheit. Wenn dann vereinzelt Stellen ergänzende Berechtigungen benötigen, können diese zusätzlich an der Stelle angelegt werden. Wenn die Berechtigungen der zugeordneten Mitarbeiter aber grundsätzlich verschieden sind, empfehle ich eine direkte Zuordnung der Berechtigungsprofile an der Stelle. Beachten Sie, dass diese direkte Zuordnung an einer Stelle nicht die von einer übergeordneten Organisationseinheit vererbten Berechtigungsprofile aufhebt.

Tabelle 4.2 zeigt die verschiedenen Möglichkeiten, die Sie bei der Zuordnung von Standardprofilen haben.

| Profilzuordnung zu Objekt | Ergebnis |
|---|---|
| Aufgaben | Das zugeordnete Berechtigungsprofil wird auf die verknüpften Stellen und Planstellen vererbt. An den Stellen und Planstellen können bei Bedarf zusätzliche Berechtigungsprofile gepflegt werden. Diese zusätzlichen Berechtigungsprofile heben die vererbten Berechtigungsprofile nicht auf. |
| Stellen und Planstellen | An Stellen und Planstellen können bei Bedarf spezifische Berechtigungsprofile zugeordnet werden. Diese Zuordnungen heben die vererbten Berechtigungsprofile eines übergeordneten Organisationsobjekts nicht auf. |
| Organisationseinheiten | Alle zugeordneten Stellen und Planstellen erben die Berechtigungsprofile. Wenn Sie die Integration zur Personaladministration aktiviert haben, vererben sich die Profile auch auf die zugeordneten Mitarbeiter. |

**Tabelle 4.2** Zuordnung von Standardprofilen zu Organisationsobjekten

### 4.2.11 Infotyp 1017 (PD-Profile)

Über den Infotyp 1017 (siehe Abbildung 4.31) werden Benutzern strukturelle Berechtigungsprofile zugeordnet, die zuvor über die Transaktion OOSP (Berechtigungsprofil) gepflegt wurden. Durch den Einsatz des Reports RHPROFL0 (Benutzerberechtigungen generieren) erzeugen Sie für den entsprechenden Benutzer einen Eintrag in der Tabelle T77UA (Benutzerberechtigungen pflegen).

Über strukturelle Berechtigungsprofile steuern Sie, welche Organisationsobjekte durch einen Benutzer innerhalb der Aufbauorganisation angelegt, geändert oder angezeigt werden dürfen.

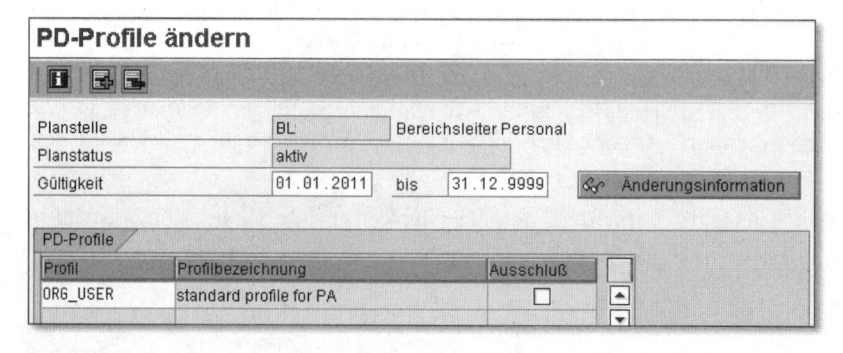

**Abbildung 4.31** Infotyp 1017 (PD-Profile)

Sie können einem PD-Profil eine unbegrenzte Anzahl von Berechtigungen zuordnen. Der Infotyp 1017 (PD-Profile) kann den folgenden Objekten zugeordnet werden:

- Organisationseinheiten
- Stellen
- Planstellen
- Aufgaben

Da die im Infotyp 1017 gepflegten PD-Profile nur den Zugriff auf die Personalplanung garantieren, ist es notwendig, dass Sie zusätzlich über den Infotyp 1016 (Standard-Profile) allgemeine Systemberechtigungen, die z. B. den generellen Systemzugriff (z. B. Berechtigung für die Personaladministration oder die Personalabrechnung) garantieren, zuordnen.

> **Beispiel: Zuordnung von Profilen über die Infotypen 1016 und 1017**
>
> Ein Benutzer mit der Planstelle KOSTENPLANER soll berechtigt werden, für die Personalkostenplanung den Infotyp 1015 (Kostenplanung) am Objekt Stelle zu pflegen.
>
> Um dies zu erreichen, müssen Sie den Infotyp 1016 (Standard-Profile) für die Planstelle KOSTENPLANER pflegen, der den Planstelleninhaber berechtigt, Sätze des Infotyps 1015 (Kostenplanung) anzulegen.
>
> Danach müssen Sie noch einen Infotypsatz PD-Profile für die Planstelle KOSTENPLANER anlegen, der den Planstelleninhaber berechtigt, Stellen zu bearbeiten.

Für eine optimale Datensicherheit sollten Sie sowohl den Infotyp 1017 (PD-Profile) über den Report RHPROFL0 (Benutzerberechtigungen generieren) pflegen als auch die Tabelle T77UA (Benutzerberechtigungen).

Die Tabelle T77UA können Sie direkt aufrufen oder auch über den Einführungsleitfaden (IMG) des Organisationsmanagements unter GRUNDEINSTELLUNGEN • BERECHTIGUNGSVERWALTUNG • STRUKTURELLE BERECHTIGUNG • STRUKTURELLE BERECHTIGUNG ZUORDNEN.

Über die Tabelle T77UA ordnen Sie einem Benutzer strukturelle Berechtigungsprofile zu (siehe Abbildung 4.32). Zusätzlich besteht die Möglichkeit, dass für einen definierten Zeitraum Teile der Organisationsstruktur von der Berechtigungsprüfung ausgeschlossen werden. Dazu müssen Sie in der Zeile des spezifischen Benutzernamens das Kennzeichen AUSSCHLUSS setzen. Wenn Sie das Feld AUSSCHLUSS markieren, erhält der Benutzer Zugang zu allen Objekten des Organisationsmanagements, außer zu den Ausschlussobjekten des ihm zugeordneten Profils.

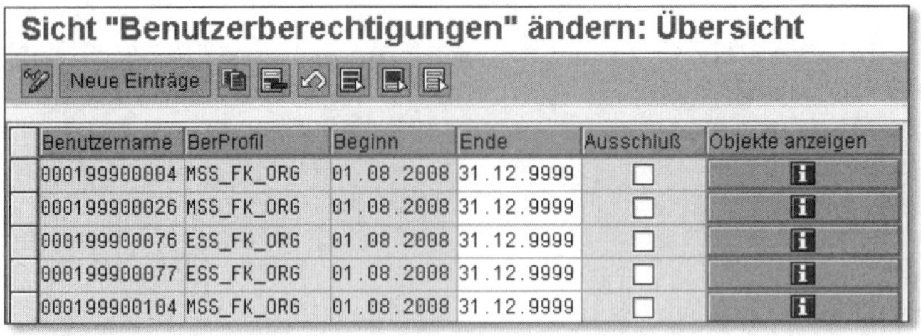

Sicht "Benutzerberechtigungen" ändern: Übersicht

Neue Einträge

| Benutzername | BerProfil | Beginn | Ende | Ausschluß | Objekte anzeigen |
|---|---|---|---|---|---|
| 000199900004 | MSS_FK_ORG | 01.08.2008 | 31.12.9999 | ☐ | i |
| 000199900026 | MSS_FK_ORG | 01.08.2008 | 31.12.9999 | ☐ | i |
| 000199900076 | ESS_FK_ORG | 01.08.2008 | 31.12.9999 | ☐ | i |
| 000199900077 | ESS_FK_ORG | 01.08.2008 | 31.12.9999 | ☐ | i |
| 000199900104 | MSS_FK_ORG | 01.08.2008 | 31.12.9999 | ☐ | i |

**Abbildung 4.32** Tabelle T77UA (Zuordnung von strukturellen Berechtigungsprofilen)

Folgende Aktivitäten sind notwendig, um die Berechtigungsprofile in der Tabelle T77UA zuzuordnen:

1. Über die Funktion NEUE EINTRÄGE wird eine neue Erfassungszeile angezeigt.
2. Im Feld BENUTZERNAME tragen Sie die User-ID des Benutzers ein, dem das strukturelle Profil zugeordnet werden soll.
3. Das Benutzerprofil tragen Sie in das Feld BERPROFIL direkt ein, oder Sie wählen es über die Wertehilfe aus.
4. Definieren Sie einen Gültigkeitszeitraum.
5. Falls gewünscht, markieren Sie das Feld AUSSCHLUSS.

**Hinweis: Kein Eintrag in Tabelle T77UA (Benutzerberechtigungen)**

Wenn in der Tabelle T77UA für den Benutzer kein Eintrag vorhanden ist, erhält er automatisch das Berechtigungsprofil SAP*. Wenn auch dieser Eintrag nicht vorhanden ist, wird die Berechtigung nicht zugeteilt. SAP liefert im Standard für User einen Eintrag SAP* mit dem Profil ALL. Dies führt dazu, dass bei der Einführung von SAP ERP HCM zunächst alle Benutzer eine umfassende strukturelle Berechtigung erhalten, bis den Benutzern entsprechende strukturelle Berechtigungen zugeordnet werden.

### 4.2.12 Infotyp 1018 (Kostenverteilung)

Mit dem Infotyp 1018 (Kostenverteilung) können Sie anfallende Kosten auf mehrere Kostenstellen verteilen (siehe Abbildung 4.33). Wenn dieser Infotyp nicht gepflegt ist, werden anfallende Kosten auf die Stammkostenstelle, die dem Objekt direkt zugeordnet ist oder durch ein übergeordnetes Objekt vererbt wurde, verbucht. Der Infotyp 1018 kann für die Objekte Organisationseinheit, Planstelle und Arbeitsplatz angelegt werden.

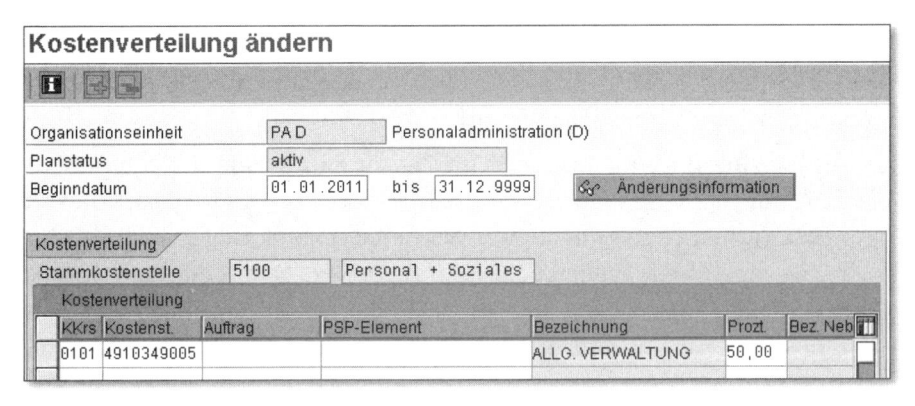

**Abbildung 4.33** Infotyp 1018 (Kostenverteilung)

Bei der Pflege des Infotyps müssen Sie angeben, auf welche Kostenstelle(n) welcher Anteil der anfallenden Kosten (in Prozent) abweichend zur Stammkostenstelle gebucht werden soll. Der verbleibende Anteil der Kosten wird dann auf die Stammkostenstelle gebucht (siehe Abbildung 4.33). Die definierte Kostenverteilung vererbt sich auf untergeordnete Objekte (z. B. Planstellen), wenn dort keine eigene Kostenverteilung im Infotyp 1018 festgelegt wurde.

> **Hinweis: Rückwirkende Kostenverteilung**
>
> Beachten Sie, dass Sie eine Rückrechnung auslösen, wenn Sie in einer schon abgerechneten Abrechnungsperiode bestimmte Stamm- und Zeitdaten, also auch Kostenstellenzuordnungen oder Kostenverteilungen, ändern.

Die im Infotyp 1018 definierte Kostenverteilung ist relevant für die Komponenten Personalkostenplanung und Personalabrechnung.

Damit Kosten eines Mitarbeiters abweichend von der Kostenverteilung im Infotyp 1018 (Kostenverteilung) verbucht werden, können Sie für diesen speziellen Mitarbeiter auch eine Kostenverteilung über den Infotyp 0027 (Kostenverteilung) in der Personaladministration pflegen. In diesem Fall gilt:

- Wenn *ein* Datensatz des Infotyps 0027 (Kostenverteilung) für einen Mitarbeiter in dessen Personalstammsatz angelegt wurde, ist die Kostenverteilung aus diesem Datensatz relevant für die Verbuchung seiner Personalkosten.

- Wenn *kein* Infotyp 0027 (Kostenverteilung) an dem Personalstammsatz des Mitarbeiters angelegt wurde, gelten die Kostenverteilungsregeln, wie sie im Infotyp 1018 (Kostenverteilung) an seiner Planstelle oder an dem für diesen Mitarbeiter gültigen Objekt Arbeitsplatz definiert wurden.

Voraussetzung für diese beiden Regeln ist, dass die Integration zwischen dem Organisationsmanagement und der Personaladministration sowie zur Kostenverteilung im Customizing eingerichtet wurde.

Das Customizing für die Integration erfolgt im Einführungsleitfaden (IMG) über den Pfad ORGANISATIONSMANAGEMENT • INTEGRATION • INTEGRATION ZUR PERSONALADMINISTRATION • INTEGRATION KOSTENVERTEILUNG EINRICHTEN oder direkt über die Systemtabelle T77S0. Mit dem Wert »X« in der Zeile PLOGI (GRUPPE) COSTD (SM. KÜRZ.) aktivieren Sie die Kostenverteilung zwischen dem Organisationsmanagement und der Personaladministration (siehe Abbildung 4.34).

| Gruppe | sm. Kürzel | Wert Kürz. | Beschreibung |
|--------|------------|------------|--------------|
| PLOGI  | COSTD      | X          | Integration Kostenverteilung Personaladm/Orgmanag |

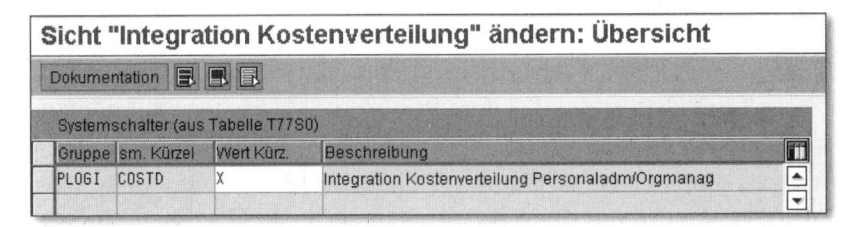

**Abbildung 4.34** Integration der Kostenverteilung in der Systemtabelle aktivieren

### 4.2.13 Infotyp 1028 (Adresse)

Im Infotyp 1028 (Adresse) können Sie Anschriften für Organisationsobjekte erfassen. Die Pflege ist aber grundsätzlich optional, da der Infotyp rein informativen Charakter hat (siehe Abbildung 4.35). Den Infotyp 1028 können Sie im Organisationsmanagement den Objekten Organisationseinheit, Planstelle oder Arbeitsplatz zuordnen.

Für Objekte des Veranstaltungsmanagements kann der Infotyp 1028 ebenfalls angelegt werden. Im Veranstaltungsmanagement können Sie Anschriften von externen Trainern und Teilnehmern (Objekttyp H – EXTERNE PERSON), Trainingsveranstaltern und Trainingsorte pflegen. Wenn Sie z. B. die Anschrift des Veranstaltungsortes im Infotyp 1028 pflegen, kann diese Information für die Veranstaltungskorrespondenz (z. B. Anmeldebestätigungen und Teilnahmebestätigungen) verwendet werden.

Wenn der Infotyp 1028 für Gebäudeanschriften genutzt werden soll, müssen Sie diese Gebäudeadressen zuerst separat im Customizing pflegen.

Neue Gebäudeadressen für Organisationsobjekte wie Arbeitsplätze oder Ressourcen können Sie direkt in der Tabelle T777A (Gebäudeadressen pflegen) anlegen oder alternativ über den Einführungsleitfaden (IMG) ORGANISATI-

## 4.2 Ausgewählte Standardinfotypen im Organisationsmanagement

ONSMANAGEMENT • BETRIEBSWIRTSCHAFTLICHE INFOTYPEINSTELLUNGEN • PRÜFWERTE FÜR GEBÄUDE einstellen (siehe Abbildung 4.36).

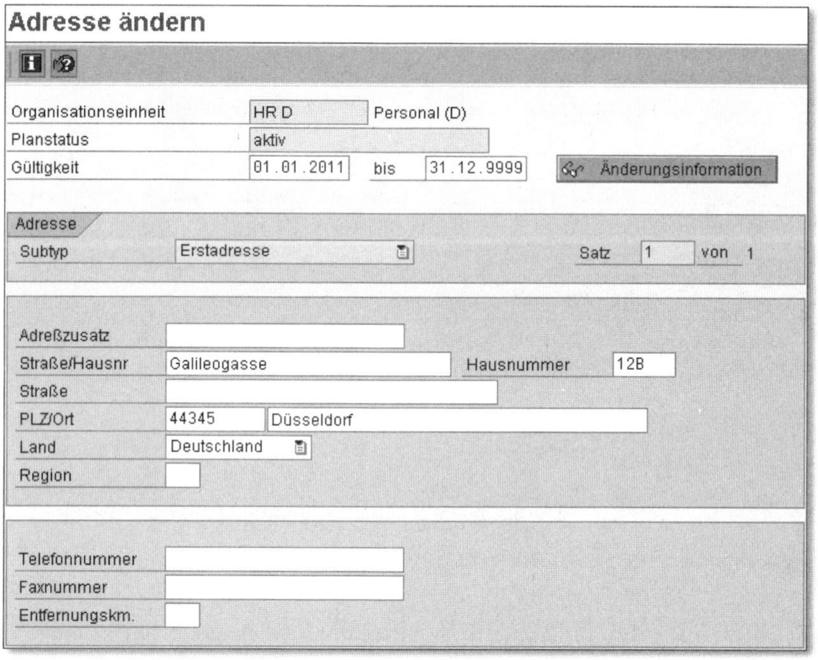

**Abbildung 4.35** Infotyp 1028 (Adresse)

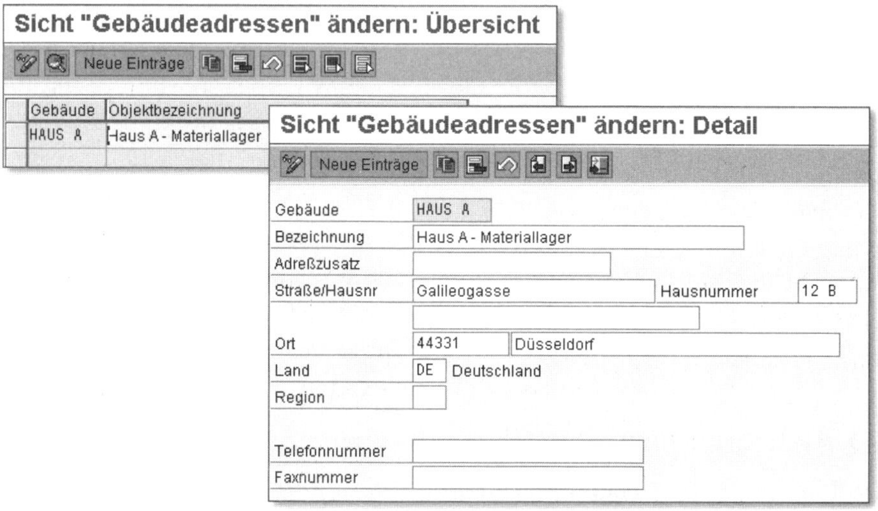

**Abbildung 4.36** Tabelle T777A (Gebäudeadressen pflegen)

### 4.2.14 Infotyp 1032 (Mail-Adresse)

Der Infotyp 1032 (Mail-Adresse) enthält alle Informationen, die für die Sendung von Nachrichten notwendig sind (siehe Abbildung 4.37). Üblicherweise wird der Infotyp 1032 an den Objekten Organisationseinheit, Planstelle oder Externe Person gepflegt. Im Customizing können Sie diese Voreinstellung aber ändern und selbst festlegen, für welche Objekte dieser Infotyp gepflegt werden kann.

![Mail-Adresse anlegen]

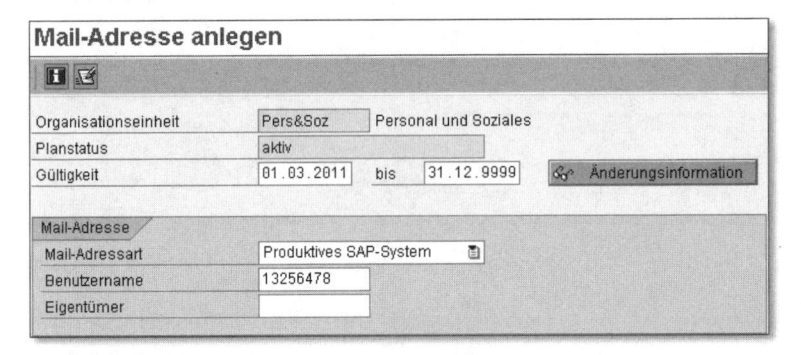

**Abbildung 4.37** Infotyp 1032 (Mail-Adresse)

Wenn Sie diesen Infotyp nutzen, müssen Sie folgende Angaben machen:

- **Mail-Adressart**
  Derzeit können Sie nur das SAP-Mail-System auswählen, da SAP bisher keine weiteren Mailsysteme unterstützt.

- **Benutzername**
  In dieses Feld tragen Sie die Benutzer-ID des Mitarbeiters ein, der für die Mail-Koordination innerhalb der Organisationseinheit zuständig ist, bzw. die Benutzer-ID des Planstelleninhabers oder des externen Mitarbeiters.

- **Eigentümer**
  In dieses Feld tragen Sie die Benutzer-ID der Person ein, die die Verteilerlisten für das Mail-System für Organisationseinheiten oder Arbeitsplätze angelegt hat. Wenn der Infotyp 1032 einer Planstelle oder einer externen Person zugeordnet ist, wird das Feld nicht genutzt.

### 4.2.15 Infotyp 1050 (Stellenbewertungsergebnis)

Im Infotyp 1050 (Stellenbewertungsergebnis) werden die Ergebnisse aus Stellenbewertungen der Stellen und Planstellen erfasst (siehe Abbildung 4.38). Diese Daten werden im Vergütungsmanagement benötigt.

## 4.2 Ausgewählte Standardinfotypen im Organisationsmanagement

**Abbildung 4.38** Infotyp 1050 (Stellenbewertungsergebnis)

Der Infotyp 1050 ist in Subtypen unterteilt, die Sie über das Feld BEWERTUNGSMETHODE auswählen können. Als Subtypen können Sie im Customizing unterschiedliche Stellenbewertungssysteme definieren, in denen Sie dann die verschiedenen Ergebnisse der Stellenbewertung speichern können (siehe Abbildung 4.39). Die entsprechende Tabelle finden Sie im Einführungsleitfaden (IMG) unter VERGÜTUNGSMANAGEMENT • MONETÄRE STELLENBEWERTUNG • STELLENBEWERTUNGSDATEN • STELLENBEWERTUNGSMETHODEN DEFINIEREN.

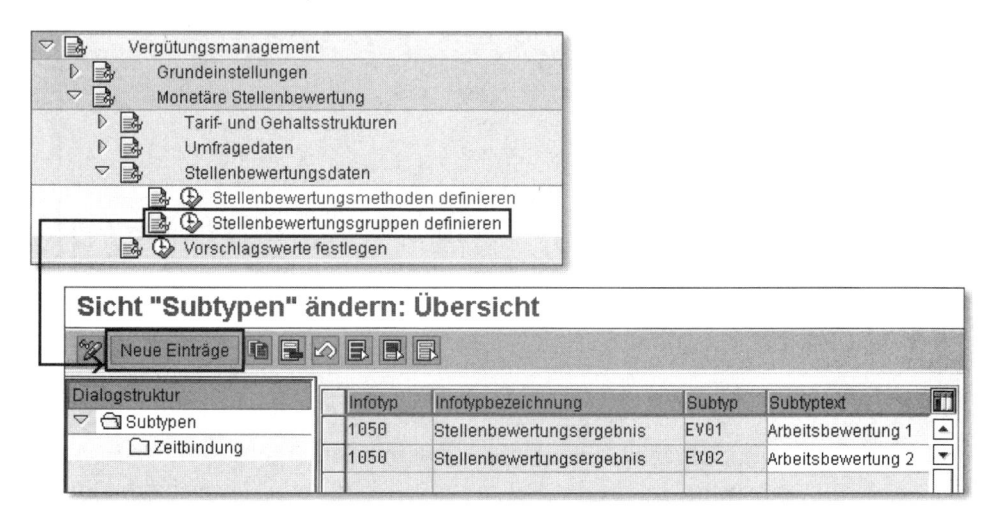

**Abbildung 4.39** Stellenbewertungsmethoden definieren

In dem Feld BEWERTUNGSPUNKTE geben Sie die Punkte an, die als Ergebnis in der Stellenbewertung festgelegt wurden. Jede Stelle bzw. Planstelle erhält eine bestimmte Anzahl von Bewertungspunkten, die abhängig von der Art der Stelle bzw. Planstelle festgelegt werden. So erhält z. B. ein Bereichsleiter 200 Punkte, während ein Trainee 100 Punkte erhält.

In dem Feld BEWERTUNGSGRUPPE können Sie Stellenbewertungsergebnisse als Gruppen speichern. In einer Bewertungsgruppe können Sie Stellen zusammenfassen, die einen ähnlichen Wert haben (z. B. Trainee-Stellen und Ausbildungsplätze). Im Customizing können Sie eigene Stellenbewertungsgruppen definieren (siehe Abbildung 4.40). Das entsprechende Customizing führen Sie im Einführungsleitfaden (IMG) unter PERSONALMANAGEMENT • VERGÜTUNGSMANAGEMENT • MONETÄRE STELLENBEWERTUNG • STELLENBEWERTUNGSDATEN • STELLENBEWERTUNGSGRUPPEN DEFINIEREN durch.

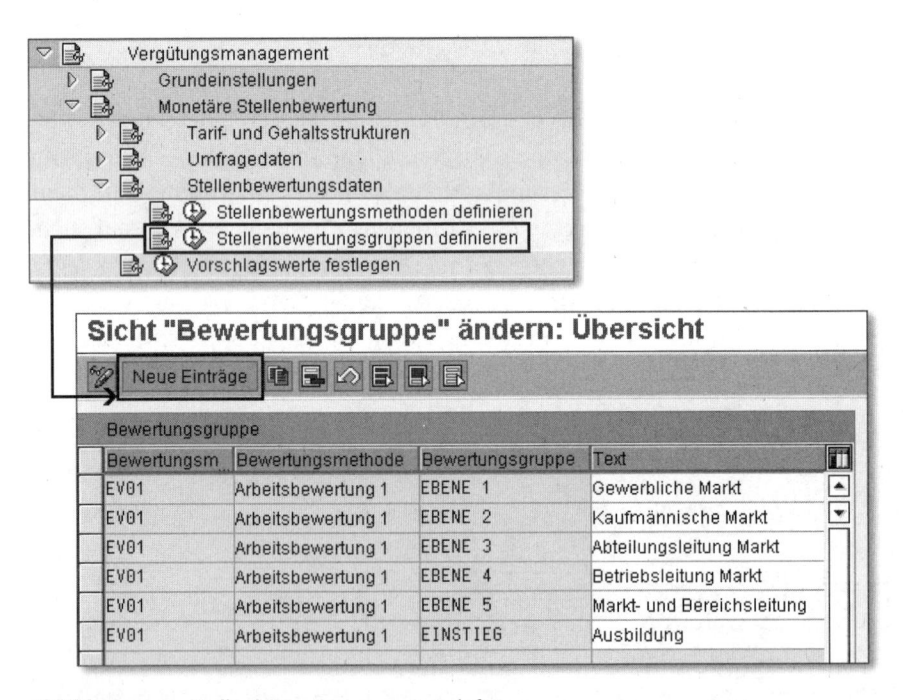

**Abbildung 4.40** Stellenbewertungsgruppen definieren

Wenn Sie sich mit der Vergütung der Stellen auf Marktvergleiche beziehen möchten, vergleichen Sie diese Stellen z. B. mit den Ergebnissen eines Marktforschungsinstituts. Damit Sie diesen Vergleich für eine Auswahl von Stellen durchführen können, müssen Sie Benchmarkstellen festlegen. Dafür markieren Sie das Feld BENCHMARKSTELLE (siehe Abbildung 4.38). Für den Vergleich werden dann nur diese Benchmarkstellen herangezogen.

### 4.2.16 Infotyp 1051 (Umfrageergebnisse)

Im Infotyp 1051 (Umfrageergebnisse) werden die Ergebnisse aus Gehaltsumfragen (z. B. durchschnittliches Grundgehalt oder durchschnittlicher Bonus/Sonderzahlungen) erfasst, damit diese Beträge mit Bezügen aus ähnlichen Unternehmen verglichen werden können (siehe Abbildung 4.41). Die im Infotyp 1051 enthaltenen Informationen sind für das Vergütungsmanagement relevant.

Der Infotyp 1051 steht für Stellen und Planstellen zur Verfügung und ist in Subtypen unterteilt, in denen die Ergebnisse aus den unterschiedlichen Umfragetypen gespeichert werden. Somit kann der monetäre Wert einer Stelle oder Planstelle in der gewünschten Währung ermittelt werden.

Sie haben z. B. die Möglichkeit, Subtypen für den Vergleich des eigenen Unternehmens mit einem anderen Unternehmen nach folgenden Kriterien anzulegen:

- in der gleichen oder einer ähnlichen Branche
- im selben geografischen Bereich
- in vergleichbarer Größe

Im Feld STELLE AUS UMFRAGE wählen Sie die Planstelle aus, die mit den Angaben eines Marktforschungsinstituts zur Vergütung der Stelle verglichen werden soll. Die hier enthaltenen Stellen müssen zuvor im Customizing des Vergütungsmanagements mit den für den Vergleich relevanten Vergütungsbestandteilen angelegt sein (siehe Abbildung 4.41).

Das Feld STICHTAG FÜR ANZEIGE zeigt den Stichtag an, an dem das System die Gehaltsumfragedaten für die Stelle bzw. Planstelle abrufen soll.

Im Anzeigeblock ERGEBNIS werden dann die für die Stelle bzw. Planstelle durchschnittlichen Vergütungsinformationen angezeigt.

Das Customizing für den Infotyp 1051 führen Sie im Einführungsleitfaden (IMG) unter PERSONALMANAGEMENT • VERGÜTUNGSMANAGEMENT • MONETÄRE STELLENBEWERTUNG • UMFRAGEDATEN • ERGEBNISSE AUS GEHALTSUMFRAGEN DEFINIEREN durch (siehe Abbildung 4.42).

**4** | Infotypen im Organisationsmanagement

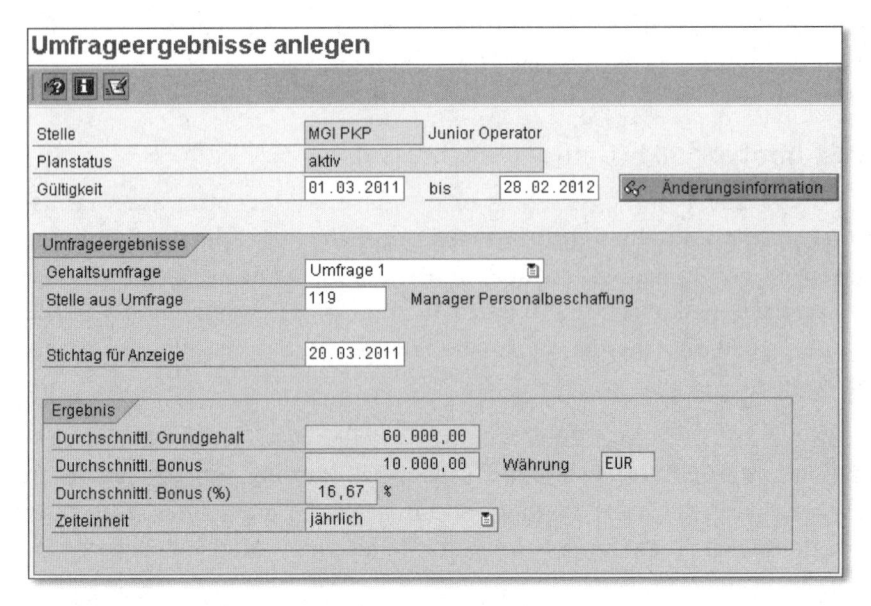

| Umfrageergebnisse anlegen | | | |
|---|---|---|---|
| Stelle | MGI PKP | Junior Operator | |
| Planstatus | aktiv | | |
| Gültigkeit | 01.03.2011 | bis 28.02.2012 | Änderungsinformation |
| **Umfrageergebnisse** | | | |
| Gehaltsumfrage | Umfrage 1 | | |
| Stelle aus Umfrage | 119 | Manager Personalbeschaffung | |
| Stichtag für Anzeige | 20.03.2011 | | |
| **Ergebnis** | | | |
| Durchschnittl. Grundgehalt | 60.000,00 | | |
| Durchschnittl. Bonus | 10.000,00 | Währung | EUR |
| Durchschnittl. Bonus (%) | 16,67 % | | |
| Zeiteinheit | jährlich | | |

**Abbildung 4.41** Infotyp 1051 (Umfrageergebnisse)

**Sicht "Umfragedaten" ändern: Übersicht**

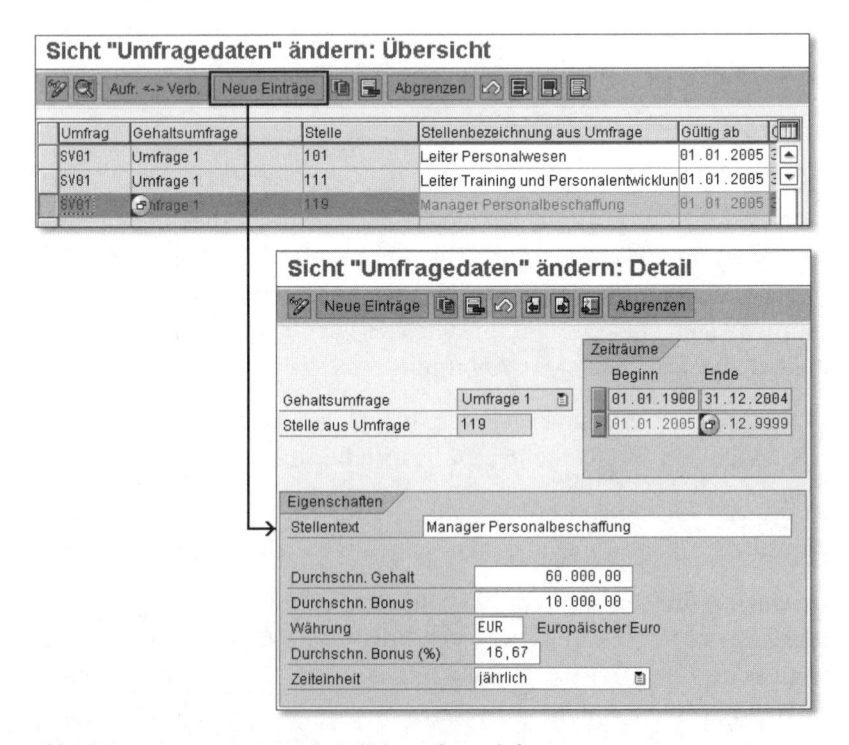

| Umfrag | Gehaltsumfrage | Stelle | Stellenbezeichnung aus Umfrage | Gültig ab |
|---|---|---|---|---|
| SV01 | Umfrage 1 | 101 | Leiter Personalwesen | 01.01.2005 |
| SV01 | Umfrage 1 | 111 | Leiter Training und Personalentwicklun | 01.01.2005 |
| SV01 | Umfrage 1 | 119 | Manager Personalbeschaffung | 01.01.2005 |

**Sicht "Umfragedaten" ändern: Detail**

| | | Zeiträume | |
|---|---|---|---|
| | | Beginn | Ende |
| Gehaltsumfrage | Umfrage 1 | 01.01.1900 | 31.12.2004 |
| Stelle aus Umfrage | 119 | 01.01.2005 | 31.12.9999 |

**Eigenschaften**

| Stellentext | Manager Personalbeschaffung | |
|---|---|---|
| Durchschn. Gehalt | 60.000,00 | |
| Durchschn. Bonus | 10.000,00 | |
| Währung | EUR | Europäischer Euro |
| Durchschn. Bonus (%) | 16,67 | |
| Zeiteinheit | jährlich | |

**Abbildung 4.42** Ergebnisse aus Gehaltsumfrage definieren

Bevor Sie diesen Customizing-Schritt durchführen, müssen Sie im Customizing die Gehaltsumfragen definieren, an denen Ihr Unternehmen teilnimmt (siehe Abbildung 4.43). Dies führen Sie unter PERSONALMANAGEMENT • VERGÜTUNGSMANAGEMENT • MONETÄRE STELLENBEWERTUNG • UMFRAGEDATEN • GEHALTSUMFRAGEN DEFINIEREN durch.

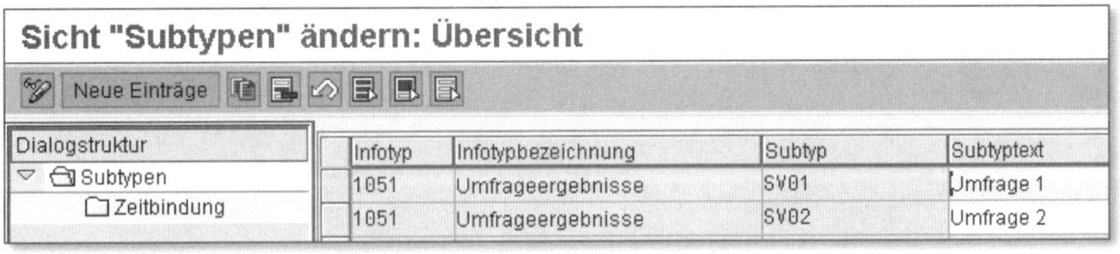
Sicht "Subtypen" ändern: Übersicht
Neue Einträge
Dialogstruktur
Subtypen
Zeitbindung
Infotyp
Infotypbezeichnung
Subtyp
Subtyptext
1051
Umfrageergebnisse
SV01
Umfrage 1
1051
Umfrageergebnisse
SV02
Umfrage 2

**Abbildung 4.43** Gehaltsumfrage definieren

### 4.2.17 Infotyp 1208 (SAP-Organisationsobjekt)

Im Infotyp 1208 (SAP-Organisationsobjekt) können Verknüpfungen zwischen SAP-Organisationsobjekten und Objekten aus dem Organisationsmanagement gepflegt werden. Diese Verknüpfungen sind nur von Bedeutung, wenn Sie SAP Business Workflows in Ihrem Unternehmen einsetzen. Bei diesen Workflows werden Rollen genutzt, um Bearbeiter für die einzelnen Aufgaben zu ermitteln. Sie können eine bestimmte Aufgabe (z. B. Versendung von Infoschreiben) auf bestimmte Mitarbeiter innerhalb der Organisationseinheit (z. B. eine bestimmte Vertriebslinie) einschränken. Dazu verknüpfen Sie die Planstelle des zuständigen Sachbearbeiters (in Abbildung 4.44 ist es die Planstelle SEKR) mit dem entsprechenden Organisationsobjekt (in Abbildung 4.44 ist es das Organisationsobjekt BUS0006).

Der Infotyp 1208 wird üblicherweise an einer Organisationseinheit angelegt. Es ist aber auch möglich, diesen Infotyp für die Objekte Planstelle und Arbeitsplatz zu pflegen.

Ein SAP-Organisationsobjekt muss im Business Object Repository (BOR) angelegt sein. Beim Business Object Repository handelt es sich um ein mandantenübergreifendes Verzeichnis aller Objekttypen. Diese SAP-Objekttypen können dann im Infotyp 1028 (SAP-Organisationsobjekt) ausgewählt werden. Alle anderen Felder in dem Infotyp werden lediglich angezeigt, können aber nicht bearbeitet werden.

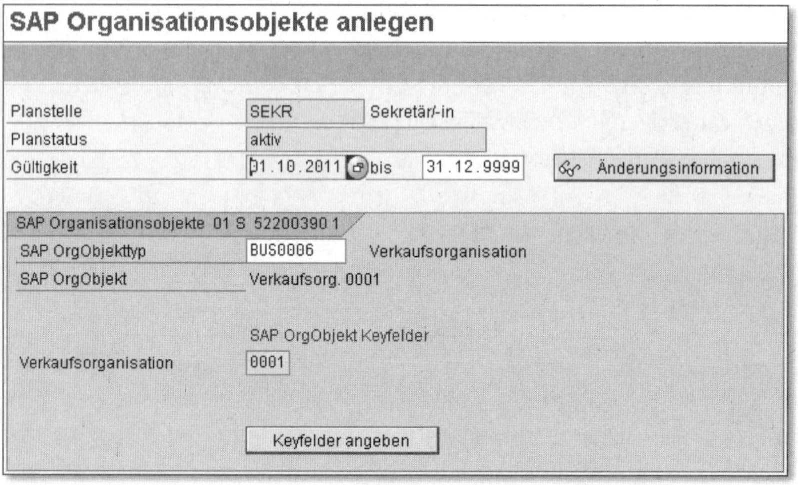

**Abbildung 4.44** Infotyp 1208 (SAP-Organisationsobjekt)

Folgende Aktivitäten sind notwendig, um ein SAP-Organisationsobjekt im Infotyp 1208 zuzuordnen:

1. Sie müssen einen Gültigkeitszeitraum festlegen.

2. Im Feld SAP ORGOBJEKTTYP müssen Sie das SAP-Organisationsobjekt auswählen.

3. Über den Button KEYFELDER ANGEBEN wählen Sie den Schlüssel für das Organisationsobjekt aus.

4. Als letzten Schritt sichern Sie den Infotyp.

Grundsätzlich empfehle ich Ihnen die Zuordnung der SAP-Organisationsobjekte direkt über den Infotyp 1208 (SAP-Organisationsobjekte) in der Detailpflege. Idealerweise nutzen Sie dafür die Zuordnung über das Menü des Business Workflows. Das Menü des Business Workflows erreichen Sie über folgenden Pfad im SAP Easy Access-Menü: WERKZEUGE • BUSINESS WORKFLOW • ENTWICKLUNG • DEFINITIONSWERKZEUGE • ORGANISATIONSMANAGEMENT • SAP ORGOBJEKTE • ZUORDNUNGEN ANLEGEN. Hier können Sie die Zuordnungen direkt an der Organisationseinheit, der Planstelle oder dem Arbeitsplatz vornehmen (siehe Abbildung 4.45):

1. Dazu selektieren Sie zuerst die Organisationseinheit und legen den Auswahlzeitraum fest.

2. Im Feld ORGANISATIONSOBJEKTTYP wählen Sie einen bestimmten Organisationsobjektyp aus. In dem Beispiel aus Abbildung 4.45 ist dies BUS0005.

Alternativ können Sie auch den Radiobutton ALLE ORGANISATIONSOBJEKTTYPEN markieren, wenn Sie nicht nur auf einen Organisationsobjekttyp einschränken möchten.

3. Über die ⏎-Taste oder den Button ÄNDERN gelangen Sie auf das Bild ZUORDNUNG ÄNDERN.

4. Über den Button ANLEGEN können Sie dann ein Organisationsobjekt an einer Organisationseinheit oder an den untergeordneten Planstellen bzw. Arbeitsplätzen zuordnen.

**Abbildung 4.45** Zuordnung von SAP-Organisationsobjekten über das Menü des Business Workflows

## 4.3 Subtypen im Organisationsmanagement

Einige Infotypen im Organisationsmanagement können – wie schon in Abschnitt 4.1, »Grundlagen des Infotyp-Managements«, erwähnt – in Subtypen untergliedert werden. Dies ist dann notwendig, wenn die Feldinhalte unterschiedliche fachliche Schwerpunkte haben. Ein Beispiel sehen Sie in Abbildung 4.46. Der Infotyp 1028 (Adresse) ist unterteilt in die Subtypen Erstadresse, Lieferadresse, Zweitadresse und Rechnungsanschrift.

Das Customizing der eigenen Subtypen nehmen Sie über den Einführungsleitfaden (IMG) ORGANISATIONSMANAGEMENT • ERWEITERUNG DATENMODELLIERUNG • INFOTYPPFLEGE • SUBTYPEN PFLEGEN oder direkt über die Transaktion OOSU vor.

# 4 | Infotypen im Organisationsmanagement

| Infotyp | Infotypbezeichnung | Subtyp | Subtyptext |
|---|---|---|---|
| 1028 | Adresse | | Erstadresse |
| 1028 | Adresse | 0001 | Lieferadresse |
| 1028 | Adresse | 0002 | Zweitadresse |
| 1028 | Adresse | 9050 | Rechnungsanschrift |
| 1032 | Mail-Adresse | 0001 | SAP1 |
| 1032 | Mail-Adresse | 0002 | SAP2 |
| 1032 | Mail-Adresse | 0010 | Internet Mail |
| 1032 | Mail-Adresse | SAP | Produktives SAP-System |

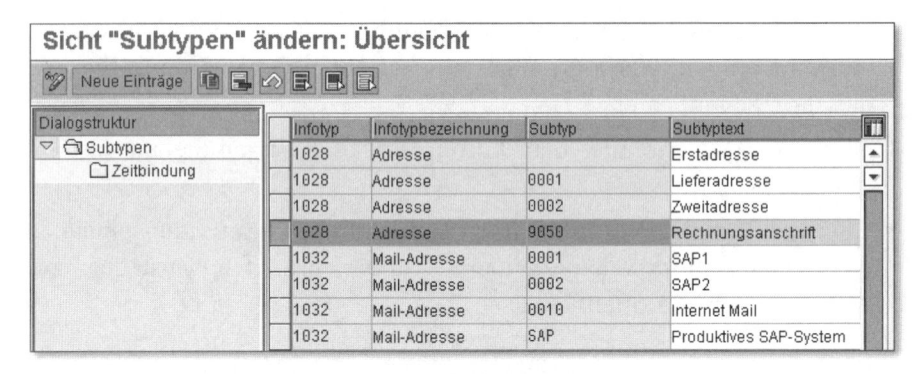

**Abbildung 4.46** Subtyp im Customizing anlegen

SAP stellt für die Anlage eigener Subtypen den numerischen Namensraum 9000–9999 bereit. Sie können eigene Subtypen sowohl für Standardinfotypen als auch für eigene Infotypen anlegen. Beachten Sie bitte, dass Sie für jeden einzelnen Subtyp die Zeitbindung im Customizing festlegen müssen. Die Zeitbindung definieren Sie auch in der Customizing-Tabelle, in der Sie die Subtypen angelegt haben (siehe Abbildung 4.47).

| Objekttyp | ITyp | Infotypbezeichnung | STyp | Subtyptext | Zeitbindg. |
|---|---|---|---|---|---|
| * | 1001 | Verknüpfungen | | | 2 |
| * | 1001 | Verknüpfungen | A003 | gehört zu | 3 |
| * | 1001 | Verknüpfungen | A030 | ist Spezialisierung von | 2 |
| * | 1001 | Verknüpfungen | A031 | benötigt | 3 |
| * | 1001 | Verknüpfungen | A032 | erfüllt | 3 |
| * | 1001 | Verknüpfungen | A033 | ist vorgesehen für | 3 |
| * | 1001 | Verknüpfungen | A038 | besitzt Potential für | 3 |
| * | 1001 | Verknüpfungen | A042 | Interessen und Wünsche | 3 |

**Abbildung 4.47** Zeitbindung für Subtypen festlegen

Folgende Aktivitäten sind notwendig, um eigene Subtypen zu einem spezifischen Infotyp anzulegen:

1. Starten Sie das Customizing im Einführungsleitfaden (IMG) über den Pfad ORGANISATIONSMANAGEMENT • ERWEITERUNG DATENMODELLIERUNG • INFOTYPPFLEGE • SUBTYPEN PFLEGEN oder direkt über die Transaktion OOSU.

2. Über die Funktion NEUE EINTRÄGE oder KOPIEREN ALS legen Sie einen neuen Subtyp an.

3. In der Detailsicht des neuen Subtyps müssen Sie folgende Angaben machen bzw. Aktivitäten durchführen:

- Sie müssen den Infotyp auswählen, für den der Subtyp angelegt werden soll.
- Sie legen eine numerische Kennung im Namensraum 9000–9999 für den neuen Subtyp fest.
- Sie definieren dann eine Bezeichnung für den Subtyp.

4. Nun legen Sie noch die Zeitbindung für den neu angelegten Subtyp über die Funktion ZEITBINDUNG innerhalb der Tabelle fest.
5. Nachdem Sie nun die Eingaben über die Funktion SICHERN gespeichert haben, ist der neue Subtyp angelegt.

Da Verknüpfungen als Subtypen im Infotyp 1001 (Verknüpfungen) angelegt werden, beschreibe ich die Anlage eigener Verknüpfungen detailliert in Kapitel 3, »Objektverknüpfungen im Organisationsmanagement«.

## 4.4 Zeitbindung von Infotypen

Für jeden Infotyp und jeden Subtyp muss eine *Zeitbindung* festgelegt werden. Über die Zeitbindung wird geregelt, wie oft ein Infotypsatz zu einem Zeitpunkt vorhanden sein darf.

Folgende Ausprägungen sind bei der Zeitbindung möglich:

- **Zeitbindung 0**
  Die Zeitbindung 0 (null) bedeutet, dass ein Infotypsatz für ein Objekt zu einem gegebenen Zeitpunkt nur einmal vorhanden sein darf.
  Änderungen sind an diesem Datensatz nicht erlaubt.

- **Zeitbindung 1**
  Die Zeitbindung 1 bedeutet ebenfalls, dass ein Infotypsatz für ein Objekt zu einem Zeitpunkt nur einmal vorhanden sein darf. In diesem Fall sind aber Änderungen an den Infotypsätzen zugelassen. Bei Änderungen an den Infotypsätzen müssen Sie beachten, dass zeitliche Lücken bei der Zeitbindung 1 nicht erlaubt sind. Sie können z. B. die Kurzbezeichnung im Infotyp 1000 (Objekt) verändern, aber nicht abgrenzen, da diese immer über die gesamte Laufzeit eines Objekts (z. B. einer Organisationseinheit) vorhanden sein muss.

- **Zeitbindung 2**
  Die Zeitbindung 2 bedeutet, dass ein Infotypsatz für ein Objekt nur einmal vorhanden sein darf. Es ist aber – anders als bei den Zeitbindungen 0 und 1 – erlaubt, dass es zeitliche Lücken zwischen zwei Infotypsätzen gibt. Zum

Beispiel darf der Infotyp 1007 (Vakanz), der für eine Planstelle angelegt wurde, in einem bestimmten Zeitfenster nur einmal vorhanden sein. Wenn die Planstelle besetzt ist, ist der Infotyp 1007 abgegrenzt. Wenn die Planstelle unbesetzt ist, wird der Infotyp 1007 wieder mit einem neuen Gültigkeitszeitraum angelegt.

▶ **Zeitbindung 3**
Bei der Zeitbindung 3 sind mehrere Infotypsätze des gleichen Typs für ein Objekt zu einem Zeitraum erlaubt. Zeitliche Lücken zwischen den einzelnen Datensätzen sind ebenfalls zugelassen. Zum Beispiel können einer Organisationseinheit beliebig viele Planstellenverknüpfungen über den Infotyp 1001 (Verknüpfungen) zugeordnet sein.

Die Einstellungen der Zeitbindungen pro Infotyp führen Sie über den Einführungsleitfaden (IMG) durch, die entsprechende Tabelle finden Sie über den Pfad ORGANISATIONSMANAGEMENT • ERWEITERUNG DATENMODELLIERUNG • INFOTYPPFLEGE • INFOTYPEN PFLEGEN. In der Tabelle markieren Sie dann den Infotyp, für den Sie die Zeitbindung ändern möchten, anschließend aktivieren Sie durch Doppelklick die Funktion ZEITBINDUNG in der Dialogstruktur der Tabelle. In der nun erscheinenden Detailsicht können Sie die Zeitbindung pro Infotyp und Subtyp anpassen (siehe Abbildung 4.48).

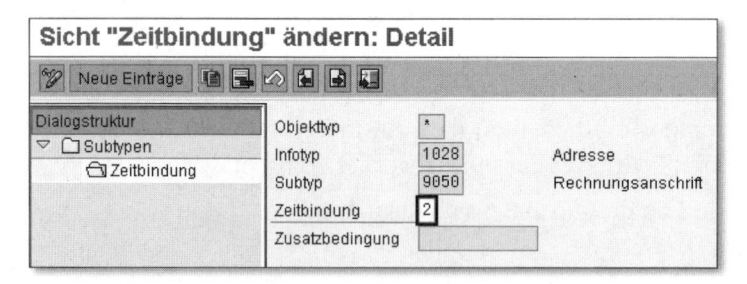

**Abbildung 4.48** Zeitbindung pro Infotyp und Subtyp anpassen

Alternativ können Sie die Zeitbindung für Subtypen unabhängig vom Infotyp festlegen. Dies empfehle ich aber nur, wenn Sie zuvor einen neuen Subtyp angelegt haben. Wenn Sie die Zeitbindung an einem bestehenden Subtyp ändern möchten, empfehle ich Ihnen den Weg über die Infotyppflege.

Das Customizing für die Zeitbindung der Subtypen nehmen Sie im Einführungsleitfaden (IMG) über den Pfad ORGANISATIONSMANAGEMENT • ERWEITERUNG DATENMODELLIERUNG • INFOTYPPFLEGE • SUBTYPEN PFLEGEN vor. In der Tabelle müssen Sie zuerst den Subtypen markieren und dann mit Doppelklick die Detailsicht der Zeitbindung aufrufen. Hier können Sie dann die Zeitbindung für den Subtyp pro Objekt definieren (siehe Abbildung 4.49).

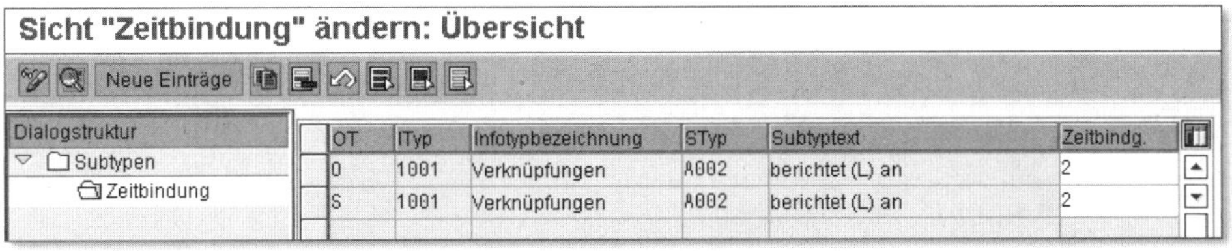
Sicht "Zeitbindung" ändern: Übersicht
Neue Einträge
Dialogstruktur
Subtypen
Zeitbindung
OT
ITyp
Infotypbezeichnung
STyp
Subtyptext
Zeitbindg.
O 1001 Verknüpfungen A002 berichtet (L) an 2
S 1001 Verknüpfungen A002 berichtet (L) an 2

**Abbildung 4.49** Zeitbindung für Subtypen pro Objekttyp anpassen

## 4.5 Erweiterung von Infotypen

Manchmal ist es notwendig, Änderungen bzw. Ergänzungen an Standardinfotypen vorzunehmen. Zum Beispiel können Sie eigene Felder oder sogar eigene Infotypen im Organisationsmanagement anlegen, wenn der SAP-Standard die Prozesse im Unternehmen nicht vollständig abdeckt. SAP bietet eine Möglichkeit, mit relativ geringem Aufwand diese zusätzlichen Ergänzungen (sogenannte *Customer Includes*) an den Standardinfotypen durchzuführen. Auch für die Definition eigener Infotypen stellt SAP einen Namensraum bereit. Bitte beachten Sie, dass für diese Änderungen an den Standardinfotypen ein SAP-Entwicklerschlüssel erforderlich ist, den Sie zuerst bei SAP beantragen müssen.

Die Erweiterung eines Infotyps und das Anlegen eines neuen Infotyps erfolgen über die Transaktion PPCI (Infotypkopierer der Personalplanung). Voraussetzung für den Einsatz des Infotypkopierers sind Programmierkenntnisse in ABAP. Da die Programmierung nicht Bestandteil dieses Buches ist, beschreibe ich in den folgenden Abschnitten lediglich die Grundlagen der Anlage und Erweiterung von Infotypen. Weitere Informationen finden Sie in der SAP-Online-Hilfe (*http://help.sap.com*).

### 4.5.1 Anlegen eigener Infotypen

Wenn Sie unternehmensspezifische Informationen haben, für die die Speichermöglichkeiten in den Standardinfotypen nicht ausreichen, haben Sie die Option, eigene Infotypen anzulegen. SAP stellt Ihnen dazu den numerischen Namensraum 9000–9999 zur Verfügung. Für die Anlage eigener Infotypen nutzen Sie die Transaktion PPCI (Infotypkopierer der Personalplanung).

Mit der Transaktion PPCI können Sie sowohl eigene Infotypen als auch transparente Tabellen (Datenbanktabellen) für schon existierende eigene Infotypen anlegen. Eine transparente Tabelle ist eine Datenbanktabelle, die im ABAP Dictionary definiert und dann auf der Datenbank angelegt wird.

Sie haben die Möglichkeit, folgende länderabhängige oder länderunabhängige Infotyparten anzulegen (siehe Abbildung 4.50):

- Feldinfotyp, sprachenabhängig
- Feldinfotyp, nicht sprachenabhängig
- Tabelleninfotyp, sprachenabhängig
- Tabelleninfotyp, nicht sprachenabhängig

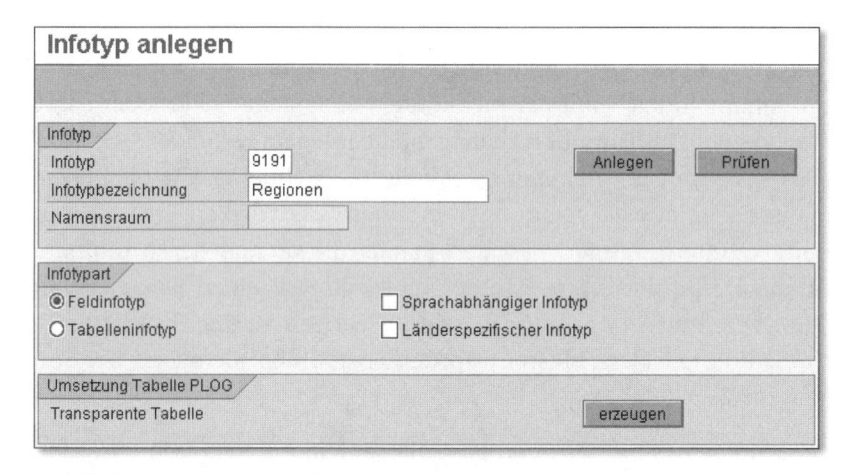

**Abbildung 4.50** Transaktion PPCI (Infotyp anlegen)

> **Hinweis: Unterschied zwischen Feld- und Tabelleninfotyp**
>
> In Feldinfotypen werden Informationen in einzelnen Feldern gespeichert. Diese Informationen werden innerhalb dieses Infotyps nur einmal verwendet – z. B. Infotyp 1003 (Abteilung/Stab). In Tabelleninfotypen können Sie einzelne Felder mehrfach füllen – z. B. Infotyp 1010 (Kompetenzen/Hilfsmittel). Die Anlage beider Infotyparten erfolgt auf dem gleichen Weg: Sie müssen lediglich im Selektionsbild der Transaktion PPCI die gewünschte Infotypart markieren.

Der Infotypkopierer nimmt bei der Anlage des neuen Infotyps alle notwendigen Einträge in den Tabellen T777T (Text Infotypen) und T778T (Infotypen) vor. Nachdem Sie einen Infotyp angelegt haben, sind – neben den Informationen, die durch den Infotypkopierer (Kurz- und Langbezeichnung) bereits angelegt wurden, weitere Einstellungen am Infotyp notwendig. Wich-

# Erweiterung von Infotypen | 4.5

tig ist, dass Sie den neuen Infotyp für bestimmte Objekte zulassen und dass Sie die Zeitbindung für diesen Infotypen definieren.

Abhängig von der Nutzung des Infotyps können folgende weitere Einstellungen vorgenommen werden:

- **Infotypen pro Objekttyp (T777I)**
  Die Zulassung von Infotypen für bestimmte Objekttypen nehmen Sie in der Funktion INFOTYPEN PRO OBJEKTTYP in der Tabelle T777I vor (siehe Abbildung 4.51). Folgende Einträge sind dazu notwendig:
  - Im Feld OT geben Sie den Objektschlüssel des Objekts an, für das der Infotyp zugelassen werden soll. In dem Beispiel in Abbildung 4.51 ist dies H (EXTERNE PERSON). Der OBJEKTTYPTEXT wird automatisch eingeblendet, wenn Sie die ⏎-Taste drücken. Sie müssen für jeden Objekttyp eine eigene Zeile in dieser Tabelle anlegen.
  - Im Feld ITYP geben Sie den vierstelligen Schlüssel des Infotyps ein oder wählen diesen über die Wertehilfe (F4-Hilfe) aus. Das Feld INFOTYPBEZEICHNUNG wird automatisch gefüllt, wenn Sie die ⏎-Taste drücken.
  - Im Feld ABW. DYNPRO geben Sie nur die abweichende Dynpro-Nummer an, wenn Sie nicht die Standard-Dynpro-Nummer (Dynpro 2000) für das Einzelbild des Infotyps verwenden möchten.
  - Das Feld NICHT PFLEGB markieren Sie nur dann, wenn das Anlegen des Infotyps für den angegebenen Objekttyp über eine Grundtransaktion (z. B. PP01) nicht möglich sein soll.
  - Sichern Sie Ihre Eingaben über den Button SICHERN.

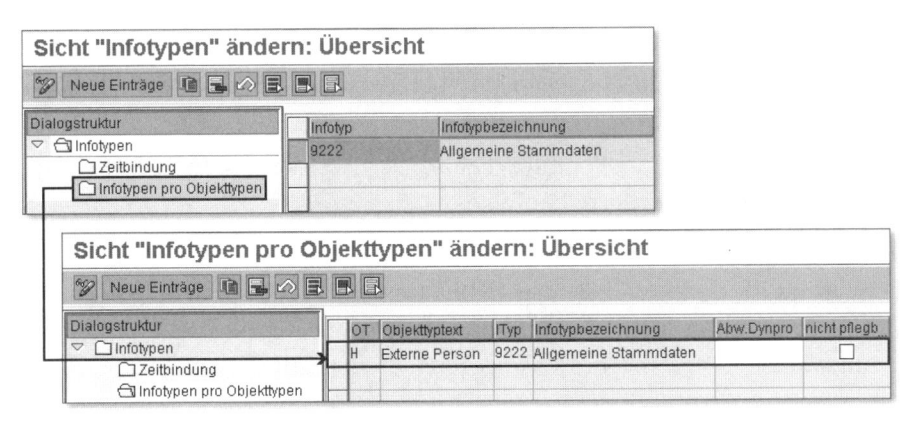

**Abbildung 4.51** Tabelle T778T (Infotypen pro Objekttyp festlegen)

- **Zeitbindung der Infotypen (T777Z)**
  In der Tabelle T777Z legen Sie in dem Feld ZEITBINDUNG die Zeitbindung für den neu angelegten Infotyp fest (siehe Abbildung 4.52). Welche Ausprägungen es in der Zeitbindung gibt, wird in Abschnitt 4.4, »Zeitbindung von Infotypen«, ausführlich beschrieben. Sollte es zu dem Infotyp Subtypen geben, müssen Sie die Zeitbindung pro Subtyp festlegen.

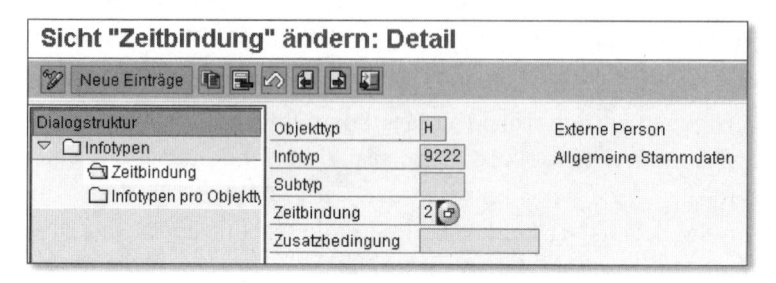

**Abbildung 4.52** Tabelle T777Z (Zeitbindung der Infotypen)

- **Kundenspezifische Infotypeinstellungen (Tabelle T77CD)**
  In der Tabelle T77CD können Sie pro Infotyp festlegen (siehe Abbildung 4.53),
  - ob dieser Infotyp über die Grundtransaktionen (z. B. PP01) in OM pflegbar sein soll,
  - ob für den Infotyp das Standard-Dynpro (Dynpro 2000) verwendet werden soll,
  - ob für die Übersichtsliste des Infotyps das Standard-Dynpro (Dynpro 3000) verwendet werden soll,
  - wie Leerzeilen verarbeitet werden sollen, wenn Text im Infotyp abgelegt werden kann (Sie legen fest, ob Leerzeilen bestehen oder gelöscht werden sollen.),
  - ob Einträge in Tabelleninfotypen sortiert werden sollen und, wenn ja, nach welcher Sortierreihenfolge.

- Wenn ein Infotyp nur für ein bestimmtes Land bzw. für bestimmte Länder relevant ist, definieren Sie dies in der Tabelle T77NI. Sollte dies zutreffen, können Sie in den Grundtransaktionen über LÄNDEREINSTELLUNGEN auswählen, ob dieser Infotyp angezeigt werden soll oder nicht.

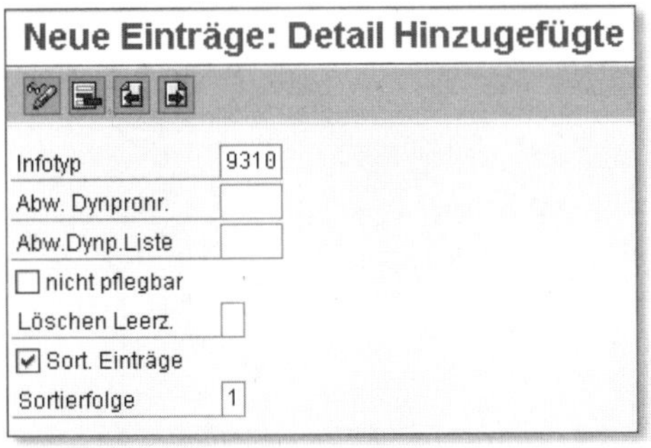

**Abbildung 4.53** Tabelle T77CD (Kundenspezifische Infotypeinstellungen)

### 4.5.2 Erweiterung von OM-Infotypen

Wenn Sie Informationen in Standardinfotypen speichern möchten, für die SAP in diesen Infotypen keine Felder vorgesehen hat, können Sie diese Felder in einem kundeneigenen Namensraum anlegen. Diese zusätzlichen Felder erscheinen dann in einem Bereich der Standardinfotypen, die SAP für diese kundeneigenen Felder vorgesehen hat. Eine »freie Platzwahl« für diese Felder ist hier nicht möglich.

Es können nur Infotypen erweitert werden, die direkt pflegbar sind.

Welche Infotypen direkt pflegbar sind oder nicht, können Sie am einfachsten mit der Transaktion SE16 ermitteln (siehe Abbildung 4.54). Dazu gehen Sie folgendermaßen vor:

1. Geben Sie in das Transaktionsfeld die Transaktion SE16 ein.
2. Rufen Sie nun die Tabelle T777I über das Feld TABELLENNAME auf.
3. Zum Schluss markieren Sie noch das Feld MAINT und klicken dann auf den Button AUSFÜHREN.

Die Infotypen 1000 (Objekt) und 1001 (Verknüpfungen) können aus technischen Gründen nicht um eigene Felder ergänzt werden.

Die Erweiterung von Standardinfotypen um eigene Felder erfolgt ebenfalls über die Transaktion PPCI (Infotypkopierer). Die Verwendung des Infotypkopierers setzt Programmierkenntnisse in ABAP/4 und Erfahrung in der Anwendung des ABAP/4 Dictionarys, des ABAP/4 Screen Painters sowie des ABAP/4 Menu Painters voraus. Da dies nicht Schwerpunkt dieses Buches ist, erkläre ich hier nur die ersten Schritte bzw. Grundlagen. Weitere Informationen erhalten Sie in der SAP-Online-Hilfe (*http://help.sap.com*).

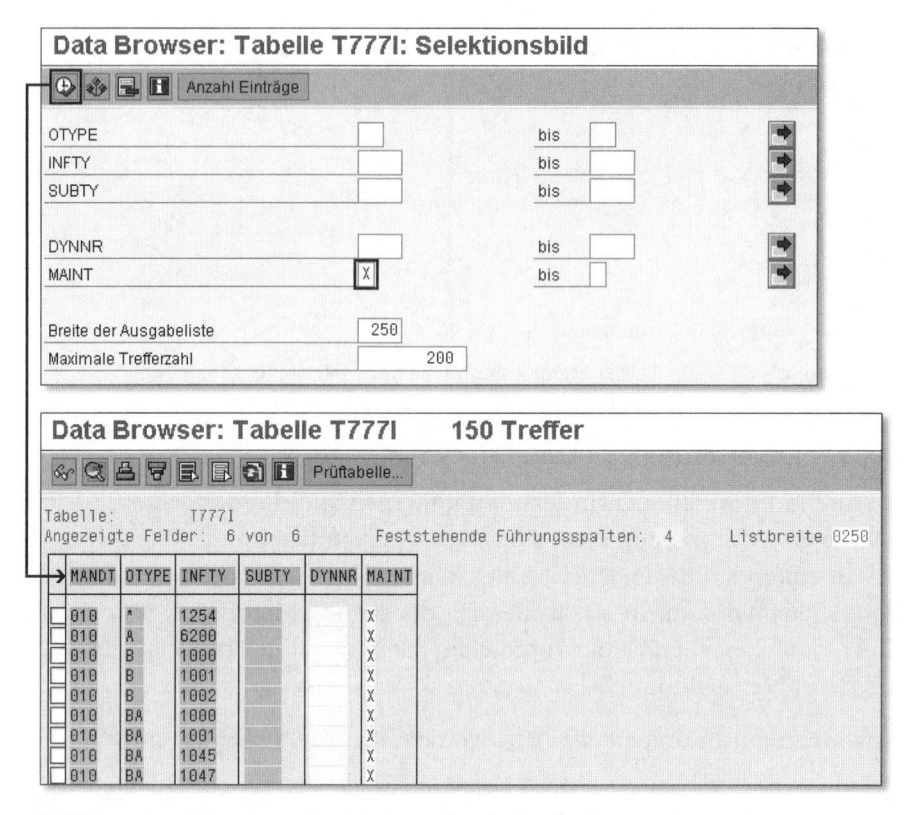

**Abbildung 4.54** Transaktion SE16 (Anzeige der direkt pflegbaren Infotypen)

Der Einstieg in die Infotyp-Erweiterung geschieht folgendermaßen:

1. Geben Sie den Transaktionscode PPCI in das Transaktionsfeld ein.
2. Tragen Sie nun in das Feld INFOTYP die Nummer des Standardinfotyps ein, den Sie erweitern möchten, oder selektieren Sie diesen über die Wertehilfe (F4-Hilfe).
3. Klicken Sie nun auf den Button ERWEITERN (siehe Abbildung 4.55).
4. In dem nun erscheinenden Fenster markieren Sie das Feld CI-INCLUDE (siehe Abbildung 4.56), klicken Sie dann auf den Button ALLES.

Sie gelangen in die Strukturpflege. Dort legen Sie die gewünschten Felder an. Ab hier ist der Einsatz eines SAP-Entwicklerschlüssels notwendig. Umfassendere Informationen zur Erweiterung von Infotypen erhalten Sie in der SAP-Online-Hilfe (http://help.sap.com).

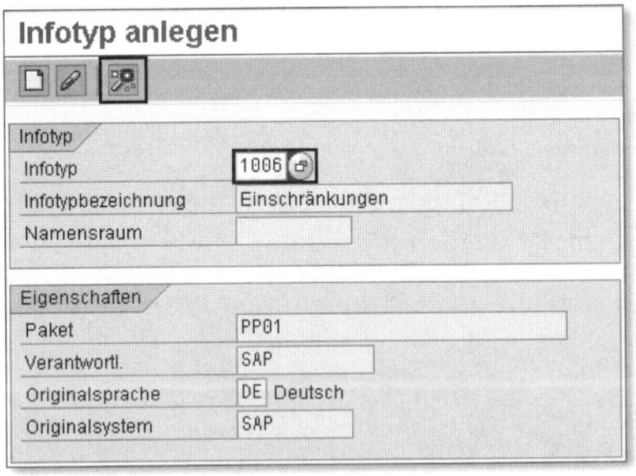

**Abbildung 4.55** Transaktion PPCI – Infotypen um eigene Felder erweitern

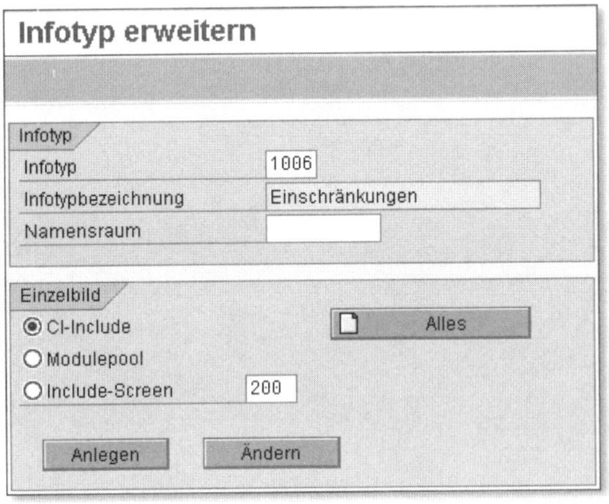

**Abbildung 4.56** Infotypen um eigene Felder erweitern – CI-Include

## 4.6 Zusammenfassung

In diesem Kapitel haben Sie das Infotypkonzept des Organisationsmanagements in SAP ERP HCM kennengelernt. Sie haben Folgendes erfahren:

- Welche Infotypen sind für bestimmte Objekte zugelassen und wie sind die entsprechenden Customizing-Einstellungen vorzunehmen?
- Welche besonderen Merkmale haben die Standardinfotypen?
- Welche Funktion hat die Zeitbindung und welche Ausprägungen gibt es bei der Zeitbindung?

- Wie wird das Customizing der Infotypen im Einführungsleitfaden (IMG) durchgeführt?
- Welche Standardreports unterstützen Anwender bei der Nutzung der Infotypen?
- Was ist zu berücksichtigen, wenn die Standardinfotypen nicht ausreichen und diese gegebenenfalls angepasst werden müssen?

Das nächste Kapitel beschäftigt sich mit den Bearbeitungsoptionen im Organisationsmanagement.

*Mit den verschiedenen Bearbeitungsoptionen im Organisationsmanagement können Sie Ihre Organisationsstruktur im SAP-System bearbeiten und somit die Grundlage für die Abbildung, Planung, Auswertung und Steuerung des Unternehmens schaffen. In diesem Kapitel lernen Sie, diese Bearbeitungsoptionen einzurichten und zu nutzen.*

# 5 Bearbeitungsoptionen im Organisationsmanagement

Wenn organisatorische oder strukturelle Änderungen in einem Unternehmen anstehen, müssen diese Änderungen auch im Organisationsmanagement abgebildet werden, d.h., die Aufbauorganisation muss angepasst werden. Dies können kleinere Änderungen sein, wenn es z.B. nur darum geht, eine neue Organisationseinheit oder eine neue Planstelle anzulegen sowie die entsprechenden Verknüpfungen zu pflegen. Es kann sich aber auch um größere Restrukturierungsmaßnahmen handeln, bei denen z.B. ganze Bereiche mit diversen Organisationseinheiten (z.B. Abteilungen und/oder Teams) mit den entsprechenden Planstellen sowie Personal- und Kostenstrukturen angelegt oder verschoben werden müssen.

Um die Organisationsstruktur in OM zu aktualisieren, stehen verschiedene Bearbeitungsoptionen zur Verfügung. Diese Bearbeitungsoptionen ermöglichen es Ihnen, die Organisations- und Berichtsstrukturen Ihres Unternehmens – je nach Anforderung – zu bearbeiten, individuell zu planen und auszuwerten.

Um die Bearbeitungsoptionen zu nutzen, müssen Sie über detaillierte Kenntnisse der Aufbauorganisation und der Berichtsstruktur Ihres Unternehmens verfügen. Sie sollten darüber hinaus mit der Integration von OM mit anderen Komponenten von SAP ERP HCM vertraut sein, denn die Aufbauorganisation bildet die Basis für die Arbeit einer ganzen Reihe anderer Bereiche, z.B. der Personaladministration, der Personalkostenplanung, des Vergütungsmanagements, des Veranstaltungsmanagements und des SAP Business Workflows.

Es gibt zwei verschiedene Wege in OM, die Organisationsstruktur zu bearbeiten: zum einen über den Menüpunkt AUFBAUORGANISATION und zum anderen über den sogenannten EXPERTENMODUS, also die direkte Pflege einzelner Objekte. Diese beiden Möglichkeiten stellt dieses Kapitel Ihnen nacheinander vor.

## 5.1 Bearbeitung der Aufbauorganisation

Wenn Sie z. B. Strukturen in Ihrem Unternehmen neu planen oder bestehende Strukturen anpassen müssen oder wenn Sie Auswertungen über bestimmte Unternehmenszweige oder Objekte durchführen möchten, benötigen Sie eine Darstellung der Aufbauorganisation, also der strukturellen, aufgaben- und funktionsbezogenen Struktur des Unternehmens.

In der Aufbauorganisation stehen Ihnen die folgenden Bearbeitungsoptionen zur Verfügung, die in diesem Abschnitt im Detail behandelt werden:

- **Organisation und Besetzung**
  Mit der Bearbeitungsoption ORGANISATION UND BESETZUNG können Sie die Aufbauorganisation zum einen strukturell bearbeiten und zum anderen Details zu den einzelnen Organisationsobjekten hinzufügen. Eine Variante dieser Bearbeitungsoption ist die Funktion ORGANISATION UND BESETZUNG (WORKFLOW) die für den SAP Business Workflow genutzt werden kann.

- **Strukturen allgemein**
  Mit der Bearbeitungsoption STRUKTUREN ALLGEMEIN bietet Ihnen SAP eine weitere Möglichkeit, mit der Sie die Aufbauorganisation bearbeiten können. Der Einstieg in die Aufbauorganisation erfordert bei der Bearbeitungsoption STRUKTUREN ALLGEMEIN – anders als bei der Option ORGANISATION UND BESETZUNG – die Angabe eines Auswertungsweges.

- **Matrix**
  Falls Sie Ihre Unternehmensstruktur in einer Matrixorganisation abbilden, steht Ihnen die Bearbeitungsoption MATRIX zur Verfügung. Hiermit können Sie z. B. für ein Objekt (z. B. Planstelle) die funktionalen und die hierarchischen Berichtswege abbilden.

- **Einfache Pflege**
  Die Bearbeitungsoption EINFACHE PFLEGE ist sehr gut geeignet, um die Basis, d. h. die Grundstruktur für Ihre Aufbauorganisation, anzulegen. Der Unterschied zur Bearbeitungsoption ORGANISATION UND BESETZUNG ist, dass Ihnen bei der EINFACHEN PFLEGE nur die Basisobjekte des Organisationsmanagements zur Verfügung stehen.

Abbildung 5.1 zeigt, wie die Bearbeitung der Aufbauorganisation in die Navigationsstruktur des Organisationsmanagements eingebunden ist.

```
▽ 🗁 Organisationsmanagement
    ▽ 🗁 Aufbauorganisation
        ▽ 🗁 Organisation und Besetzung
            📦 PPOCE - Anlegen
            📦 PPOME - Ändern
            📦 PPOSE - Anzeigen
        ▽ 🗁 Strukturen allgemein
            📦 PPSC - Anlegen
            📦 PPSM - Ändern
            📦 PPSS - Anzeigen
        ▽ 🗁 Matrix
            📦 PPME - Ändern
            📦 PPMS - Anzeigen
```

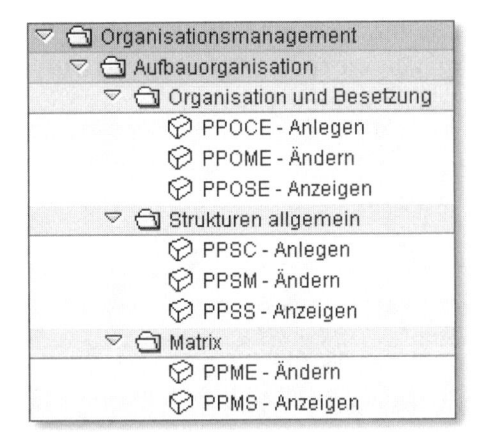

**Abbildung 5.1** Bearbeitungsoptionen der Aufbauorganisation

Die folgenden Abschnitte beschreiben die verschiedenen Bearbeitungsoptionen der Aufbauorganisation detailliert. Welche der beschriebenen Bearbeitungsoptionen die beste für Sie ist, hängt stark von der Aktivität, die Sie durchführen möchten, und natürlich auch von Ihren Vorlieben ab. Mit allen Bearbeitungsoptionen können Sie Ihre Aufbauorganisation anlegen, pflegen, betrachten und auswerten.

### 5.1.1 Organisation und Besetzung

Die Bearbeitungsoption ORGANISATION UND BESETZUNG bietet Ihnen eine grafische Benutzeroberfläche, über die Sie Organisationsobjekte und Infotypen anlegen, pflegen, löschen und abgrenzen und so Ihre Organisationsstruktur pflegen können.

Innerhalb dieser Bearbeitungsoption stehen die drei Transaktionen PPOME, PPOSE und PPOCE zur Verfügung. Diese Transaktionen können Sie auch über den Pfad PERSONAL • ORGANISATIONSMANAGEMENT • AUFBAUORGANISATION • ORGANISATION UND BESETZUNG im SAP Easy Access-Menü aufrufen.

Die Transaktion PPOME (Organisation und Besetzung ändern) nutzen Sie, um Ihre Organisationsstruktur zu pflegen. Sie haben hier die Möglichkeit, jederzeit verschiedene Darstellungsformen für die Organisationsstruktur aufzurufen und bei Bedarf die Pflegeoberfläche zu wechseln.

Die Transaktion PPOSE (Organisation und Besetzung anzeigen) nutzen Sie, um den Organisationsplan anzuzeigen.

Mit der Transaktion PPOCE (Organisation und Besetzung anlegen) legen Sie neue Strukturzweige mit einer Wurzelorganisation an. Die weitere Bearbeitung der Struktur erfolgt dann über die Transaktion PPOME.

Tabelle 5.1 stellt die drei Transaktionen und ihre Funktionen zusammenfassend dar.

| Transaktion | Beschreibung |
|---|---|
| PPOCE | Organisation und Besetzung anlegen |
| PPOME | Organisation und Besetzung ändern |
| PPOSE | Organisation und Besetzung anzeigen |

**Tabelle 5.1** Transaktionen der Bearbeitungsoption »Organisation und Besetzung«

Zunächst möchte ich Ihnen den Aufbau und die verschiedenen Funktionen der Transaktion PPOME beschreiben. Die Benutzeroberfläche der Transaktion PPOME (Organisation und Besetzung ändern) teilt sich in zwei Hauptbereiche, die jeweils zwei Teilbereiche enthalten (siehe Abbildung 5.2).

- **Objektmanager**
  - Suchbereich
  - Auswahlbereich
- **Arbeitsbereich**
  - Übersichtsbereich
  - Detailbereich

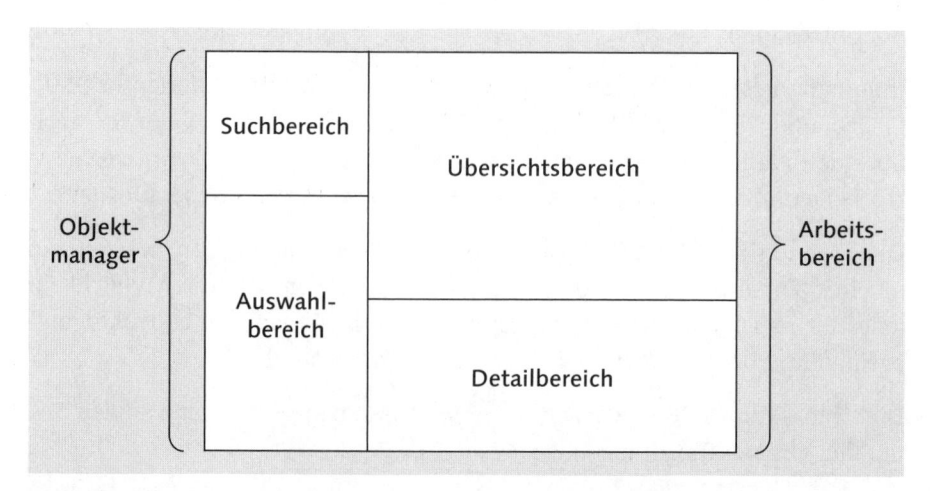

**Abbildung 5.2** Grafische Darstellung der Benutzeroberfläche der Transaktion PPOME

Abbildung 5.3 zeigt die Benutzeroberfläche der Transaktion PPOME mit den Bereichen Objektmanager (Suchbereich und Auswahlbereich) und Arbeitsbereich (Überblicksbereich und Detailbereich). Die folgenden Abschnitte beschreiben die einzelnen Bereiche und die darin enthaltenen Funktionen.

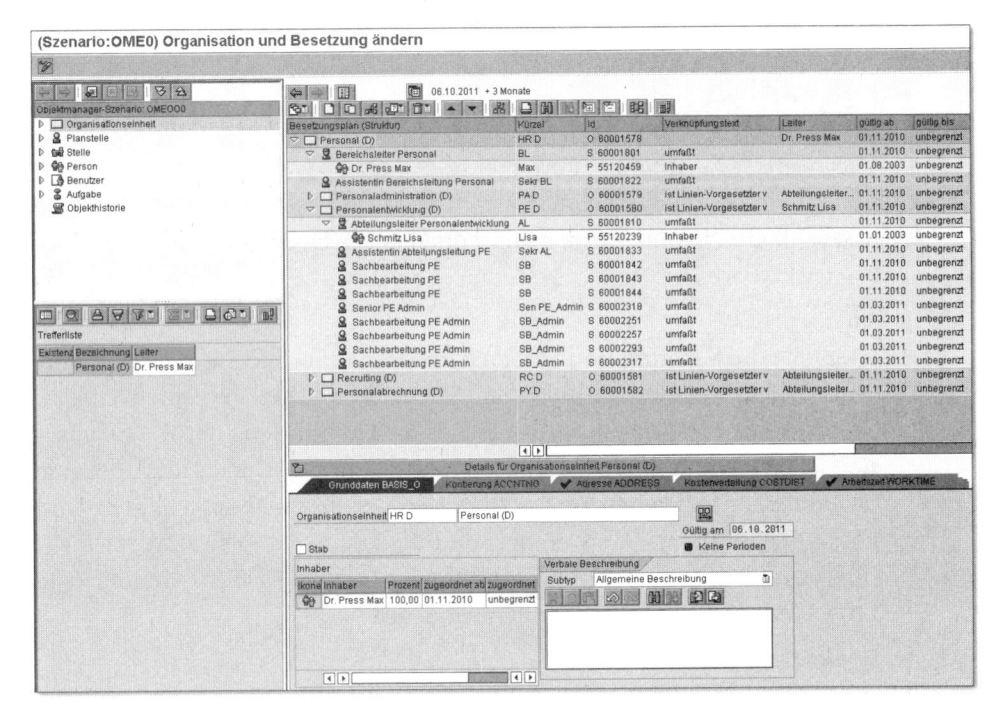

**Abbildung 5.3** Benutzeroberfläche der Transaktion PPOME

Im Folgenden lernen Sie die wichtigsten Funktionen der Transaktion PPOME (Organisation und Besetzung ändern) kennen. Wie Sie die Oberfläche nach Ihren eigenen Bedürfnissen im Customizing einrichten können, erfahren Sie in Kapitel 6, »Das SAP-Hierarchieframework«.

### Suchbereich

In der Regel beginnen Sie Ihre Arbeit im Suchbereich, wo Sie nach den Objekten suchen können, die Sie bearbeiten möchten. Dabei haben Sie folgende Möglichkeiten:

- Sie suchen ein bestimmtes Objekt eines spezifischen Objekttyps (z. B. eine spezifische Organisationseinheit, eine spezifische Planstelle).

- Sie suchen alle Objekte eines spezifischen Objekttyps (z. B. alle Organisationseinheiten innerhalb eines Strukturzweigs).
- Sie suchen eine vollständige Organisationsstruktur.

Im Suchbereich können Sie pro Objekttyp zwischen verschiedenen Suchoptionen wählen (siehe Abbildung 5.4):

- **Freie Suche**
  Bei der Freien Suche wählen Sie zuerst den gewünschten Objekttyp aus. Über weitere Selektionskriterien können Sie die Treffermenge weiter einschränken. Das Suchergebnis – bzw. das gesuchte Objekt – erscheint im Auswahlbereich und kann mit Doppelklick ausgewählt und so in den Übersichtsbereich gebracht werden.

- **Suchbegriff**
  Wenn Sie die Suchfunktion Suchbegriff nutzen, geben Sie in dem Popup-Fenster, im Feld Bezeichnung, entweder die ID des gesuchten Objekts oder die Bezeichnung ein. Es ist auch möglich, nur Teile der Bezeichnung einzugeben, wenn Ihnen der vollständige Name des Objekts nicht bekannt ist. In diesem Fall geben Sie vor und nach der Bezeichnung ein Sternchen (*) für Wildcard ein. Das System listet Ihnen dann im Auswahlbereich alle Objekte des spezifischen Objekttyps, in denen diese Bezeichnung oder Teile dieser Bezeichnung enthalten sind, auf.

- **Struktursuche**
  Das Ergebnis der Struktursuche wird im Auswahlbereich in einem Strukturbaum angezeigt und kann dann mit Doppelklick in den Übersichtsbereich zur weiteren Bearbeitung übernommen werden.

**Abbildung 5.4** Suchbereich

Im Suchbereich werden Ihnen Objekttypen angezeigt, die Sie für die Suche verwenden können. Diese Objekttypen können Sie bei Bedarf im Customizing ergänzen. Wie Sie dabei genau vorgehen, wird in Abschnitt 6.3.2, »Anpassung des Suchbereichs«, detailliert beschrieben.

> **Tipp: Anlegen von Suchvarianten**
>
> Immer wieder genutzte Suchoptionen, mit festgelegten Suchkriterien, können Sie als Suchvariante speichern. Wenn Sie z. B. immer wieder die Struktur unterhalb eines bestimmten Bereichs (Organisationseinheit) bearbeiten müssen, bietet sich die Anlage einer Suchvariante an. Dazu müssen Sie die Suchfunktion einmal verwenden. Dann wählen Sie in der Menüleiste des Suchbereichs (siehe Abbildung 5.5) die Funktion SUCHVARIANTE ANLEGEN und vergeben einen Namen für die Suchvariante (im Beispiel STRUKTUR PERSONAL). Die zuletzt durchgeführte Suche wird nun als Variante angelegt und erscheint unterhalb der Standardsuchfunktionen des Objekts.

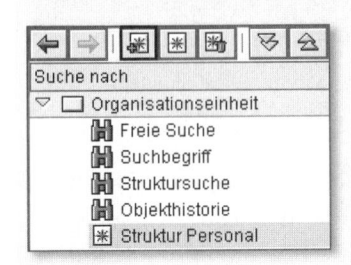

**Abbildung 5.5** Suchvariante anlegen

Mit den Pfeiltasten (vorheriges, nächstes Suchergebnis) in der Menüleiste der Suchfunktion können Sie zwischen den Ergebnissen der letzten Suchaktionen wechseln.

Wenn Sie sich aus der Transaktion PPOME (Organisation und Besetzung ändern) abmelden und zu einem späteren Zeitpunkt erneut anmelden, wird Ihnen die letzte Sicht, die Sie genutzt haben, angezeigt. Beachten Sie hierbei, dass Ihnen immer die Sicht mit Daten des aktuellen Tages angezeigt wird. Veränderungen in den Details sind daher möglich, wenn in der Zwischenzeit z. B. eine Veränderung in der Organisationsstruktur (z. B. Planstellenbesetzung) stattgefunden hat. Die benutzerspezifischen Einstellungen werden ebenfalls beibehalten.

Das SAP-System »merkt« sich die zuletzt durchgeführte Suche. Wenn Sie bei einer Suche eine große Anzahl an Objekten ausgewählt haben, kann es zu sehr langen Antwortzeiten kommen. Abhilfe schafft in diesem Fall der Report RH_DELETE_OM_USER_SETTINGS (Benutzereinstellungen des Objektmanagers löschen). Wenn Sie im Startbild des Reports (siehe Abbildung 5.6) das Feld SUCHVARIANTEN LÖSCHEN markieren, werden die vom Benutzer angelegten Suchvarianten gelöscht. Bei der nächsten Anmeldung können Sie dann bei Bedarf neue Suchvarianten anlegen. Durch Markierung des Feldes ATTRIBUTE DES OBJEKTMANAGERS LÖSCHEN wird für den im Report angegebenen Benutzer das zuletzt im Auswahlbereich angezeigte Suchergebnis gelöscht – und damit werden die Antwortzeiten des Systems wieder optimiert.

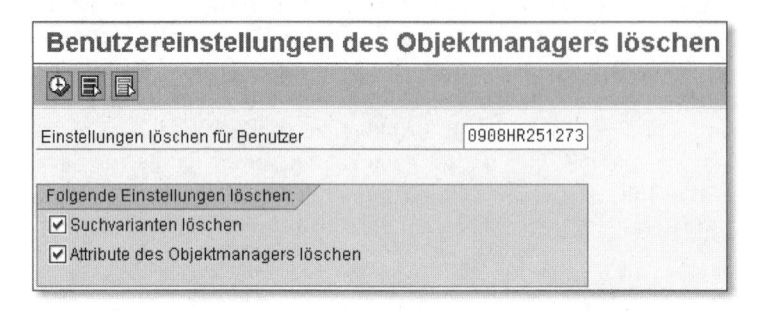

**Abbildung 5.6** Report RH_DELETE_OM_USER_SETTINGS (Benutzereinstellungen des Objektmanagers löschen)

Eine weitere Möglichkeit zur Optimierung der Antwortzeiten finden Sie in den Benutzerparametern – Transaktion SU01 (Benutzerpflege). Setzen Sie hier den Parameter OM_OBJM_NO_LAST_SEAR, und aktivieren Sie ihn mit »X« in den Parameterwerten (siehe Abbildung 5.7). Wenn dieser Parameter gesetzt ist, werden bei jedem Aufruf der Transaktion PPOME die vorherigen Suchwerte deaktiviert – dann aber leider auch die Suchergebnisse, die nicht zu langen Antwortzeiten führen.

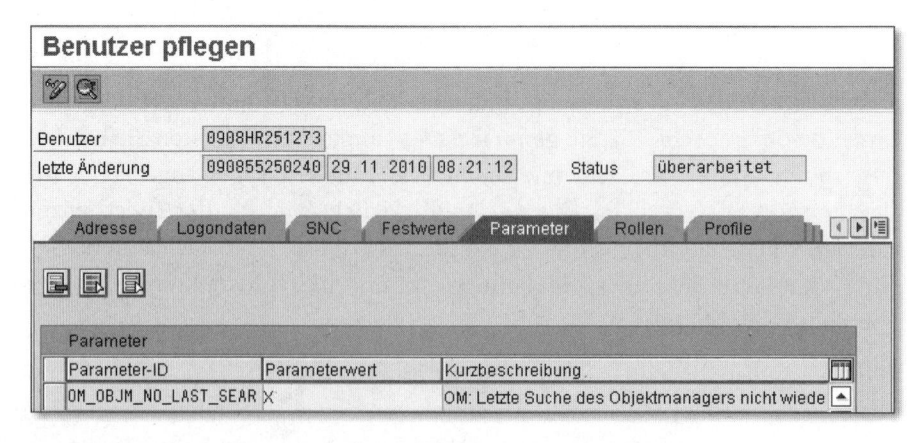

**Abbildung 5.7** Benutzerparameter zum Löschen der Suchwerte pflegen

## Auswahlbereich

Im Auswahlbereich wird Ihnen das Ergebnis aus dem Suchbereich, also die gefundenen Objekte, abhängig von der gewählten Suchfunktion als Liste oder als Struktur angezeigt. Mit einem Doppelklick auf einen Eintrag in der Liste können Sie sich das Ergebnis im Übersichtsbereich anzeigen lassen. Die Details zum gefundenen Objekt erscheinen im Detailbereich und können dort bearbeitet werden. Abbildung 5.8 zeigt das Ergebnis aus der Suchfunktion SUCHBEGRIFF als Liste.

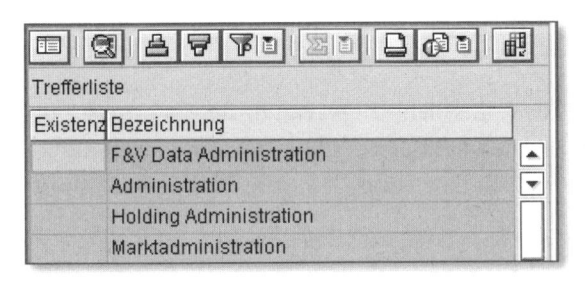

**Abbildung 5.8** Trefferliste nach Nutzung einer Suchfunktion im Auswahlbereich

Wenn Sie die Suchfunktion STRUKTURSUCHE gewählt haben, erscheint das Ergebnis als Strukturansicht (siehe Abbildung 5.9).

**Abbildung 5.9** Ergebnis der Struktursuche im Auswahlbereich

Die angezeigte Struktur im Auswahlbereich können Sie expandieren oder komprimieren, bis Sie das gewünschte Objekt gefunden haben. Dies können Sie manuell pro Strukturknoten tun, indem Sie auf die kleinen Dreiecke vor einer Organisationseinheit im Suchergebnis klicken ▷ ☐ oder die Funktionen KNOTEN EXPANDIEREN/KNOTEN KOMPRIMIEREN über die Buttons 🔲🔲 nutzen. Mit einem Doppelklick bringen Sie das gefundene Objekt zur weiteren Bearbeitung in den Übersichtsbereich. Die Details zum Objekt werden Ihnen im Detailbereich angezeigt.

Über die Funktion SPALTENKONFIGURATION 🔲 können Sie selbst festlegen, welche Informationen Ihnen im Auswahlbereich angezeigt werden. In dem Beispiel in Abbildung 5.9 erscheint neben der Bezeichnung noch das Kürzel (z. B. PERS&SOZ). Über die Funktion SPALTENKONFIGURATION können Sie z. B. festlegen, dass Ihnen anstelle des Kürzels oder zusätzlich zum Kürzel auch noch die ID angezeigt wird.

Die in der Menüleiste des Auswahlbereichs angezeigten Bearbeitungsoptionen variieren abhängig von Ihrem selektieren Objekttyp. Insgesamt stehen Ihnen im Auswahlbereich die in Tabelle 5.2 aufgeführten Bearbeitungsoptionen zur Verfügung:

| Icon | Beschreibung |
|---|---|
| 🔲 | Ergebnisliste vergrößern oder verkleinern |
| 🔲 | Suchen nach einem Objekt im Auswahlbereich |
| 🔲 | Knoten in der Struktur expandieren |
| 🔲 | Knoten in der Struktur komprimieren |
| 🔲 | Ergebnis im Auswahlbereich aktualisieren |
| 🔲 | Suche nach unverknüpften Objekten |
| 🔲 | Anzeige der Iconliste abhängig vom Objekt |

**Tabelle 5.2** Bearbeitungsoptionen im Auswahlbereich

**Übersichtsbereich**

Im Übersichtsbereich wird das im Auswahlbereich selektierte Objekt einschließlich seiner Struktureinbindung, d. h. der über- und untergeordneten Objekte, angezeigt (siehe Abbildung 5.10). Dieses selektierte Objekt können Sie durch die Anlage weiterer Objekte (z. B. Organisationseinheiten und Planstellen) erweitern.

Über die Funktion SPALTENKONFIGURATION 🔲 können Sie selbst entscheiden, welche Spalten Sie im Übersichtsbereich angezeigt bekommen möchten. In dem Beispiel aus Abbildung 5.10 sind alle Spalten eingeblendet, die möglich sind. Wenn Sie einzelne Spalten ausblenden möchten, entfernen Sie die entsprechenden Häkchen in der Checkbox (siehe Abbildung 5.11).

**Abbildung 5.10** Übersichtsbereich

**Abbildung 5.11** Spaltenkonfiguration im Übersichtsbereich

Zur stichtagsgenauen Abbildung Ihrer Organisationsstruktur werden Objekte und Verknüpfungen immer mit einem Gültigkeitszeitraum angelegt.

Im Übersichtsbereich erscheinen ein Objekt und die dazugehörige Struktur stichtagsbezogen. Den Stichtag können Sie über die Funktion DATUM UND VORSCHAUZEITRAUM festlegen (siehe Abbildung 5.12).

Das aktuelle Tagesdatum ist mit einem Vorschauzeitraum von drei Monaten voreingestellt. Über die Funktion DATUM UND VORSCHAUZEITRAUM können Sie sich z. B. den Stand der Organisationsstruktur in der Vergangenheit ansehen oder einem längeren Vorschauzeitraum einstellen. Es werden Ihnen immer die Daten angezeigt, die zu dem gewählten Stichtag gültig sind (siehe Abbildung 5.10).

Wenn Sie den Stichtag oder den Vorschauzeitraum verändern möchten, weil Sie sich Daten in einem anderen Zeitraum anzeigen lassen oder bearbeiten möchten, gehen Sie folgendermaßen vor (siehe Abbildung 5.12):

1. Die Funktion zum Ändern des Datums und des Vorschauzeitraums starten Sie in der Menüleiste über EINSTELLUNGEN • DATUM UND VORSCHAUZEITRAUM oder direkt über den Button (DATUM UND VORSCHAUZEITRAUM).
2. In dem nun erscheinenden Dialogfenster legen Sie im Feld BEGINNDATUM den gewünschten Stichtag fest.
3. In den Feldern des Bereichs VORSCHAUZEITRAUM BIS definieren Sie den neuen Vorschauzeitraum. Hier können Sie wählen zwischen einem Zeitraum, den Sie über die Wertehilfe auswählen, oder Sie geben direkt ein Endedatum an. Wenn Sie die ⏎-Taste drücken, wird Ihnen im unteren Teil des Dialogfensters der neue Vorschauzeitraum eingeblendet.
4. Sichern Sie die Datenänderung über den Button AUSFÜHREN.

Das System merkt sich Ihre Einstellung. Bei der nächsten Anmeldung werden der von Ihnen zuletzt gewählte Stichtag und Vorschauzeitraum angezeigt. Sie können diese aber jederzeit wieder, wie zuvor beschrieben, ändern.

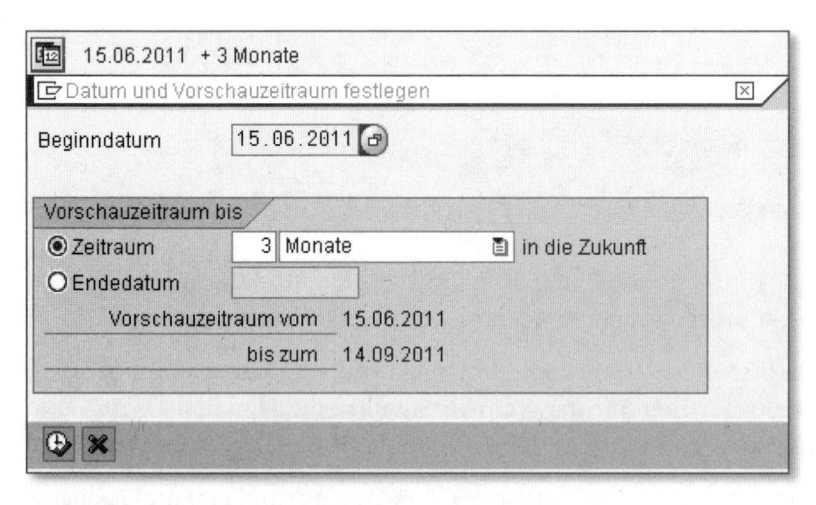

**Abbildung 5.12** Datum und Vorschauzeitraum im Übersichtsbereich

Abhängig vom Objekttyp, mit dem Sie arbeiten, stehen Ihnen verschiedene Darstellungen mit unterschiedlichen Informationen zur Verfügung. Tabelle 5.3 gibt Ihnen einen Überblick über die verschiedenen Darstellungsformen, die Sie – in Abhängigkeit vom Objekttyp – über die Funktion SPRINGEN in der Menüleiste auswählen können.

| Objekt | Darstellung | Beschreibung |
|---|---|---|
| ORGANISA-TIONSEINHEIT | Organisationsstruktur | Verknüpfung zwischen Organisationseinheiten |
| | Aufgabenzuordnung | Zuordnung einer Organisationseinheit zu Aufgaben und Aktivitätsgruppen |
| | Besetzungsplan (Liste) | Zeigt in Listform die Zuordnung einer Organisationseinheit zu den untergeordneten Planstellen und ihren Inhabern. |
| | Besetzungsplan (Struktur) | Organisationsstruktur und die Zuordnung einzelner Organisationseinheiten zu den untergeordneten Planstellen und ihren Inhabern |
| | Leiterzuordnung | Zuordnung einer Organisationseinheit zu einer Leiterplanstelle und deren Inhaber |
| PLANSTELLE | Aufgabenzuordnung | Zuordnung einer Planstelle zu Aufgaben und Aktivitätsgruppen |
| | Organisatorische Zuordnung | Zuordnung einer Planstelle zur übergeordneten Organisationseinheit |
| | Leiterzuordnung | Über- und Unterordnung von Planstellen |
| STELLE | Aufgabenzuordnung | Zuordnung von Stellen zu Aufgaben und Aktivitätsgruppen |
| | Stellenverwendung | Zuordnung einer Stelle zu Planstellen |
| PERSON | Organisatorische Zuordnung | Zuordnung einer Person zu Planstellen und zur übergeordneten Organisationseinheit |
| | Aufgabenzuordnung | Zuordnung von Personen zu Aufgaben und Aktivitätsgruppen |
| | Leiterzuordnung | Über- und Unterordnung von Planstellen und ihren Inhabern |

**Tabelle 5.3** Objektabhängige Darstellungsformen im Übersichtsbereich

**Detailbereich**

Im Detailbereich werden Ihnen auf unterschiedlichen Registerkarten die Details eines selektieren Objekts angezeigt (siehe Abbildung 5.13). Sobald

Detailinformationen in einer Registerkarte gepflegt wurden, ist diese Registerkarte mit einem grünen Häkchen gekennzeichnet. Die meisten Registerkarten zeigen die Inhalte aus einem bestimmten Infotyp an (z. B. Adresse, Arbeitszeit).

Die Registerkarte GRUNDDATEN setzt sich hingegen aus Informationen verschiedener Infotypen zusammen (siehe Abbildung 5.13):

- Infotyp 1000 (Objekt) – Kurz- und Langbezeichnung des Objekts
- Infotyp 1001 (Verknüpfungen) – Verknüpfungen zu anderen Objekten
- Infotyp 1002 (Verbale Beschreibung) – Freitext und Subtyp
- Infotyp 1003 (Abteilung/Stab) – Kennzeichnung der Stabsfunktion

Auf der Registerkarte GRUNDDATEN kann ein Objekt eindeutig identifiziert werden. Für eine Organisationseinheit erfahren Sie neben der Kurz- und der Langbezeichnung und der Information, ab wann diese Organisationseinheit gültig ist, noch Details zu den zugeordneten Personen und finden gegebenenfalls an der Organisationseinheit gepflegte Beschreibungen. Wenn eine Organisationseinheit als Stabsstelle gekennzeichnet ist, können Sie das in der Detailsicht an der gesetzten Markierung im Feld STAB erkennen. Bei Bedarf können Sie diese Details bearbeiten oder weitere Details hinzufügen. Abbildung 5.13 zeigt die Grunddaten in der Detailsicht für eine Organisationseinheit.

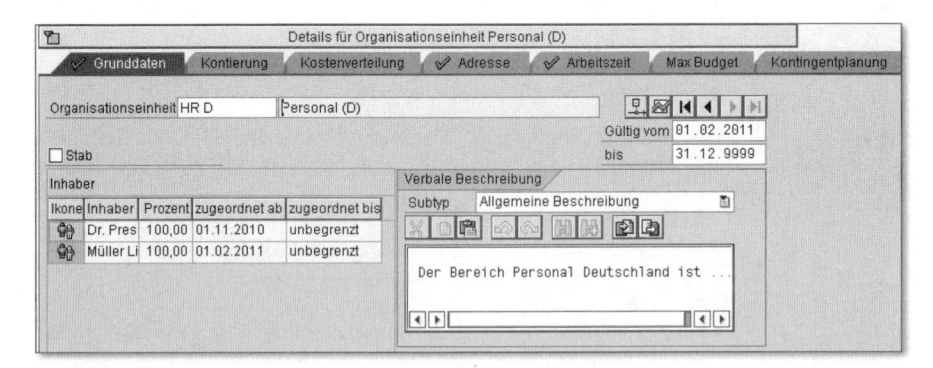

**Abbildung 5.13** Registerkarte »Grunddaten« im Detailbereich für eine Organisationseinheit

Da die in den Grunddaten angezeigten Details abhängig vom Objekttyp sind, weichen die Details für eine Planstelle von den Details einer Organisationseinheit ab (siehe Abbildung 5.14). Für eine Planstelle wird im SAP-Standard neben der Kurz- und der Langbezeichnung auch die verknüpfte Stelle angezeigt. Sollte es sich bei der Planstelle um eine Leiterplanstelle handeln, erkennen Sie dies an der markierten Checkbox LEITER DER EIGENEN ORGANISATIONSEINHEIT. Wenn Sie eine Planstelle als Leiterplanstelle kennzeichnen möchten, können Sie dies durch Markierung des Feldes LEITER DER EIGENEN ORGANISATIONSEINHEIT auch an dieser Stelle tun. Im Hintergrund wird dann auf Basis dieses Kennzeichens automatisch die Verknüpfung A/B012 (leitet/wird geleitet von) angelegt. Wie eine Organisationseinheit können Sie auch eine Planstelle über die Checkbox STAB als Stabsstelle kennzeichnen. Bei einer besetzten Planstelle werden Ihnen Details zum Inhaber (Name, Besetzungsprozentsatz und Zuordnungszeitraum) angezeigt. Sollte eine verbale Beschreibung des Infotyps angelegt sein, wird diese ebenfalls eingeblendet, oder Sie können selbst eine Beschreibung in dem Feld VERBALE BESCHREIBUNG anlegen. Abbildung 5.14 zeigt die Detailsicht für eine Planstelle in der Registerkarte GRUNDDATEN.

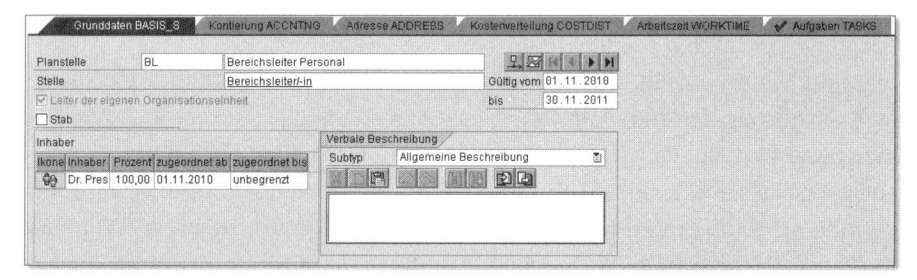

**Abbildung 5.14** Registerkarte »Grunddaten« im Detailbereich für eine Planstelle

Welche Registerkarten im Detailbereich angezeigt werden, legen Sie im Customizing fest (siehe Abschnitt 6.3.2, »Anpassung des Suchbereichs«).

Wenn Sie den Übersichtsbereich vergrößern möchten, können Sie temporär den Detailbereich über die Funktion DETAILBEREICH ÖFFNEN/DETAILBEREICH SCHLIESSEN ausblenden und später wieder einblenden. Dazu klicken Sie auf das in Abbildung 5.15 markierte Symbol.

**Abbildung 5.15** Detailbereich ein- oder ausblenden

In den Abschnitten 5.1.1, »Organisation und Besetzung«, bis 5.1.4, »Einfache Pflege«, habe ich Ihnen den Aufbau der Pflegeoberfläche in der Bearbeitungsoption ORGANISATION UND BESETZUNG beschrieben. Die folgenden Abschnitte befassen sich mit den möglichen Aktivitäten auf dieser Pflegeoberfläche. Sie erfahren, wie Sie Objekte anlegen und bearbeiten können und welche Optionen Sie bei der Bearbeitung von Mitarbeiterdaten haben.

## Neue Objekte anlegen

Im Übersichtsbereich können Sie neue Objekte anlegen, bestehende Objekte kopieren, verschieben oder löschen. Welche Objekte im Übersichtsbereich angelegt werden können und wie diese angezeigt werden, hängt von der Darstellungsform ab, die aktuell im Übersichtsbereich angezeigt wird. So können Sie z. B. in der Darstellungsform ORGANISATIONSSTRUKTUR nur Organisationseinheiten anlegen und bearbeiten. In der Darstellungsform BESETZUNGSPLAN (STRUKTUR) hingegen können Sie neben Organisationseinheiten auch noch Planstellen anlegen und bearbeiten. Zwischen den Darstellungsformen können Sie über den Button (SPRINGEN) wechseln.

Über den Button AUSWERTUNGSWEG ANZEIGEN können Sie sich die aktuellen Zuordnungsmöglichkeiten anzeigen lassen.

Wenn Sie ein neues Objekt anlegen, verwendet das System automatisch den von Ihnen gesetzten Stichtag. Das heißt, die Gültigkeit des Objekts beginnt mit dem Datum, das in der Funktion DATUM UND VORSCHAUZEITRAUM festgelegt wurde. Es ist möglich, über das Menü EINSTELLUNGEN • ZEITRAUMABFRAGE/MEHRERE OBJEKTE ANLEGEN das System so einzustellen, dass immer eine Abfrage erfolgt (siehe Abbildung 5.16). Über den Verknüpfungszeitraum können Sie dann ein vom Stichtag abweichendes Datum angeben. Wenn Sie mehr als ein neues Objekt anlegen, gilt der Verknüpfungszeitraum für alle neuen Objekte – in dem in Abbildung 5.16 dargestellten Beispiel also für beide Planstellen.

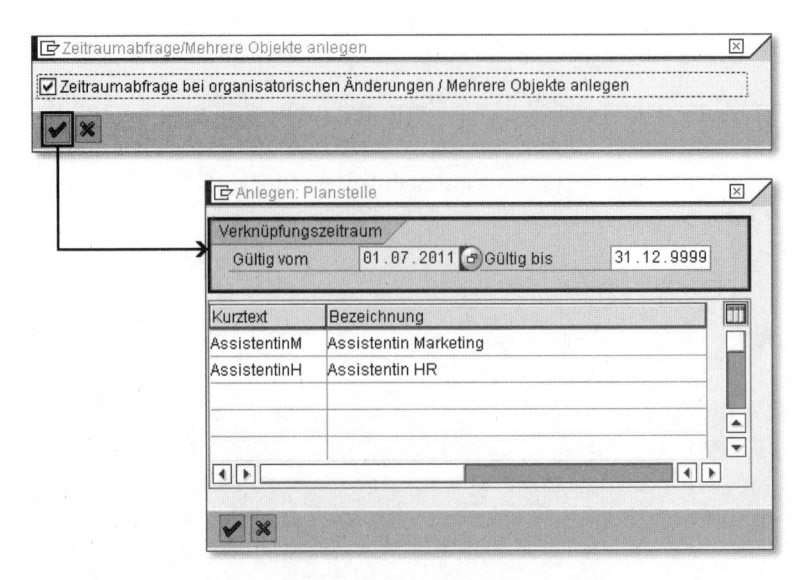

**Abbildung 5.16** Zeitraumabfrage bei der Anlage neuer Objekte

Neu angelegte Objekte (z. B. Organisationseinheiten) werden automatisch mit den vorhandenen Objekten verknüpft. Für die Neuanlage eines Objekts in einer bestehenden Struktur verwenden Sie die Transaktion PPOME (Organisation und Besetzung ändern). Wenn Sie ein Wurzelobjekt anlegen, nutzen Sie die Transaktion PPOCE (Organisation und Besetzung anlegen). Wenn Sie die Bearbeitung nach der Anlage des Wurzelobjekts direkt – also ohne Abmeldung aus der Transaktion – fortführen, d. h. weitere Objekte anlegen, können Sie dies in der Transaktion PPOCE tun. Wenn Sie aber die Bearbeitung unterbrechen, müssen Sie die Weiterbearbeitung der Struktur über die Transaktion PPOME fortführen.

Um z. B. eine neue Organisationseinheit im Übersichtsbereich anzulegen, sind die folgenden Schritte notwendig:

1. Markieren Sie zunächst im Übersichtsbereich die Organisationseinheit, der die neue Organisationseinheit zugeordnet werden soll (siehe Abbildung 5.17).

2. Dann aktivieren Sie die Funktion ANLEGEN in der Menüleiste des Detailbereichs durch einen Klick auf den Button ☐ (ANLEGEN). Es erscheint das Popup-Fenster VERKNÜPFUNG AUSWÄHLEN.

**Abbildung 5.17** Neues Objekt anlegen in der Transaktion PPOME

3. Klicken Sie auf die Verknüpfung der Organisationseinheit (siehe Abbildung 5.18), und bestätigen Sie die Eingabe mit der ⏎-Taste. Die neue Organisationseinheit mit dem vorläufigen Titel NEUE ORGANISATIONSEINHEIT wurde nun angelegt. Die Details, wie z. B. die genaue Bezeichnung der Organisationseinheit, können Sie im Detailbereich definieren.

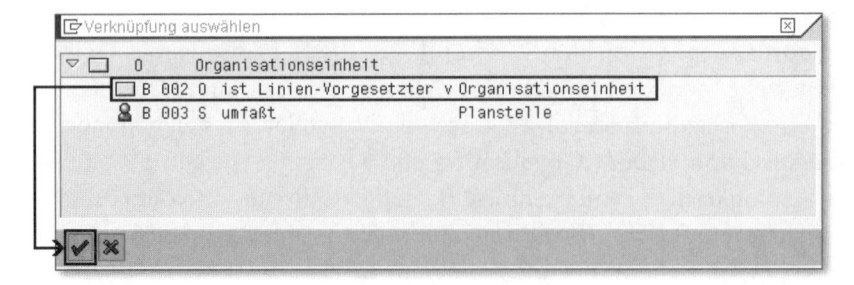

**Abbildung 5.18** Neues Objekt anlegen in der Transaktion PPOME – Verknüpfung auswählen

4. Sichern Sie Ihre Eingaben über den Button (SICHERN) in der Menüleiste. Das neue Objekt erscheint in der Struktur der PPOME. Die Details, wie z. B. die genaue Bezeichnung der Organisationseinheit, können Sie im Detailbereich pflegen (siehe Abbildung 5.19).

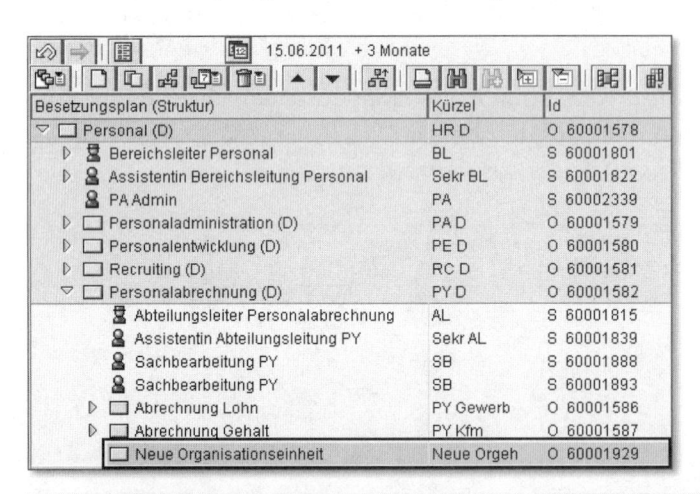

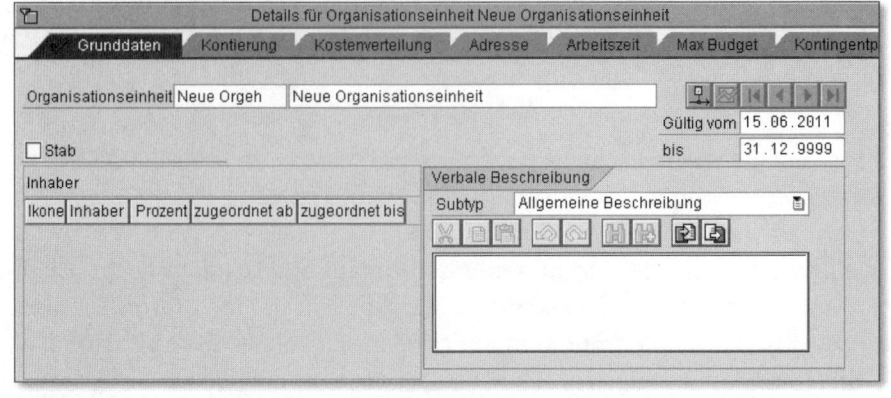

**Abbildung 5.19** Neues Objekt anlegen in der Transaktion PPOME (Details pflegen)

Um eine neue Planstelle in der Transaktion PPOME (Organisation und Besetzung ändern) anzulegen, haben Sie zwei Möglichkeiten. Sie können eine neue Planstelle auf Basis der zugehörigen Stelle anlegen. Alternativ legen Sie die Planstelle direkt in der Organisationsstruktur unterhalb einer Organisationseinheit an. Letzteres hat den Vorteil, dass die neue Planstelle direkt der Organisationsstruktur zugeordnet ist. Bei der Anlage einer neuen Planstelle über eine Stelle muss die Zuordnung in die Organisationsstruktur in einem zweiten Schritt separat erfolgen.

Wenn Sie die neue Planstelle auf Basis der Stelle anlegen möchten, gehen Sie folgendermaßen vor:

1. Zuerst suchen Sie über die Suchfunktion nach der Stelle, die Sie als Basis für die neue Planstelle verwenden möchten.
2. Im Auswahlbereich markieren Sie dann die gefundene Stelle mit einem Doppelklick und bringen diese so in den Übersichtsbereich.
3. Über die Funktion SPRINGEN selektieren Sie die Darstellungsform STELLENVERWENDUNG, da nur über diese Darstellungsform eine neue Planstelle angelegt werden kann.
4. Danach klicken Sie auf die Funktion ANLEGEN und bestätigen Ihre Eingabe mit der ⏎-Taste. Die neue Planstelle wurde nun mit dem vorläufigen Titel NEUE PLANSTELLE angelegt.
5. Führen Sie einen Doppelklick auf die neue Planstelle aus. Die Planstelle erscheint nun im Detailbereich.
6. Hier können Sie dann die notwendigen Informationen in den Registerkarten (z. B. KONTIERUNG und ARBEITSZEIT) pflegen. Wichtig ist, dass Sie zumindest die Kurz- und die Langbezeichnung der Planstelle in der Registerkarte GRUNDDATEN pflegen.
7. Sichern Sie die Daten über den Button (SICHERN) in der Menüleiste, bevor Sie die Transaktion PPOME verlassen.

Um eine neue Planstelle in der Organisationsstruktur anzulegen, gehen Sie ähnlich wie bei der Anlage einer neuen Organisationseinheit vor:

1. Zuerst markieren Sie im Übersichtsbereich die Organisationseinheit, der Sie die neue Planstelle zuordnen möchten.
2. Dann aktivieren Sie die Funktion ANLEGEN in der Menüleiste des Detailbereichs. Es erscheint das Fenster VERKNÜPFUNG AUSWÄHLEN.
3. Klicken Sie auf die Verknüpfung PLANSTELLE (siehe Abbildung 5.20). Die neue Planstelle mit dem vorläufigen Titel NEUE PLANSTELLE wurde angelegt.

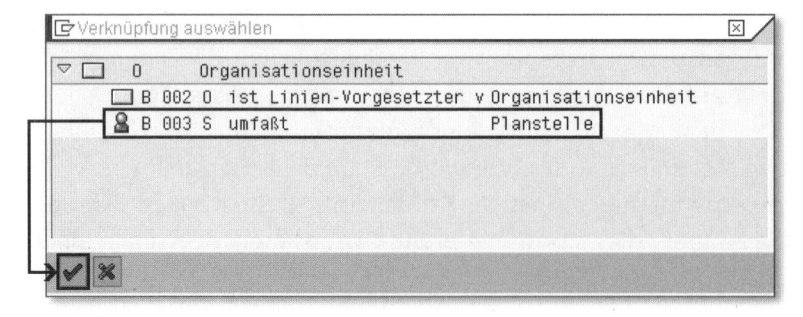

# 5 | Bearbeitungsoptionen im Organisationsmanagement

**Abbildung 5.20** Transaktion PPOME – Verknüpfung für eine neue Planstelle auswählen

4. Im Detailbereich können Sie nun eine Kurz- und eine Langbezeichnung für die Planstelle pflegen sowie ggf. weitere Informationen hinterlegen.
5. Sichern Sie Ihre Eingaben über den Button 🖫 (SICHERN) in der Menüleiste, bevor Sie die Transaktion PPOME verlassen.

> **Hinweis: Anlegen einer neuen Planstelle in der Organisationsstruktur**
>
> Um eine neue Planstelle anlegen zu können, müssen Sie sicherstellen, dass Sie sich in der Sicht BESETZUNGSPLAN (STRUKTUR) befinden, da nur in dieser Sicht neue Planstellen angelegt werden können. Sollten Sie sich nicht in dieser Sicht befinden, können Sie über die Funktion SPRINGEN 🖫 die Sicht wechseln.

Sie können über die Transaktion PPOME (Organisation und Besetzung) neue Stellen anlegen und so den Stellenkatalog erweitern (siehe Abbildung 5.21).

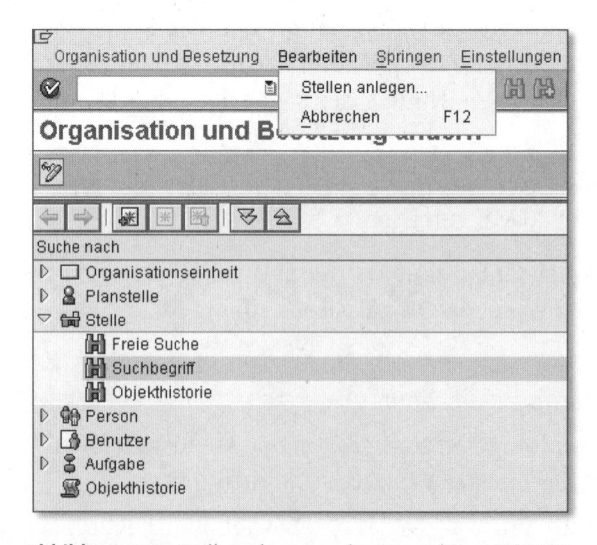

**Abbildung 5.21** Stelle anlegen in der Transaktion PPOME

Beachten müssen Sie dabei, dass die Pflege des Stellenkatalogs abgeschlossen sein muss, bevor Sie eine neue Planstelle anlegen können. Ansonsten hat die Anlage einer neuen Stelle keine direkte Beziehung zur Pflege der Organisationsstruktur.

Um eine neue Stelle anzulegen, müssen Sie folgende Schritte durchführen:

1. Pflegen Sie den Stellenkatalog über den Pfad in der Menüleiste BEARBEITEN • STELLEN ANLEGEN (siehe Abbildung 5.21).

2. In dem Fenster, das nun erscheint, legen Sie eine Kurz- sowie eine Langbezeichnung für die neue Stelle fest und definieren einen Gültigkeitszeitraum (siehe Abbildung 5.22).

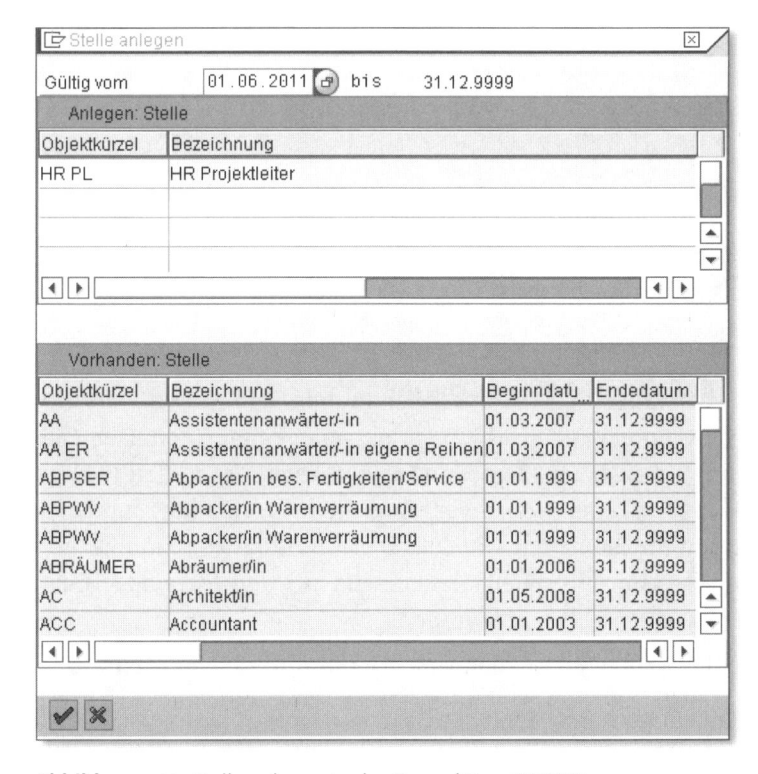

**Abbildung 5.22** Stelle anlegen in der Transaktion PPOME

3. Speichern Sie die Daten über den Button 🖫 (SICHERN) in der Menüleiste. Die neu angelegte Stelle steht nun im Stellenkatalog zur Verfügung und kann Planstellen zugeordnet werden.

## Objekte bearbeiten

Anstatt ein neues Objekt anzulegen, können Sie auch ein bestehendes Objekt kopieren. Die an dem zu kopierenden Objekt gespeicherten Informationen werden auf das neue Objekt übertragen.

Um z. B. eine bestehende Organisationseinheit in der Transaktion PPOME (Organisation und Besetzung) zu kopieren, gehen Sie folgendermaßen vor:

1. Zuerst müssen Sie im Übersichtsbereich die Organisationseinheit anklicken, die kopiert werden soll.
2. Dann aktivieren Sie die Funktion KOPIEREN in der Menüleiste des Detailbereichs . Es erscheint das Fenster OBJEKT KOPIEREN (Abbildung 5.23).

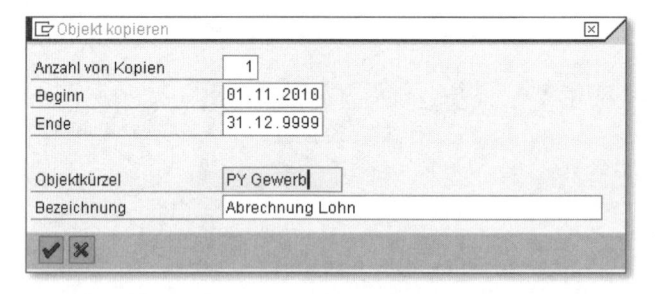

**Abbildung 5.23** Objekt kopieren in der Transaktion PPOME

3. In dem Fenster OBJEKT KOPIEREN geben Sie in dem Feld ANZAHL VON KOPIEN an, wie viele Kopien Sie von dem Objekt anlegen möchten. Den Gültigkeitszeitraum für das oder die neuen Objekte legen Sie in den Feldern BEGINN und ENDE fest. Zum Schluss vergeben Sie noch eine Kurz- und eine Langbezeichnung für die neuen Objekte. Danach bestätigen Sie Ihre Eingabe mit der ⏎-Taste. Die neuen Objekte sind nun angelegt und können im Detailbereich weiterbearbeitet werden.
4. Speichern Sie Ihre Daten über den Button (SICHERN) in der Menüleiste.

Sie können ein Objekt auch innerhalb der Organisationsstruktur verschieben, um so entweder die Hierarchie zu verändern oder aber auch nur die visuelle Darstellung. Um ein Objekt innerhalb der Organisationsstruktur zu verschieben, haben Sie folgende Möglichkeiten:

▶ **Rangfolge über die Pfeiltasten ändern**
Sie nutzen in der Menüleiste die Funktion IN RANGFOLGE NACH OBEN und IN RANGFOLGE NACH UNTEN ▲ ▼. Mit dieser Funktion können Sie ein Objekt jeweils um eine Stufe nach oben oder unten verschieben. Diese Funktion können Sie sehr gut nutzen, um Objekte innerhalb einer Hierar-

chiestufe zu sortieren. Nachdem Sie die Rangfolge verändert haben, müssen Sie Ihre Eingaben sichern.

- **Rangfolge per Drag & Drop ändern**
  Eine weitere Möglichkeit, ein Objekt zu verschieben, ist Drag & Drop. Dazu markieren Sie zuerst das Objekt, das Sie verschieben möchten. Dann schieben Sie dieses mit gedrückter linker Maustaste an das Objekt heran, dem Sie das verschobene Objekt zuordnen möchten. Die Verknüpfungen werden automatisch aktualisiert bzw. angelegt. Nachdem Sie das Objekt verschoben haben, müssen Sie Ihre Eingaben sichern.

In Tabelle 5.4 finden Sie die Bearbeitungsoptionen für Objekte aus dem Übersichtsbereich.

| Icon | Beschreibung |
| --- | --- |
|  | Objekt einem anderen Objekt zuordnen |
|  | Objekt oder Verknüpfung abgrenzen |
|  | Objekt oder Verknüpfung löschen |
|  | Hierarchie eine Stufe höher wird angezeigt |
|  | Knoten expandieren und komprimieren |
|  | Spaltenkonfiguration im Übersichtsbereich |
|  | In Rangfolge nach oben und unten |
|  | Objekt kopieren |
|  | Objekt anlegen |
|  | Springen – Darstellungsform wechseln |
|  | Auswertungsweg anzeigen |

**Tabelle 5.4** Bearbeitungsoptionen für Objekte im Übersichtsbereich

**Mitarbeiterdaten bearbeiten**

Die Bearbeitung der Mitarbeiterdaten und die Zuordnung von Mitarbeitern in die Organisationsstruktur erfolgen normalerweise in der Personaladministration. Es ist aber auch möglich, Personen innerhalb des Organisationsplans – also im Organisationsmanagement – zu versetzen. In diesem Fall prüft das SAP-System, ob diese Versetzung eine Auswirkung auf die Personaladministration hat. Eine Versetzung im Organisationsmanagement kann z. B. auch eine Änderung des Infotyps 0001 (Organisatorische Zuordnung) in der Personaladministration bedeuten. In diesem Fall wird – falls dies vorher so im Customizing festgelegt wurde – ein Workflow zur zuständigen Personalsachbearbeitung ausgelöst. Die zuständige Personalsachbearbeitung hat dann die finale Entscheidungsmöglichkeit, ob diese Versetzung, die im Organisationsmanagement durchgeführt wurde, auch im Personalstammsatz umgesetzt wird.

Im Customizing müssen Sie folgende Einstellungen vornehmen, damit ein Workflow ausgelöst wird, wenn im Organisationsplan eine organisatorische Versetzung für einen Mitarbeiter initiiert wird:

1. Legen Sie den Workflow in der Transaktion PFWS (Workflow-Muster pflegen) oder alternativ über den Einführungsleitfaden (IMG) WERKZEUGE • ABAP WORKBENCH • ENTWICKLUNG • SAP BUSINESS WORKFLOW • DEFINITIONSWERKZEUGE • AUFGABEN/AUFGABENGRUPPEN an (siehe Abbildung 5.24).

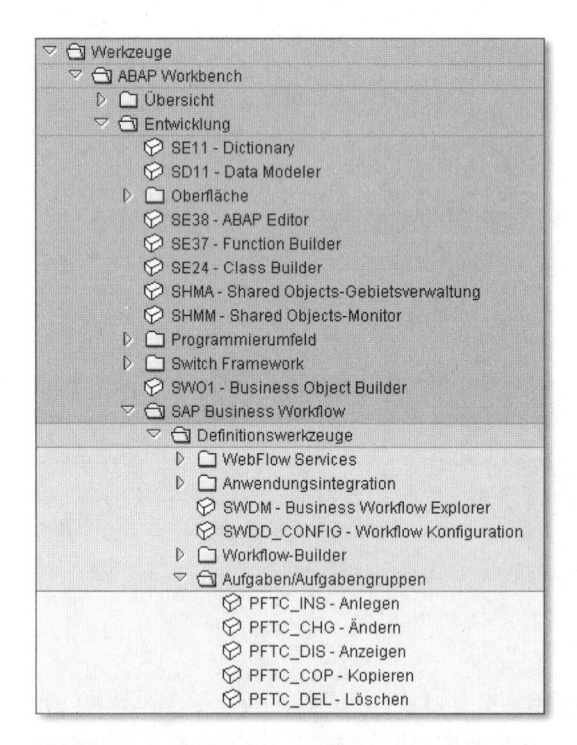

**Abbildung 5.24** Workflow einrichten

2. In der Tabelle T77S0 (Systemtabelle) aktivieren Sie – wie in Abbildung 5.25 dargestellt – die Schalter PLOGI EVCRE (Ereignis erzeugen bei Eintrag T77INT) und PLOGI EVENB (Erweiterte Integration).

**Abbildung 5.25** Erweiterte Integration und Ereignis in Tabelle T77S0 erzeugen

3. In der Tabelle T530_ALL (Maßnahmegründe) markieren Sie die Maßnahmegründe, die im Organisationsmanagement relevant sind (siehe Abbildung 5.26) – also alle Maßnahmegründe, die einen Workflow an die zuständige Personalsachbearbeitung auslösen sollen, wenn eine Maßnahme im Organisationsmanagement ausgelöst wird. Alle Maßnahmen, die keine Markierung im Feld ORG.MAN. haben, lösen auch keinen Workflow aus. Eine Maßnahme, die keinen Workflow auslöst, wird direkt im Organisationsmanagement umgesetzt bzw. wirksam.

**Abbildung 5.26** Relevanz im Organisationsmanagement in Tabelle T530_ALL einstellen

Wenn Sie die notwendige Pflegeberechtigung für die Personaladministration haben, können Sie über die Funktion SPRINGEN • DETAILOBJEKT • ERWEITERTE OBJEKTBESCHREIBUNG direkt aus der Transaktion PPOME (Organisation und Besetzung ändern) heraus in die Transaktion PA30 (Personalstammdaten pflegen) wechseln und dort die Personalstammdaten pflegen.

Zusammenfassend ist zu sagen, dass die umfangreiche Pflegeoberfläche und die Flexibilität in der Handhabung der Transaktion PPOME (Organisation und Besetzung) einen großen Vorteil für den Bearbeiter von Organisationsstrukturen und Besetzungsplänen darstellen. Es können in einer Sicht Objekte gesucht, angelegt, bearbeitet und verschoben werden. Informationen werden in Infotypen in derselben Oberfläche gepflegt, ohne die Sicht zu wechseln. Was die Standardeinstellungen nicht direkt bieten, können Sie überwiegend im Customizing einstellen (z. B. Berücksichtigung weiterer Objekte und Infotypen).

Durch die extreme Komplexität der Pflegeoberfläche und die umfangreichen Bearbeitungsmöglichkeiten ist es sehr wichtig, dass der Bearbeiter in der Nutzung der Transaktion PPOME intensiv und gut geschult werden muss, da Fehler z. B. durch die Nutzung der Drag & Drop-Funktion leicht passieren und ungewollte Verschiebungen in der Darstellung der Organisationsstruktur erfolgen können.

### 5.1.2 Strukturen allgemein

Mit der Funktion STRUKTUREN ALLGEMEIN (siehe Abbildung 5.27) steht eine weitere Bearbeitungsoption zur Verfügung, mit der Sie die Aufbauorganisation Ihres Unternehmens bearbeiten können. Sie können mit dieser Funktion Organisationsstrukturen anlegen, pflegen oder anzeigen. Dabei können Sie die Standardorganisationsobjekte verwenden und auch eigene Objekte. Die Bearbeitungsoptionen der Funktion STRUKTUREN ALLGEMEIN erreichen Sie über den Menüpfad ORGANISATIONSMANAGEMENT • AUFBAUORGANISATION • STRUKTUREN ALLGEMEIN.

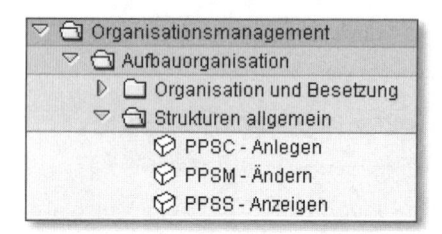

**Abbildung 5.27** Bearbeitungsoption in OM – Strukturen allgemein

In Tabelle 5.5 finden Sie eine Übersicht über die möglichen Transaktionen der Bearbeitungsfunktion STRUKTUREN ALLGEMEIN.

| Transaktion | Beschreibung |
|---|---|
| PPSC | Hierarchisch angeordnete Objekte und Verknüpfungen werden zu einer neuen Struktur zusammengefügt. |
| PPSM | Bereits existierende Strukturen bzw. Objekte werden abgegrenzt, umgehängt und gelöscht sowie neue Objekte angelegt und Verknüpfungen innerhalb der bestehenden Struktur angelegt, abgegrenzt und gelöscht. |
| PPSS | Bestehende Strukturen bzw. Objekte werden angezeigt. |

**Tabelle 5.5** Transaktionen der Bearbeitungsoption »Strukturen allgemein«

# Bearbeitung der Aufbauorganisation | 5.1

Bisher habe ich Ihnen in diesem Abschnitt lediglich die Struktur und die Verwendungsmöglichkeiten der Bearbeitungsoption STRUKTUREN ALLGEMEIN beschrieben. Im nächsten Abschnitt geht es darum, wie Sie Strukturen anlegen und bearbeiten können.

**Neue Struktur anlegen**

Um eine neue Struktur anzulegen, sind folgende Schritte notwendig (siehe Abbildung 5.28):

1. Sie starten die Funktion STRUKTUR ANLEGEN direkt über die Transaktion PPSC (Struktur anlegen) oder über den Menüpfad ORGANISATIONSMANAGEMENT • AUFBAUORGANISATION • STRUKTUREN ALLGEMEIN • ANLEGEN.

2. Danach legen Sie den Objekttyp für das Wurzelobjekt fest und vergeben eine Kurz- und eine Langbezeichnung.

**Abbildung 5.28** Strukturen allgemein – neue Struktur anlegen

3. Dann definieren Sie den Auswertungsweg oder selektieren diesen über die Wertehilfe und legen so fest, welche Objekte und Verknüpfungen innerhalb der neu zu erstellenden Organisationsstruktur angelegt werden dürfen. Wenn Sie z. B. den Auswertungsweg O-O-S-P wie in Abbildung 5.28 wählen, können Sie Organisationseinheiten, Planstellen und Personen der Struktur zuordnen.

4. Die Felder für den Gültigkeitszeitraum sind mit dem aktuellen Tagesdatum und dem 31.12.9999 vorbelegt. Diese Felder können aber überschrieben werden, wenn die neue Struktur z. B. nur befristet gültig sein soll oder die Gültigkeit vielleicht erst zu einem späteren Zeitpunkt beginnen soll.

5. Über den Button ☐ (ANLEGEN) wird nun das Wurzelobjekt angelegt, und die Basis für die neue Struktur ist vorhanden.

6. In dem nun erscheinenden Bild können Sie die Organisationsstruktur vervollständigen, indem Sie unterhalb des Wurzelobjekts die entsprechenden Objekte anlegen. Die Speicherung der neuen Struktur erfolgt automatisch.

**Struktur pflegen**

Objekte und Verknüpfungen einer bereits existierenden Struktur können Sie löschen, abgrenzen, umhängen oder auch neue Objekte anlegen. Dazu gehen Sie folgendermaßen vor:

1. Sie starten die Funktion STRUKTUR ÄNDERN direkt über die Transaktion PPSM (Struktur ändern) oder über den Menüpfad ORGANISATIONSMANAGEMENT • AUFBAUORGANISATION • STRUKTUREN ALLGEMEIN • ÄNDERN.

2. In dem nun erscheinenden Fenster (siehe Abbildung 5.29) geben Sie den Objekttyp, den Auswertungsweg und die Objekt-ID der Struktur an, die Sie bearbeiten möchten. Durch Drücken der ⏎-Taste wird Ihnen die Struktur zur Bearbeitung angezeigt.

```
Struktur ändern

Objekttyp              O      Organisationseinheit
ObjektId               52000087        Pers&Soz
Bezeichnung            Personal und Soziales

Auswertungsweg         O-O-S-P    Planstellenbesetzung entlang Organisationsstruktur

Bearbeitungszeitraum   19.06.2011  bis  31.12.9999
```

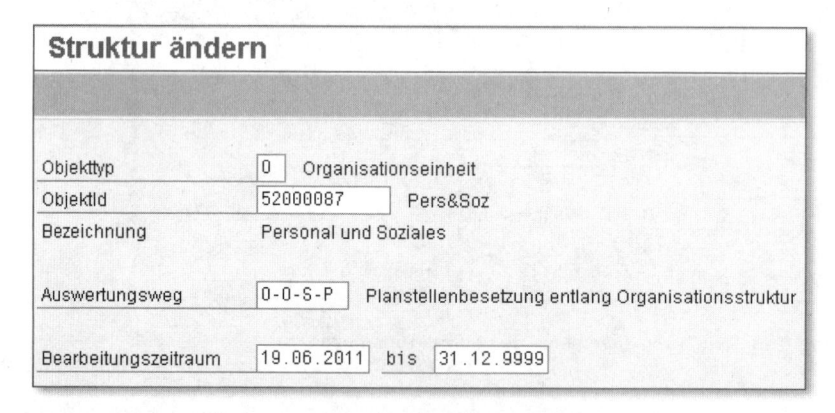

**Abbildung 5.29** Strukturen allgemein – bestehende Struktur ändern

3. Über die Funktionstasten können Sie nun die bestehenden Objekte umhängen oder abgrenzen. Sie können die Objektbezeichnungen ändern oder neue Objekte anlegen. Über den Menüpunkt SPRINGEN können Sie sich den aktuell genutzten Auswertungsweg anzeigen lassen und sehen so, welche Objekte bearbeitet werden können. Ebenfalls über den Menüpunkt SPRINGEN können Sie bei Bedarf zu einem anderen Auswertungsweg wechseln.

## Struktur anzeigen

Sie haben auch die Möglichkeit, sich eine bestehende Struktur nur anzeigen zu lassen. Um den Anzeige-Modus zu erreichen, sind folgende Schritte notwendig:

1. Rufen Sie die Funktion STRUKTUR ANZEIGEN direkt über die Transaktion PPSS (Struktur anzeigen) oder über den Menüpfad ORGANISATIONSMANAGEMENT • AUFBAUORGANISATION • STRUKTUREN ALLGEMEIN • ANZEIGEN auf.

2. In dem nun erscheinenden Fenster (siehe Abbildung 5.30) geben Sie den Objekttyp, den Auswertungsweg und die Objekt-ID der Struktur an, die Sie sich ansehen möchten. Wenn Sie die Eingaben mit der ⏎-Taste bestätigen, wird Ihnen die Struktur angezeigt.

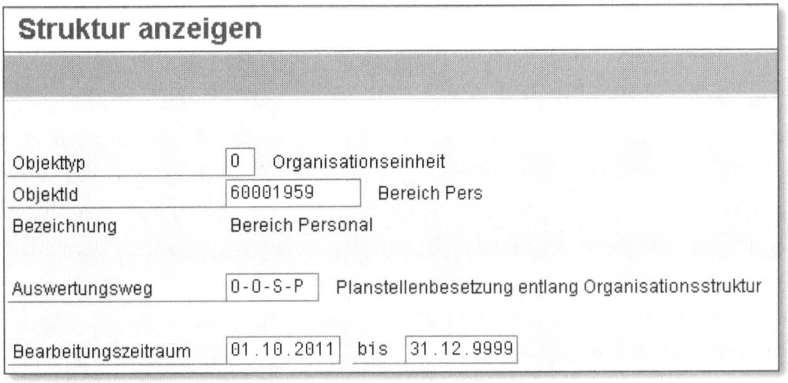

**Abbildung 5.30** Strukturen allgemein – bestehende Struktur anzeigen

In Tabelle 5.6 finden Sie die Bearbeitungsoptionen aus den Menüleisten der Funktionen STRUKTUR ANLEGEN, STRUKTUR ÄNDERN und STRUKTUR ANZEIGEN.

| Icon | Beschreibung |
|---|---|
| | Neues Objekt anlegen |
| | Objekt löschen |
| | Verknüpfung zu einem Objekt anlegen |
| | Verknüpfung zwischen zwei Objekten löschen |
| | Ein Objekt innerhalb der Hierarchie umhängen |
| | Struktur expandieren und komprimieren |

**Tabelle 5.6** Strukturen allgemein – Bearbeitungsoptionen

| Icon | Beschreibung |
|---|---|
| ↻ | Struktur nach einer Änderung aktualisieren |
| ▦ | Farblegende der angezeigten Objekttypen |

**Tabelle 5.6** Strukturen allgemein – Bearbeitungsoptionen (Forts.)

Ein großer Vorteil für den Anwender ist die Darstellung der Organisationsstruktur in einer Baumstruktur. Es ist darüber hinaus hilfreich für die Bearbeitung, dass sich die Darstellung der Organisationsstruktur im Wesentlichen nur auf wenige Sichten beschränkt. Die Bearbeitungsoption STRUKTUREN ALLGEMEIN eignet sich am besten für die Erstellung einer Basisstruktur. Wenn die Bearbeitung aber – z. B. durch die Erfassung von Informationen in Infotypen – umfangreicher wird, sollten Sie in den Expertenmodus oder in die Transaktion PPOME (Organisation und Besetzung) wechseln.

### 5.1.3 Matrixorganisation

Eine Matrixorganisation bildet verschiedene Organisationsformen gleichzeitig ab. Das bedeutet, dass ein Mitarbeiter zeitgleich an mehrere Personen berichten kann. Er kann z. B. während der Laufzeit eines Projekts sowohl an den Projektleiter als auch an seinen hierarchischen Vorgesetzten berichten. Ein weiteres Beispiel ist, dass ein Mitarbeiter organisatorisch einer Region (z. B. Ost, West, Süd oder Nord) und fachlich einem Bereich (z. B. HR, Marketing, Vertrieb oder Rechnungswesen) zugeordnet ist (siehe Abbildung 5.31).

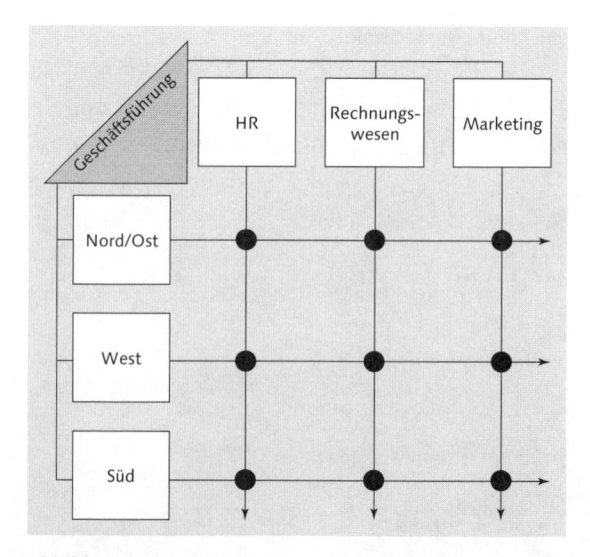

**Abbildung 5.31** Matrixorganisation nach Regionen und Fachbereichen

Im SAP-System können verschiedene Formen der Matrixorganisation abgebildet werden:

- **Projekt-Matrixorganisation**
  In der Projekt-Matrixorganisation werden Projektgruppen und deren zeitlich befristete und bereichsübergreifende Aufgaben abgebildet. In Projekten sind Mitarbeiter zeitlich befristet integriert. Diese Mitarbeiter werden aus den unterschiedlichsten Unternehmensbereichen diesen Projektgruppen zugeordnet.

  Mitarbeiter dieser Matrixorganisationsform unterstehen fachlich dem Projektleiter und disziplinarisch dem hierarchischen Vorgesetzten. Die Planstelle eines Mitarbeiters muss nicht zu 100 % dem Projekt zugeordnet sein. Die Arbeit für ein Projekt kann auch auf Teilzeit-Basis erfolgen.

- **Team-Matrixorganisation**
  Eine Team-Matrixorganisation ist dann sinnvoll, wenn komplexe Projekte abgebildet sowie mehrere Bereiche und unterschiedliches Know-how berücksichtigt werden müssen.

  Teams werden zeitlich begrenzt gebildet und zeichnen sich durch eine hohe Aufgabenorientierung aus. Deshalb ist es notwendig, dass die Mitarbeiter während der Teamzugehörigkeit von ihren bisherigen – aus ihrer Linienfunktion heraus resultierenden – Aufgaben freigestellt werden.

  Anders als bei der Projekt-Matrixorganisation werden Mitarbeiter einer Team-Matrixorganisation zu 100 % mit ihrer Planstelle dem Team zugeordnet.

- **Produkt-Matrixorganisation**
  Die Produkt-Matrixorganisation wird häufig dann eingesetzt, wenn in einem Unternehmen viele verschiedene Produkte hergestellt und vertrieben werden. Bei der Produkt-Matrixorganisation wird dann z. B. die Planstelle eines Mitarbeiters sowohl einem Fachbereich (z. B. Vertrieb, Marketing) als auch einer Produktlinie (z. B. Produkt 1 oder Produkt 2) zugeordnet. Eine Auswertung über Planstellen kann dann z. B. sowohl alle Mitarbeiter eines bestimmten Fachbereichs als auch die Mitarbeiter einer bestimmten Produktlinie enthalten.

Aufgrund der Komplexität einer Matrixorganisation ist es unabdingbar, die Implementierung einer Matrixstruktur fachlich sehr gut zu planen. Neben der fachlichen Konzeption und der Planung und Umsetzung im SAP-System ist es enorm wichtig, dass Mitarbeiter umfangreich und intensiv über die Matrixstruktur informiert und geschult werden.

Um eine Matrixpflege durchführen zu können, sind folgende Bedingungen zu erfüllen:

- Sie müssen im Customizing definieren, welche Objekttypen in der Matrixbearbeitung miteinander kombiniert werden können.
- Sie müssen im Customizing die Verknüpfungsarten für die zwei Dimensionen festlegen.
- Sie müssen jeweils das horizontale und das vertikale Start-Objekt festlegen, da sonst alle Objekte des spezifischen Objekttyps selektiert werden.

In den folgenden Abschnitten erfahren Sie, wie Sie eine Matrixorganisation im Organisationsmanagement anlegen und pflegen können und wie Sie die Voraussetzung dafür im Customizing anlegen.

**Matrixpflege**

Die Matrixpflege erreichen Sie über den Menüpfad ORGANISATIONSMANAGEMENT • AUFBAUORGANISATION • MATRIX • ÄNDERN oder direkt über die Transaktion PPME (Einstieg Matrixorganisation).

In dem nun erscheinenden Fenster haben Sie folgende Möglichkeiten, in die Matrixorganisation einzusteigen (siehe Abbildung 5.32):

- **Sie wählen einen bereits definierten Matrixtyp aus.**
  In diesem Fall sind die Verknüpfungen zwischen den Dimensionen sowie die Objekttypen bereits durch den gewählten Matrixtyp festgelegt. Die Matrixtypen werden im Customizing definiert (siehe Abschnitt »Customizing der Matrixorganisation« auf S. 239).
- **Sie geben die Variante einer Matrixsicht vor, die Sie zuvor gesichert haben.**
  Da die Verknüpfungen und die Objekte der Dimensionen bereits durch die gewählte Matrixsicht/Variante festgelegt sind, können Sie direkt mit der Bearbeitung fortfahren. Eine Variante einer Matrixsicht sollten Sie dann anlegen, wenn Sie häufiger mit dieser Matrixsicht arbeiten.
- **Sie bestimmen eine Matrixsicht über die Standardselektion.**
  Bei dieser Möglichkeit bestimmten Sie die gewünschte Matrixsicht selbst. Bevor Sie hier aber mit der Bearbeitung starten, müssen Sie den Startobjekttyp sowie das Startobjekt und die Verknüpfungen zwischen den Dimensionen bestimmen. Durch die Angabe eines Auswertungsweges schränken Sie die angezeigten Objekte ein.

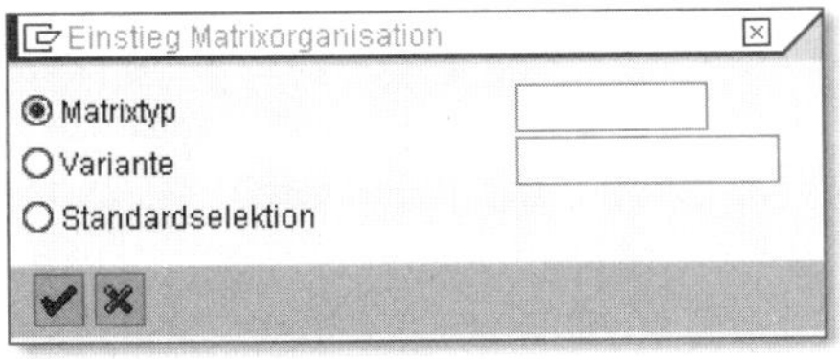

**Abbildung 5.32** Einstieg in die Matrixorganisation

Abbildung 5.33 zeigt ein Beispiel für die Darstellung einer Matrixorganisation. Es werden hier in der ersten Dimension die Fachbereiche (HR D, PERS&SOZ, RESSORG II) und in der zweiten Dimension die Regionen (NORD/OST, WEST, SÜD) angezeigt.

In der Matrixsicht werden Verknüpfungen zwischen den beiden Dimensionen angelegt, indem Sie das kleine graue Kästchen in der Schnittstelle der beiden Dimensionen anklicken. In einem Fenster wird Ihnen dann der Gültigkeitszeitraum der Verknüpfung angezeigt. Als Vorschlagswerte werden das aktuelle Tagesdatum sowie der 31.12.9999 angezeigt. Sie können diese Werte übernehmen oder überschreiben, wenn es sich z. B. um eine befristete Verknüpfung handelt. Der Verknüpfungszeitraum wird dann in dem Kästchen zwischen den beiden Dimensionen angezeigt, und das Kästchen wird schwarz.

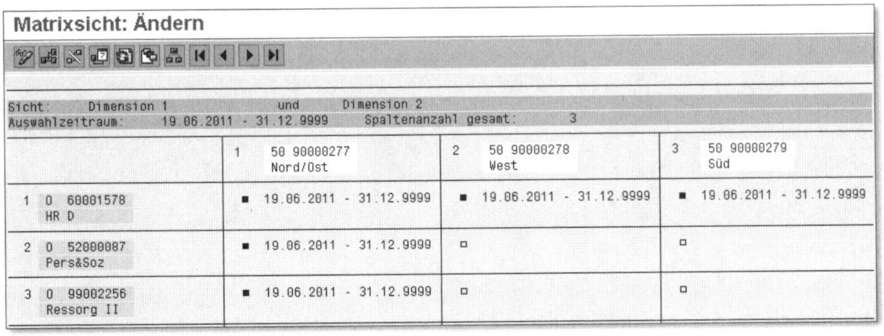

**Abbildung 5.33** Matrixsicht

### Customizing der Matrixorganisation

Im Customizing definieren Sie die Matrixtypen, die Ihnen dann beim Einstieg in die Matrixpflege über die Funktion MATRIXTYP zur Verfügung stehen und ausgewählt werden können. Das Customizing erreichen Sie im Einführungsleitfaden (IMG) über den Pfad ORGANISATIONSMANAGEMENT • MATRIXORGANI-

SATION • MATRIXTYPEN DEFINIEREN oder direkt über die Transaktion OO9M (Matrixtypen ändern).

Um einen neuen Matrixtyp festzulegen, sind folgende Customizing-Schritte notwendig:

1. Sie starten das Customizing für den neuen Matrixtyp über die Funktion NEUE EINTRÄGE (siehe Abbildung 5.34).
2. Legen Sie eine Kurz- und eine Langbezeichnung für den Matrixtyp fest.
3. Definieren Sie eine Langbezeichnung, und legen Sie den Objekttyp für die Dimension 1 fest sowie gegebenenfalls einen Auswertungsweg.
4. Definieren Sie eine Langbezeichnung, und legen Sie den Objekttyp für die Dimension 2 und gegebenenfalls einen Auswertungsweg fest.
5. Zum Schluss wählen Sie noch die Matrixverknüpfung aus, die zwischen den beiden Dimensionen angelegt werden soll.
6. Sichern Sie Ihren neuen Matrixtyp. Dieser steht Ihnen nun in der Funktion MATRIXTYP bei der Matrixpflege zur Verfügung.

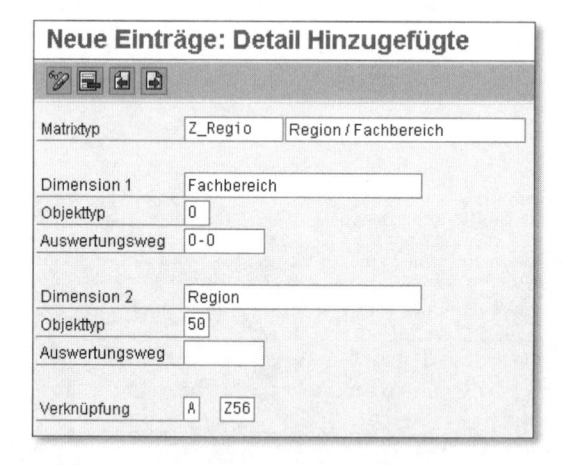

**Abbildung 5.34** Matrixtypen definieren

Die Matrixorganisation bietet eine sehr gute Möglichkeit, komplexe Organisationsstrukturen und Berichtswege über die Nutzung von Dimensionen abzubilden. Sie erfordert aber vom Anwender einen sehr guten Überblick und ein Verständnis dieser komplexen Strukturen und Berichtswege und somit eine intensive Schulung. Die Pflege einer Matrixstruktur ist durch die Berücksichtigung der verschiedenen Dimensionen deutlich aufwendiger als die Pflege einer einfachen Aufbauorganisation.

### 5.1.4 Einfache Pflege

Mit der Option EINFACHE PFLEGE können Sie die Grundstruktur für Ihre Aufbauorganisation anlegen. In der Baumstruktur der EINFACHEN PFLEGE können Sie anschließend die einzelnen OM-Basisobjekte durch Verknüpfungen verbinden und so Ihre Organisationsstruktur und den Besetzungsplan abbilden sowie – falls gewünscht – Aufgabenprofile zuordnen.

Organisatorische und strukturelle Veränderungen können Sie auf einfache Art und Weise für die gesamte Organisation oder auch nur für Teile Ihrer Organisationsstruktur bearbeiten und final bereitstellen oder auch in Planversionen simulieren.

> **Hinweis: Einfache Pflege**
> Die EINFACHE PFLEGE ist sehr gut für die Erstellung der Basis für Ihre Organisationsstruktur geeignet. Wenn Sie einzelne Organisationsobjekte detaillierter beschreiben möchten, sollten Sie in die DETAILPFLEGE wechseln.

Mit der Bearbeitungsoption EINFACHE PFLEGE können Sie:

- **Objekte anlegen**
  Die Basisobjekte (Organisationseinheiten, Stellen, Planstellen und Aufgaben) des Organisationsmanagement können Sie mithilfe der EINFACHEN PFLEGE sehr unkompliziert anlegen. Das Objekt *Arbeitsplatz* hingegen kann in der EINFACHEN PFLEGE nicht angelegt oder zugeordnet werden. Alle Objekte, die in der EINFACHEN PFLEGE angelegt werden, erhalten automatisch den Status AKTIV.

  Anders als in der Transaktion PPOME (Organisation und Besetzung ändern) wird die Aufbauorganisation in der EINFACHEN PFLEGE als Baumstruktur dargestellt.

- **Sichten wählen**
  Die EINFACHE PFLEGE wird nicht nur von Anwendern aus der Personaladministration oder dem Organisationsmanagement genutzt, sondern auch von Anwendern, die ihren Schwerpunkt in der Bearbeitung von Workflows haben. Deshalb werden zwei unterschiedliche Sichten bereitgestellt: die Gesamtsicht und personalwirtschaftliche Sicht.

- **Darstellungsform wählen**
  Die EINFACHE PFLEGE bietet drei verschiedene Darstellungsformen, die unterschiedliche Bearbeitungsoptionen beinhalten:

- In der Darstellungsform ORGANISATIONSSTRUKTUR können Sie Ihre Aufbauorganisation anlegen und bearbeiten.
- In der Darstellungsform BESETZUNGSPLAN können Sie Stellen und Planstellen anlegen, diesen Planstellen Inhaber zuordnen und so Ihren Besetzungsplan erstellen.
- Die Darstellungsform AUFGABENPROFIL erreichen Sie über die Darstellung BESETZUNGSPLAN. Hier können Sie für Organisationseinheiten, Stellen und Planstellen Aufgabenprofile anlegen und pflegen.

- **Weitere Bearbeitungsoptionen**
  Sie können in der Aufbauorganisation die folgenden Aufgaben durchführen:
    - eine Planstellenhierarchie aufbauen und pflegen
    - Kostenstellenzuordnungen anlegen und bearbeiten
    - Infotypen anlegen und pflegen

Sie können die EINFACHE PFLEGE über das SAP-Menü über den Pfad ORGANISATIONSMANAGEMENT • EXPERTENMODUS • EINFACHE PFLEGE direkt aufrufen (siehe Abbildung 5.35). Sie können aber auch aus anderen Bearbeitungsoptionen heraus in die EINFACHE PFLEGE wechseln (z. B. in der Transaktion PPOME über die Funktion ORGANISATION UND BESETZUNG ÄNDERN in der Menüleiste).

**Abbildung 5.35** Aufrufen der »Einfachen Pflege«

Zur Bearbeitung Ihrer Aufbauorganisation mit der EINFACHEN PFLEGE nutzen Sie drei verschiedene Transaktionen (siehe Tabelle 5.7).

| Transaktion | Beschreibung |
|---|---|
| PPOC_OLD | Organisationseinheiten anlegen |
| PPOM_OLD | Aufbauorganisation ändern |
| PPOS_OLD | Aufbauorganisation anzeigen |

**Tabelle 5.7** Transaktionen der »Einfachen Pflege«

In den folgenden Abschnitten erfahren Sie, wie Sie Objekte in der EINFACHEN PFLEGE anlegen können und wie Sie das Customizing für die EINFACHE PFLEGE durchführen.

**Organisationseinheiten anlegen**

Mit der Transaktion PPOC_OLD (Organisationseinheiten anlegen) legen Sie das sogenannte *Wurzelobjekt* an und starten somit die Anlage Ihrer Aufbauorganisation. Ein Wurzelobjekt ist das oberste Objekt einer Hierarchie. Diesem Objekt werden dann über die Transaktion PPOM_OLD (Aufbauorganisation ändern) weitere Objekte zu- bzw. untergeordnet.

Die Anlage einer Wurzelorganisationseinheit starten Sie entweder über den SAP-Menüpfad ORGANISATIONSMANAGEMENT • EXPERTENMODUS • EINFACHE PFLEGE • ANLEGEN oder direkt über die Transaktion PPOC_OLD.

In dem nun erscheinenden Detailbild (siehe Abbildung 5.36) führen Sie folgende Schritte durch:

1. Definieren Sie eine Kurz- und eine Langbezeichnung für die Wurzelorganisationseinheit, und legen Sie den Gültigkeitszeitraum fest.
2. Entscheiden Sie sich, ob Sie in der Gesamtsicht arbeiten möchten oder in der personalwirtschaftlichen Sicht, und markieren Sie die entsprechende Sicht.
3. Über die Funktion ANLEGEN wird das Wurzelobjekt angelegt und in der Sicht ORGANISATIONSSTRUKTUR ÄNDERN angezeigt.
4. Sie werden nun automatisch zur Oberfläche ORGANISATIONSSTRUKTUR ÄNDERN weitergeleitet, wo Sie mit dem Aufbau der Organisationsstruktur fortfahren können. Sie können nun die weiteren Objekte für Ihre Aufbauorganisation hinzufügen.

**Abbildung 5.36** Organisationseinheit anlegen in der Transaktion PPOC_OLD

Die Anlage und Pflege von Organisationseinheiten ist die Grundlage für die Bildung der Aufbauorganisation. Wie Sie die Aufbauorganisation mithilfe von Organisationseinheiten anlegen und pflegen sowie einen Besetzungsplan anlegen und die Kontierung pflegen, erfahren Sie in den folgenden Abschnitten.

**Kontierung pflegen**

Die Baumstruktur in der EINFACHEN PFLEGE ermöglicht es Ihnen, auf einfache Art und Weise eine Kostenstellenzuordnung an Organisationseinheiten und Planstellen zu pflegen sowie Kostenverteilungen vorzunehmen und Vorschlagswerte für Kostenzuordnungen zu generieren.

Die Funktion KONTIERUNG erreichen Sie in der Sicht ORGANISATIONSSTRUKTUR ÄNDERN und dann über den Menüpfad SPRINGEN • KONTIERUNG. In der Sicht KONTIERUNG ÄNDERN können Sie dann für die Objekte Organisationseinheit und Planstelle die Kostenstellenzuordnung vornehmen (siehe Abbildung 5.37).

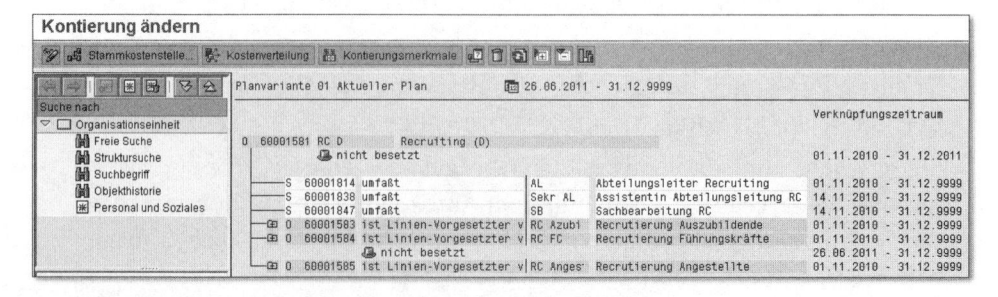

**Abbildung 5.37** Kontierung in der »Einfachen Pflege« ändern

Wenn Sie eine neue Kostenstellenzuordnung anlegen, wird durch das System automatisch eine Verknüpfung A/B011 (Kostenstellenzuordnung) zwischen der Organisationseinheit oder der Planstelle und der Kostenstelle angelegt. Die Kostenstellenzuordnung wird automatisch auf die untergeordneten Objekte vererbt.

Über die Funktion KOSTENVERTEILUNG können Sie auch mehrere Kostenstellenverknüpfungen vornehmen und so die Kosten prozentual auf mehrere Kosten verteilen. In diesem Fall wird für das Objekt automatisch der Infotyp 1018 (Kostenverteilung) angelegt.

Für die Zuordnung einer Stammkostenstelle zu einem Objekt gehen Sie folgendermaßen vor:

1. In der Sicht KONTIERUNG ÄNDERN klicken Sie zuerst auf das Objekt, für das Sie die Kostenstellenzuordnung anlegen möchten.
2. Danach klicken Sie auf den Button STAMMKOSTENSTELLE oder nutzen den Menüpfad BEARBEITEN • STAMMKOSTENSTELLE • ANLEGEN.
3. In dem Fenster KOSTENSTELLE ZUORDNEN geben Sie die ID der Stammkostenstelle direkt in dem Feld KOSTENSTELLE ein oder suchen die richtige Kostenstelle über die Suchfunktion (siehe Abbildung 5.38).

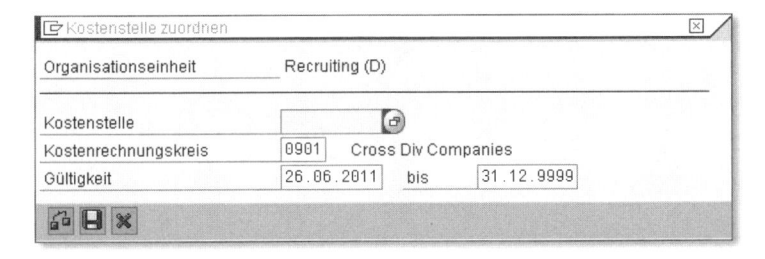

**Abbildung 5.38** Kostenstelle in der »Einfachen Pflege« zuordnen

4. Speichern Sie die Kostenstellenzuordnung über den Button 💾 (SPEICHERN). Die Kontierung wird nun in der Struktur angezeigt.

**Aufbauorganisation ändern**

Wenn Sie eine bereits vorhandene Organisationsstruktur über die EINFACHE PFLEGE ändern müssen, erreichen Sie die Bearbeitungsoption ORGANISATIONSSTRUKTUR ÄNDERN entweder direkt, nachdem Sie die Wurzelorganisationseinheit angelegt haben, oder über den SAP-Menüpfad ORGANISATIONSMA-

NAGEMENT • EXPERTENMODUS • EINFACHE PFLEGE • ÄNDERN oder über die Transaktion PPOM_OLD.

Um Änderungen an einer existierenden Organisationsstruktur vorzunehmen, müssen Sie in dem Detailbild AUFBAUORGANISATION ÄNDERN (siehe Abbildung 5.39) folgende Daten eingeben:

1. Zuerst geben Sie in das Feld ORGANISATIONSEINHEIT die Objekt-ID der Organisationseinheit ein, zu der Sie die Struktur bearbeiten möchten.

2. Bei Bedarf ändern Sie den angezeigten Bearbeitungszeitraum, indem Sie die dort angezeigten Daten überschreiben, oder Sie übernehmen die voreingestellten Werte.

3. In dem Bereich, in dem die verschiedenen Sichten angezeigt werden, entscheiden Sie sich für die Sicht, in der Sie die Aufbauorganisation bearbeiten möchten. Dafür markieren Sie den Radiobutton vor der entsprechenden Option. In dem Beispiel aus Abbildung 5.39 sehen Sie die Sicht GRUNDDATEN/GESAMTSICHT.

4. Klicken Sie auf den Button ✎ (ÄNDERN). Die Aufbauorganisation wird Ihnen nun im Bearbeitungsmodus angezeigt.

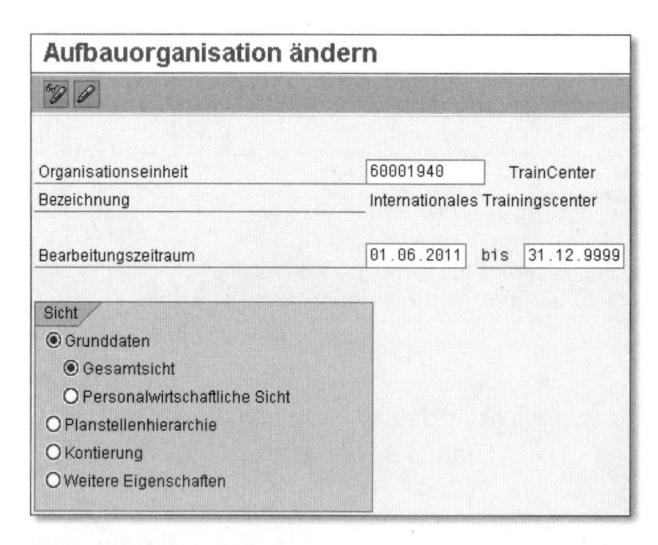

**Abbildung 5.39** Aufbauorganisation ändern in der Transaktion PPOM_OLD

In der Bearbeitungsoption ORGANISATIONSSTRUKTUR ÄNDERN können Sie nun an der Wurzelorganisationseinheit oder an einer beliebigen anderen Organisationseinheit der Aufbauorganisation eine oder mehrere Organisationseinheiten gleichzeitig hinzufügen (siehe Abbildung 5.40). Dabei gehen Sie folgendermaßen vor:

1. Im Bearbeitungsmodus ORGANISATIONSSTRUKTUR ÄNDERN klicken Sie auf die Organisationseinheit, der Sie die neue Organisationseinheit zuordnen möchten.
2. Über den Pfad BEARBEITEN • ANLEGEN • ORGANISATIONSEINHEIT in der Menüleiste oder direkt über den Button ▢ (ANLEGEN) gelangen Sie in das Fenster ORGANISATIONSEINHEIT ANLEGEN.
3. Vergeben Sie ein Kürzel und eine Bezeichnung für die neue Organisationseinheit. Wenn Sie mehr als eine Organisationseinheit gleichzeitig anlegen möchten, können Sie in diesem Schritt mehrere Kurz- und Langbezeichnungen in den dafür vorgesehenen Feldern vergeben. Über die Funktion WEITERE EINTRÄGE können Sie weitere Zeilen einblenden, in denen Sie Bezeichnungen für neue Organisationseinheiten vergeben können. Über den Button ▢ (SICHERN) bringen Sie die neue Organisationseinheit in die Struktur ein (siehe Abbildung 5.40).

**Abbildung 5.40** Organisationseinheiten anlegen in der Transaktion PPOM_OLD

4. Die Organisationsstruktur wird Ihnen nun – ergänzt um die neuen Organisationseinheiten – angezeigt. Eine weitere Sicherung der Daten ist hier nicht mehr notwendig.

Im Folgenden finden Sie eine Übersicht über die Bearbeitungsoptionen in der EINFACHEN PFLEGE. Diese Bearbeitungsoptionen erreichen Sie über das Menü in der Funktion BEARBEITEN oder direkt über die Funktionsbuttons. Allerdings gibt es nicht für jede Bearbeitungsoption einen Button. Wenn es zu einer Bearbeitungsoption einen entsprechen Button für einen Schnelleinstieg in die Bearbeitungsoption gibt, habe ich diesen in die Beschreibung eingefügt.

- **Bezeichnung einer Organisationseinheit ändern**
  Menüpfad: BEARBEITEN • ÄNDERN • UMBENENNEN

  Sie können die Kurz- und/oder die Langbezeichnung einer existierenden Organisationseinheit ändern. Bei Bedarf ist auch die Änderung des Gültigkeitszeitraums über diese Funktion möglich.

- **Gültigkeit einer Organisationseinheit abgrenzen**
  Menüpfad: BEARBEITEN • ABGRENZEN • OBJEKT/VERKNÜPFUNG/ENDE-DATUM HERAUFSETZEN

  Eine Organisationseinheit wird abgegrenzt, indem Sie das Endedatum des Gültigkeitszeitraums verändern, es also herauf- oder heruntersetzen. Die Gültigkeit der Infotypen wird zum selben Termin automatisch begrenzt.

- **Organisationseinheiten löschen**
  Menüpfad: BEARBEITEN • LÖSCHEN • OBJEKT/VERKNÜPFUNG

  Eine Organisationseinheit sollten Sie nur dann löschen, wenn diese absolut nicht mehr benötigt wird (z. B. irrtümlich angelegt). Beachten Sie, dass bei einer Löschung auch alle Infotypen, Verknüpfungen und auch die Historie gelöscht werden. Prüfen Sie immer, ob die Funktion ABGRENZEN nicht auch eine Option wäre.

- **Organisationseinheiten priorisieren**
  Menüpfad: BEARBEITEN • PRIORISIERUNG • ORGANISATIONSEINHEIT

  Organisationseinheiten, die auf einer Ebene der Organisationsstruktur angelegt sind, können priorisiert werden.

- **Organisationseinheiten neu anordnen**
  Button

  In der angezeigten Struktur können Sie die Reihenfolge der angezeigten Organisationseinheiten verändern.

- **Organisationseinheiten umhängen**
  Menüpfad: BEARBEITEN • UMHÄNGEN • OBJEKT/REIHENFOLGE/ALLGEMEIN oder Button

  Wenn Sie eine Organisationseinheit umhängen möchten (z. B. in einen anderen Bereich), wählen Sie ORGANISATIONSEINHEIT UMHÄNGEN.

▶ **Organisationseinheiten zuordnen**
Menüpfad: Bearbeiten • Zuordnen • Organisationseinheit
Über diese Funktion können Sie z. B. eine Wurzelorganisationseinheit, die Sie über die Einfache Pflege angelegt haben, der Organisationsstruktur zuordnen.

In diesem Abschnitt haben Sie erfahren, wie Sie Ihre Aufbauorganisation anlegen können und so die Basis für den Besetzungsplan schaffen. Die Pflege des Besetzungsplans wird im folgenden Abschnitt detailliert erläutert.

### Besetzungsplan anlegen und pflegen

Durch die Zuordnung von Planstellen zu Organisationseinheiten und Personen zu Planstellen ergänzen Sie Ihre Aufbauorganisation und erstellen so einen Besetzungsplan. Eine Planstelle verknüpfen Sie mit einer Stelle. Dadurch werden die Eigenschaften der Stelle auf die Planstelle vererbt. Das Objekt Aufgabe ordnen Sie dann nur noch der Planstelle zu, wenn Zuständigkeiten an der Planstelle ergänzt werden müssen, die nicht durch die Stelle bereits abgedeckt sind.

Wenn Sie eine neue Stelle in der Einfachen Pflege anlegen möchten, gehen Sie folgendermaßen vor (siehe Abbildung 5.41):

1. In der Sicht Besetzungsplan rufen Sie die Bearbeitungsoption über den Pfad Bearbeiten • Anlegen • Stellen in der Menüleiste auf. Sie gelangen in den Besetzungsplan über den Button Besetzungsplan in der Menüleiste der Sicht Grunddaten.

2. In dem nun erscheinenden Fenster legen Sie ein Kürzel und eine Bezeichnung für die neue Stelle fest. Alle bereits vorhandenen Stellen werden in dem unteren Teil des Fensters in alphabetischer Reihenfolge angezeigt. Wenn Sie eine Stellenbezeichnung vergeben, die im Stellenkatalog bereits vorhanden ist, erscheint eine Meldung (Objekt XXX ist bereits vorhanden). Über den Button 🖫 (Sichern) sichern Sie die neue Stelle im Stellenkatalog.

3. Über die Funktion Zeitraum können Sie – falls notwendig – den Gültigkeitszeitraum für die Stelle(n) festlegen, wenn diese z. B. nur für einen befristeten Zeitraum gültig sein soll(en). Beachten Sie dabei, dass der neue Gültigkeitszeitraum für alle Stellen angelegt wird, die Sie in dem Fenster Stellen anlegen in diesem Schritt neu anlegen.

4. Sichern Sie die neue(n) Stelle(n).

# 5 | Bearbeitungsoptionen im Organisationsmanagement

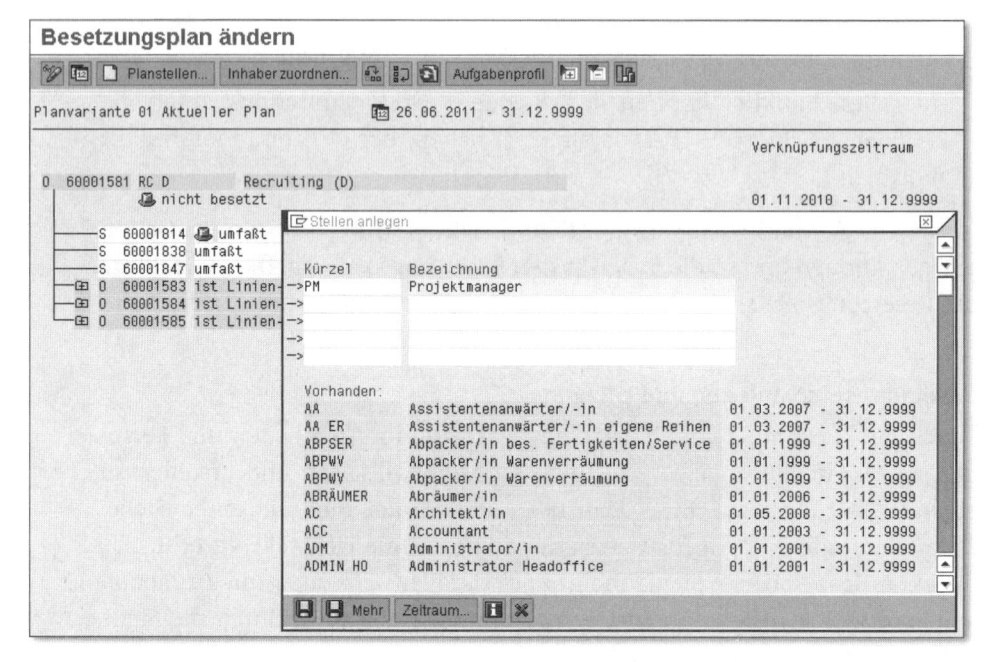

**Abbildung 5.41** Stellen in der »Einfachen Pflege« anlegen

Die Anlage einer neuen Planstelle führen Sie ebenfalls in der Sicht Besetzungsplan durch. Basis für die Anlage einer neuen Planstelle sind die Informationen, die an einer Stelle hinterlegt sind. Damit ist gemeint, dass eine Planstelle die Eigenschaften einer Stelle erbt. Sie müssen an der Stelle dann nur noch die Eigenschaften ergänzen, z. B. durch die Verknüpfung mit einer Aufgabe, die nicht durch die Stelle vererbt wird.

Um eine oder gleichzeitig mehrere neue Planstellen in der Aufbauorganisation anzulegen, wählen Sie zuerst durch Anklicken eine Organisationseinheit aus, der Sie die neue(n) Planstelle(n) zuordnen möchten. Das System legt dann von der neuen Planstelle aus automatisch eine neue A/B003-Verknüpfung (gehört zu/umfasst) zur gewählten Organisationseinheit an. Sie können die neue Planstelle entweder direkt anlegen oder durch Kopieren der Stelle auf die neue Planstelle. Ich empfehle Ihnen die zweite Variante, also die Anlage der neuen Planstelle durch Kopieren der Stelle. Durch diese Methode wird automatisch eine A/B007-Verknüpfung (beschreibt/wird beschrieben durch) zwischen der Stelle und der neuen Planstelle angelegt.

In der Sicht Besetzungsplan nutzen Sie den Pfad in der Menüleiste Bearbeiten • Anlegen • Planstellen und durchlaufen dann die im Folgenden beschriebenen Schritte:

1. Zuerst klicken Sie auf die Organisationseinheit, unter der Sie die neue(n) Planstelle(n) anlegen möchten.
2. Im Menü wählen Sie dann den Pfad BEARBEITEN • ANLEGEN • PLANSTELLEN oder klicken auf den Button [Planstellen...].
3. In dem nun erscheinenden Fenster PLANSTELLEN ANLEGEN (siehe Abbildung 5.42) haben Sie nun zwei Möglichkeiten, eine oder mehrere neue Planstellen anzulegen:
   - Sie geben das Kürzel der Stelle ein, die Sie als Basis für die neue Planstelle nutzen möchten, oder wählen diese Stelle über die Wertehilfe (F4-Hilfe) aus. Wenn die Stelle noch nicht vorhanden ist, können Sie diese auch direkt über die Funktion STELLEN ANLEGEN in dem Fenster PLANSTELLEN ANLEGEN neu definieren. In den Feldern KÜRZEL und BEZEICHNUNG wird dann die Bezeichnung der Stelle als Basis für die neue Planstelle übernommen. Wenn Sie möchten, können Sie die Bezeichnung überschreiben oder ergänzen.
   - Sie vergeben selbst ein Kürzel und eine Bezeichnung für die neue Planstelle. Das System fragt Sie dann, ob Sie die neue Planstelle ohne Stellenbeschreibung anlegen möchten. Wenn Sie dies bestätigen, wird die Planstelle angelegt und der Organisationseinheit zugeordnet. Eine Verknüpfung zur Stelle findet nicht statt.
4. Speichern Sie die neue(n) Planstelle(n).

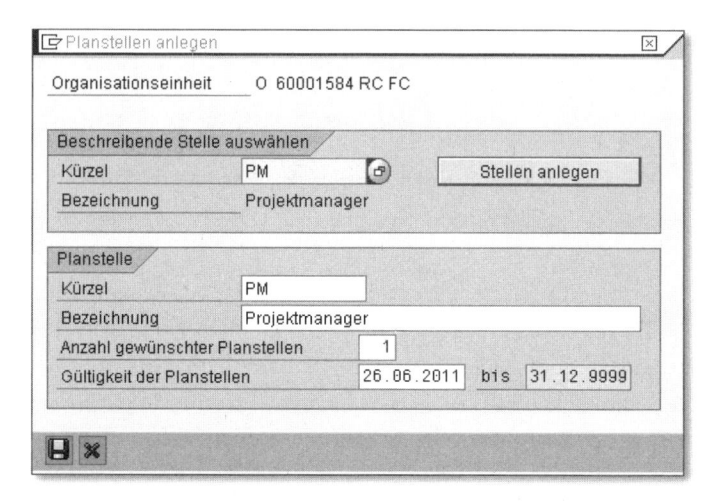

**Abbildung 5.42** Planstelle in der »Einfachen Pflege« anlegen

Sie können eine angelegte Planstelle als Leiterplanstelle definieren, wenn diese Planstelle die Leitung einer Organisationseinheit übernehmen soll.

Durch die Definition einer Planstelle als Leiterplanstelle wird automatisch die Verknüpfung A/B012 (leitet/wird geleitet von) zwischen einer Planstelle und einer Organisationseinheit angelegt. Leiterplanstellen sind dann besonders wichtig, wenn Sie Genehmigungsworkflows in Ihrem Unternehmen nutzen. Durch die Kennzeichnung als Leiterplanstelle wird der Genehmiger eines Vorgangs (z. B. Urlaubsantrag oder Reisekosten) gefunden. Für die Anlage einer Leiterplanstelle gehen Sie – auch wieder in der Sicht BESETZUNGSPLAN – folgendermaßen vor:

1. Zuerst klicken Sie auf die Planstelle, die als Leiterplanstelle für eine Organisationseinheit definiert werden soll.
2. Im Menü wählen Sie den Pfad BEARBEITEN • LEITERPLANSTELLE • ANLEGEN.
3. In dem nun erscheinenden Fenster LEITER ANLEGEN (siehe Abbildung 5.43) können Sie nun bei Bedarf die voreingestellte Gültigkeit (Tagesdatum bis 31.12.9999) für die Leiterplanstelle begrenzen.
4. Nachdem Sie die Leiterplanstelle gespeichert haben, erscheint diese mit einem Hut 🎩 gekennzeichnet im Besetzungsplan (siehe Abbildung 5.43).

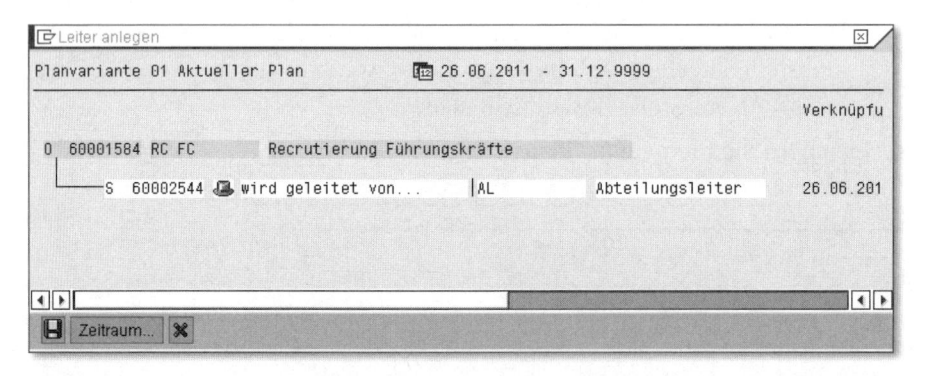

**Abbildung 5.43** Leiterplanstelle in der »Einfachen Pflege« anlegen

Wenn aus einer Leiterplanstelle wieder eine normale Planstelle werden soll, grenzen Sie nur die A/B012-Verknüpfung (leitet/wird geleitet von), also die Verknüpfung, die aus einer Planstelle eine Leiterplanstelle macht, ab. Die Gültigkeit der Planstelle an sich bleibt davon unberührt. Wenn Sie eine Leiterplanstelle abgrenzen möchten, gehen Sie folgendermaßen vor:

1. Zuerst klicken Sie auf die Leiterplanstelle im Besetzungsplan, die Sie abgrenzen möchten.
2. Im Menü wählen Sie dann den Pfad BEARBEITEN • LEITERPLANSTELLE • ABGRENZEN.

3. In dem nun erscheinenden Fenster LEITER ABGRENZEN (siehe Abbildung 5.44) aktivieren Sie die Funktion ABGRENZDATUM.

4. In dem Fenster LEITER ABGRENZEN geben Sie das Datum, zu dem die Verknüpfung A/B012 abgrenzt werden soll, in dem Feld ABGRENZDATUM ein und bestätigen die Eingabe.

5. Über die Funktion ABGRENZEN wird dann die Gültigkeit der Verknüpfung zum vorher angegebenen Termin beendet.

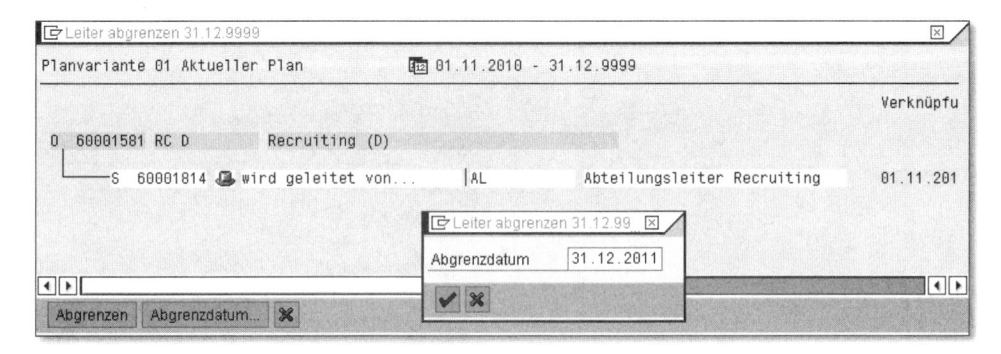

**Abbildung 5.44** Leiterplanstelle in der »Einfachen Pflege« abgrenzen

Um den Besetzungsplan zu komplettieren, müssen Sie den Planstellen noch Inhaber zuordnen. Dies geschieht üblicherweise über eine Maßnahme in der Personaladministration, kann aber auch über die EINFACHE PFLEGE durchgeführt werden. Das System legt dabei automatisch die Verknüpfung A/B008 (Inhaber) an. In der Sicht BESETZUNGSPLAN wählen Sie dazu die Funktion INHABER ZUORDNEN, oder Sie nutzen den Menüpfad BEARBEITEN • ZUORDNEN • INHABER. Anschließend sind noch die folgenden Schritte notwendig:

1. In dem Fenster INHABER ZUORDNEN (siehe Abbildung 5.45) wählen Sie über die Wertehilfe (F4-Hilfe) die Person aus, die der Planstelle zugeordnet werden soll. Falls die Person nicht zu 100 % der Planstelle zugeordnet werden soll, können Sie den Besetzungsprozentsatz entsprechend anpassen.

2. Über die Funktion ANGABE IN STUNDEN können Sie die Stundenanzahl (GEWICHTUNGSSTUNDEN) ändern. Durch eine Anpassung in diesem Feld ändert sich automatisch entsprechend die Prozentangabe in dem Feld BESETZUNGSPROZENTSATZ. Damit wird deutlich, zu wie viel Prozent der Inhaber der Planstelle zugeordnet ist.

3. Voreingestellt ist der Gültigkeitszeitraum aktuelles Tagesdatum bis 31.12.9999. Wenn Die Zuordnung der Person zur Planstelle aber z. B. erst zu einem späteren Zeitpunkt gültig oder nur befristet sein soll, können Sie dies entsprechend über den Zeitraum steuern.

4. Speichern Sie die Zuordnung eines Inhabers zur Planstelle über den Button .

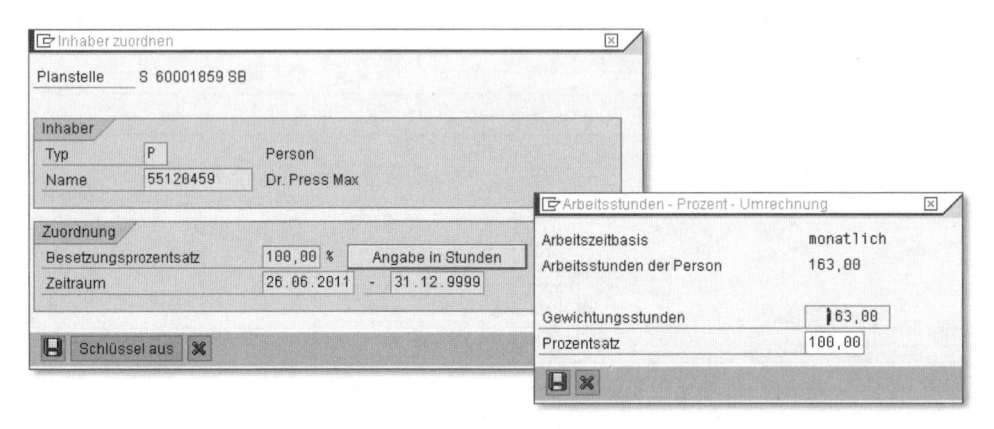

**Abbildung 5.45** Inhaber einer Planstelle in der »Einfachen Pflege« zuordnen

In diesem Abschnitt haben Sie erfahren, wie Sie einen Besetzungsplan pflegen können, nachdem Sie die Aufbauorganisation angelegt haben.

**Aufgabenprofile zuordnen**

Nachdem die Aufbauorganisation angelegt und der Besetzungsplan gepflegt wurde, können Sie die Aufgabenprofile anlegen oder pflegen bzw. Aufgaben diesen Aufgabenprofilen zuordnen. Aufgabenprofile werden angelegt, indem Sie Aufgaben Organisationseinheiten, Stellen oder Planstellen zuordnen. Dabei wird automatisch die Verknüpfung A/B007 (beschreibt/wird beschrieben durch) angelegt. Sie definieren so, welche Aufgaben Organisationseinheiten, Stellen oder Planstellen zugeordnet werden. Da sich die Aufgaben von Organisationseinheiten und Stellen auf Planstellen vererben, definieren Sie an einer Planstelle nur noch die spezifischen Aufgaben, die nicht über die Vererbung auf die Planstelle übertragen werden.

Die Zuordnung von Aufgaben ist besonders wichtig, wenn Sie den SAP Business Workflow nutzen, da über die Aufgabenzuordnung die möglichen Bearbeiter für die Workflow-Aufgabe ermittelt werden.

Sie können einem Objekt eine oder mehrere Aufgaben gleichzeitig zuordnen und gehen dabei folgendermaßen vor:

1. In der Sicht Besetzungsplan ändern klicken Sie auf das Objekt, dem Sie eine Aufgabe zuordnen möchten, und aktivieren dann die Funktion Aufgabenprofil.

2. In der Sicht Aufgabenprofil ändern können Sie nun direkt den Button Aufgabe oder über den Menüpfad Bearbeiten • Zuordnen • Aufgabe die Anlage einer neuen Aufgabe starten. Alternativ können Sie auch eine Aufgabengruppe zuordnen, wenn Sie anstelle der Aufgabe die Funktion Aufgabengruppe selektieren.

3. Wenn Sie einen Suchbegriff in dem Fenster Aufgabe auswählen eingeben (hier z. B. *Bewerber*), öffnet sich das Fenster Standardaufgabe (siehe Abbildung 5.46).

4. In dem Fenster Standardaufgabe können Sie nun eine oder mehrere Aufgaben markieren, die Sie dem Objekt zuordnen möchten. Beachten Sie, dass die im Folgenden beschriebenen Anpassungen für alle Aufgaben gelten, wenn Sie mehr als eine ausgewählt haben.

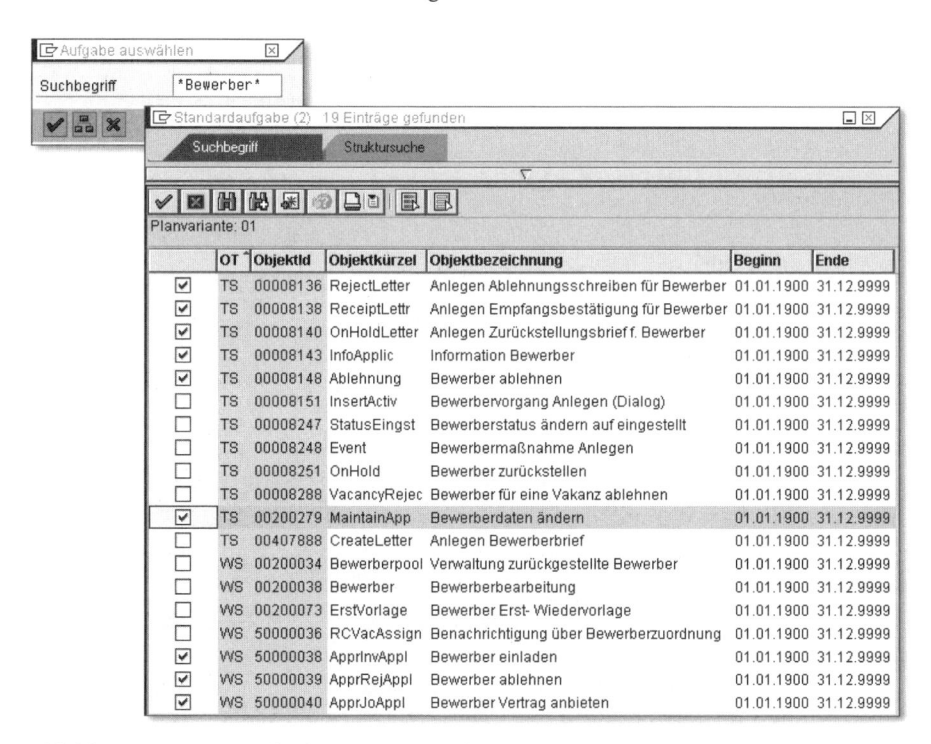

**Abbildung 5.46** Standardaufgabe in der »Einfachen Pflege« auswählen

5. Aktivieren Sie die Funktion ÜBERNEHMEN, indem Sie die ⏎-Taste drücken. Danach öffnet sich das Fenster AUFGABEN ZUORDNEN (siehe Abbildung 5.47).

6. In dem Fenster AUFGABEN ZUORDNEN wird das Objekt mit den Aufgaben angezeigt, die zugeordnet werden sollen. Sie können nun noch entscheiden, ob diese Aufgaben tatsächlich zugeordnet werden sollen. Wenn nicht, deaktivieren Sie die angekreuzten Kästchen.

7. Über den Button ZEITRAUM können Sie bei Bedarf den Gültigkeitszeitraum anpassen, für den Sie die Aufgaben zuordnen.

8. Über den Button PROZENT legen Sie den Gewichtungsprozentsatz fest.

**Abbildung 5.47** »Einfache Pflege« – Aufgabe einem Objekt zuordnen

9. Speichern Sie die Aufgabenzuordnung über den Button 💾. Nun wird Ihnen wieder die Sicht AUFGABENPROFIL ZUORDNEN mit der Zuordnung der neuen Aufgaben angezeigt.

Mit der oben beschriebenen Methode können Sie Aufgaben oder Aufgabengruppen den Objekten Organisationseinheit, Stelle oder Planstelle zuordnen.

### Customizing der »Einfachen Pflege«

Im Customizing der EINFACHEN PFLEGE können Sie folgende Einstellungen vornehmen:

▸ Sie können im Customizing einstellen, wie sich das SAP-System verhalten soll, wenn Sie in der EINFACHEN PFLEGE ein Objekt löschen oder abgrenzen, dem noch andere Objekte untergeordnet sind.

- Außerdem können Sie im Customizing einstellen, wie Leiterplanstellen in der Struktur angezeigt werden sollen.

Sie erreichen das Customizing im Einführungsleitfaden (IMG) über den Pfad ORGANISATIONSMANAGEMENT • DIALOGSTEUERUNG • EINSTELLUNGEN FÜR EINFACHE PFLEGE oder direkt über die Systemtabelle T77S0 in der Gruppe PPOM (siehe Abbildung 5.48).

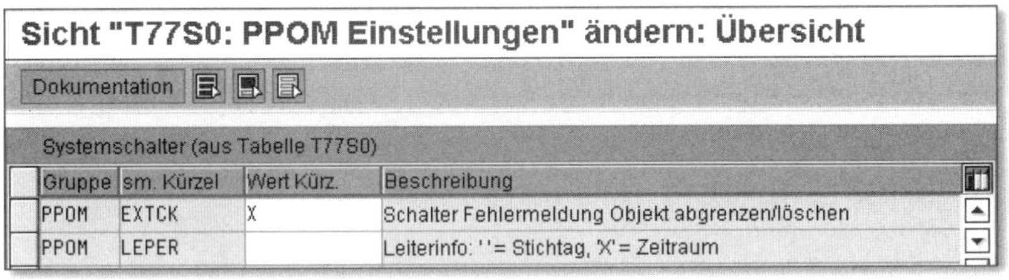

| Gruppe | sm. Kürzel | Wert Kürz. | Beschreibung |
|--------|-----------|------------|--------------|
| PPOM | EXTCK | X | Schalter Fehlermeldung Objekt abgrenzen/löschen |
| PPOM | LEPER | | Leiterinfo: ' ' = Stichtag, 'X' = Zeitraum |

**Abbildung 5.48** Customizing für die »Einfache Pflege« in der Tabelle T77S0

Mit dem Wert in der Zeile PPOM EXTCK definieren Sie bei der Abgrenzung oder der Löschung einer Organisationseinheit oder einer Planstelle,

- ob eine Fehlermeldung generiert werden soll, die den Anwender darauf hinweist, dass zuerst alle untergeordneten Objekte durch Umhängen, Abgrenzen oder Löschen entfernt werden müssen, oder
- ob die Änderung der untergeordneten Objekte direkt möglich sein soll.

Die SAP-Standardeinstellung bedeutet, dass eine Fehlermeldung generiert wird.

Der Wert bei PPOM LEPER entscheidet über die Anzeige der Leiterplanstelle in der Organisationsstruktur. Voreingestellt ist der Wert » « (Feld bleibt leer). Die folgenden beiden Varianten sind möglich:

- Ein »X« in dem Feld WERT bedeutet, alle Leiterplanstellen einer Organisationseinheit werden angezeigt.
- Wenn das Feld WERT leer bleibt (Standardeinstellung) bedeutet dies, dass nur die zum aktuellen Tagesdatum gültige Leiterplanstelle oder die demnächst gültige Leiterplanstelle angezeigt wird.

Weitere Einstellungen im Customizing der EINFACHEN PFLEGE brauchen Sie nicht vorzunehmen. Durch die einfache grafische Oberfläche ist die Handhabung der Bearbeitungsoption EINFACHE PFLEGE und somit die Bearbeitung der Organisationsstruktur für einen Anwender weitestgehend intuitiv. Nachteilig ist dagegen, dass nur die Bearbeitung von OM-Basisobjekten möglich ist. Wenn also die Bearbeitung eigener Objekte oder Objekte, die nicht zu den Basisobjekten (z. B. Arbeitsplatz) gehören, notwendig ist, müssen Sie auf andere Bearbeitungsoptionen (z. B. den Expertenmodus) zurückgreifen. Es kann somit zusammengefasst werden, dass die EINFACHE PFLEGE sehr gut geeignet ist, um einfache Organisationsstrukturen und Besetzungspläne anzulegen und zu pflegen. Wenn die Organisationsstruktur aber umfangreicher und tiefgreifender ist, sollten Sie auf andere Bearbeitungsoptionen wie z. B. den Expertenmodus oder die Transaktion PPOME (Organisation und Besetzung) zurückgreifen.

## 5.2 Bearbeitung über den Expertenmodus

Die Arbeit mit dem Expertenmodus erfordert detaillierte Kenntnisse der Organisationsstruktur sowie der Organisationsobjekte und Verknüpfungen. Anders als bei den in den vorangegangenen Abschnitten beschriebenen Bearbeitungsoptionen der Aufbauorganisation werden beim Expertenmodus immer einzelne Objekte und die dazugehörigen Infotypen gepflegt. Sie können einzelne Objekte und die Verknüpfungen zu anderen Objekten anlegen und pflegen. Sie erreichen den Expertenmodus über den SAP-Menüpfad ORGANISATIONSMANAGEMENT • EXPERTENMODUS (siehe Abbildung 5.49).

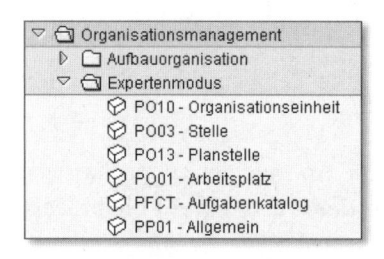

**Abbildung 5.49** Expertenmodus

Alternativ können Sie eine der Transaktionen nutzen, die in Tabelle 5.8 beschrieben sind, und so direkt in die Pflege des spezifischen Objekts einsteigen. Wenn Sie die Transaktion PP01 (Objekt pflegen) nutzen, müssen Sie anders als bei den anderen Transaktionen noch das spezifische Objekt auswählen, können dieses aber während der Bearbeitung wechseln. Wenn Sie eine der anderen Transaktionen nutzen, rufen Sie direkt das entsprechende Objekt auf und können dann auch nur die Infotypen für dieses spezifische Objekt pflegen.

| Transaktion | Beschreibung |
|---|---|
| PO10 | Organisationseinheiten pflegen |
| PO03 | Stellen pflegen |
| PO13 | Planstellen pflegen |
| PO01 | Arbeitsplatz pflegen |
| PFCT | Aufgabenkatalog pflegen |
| PP01 | Objekt pflegen |

**Tabelle 5.8** Transaktionen im Expertenmodus

In den folgenden Abschnitten beschreibe ich, wie Sie mit den Transaktionen im Expertenmodus die Organisationsstruktur anlegen und pflegen und wie Sie Informationen in den entsprechenden Infotypen hinterlegen können.

### 5.2.1 Objekte bearbeiten

In diesem Abschnitt erfahren Sie detailliert, wie Sie die Pflege von Objekten und Infotypen mit den in Tabelle 5.8 beschriebenen Transaktionen durchführen. Außerdem erläutere ich Ihnen, wie Sie die verschiedenen Suchoptionen nutzen und wie Sie den Status für Objekte ändern können. Abbildung 5.50 zeigt die Pflegeoberfläche der Transaktion PP01 (Objekt pflegen).

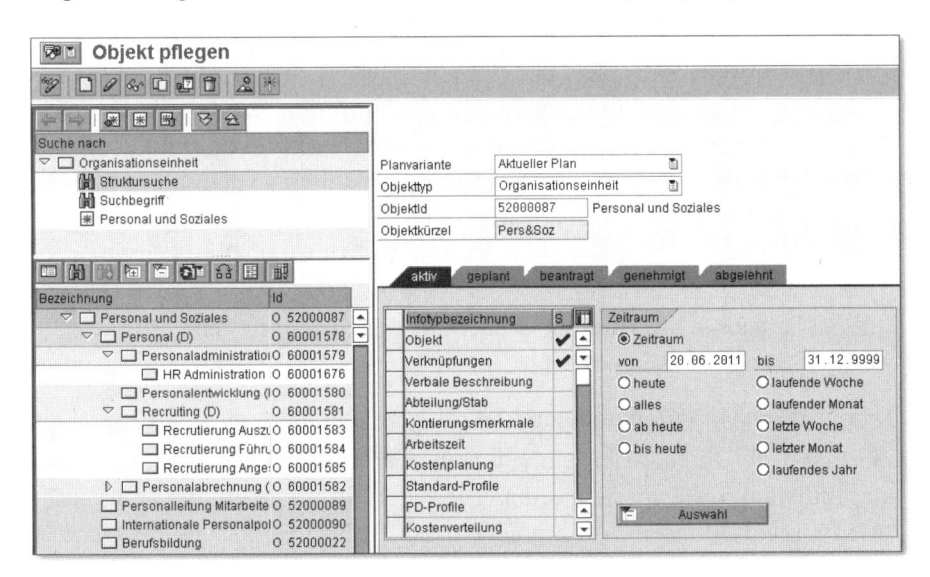

**Abbildung 5.50** Objektpflege im Expertenmodus

**Objekte suchen**

Im Suchbereich der Transaktionen im Expertenmodus haben Sie – abhängig vom gewählten Objekttyp – die folgenden Suchoptionen:

- **Struktursuche**
  Nachdem Sie auf die Option STRUKTURSUCHE geklickt haben, wird Ihnen im Auswahlbereich die Organisationsstruktur angezeigt. Durch diese können Sie sich dann durchklicken, bis Sie das gewünschte Objekt gefunden haben. Dieses selektieren Sie dann mit Doppelklick.

- **Suchbegriff**
  Bei der Suche über die Option SUCHBEGRIFF geben Sie im Suchfenster entweder die Bezeichnung, ein Kürzel oder die Objekt-ID des gesuchten Objekts ein. Wenn Ihnen die Bezeichnung oder die ID nicht vollständig bekannt ist, können Sie auch den * (Wildcard) nutzen. Das Suchergebnis wird Ihnen im Auswahlbereich als Trefferliste angezeigt. Mit einem Doppelklick auf das Objekt selektieren Sie dieses.

- **Freie Suche**
  Bei der Option FREIE SUCHE wählen Sie zuerst den gewünschten Objekttyp im Suchfenster aus. Über die weiteren verfügbaren Selektionsoptionen (z. B. ID oder spezifische Infotypinformationen) können Sie die Treffermenge weiter einschränken. Das Suchergebnis wird Ihnen im Auswahlbereich angezeigt. Hier können Sie dann das gewünschte Objekt mit Doppelklick auswählen.

- **Suchvarianten**
  Häufig genutzte Suchfunktionen mit Suchkriterien können Sie als Suchvariante sichern. Dazu müssen Sie einmal die Suchfunktion mit den Suchkriterien verwenden und wählen dann die Funktion SUCHVARIANTE ANLEGEN . Die angelegte Suchvariante wird – nachdem Sie diese gesichert haben – bei den Suchoptionen angezeigt. Mit Doppelklick können Sie diese dann später auswählen. Über die Funktion SUCHVARIANTE LÖSCHEN können Sie die Variante wieder aus den Suchoptionen entfernen.

**Organisationseinheiten anlegen und pflegen**

Sie legen neue Organisationseinheiten an oder pflegen bestehende Organisationseinheiten im Expertenmodus entweder direkt über die Transaktion PO10 (Organisationseinheiten anlegen) oder über das SAP-Menü ORGANISATIONSMANAGEMENT • EXPERTENMODUS • ORGANISATIONSEINHEITEN (siehe Abbildung 5.51).

## 5.2 Bearbeitung über den Expertenmodus

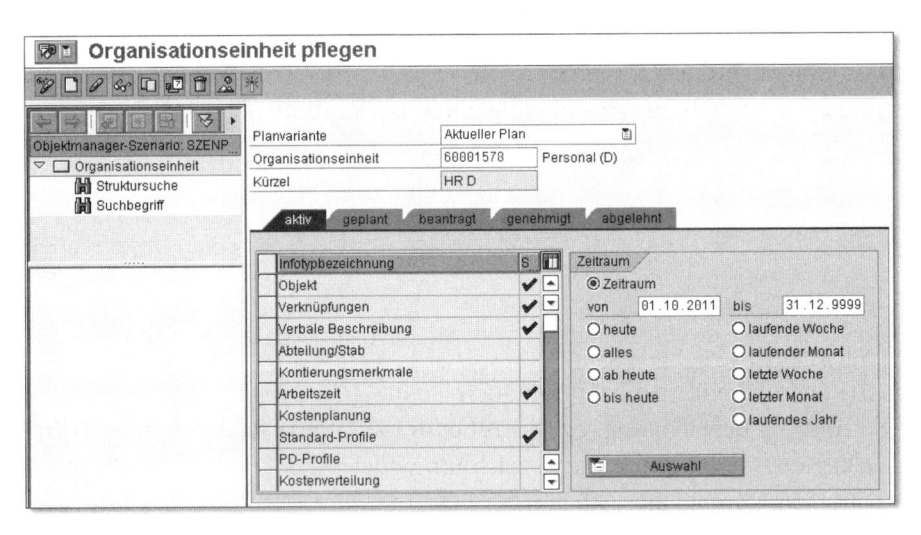

**Abbildung 5.51** Organisationseinheiten pflegen mit der Transaktion PO10

Bereits für eine spezifische Organisationseinheit angelegte Infotypen sind mit einem grünen Häkchen gekennzeichnet. Diese Infotypen können Sie abhängig von der Zeitbindung ändern oder ergänzen.

Über die Transaktion PO10 können Sie z. B. die Kurz- und die Langbezeichnung für bereits existierende Organisationseinheiten im Infotyp 1000 (Objekt) ändern. Dazu müssen Sie folgende Schritte durchführen:

1. Wählen Sie die richtige Planvariante aus. Vorbelegt ist die aktuelle Planvariante.
2. Selektieren Sie die zu pflegende Organisationseinheit über die entsprechenden Suchoptionen, oder geben Sie die ID direkt in das Feld OBJEKTID ein.
3. Markieren Sie den Infotyp 1000 (Objekt).
4. Aktivieren Sie die Funktion INFOTYP ÄNDERN .
5. Geben Sie nun die notwendigen Änderungen in dem Feld OBJEKTKÜRZEL oder BEZEICHNUNG ein.
6. Speichern Sie Ihre vorgenommenen Änderungen über den Button .

> **Hinweis: Gültigkeitszeitraum ändern**
> Die Änderung des Gültigkeitszeitraums für Objekte (Infotyp 1000) können Sie nicht über die Funktion INFOTYP ÄNDERN vornehmen. Wenn Sie den Gültigkeitszeitraum eines bereits existierenden Objekts ändern möchten, erledigen Sie dies über die Funktion INFOTYP ABGRENZEN .

In der Transaktion PP01 (Objekt pflegen) haben Sie zwei Möglichkeiten, neue Organisationseinheiten anzulegen, wenn Sie der bestehenden Organisationsstruktur eine neue Organisationseinheit hinzufügen möchten:

- Über die Funktion INFOTYP ANLEGEN legen Sie einen neuen Infotyp 1000 (Objekt) an.
- Über die Funktion INFOTYP KOPIEREN kopieren Sie einen bestehenden Infotyp 1000.

Wenn Sie über die Funktion INFOTYP ANLEGEN eine neue Organisationseinheit anlegen möchten, gehen Sie folgendermaßen vor:

1. Wählen die Planvariante aus, unter der die neue Organisationseinheit angelegt werden soll.
2. Markieren Sie den Infotyp 1000.
3. Aktivieren Sie die Funktion INFOTYP ANLEGEN.
4. Definieren Sie nun den Gültigkeitszeitraum, und vergeben Sie eine Kurz- und eine Langbezeichnung für die neue Organisationseinheit in den Feldern OBJEKTKÜRZEL und BEZEICHNUNG.
5. Speichern Sie den Infotyp.
6. Im Dialogfenster VERKNÜPFUNG MUSSVERKNÜPFUNG geben Sie die ID der übergeordneten Organisationseinheit ein.
7. Nachdem Sie den Infotyp über den Button gespeichert haben, gelangen Sie automatisch wieder in das Menü ORGANISATIONSEINHEIT PFLEGEN. Die Infotypen 1000 (Objekt) und 1001 (Verknüpfungen) sind nun mit einem grünen Häkchen markiert.

Sie können nun bei Bedarf für die neue Organisationseinheit weitere Infotypen anlegen.

Die Anlage und Pflege der Basisobjekte *Stelle*, *Planstelle* und *Arbeitsplatz* erfolgt genau so, wie oben für Organisationseinheiten beschrieben. Eine Abweichung gibt es bei der Bearbeitung von Aufgaben (siehe nächsten Abschnitt, »Aufgabenkatalog anlegen und pflegen«).

**Aufgabenkatalog anlegen und pflegen**

Die Erweiterung Ihres unternehmensspezifischen Aufgabenkatalogs oder die Pflege bestehender Aufgaben führen Sie entweder über die Transaktion PFCT (Aufgabenkatalog pflegen) oder über das SAP-Menü ORGANISATIONSMANAGEMENT • EXPERTENMODUS • AUFGABENKATALOG durch. Die Pflege des Aufgabenkatalogs kann z. B. dann notwendig sein, wenn Sie neue Stellenbeschreibungen erstellen oder sich die bestehenden Stellenbeschreibungen verändert haben und Sie diese mithilfe des Aufgabenkatalogs erstellt haben.

Wenn Sie eine neue Aufgabe im Aufgabenkatalog anlegen möchten, gehen Sie folgendermaßen vor:

1. Im Expertenmodus aktivieren Sie mit Doppelklick den Aufgabenkatalog, oder Sie wählen direkt die Transaktion PFCT.

2. Im Selektionsbild AUFGABENKATALOG definieren Sie nun den Auswertungszeitraum über die vorgegebenen Radiobuttons, oder Sie geben einen Stichtag bzw. einen anderen Auswertungszeitraum an. Danach klicken Sie auf den Button AUSFÜHREN (siehe Abbildung 5.52).

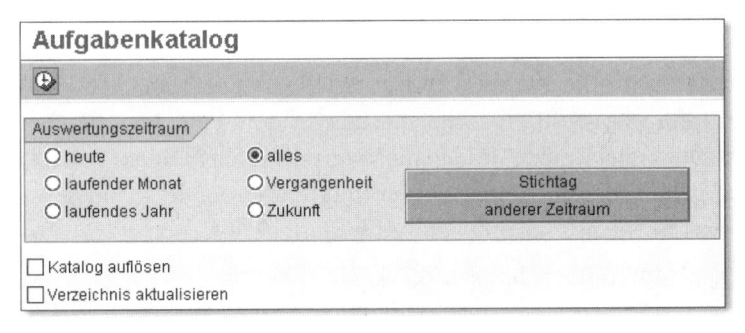

**Abbildung 5.52** Aufgaben pflegen mit der Transaktion PFCT

3. Der aktuell gültige Aufgabenkatalog wird Ihnen nun angezeigt. Sie müssen nun entscheiden, ob Sie eine neue Aufgabe auf der obersten Ebene anlegen möchten oder ob die neue Aufgabe einer Aufgabengruppe zugeordnet werden soll. Wenn Sie auf der obersten Ebene eine Aufgabe anlegen möchten, klicken Sie auf AUFGABEN und dann auf die Funktion ANLEGEN. Wenn Sie eine Unteraufgabe anlegen möchten, klicken Sie auf die ID oder die Bezeichnung der Aufgabe, der Sie die Unteraufgabe zuordnen möchten, und klicken dann auf den Button ANLEGEN in der Menüleiste.

4. In dem Fenster ANLEGEN AUFGABE vergeben Sie eine Kurz- und eine Langbezeichnung für die neue Aufgabe. Sie können auch über die Funktion PROZENT einen Gewichtungsprozentsatz für die neue Aufgabe festlegen. Damit definieren Sie, wie viel Prozent seiner Arbeitszeit ein Planstelleninhaber für diese Aufgabe verwenden soll.

5. Sichern Sie die neue Aufgabe über den Button (SICHERN). Die Aufgabe erscheint nun im Aufgabenkatalog und kann einer Stelle zugeordnet werden.

Sie können auch eine bestehende Aufgabe kopieren und so eine neue anlegen. Nachdem Sie eine neue Aufgabe angelegt haben, müssen Sie diese Aufgabe noch einem Objekt (z. B. einer Stelle oder einem Arbeitsplatz) über den Button ÄNDERN zuordnen. Die Funktion ÄNDERN verwenden Sie auch dann, wenn Sie z. B. die Kurz- oder die Langbezeichnung – Infotyp 1000 (Objekt) – einer Aufgabe verändern möchten.

Um eine Aufgabe einer Stelle zuzuordnen, gehen Sie so vor:

1. Im Aufgabenkatalog klicken Sie in die ID oder die Bezeichnung der Aufgabe und klicken anschließend auf den Button ÄNDERN.
2. In der Detailsicht der Aufgabe markieren Sie in der Infotypübersicht den Infotyp 1001 (Verknüpfungen) und klicken dann auf den Button INFOTYP ANLEGEN in der Menüleiste.
3. Im Dialogfenster VERKNÜPFUNGEN ANLEGEN definieren Sie dann zuerst den Gültigkeitszeitraum für die Verknüpfung zur Stelle und wählen als Nächstes die Verknüpfungsart A007 (beschreibt) aus. In dem Feld TYP DES VERKNÜPFTEN OBJEKTS selektieren Sie aus der Wertehilfe das Objekt STELLE. Anschließend geben Sie die ID der zu verknüpfenden Stelle an oder suchen diese über die Suchfunktion (siehe Abbildung 5.53).
4. Sichern Sie den Infotyp über den Button.

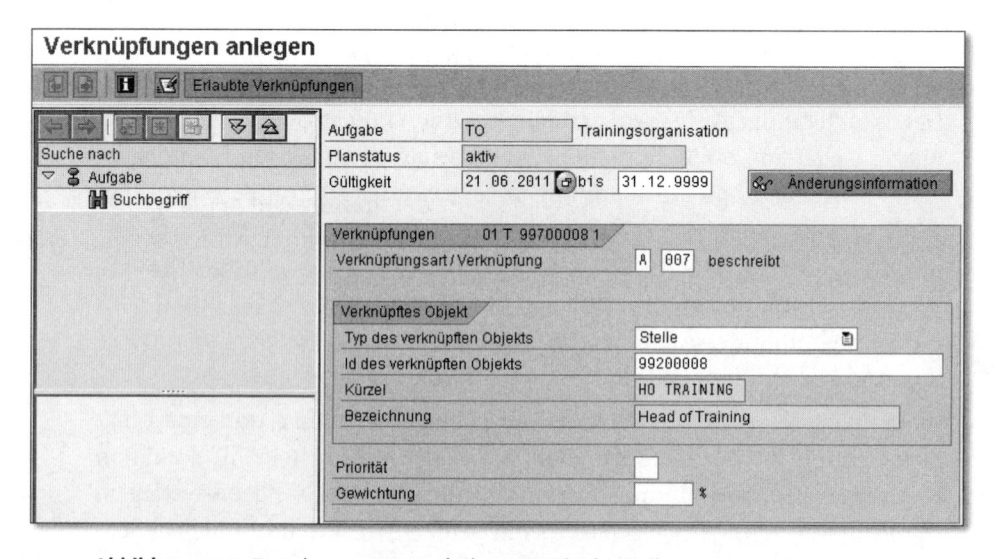

**Abbildung 5.53** Zuordnung einer Aufgabe zum Objekt Stelle

Wenn Sie die Aufgabe nicht einer Stelle, sondern einem anderen Objekt zuordnen möchten, gehen Sie genau so vor, wie oben beschrieben. Sie müssen nur im Feld TYP DES VERKNÜPFTEN OBJEKTS das entsprechende Objekt selektieren und dann die spezifische Verknüpfungsart. Über den Button ERLAUBTE VERKNÜPFUNGEN können Sie sich alle Verknüpfungen anzeigen lassen, die mit dem Objekt Aufgabe verknüpft werden können (siehe Abbildung 5.54).

**Abbildung 5.54** Erlaubte Verknüpfungen bei der Zuordnung einer Aufgabe zum Objekt

### Objekte bearbeiten mit der Transaktion PP01

Über die Transaktion PP01 (Objekte bearbeiten) können Sie alle Organisationsobjekte und die entsprechenden Infotypen pflegen. Dies gilt auch für Objekttypen, die nicht zu den Basisobjekttypen des Organisationsmanagements gehören. Pflegbar sind somit auch Objekttypen, die z. B. den SAP-Komponenten *Personalentwicklung* oder *Veranstaltungsmanagement* zugeordnet sind.

Wenn ein Objekt nicht über die Transaktion PP01 pflegbar sein soll, muss dies für das spezifische Objekt im Customizing eingestellt werden. Die Einstellungen dafür führen Sie im Customizing in der Infotyppflege durch (siehe Abbildung 5.55). Die Infotyppflege erreichen Sie über den IMG-Pfad ORGANISATIONSMANAGEMENT • GRUNDEINSTELLUNGEN • ERWEITERUNG DATENMODELLIERUNG • INFOTYPPFLEGE • INFOTYPEN PFLEGEN. In der Dialogstruktur wählen Sie die Funktion INFOTYPEN PRO OBJEKTTYPEN aus und markieren dann in der Übersicht den Infotyp 1000 (Objekt). In der nun erscheinenden Sicht kennzeichnen Sie dann die Objekttypen in der Spalte NICHT PFLEGBAR, die nicht über die Transaktion PP01 pflegbar sein sollen (Abbildung 5.55).

**Abbildung 5.55** Bestimmung der pflegbaren Objekte über Transaktion PP01

> **Hinweis: Objekte über Transaktion PP01 pflegbar oder nicht**
> Damit Sie die Infotypen für einen bestimmten Objekttyp nicht pflegen können, müssen Sie den Infotyp 1000 (Objekt) für diesen spezifischen Objekttyp als nicht pflegbar kennzeichnen.

Sie erreichen die allgemeine Objektpflege entweder über das SAP-Menü ORGANISATIONSMANAGEMENT • EXPERTENMODUS • ALLGEMEIN oder direkt über die Transaktion PP01. In dem nun erscheinenden Detailbild wählen Sie zuerst die Planvariante aus. Die aktuelle Planvariante ist voreingestellt, kann aber bei Bedarf geändert werden. Im nächsten Schritt selektieren Sie über das Auswahlmenü den Objekttyp, den Sie bearbeiten möchten. In dem Feld OBJEKTID geben Sie die ID des zu bearbeitenden Objekts ein. Wenn Ihnen diese nicht bekannt ist, haben Sie folgende Optionen, um nach dieser OBJEKT-ID zu suchen:

- Sie geben das Objektkürzel oder die Objektbezeichnung vollständig oder teilweise in das Feld ein und bestätigen die Eingabe mit der ⏎-Taste. In dem nun erscheinenden Fenster wird Ihnen eine Trefferliste mit allen Objekten des gewählten Objekttyps angezeigt, die den Suchkriterien entsprechen. Mit Doppelklick wählen Sie das Objekt aus.
- Sie verwenden eine der Suchoptionen.

Die Pflege der Infotypen erfolgt dann analog der oben beschriebenen Vorgehensweise bei der Pflege der spezifischen Basisobjekte.

### 5.2.2 Anlegen und Pflegen von Infotypen

Über den Expertenmodus können Sie Infotypen zu den Objekten Organisationseinheit, Stelle, Planstelle, Arbeitsplatz und Aufgabe pflegen, anzeigen, kopieren, abgrenzen oder löschen. Voraussetzung für die Pflege der Objekte ist, dass im Customizing das Objekt als pflegbar gekennzeichnet ist (siehe Abschnitt »Objekte bearbeiten mit der Transaktion PP01« weiter oben). Die folgenden Abschnitte beschreiben die Anlage, Pflege und Statusänderung von Infotypen.

**Infotyp anlegen**

Über den Expertenmodus können Sie Infotypen für alle Objekte des Organisationsmanagements pflegen. Dafür nutzen Sie entweder die objektspezifischen Transaktionen – z. B. PO10 (Organisationseinheiten) – oder die ALLGEMEINE OBJEKTPFLEGE über die Transaktion PP01. Wichtig ist, dass der Infotyp

1000 (Objekt) angelegt ist oder als Erstes angelegt wird, bevor Sie mit der Pflege der weiteren Infotypen fortfahren können.

Im Folgenden beschreibe ich Ihnen exemplarisch, wie Sie Infotypen für das Objekt Organisationseinheit anlegen und pflegen können. Diese Vorgehensweise ist auf die anderen Objekte übertragbar. Wenn Sie, wie in Abschnitt 5.2.1, »Objekte bearbeiten«, beschrieben, den Infotyp 1000 (Objekt) für eine Organisationseinheit bereits angelegt haben, können Sie weitere Infotypen über den Expertenmodus wie folgt pflegen:

1. Im Expertenmodus selektieren Sie mit Doppelklick den Pflegemodus für die Organisationseinheit. Alternativ können Sie die Transaktion PO10 verwenden.
2. Legen Sie die Planvariante fest, und selektieren Sie die Organisationseinheit, für die Sie einen Infotyp anlegen möchten. Wenn Ihnen die Objekt-ID bekannt ist, können Sie diese auch direkt in das Feld ORGANISATIONSEINHEIT eintragen.
3. Legen Sie den Status des neu anzulegenden Infotyps über die Registerkarte AKTIV oder GEPLANT fest.
4. Markieren Sie den Infotyp, den Sie anlegen möchten (siehe Abbildung 5.56), und aktivieren Sie die Funktion INFOTYP ANLEGEN.

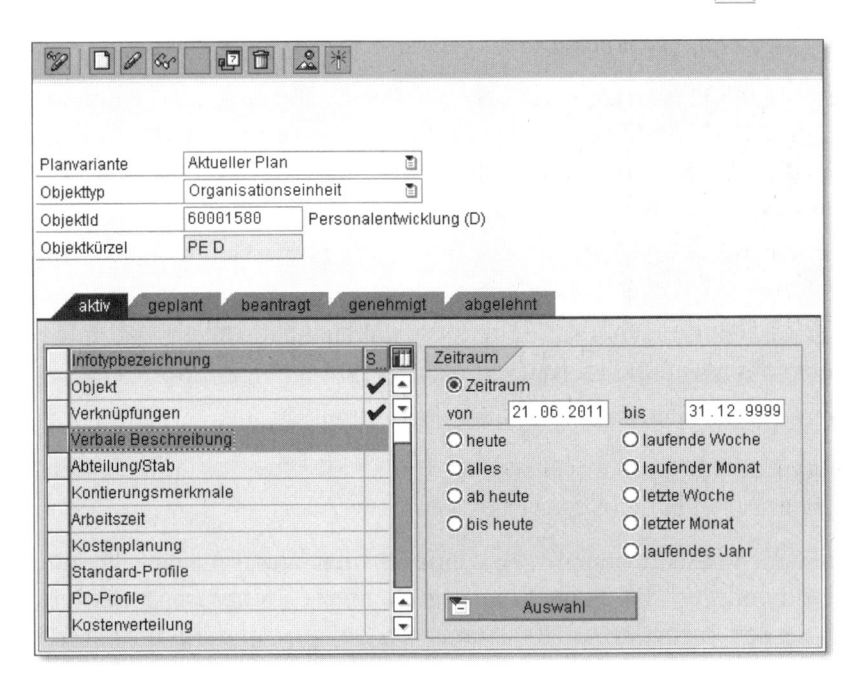

**Abbildung 5.56** Infotyp im Expertenmodus anlegen

5. Pflegen Sie die Details in dem Infotyp, und sichern Sie die Daten über den Button 🖫.

Für die zeitgleiche Anlage eines spezifischen Infotyps für mehrere Objekte können Sie den Report RHINFT00 (Infotypen pflegen) oder direkt die Transaktion PSO4 nutzen. Im Selektionsbild des Reports können Sie entweder die Objekte, für die Sie einen spezifischen Infotyp pflegen möchten, direkt angeben oder über Strukturbedingungen definieren. Ein Übersichtsbild zeigt Ihnen an, für welche Objekte der Infotyp gegebenenfalls schon vorhanden ist. Sie können dann entscheiden, ob und für welche Objekte der Infotyp angelegt werden soll.

### Statusänderung von Infotypen

Wenn Sie einen neuen Infotyp für ein Objekt nicht direkt im Status AKTIV, sondern im Status GEPLANT angelegt haben, ist eine Statusänderung erforderlich, um diesen Infotyp nach einer Genehmigung zu aktivieren. Im Folgenden beschreibe ich Ihnen exemplarisch die Durchführung für eine Statusänderung für einen geplanten Infotyp bei einer Organisationseinheit. Diese Vorgehensweise ist auf andere Objekte bzw. Infotypen übertragbar.

1. Im Expertenmodus selektieren Sie mit Doppelklick den Pflegemodus für die Organisationseinheit. Alternativ können Sie die Transaktion PO10 ins Transaktionsfeld eintragen.

2. Legen Sie die Planvariante fest, und selektieren Sie die Organisationseinheit, für die Sie den Status an einem Infotyp verändern möchten. Wenn Ihnen die Objekt-ID bekannt ist, können Sie diese auch direkt in das Feld ORGANISATIONSEINHEIT eintragen.

3. Wechseln Sie auf die Registerkarte GEPLANT, und markieren Sie den Infotyp, für den Sie den Status ändern möchten.

4. Die Statusänderung vom Status GEPLANT auf den Status BEANTRAGT führen Sie über das Menü BEARBEITEN • STATUSÄNDERUNG • BEANTRAGEN aus.

5. Sichern Sie die Statusänderung über den Button 🖫.

Ein Infotyp, der im Status GENEHMIGT ist, kann direkt über die Funktion INFOTYP AKTIVIEREN 🗔 in den Status AKTIV gesetzt werden.

Über den oben beschriebenen Weg können Sie den Status für einzelne Infotypen ändern. Für die Statusänderung mehrerer Infotypen gleichzeitig können Sie den Report RHAKTI00 (Status von Objekten ändern) nutzen. Wie dieser Report genutzt werden kann, ist in Abschnitt 2.8.2, »Planstatus«, detailliert beschrieben.

## Infotypen ändern

Wenn Sie an einem Objekt einen existierenden Infotyp bearbeiten möchten, müssen Sie vorgehen, wie nachfolgend – exemplarisch für einen Infotyp einer Organisationseinheit – beschrieben. Die Vorgehensweise für die Infotyppflege anderer Organisationsobjekte ist identisch mit der unten beschriebenen Vorgehensweise. Bitte beachten Sie, dass Sie die Gültigkeit eines Infotyps nicht über die Funktion INFOTYP ÄNDERN anpassen können, sondern nur über die Funktion ABGRENZEN.

1. Im Expertenmodus selektieren Sie mit Doppelklick den Pflegemodus für die Organisationseinheit. Alternativ können Sie die Transaktion PO10 ins Transaktionsfeld eintragen.
2. Legen Sie die Planvariante fest, und selektieren Sie die Organisationseinheit, für die Sie einen Infotyp verändern möchten. Wenn Ihnen die Objekt-ID bekannt ist, können Sie diese auch direkt in das Feld ORGANISATIONSEINHEIT eintragen.
3. Markieren Sie in der Infotypübersicht den Infotyp, den Sie anpassen möchten.
4. Nun haben Sie die Möglichkeit, die Änderung über das Menü BEARBEITEN • INFOTYP ÄNDERN oder direkt über die Funktion INFOTYP ÄNDERN durchzuführen.
5. In dem Detailbild des Infotyps definieren Sie bei Bedarf einen Gültigkeitszeitraum und führen die Änderungen durch.
6. Sichern Sie die Infotypänderung über den Button .

Der größte Vorteil in der Nutzung des Expertenmodus liegt darin, dass ein Anwender zu einem Objekt alle Informationen in Infotypen und Subtypen direkt pflegen kann. Objekte und Infotypen können geplant werden, ohne diese direkt in einem aktiven Organisationsplan zu berücksichtigen. Der Anwender kann sich auch direkt die Historie zu Objekten und Infotypen ansehen und sich so einen umfangreichen Überblick verschaffen. Wichtig ist hier, dass der Anwender gut geschult ist, da er immer wissen muss, welche Informationen zu einem bestimmten Objekt in welchen Infotypen enthalten sind.

Der größte Nachteil sind die vielen Transaktionen und dass der Anwender keinen direkten grafischen Überblick über die Organisationsstruktur und den Besetzungsplan erhält.

## 5.3 Zusammenfassung

In diesem Kapitel wurde detailliert beschrieben, welche Möglichkeiten Sie haben, Ihre Organisations- und Berichtsstruktur zu bearbeiten, und wie Sie einen Besetzungsplan anlegen und pflegen können. Sie haben erfahren, wie Sie Objekte und Infotypen in einem geplanten Status anlegen und wie Sie diese später aktivieren können. Außerdem habe ich Ihnen zu den jeweiligen Bearbeitungsoptionen die Vor- und Nachteile genannt. Welche Bearbeitungsoption nun aber für Sie die beste ist oder ob vielleicht eine Kombination aus den unterschiedlichsten Bearbeitungsoptionen für Sie und Ihre Organisationsstruktur ideal ist, hängt ganz von der unternehmensspezifischen Situation und natürlich auch von Ihren Vorlieben ab.

Das nächste Kapitel bietet Ihnen eine umfangreiche Beschreibung über das Customizing der Aufbauorganisation (Organisation und Besetzung). Sie erfahren unter anderem, wie Sie das Layout anpassen und wie Sie weitere Objekte und Infotypen integrieren können.

*Mit der Pflegeoberfläche »Organisation und Besetzung« können mit einer Transaktion die Aufbauorganisation und der Besetzungsplan bearbeitet werden. Im Customizing können Sie mit dem Hierarchieframework die Oberfläche besonders benutzerfreundlich gestalten.*

# 6 Das SAP-Hierarchieframework

Das SAP-Hierarchieframework ist eine Möglichkeit, mit der Sie Lösungen für die Darstellung hierarchischer Strukturen entwickeln können. Im Organisationsmanagement ist dies die Pflegeoberfläche ORGANISATION UND BESETZUNG (Transaktion PPOME). Dieses Kapitel zeigt, wie Sie die Pflegeoberfläche ORGANISATION UND BESETZUNG mithilfe des Hierarchieframeworks an Ihre unternehmensspezifischen Anforderungen anpassen können. Auf diese Weise können Sie eine ideale Benutzeroberfläche für Ihre Anwender schaffen.

## 6.1 Layout der Pflegeoberfläche »Organisation und Besetzung«

Die Oberfläche der Transaktion (PPOME) ORGANISATION UND BESETZUNG, die mit dem Hierarchieframework erstellt wurde, teilt sich in zwei Bildbereiche: Im linken Bildbereich sehen Sie den Objektmanager und im rechten Bildbereich den Arbeitsbereich. Der Objektmanager teilt sich wiederum in den Such- und den Auswahlbereich und der Arbeitsbereich in den Überblick- und den Detailbereich. In Kapitel 5, »Bearbeitungsoptionen im Organisationsmanagement«, werden diese Bildbereiche noch genauer beschrieben.

Der Anwender beginnt seine Arbeit in der Regel mit der Suche nach einem bestimmten Objekt (z. B. nach einer Organisationseinheit oder einer Planstelle) im Suchbereich. Als Nächstes wählt er im Auswahlbereich ein Objekt aus. Dieses Objekt wird dann im Übersichtsbereich in einer hierarchischen Struktur angezeigt. Dort sind Informationen zum Objekt in Spalten zu finden. Der Detailbereich enthält Informationen zu den Objekten, die über die in den Spalten des Übersichtsbereichs angezeigten Informationen hinausgehen. Diese Detailinformationen werden in einzelnen Registerkarten angezeigt, die den Infotypen des Organisationsmanagements entsprechen. Es ist möglich, diese Registerkarten um weitere Infotypen zu erweitern oder zu reduzieren. Abbildung 6.1 zeigt das Layout der Benutzeroberfläche ORGANISATION UND BESETZUNG.

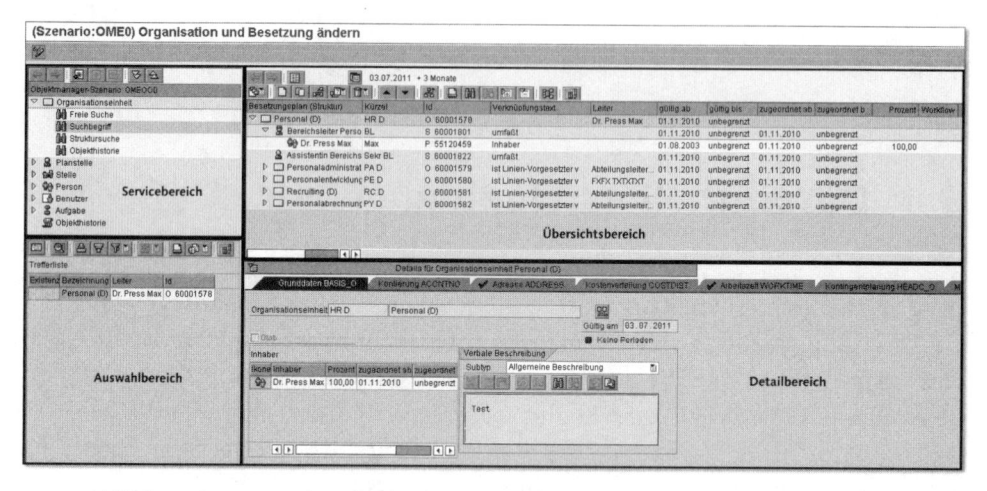

**Abbildung 6.1** Layout der Pflegeoberfläche »Organisation und Besetzung«

Das Layout der Benutzeroberfläche ORGANISATION UND BESETZUNG können Sie stark anpassen und verändern, um die benutzerspezifischen Anforderungen zu erfüllen. Mögliche Anpassungen sind z. B.:

- weitere Registerkarten in den Detailbereich integrieren
- Registerkarten ein- und ausblenden
- die Reihenfolge der angezeigten Registerkarten ändern
- den Titel der angezeigten Registerkarten ändern
- Anpassung des Suchbereichs
- Anpassungen über die Spaltenkonfiguration im Übersichtsbereich

Das Customizing der Pflegeoberfläche ORGANISATION UND BESETZUNG mittels des Hierarchieframeworks führen Sie im Einführungsleitfaden (IMG) über den Pfad PERSONALMANAGEMENT • ORGANISATIONSMANAGEMENT • HIERARCHIEFRAMEWORK durch (siehe Abbildung 6.2). In den folgenden Abschnitten erfahren Sie detailliert, welche Customizing-Möglichkeiten Sie haben, wie Sie diese nutzen und worauf Sie dabei achten müssen.

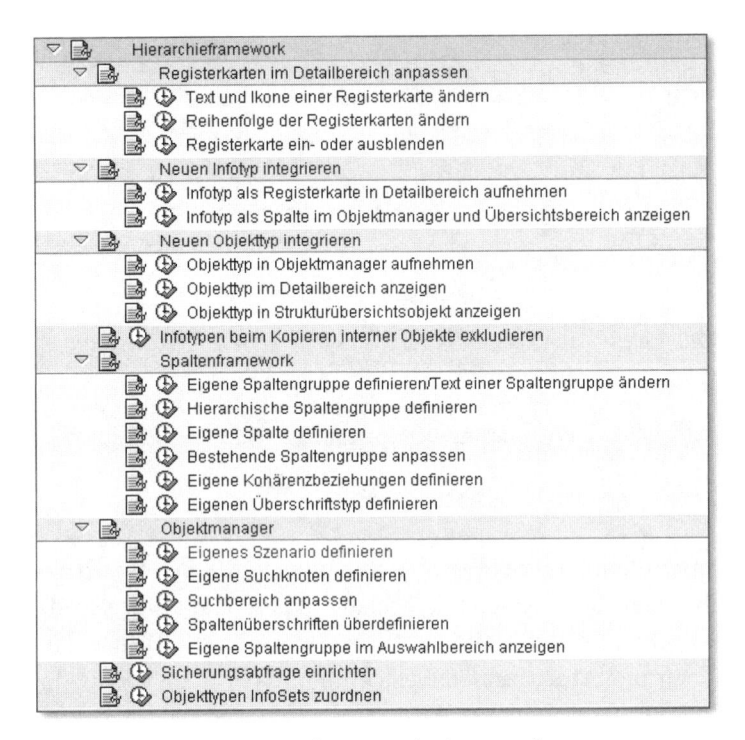

```
▽ 📋 Hierarchieframework
   ▽ 📋 Registerkarten im Detailbereich anpassen
      📋 ⊕ Text und Ikone einer Registerkarten ändern
      📋 ⊕ Reihenfolge der Registerkarten ändern
      📋 ⊕ Registerkarte ein- oder ausblenden
   ▽ 📋 Neuen Infotyp integrieren
      📋 ⊕ Infotyp als Registerkarte in Detailbereich aufnehmen
      📋 ⊕ Infotyp als Spalte im Objektmanager und Übersichtsbereich anzeigen
   ▽ 📋 Neuen Objekttyp integrieren
      📋 ⊕ Objekttyp in Objektmanager aufnehmen
      📋 ⊕ Objekttyp im Detailbereich anzeigen
      📋 ⊕ Objekttyp in Strukturübersichtsobjekt anzeigen
   📋 ⊕ Infotypen beim Kopieren interner Objekte exkludieren
   ▽ 📋 Spaltenframework
      📋 ⊕ Eigene Spaltengruppe definieren/Text einer Spaltengruppe ändern
      📋 ⊕ Hierarchische Spaltengruppe definieren
      📋 ⊕ Eigene Spalte definieren
      📋 ⊕ Bestehende Spaltengruppe anpassen
      📋 ⊕ Eigene Kohärenzbeziehungen definieren
      📋 ⊕ Eigenen Überschriftstyp definieren
   ▽ 📋 Objektmanager
      📋 ⊕ Eigenes Szenario definieren
      📋 ⊕ Eigene Suchknoten definieren
      📋 ⊕ Suchbereich anpassen
      📋 ⊕ Spaltenüberschriften überdefinieren
      📋 ⊕ Eigene Spaltengruppe im Auswahlbereich anzeigen
   📋 ⊕ Sicherungsabfrage einrichten
   📋 ⊕ Objekttypen InfoSets zuordnen
```

**Abbildung 6.2** Customizing des Hierarchieframeworks

## 6.2 Grundeinstellungen

In diesem Abschnitt beschreibe ich Ihnen mögliche Customizing-Einstellungen, die nicht in direktem Zusammenhang mit dem tatsächlichen Aufbau der Pflegeoberfläche ORGANISATION UND BESETZUNG stehen. Dazu gehören

- die Einstellung der Benutzerparameter, damit Ihnen die technischen Namen der einzelnen Bildbereiche angezeigt werden, die Ihnen das eigentliche Customizing erleichtern und

- die Einstellungen zur Sicherungsabfrage, damit der Anwender zur Sicherung aufgefordert wird und dadurch ein möglicher Datenverlust vermieden wird.

Bevor Sie mit dem eigentlichen Customizing des Hierarchieframeworks beginnen, sollten Sie Ihre Benutzerparameter in Ihrem Benutzerstammsatz ergänzen. Da das Customizing des Hierarchieframeworks in Tabellen unter Berücksichtigung der technischen Namen durchgeführt wird, sollten Sie die in Tabelle 6.1 beschriebenen Benutzerparameter im Benutzerstamm pflegen.

| Parameter | Beschreibung |
|---|---|
| OM_FRAM_SCEN_DISPLAY | Bewirkt, dass das aktuell aktive Hierarchieframework-Szenario im Titel angezeigt wird. |
| OM_OBJM_SCEN_DISPLAY | Bewirkt, dass angezeigt wird, welches Objektmanager-Szenario im Suchbereich aktiv ist. |
| OM_TABTYPE_DISPLAY | Bewirkt, dass auf den Registerkarten der Registerkartenschlüssel angezeigt wird. |
| OM_ARRAYTYPE_DISPLAY | Bewirkt, dass im Dialogfenster SPALTENKONFIGURATION die Funktion TECHNISCHE INFO angeboten wird. Der technische Name ist elementar für das Customizing der Spalten. |

**Tabelle 6.1** Benutzerparameter für das Customizing

Die Pflege der eigenen Benutzervorgaben, zu denen auch die Benutzerparameter gehören, erreichen Sie entweder direkt über den Transaktionscode SU01 oder über das Menü SYSTEM • BENUTZERVORGABEN • EIGENE DATEN. Für die Pflege der eigenen Benutzerparameter wechseln Sie dann auf die Registerkarte PARAMETER (siehe Abbildung 6.3).

**Abbildung 6.3** Parameter in den Benutzerdaten pflegen

Nachdem Sie die in Tabelle 6.1 zusammengestellten Benutzerparameter eingegeben haben, wird Ihnen das Hierarchieframework ORGANISATION UND BESETZUNG, ergänzt um die technischen Namen, die durch die in den Benutzervorgaben gepflegten Parameter erzeugt wurden, angezeigt (siehe Abbildung 6.4).

Abbildung 6.4 zeigt in der Überschrift den technischen Namen für das Szenario OME0 an, im Suchbereich werden das aktuelle Objektmanager-Szenario OMEOOO und auf den Registerkarten die einzelnen technischen Namen, z. B. BASIS_O für die Registerkarte GRUNDDATEN und ACCNTNG für die Registerkarte KONTIERUNG, angezeigt.

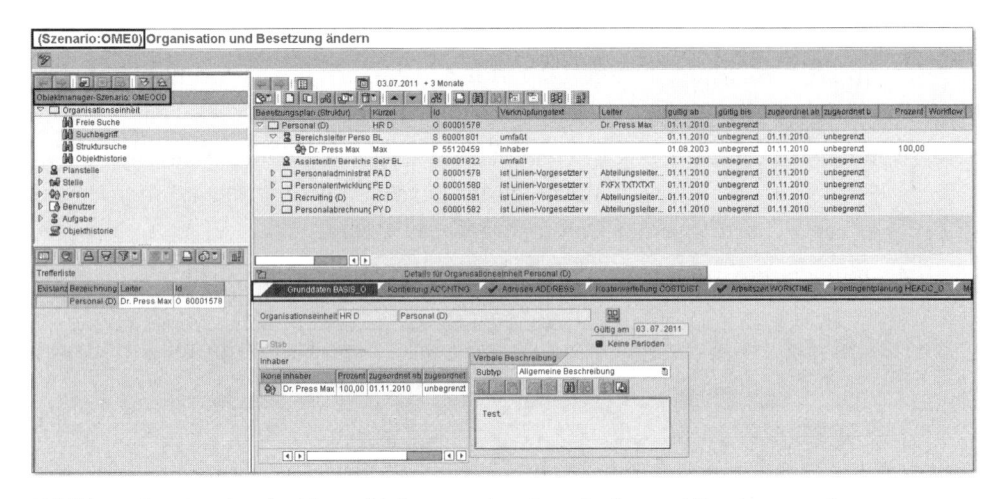

**Abbildung 6.4** Anzeige des Hierarchieframeworks »Organisation und Besetzung« mit Berücksichtigung der in den Benutzervorgaben gepflegten Parameter

Um einen möglichen Datenverlust, z. B. dadurch, dass der Anwender Änderungen zu speichern versäumt, zu vermeiden, besteht die Möglichkeit, eine Sicherungsaufforderung bzw. -erinnerung im Customizing einzustellen. Sie können festlegen, dass der Anwender in der Pflegeoberfläche ORGANISATION UND BESETZUNG nach einer bestimmten Anzahl von durchgeführten Bearbeitungsschritten aufgefordert wird, seine Änderungen zu sichern. Sobald die maximal – ohne Datensicherung – durchzuführenden Bearbeitungsschritte erreicht wurden, öffnet sich ein Fenster, das den Anwender auffordert, die durchgeführten Datenänderungen zu sichern. Diese Meldung kann der Anwender annehmen oder ablehnen (siehe Abbildung 6.5).

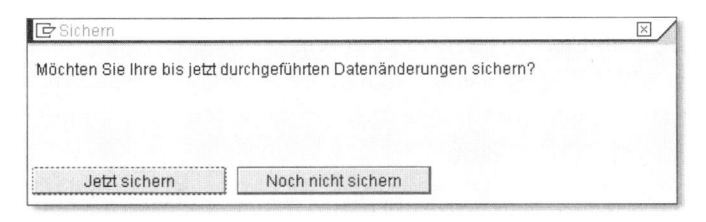

**Abbildung 6.5** Aufforderung zur Datensicherung

Das Customizing für diese Sicherungsabfrage führen Sie im Einführungsleitfaden (IMG) unter PERSONALMANAGEMENT • ORGANISATIONSMANAGEMENT • HIERARCHIEFRAMEWORK • SICHERUNGSABFRAGE EINRICHTEN durch. Dazu müssen Sie folgende Schritte durchführen (siehe auch Abbildung 6.6):

1. Zuerst rufen Sie die Customizing-Tabelle im IMG wie oben beschrieben auf.
2. Im Feld SZENARIO wählen Sie dann das entsprechende Szenario aus. Für die Pflegeoberfläche ORGANISATION UND BESETZUNG ist dies OME0.
3. Im Feld MAXIMUM DER UNGESICHERTEN SCHRITTE geben Sie die Anzahl der Schritte an, die durch den Anwender durchgeführt werden können, bevor er zur Sicherung seiner Daten aufgefordert wird.
4. Im letzten Customizing-Schritt müssen Sie die Einträge sichern.

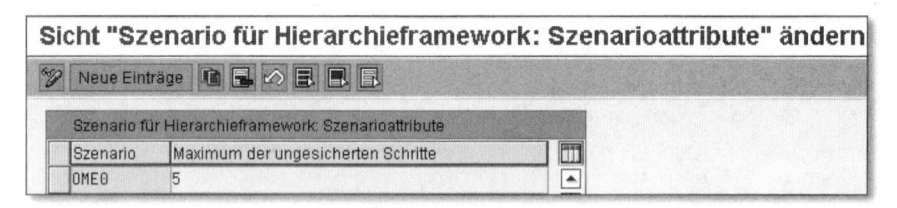

**Abbildung 6.6** Customizing der Sicherungsaufforderung

Im aktuellen Abschnitt habe ich Ihnen mögliche Einstellungen beschrieben, die nicht direkt im Zusammenhang mit dem tatsächlichen Aufbau der Pflegeoberfläche ORGANISATION UND BESETZUNG stehen. Wie Sie den Objektmanager und den Arbeitsbereich an Ihre Anforderungen anpassen können, erfahren Sie in den folgenden Abschnitten.

## 6.3 Anpassung des Objektmanagers

Der Objektmanager teilt sich in den oberen *Suchbereich* und den unteren *Auswahlbereich* (siehe Abbildung 6.7). Im Suchbereich können Sie nach Organisationsobjekten suchen und dabei die dort angezeigten Suchoptionen oder die selbst angelegten Suchvarianten verwenden. Die Suchergebnisse werden im Auswahlbereich angezeigt und können dort zur weiteren Verwendung ausgewählt werden.

Das aktuell genutzte Objektmanager-Szenario wird Ihnen angezeigt, wenn Sie in Ihren Benutzervorgaben den Parameter OM_OBJM_SCEN_DISPLAY eingetragen haben (siehe Abbildung 6.7).

**Abbildung 6.7** Objektmanager

In den folgenden Abschnitten erfahren Sie,

- wie Sie ein eigenes Objektmanager-Szenario anlegen können,
- wie Sie einen neuen Objekttyp in den Objektmanager integrieren können,
- wie Sie einen Suchknoten definieren und anzeigen können,
- wie Sie die Bezeichnung eines existierenden Suchknotens ändern können,
- wie Sie die Reihenfolge der angezeigten Suchknoten verändern können,
- wie Sie weitere Suchfunktionen an einem existierenden Suchknoten definieren können,
- wie Sie einen existierenden Suchknoten und ein existierendes Suchwerkzeug im Suchbereich ausblenden können,
- wie Sie Spaltenüberschriften im Auswahlbereich definieren können und
- wie Sie eigene Spaltengruppen im Auswahlbereich definieren und anzeigen lassen können.

### 6.3.1 Das Objektmanager-Szenario

Der Objektmanager im Hierarchieframework bietet eine Vielzahl von Anpassungsoptionen, wie z. B.:

- die Definition der für die Suche zur Verfügung stehenden Objekttypen
- die Definition der Suchwerkzeuge
- die Definition der Informationen zur Treffermenge, die im Auswahlbereich angezeigt werden

Spezifische Einstellungen des Objektmanagers heißen *Objektmanager-Szenarien*. SAP liefert bereits eine Vielzahl an Standardszenarien aus, die Sie bei Bedarf als Vorlage für eigene Objektmanager-Szenarien nutzen können, wenn unternehmensspezifische Anpassungen notwendig sind. So können Sie z. B. einen eigenen Suchknoten definieren, einen existierenden Suchknoten ausblenden oder bei Bedarf die Reihenfolge der Suchknoten verändern. Wenn Sie aber z. B. eine Transaktion berücksichtigen möchten, die durch keines der Standardszenarien abgedeckt ist, müssen Sie zuerst ein eigenes Szenario definieren. Das aktuell genutzte Objektmanager-Szenario wird Ihnen oberhalb des Suchbereichs angezeigt, wenn Sie den Parameter OM_OBJM_SCEN_DISPLAY in Ihren eigenen Benutzerstammdaten gepflegt haben. Das Standardszenario, das von SAP für die Pflegeoberfläche ORGANISATION UND BESETZUNG genutzt wird, ist OMEOO0 (siehe Abbildung 6.8).

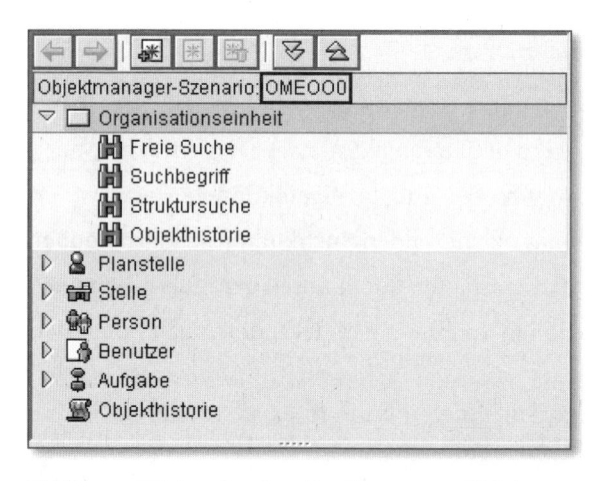

**Abbildung 6.8** Anzeige des aktuell genutzten Objektmanager-Szenarios

Das aktuell genutzte Objektmanager-Szenario ist wichtig, um das Customizing für die Szenarien vorzunehmen. Das Customizing für den Objektmanager führen Sie im Einführungsleitfaden (IMG) unter PERSONALMANAGEMENT • ORGANISATIONSMANAGEMENT • HIERARCHIEFRAMEWORK • OBJEKTMANAGER durch, oder Sie geben direkt die Transaktion OOOBJMANCUST in das Transaktionsfeld ein. Alle Customizing-Funktionen, die im IMG unterhalb der Funktion OBJEKTMANAGER gelistet sind, können Sie über die Transaktion OOOBJMANCUST oder über die Customizing-Funktion EIGENES SZENARIO DEFINIEREN aufrufen.

## 6.3 Anpassung des Objektmanagers

> **Hinweis: Customizing des Objektmanagers**
>
> Beachten Sie, dass alle Customizing-Aktivitäten für den Objektmanager mandantenunabhängig sind. Das bedeutet, dass diese Anpassungen auf allen Mandanten verfügbar sind. Daher sollten die durchzuführenden Änderungen vor der Durchführung mit allen Systemverantwortlichen gegebenenfalls vorhandener anderer Mandanten abgestimmt werden.

Ergänzend zum oben beschriebenen Customizing des Objektmanagers führen Sie die Pflege existierender Szenarien im Wesentlichen über die Tabelle T77OMTABUS (Registerkarte ein- oder ausblenden) durch. Die in einem bereits existierenden Szenario enthaltenen Attribute können Sie in dieser Tabelle über die Funktion ATTRIBUTE SZENARIO (siehe Abbildung 6.9) abfragen. In den folgenden Abschnitten erfahren Sie noch mehr über die Nutzung dieser Tabelle.

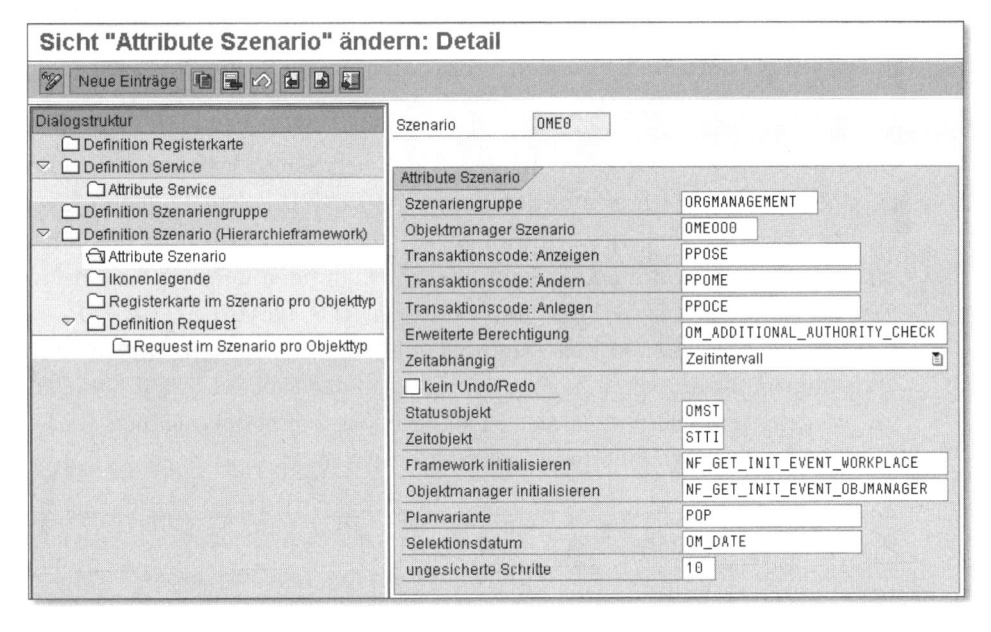

**Abbildung 6.9** Attribute eines Szenarios

### 6.3.2 Anpassung des Suchbereichs

Objekte, die im Suchbereich angezeigt werden, sind sogenannte *Suchknoten*. Im Suchbereich werden diese Objekte mit einem Icon und einer Bezeichnung dargestellt. Unterhalb eines jeden Objekts werden die zugeordneten Suchmethoden jeweils mit einem Fernglas gekennzeichnet (siehe Abbildung 6.10).

```
Objektmanager-Szenario: OMEO00
▽ ☐ Organisationseinheit
     🔭 Freie Suche
     🔭 Suchbegriff
     🔭 Struktursuche
     🔭 Objekthistorie
  ▷ 👤 Planstelle
  ▷ 🏢 Stelle
  ▷ 👥 Person
  ▷ 👤 Benutzer
  ▷ 👤 Aufgabe
```

**Abbildung 6.10** Anzeige der Suchknoten im Suchbereich

Um einen neuen Objekttyp und somit einen neuen Suchknoten in den Objektmanager/Suchbereich aufzunehmen, müssen Sie die folgenden Schritte durchführen:

1. Zuerst müssen Sie einen neuen Suchknoten für das Objekt anlegen.
2. Danach gliedern Sie den neuen Suchknoten in den Suchbereich ein.
3. Zuletzt müssen Sie die Suchwerkzeuge zum Suchknoten definieren.

Um einen neuen Suchknoten anzulegen, müssen Sie zuerst einen Suchknotenschlüssel definieren und diesen einem Objekttyp zuordnen. Damit legen Sie fest, dass nur die Objekte dieses spezifischen Objekttyps über den Suchknoten selektiert werden können. Diese Einstellungen nehmen Sie im Einführungsleitfaden (IMG) PERSONALMANAGEMENT • ORGANISATIONSMANAGEMENT • HIERARCHIEFRAMEWORK • NEUEN OBJEKTTYP INTEGRIEREN • OBJEKTTYP IN OBJEKTMANAGER AUFNEHMEN vor oder direkt in der Tabelle T77FSEAN (Definition Szenario/Suchknoten). Der Suchknoten verweist auf ein Objekt, das in der Tabelle T778O (Objekttypen) enthalten sein muss.

> **Hinweis: Bezeichnung des neuen Suchknotens**
>
> Ich empfehle Ihnen, für die Bezeichnung des Suchknotens die Bezeichnung des Objekts zu nutzen. Um das entsprechende Icon des Objekttyps zu finden, können Sie die Transaktion ICON nutzen. Hier werden Ihnen alle verfügbaren Icons angezeigt. In die Spalte IKONENNAME (siehe Abbildung 6.11) der Customizing-Tabelle kopieren Sie den technischen Namen des Icons. Das entsprechende Icon erscheint dann vor dem Suchknoten des Objekts.

Für die Definition des Suchknotenschlüssels stehen Ihnen zehn Stellen zur Verfügung. Zusätzlich zum Suchknotenschlüssel selektieren Sie noch den Objekttyp und ein Icon, mit dem das Objekt im Suchbereich angezeigt wird (siehe Abbildung 6.11). Das Feld BEZEICHNUNG können Sie optional füllen.

Wenn Sie in diesem Feld keine Bezeichnung definieren, wird die Bezeichnung des Objekttyps im Suchbereich angezeigt.

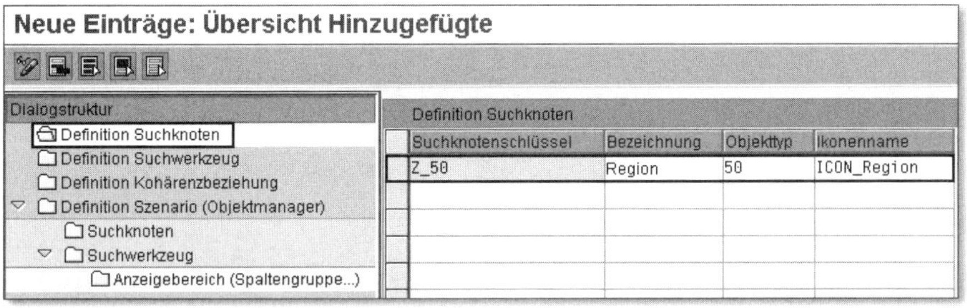

**Abbildung 6.11** Suchknoten einfügen

### 6.3.3 Zuordnung des Suchwerkzeugs

Nachdem Sie den Suchknoten definiert haben, müssen Sie die Suchwerkzeuge/Suchmethoden zu diesem Suchknoten bzw. Objekt festlegen. Die vorhandenen Suchwerkzeuge/Suchmethoden sind in der Tabelle T77FSEAS (Definition Suchwerkzeuge) enthalten (siehe Abbildung 6.12).

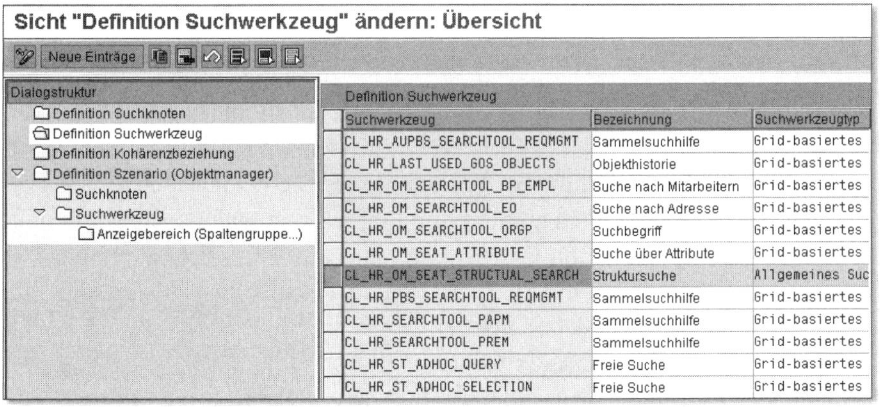

**Abbildung 6.12** Suchwerkzeuge/Suchmethoden definieren

In diesen Suchmethoden ist genau definiert, wie Sie ein spezifisches Objekt in der Organisationsstruktur finden können.

Gängige Suchwerkzeuge sind z. B.:

- der SUCHBEGRIFF (CL_HROM_SEARCHTOOL_ORGP)
- die FREIE SUCHE (CL_HR_ST_ADHOC_SELECTION)
- die STRUKTURSUCHE (CL_HR_OM_SEAT_STRUCTURAL_SEARCH)

# 6 | Das SAP-Hierarchieframework

Im Customizing der Szenarien legen Sie fest, ob die im Auswahlbereich angezeigte Ergebnisliste eine Einfach- oder eine Mehrfachselektion von Objekten erlaubt (siehe Abbildung 6.13). Wenn Sie die Selektionsmöglichkeit festlegen möchten, wählen Sie diese über die Dropdown-Liste in dem Feld SELEKTION hinter dem entsprechenden Szenario aus. Zur Auswahl in der Dropdown-Liste stehen:

- Mehrfachselektion
- nur Einfachselektion

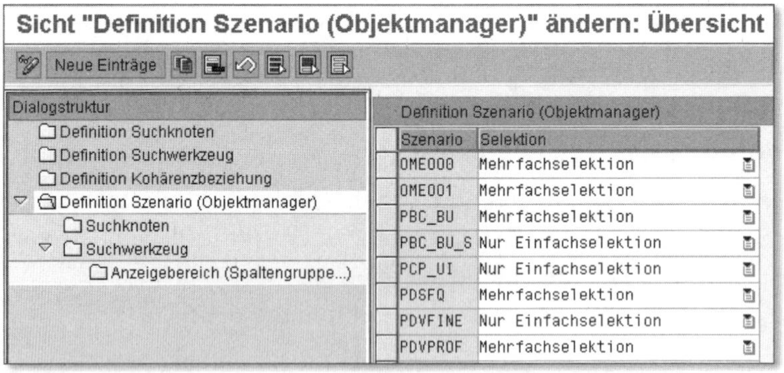

**Sicht "Definition Szenario (Objektmanager)" ändern: Übersicht**

| Szenario | Selektion |
|---|---|
| OME000 | Mehrfachselektion |
| OME001 | Mehrfachselektion |
| PBC_BU | Mehrfachselektion |
| PBC_BU_S | Nur Einfachselektion |
| PCP_UI | Nur Einfachselektion |
| PDSFQ | Mehrfachselektion |
| PDVFINE | Nur Einfachselektion |
| PDVPROF | Mehrfachselektion |

**Abbildung 6.13** Szenarien/Selektionsmöglichkeiten im Objektmanager definieren

Wenn Sie nun einem Szenario den Suchknoten zuordnen möchten, markieren Sie zuerst das Szenario und aktivieren dann mit Doppelklick die Funktion SUCHKNOTEN (siehe Abbildung 6.14). In der Spalte POSITION legen Sie die Reihenfolge des im Suchbereich angezeigten Objekts fest. Die Position 1 bedeutet dabei die oberste Position im Suchbereich und 99 die letzte Position.

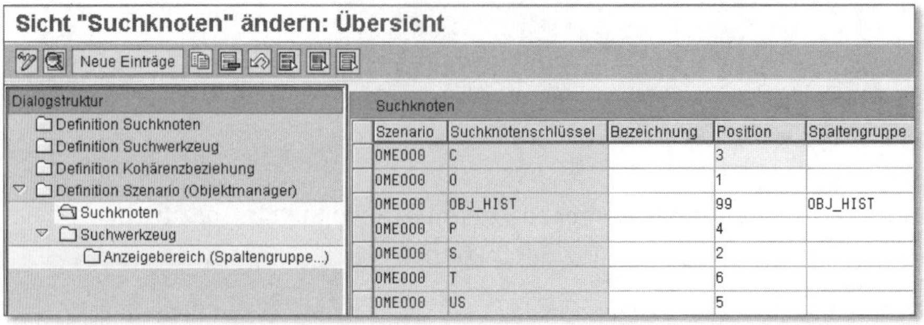

**Sicht "Suchknoten" ändern: Übersicht**

| Szenario | Suchknotenschlüssel | Bezeichnung | Position | Spaltengruppe |
|---|---|---|---|---|
| OME000 | C | | 3 | |
| OME000 | O | | 1 | |
| OME000 | OBJ_HIST | | 99 | OBJ_HIST |
| OME000 | P | | 4 | |
| OME000 | S | | 2 | |
| OME000 | T | | 6 | |
| OME000 | US | | 5 | |

**Abbildung 6.14** Szenarien zu Suchknoten zuordnen

Nachdem Sie nun dem Szenario den Suchknoten zugeordnet und die Reihenfolge der angezeigten Objekte festgelegt haben, müssen Sie noch die Suchwerkzeuge dem Szenario und dem Suchknoten zuordnen. Sie müssen für jeden Suchknoten mindestens ein Suchwerkzeug zuordnen (siehe Abbildung 6.15).

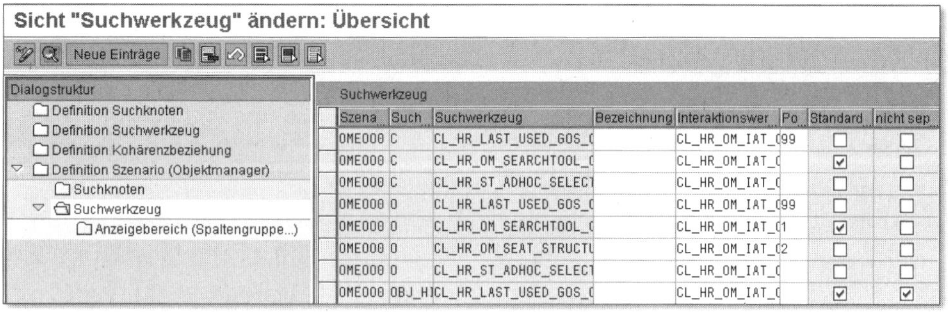

| Szena | Such | Suchwerkzeug | Bezeichnung | Interaktionswer. | Po | Standard | nicht sep |
|---|---|---|---|---|---|---|---|
| OME008 | C | CL_HR_LAST_USED_GOS_0 | | CL_HR_OM_IAT_0 | 99 | ☐ | ☐ |
| OME008 | C | CL_HR_OM_SEARCHTOOL_0 | | CL_HR_OM_IAT_0 | | ☑ | ☐ |
| OME008 | C | CL_HR_ST_ADHOC_SELECT | | CL_HR_OM_IAT_0 | | ☐ | ☐ |
| OME008 | O | CL_HR_LAST_USED_GOS_0 | | CL_HR_OM_IAT_0 | 99 | ☐ | ☐ |
| OME008 | O | CL_HR_OM_SEARCHTOOL_0 | | CL_HR_OM_IAT_0 | 1 | ☑ | ☐ |
| OME008 | O | CL_HR_OM_SEAT_STRUCTU | | CL_HR_OM_IAT_0 | 2 | ☐ | ☐ |
| OME008 | O | CL_HR_ST_ADHOC_SELECT | | CL_HR_OM_IAT_0 | | ☐ | ☐ |
| OME008 | OBJ_H | CL_HR_LAST_USED_GOS_0 | | CL_HR_OM_IAT_0 | | ☑ | ☑ |

**Abbildung 6.15** Suchwerkzeug zu einem Szenario zuordnen

In der Spalte INTERAKTIONSWERKZEUG legen Sie fest, welche Aufgaben ein Anwender in der angezeigten Ergebnisliste des Auswahlbereichs erledigen und was er mit diesen Aufgaben erreichen kann. So kann z. B. ein Anwender mit Doppelklick oder per Drag & Drop Daten aus der Ergebnisliste in den Arbeitsbereich bringen.

In dem Feld STANDARDSUCHE können Sie ein Suchwerkzeug als Standardsuchwerkzeug kennzeichnen. Sie können pro Suchknoten nur ein Standardsuchwerkzeug festlegen, da beim Klick auf den Suchknoten das als Standardsuchwerkzeug gekennzeichnete Suchwerkzeug automatisch gestartet wird. Wenn Sie das Feld STANDARDSUCHWERKZEUG NICHT SEPARAT ANZEIGEN markieren, erscheint das zuvor als Standardsuchwerkzeug gekennzeichnete Suchwerkzeug nicht zusätzlich bei den Suchknoten.

In der Funktion ANZEIGEBEREICH (SPALTENGRUPPE ...) können Sie das Kennzeichen DYNAMISCHE SPALTENGRUPPE setzen (siehe Abbildung 6.16). Wenn Sie dieses Kennzeichen gesetzt haben, kann sich ein Anwender die Spalten für die Ergebnisliste in dem Suchwerkzeug FREIE SUCHE individuell auswählen.

Das Interaktionswerkzeug für die Suchmethoden in OM ist CL_HR_OM_IAT_ORGP_GOS_CD.

# 6 | Das SAP-Hierarchieframework

**Abbildung 6.16** Dynamische Spaltengruppe definieren

Wenn Sie für das im Suchbereich zugeordnete Objekt die STRUKTURSUCHE festgelegt haben, wird auch ein Auswertungsweg benötigt (Feld AUS.WEG). Dieser Auswertungsweg wird aus der Tabelle T77OS (Objekttypen ändern) gezogen. Für die STRUKTURSUCHE können Sie einen bestehenden Standardauswertungsweg nutzen oder einen neuen Auswertungsweg für das Objekt bzw. die zugeordnete STRUKTURSUCHE in der Tabelle T77OS definieren (siehe Abbildung 6.17).

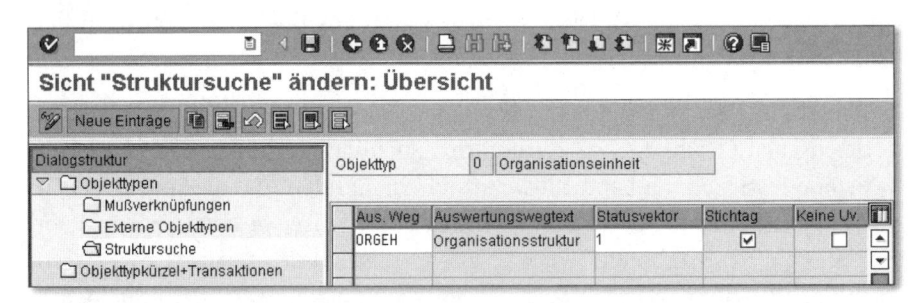

**Abbildung 6.17** Tabelle T77OS (Auswertungsweg zur Struktursuche)

Wenn Sie das Suchwerkzeug FREIE SUCHE zuordnen, müssen Sie ein InfoSet definieren, das die Felder und Objekttyp(en) enthält, die für die Suche nach dem neu zugeordneten Objekt benötigt werden. Im SAP-Standard werden InfoSets für die Objekttypen Organisationseinheit, Planstelle, Stelle und Aufgabe bereitgestellt. Wenn es sich bei dem Objekttyp um einen eigenen Objekttyp, also keinen Standardobjekttyp, handelt, müssen Sie das InfoSet erst anlegen. Der Aufruf der InfoSet-Pflege erfolgt über die Transaktion SQ02 (InfoSet-Einstieg).

Das InfoSet können Sie dann im Einführungsleitfaden (IMG) Personalmanagement • Organisationsmanagement • Hierarchieframework • Objekttypen InfoSets zuordnen für die Freie Suche zulassen.

In diesem Abschnitt wurde detailliert beschrieben, wie Sie den Objektmanager an Ihre individuellen Anforderungen anpassen können. Der folgende Abschnitt zeigt als Nächstes, wie Sie Ihre Anforderungen an den Arbeitsbereich der Pflegeoberfläche Organisation und Besetzung im Customizing realisieren können.

## 6.4 Anpassung des Layouts

Dieser Abschnitt beschreibt die möglichen Anpassungen am Layout des Arbeitsbereichs der Pflegeoberfläche Organisation und Besetzung (Transaktion PPOME).

Anpassungen an der Pflegeoberfläche Organisation und Besetzung können Sie über das *Spaltenframework*, eine Funktion innerhalb des Hierarchieframeworks, durchführen. Über das Spaltenframework werden die einzelnen Spalten definiert und zu Spaltengruppen zusammengefasst. In einer Spaltengruppe werden die Sichtbarkeit und die Reihenfolge der enthaltenen Spalten festgelegt. Außerdem können Sie verschiedene Spalten in eine Kohärenzbeziehung (Freundschaftsbeziehung) zueinander setzen. Diese Spalten, für die eine Kohärenzbeziehung definiert wurde, können dann nur noch zusammen ein- oder ausgeblendet werden. Darüber hinaus können Sie die Registerkarten im Detailbereich anpassen und Infotypen hinzufügen.

### 6.4.1 Modifikation der Spalten

In diesem Abschnitt erfahren Sie, welche Möglichkeiten Ihnen das Spaltenframework im Customizing bietet und wie Sie die entsprechenden Einstellungen vornehmen. Dazu gehören:

- die Definition und hierarchische Darstellung einer eigenen Spaltengruppe
- das Hinzufügen weiterer Spalten zu einer existierenden Spaltengruppe
- die Definition einer eigenen Spalte und die Zusammenfassung mehrerer Spalten zu einer Spaltengruppe
- die Definition und Pflege von Kohärenzbeziehungen (Freundschaftsbeziehungen)
- die Definition und Pflege von Überschriftstypen

**6** | Das SAP-Hierarchieframework

Die Informationen im Auswahlbereich und im Überblicksbereich werden in Spaltenform dargestellt. Dabei erhält jedes einzelne Datenelement (z. B. Objektkürzel, ID, Verknüpfungstext) eine eigene Spalte. Welche Spalten ein Anwender sich im Auswahlbereich anzeigen lassen möchte, kann er selbst über die Funktion SPALTENKONFIGURATION , die sich in der Menüzeile oberhalb des Auswahlbereichs befindet, festlegen (siehe Abbildung 6.18).

**Abbildung 6.18** Spaltenkonfiguration in der Pflegeoberfläche »Organisation und Besetzung«

Für das Customizing der Spalten benötigen Sie die technischen Bezeichnungen der einzelnen Spaltengruppen. Diese Spaltengruppen werden Ihnen angezeigt, wenn Sie den Benutzerparameter OM_ARRAYTYPE_DISPLAY in Ihren Benutzerstammsatz einpflegen (siehe Abbildung 6.19). Das Customizing erreichen Sie über den Einführungsleitfaden (IMG) PERSONALMANAGEMENT • ORGANISATIONSMANAGEMENT • HIERARCHIEFRAMEWORK • SPALTENFRAMEWORK.

**Abbildung 6.19** Pflege der Benutzerparameter für die Anzeige der technischen Informationen zur Spaltenkonfiguration

## Spalte definieren und ändern sowie einer Spaltengruppe zuordnen

Zu den bereits von SAP im Standard ausgelieferten Spalten können Sie über das Customizing eigene Spalten definieren, die dann in einem weiteren Schritt einer Spaltengruppe zugeordnet werden oder auch bestehende Spalten ändern.

Das Customizing für die Definition einer eigenen Spalte nehmen Sie im Einführungsleitfaden (IMG) PERSONALMANAGEMENT • ORGANISATIONSMANAGEMENT • HIERARCHIEFRAMEWORK • SPALTENFRAMEWORK • EIGENE SPALTE DEFINIEREN vor. Alternativ dazu können Sie auch alle Arbeiten zur Spaltenbearbeitung und -definition über die Customizing-Funktion PERSONALMANAGEMENT • ORGANISATIONSMANAGEMENT • HIERARCHIEFRAMEWORK • SPALTENFRAMEWORK • EIGENE SPALTENGRUPPE DEFINIEREN/TEXT EINER SPALTENGRUPPE ÄNDERN erledigen.

Im Customizing vergeben Sie einen Namen für die Spalte, der dann als Spaltenüberschrift angezeigt wird. Darüber hinaus bestimmen Sie die Größe des Feldes und die Ausrichtung der Inhalte, also ob der Inhalt linksbündig, zentriert oder rechtsbündig angezeigt werden soll. Außerdem können Sie Funktionsbausteine angeben, die den Dateninhalt der Spalten steuern und den Refresh von Spalteninhalten durchführen (siehe Abbildung 6.20).

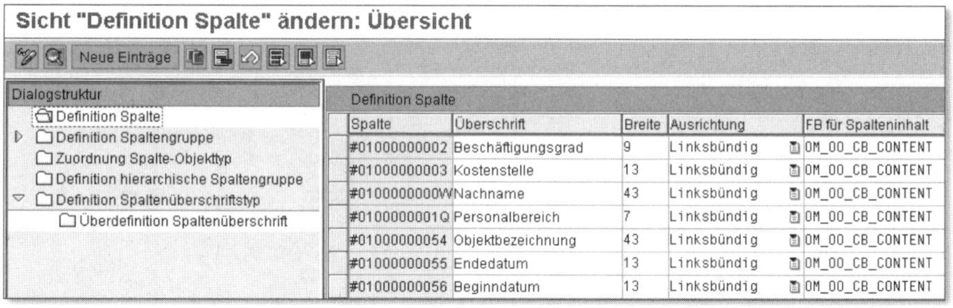

**Abbildung 6.20** Spalte definieren

Die zuvor definierten Spalten müssen nun noch einer Spaltengruppe zugeordnet werden. Eine Spaltengruppe ist die Gruppierung mehrerer Spalten. Die aktuell in der Pflegeoberfläche ORGANISATION UND BESETZUNG genutzte Spaltengruppe erfahren Sie über die Funktion TECHNISCHE INFO in der Funktion SPALTENKONFIGURATION in der Menüzeile (siehe Abbildung 6.21).

**Abbildung 6.21** Aktuelle Spaltengruppe ermitteln

Dazu müssen Sie zuvor den Benutzerparameter OM_ARRAYTYPE_DISPLAY in die Benutzerstammdaten des Anwenders einpflegen (siehe Beschreibung in 6.2, »Grundeinstellungen«). In der Detailsicht der TECHNISCHEN INFO wird Ihnen dann in der Spalte SPALTENGRUPPE die aktuell in der Pflegeoberfläche ORGANISATION UND BESETZUNG genutzte Spaltengruppe angezeigt (siehe Abbildung 6.22).

**Abbildung 6.22** Aktuell genutzte Spaltengruppe

Im Customizing definieren Sie für eine Spaltengruppe,

- ob eine Spalte innerhalb einer Spaltengruppe ausgeblendet werden kann oder nicht,
- die Reihenfolge, in der die Spalten eingeblendet werden (siehe Spalte REIHENFOLGE in Abbildung 6.23), sowie

▶ Kohärenzbeziehungen, also Freundschaftsbeziehungen von Spalten innerhalb einer Spaltengruppe. Diese Freundschaftsbeziehungen bewirken, dass diese Spalten nur gemeinsam ein- oder ausgeblendet werden können. Diese Freundschaftsbeziehungen machen bei Spalten mit Gültigkeitszeiträumen Sinn. In Abbildung 6.23 sind dies z. B. die Spalten ORG_BEGDA und ORG_ENDDA.

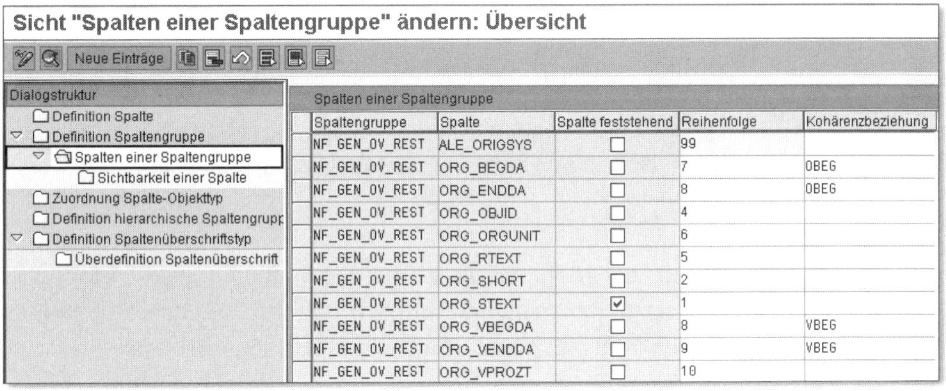

**Abbildung 6.23** Spalte zu einer Spaltengruppe zuordnen

Über die Funktion SICHTBARKEIT EINER SPALTE definieren Sie, ob eine Spalte in der Pflegeoberfläche ORGANISATION UND BESETZUNG von einem Anwender ein- oder ausgeblendet werden kann oder ob diese grundsätzlich in der Spaltengruppe vorhanden sein, aber nicht eingeblendet werden kann oder eine Spalte immer sichtbar sein muss (siehe Abbildung 6.24). Für das Ein- und Ausblenden von Spalten in der Pflegeoberfläche ORGANISATION UND BESETZUNG können Sie die Funktion SPALTENKONFIGURATION nutzen.

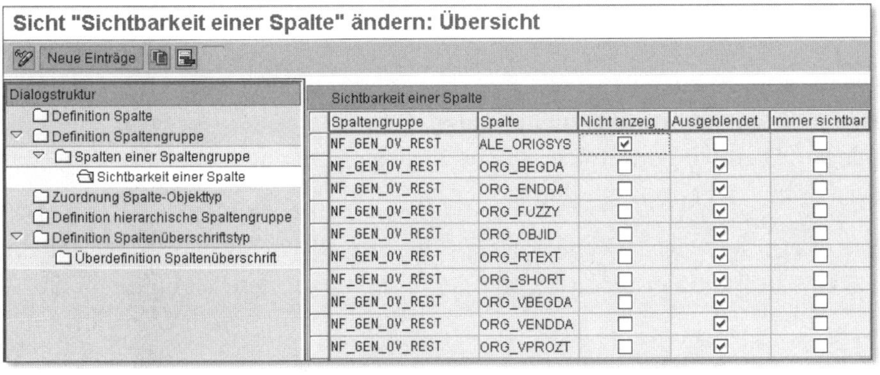

**Abbildung 6.24** Sichtbarkeit einer Spalte definieren

Wenn Sie das Feld NICHT ANZEIGEN markieren, ist die Spalte in der Spaltengruppe vorhanden, kann aber nicht vom Anwender eingeblendet werden. Durch Markierung des Feldes AUSGEBLENDET erreichen Sie, dass diese Spalte erst einmal nicht angezeigt wird, wenn der Anwender sich erstmalig anmeldet. Er hat aber die Option, diese Spalte einzublenden. Eine Markierung im Feld IMMER SICHTBAR bewirkt, dass diese Spalte in der Pflegeoberfläche ORGANISATION UND BESETZUNG immer angezeigt wird und auch der Anwender sie nicht ausblenden kann.

> **Hinweis: Definition von Spalten**
>
> Wenn Sie eine Spalte als feststehend definiert haben, müssen Sie auch alle Spalten, die links von dieser Spalte angeordnet sind, ebenfalls als feststehend definieren, ansonsten wird die Einstellung nicht berücksichtigt.

In diesem Abschnitt haben Sie erfahren, wie Sie Spalten anlegen, modifizieren und zu Spaltengruppen zusammenführen können. Die nächsten beiden Abschnitte befassen sich mit Anpassungen im Arbeitsbereich, also im Überblicks- und Detailbereich.

### 6.4.2 Registerkarten im Detailbereich anpassen

In diesem Abschnitt wird beschrieben, wie Sie die Detailinformationen eines Objekts in der Pflegeoberfläche ORGANISATION UND BESETZUNG über Registerkarten anlegen und anpassen können (siehe Abbildung 6.25).

Im Einzelnen erfahren Sie,

- wie Sie den Text einer Registerkarte anpassen können,
- wie Sie die Reihenfolge der angezeigten Registerkarten ändern können und
- wie Sie eine Registerkarte ausblenden können.

Damit Sie Änderungen an den Registerkarten durchführen können, müssen Sie in Ihren Benutzerparametern den Parameter OM_TABTYPE_DISPLAY pflegen. Dadurch wird Ihnen auf den Registerkarten der technische Registerkartenschlüssel angezeigt, den Sie für das Customizing benötigen.

Die Pflege der Registerkarten erfolgt über die Dialogstruktur in der Tabelle T77OMTABUS (Registerkarte ein- oder ausblenden, siehe Abbildung 6.26).

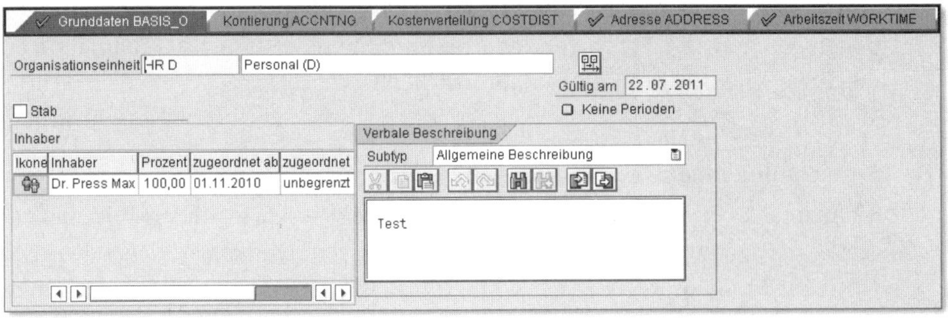

Anpassung des Layouts | **6.4**

**Abbildung 6.25** Registerkarten im Detailbereich

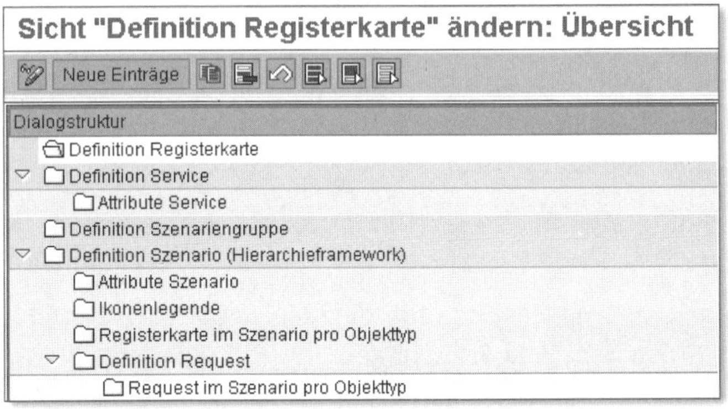

**Abbildung 6.26** Dialogstruktur zur Pflege der Registerkarten in der Tabelle T77OMTABUS (Registerkarte ein- oder ausblenden)

Alternativ können Sie das Customizing auch im Einführungsleitfaden (IMG) über den Pfad PERSONALMANAGEMENT • ORGANISATIONSMANAGEMENT • HIERARCHIEFRAMEWORK • REGISTERKARTEN IM DETAILBEREICH ANPASSEN/NEUEN INFOTYP INTEGRIEREN vornehmen (siehe Abbildung 6.27).

**Abbildung 6.27** Customizing der Registerkarten

Alle Registerkarten eines Objekttyps (z. B. Objekttyp Organisationseinheit) bilden ein Register. Die folgenden Abschnitte beschreiben die Neuanlage und mögliche Änderungen an bestehenden Registerkarten.

**Bezeichnung einer Registerkarte anpassen**

Manchmal ist es notwendig, den Titel einer Registerkarte, die auch in mehreren Registern angezeigt werden kann, anzupassen. Die Registerkarte KONTIERUNG wird z. B. im Register des Objekttyps Organisationseinheit und auch im Register des Objekttyps Planstelle angezeigt. Das Customizing führen Sie im Einführungsleitfaden (IMG) unter PERSONALMANAGEMENT • ORGANISATIONSMANAGEMENT • HIERARCHIEFRAMEWORK • REGISTERKARTEN IM DETAILBEREICH ANPASSEN • TEXT UND IKONE EINER REGISTERKARTE ÄNDERN durch.

Wenn Sie den Titel einer Registerkarte ändern möchten und diese Änderung in allen Registern vorhanden sein soll, sind die folgenden Schritte im Customizing notwendig (siehe Abbildung 6.28):

1. Zuerst wählen Sie die Funktion REGISTERKARTENTEXT IN ALLEN REGISTERN ÄNDERN aus.

2. Die Sprache, in der die neue Bezeichnung der Registerkarte verwendet werden soll, legen Sie in dem Feld SPRACHE fest.

3. In das Feld REGISTERKARTE tragen Sie den Schlüssel der Registerkarte ein, für die die neue Registerkartenbezeichnung angezeigt werden soll. Über die Wertehilfe können Sie den entsprechenden Registerkartenschlüssel auswählen.

4. Im Feld TEXT definieren Sie nun die neue Registerkartenbezeichnung.

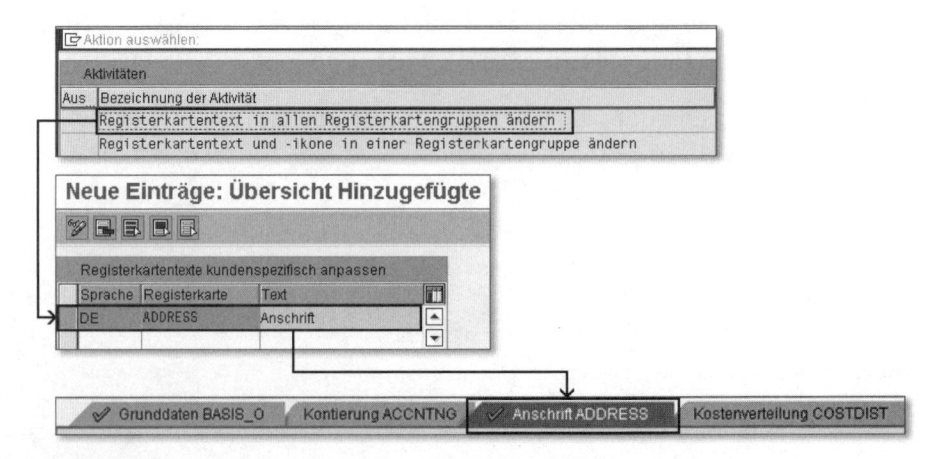

**Abbildung 6.28** Titel einer Registerkarte in allen Registern ändern

Die Änderung der Bezeichnung einer Registerkarte ist nun in allen Registern, in denen diese spezifische Registerkarte vorkommt, wirksam.

**Reihenfolge von Registerkarten innerhalb eines Registers ändern**

Bei Bedarf können Sie auch die Reihenfolge der in der Detailsicht angezeigten Registerkarten ändern. In diesem Fall übernehmen Sie die relevanten Einträge aus der Tabelle T77OMTABUS (Registerkarte ein- oder ausblenden) ändern) in die Tabelle T77OCTABUS (Szenariospezifische Verwendung der Registerkarten ändern) und passen dort die Reihenfolge an.

> **Hinweis: Inhalt der Tabellen T77OMTABUS und T77OCTABUS**
>
> Wichtig ist, dass alle Einträge (Ausnahme: Feld REIHENFOLGE), also der Inhalt der Felder REPORTNAME, BILDNUMMER, FB FÜR IKONE und FB FÜR TEXT, absolut identisch aus der Tabelle T77OMTABUS in die Tabelle T77OCTABUS übernommen werden, da es ansonsten zu einem Programmabbruch der Pflegeoberfläche ORGANISATION UND BESETZUNG kommt.

Wenn Sie eine Registerkarte in der Detailsicht der Pflegeoberfläche ORGANISATION UND BESETZUNG an einer anderen Stelle anzeigen möchten, also die Reihenfolge der angezeigten Registerkarten ändern möchten, gehen Sie im Customizing folgendermaßen vor:

1. Im Einführungsleitfaden (IMG) aktivieren Sie die Funktion PERSONALMANAGEMENT • ORGANISATIONSMANAGEMENT • HIERARCHIEFRAMEWORK • REGISTERKARTEN IM DETAILBEREICH ANPASSEN • REIHENFOLGE DER REGISTERKARTEN ÄNDERN.

2. In dem nun erscheinenden Fenster klicken Sie auf den Button NEUE EINTRÄGE.

3. In dem Feld SZENARIO wählen Sie nun über die Wertehilfe das Hierarchieframework-Szenario aus, in dem die Registerkarte verwendet wird.

4. Geben Sie in das Feld OBJEKTTYP den Objekttyp ein, für den die Registerkarte angezeigt wird.

5. In dem Feld REGISTERKARTE selektieren Sie über die Wertehilfe den Registerkartenschlüssel der Registerkarte, für die Sie die Reihenfolge verändern möchten.

6. Das Feld REIHENFOLGE ist das einzige Feld, in dem Sie eine Änderung zur Tabelle T77OMTABUS (Registerkarte ein- oder ausblenden) vornehmen. In diesem Feld geben Sie die neue Position der Registerkarte an. Je nied-

riger die angegebene Zahl, desto weiter steht die Registerkarte links in der Detailsicht (siehe Abbildung 6.29).

7. In den Feldern REPORTNAME, BILDNUMMER, FB FÜR IKONE und FB FÜR TEXT geben Sie den absolut identischen Inhalt aus der Tabelle T77OMTABUS an (siehe Abbildung 6.29).

Durch diese Customizing-Einstellungen haben Sie nun die Reihenfolge der angezeigten Registerkarten innerhalb eines Registers verändert.

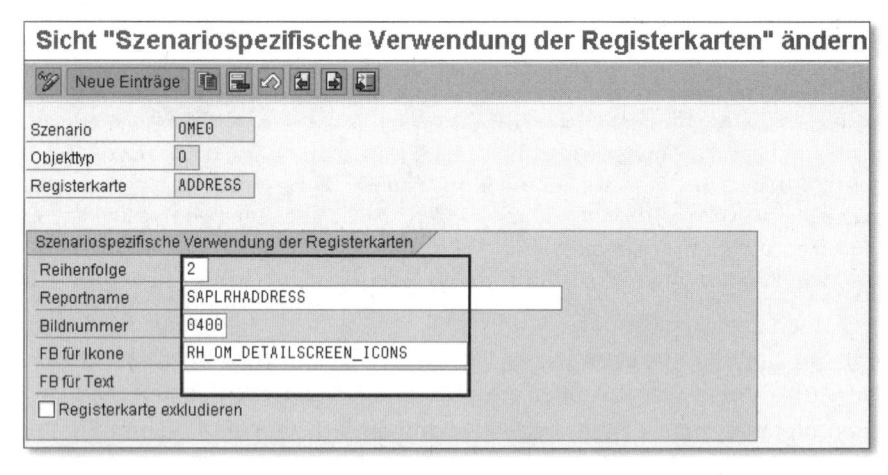

**Abbildung 6.29** Reihenfolge der Registerkarten ändern

**Registerkarten in einem Register ein- und ausblenden**

Bei Bedarf können Sie einzelne der in der Detailsicht der Pflegeoberfläche ORGANISATION UND BESETZUNG angezeigten Registerkarten ausblenden oder bisher noch nicht angezeigte Registerkarten einblenden. Diese Customizing-Aktivitäten führen Sie in der Tabelle T77OCTABUS (Szenariospezifische Verwendung der Registerkarten ändern) durch. Zum Ausblenden einer Registerkarte setzen Sie die Markierung im Feld REGISTERKARTE EXKLUDIEREN, und zum Einblenden einer Registerkarte entfernen Sie die Markierung. Alle anderen Felder müssen den gleichen Inhalt wie die Tabelle T77OMTABUS (Registerkarte ein- oder ausblenden) haben.

Wenn Sie eine Registerkarte in der Detailsicht der Pflegeoberfläche ORGANISATION UND BESETZUNG ein- oder ausblenden möchten, gehen Sie im Customizing folgendermaßen vor:

1. Im Einführungsleitfaden (IMG) aktivieren Sie die Funktion PERSONALMANAGEMENT • ORGANISATIONSMANAGEMENT • HIERARCHIEFRAMEWORK • REGIS-

terkarten im Detailbereich anpassen • Registerkarte ein- oder ausblenden oder rufen direkt die Tabelle T77OCTABUS über die Transaktion SM30 auf.

2. In dem nun erscheinenden Fenster klicken Sie auf den Button Neue Einträge.
3. In dem Feld Szenario wählen Sie über die Wertehilfe das Hierarchieframework-Szenario aus, in dem die Registerkarte verwendet wird.
4. Geben Sie in das Feld Objekttyp den Objekttyp ein, für den die Registerkarte angezeigt wird.
5. In dem Feld Registerkarte selektieren Sie über die Wertehilfe den Registerkartenschlüssel der Registerkarte, für die Sie die Reihenfolge verändern möchten.
6. In den Feldern Reihenfolge, Reportname, Bildnummer, FB für Ikone und FB für Text geben Sie den absolut identischen Inhalt aus der Tabelle T77OMTABUS an (siehe Abbildung 6.30).
7. Wenn Sie eine Registerkarte einblenden möchten, entfernen Sie die Markierung aus dem Feld Registerkarte exkludieren. Wenn Sie eine Registerkarte ausblenden möchten, setzen Sie die entsprechende Markierung in diesem Feld.

Durch die oben beschriebenen Customizing-Einstellungen haben Sie festgelegt, ob eine Registerkarte innerhalb eines Registers der Pflegeoberfläche Organisation und Besetzung angezeigt werden soll oder nicht.

**Abbildung 6.30** Registerkarte ein- oder ausblenden

**Definition neuer Registerkarten**

In der Sicht DEFINITION REGISTERKARTE des Tabellen-Views T77OMTABUS legen Sie eine eigene Registerkarte für den Detailbereich der Pflegeoberfläche ORGANISATION UND BESETZUNG an. Im Detailbereich können Sie zu jedem in einem Szenario vorkommenden Objekttyp Registerkarten mit Detailinformationen zu einem spezifischen Objekt definieren. Alle Registerkarten können Sie eindeutig durch einen sogenannten *Registerkartenschlüssel* (z. B. Grunddaten = BASIS_O oder Kontierung = ACCNTNG) identifizieren.

Folgende Aktivitäten müssen Sie für die Anlage einer neuen Registerkarte in der Funktion DEFINITION REGISTERKARTE (siehe Abbildung 6.31) durchführen:

1. Im Einführungsleitfaden (IMG) aktivieren Sie die Funktion PERSONALMANAGEMENT • ORGANISATIONSMANAGEMENT • HIERARCHIEFRAMEWORK • NEUEN INFOTYP INTEGRIEREN • INFOTYP ALS REGISTERKARTE IN DETAILBEREICH AUFNEHMEN oder rufen direkt die Tabelle T77OMTABUS über die Transaktion SM30 auf.

2. Zuerst definieren Sie im Feld REGISTERKARTE einen Registerkartenschlüssel. Bitte beachten Sie dabei, dass dieser Schlüssel mit YY oder ZZ beginnt, da dies der dafür reservierte kundeneigene Namensraum ist, der von SAP festgelegt wurde.

3. In dem Feld BEZEICHNUNG vergeben Sie einen Namen für die Registerkarte. Dieser Name wird dann auf der Registerkarte in der Detailsicht der Pflegeoberfläche ORGANISATION UND BESETZUNG angezeigt.

4. Wenn Sie das Feld VORSCHAUZEITLOGIK AKTIV markieren, können Sie auf der Registerkarte zwischen der standardmäßig angezeigten Periodensicht und einer stichtagsbezogenen Sicht wechseln. Der Unterschied zwischen diesen beiden Sichten ist, dass Sie bei der Periodensicht durch die gegebenenfalls unterschiedlichen Daten der einzelnen Perioden blättern können. Bei der Stichtagssicht werden Ihnen die Daten zu einem bestimmten Tag, also Stichtag, angezeigt.

5. Wenn Sie eine infotypspezifische Registerkarte anlegen möchten, müssen Sie das Feld INFOTYPSPEZIFISCH markieren und in dem Feld INFOTYP diesen spezifischen Infotyp angeben. Auf einer infotypspezifischen Registerkarte werden Informationen aus einem einzigen Infotyp angezeigt.

| Sicht "Definition Registerkarte" ändern: Übersicht | | | | |
|---|---|---|---|---|

Dialogstruktur:
- Definition Registerkarte
- ▽ Definition Service
  - Attribute Service
- Definition Szenariengruppe
- ▽ Definition Szenario (Hierarchieframework)
  - Attribute Szenario
  - Ikonenlegende
  - Registerkarte im Szenario pro Objekttyp
- ▽ Definition Request
  - Request im Szenario pro Objekttyp

Definition Registerkarte

| Registerkarte | Bezeichnung | Vorschauzeitlogik aktiv | Infotypspezifisch | Infotyp |
|---|---|---|---|---|
| TN_REGCO | Compliance | ☐ | ☐ | |
| TN_STAFF | Personenzuordnung | ☐ | ☐ | |
| TN_TPCAT | Plan-/Katalogzuordn. | ☐ | ☐ | |
| TP_SNAP | Berichtswesen | ☐ | ☐ | |
| WORKTIME | Arbeitszeit | ☑ | ☐ | |
| ZZ-P6 | Kompetenzen | ☐ | ☑ | 1010 |
| ZZ1039 | Einsatzgruppe | ☐ | ☑ | 1039 |
| ZZ1040 | verbale | ☐ | ☑ | |

**Abbildung 6.31** Customizing – neue Registerkarte anlegen

Im nächsten Arbeitsschritt ordnen Sie die soeben angelegte Registerkarte einem Register zu. Diesen Arbeitsschritt führen Sie ebenfalls im Tabellen-View T77OMTABUS durch, diesmal aber in der Sicht REGISTERKARTE IM SZENARIO PRO OBJEKTTYP (siehe Abbildung 6.32). Dazu sind folgende Aktivitäten notwendig:

1. Im Feld SZENARIO wählen Sie das Szenario aus, in dem die Registerkarte angezeigt werden soll.

2. Im Feld OBJEKTTYP geben Sie den spezifischen Objekttyp an, für den die Registerkarte im Detailbereich angezeigt werden soll. Wenn Sie die Registerkarte nicht für einen spezifischen Objekttyp, sondern für alle Objekttypen anzeigen möchten, geben Sie bitte ein Sternchen (*) für Wildcard ins Feld ein.

3. Im Feld REGISTERKARTE selektieren Sie den Schlüssel der Registerkarte, die im Detailbereich angezeigt werden soll.

4. Die Reihenfolge der Registerkarten innerhalb eines Registers legen Sie über das Feld REIHENFOLGE fest.

5. In den Feldern REPORTNAME und BILD können Sie einen Subscreen definieren, der dann auf der Registerkarte abgebildet wird. Wenn Sie aber einen Infotyp für die Registerkarte definiert haben, ist ein Eintrag in diesen beiden Feldern nicht notwendig, da sich der Subscreen aus dem Infotyp ableitet.

6. Wenn Sie ein Icon im Titel der Registerkarte angezeigt haben möchten, können Sie im Feld FB FÜR IKONE (Funktionsbaustein für Ikone) den entsprechenden Funktionsbaustein angeben.

7. Geben Sie im Feld FB FÜR TEXT (Funktionsbaustein für Text) einen Funktionsbaustein ein, wenn Sie den Registerkartentext dynamisch ermitteln möchten.

8. Über das Feld NICHT ANZEIGEN legen Sie fest, ob eine Registerkarte ein- oder ausgeblendet werden soll.

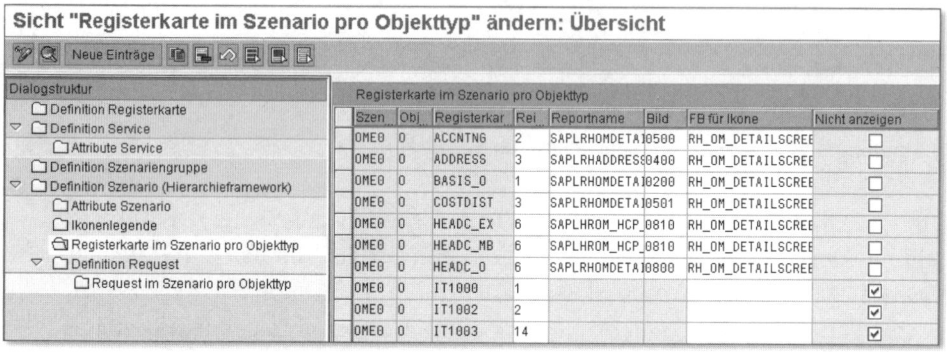

| Szen | Obj | Registerkar | Rei | Reportname | Bild | FB für Ikone | Nicht anzeigen |
|---|---|---|---|---|---|---|---|
| OME0 | 0 | ACCNTNG | 2 | SAPLRHOMDETA | 0500 | RH_OM_DETAILSCREE | ☐ |
| OME0 | 0 | ADDRESS | 3 | SAPLRHADDRESS | 0400 | RH_OM_DETAILSCREE | ☐ |
| OME0 | 0 | BASIS_0 | 1 | SAPLRHOMDETA | 0200 | RH_OM_DETAILSCREE | ☐ |
| OME0 | 0 | COSTDIST | 3 | SAPLRHOMDETA | 0501 | RH_OM_DETAILSCREE | ☐ |
| OME0 | 0 | HEADC_EX | 6 | SAPLRHROM_HCP | 0810 | RH_OM_DETAILSCREE | ☐ |
| OME0 | 0 | HEADC_MB | 6 | SAPLRHROM_HCP | 0810 | RH_OM_DETAILSCREE | ☐ |
| OME0 | 0 | HEADC_O | 6 | SAPLRHOMDETA | 0800 | RH_OM_DETAILSCREE | ☐ |
| OME0 | 0 | IT1000 | 1 | | | | ☑ |
| OME0 | 0 | IT1002 | 2 | | | | ☑ |
| OME0 | 0 | IT1003 | 14 | | | | ☑ |

**Abbildung 6.32** Registerkarte einem Register zuordnen

In den Abschnitten zu den Registerkarten wurde beschrieben, wie Sie Registerkarten in ein bestehendes Register integrieren können und bestehende Registerkarten an Ihre unternehmensspezifischen Bedürfnisse anpassen können.

### 6.4.3 Reports zum Zurücksetzen von Benutzereinstellungen

SAP stellt eine Reihe von Reports bereit, mit denen Sie benutzerspezifische Einstellungen im Hierarchieframework auf die initiale Ausgangssituation zurücksetzen können. Durch diese Reports werden z. B. durch den Anwender gespeicherte Suchvarianten gelöscht oder auch benutzerspezifische Spaltenkonfigurationen zurückgesetzt. In den folgenden Abschnitten finden Sie eine Beschreibung dieser Reports.

▸ **RH_DELETE_COL_USER_SETTINGS**
(Initialisieren der benutzerspezifischen Spaltenkonfiguration)
Mit diesem Report können Sie alle von einem spezifischen Benutzer vorgenommenen Spaltenkonfigurationen, die über die Funktion SPALTENKONFIGURATION durchgeführt wurden, zurücknehmen.

Nachdem Sie mit der Transaktion SA38 (ABAP: Programmausführung) den Report aufgerufen haben, geben Sie in das Feld EINSTELLUNGEN LÖSCHEN FÜR BENUTZER die Benutzer-ID des Anwenders ein, für den Sie die Spaltenkonfiguration auf die initialen Einstellungen zurücksetzen möchten, oder Sie selektieren den Benutzer über die Suchhilfe (siehe Abbildung 6.33). Wenn Sie das Feld SPALTENKONFIGURATION LÖSCHEN markieren und dann den Report ausführen, werden die benutzerspezifischen Spalteneinstellungen gelöscht. Der Anwender kann bei der nächsten Anmeldung in der Pflegeoption ORGANISATION UND BESETZUNG eine neue Spaltenkonfiguration sichern.

**Abbildung 6.33** Report für die Initialisierung der Spaltenkonfiguration

▸ **Report RH_DELETE_NF_USER_SETTINGS (Benutzereinstellungen des Navigationsframeworks löschen)**
Standardmäßig werden Ihnen bei einer Anmeldung in der Pflegeoberfläche ORGANISATION UND BESETZUNG immer automatisch die Daten des Objekts im Überblicksbereich angezeigt, das Sie zuletzt ausgewählt haben. Außerdem kann ein Vorschauzeitraum gesichert werden, der dann auch bei einem erneuten Aufruf der Pflegeoberfläche ORGANISATION UND BESETZUNG wieder angezeigt wird. Durch Nutzung des Reports RH_DELETE_NF_USER_SETTINGS bzw. durch die Markierung der Felder LETZTE OBJEKTAUSWAHL LÖSCHEN und VORSCHAUZEITRAUM LÖSCHEN (siehe Abbildung 6.34) können diese Einstellungen für die nächste Anmeldung zurückgenommen werden.

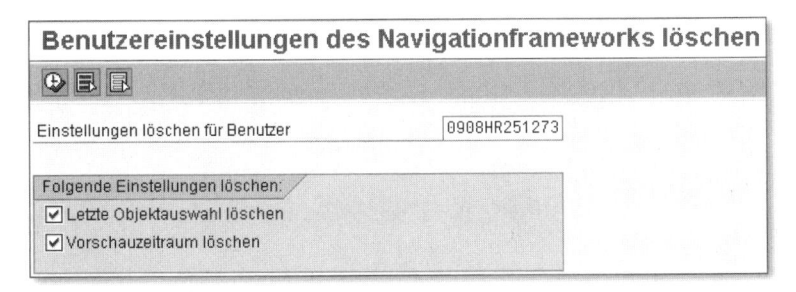

**Abbildung 6.34** Report RH_DELETE_NF_USER_SETTINGS (Benutzereinstellungen des Navigationsframeworks löschen)

- **Report RH_DELETE_OM_USER_SETTINGS
  (Benutzereinstellungen des Objektmanagers löschen)**
  Im Objektmanager können Sie für sich Suchvarianten sichern sowie die Größe des Such- und Auswahlbereichs nach Ihren Vorstellungen einstellen. Durch Markierung der Felder SUCHVARIANTEN LÖSCHEN sowie ATTRIBUTE DES OBJEKTMANAGERS LÖSCHEN werden diese Einstellungen rückgängig gemacht (siehe Abbildung 6.35). Sie können dann bei der nächsten Anmeldung neue Suchvarianten definieren oder die Größe des Such- und Auswahlbereichs neu einstellen.

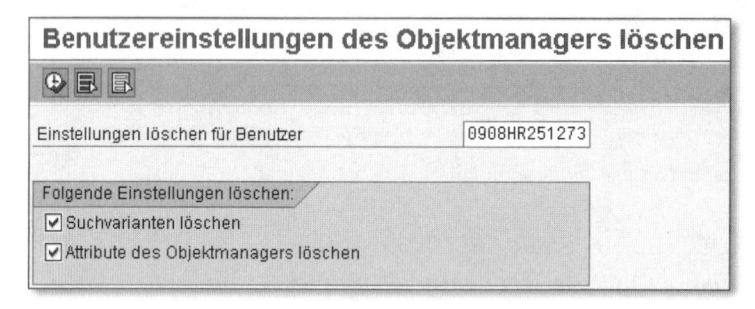

**Abbildung 6.35** Report RH_DELETE_OM_USER_SETTINGS (Benutzereinstellungen des Objektmanagers löschen)

Die oben beschriebenen Lösch-Reports sind auch alle im Report RH_DELETE_USER_SETTINGS enthalten (siehe Abbildung 6.36). Häufig ist es aber so, dass ein Benutzer aufgrund seiner Berechtigungen nicht alle Löschfunktionen verwenden darf. In diesem Fall werden seiner Rolle eine oder mehrere der oben beschriebenen Reports zugeordnet. Einem Benutzer, der über umfangreiche Berechtigungen verfügt, kann der Report RH_DELETE_USER_SETTINGS (Benutzereinstellungen des Organisationsmanagements löschen) zugeordnet werden.

Folgende Löschroutinen sind in diesem Report enthalten, die die Benutzereinstellungen in der Bearbeitungssicht ORGANISATION UND BESETZUNG zurücksetzen:

- **Letzte Objektauswahl löschen**
  Der standardmäßige Aufruf der letzten Daten für den nächsten Einstieg wird ausgeschaltet.

- **Suchvarianten löschen**
  Die gespeicherten Suchvarianten werden gelöscht.

- **Attribute des Objektmanagers löschen**
  Die zuletzt gesicherten Inhalte des Suchbereichs, des Auswahlbereichs sowie des Objektmanagers insgesamt werden gelöscht.
- **Vorschauzeitraum löschen**
  Der gesicherte Vorschauzeitraum wird zurückgesetzt.
- **Spaltenkonfiguration löschen**
  Die durch den Benutzer festgelegten Spaltenkonfigurationen werden gelöscht.
- **MDT: alle Einstellungen löschen**
  Löscht alle benutzerspezifischen Einstellungen.

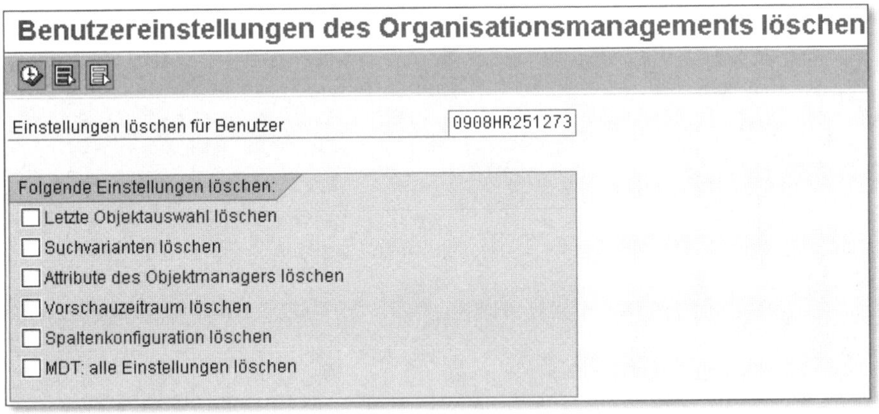

**Abbildung 6.36** Report RH_DELETE_USER_SETTING (Benutzereinstellungen des Organisationsmanagements löschen)

## 6.5 Zusammenfassung

In diesem Kapitel wurde detailliert beschrieben, wie Sie das Customizing des Hierarchieframeworks ORGANISATION UND BESETZUNG vornehmen, um so eine ideale Benutzeroberfläche bereitzustellen.

Im Einzelnen haben Sie erfahren,

- wie Sie den Suchbereich nach Ihren Bedürfnissen anpassen können,
- wie Sie Registerkarten im Detailbereich ein- und ausblenden können,
- wie Sie die Reihenfolge der angezeigten Registerkarten im Detailbereich ändern können,
- wie Sie die Bezeichnung der Registerkarten ändern können,

- wie Sie weitere Registerkarten in den Detailbereich integrieren können,
- wie Sie über die Spaltenkonfiguration Spalten im Übersichtsbereich ein- und ausblenden können und
- welche Reports im Zusammenhang mit der Bearbeitungsoption ORGANISATION UND BESETZUNG zur Verfügung stehen.

Das nächste Kapitel enthält eine umfangreiche Beschreibung über das Berichtswesen im Organisationsmanagement.

*Für eine erfolgreiche Personalarbeit sind aktuelle Informationen über Mitarbeiter und die damit zusammenhängenden Organisationsstrukturen elementar. Die Reporting-Möglichkeiten des SAP-Systems unterstützen Sie dabei.*

# 7 Reporting im Organisationsmanagement

Das SAP-System stellt für die Auswertung von Daten verschiedene Standardreports bereit. Um selbst definierte Berichte zu erstellen, gibt es darüber hinaus diverse Reporting-Werkzeuge.

Dazu gehört zum einen das *Human Resource Information System* (HIS), mit dem Sie SAP-Personaldaten entlang der Organisationsstruktur auswerten und bereitstellen können. Mit den Werkzeugen Ad-hoc Query und SAP Query können Sie Personaldaten aus dem SAP-System auswerten und in individuellen Berichten zusammenstellen.

Während sich diese Reporting-Werkzeuge wie auch die Standardreports auf die Auswertung von Personaldaten des SAP-Systems beschränken, haben Sie mit SAP NetWeaver Business Warehouse (BW) die Möglichkeit, zusätzlich zu Daten aus SAP-Systemen auch Daten aus externen Systemen (z. B. Nicht-SAP-Systeme, andere ERP-Systeme oder Flat-Files) auszuwerten.

Die meisten Standardreports sowie die SAP-Reporting-Werkzeuge können Sie über das Verzeichnis INFOSYSTEME im SAP Easy Access-Menü aufrufen. Die Reports und Analysen, die über SAP NetWeaver BW bereitgestellt werden, können durch die zugriffsberechtigten Personen z. B. über das Internet bzw. das Intranet aufgerufen werden.

Dieses Kapitel beschreibt die in OM genutzten Standardreports sowie die Nutzung von HIS und SAP NetWeaver BW. Auf die Nutzung der Reporting-Werkzeuge Ad-hoc Query und SAP Query gehe ich nicht detailliert ein, da diese Werkzeuge keinen unmittelbaren Bezug zu OM haben. Wenn Sie diese Themen vertiefen möchten, empfehle ich Ihnen das Buch »HR-Reporting mit SAP« (SAP PRESS, 2007), sowie die SAP-Hilfe (*http://help.sap.com*). Außerdem erhalten Sie einen Eindruck davon, welche Möglichkeiten Sie durch die Standardschnittstelle OCI (*Organizational Charting Interface*) haben, um externe Anbieter für die Erstellung von Organigrammen zu berücksichtigen.

## 7.1 Standardreports im Organisationsmanagement

SAP stellt Ihnen im Standard eine Vielzahl von Reports zur Auswertung der verschiedenen Organisationsobjekte in OM zur Verfügung. Diese Standardreports haben den Vorteil, dass Sie sie direkt und unverändert nutzen können und damit viel Zeit und Mühe sparen. Sie können diese Reports entweder über das SAP Easy Access-Menü oder alternativ über den Transaktionscode SA38 aufrufen (siehe Abbildung 7.1).

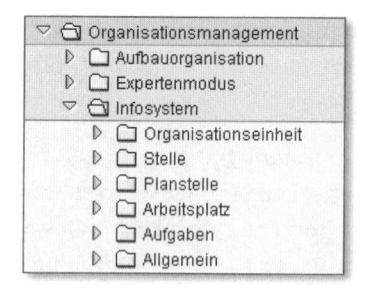

**Abbildung 7.1** Organisationsmanagement – Infosystem

Die folgenden Abschnitte stellen die wichtigsten und hilfreichsten Standardreports vor.

### 7.1.1 Standardreports zu Organisationseinheiten

SAP stellt einige hilfreiche Standardreports zur Auswertung von Organisationseinheiten und den damit verknüpften Objekten bereit. Sie können diese Standardreports entweder über die SAP Easy Access-Menüstruktur über den Pfad PERSONALMANAGEMENT • ORGANISATIONSMANAGEMENT • INFOSYSTEM • ORGANISATIONSEINHEIT oder direkt über den Transaktionscode SA38 aufrufen.

**Report RHXEXI00 (Existierende Organisationseinheiten)**
Der Report RHXEXI00 wertet alle existierenden Organisationseinheiten aus. Eine Einschränkung des Ergebnisses ist hier über die Organisationsstruktur, über den Gültigkeitszeitraum, den Objektstatus und die Objekt-ID möglich. Als Ergebnis werden Ihnen der Objekttyp, die Objekt-ID, die Objektbezeich-

nung und der Gültigkeitszeitraum der ausgewerteten Organisationseinheiten angezeigt.

### Report RHXSTR02 (Organisationsplan mit Personen)

Der Report RHXSTR02 erstellt einen Organisationsplan als Strukturbaum und berücksichtigt dabei auch die Leiterplanstellen der Organisationseinheiten. Dabei wertet der Report die hierarchische Anordnung der Organisationseinheiten untereinander unter Berücksichtigung der Leiterplanstellen aus. Die im Selektionsbild eingegebene Organisationseinheit wird als Wurzel für die Darstellung der Struktur herangezogen, wodurch Sie auch Teilstrukturen Ihres Unternehmens auswerten können (siehe Abbildung 7.2). Die zugeordneten Personen erscheinen direkt unterhalb der hierarchisch angeordneten Organisationseinheiten.

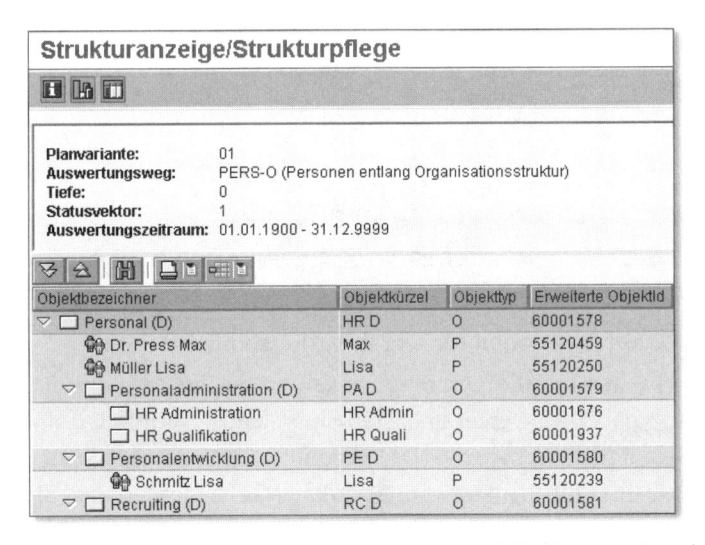

**Abbildung 7.2** Strukturanzeige im Report RHXSTR02 (Organisationsplan mit Personen)

### Report RHXSTR01 (Organisationsplan mit Planstellen)

Der Report RHXSTR01 erstellt einen Organisationsplan und stellt die den Organisationseinheiten zugeordneten Planstellen als Strukturbaum dar. Dabei wertet der Report die hierarchische Anordnung der Organisationseinheiten untereinander einschließlich der Planstellen aus. Die im Selektionsbild angegebene Organisationseinheit wird als Wurzel für den Aufbau des Strukturbaums herangezogen. Mit diesem Report können Sie auch Teilstrukturen Ihres Unternehmens darstellen. Der Unterschied zum zuvor beschriebenen Report RHXSTR02 (Organisationsplan mit Personen) ist, dass im Ergebnis des nun beschriebenen Reports RHXSTR01 keine Personen, sondern lediglich die einer Organisationseinheit zugeordneten Planstellen angezeigt werden (siehe Abbildung 7.3).

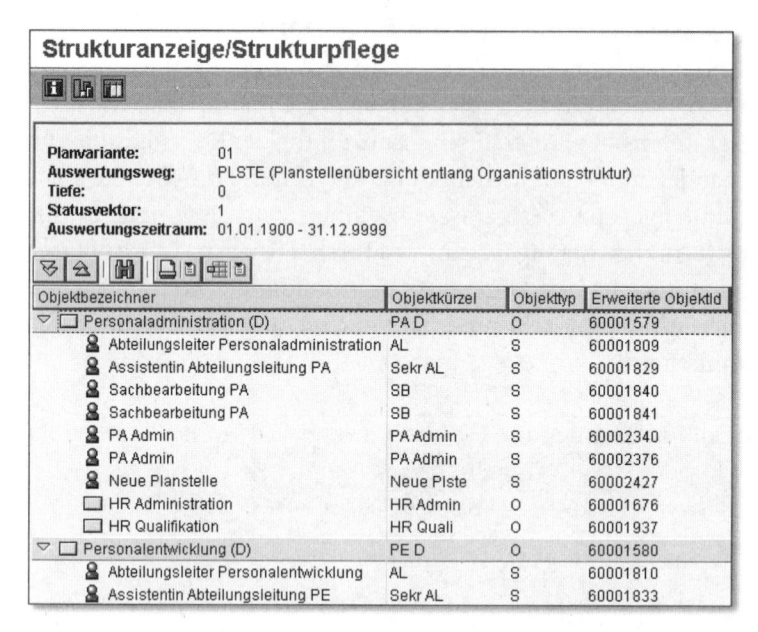

```
Strukturanzeige/Strukturpflege

Planvariante:          01
Auswertungsweg:        PLSTE (Planstellenübersicht entlang Organisationsstruktur)
Tiefe:                 0
Statusvektor:          1
Auswertungszeitraum:   01.01.1900 - 31.12.9999

Objektbezeichner                                  Objektkürzel   Objekttyp   Erweiterte Objektid
▽ ☐ Personaladministration (D)                    PA D           O           60001579
    👤 Abteilungsleiter Personaladministration    AL             S           60001809
    👤 Assistentin Abteilungsleitung PA           Sekr AL        S           60001829
    👤 Sachbearbeitung PA                         SB             S           60001840
    👤 Sachbearbeitung PA                         SB             S           60001841
    👤 PA Admin                                   PA Admin       S           60002340
    👤 PA Admin                                   PA Admin       S           60002376
    👤 Neue Planstelle                            Neue Plste     S           60002427
    ☐ HR Administration                           HR Admin       O           60001676
    ☐ HR Qualifikation                            HR Quali       O           60001937
▽ ☐ Personalentwicklung (D)                       PE D           O           60001580
    👤 Abteilungsleiter Personalentwicklung       AL             S           60001810
    👤 Assistentin Abteilungsleitung PE           Sekr AL        S           60001833
```

**Abbildung 7.3** Strukturanzeige im Report RHXSTR01 (Organisationsplan mit Planstellen)

### Report RHXSTAB0 (Stabsfunktionen für Organisationseinheiten)

Der Report RHXSTAB0 wertet alle Organisationseinheiten aus, für die ein Infotypsatz des Infotyps 1003 (Abteilung/Stab) angelegt ist und der mit einem Stabskennzeichen markiert wurde. Das Ergebnis des Reports lässt sich nur zeitlich, nicht aber über die Struktur einschränken. Das bedeutet, dass Sie nur den Auswertungszeitraum definieren und so das Ergebnis einschränken können. Eine Einschränkung auf Teilstrukturen Ihres Unternehmens ist nicht möglich. Das Ergebnis wird als Liste und nicht als Struktur angezeigt (siehe Abbildung 7.4).

```
Stabsfunktionen anzeigen

Planvariantentext   Objekttyptext          Anz. Stabstellen
Aktueller Plan      Organisationseinheit   9
```

**Abbildung 7.4** Ergebnis des Reports RHXSTAB0 (Stabsfunktionen für Organisationseinheiten)

## Report RHXSTR03 (Organisationsplan mit Arbeitsplätzen)

Der Report RHXSTR03 wertet Organisationseinheiten auf Basis der Organisationsstruktur und in Verbindung mit dem Objekt *Arbeitsplatz* aus. Das Ergebnis dieses Reports wird als Strukturbaum dargestellt.

### 7.1.2 Standardreports zu Stellen

SAP stellt für die Auswertung rund um den Stellenplan eines Unternehmens einige Standardreports bereit. Sie können diese Standardreports entweder über die SAP Easy Access-Menüstruktur PERSONALMANAGEMENT • ORGANISATIONSMANAGEMENT • INFOSYSTEM • STELLE oder direkt über den Transaktionscode SA38 aufrufen.

## Report RHSTEL00 (Stellenplan)

Der Report RHSTEL00 wertet im SAP-System existierende Stellen aus. Im Selektionsbild können Sie bei Bedarf das Ergebnis über den Gültigkeitszeitraum der Stellen bzw. über die Auswahl der Stellen einschränken. Im Ergebnis wird Ihnen dann der Stellenplan, d. h. der Besetzungsstatus der verknüpften Planstellen, zu den selektierten Stellen mit dem Besetzungsprozentsatz der Planstelle und der Planstellenbezeichnung angezeigt (siehe Abbildung 7.5).

**Stellenplan**

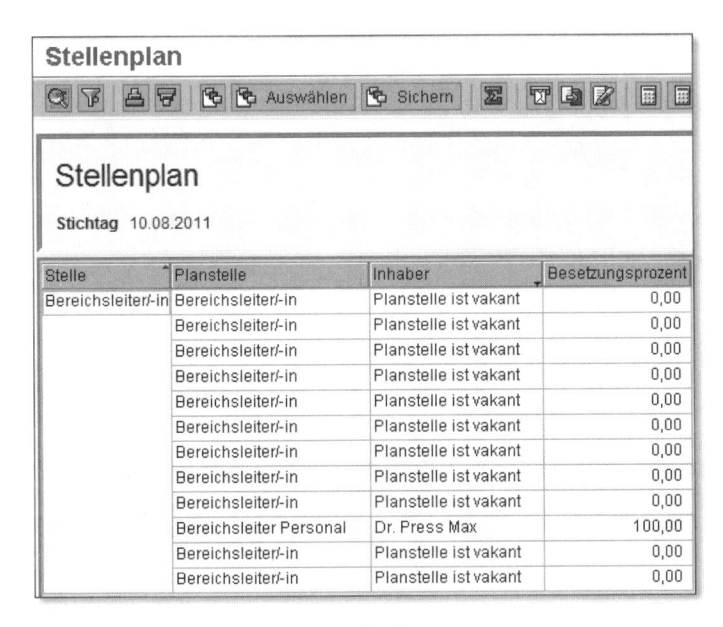

Stichtag 10.08.2011

| Stelle | Planstelle | Inhaber | Besetzungsprozent |
|---|---|---|---|
| Bereichsleiter/-in | Bereichsleiter/-in | Planstelle ist vakant | 0,00 |
| | Bereichsleiter/-in | Planstelle ist vakant | 0,00 |
| | Bereichsleiter/-in | Planstelle ist vakant | 0,00 |
| | Bereichsleiter/-in | Planstelle ist vakant | 0,00 |
| | Bereichsleiter/-in | Planstelle ist vakant | 0,00 |
| | Bereichsleiter/-in | Planstelle ist vakant | 0,00 |
| | Bereichsleiter/-in | Planstelle ist vakant | 0,00 |
| | Bereichsleiter/-in | Planstelle ist vakant | 0,00 |
| | Bereichsleiter/-in | Planstelle ist vakant | 0,00 |
| | Bereichsleiter Personal | Dr. Press Max | 100,00 |
| | Bereichsleiter/-in | Planstelle ist vakant | 0,00 |
| | Bereichsleiter/-in | Planstelle ist vakant | 0,00 |

**Abbildung 7.5** Report RHSTEL00 (Stellenplan)

### Report RHXEXI02 (Existierende Stellen)

Mit Report RHXEXI02 können Sie eine Übersicht über existierende Stellen erzeugen. Im Selektionsbild des Reports definieren Sie, ob Sie den Report über alle im Unternehmen existierenden Stellen oder nur über bestimmte Stellen laufen lassen möchten. Das Ergebnis enthält dann eine Aufstellung der Stellen, die Sie im Selektionsbild ausgewählt haben – mit einer Stellenbezeichnung, mit dem Gültigkeitszeitraum der einzelnen Stellen, dem Objektstatus und der Objekt-ID (siehe Abbildung 7.6).

| OT | Beginndatum | Endedatum | S | Objektbezeichnung | Erw. Objld |
|----|-------------|-----------|---|-------------------|------------|
| C | 01.01.2002 | 31.12.9999 | 1 | Substitut/in | 01100000 |
| C | 01.01.2002 | 31.12.9999 | 1 | Auszubildende/r | 01100001 |
| C | 01.01.2002 | 31.12.9999 | 1 | Geschäftsleiter/in | 01100002 |
| C | 01.01.2002 | 31.12.9999 | 1 | Abteilungsleiter/in | 01100003 |
| C | 01.01.2002 | 31.12.9999 | 1 | Hauptabteilungsleiter/in Verwaltung | 01100004 |

**Abbildung 7.6** Report RHXEXI02 (Existierende Stellen)

### Report RHXSCRP0 (Komplette Stellenbeschreibung)

Der Report RHXSCRP0 wertet die für eine Stelle gepflegten Informationen in Form einer Stellenbeschreibung aus (siehe Abbildung 7.7). Ausgewertet werden die verbale Beschreibung – Infotyp 1002 (Verbale Beschreibung) –, das Anforderungsprofil (nur wenn Sie die Komponente *Qualifikationen/Anforderungen* einsetzen), das Aufgabenprofil sowie die Kompetenzen und Hilfsmittel – Infotyp 1010 (Kompetenzen/Hilfsmittel).

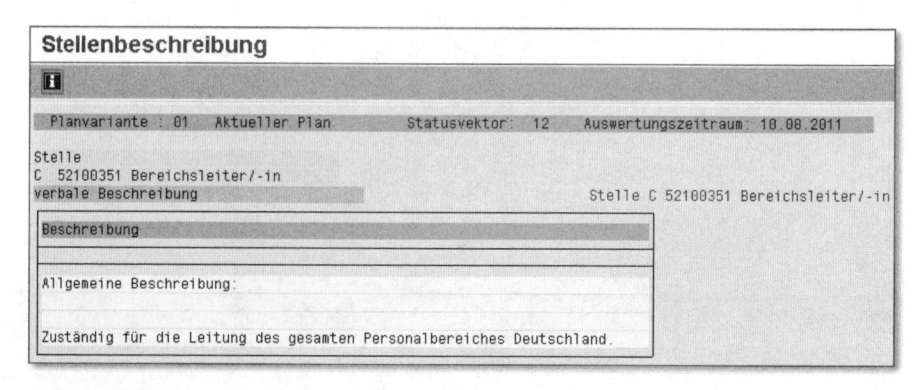

**Abbildung 7.7** Report RHXSCRP0 (Komplette Stellenbeschreibung)

Der Report RHXDESC0 zeigt ebenfalls Details zu einer Stelle, beschränkt sich dabei aber auf die Informationen, die im Infotyp 1002 gepflegt sind, und berücksichtigt nicht die Daten aus der Komponente Qualifikationen/Anforderungen.

### 7.1.3 Standardreports zu Planstellen

SAP stellt für die Auswertung von Planstellen verschiedene Standardreports bereit. Sie können diese entweder über das SAP Easy Access-Menü unter Personalmanagement • Organisationsmanagement • Infosystem • Planstelle oder direkt über den Transaktionscode SA38 aufrufen.

#### Report RHSBES00 (Besetzungsplan)

Mit Report RHSBES00 können Sie einen Planstellenbesetzungsplan entlang der Organisationsstruktur erzeugen. Als Ergebnis wird Ihnen ein Besetzungsplan angezeigt, der auf der Grundlage Ihrer Selektionskriterien die Planstellen mit den Planstelleninhabern, einschließlich des Besetzungsprozentsatzes und der Arbeitszeiten, darstellt (siehe Abbildung 7.8). Im Selektionsbild können Sie entscheiden, in welcher Form Sie sich die Arbeitszeit anzeigen lassen möchten. Möglich sind Stunden pro Tag, pro Woche, pro Monat oder pro Jahr. Darüber hinaus können Sie definieren, ob Sie im Ergebnis nur die angegebenen Organisationseinheiten oder auch alle darunter angeordneten Organisationseinheiten angezeigt bekommen möchten.

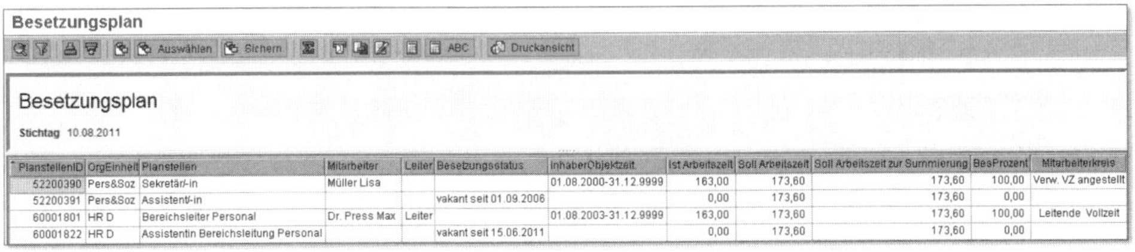


| PlanstellenID | OrgEinheit | Planstellen | Mitarbeiter | Leiter | Besetzungsstatus | InhaberObjektzeit | Ist Arbeitszeit | Soll Arbeitszeit | Soll Arbeitszeit zur Summierung | BesProzent | Mitarbeiterkreis |
|---|---|---|---|---|---|---|---|---|---|---|---|
| 52200390 | Pers&Soz | Sekretär/-in | Müller Lisa | | | 01.08.2000-31.12.9999 | 163,00 | 173,60 | 173,60 | 100,00 | Verw. VZ angestellt |
| 52200391 | Pers&Soz | Assistent/-in | | | vakant seit 01.09.2006 | | 0,00 | 173,60 | 173,60 | 0,00 | |
| 60001801 | HR D | Bereichsleiter Personal | Dr. Press Max | Leiter | | 01.08.2003-31.12.9999 | 163,00 | 173,60 | 173,60 | 100,00 | Leitende Vollzeit |
| 60001822 | HR D | Assistentin Bereichsleitung Personal | | | vakant seit 15.06.2011 | | 0,00 | 173,60 | 173,60 | 0,00 | |

**Abbildung 7.8** Report RHSBES00 (Besetzungsplan)

#### Report RHFILLPOS (Zeiträume unbesetzter Planstellen pro Organisationseinheit)

Mit Report RHFILLPOS können Sie sich zu einer oder mehreren Organisationseinheiten die Zeiträume anzeigen lassen, in denen die zugeordneten Planstellen unbesetzt sind (siehe Abbildung 7.9). Über den Auswertungsweg im Selektionsbild legen Sie fest, ob Sie Planstellen nur zu einer Organisationseinheit (Auswertungsweg SBES) oder auch die Planstellen der untergeordneten Organisationseinheiten auswerten möchten (Auswertungsweg SBESX).

**Zeiträume unbesetzter Planstellen pro Organisationseinheit**

| Organisationseinheit | Planstelle | Unbes. von | Unbes. bis | Neuer Inhaber | Unbes. Tage | Durchschnitt unbes. Tage pro Orgeinheit |
|---|---|---|---|---|---|---|
| Personal (D) | Assistentin Bereichsleitung Personal | 10.08.2011 | 10.08.2011 | | 1 | 1 |
| Personaladministration (D) | Abteilungsleiter Personaladministration | 10.08.2011 | 10.08.2011 | | 1 | |
| | Assistentin Abteilungsleitung PA | 10.08.2011 | 10.08.2011 | | 1 | |
| | Neue Planstelle | 10.08.2011 | 10.08.2011 | | 1 | |
| | PA Admin | 10.08.2011 | 10.08.2011 | | 1 | |
| | | 10.08.2011 | 10.08.2011 | | 1 | |
| | Sachbearbeitung PA | 10.08.2011 | 10.08.2011 | | 1 | 1 |
| | | 10.08.2011 | 10.08.2011 | | 1 | |

**Abbildung 7.9** Report RHFILLPOS (Zeiträume unbesetzter Planstellen)

### Report RHXEXI03 (Existierende Planstellen)

Der Report RHXEXI03 wertet die in Ihrem Unternehmen existierenden Planstellen aus. Eine Einschränkung des Ergebnisses ist über die Organisationsstruktur, über den Zeitraum, den Objektstatus und die Objekt-ID möglich. Dadurch können Sie auch Teilstrukturen oder nur Planstellen mit einem bestimmten Objektstatus (z. B. AKTIV oder GEPLANT) auswerten. Als Ergebnis werden Ihnen der Objekttyp, die Objekt-ID, die Objektbezeichnung und der Gültigkeitszeitraum der ausgewerteten Planstellen angezeigt (siehe Abbildung 7.10).

**Existierende Objekte**

| OT | Beginndatum | Endedatum | S | Objektbezeichnung | Erw. ObjId |
|---|---|---|---|---|---|
| S | 01.01.2003 | 31.12.9999 | 1 | Sekretär/-in | 52200390 |
| S | 01.11.2010 | 31.12.9999 | 1 | Bereichsleiter Personal | 60001801 |

**Abbildung 7.10** Report RHXEXI03 (Existierende Planstellen)

### Report RHXSCRP1 (Komplette Planstellenbeschreibung)

Der Report RHXSCRP1 zeigt die für eine Planstelle gepflegten Informationen in Form einer Planstellenbeschreibung an (siehe Abbildung 7.11). Die auszuwertenden Objekte können Sie über die Struktursuche in der Wertehilfe einschränken. Ausgewertet werden:

- die verbale Beschreibung – Infotyp 1002 (Verbale Beschreibung)
- die Inhaber einer Planstelle – Verknüpfung (A 008 Inhaber)

- die Verknüpfung zur Stelle – B 007 (wird beschrieben durch)
- das Anforderungsprofil der Stelle und das Tätigkeitsprofil der Stelle (wenn Sie die Komponente Qualifikationen/Anforderungen im Einsatz haben)
- das spezielle Anforderungs- und Tätigkeitsprofil der Planstelle (wenn Sie die Komponente Qualifikationen/Anforderungen im Einsatz haben)
- die Einordnung in die Organisationsstruktur – Verknüpfung A 003 (gehört zu)
- die Zuordnung zum Arbeitsplatz

Der Standardreport RHXDESC1 (Planstellenbeschreibung) zeigt ebenfalls Details zu einer Planstelle. Allerdings handelt es sich um eine stichtagsbezogene Auswertung, während Sie bei Report RHXSCRP1 über die Zeitraumabfrage auch andere Zeitfenster berücksichtigen können.

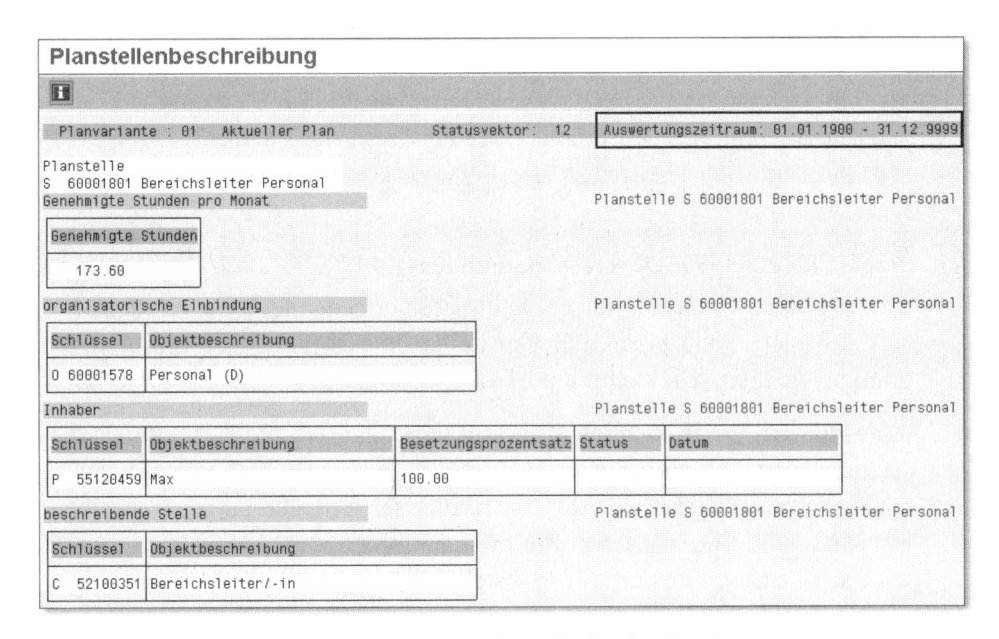

**Abbildung 7.11** Report RHXSCRP1 (komplette Planstellenbeschreibung)

### Report RHVOPOS0 (Vakante Planstellen)

Der Report RHVOPOS0 wertet vakante Planstellen aus. Eine Planstelle gilt dann als vakant, wenn diese in einem definierten Zeitraum keinen zugeordneten Inhaber hat und im Infotyp 1007 (Vakanz) als vakant gekennzeichnet ist. Das Ergebnis enthält eine Aufstellung der vakanten Planstellen pro Organisationseinheit und die Informationen über den Besetzungsstatus der Planstelle sowie den Zeitraum der Vakanz (siehe Abbildung 7.12).

| Vakante Planstellen | | | | |
|---|---|---|---|---|
| Kürzel Organisationseinheit | Organisationseinheit | Planstelle | vakant von/bis | Besetzungsstatus |
| BerufsBild | Berufsbildung | Abteilungsleiter/-in | 01.07.2005-31.12.9999 | unbesetzt seit 01.07.2005 |
| | Berufsbildung | Sachbearbeiter/-in | 01.10.2005-31.12.9999 | unbesetzt seit 01.10.2005 |
| HR D | Personal (D) | Assistentin Bereichsleitung Personal | 15.06.2011-31.12.9999 | unbesetzt seit 15.06.2011 |
| O 52000090 | Internationale Personalpolitik | Abteilungsleiter/-in | 01.06.2006-31.12.9999 | unbesetzt seit 01.06.2006 |
| | Internationale Personalpolitik | Aushilfe | 01.02.2009-31.12.9999 | unbesetzt seit 01.02.2009 |
| Pers&Soz | Personal und Soziales | Assistent/-in | 01.09.2006-31.12.9999 | unbesetzt seit 01.09.2006 |
| PersHQ | Personalleitung Mitarbeiter HQ | Sekretär/-in | 01.01.2009-31.12.9999 | unbesetzt seit 01.01.2009 |
| | Personalleitung Mitarbeiter HQ | Sachbearbeiter/-in | 01.12.2007-31.12.9999 | unbesetzt seit 01.12.2007 |

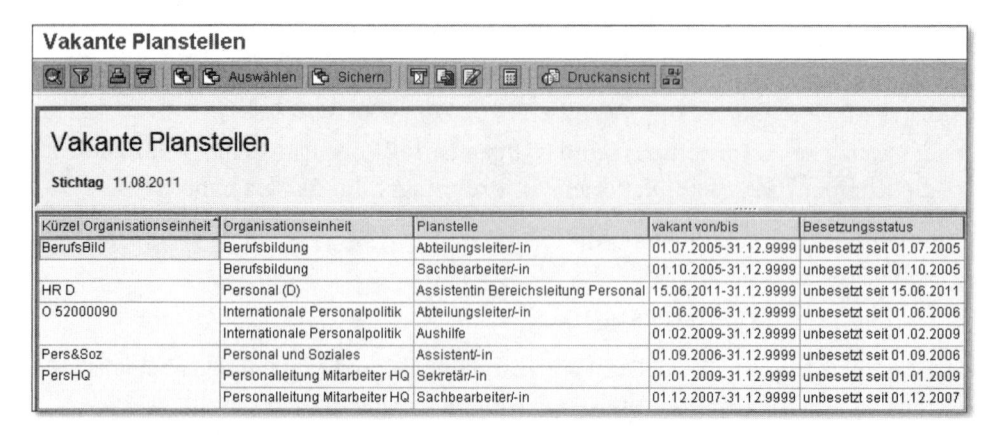

Stichtag 11.08.2011

**Abbildung 7.12** Report RHVOPOS0 (Vakante Planstellen)

Der Report RHVAKRI0 (Vakanzen richtigstellen) erzeugt hingegen eine Liste mit Planstellen, die als vakant markiert sind und gleichzeitig mit einem Inhaber besetzt sind. Im Ergebnis dieses Reports markieren Sie dann die Planstellen, die Sie richtigstellen möchten, und sichern die Daten. Dadurch ändert sich der Status der Planstellen von VAKANT auf BESETZT.

**Report RHVOPOS1 (Obsolete Planstellen)**

Der Report RHVOPOS1 wertet die als obsolet gekennzeichneten Planstellen aus. Obsolete Planstellen sind Planstellen, die ab einem bestimmten Zeitpunkt wegfallen, d. h. nicht neu besetzt werden.

Eine Planstelle kennzeichnen Sie im Infotyp 1014 (Obsolet) als obsolet. Diese Markierung wird dann durch den Report ausgelesen. Das Ergebnis enthält eine Liste der Planstellen pro Organisationseinheit, die als obsolet gekennzeichnet sind, und zusätzlich die Informationen über den Besetzungsstatus und den Zeitraum, in dem die Planstelle obsolet ist.

Abbildung 7.13 zeigt das Ergebnis des Reports und zusätzlich den aktuellen Inhaber einer obsoleten Planstelle an. Die Anzeige des Inhabers erreichen Sie über den Button LAUFBAHNPLANUNG in der Menüleiste.

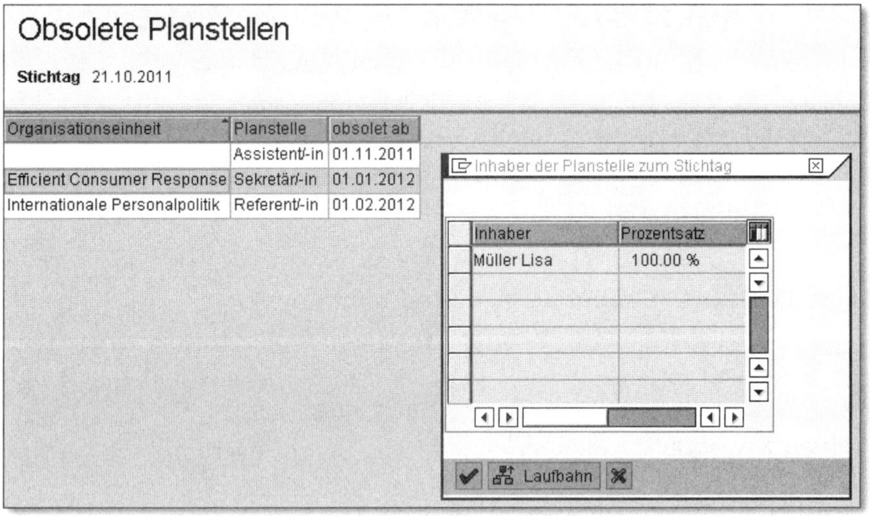

# Standardreports im Organisationsmanagement | 7.1

| Obsolete Planstellen | | |
|---|---|---|
| **Stichtag** 21.10.2011 | | |
| Organisationseinheit | Planstelle | obsolet ab |
| | Assistent/-in | 01.11.2011 |
| Efficient Consumer Response | Sekretär/-in | 01.01.2012 |
| Internationale Personalpolitik | Referent/-in | 01.02.2012 |

Inhaber der Planstelle zum Stichtag

| Inhaber | Prozentsatz |
|---|---|
| Müller Lisa | 100.00 % |

**Abbildung 7.13** Report RHVOPOS1 (Obsolete Planstellen)

**Report RHXSTAB1 (Stabsfunktionen für Planstellen)**

Der Report RHXSTAB1 wertet alle Planstellen aus, die im Infotyp 1003 (Abteilung/Stab) mit einer Stabsfunktion gekennzeichnet sind. Das Stabskennzeichen bedeutet, dass eine Planstelle nicht in die normale Linienstruktur des Unternehmens integriert ist, sondern direkt an eine höhere Planstelle oder höhere Organisationseinheit berichtet. Abbildung 7.14 zeigt das Ergebnis des Reports mit der Objektbezeichnung, dem Objektstatus sowie dem Gültigkeitszeitraum der Planstelle.

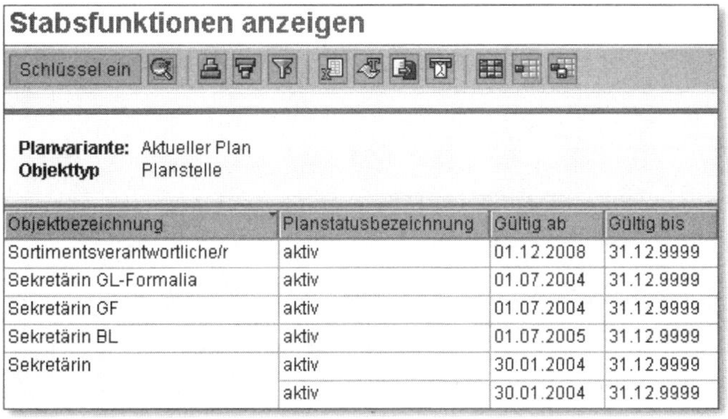

**Stabsfunktionen anzeigen**

**Planvariante:** Aktueller Plan
**Objekttyp** Planstelle

| Objektbezeichnung | Planstatusbezeichnung | Gültig ab | Gültig bis |
|---|---|---|---|
| Sortimentsverantwortliche/r | aktiv | 01.12.2008 | 31.12.9999 |
| Sekretärin GL-Formalia | aktiv | 01.07.2004 | 31.12.9999 |
| Sekretärin GF | aktiv | 01.07.2004 | 31.12.9999 |
| Sekretärin BL | aktiv | 01.07.2005 | 31.12.9999 |
| Sekretärin | aktiv | 30.01.2004 | 31.12.9999 |
| | aktiv | 30.01.2004 | 31.12.9999 |

**Abbildung 7.14** Report RHXSTAB1 (Stabsfunktionen für Planstellen)

### 7.1.4 Sonstige Standardreports im Organisationsmanagement

Im Folgenden beschreibe ich Ihnen noch einige Standardreports, die nicht direkt einem Objekt zugeordnet werden können, aber dennoch auf OM basieren. Sie können diese Standardreports entweder über das SAP Easy Access-Menü PERSONALMANAGEMENT • ORGANISATIONSMANAGEMENT • INFOSYSTEM • ALLGEMEIN oder direkt über den Transaktionscode SA38 aufrufen.

**Report RHSTRU00 (Strukturanzeige/Strukturpflege)**

Der Report RHSTRU00 wertet auf Basis eines Wurzelobjekts (z. B. einer bestimmten Organisationseinheit in Ihrer Aufbauorganisation) und eines Auswertungsweges (z. B. O-O_DOWN) die Objekte entlang der Organisationsstruktur aus (siehe Abbildung 7.15). Über den Auswertungsweg bestimmen Sie dann auch, welche Objekte Ihnen im Ergebnis angezeigt werden. Wenn Sie z. B. den Auswertungsweg O-O-S-P im Selektionsbild angeben, werden Ihnen – anders als bei dem in Abbildung 7.15 angegebenen Auswertungsweg – noch zusätzlich die Planstellen und die Planstelleninhaber angezeigt.

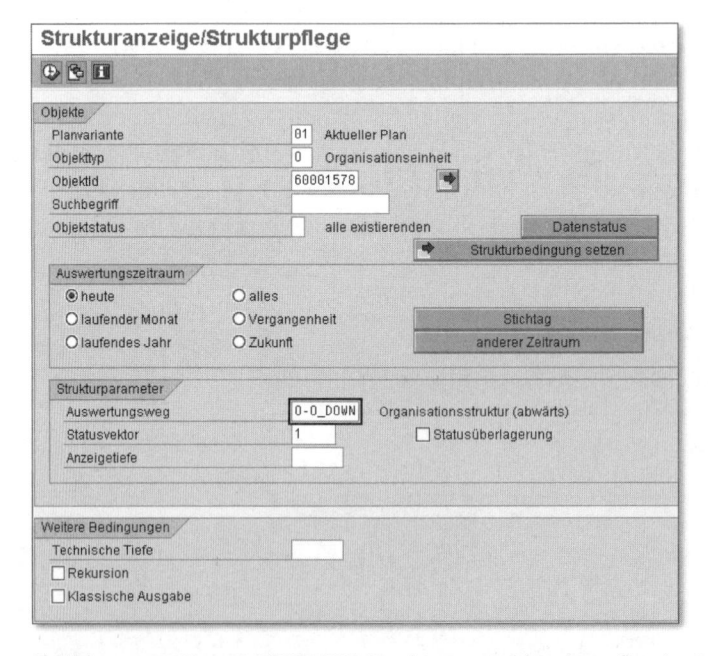

**Abbildung 7.15** Report RHSTRU00 (Strukturanzeige/Strukturpflege) – Selektionsbild

Das Ergebnis können Sie über Parameter einschränken (z. B. Anzeigetiefe und Strukturbedingungen). Es wird Ihnen dann als Strukturbaum angezeigt (siehe Abbildung 7.16).

| Strukturanzeige/Strukturpflege | | | |
|---|---|---|---|

```
Planvariante:      01
Auswertungsweg:    O-O_DOWN (Organisationsstruktur (abwärts))
Tiefe:             0
Statusvektor:      1
Stichtag           14.08.2011
```

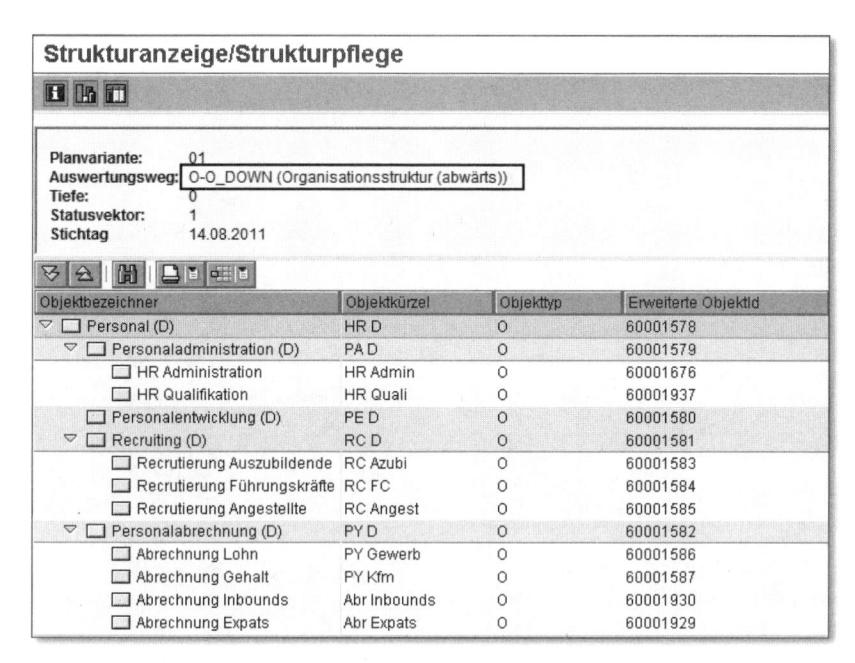

| Objektbezeichner | Objektkürzel | Objekttyp | Erweiterte ObjektId |
|---|---|---|---|
| ▽ ☐ Personal (D) | HR D | O | 60001578 |
| ▽ ☐ Personaladministration (D) | PA D | O | 60001579 |
| ☐ HR Administration | HR Admin | O | 60001676 |
| ☐ HR Qualifikation | HR Quali | O | 60001937 |
| ☐ Personalentwicklung (D) | PE D | O | 60001580 |
| ▽ ☐ Recruiting (D) | RC D | O | 60001581 |
| ☐ Recrutierung Auszubildende | RC Azubi | O | 60001583 |
| ☐ Recrutierung Führungskräfte | RC FC | O | 60001584 |
| ☐ Recrutierung Angestellte | RC Angest | O | 60001585 |
| ▽ ☐ Personalabrechnung (D) | PY D | O | 60001582 |
| ☐ Abrechnung Lohn | PY Gewerb | O | 60001586 |
| ☐ Abrechnung Gehalt | PY Kfm | O | 60001587 |
| ☐ Abrechnung Inbounds | Abr Inbounds | O | 60001930 |
| ☐ Abrechnung Expats | Abr Expats | O | 60001929 |

**Abbildung 7.16** Report RHSTRU00 (Strukturanzeige/Strukturpflege) – Ergebnis

**Report RHNAVIG0 (Struktur-Navigationsinstrument)**

Der Report RHNAVIG0 (siehe Abbildung 7.17) wertet auf Basis eines Wurzelobjekts (z. B. einer bestimmten Organisationseinheit) und eines Auswertungsweges (z. B. O-O-S) die Objekte entlang der Organisationsstruktur aus und listet diese – sortiert nach Objekttyp und Objekt-ID – im Ergebnis auf.

Im Ergebnis können Sie ein Objekt markieren und von dort aus über Buttons, die sich in der Menüleiste befinden, in verschiedene Bearbeitungsoptionen wechseln (siehe Abbildung 7.18). Im Einzelnen sind dies:

- Button OBJBESCHR
  Absprung in die Transaktion PP01_DISP (Objekt anzeigen)
- Button STRUKTUR
  Absprung in die Strukturanzeige RHSTRU00
- Button VERKNÜPFUNG
  Anzeige der vorhandenen Verknüpfungen zum selektierten Objekt und von dort aus Absprung in die Folgeverknüpfungen und in die Transaktion PP01 zur Verknüpfungspflege (Infotyp 1001)
- Button PFLEGEN
  Absprung in die Transaktion PP01 (Objekt pflegen)

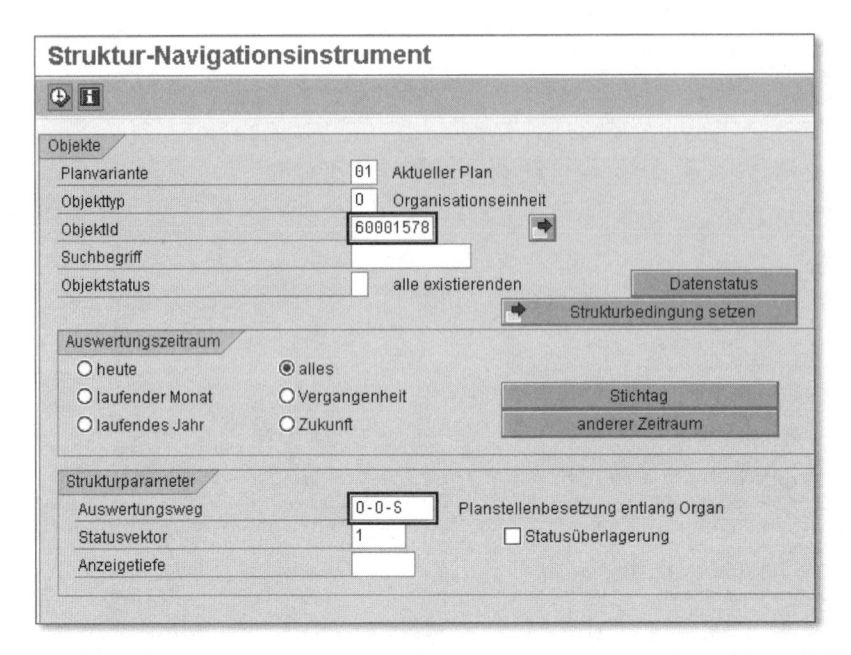

**Abbildung 7.17** Report RHNAVIG0 (Struktur-Navigationsinstrument) – Selektionsbild

**Abbildung 7.18** Report RHNAVIG0 (Struktur-Navigationsinstrument) – Ergebnis

### Report RHINFAW0 (Auswertung eines Infotyps)

Mit diesem Report können Sie einen Infotyp (auch eigene Infotypen) auswerten. Sie können die Auswertung entweder direkt für einen bestimmten Infotyp starten oder mittels eines Auswertungsweges über die Organisationsstruktur. Im Beispiel aus Abbildung 7.19 findet die Selektion über den Infotyp 1001 (Verknüpfungen) und den Auswertungsweg O-O-S-P (Planstellenbesetzung entlang der Organisationsstruktur) statt. Zusätzlich wurde noch die Markierung im Feld AUSWERTUNG DER INFOTYPFELDER gesetzt. Dieses Feld können Sie alleine oder in Verbindung mit dem Feld AUSWAHL DER INFOTYPFELDER verwenden, um Informationen zu Infotypfeldern in der Auswertung zu berücksichtigen. Wenn Sie das Feld AUSWERTUNG DER INFOTYPFELDER (wie in Abbildung 7.19) alleine verwenden, zeigt Ihnen das Ergebnis des Reports allgemeine Informationen zu den Feldeinträgen in dem Infotyp an (z. B. die Objekt-ID und die Objektbezeichnung).

Die Selektion des Infotyps können Sie über die folgenden Parameter vornehmen (siehe Abbildung 7.19):

- **Infotyp**
  Sie können direkt den Infotyp angeben, den Sie auswerten möchten.

- **Subtyp**
  Sie können definieren, welchen Subtyp Sie auswerten möchten.

- **Auswertung der Infotypfelder**
  Sie können festlegen, dass die Feldinhalte der Infotypsätze im Ergebnis angezeigt werden.

- **Auswahl der Infotypfelder**
  Sie können die Infotypfelder auswählen, deren Feldinhalte Sie sich anzeigen lassen möchten.

- **Alle Objekte**
  Wenn Sie sich alle Objekte, also auch die Objekte, an denen der spezifische Infotyp nicht gepflegt ist, anzeigen lassen möchten, müssen Sie dieses Feld markieren.

- **Objekte ohne diesen Infotyp**
  Wenn Sie dieses Feld markieren, werden Ihnen nur die Objekte angezeigt, für die kein Datensatz des angegebenen Infotyps gepflegt ist.

Das Ergebnis dieser Selektionsmöglichkeiten zeigt allgemeine Informationen zum Infotyp 1001 (Verknüpfungen) an (siehe Abbildung 7.20). Wenn Sie sich Details zu den einzelnen Verknüpfungen anzeigen lassen möchten, können Sie dies durch einen Doppelklick auf den Button INFORMATION vor jeder Verknüpfung erreichen. Sie springen dann in die Transaktion PP01_DISP (Objekt anzeigen).

# 7 | Reporting im Organisationsmanagement

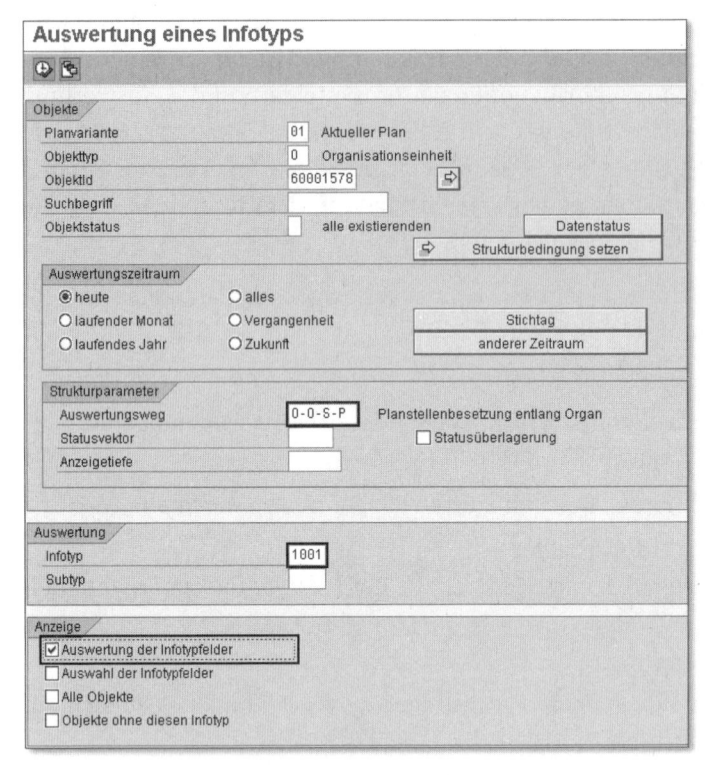

**Abbildung 7.19** Report RHINFAW0 (Auswertung eines Infotyps) – Selektionsbild

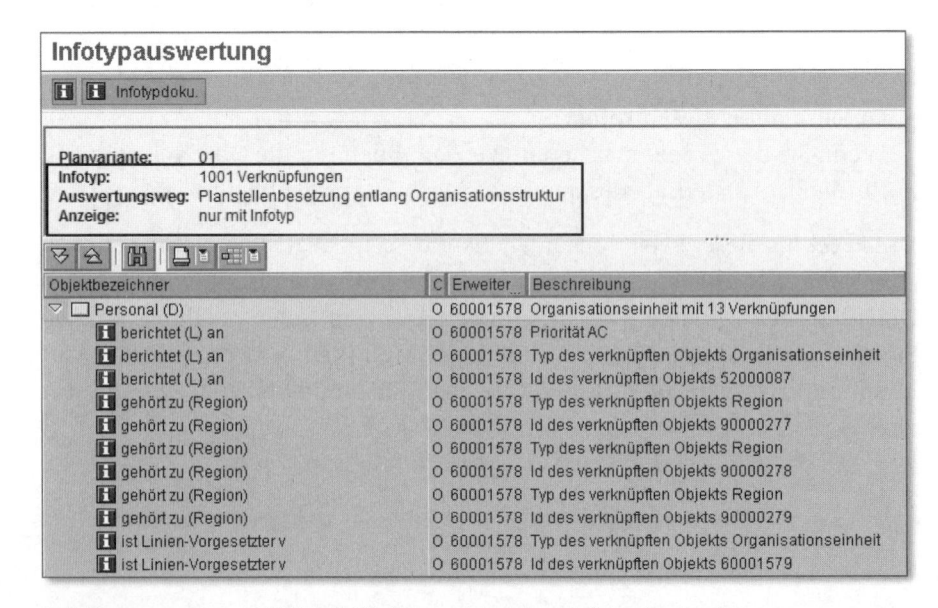

**Abbildung 7.20** Report RHINFAW0 (Auswertung eines Infotyps) – Ergebnis

## 7.2 Reporting-Werkzeuge

Im SAP-System stehen Ihnen für die Auswertung von Daten – neben den diversen Standardreports, die Sie im Hinblick auf OM im vorangegangenen Abschnitt kennengelernt haben – auch verschiedene Reporting-Werkzeuge zur Verfügung, mit denen Sie auf vorhandene Reports zugreifen oder auch eigene Reports anlegen können. Darüber hinaus können Sie sich in SAP NetWeaver BW ebenfalls Reports aus verdichteten Daten und unterschiedlichen Systemen zusammenstellen.

Zu den Reporting-Werkzeugen, die in Verbindung mit SAP ERP HCM genutzt werden, gehören:

- Human Resource Information System (HIS)
- Ad-hoc Query
- SAP Query
- SAP NetWeaver BW

Diese Reporting-Werkzeuge stelle ich Ihnen im Folgenden nacheinander vor.

### 7.2.1 Human Resource Information System (HIS)

Das Human Resource Information System (HIS) ermöglicht Ihnen eine einfache Ausführung von Auswertungen über die Organisationsstruktur in Ihrem SAP-System. Die Auswertungen werden dabei direkt aus der Strukturgrafik heraus gestartet (siehe Abbildung 7.22). Die im HIS bereitgestellten Auswertungen kommen aus verschiedenen Bereichen der Personalwirtschaft (siehe Abbildung 7.23). Sie können das HIS im SAP Easy Access-Menü über den Pfad INFOSYSTEME • PERSONAL • REPORTING-WERKZEUGE • HIS oder direkt über den Transaktionscode PPIS aufrufen.

Die einzelnen Schritte, die Sie durchführen müssen, um eine Auswertung über das HIS zu starten, und die Optionen, die Sie bei der Nutzung des HIS haben, beschreibe ich im Folgenden.

**Auswertung über das HIS erzeugen**

Um eine Auswertung über das HIS zu erzeugen, sind folgende Schritte notwendig:

1. Zuerst müssen Sie eine der angebotenen Sichten (Feld SICHT) und danach eine der dazugehörigen grafischen Darstellungsformen (Bereich GRAFI-

sche Darstellung) selektieren, die anschließend in der Strukturgrafik genutzt wird. Nun geben Sie noch die Organisationseinheit an, für die Sie die Auswertung durchführen möchten (Feld Organisationseinheit). Im Beispiel in Abbildung 7.21 findet der Einstieg über die Sicht Organisationseinheiten und das Objekt 52000087 (Personal und Soziales) statt. Über den Button Ausführen starten Sie Funktion und gelangen in die Strukturgrafik.

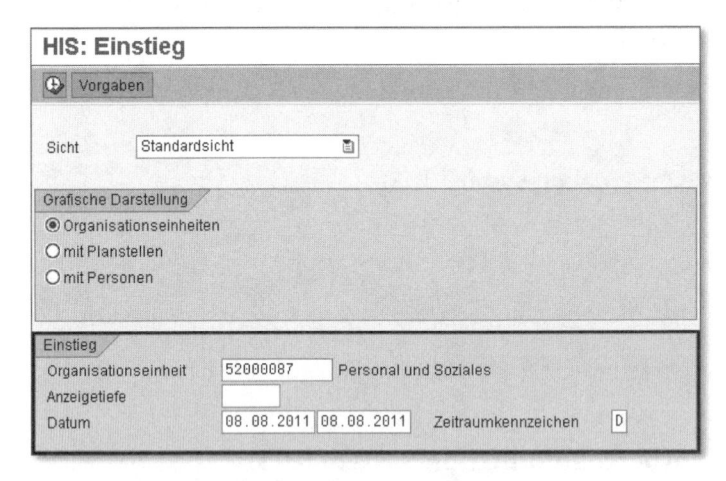

**Abbildung 7.21** Reporting-Werkzeug HIS – Einstieg

2. In der Strukturgrafik markieren Sie das Objekt, von dem aus Sie den Report erzeugen möchten (siehe Abbildung 7.22).

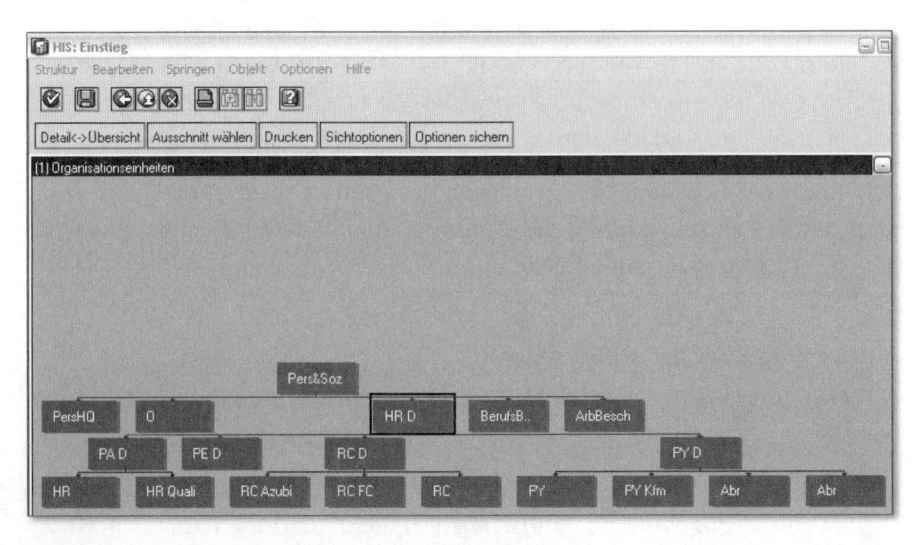

**Abbildung 7.22** Reporting-Werkzeug HIS – Strukturgrafik

3. Es öffnet sich ein Fenster, in dem die Auswertungsmöglichkeiten angezeigt werden, die für das selektierte Objekt möglich sind. Im oberen Teil des Fensters werden die HCM-Komponenten angezeigt und unten die möglichen Auswertungen zu den Komponenten. Durch einen Doppelklick auf die Auswertung starten Sie den Report (siehe Abbildung 7.23 links).

4. In einem separaten Fenster wird Ihnen das Ergebnis angezeigt (siehe Abbildung 7.23 rechts). Die Anzeige können Sie bei Bedarf modifizieren, indem Sie z. B. das Layout ändern oder den Report in eine lokale Datei exportieren. Die dazu notwendigen Funktionen stehen Ihnen in der Menüleiste des angezeigten Ergebnisses über Buttons zur Verfügung.

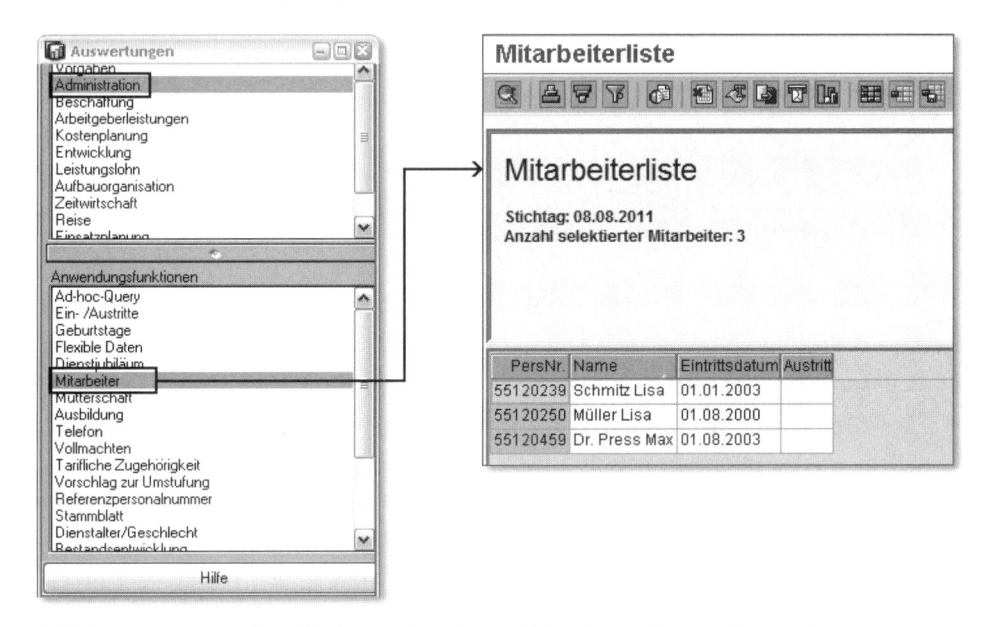

**Abbildung 7.23** Reporting-Werkzeug HIS – Auswahl der Auswertung und Ergebnis

**Ansichten in der Strukturgrafik**

In der Strukturgrafik haben Sie die Möglichkeit, über die Menüleiste die voreingestellten Ansichten zu wechseln (siehe Abbildung 7.24). Folgende Funktionen stehen Ihnen zur Verfügung:

- **Detail <-> Übersicht**
  Über diese Funktion können Sie aus der voreingestellten Gesamtsicht in eine Detailsicht wechseln. In der Detailsicht wird Ihnen zusätzlich zum Kurztext des Objekts auch der Langtext angezeigt, was manchmal bei der Auswahl eines Objekts hilfreich ist.

▶ **Ausschnitt wählen**
Mit dieser Funktion können Sie einen Teilbereich der Gesamtsicht selektieren, der Ihnen dann in der Detailsicht angezeigt wird.

▶ **Sichtoptionen**
Über die Funktion SICHTOPTIONEN können Sie die angezeigte Strukturgrafik anpassen. Sie können z. B. zwischen verschiedenen Grafiktypen (z. B. Federdiagramm) wählen oder auch die Objekt- und Liniendarstellung modifizieren.

▶ **Optionen sichern**
Über diese Funktion können Sie die unter SICHTOPTIONEN eingestellten Änderungen speichern. Bei einer erneuten Anmeldung an das HIS wird Ihnen die Strukturgrafik dann in der angepassten Sicht angezeigt.

**Abbildung 7.24** Menüleiste in der Strukturgrafik des HIS

**Customizing des HIS**

Sie können im Customizing den von SAP ausgelieferten Standard des HIS an Ihre unternehmensspezifischen Anforderungen anpassen und ergänzen. Das Customizing für das HIS nehmen Sie im Einführungsleitfaden (IMG) über den Pfad PERSONALMANAGEMENT • PERSONALINFORMATIONSSYSTEM • HIS vor (siehe Abbildung 7.25).

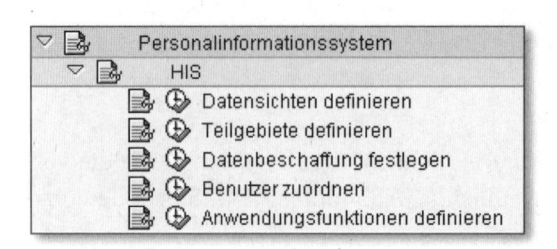

**Abbildung 7.25** Customizing des Reporting-Werkzeugs HIS

Sie können die folgenden Customizing-Aktivitäten vornehmen:

- **Datensichten und Teilgebiete definieren**
  Um die ausgelieferten Datensichten um eigene Datensichten zu ergänzen, können Sie im Customizing die Funktion DATENSICHTEN DEFINIEREN nutzen. Die Datensichten werden dem Benutzer im HIS in dem Bereich GRAFISCHE DARSTELLUNG angezeigt.

  Folgende Customizing-Schritte sind für die Definition neuer Datensichten und Teilgebiete notwendig:

  1. Über den Button NEUE EINTRÄGE (siehe Abbildung 7.26) definieren Sie eine neue Datensicht einschließlich Kurzbezeichnung (Feld SICHT) und Kurzbeschreibung zur Datensicht (Feld TEXT ZUR SICHT).

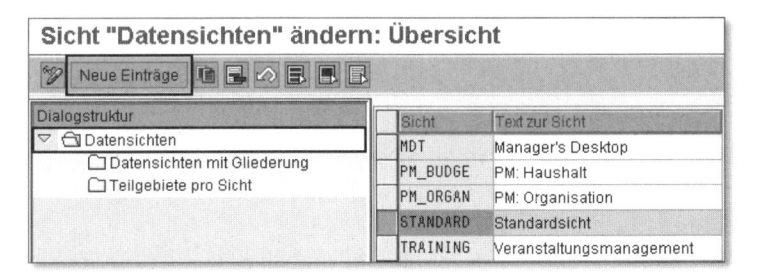

**Abbildung 7.26** Datensichten im HIS definieren

  2. Als Nächstes legen Sie die Gliederung innerhalb der Datensichten fest (siehe Abbildung 7.27). Dies ist die maßgebliche Information für die grafische Aufbereitung in der Strukturgrafik und erscheint dann im HIS-Einstiegsbild im Bereich GRAFISCHE DARSTELLUNG.

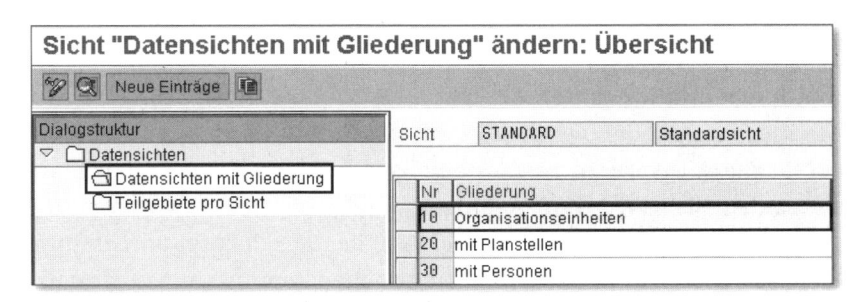

**Abbildung 7.27** Gliederung für die Datensichten im HIS definieren

  3. Bei den Teilgebieten handelt es sich um die Unterstruktur der Datensichten (siehe Abbildung 7.28). Als Teilgebiet können Sie eigene Reports und auch weitere Standardreports hinzufügen.

| Sicht "Teilgebiete pro Sicht" ändern: Übersicht | | |
|---|---|---|
| Sicht | STANDARD | Standardsicht |

| Teilgebiet | Text zum Teilgebiet |
|---|---|
| EMPLOYEE | Mitarbeiterinformationen |
| HRADM | Administration |
| HRAPL | Beschaffung |
| HRBEN | Arbeitgeberleistungen |
| HRCOST | Kostenplanung |
| HRDEV | Entwicklung |
| HRINW | Leistungslohn |
| HRORG_ST | Aufbauorganisation |
| HRTIM | Zeitwirtschaft |
| HRTRA | Reise |
| HRWTP | Einsatzplanung |
| ORGA | Organisation |
| QUALI | Qualifikation |

Dialogstruktur:
- Datensichten
  - Datensichten mit Gliederung
  - **Teilgebiete pro Sicht**

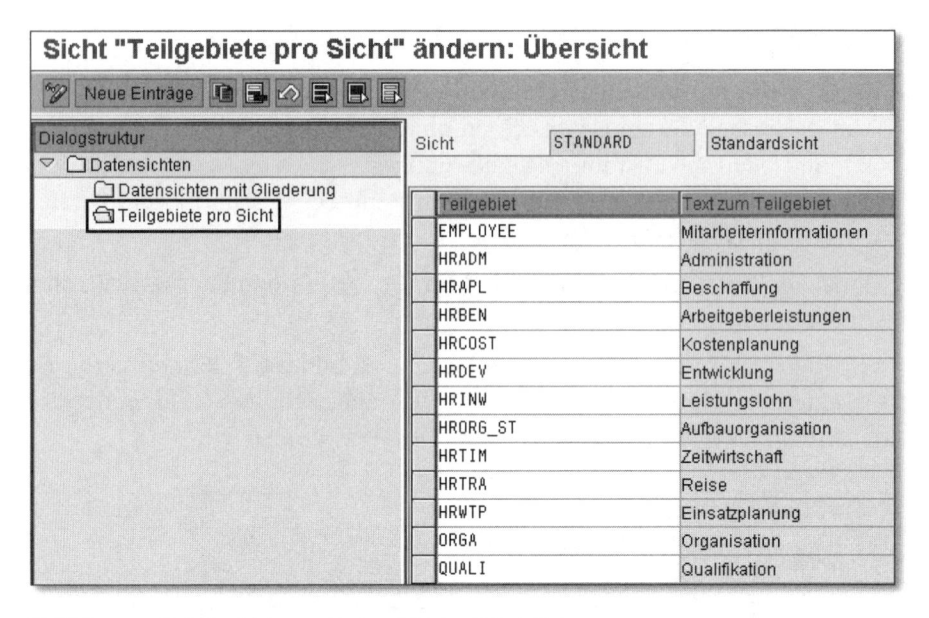

**Abbildung 7.28** Teilgebiete pro Datensicht im HIS definieren

▶ **Datenbeschaffung**
Um eine neue Datenbeschaffungsmethode zu definieren, müssen Sie zuerst einen Namen für die Datenbeschaffungsmethode festlegen. Über den Report RHGRIN23 (Sätze eines Objekts sammeln) wird die Datenbeschaffung für das HIS durchgeführt, nachdem Sie einen Auswertungsweg T0 und einen Auswertungsweg T1 definiert haben. Der Auswertungsweg T0 wird genutzt, wenn Sie im HIS alle unterliegenden Objekte berücksichtigen, und der Auswertungsweg T1, wenn Sie nur die direkt zugeordneten Objekte berücksichtigen möchten. Zum Schluss legen Sie noch fest, welcher Objekttyp ausgewertet werden soll (siehe Abbildung 7.29).

▶ **Anwendungsfunktionen definieren**
Als *Anwendungsfunktion* werden die spezifischen Reports bezeichnet, die Ihnen für die Auswertung zur Verfügung stehen. Bei der Anlage eigener Reports geben Sie u. a. das ABAP-Programm, das für die Datenbeschaffung zuständig ist, und den Objekttyp, über den Sie die Selektion durchführen möchten, an (siehe Abbildung 7.30). Diese neuen Reports können Sie dann wie die Standardreports auch direkt per Doppelklick aus dem entsprechenden Teilgebiet starten.

## 7.2 Reporting-Werkzeuge

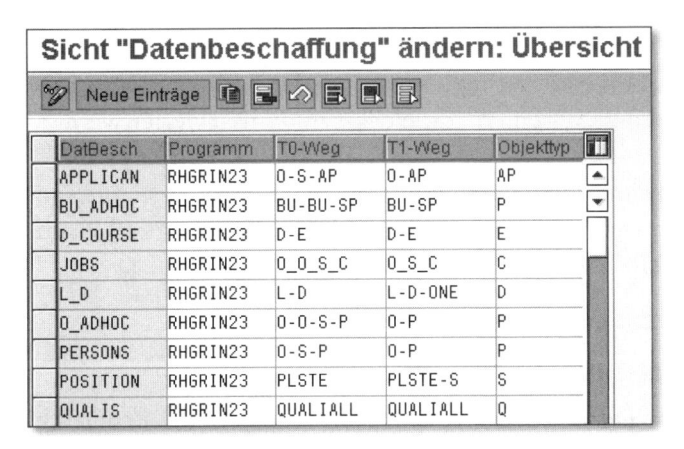

| DatBesch | Programm | T0-Weg | T1-Weg | Objekttyp |
|---|---|---|---|---|
| APPLICAN | RHGRIN23 | O-S-AP | O-AP | AP |
| BU_ADHOC | RHGRIN23 | BU-BU-SP | BU-SP | P |
| D_COURSE | RHGRIN23 | D-E | D-E | E |
| JOBS | RHGRIN23 | O_O_S_C | O_S_C | C |
| L_D | RHGRIN23 | L-D | L-D-ONE | D |
| O_ADHOC | RHGRIN23 | O-O-S-P | O-P | P |
| PERSONS | RHGRIN23 | O-S-P | O-P | P |
| POSITION | RHGRIN23 | PLSTE | PLSTE-S | S |
| QUALIS | RHGRIN23 | QUALIALL | QUALIALL | Q |

**Abbildung 7.29** Datenbeschaffung im HIS definieren

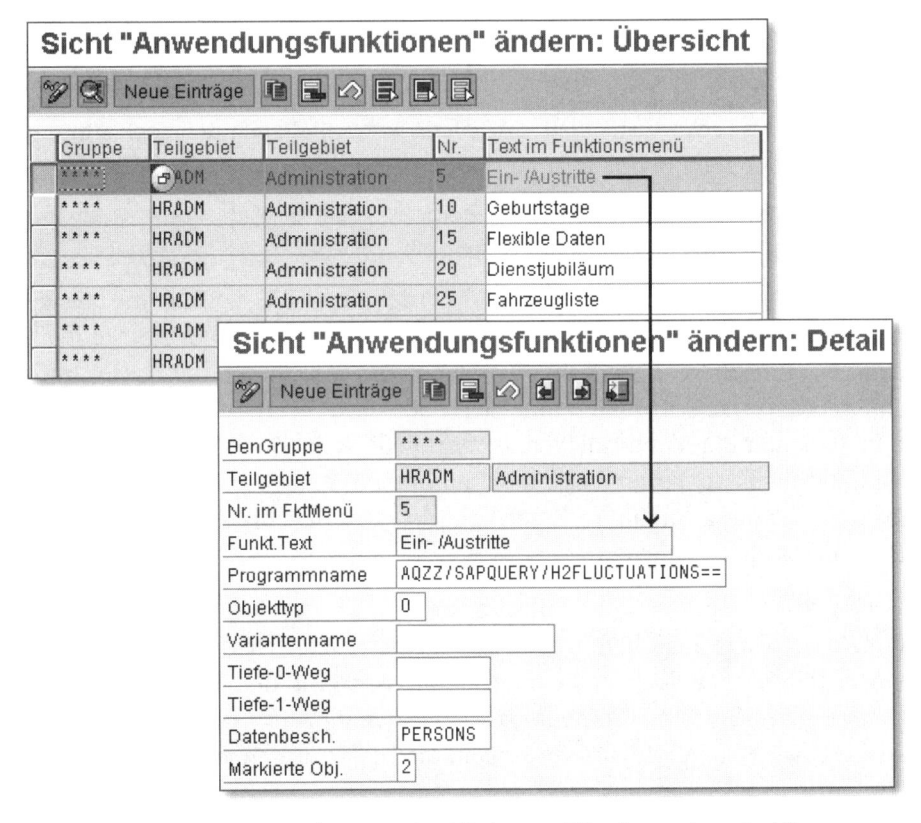

### Sicht "Anwendungsfunktionen" ändern: Übersicht

| Gruppe | Teilgebiet | Teilgebiet | Nr. | Text im Funktionsmenü |
|---|---|---|---|---|
| **** | ADM | Administration | 5 | Ein- /Austritte |
| **** | HRADM | Administration | 10 | Geburtstage |
| **** | HRADM | Administration | 15 | Flexible Daten |
| **** | HRADM | Administration | 20 | Dienstjubiläum |
| **** | HRADM | Administration | 25 | Fahrzeugliste |
| **** | HRADM | | | |
| **** | HRADM | | | |

### Sicht "Anwendungsfunktionen" ändern: Detail

|  |  | |
|---|---|---|
| BenGruppe | **** | |
| Teilgebiet | HRADM | Administration |
| Nr. im FktMenü | 5 | |
| Funkt.Text | Ein- /Austritte | |
| Programmname | AQZZ/SAPQUERY/H2FLUCTUATIONS== | |
| Objekttyp | O | |
| Variantenname | | |
| Tiefe-0-Weg | | |
| Tiefe-1-Weg | | |
| Datenbesch. | PERSONS | |
| Markierte Obj. | 2 | |

**Abbildung 7.30** Customizing des Reporting-Werkzeugs HIS – Anwendungsfunktionen

### 7.2.2 Reporting über SAP NetWeaver BW

SAP NetWeaver BW ist eine Reporting-Lösung, bei der Daten aus dem SAP-System und/oder externen Systemen gespeichert und ausgewertet werden. Diese ausgewerteten Daten stehen dann als Reports für die berechtigten Personen dauerhaft über einen Einstiegspunkt z. B. im Internet bzw. Intranet zum Abruf bereit. Alternativ können Sie die Reports über ein Excel-Plugin (den sogenannten *BEx Analyzer*) aufrufen.

Vorteile des Reportings über SAP NetWeaver BW sind:

- Alle Berichtsdaten befinden sich in einem System.
- Es handelt sich um ein anwenderfreundliches und flexibles Reporting-Werkzeug.
- Die Handhabung des Reportings ist einfach, da es webbasiert ist.
- Die operativen HR-Systeme werden entlastet.
- Die Entwicklungskosten sind gering.

Zusätzlich zur Technologie stellt SAP NetWeaver BW auch den sogenannten *HR Business Content* bereit.

**Business Content**

Der Business Content ist eine von SAP vordefinierte BW-Lösung, die, ausgehend vom SAP-Standard (Business Content gibt es für fast alle SAP-Module), dem ETL-Prozess (ETL steht für *Extraktion*, *Transformation* und *Laden*) InfoObjects (das sind Kennzahlen und Merkmale) und InfoProvider (das sind die Datenbehälter für Kennzahlen und Merkmale, z. B. DSOs, InfoCubes oder MultiProvider) als Bestandteile des Datenmodells zur Verfügung stellt. Der Business Content enthält auch vordefinierte Queries, die Abfragen auf den Datenbestand ermöglichen.

Wie auch andere SAP-Standardlösungen ist auch der Business Content im Prinzip so, wie er ausgeliefert wird, direkt einsatzbereit. In der Regel wird der Business Content jedoch an die unternehmensspezifischen Bedürfnisse angepasst. Ziel des Business Contents ist es, mit wenig Aufwand eine reportingfähige Lösung zur Verfügung zu stellen, die bei Bedarf angepasst und erweitert werden kann.

## Datenquellen

In SAP NetWeaver BW werden grundsätzlich zwei unterschiedliche Datenquellen unterschieden:

- Datenquellen aus dem SAP-System heraus
- externe Datenquellen (z. B. andere ERP Systeme oder Flat-Files)

## InfoCubes

In SAP NetWeaver BW sind InfoCubes die zentralen Objekte für das Reporting und die Analysen von Daten. InfoCubes stellen eine aggregierte Datenhaltung für zielorientierte, mehrdimensionale Auswertungen zur Verfügung. Die InfoCubes werden mit Daten aus einer oder auch aus mehreren Datenquellen versorgt. Mehrdimensionale InfoCubes sind die zentralen Objekte in SAP NetWeaver BW. Auf diesen InfoCubes basieren die Berichte und Analysen, die aus dem Business Warehouse heraus erstellt werden.

Für OM stellt SAP den InfoCube 0PAOS_C01 (Planstellenbesetzungen) zur Verfügung, der Teil des Business Contents ist. Er beinhaltet alle vom Quellsystem übertragenen Daten zu Planstellenbesetzungen. Dazu gehören im Einzelnen die folgenden Kennzahlen:

- Anzahl besetzter Planstellen
- Anzahl unbesetzter Planstellen
- Anzahl vakanter unbesetzter Planstellen
- Besetzte Planstellen als Vollzeitplanstellen
- Unbesetzte Planstellen als Vollzeitplanstellen
- Vakante unbesetzte Planstellen als Vollzeitplanstellen
- Anzahl besetzter vakanter Planstellen
- Besetzte vakante Planstellen als Vollzeitplanstellen
- Anzahl Planstellen
- Planstellen als Vollzeitplanstellen
- Leitungsspanne einer Planstelle

Zusätzlich umfasst der InfoCube eine Vielzahl von Attributen zu OM, die für die Erstellung von Reports genutzt werden können.

Neben den genannten fachlichen Kennzahlen berücksichtigen Sie bei der Erstellung einer Auswertung noch den zeitlichen Faktor (z. B. Kalenderjahr, Monat, Quartal).

### Standard-Queries in SAP NetWeaver BW

SAP stellt im Business Content viele Standard-Queries bereit, die Sie unverändert nutzen oder um eigene Auswertungen ergänzen können:

- **Vakante Planstellen je Stelle**
  Die Auswertung zeigt für ein Kalenderjahr und innerhalb dieses Kalenderjahres pro Monat die Anzahl der Planstellen an, die pro Stelle in der Organisationsstruktur angelegt sind.

- **Vakante Planstellen im Jahresvergleich**
  Diese Query zeigt die Anzahl der vakanten und unbesetzten Planstellen pro Organisationseinheit im Jahresvergleich an. Dabei können Sie die absolute und relative Abweichung auswerten.

- **Planstellenübersicht**
  Diese Query zeigt für den zuletzt gebuchten Monat des aktuellen Kalenderjahres die Anzahl der besetzten und der unbesetzten Planstellen sowie die Anzahl der vakanten unbesetzten und der vakanten besetzten Planstellen pro Organisationseinheit an.

- **Prozentuale Verteilung vakanter Planstellen**
  Diese Query zeigt für den zuletzt gebuchten Monat des aktuellen Kalenderjahres die Anzahl der vakanten unbesetzten Planstellen pro Organisationseinheit an und nennt den prozentualen Anteil, den die ermittelten Planstellen am Gesamtergebnis der in allen Organisationseinheiten vorhandenen vakanten unbesetzten Planstellen ausmachen, ausgewiesen.

- **Anzahl befristeter Planstellen**
  Diese Query wertet für den zuletzt gebuchten Monat des aktuellen Kalenderjahres die Anzahl der Planstellen aus, die einen Gültigkeitszeitraum haben, der vor dem 31.12.9999 endet.

- **Anzahl Planstellen**
  Diese Query wertet für den zuletzt gebuchten Monat des aktuellen Kalenderjahres die Anzahl der Planstellen aus und zeigt zusätzlich an, wie viele dieser Planstellen besetzt und vakant sowie unbesetzt und vakant sind.

- **Anzahl Planstellen mit Leitungsfunktion**
  Die Query wertet für den zuletzt gebuchten Monat des aktuellen Kalenderjahres die Anzahl der Planstellen aus und zeigt zusätzlich an, wie viele von ihnen Planstellen mit Leitungsfunktion (Verknüpfung A/B012) sind.

- **Stabstellen**
  Diese Query zeigt die Anzahl der Stabsstellen für den zuletzt gebuchten Monat des aktuellen Kalenderjahres an.

▶ **Übersicht vakante Planstellen**
Diese Query wertet die Anzahl der vakanten, noch nicht besetzten Planstellen für den zuletzt gebuchten Monat des aktuellen Kalenderjahres aus.

### 7.2.3 Ad-hoc Query

Mit der Ad-hoc Query können Sie durch die direkte Markierung von Selektionsfeldern auf Daten aus allen Komponenten der SAP-Personalwirtschaft zugreifen. Durch Markierung dieser Datenselektion als Ausgabefeld können Sie sich individuelle Reports zusammenstellen, die auch gespeichert werden können und so verfügbar sind, wenn Sie den gleichen Report zu einem späteren Zeitpunkt noch einmal nutzen möchten. Die InfoSet Query ist ein ideales Reporting-Werkzeug, wenn Sie bei den verfügbaren Standardreports keinen passenden Bericht finden. Das Selektionsbild der Ad-hoc Query ist in drei Bereiche aufgeteilt (siehe Abbildung 7.31):

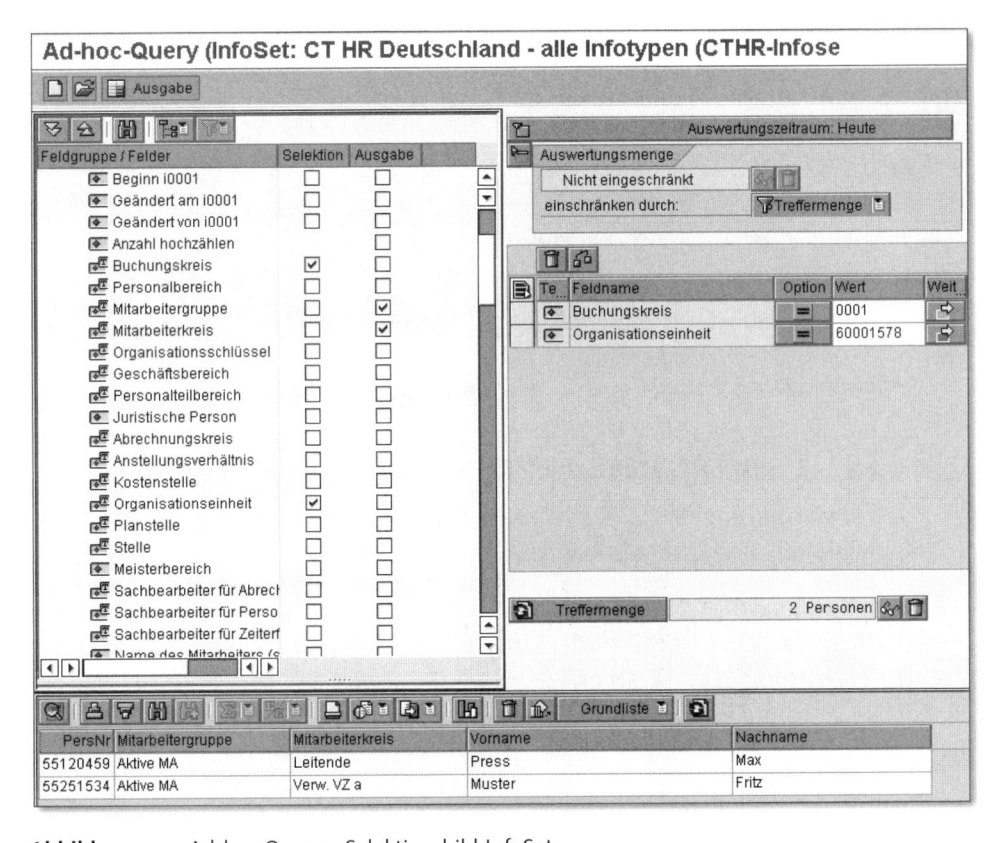

**Abbildung 7.31** Ad-hoc Query – Selektionsbild InfoSet

- Im linken Bildbereich befinden sich die Feldgruppen und die Felder des aktuellen InfoSets. In diesem Bildbereich nehmen Sie die Markierung der Selektions- und Ausgabefelder vor.
- Rechts legen Sie die Selektionswerte fest und führen die Selektion durch.
- Unten sehen Sie eine Vorschau des Ergebnisses.

### 7.2.4 SAP Query

Mit der *SAP Query* haben Sie eine weitere Möglichkeit, Reports und Statistiken über Personalwirtschaftsdaten zu erstellen, die so in dieser Form nicht im SAP-Standard enthalten sind. Die SAP Query besteht aus den Komponenten Queries, InfoSet Query, InfoSets, Benutzergruppen und Übersetzung/Query. Listen und Statistiken werden dabei mit den Komponenten InfoSet Query und Queries erstellt (siehe Abbildung 7.32). Die anderen Komponenten nutzen Sie zur Erstellung von InfoSets, für die Verwaltung von Benutzergruppen und die Übersetzung der in der SAP Query erstellten Texte.

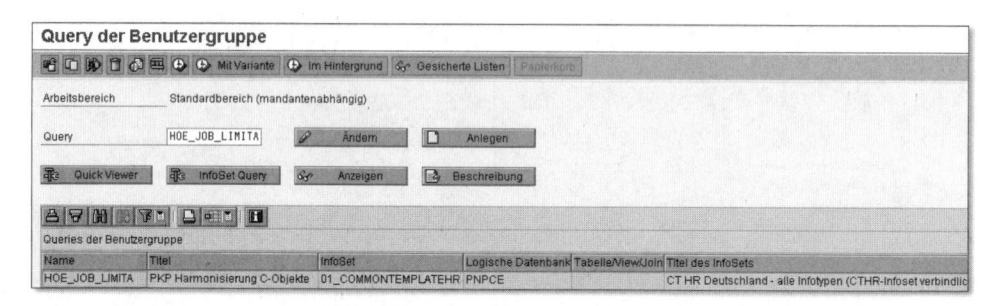

**Abbildung 7.32** SAP Query

### 7.2.5 Logische Datenbank PCH als Datenquelle für InfoSets

Die logische Datenbank PCH verwenden Sie, wenn Sie Daten aus der Personalplanung, also auch aus OM, auswerten möchten.

Für den Zugriff auf die Daten werden InfoSets verwendet, die Ihnen eine nach Infotypen strukturierte Sicht auf die Daten bestimmter Bereiche von HCM bieten. Beim Anlegen eines InfoSets wählen Sie u. a. eine logische Datenbank aus, auf der das InfoSet basiert, und bestimmen, welche Infotypen in das InfoSet aufgenommen werden sollen. Die logische Datenbank PCH bietet hierbei die Basis für die Berücksichtigung der Personalplanungsdaten (z. B. Verknüpfungen und Auswertungswege).

Als Selektionskriterien in Reports, die auf der logischen Datenbank PCH basieren, und für die Ausgabe können Sie alle Felder der für das jeweilige Objekt zulässigen Infotypen sowie alle Objekttypen und deren zulässige Infotypen, die mit dem ausgewählten Objekttyp verknüpft sein könnten, nutzen.

Das Selektionsbild des Reports RHSTRU00 (Strukturanzeige/Strukturpflege) beinhaltet z. B. folgende Felder, die auf der logischen Datenbank PCH basieren:

- Planvariante (Datenbankfeld: PCHPLVAR)
- Objekttyp (Datenbankfeld: PCHOTYPE)
- Objekt-ID (Datenbankfeld: PCHOBJID)
- Suchbegriff (Datenbankfeld: PCHSEARK)
- Objektstatus (Datenbankfeld: PCHOSTAT)
- Auswertungsweg (Datenbankfeld: PCHWEGID)
- Statusvektor (Datenbankfeld: PCHSVECT)
- Anzeigetiefe (Datenbankfeld: PCHDEPTH)
- Statusüberlagerung (Datenbankfeld: PCHACTIV)

## 7.3 Organizational-Charting-Schnittstelle (OCI)

Die Organizational-Charting-Schnittstelle (OCI) in SAP HR ist eine Standardschnittstelle zwischen dem SAP-System und externen Anwendungen für die Erstellung von Organisationsdiagrammen. Mit dieser Schnittstelle können externe Anwendungen Daten aus OM, also z. B. Objekte, Verknüpfungen und Daten aus den OM- und PA-Infotypen, extrahieren. Die extrahierten Daten stehen dann für eine grafische Auswertung zur Verfügung.

Bei der OCI-Schnittstelle handelt es sich um eine internetfähige Schnittstelle, sie ist daher sehr gut geeignet für die grafische Darstellung der Organisationsdiagramme in den ESS- und MSS-Services. Die Schnittstelle nutzt die Funktionen des *Objekt- und Dataproviders* (OADP) und der *SAP Query*, um die Daten aus OM und der Personaladministration zu extrahieren.

Die Datenextraktion erfolgt für die Bereitstellung eines Organigramms im Portal (z. B. MSS-Services) über eine der folgenden Integrationsmöglichkeiten:

- **Online-Datenextraktion über Drittanbieter**
  Im Portal wird ein Link zur Anzeige von Organisationsdiagrammen bereitgestellt. Über diesen Link wird die Anwendung des Drittanbieters zur grafischen Darstellung von Organisationsdiagrammen aufgerufen. Die An-

wendung verbindet sich über einen Funktionsbaustein mit der OCI-Schnittstelle im SAP-System und extrahiert online die Daten aus OM (z. B. Organisationseinheiten, Planstellen und Personaldaten). Aus diesen Daten erstellt die externe Anwendung dann ein Organisationsdiagramm und stellt dieses in einer grafischen Darstellung dar.

- **Offline-Datenextraktion über Drittanbieter**
  Auch bei dieser Variante wird ein Link zur Anzeige von Organisationsdiagrammen im Portal bereitgestellt. Über diesen Link wird die externe Anwendung zur grafischen Darstellung von Organisationsdiagrammen aufgerufen. Die externe Anwendung hat dann bereits zu einem früheren Zeitpunkt über die OCI-Schnittstelle die Daten aus dem Organisationsmanagement extrahiert und offline zur Verfügung gestellt. Die Anwendung stellt das Organisationsdiagramm dabei als Webanwendung (z. B. als HTML-Seite) bereit. Nachteilig könnte dabei sein, dass das Organisationsdiagramm den Datenstand der letzten Extraktion mit der OCI-Schnittstelle anzeigt, wenn der Anwender das Organigramm über das Portal aufruft. Diese Variante empfehle ich daher nicht für den Fall, dass im Portal die aktuellen Organisationsdiagramme mit aktuellen Daten aus OM angezeigt werden sollen.

- **Online-Datenextraktion über das SAP-System**
  Bei dieser Variante wird ebenfalls – also wie auch schon bei den vorherigen Varianten – ein Link im Portal bereitgestellt, über den ein Organigramm aufgerufen werden kann. Über diesen Link wird die Datenextraktion aus OM angestoßen. Die extrahierten Daten werden über die OCI-Schnittstelle an die externe Anwendung übergeleitet. Die externe Anwendung erstellt dann aus den extrahierten Daten ein Organisationsdiagramm und zeigt dieses in einer grafischen Darstellung an.

Einen sehr guten Überblick über Tools, die Sie zur Erstellung von Organisationscharts nutzen können, erhalten Sie über die Internetseite des AdManus HCM-Netzwerks. Sie finden die Übersicht auf der Webseite *http://www.admanus.de/loesungen-tools/tools.html#Organigrammerstellung*.

## 7.4 Zusammenfassung

In diesem Kapitel habe ich ausführlich beschrieben, welche Standardreports Ihnen in OM bereitgestellt werden und – falls diese Ihre unternehmensspezifischen Bedürfnisse nicht abdecken – welche Alternativen Sie mit den bereitgestellten Reporting-Werkzeugen haben. Darüber hinaus haben Sie einen Einblick in die Nutzungsmöglichkeiten der Standardschnittstelle *Organiza-*

*tional Charting Interface* (OCI) zur Erzeugung von Organigrammen durch externe Anbieter bekommen. Im Folgenden stelle ich Ihnen noch einmal die Vor- und Nachteile der einzelnen Reporting-Möglichkeiten zusammen, um Ihnen die Entscheidung für ein bestimmtes Reporting-Werkzeug oder gegebenenfalls auch für einen Standardreport zu erleichtern.

- **OM-Standardreports**
  Standardreports werden für die Auswertung von OM-Standardobjekten bereitgestellt.
  *Vorteil*:
  - Die Standardreports sind ohne Programmier- oder Customizing-Aufwand sofort einsatzbereit.
  
  *Nachteil*:
  - Standardreports bieten eine geringe Flexibilität.

- **HIS**
  Die Organisationsstruktur wird grafisch aufbereitet. Die Auswertung über die selektierte Organisationsstruktur oder -teilstruktur wird aus der Strukturgrafik heraus gestartet.
  *Vorteile*:
  - übersichtliche Darstellung
  - Nutzung hierarchischer Strukturen
  - Integration mit InfoSet Query und OM-Standardreports
  - kein Wechsel zwischen HCM-Anwendungen nötig, um Reports aus anderen HCM-Anwendungen heraus auszuführen
  - geringer Schulungsaufwand für Anwender notwendig
  
  *Nachteil*:
  - höhere Flexibilität, aber immer noch begrenzte Einflussnahme möglich

- **Ad-hoc Query**
  Bei der Ad-hoc Query handelt es sich um ein intuitiv zu bedienendes Reporting-Werkzeug der SAP zur Erstellung eigener Auswertungen für alle Komponenten der Personalwirtschaft.
  *Vorteile*:
  - übersichtliche Oberfläche
  - einfach und intuitiv zu nutzen
  - kein oder nur geringer Schulungsaufwand
  - kein Programmieraufwand notwendig
  - integriert mit SAP Query

*Nachteil*:
- InfoSets müssen definiert werden, damit die InfoSet Query genutzt werden kann.

- **SAP Query**
  Die SAP Query ist ein Reporting-Werkzeug, mit dem Sie durch die individuelle Definition von Benutzergruppen, InfoSets und Queries eigene Reports erstellen können.
  
  *Vorteile*:
  - sehr flexibel
  - kein Programmieraufwand erforderlich
  - Queries können dem Anwender im SAP Easy Access-Menü zur Verfügung gestellt werden.
  - bietet umfangreiche Möglichkeiten zur Zusammenfassung von Daten, zur Durchführung von Berechnungen und zur grafischen Darstellung
  
  *Nachteile*:
  - begrenzt auf Daten aus dem SAP-System
  - Jede HR-Query kann jeweils nur Daten aus einer logischen Datenbank von HR verarbeiten: PNP (Administration, Zeitwirtschaft und Personalabrechnung), PCH (Personalplanung) oder PAP (Personalbeschaffung).
  - erfordert im Vergleich zu SAP InfoSet Query und HIS einen höheren Schulungsaufwand

- **SAP NetWeaver BW**
  SAP NetWeaver BW ist ein Reporting-Werkzeug für Informationszwecke und zur Bereitstellung regelmäßiger Reports, die sich aus SAP-internen und Daten aus externen Systemen zusammensetzen.
  
  *Vorteile*:
  - sehr flexibel
  - ermöglicht komplexe Berechnungen
  - ermöglicht Zugriff auf Daten außerhalb von SAP ERP HCM
  - einfach zu bedienen
  - wird mit umfangreichem Business Content bereitgestellt (Standard)
  
  *Nachteil*:
  - kein Zugriff auf Realtime-Daten

Das nächste Kapitel beschäftigt sich detailliert mit dem Rollen- und Berechtigungskonzept des Organisationsmanagements.

*Ein gutes, durchdachtes und auf die unternehmensspezifischen Bedürfnisse abgestimmtes Berechtigungskonzept ist elementar für den Umgang mit sensitiven Personaldaten. Die Basis dafür bildet die Struktur im Organisationsmanagement.*

# 8    Das Berechtigungs- und Rollenkonzept

Ein Berechtigungskonzept für HCM wird für jedes Unternehmen individuell unter Berücksichtigung der personellen Zuständigkeiten sowie der Unternehmensstruktur erstellt. Das SAP-Berechtigungskonzept ermöglicht es, Berechtigungsprüfungen in HCM einzurichten, und berücksichtigt dabei die Gültigkeitszeiträume der Organisationsobjekte und Verknüpfungen sowie die Zuständigkeit der Benutzer. Ziel des HCM-Berechtigungskonzepts ist es, Personaldaten vor unberechtigtem Zugriff zu schützen. Dieses Kapitel gibt Ihnen einen Überblick über die Möglichkeiten, die Ihnen zur Verfügung stehen, um Berechtigungen für OM einzurichten.

Es werden grundsätzlich zwei Berechtigungsarten in HCM unterschieden:

- **Allgemeine Berechtigungen**
  Allgemeine Berechtigungen werden angelegt, um den Zugriff auf die besonders sensitiven Personaldaten über sogenannte *Berechtigungsobjekte* zu steuern.

- **Strukturelle Berechtigungen**
  Strukturelle Berechtigungen prüfen auf Basis der Organisationsstruktur die Zuständigkeit eines Anwenders für bestimmte Personaldaten.

Üblicherweise werden beide Berechtigungsarten zusammen genutzt und steuern so die personelle Zuständigkeit eines Benutzers z. B. für einen bestimmten Bereich oder eine Gesellschaft innerhalb eines Konzerns (strukturelle Berechtigungen) und innerhalb dieser spezifischen Struktur die Zuständigkeit für bestimmte Berechtigungsobjekte (allgemeine Berechtigung). Wenn z. B. ein Sachbearbeiter für die Lohn- und Gehaltsabrechnung eines bestimmten Unternehmensbereichs zuständig ist und nicht für das gesamte Unternehmen, erhält dieser Sachbearbeiter die strukturelle Berechtigung für diesen spezifischen Strukturzweig des Unternehmens und die allgemeine Berechtigung für die Gehaltsabrechnung (siehe Abbildung 8.1).

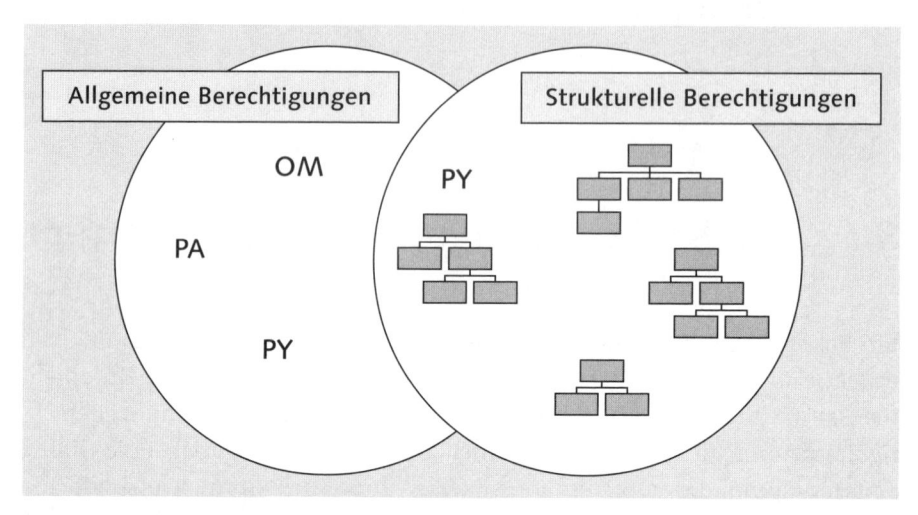

**Abbildung 8.1** Berechtigungsarten in HCM

In den folgenden Abschnitten werden die Elemente der allgemeinen Berechtigung sowie die Pflege der Benutzerstammdaten beschrieben.

## 8.1 Allgemeine Berechtigungen

Allgemeine Berechtigungen werden angelegt, um den Zugriff auf Personaldaten zu steuern, die aufgrund der Sensitivität besonders geschützt werden müssen. Die allgemeine Berechtigungsprüfung für HCM regelt in erster Linie den Zugriff auf die HR-Infotypen und somit auf die darin enthaltenen mitarbeiterbezogenen Daten. Die Berechtigungsart *Allgemeine Berechtigung* setzt sich aus verschiedenen Elementen zusammen. Abbildung 8.2 zeigt die einzelnen Elemente der allgemeinen Berechtigung und wie diese miteinander in Verbindung stehen.

Die folgenden Abschnitte beschreiben die einzelnen Elemente der allgemeinen Berechtigungsprüfung.

Allgemeine Berechtigungen | **8.1**

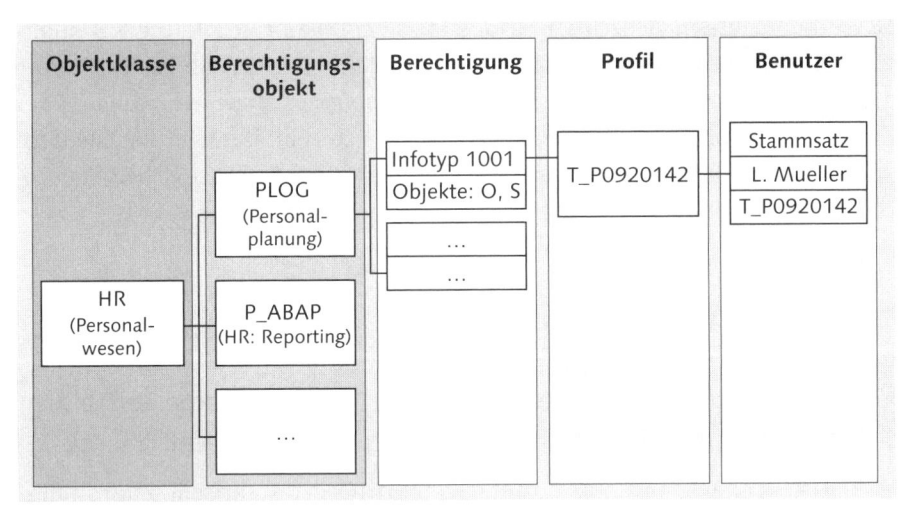

**Abbildung 8.2** Elemente der Berechtigungsprüfung

### 8.1.1 Objektklasse

In einer Objektklasse werden aus Übersichtsgründen verschiedene Berechtigungsobjekte zusammengefasst (siehe Abbildung 8.3). Die Objektklasse für HCM heißt *HR* (Personalwesen). Innerhalb dieser Objektklasse für HCM befinden sich auch die Berechtigungsobjekte für OM.

**Abbildung 8.3** Objektklasse HR und zugeordnete Berechtigungsobjekte

### 8.1.2 Berechtigungsobjekte

Über Berechtigungsobjekte wird der Zugriff auf die Daten und Funktionen des SAP-Systems gesteuert. Die Objektklasse *HR* umfasst viele verschiedene Berechtigungsobjekte für die diversen Komponenten bzw. Funktionen von

HCM. Einige dieser Berechtigungsobjekte sehen Sie in Abbildung 8.3 unterhalb der Objektklasse. Alle Berechtigungsobjekte können Sie sich über die Transaktion SU21 (Pflege der Berechtigungsobjekte) anzeigen lassen. Jedes einzelne Berechtigungsobjekt setzt sich aus bis zu zehn Berechtigungsfeldern zusammen. So besteht z. B. das Berechtigungsobjekt P_ORGIN (HR: Stammdaten) aus folgenden Berechtigungsfeldern (siehe Abbildung 8.4):

- INFT – Infotyp
- SUBTY – Subtyp
- AUTHC – Berechtigungslevel lesen, schreiben, Matchcode usw.
- PERSA – Personalbereich aus Infotyp 0001 (Organisatorische Zuordnung)
- PERSG – Mitarbeitergruppe aus Infotyp 0001 (Organisatorische Zuordnung)
- PERSK – Mitarbeiterkreis aus Infotyp 0001 (Organisatorische Zuordnung)
- VDSK1 – Organisationsschlüssel aus Infotyp 0001 (Organisatorische Zuordnung)

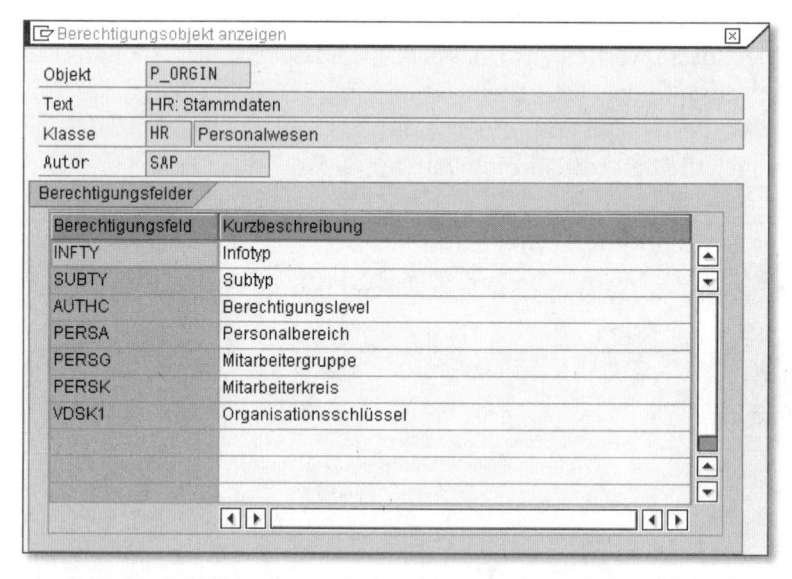

**Abbildung 8.4** Berechtigungsfelder im Berechtigungsobjekt P_ORGIN

Mit den Berechtigungsfeldern im Berechtigungsobjekt P_ORGIN ist es möglich, einem Benutzer eine Berechtigung für die Bearbeitung von Personalstammdaten in Abhängigkeit vom Personalbereich, der Mitarbeitergruppe, dem Mitarbeiterkreis und dem Organisationsschlüssel auf Infotyp und Subtypebene zuzuordnen.

Für die Personalplanung und somit auch für OM ist im Wesentlichen das Berechtigungsobjekt PLOG relevant. Beachten Sie, dass dieses Berechtigungsobjekt auch noch für andere Komponenten von HCM wichtig ist (z. B. für das Vergütungsmanagement, das E-Recruiting und die Personaleinsatzplanung). Die Felder des Berechtigungsobjekts PLOG sind nahezu identisch mit den Feldern des bereits beschriebenen Berechtigungsobjekts P_ORGIN. Sowohl bei P_ORGIN und auch bei PLOG geht es um die Berechtigungsprüfung für den Zugriff auf Infotypen und Subtypen.

Im Folgenden beschreibe ich die wesentlichen Merkmale des Berechtigungsobjekts PLOG (Personalplanung).

Das Berechtigungsobjekt PLOG prüft die Berechtigungen für Felder der Personalplanungskomponenten (z. B. Organisationsmanagement und Personalentwicklung). Im Berechtigungsobjekt PLOG sind die in Tabelle 8.1 aufgelisteten Felder enthalten, mit denen eine Berechtigungsprüfung erfolgt:

| Berechtigungsfeld | Beschreibung |
| --- | --- |
| PLVAR | PLANVARIANTE: Über dieses Feld legen Sie fest, auf welche Planvariante der Benutzer zugreifen darf. Die Planvariante ist das zentrale Kennzeichen aller HRP*-Tabellen (Infotyptabellen). In der Regel ist der Inhalt dieses Feldes 1 (aktive Planvariante) oder * (Wildcard – alle Planvarianten). |
| OTYPE | OBJEKTTYP: Über dieses Feld bestimmen Sie, auf welche Objekttypen der Benutzer zugreifen darf. Bei der Prüfung pro Objekttyp ist es möglich, von Objekttyp zu Objekttyp zu entscheiden, ob z. B. auf Organisationseinheiten nur Leseberechtigung für Planstellen aber Schreibberechtigung erteilt wird. |
| INFOTYP | INFOTYP: Hier definieren Sie, auf welche Infotypen pro Objekttyp der Benutzer berechtigt ist. |
| SUBTYP | SUBTYP: Über dieses Feld wird festgelegt, auf welche Subtypen pro Objekttyp und Infotyp der Benutzer zugreifen darf. Die Subtypen des Infotyps 1001 (Verknüpfung) sind hierbei besonders wichtig. |
| ISTAT | PLANUNGSSTATUS: Über den Planungsstatus legen Sie fest, ob der Benutzer nur auf aktive Objekte oder z. B. auch Objekte im Status GEPLANT zugreifen darf. |
| PPFCODE | FUNKTIONSCODE: Definiert die Bearbeitungsart (z. B. Ändern oder nur Anzeigen), für die der Benutzer berechtigt ist. |

**Tabelle 8.1** Berechtigungsfelder im Berechtigungsobjekt PLOG

# 8 | Das Berechtigungs- und Rollenkonzept

Die Berechtigungen, die im Berechtigungsobjekt PLOG hinterlegt sind, steuern den funktionalen Zugriff auf die Personalplanungskomponenten (Organisationsmanagement, Personalentwicklung, Veranstaltungsmanagement etc.), nicht aber die strukturellen Berechtigungen. Das bedeutet, dass nicht geregelt wird, auf welchen Teil der Organisationsstruktur ein Anwender zugreifen darf. Aus diesem Grund wird das Berechtigungsobjekt PLOG stets zusammen mit einem strukturellen Berechtigungsprofil genutzt. Abbildung 8.5 zeigt die Detailsicht des Berechtigungsobjekts PLOG innerhalb der Rollenpflege.

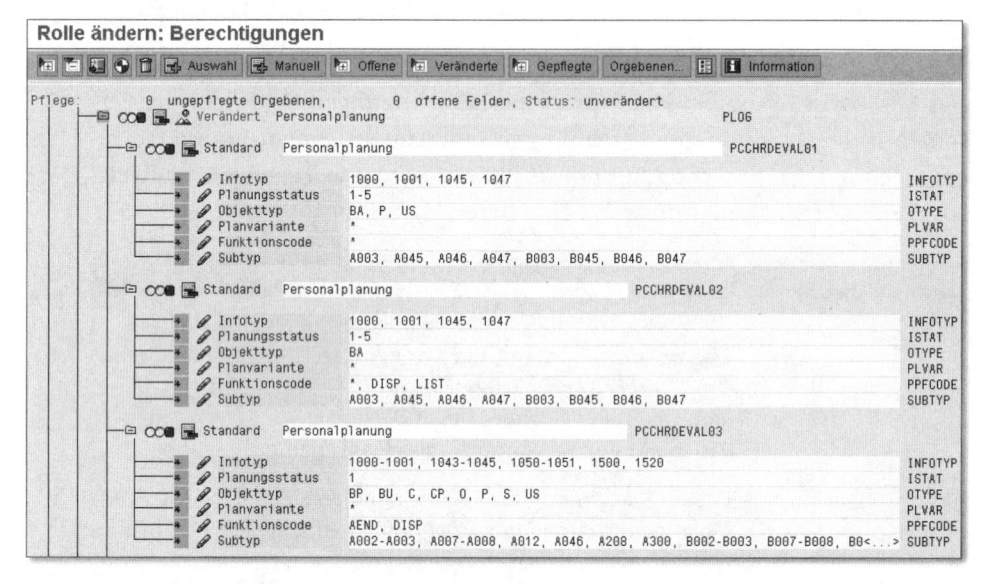

**Abbildung 8.5** Details zum Berechtigungsobjekt PLOG (Personalplanung) in der Rollenpflege

> **Hinweis: Verwendung des Berechtigungsobjekts PLOG**
>
> Beachten Sie, dass Sie auch ein strukturelles Berechtigungsprofil einrichten, wenn Sie das Berechtigungsobjekt PLOG nutzen, da der Zugriff auf die Daten einer Personalplanungskomponente nur dann funktioniert, wenn einem Anwender sowohl ein Berechtigungsprofil PLOG als auch ein strukturelles Berechtigungsprofil zugeordnet wurden. Diese Vorgehensweise ist auch dann notwendig, wenn der Anwender für die gesamte Organisationsstruktur berechtigt sein soll. In diesem Fall wählen Sie ein strukturelles Profil ohne strukturelle Einschränkung.

Die Berechtigungsobjekte und die dazugehörigen Felder können Sie sich über die Transaktion SU21 (Pflege der Berechtigungsobjekte) anzeigen lassen und dort auch bearbeiten. Es ist dort auch möglich, neue Objektklassen und Berechtigungsobjekte anzulegen. Abbildung 8.6 zeigt das Ergebnis der Transaktion SU21 (Pflege der Berechtigungsobjekte). Dargestellt werden in der Spalte KLASSE/OBJEKT der technische Name des Berechtigungsobjekts und in der Spalte TEXT eine Kurzbeschreibung.

> **Hinweis: PLOG_CON (Personalplanung mit Kontext)**
>
> SAP liefert mit PLOG_CON ein kontextabhängiges Berechtigungsobjekt zur Personalplanung aus, macht aber selbst darauf aufmerksam, dass dieses Berechtigungsobjekt derzeit nicht fehlerfrei ist. Deshalb ist eine kontextabhängige Prüfung innerhalb der Personalplanung, also auch innerhalb des Organisationsmanagements, im Standard nicht möglich. Kontextprobleme können Sie daher nur mit Einsatz des BAdI (Business Add-In) HRBAS00_STRUAUTH (Strukturelle Berechtigung) lösen.

| Klasse/Objekt | Text | Typ |
|---|---|---|
| HR | Personalwesen | Objektklasse |
| P_RCF_ACT | Aktivitäten im E-Recruiting | Berechtigungsobjekt |
| P_RCF_APPL | Anwendungen im E-Recruiting | Berechtigungsobjekt |
| S_MWB_FCOD | BC-BMT-OM: Erlaubte Funktionscodes für Managers'... | Berechtigungsobjekt |
| P_LSO_TU | Berechtigung für LSO Contentmanagement | Berechtigungsobjekt |
| P_PBSPWE | Berechtigung für Process Workbench Engine (PWE) | Berechtigungsobjekt |
| P_ASRCONT | Berechtigung für Prozessinhalt | Berechtigungsobjekt |
| Z_PAYSLIP | Berechtigung zum ZPayslip | Berechtigungsobjekt |
| Z_DDSEXTRA | Berechtigungsobjekt für MDT Extra | Berechtigungsobjekt |
| Z_DDSPL | Berechtigungsobjekt für Personalleitung | Berechtigungsobjekt |
| P_LSO_FOUP | Berechtigungsobjekt für die Nachbereitung einer Tei... | Berechtigungsobjekt |
| P_HAP_DOC | Beurteilungssysteme: Beurteilung | Berechtigungsobjekt |
| P_RCF_VIEW | Datenübersicht im E-Recruiting | Berechtigungsobjekt |
| P_RCF_POOL | Direkter Zugriff auf den Talent Pool | Berechtigungsobjekt |
| P_EICAU | Employee Interaction Center Activity Authorization | Berechtigungsobjekt |
| P_AT_BW | HR-AT: Bescheinigungswesen SAPScript | Berechtigungsobjekt |

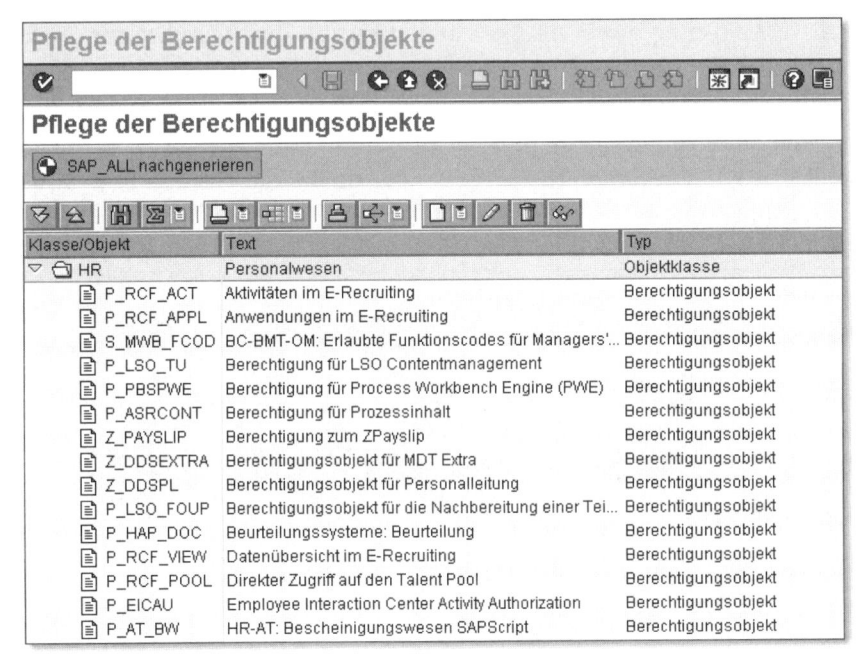

**Abbildung 8.6** Überblick über die Berechtigungsobjekte der Objektklasse HR in der Transaktion SU21

### 8.1.3 Berechtigungen

Durch eine Berechtigung wird einem Benutzer erlaubt, in HCM bestimmte Aktivitäten durchzuführen. Berechtigungen werden in der Hierarchiedarstellung einer Rolle (Rollenpflege) in Gelb angezeigt (siehe Abbildung 8.5). Die Felder einer einzelnen Berechtigung sind hellblau und die entsprechenden Werte weiß dargestellt. Viele einzelne Berechtigungen werden in Berechtigungsobjekten zusammengefasst. Die Berechtigungspflege erfolgt über die

# 8 | Das Berechtigungs- und Rollenkonzept

Transaktion SU01 (Rolle ändern: Berechtigungen). Die Vorgehensweise bei der Berechtigungspflege wird in Abschnitt 8.1.5, »Benutzerstammsatz«, detailliert beschrieben.

### 8.1.4 Berechtigungsprofil

Üblicherweise werden Berechtigungen für Benutzer in Berechtigungsprofilen zusammengefasst und nicht direkt einem Benutzer bzw. seinem Benutzerstammsatz zugeordnet. Durch die Zusammenfassung von Berechtigungen zu Berechtigungsprofilen verringert sich der Pflegeaufwand, da nicht jedem Benutzer einzelne Berechtigungen zugeordnet werden, sondern ein vollständiges Berechtigungsprofil. Wenn sich an den Berechtigungen etwas ändert, wird diese Änderung direkt im Berechtigungsprofil durchgeführt und wirkt sich somit auf alle Benutzer aus, denen dieses Berechtigungsprofil im Benutzerstammsatz zugeordnet ist. Abbildung 8.7 zeigt die Berechtigungsprofile, die einem Benutzer (in dem Beispiel der Abbildung ist es der Benutzer 0908HR251273) über die Registerkarte PROFIL in der Transaktion SU01 (Benutzerpflege) zugeordnet wurden.

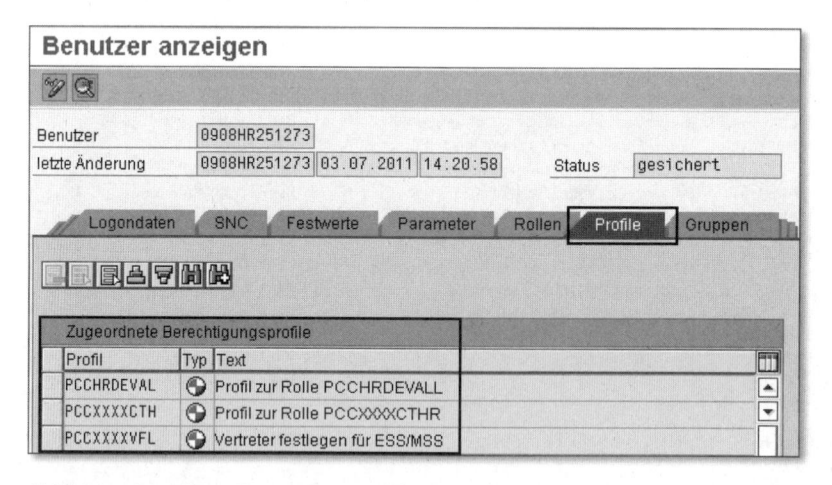

**Abbildung 8.7** Einem Benutzer zugeordnete Berechtigungsprofile in der Transaktion SU01

### 8.1.5 Benutzerstammsatz

Voraussetzung für die Anmeldung eines Benutzers am SAP-System ist die Existenz eines auf ihn zugeschnittenen Benutzerstammsatzes. In diesem Benutzerstammsatz wird festgelegt, welche Rollen dem Benutzer zugeordnet werden sollen. Dies hängt wiederum davon ab, welche Aufgaben der Benutzer im SAP-System erledigen soll.

Der Einstieg in die Pflege des Benutzerstammsatzes erfolgt über die Transaktion SU01 (Benutzerpflege). Über diese Transaktion können Sie den Benutzern eines SAP-Systems Benutzerstammdaten zuordnen und Zugriffsberechtigungen steuern (siehe Abbildung 8.8).

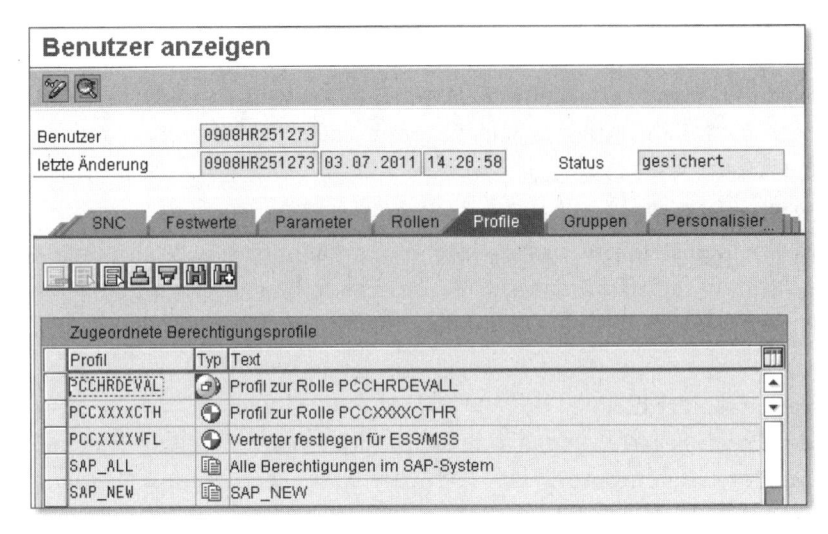

**Abbildung 8.8** Benutzerpflege in der Transaktion SU01

Die Pflege der Benutzerstammdaten und der Zugriffsberechtigungen erfolgt über die folgenden Registerkarten:

- **Registerkarte »Adresse«**
  In dieser Registerkarte legen Sie neben dem Namen auch die Stammdaten (z. B. Firmenanschrift und Kommunikationsdaten) eines Benutzers an.

- **Registerkarte »Logondaten«**
  In dieser Registerkarte sind alle Felder optional, mit Ausnahme des Feldes INITIALKENNWORT. Das Initialkennwort können Sie manuell anlegen oder automatisch generieren lassen.

- **Registerkarte »SNC«**
  Die Registerkarte SNC wird nur angezeigt, wenn Sie in Ihrem Unternehmen Secure Network Communications (SNC) einsetzen. In diesem Fall wird das Ampelsystem in der Registerkarte grün angezeigt (SNC ist auf diesem Anwendungsserver aktiv).

  SNC integriert ein externes Sicherheitstool mit zusätzlichen Sicherheitsfunktionen im SAP-System, die dort nicht direkt verfügbar sind. Durch diese Maßnahme wird die Sicherheit des SAP-Systems erhöht.

- **Registerkarte »Festwerte«**
  Über diese Registerkarte können Sie Festwerte wie z. B. die Sprache festlegen, in der die Benutzeroberfläche und die Dokumentation angezeigt werden, und auch die Datumsdarstellung einstellen.

- **Registerkarte »Parameter«**
  Über Parameter kann man für einen Benutzer bestimmte Einstellungen der Oberfläche steuern (z. B. technische Namen in der Pflegeoberfläche ORGANISATION UND BESETZUNG anzeigen) oder auch Felder mit Vorschlagswerten füllen.

- **Registerkarte »Rollen«**
  Auf dieser Registerkarte ordnen Sie einem Benutzer Berechtigungen/Rollen für den Zugriff auf das SAP HR-System zu bzw. können bereits zugeordnete Rollen entfernen. Sie können Einzel- oder Sammelrollen zuordnen.

- **Registerkarte »Profile«**
  Auf der Registerkarte PROFILE ordnen Sie einem Benutzer manuell erzeugte Berechtigungsprofile zu. Darüber hinaus werden dort die generierten Profile der zugeordneten Rollen angezeigt.

> **Hinweis: Zuordnung von Profilen zu Benutzern**
> Ordnen Sie generierte Profile einem Benutzer niemals direkt über die Registerkarte PROFILE zu, da diese gelöscht wird, wenn zu diesem Profil auf der Registerkarte ROLLEN kein Eintrag vorhanden ist. Wenn Sie einem Benutzer eine Rolle über die Registerkarte ROLLE zuordnen, wird das dazu generierte Profil automatisch auf der Registerkarte PROFILE angezeigt.

Über das SAP Easy Access-Menü WERKZEUGE • ADMINISTRATION • BENUTZERPFLEGE • BERECHTIGUNGEN UND PROFILE (MANUELLE PFLEGE) • PROFILE MANUELL BEARBEITEN oder direkt über die Transaktion SU02 (Profile) können Sie Profile manuell bearbeiten. Ich empfehle Ihnen aber die automatische Generierung von Profilen über den Profilgenerator. Der Profilgenerator erzeugt auf der Basis von Aktivitäten, die in einer Rolle enthalten sind, automatisch ein Berechtigungsprofil. Über die manuelle Pflege können Sie Sammelprofile, also eine Kombination aus mehreren einzelnen Profilen, einem Benutzer zuordnen.

- **Registerkarte »Gruppen«**
  Sie können einen Benutzer einer Benutzergruppe zuordnen. Die Zuordnung von Benutzern zu Benutzergruppen wird hauptsächlich für Massenänderungen in Benutzerstammsätzen (Transaktion SU10) benötigt.

- **Registerkarte »Personalisierung«**
  Über die Personalisierung können Sie personenbezogene Einstellungen vornehmen. Die Personalisierung können Sie sowohl am Benutzerstammsatz – Transaktion SU01 (Benutzerpflege) – als auch an der Rolle – Transaktion PFCG (Rollenpflege) – vornehmen.

- **Registerkarte »Lizenzdaten«**
  Auf dieser Registerkarte definieren Sie den vertraglichen Nutzertyp des Benutzers. Diese Angabe ist wichtig für die Systemvermessung. Mit der Systemvermessung wird pro SAP-System die Anzahl der Benutzer sowie der kostenpflichtigen SAP-Objekte ermittelt. Das entsprechende Vermessungsprogramm wird ausschließlich zur Ermittlung der Anzahl der Benutzer und genutzten Einheiten der SAP-Produkte eingesetzt. Das Ergebnis aus der Vermessung wird in der SAP License Administration Workbench konsolidiert, um anschließend an SAP übermittelt zu werden.

### 8.1.6 Rollenzuordnung über die Transaktion PFCG

Über die Transaktion PFCG (Rollenpflege) können Sie die dort erstellten Rollen Benutzern zuordnen. Die Zuordnung erfolgt über die Registerkarte BENUTZER (siehe Abbildung 8.9). Für die Zuordnung wählen Sie zuerst den Benutzer aus (Feld BENUTZERKENNUNG) und definieren dann den Zuordnungszeitraum über die Felder VON und BIS. Über den Button BENUTZERABGLEICH werden dann das Benutzerprofil und die Rolle in den Benutzerstamm übernommen.

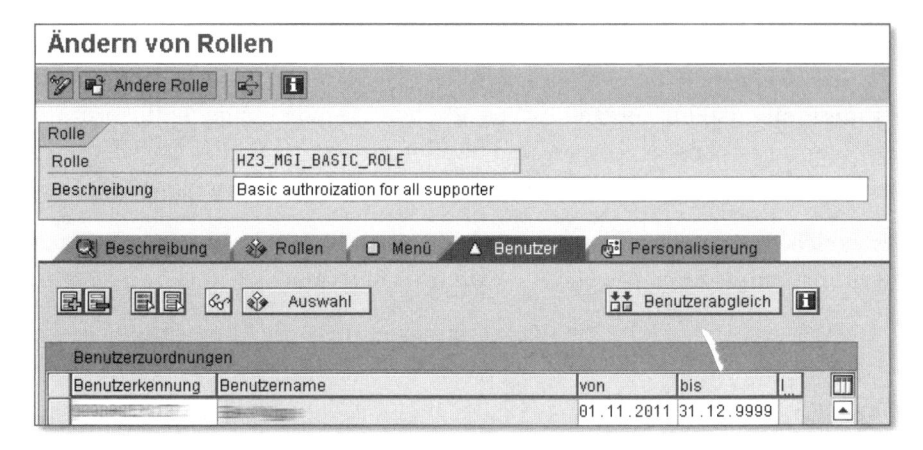

**Abbildung 8.9** Rollenzuordnung über die Transaktion PFCG

Sie haben auch die Möglichkeit, den Benutzerabgleich automatisch beim Sichern der Rolle durchzuführen. Dazu wählen Sie im Menü den Pfad HILFSMITTEL • EINSTELLUNGEN und setzen dort das Häkchen im Ankreuzfeld AUTOMATISCHER ABGLEICH BEIM SICHERN DER ROLLE (siehe Abbildung 8.10). Den Benutzerabgleich müssen Sie immer durchführen, wenn an der Rolle oder an dem Berechtigungsprofil etwas geändert wurde.

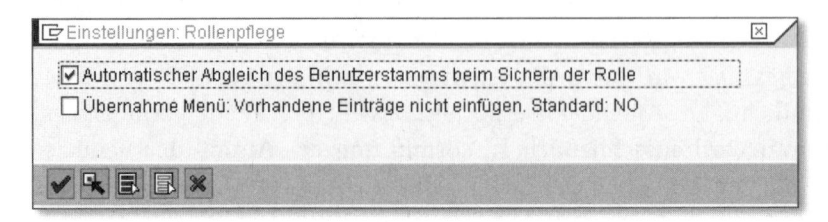

**Abbildung 8.10** PFCG – Automatischer Abgleich des Benutzerstamms beim Sichern der Rolle

## 8.2 Strukturelle Berechtigungen

Die strukturellen Berechtigungen werden in der Regel zusammen mit allgemeinen Berechtigungen, die den funktionalen Zugriff steuern, eingesetzt. Der Grund dafür ist, dass die strukturelle Berechtigungsprüfung keine weiteren Berechtigungen zuordnen, sondern nur noch über die Struktur einschränken kann. Durch die zeitgleiche Nutzung allgemeiner und struktureller Berechtigungen wird ein Gesamtprofil für einen Benutzer erzeugt, das sich aus der Schnittmenge des strukturellen und des allgemeinen Berechtigungsprofils bildet.

Über das strukturelle Berechtigungsprofil wird der Zugriff auf Objekte in der Organisationsstruktur geregelt, während über das allgemeine Benutzerprofil der Datenzugriff über Infotypen und Subtypen und die Art des Zugriffs (z. B. nur Leseberechtigung oder auch Schreibberechtigung) gesteuert werden.

Auf welchen Ausschnitt der Organisationsstruktur ein Anwender genau Zugriff hat, wird durch folgende Faktoren gesteuert:

▸ Angabe des Wurzelobjekts (Organisationseinheit) der berechtigten Teilstruktur

▸ Angabe des Auswertungsweges (z. B. O-O-S-P), über den die Objekte unterhalb des Wurzelobjekts ausgelesen werden

Anhand dieser beiden Faktoren wird eine Teilstruktur ermittelt, auf die der Anwender Zugriff hat. Innerhalb dieser ermittelten Teilstruktur werden dann im Wesentlichen über die strukturelle Berechtigungsprüfung folgende Sachverhalte geprüft:

- Welche Organisationsobjekte dürfen gepflegt oder nur angezeigt werden?
- Welche HCM-Objekte, die über die Tabellenstruktur HRP* verfügbar sind (Infotyptabellen), dürfen gepflegt, welche nur angezeigt werden?
- Welche Daten der Personaladministration dürfen gepflegt, welche nur angezeigt werden?

**Tipp: Zuordnen von Benutzern zu Organisationseinheiten**

Wenn Sie Benutzer direkt mit einer Organisationseinheit verknüpfen, ist es manchmal nicht ganz einfach, die zugeordneten Organisationseinheiten zu finden. Hierfür nutze ich immer gerne die Transaktion SE16 (Data Browser: Einstieg) und die Tabelle HRP1001. Wenn Sie im Selektionsbild in dem Feld SOBID die User-ID des Benutzers eintragen, werden Ihnen im Ergebnis alle zugeordneten Organisationseinheiten des Benutzers angezeigt (siehe Abbildung 8.11).

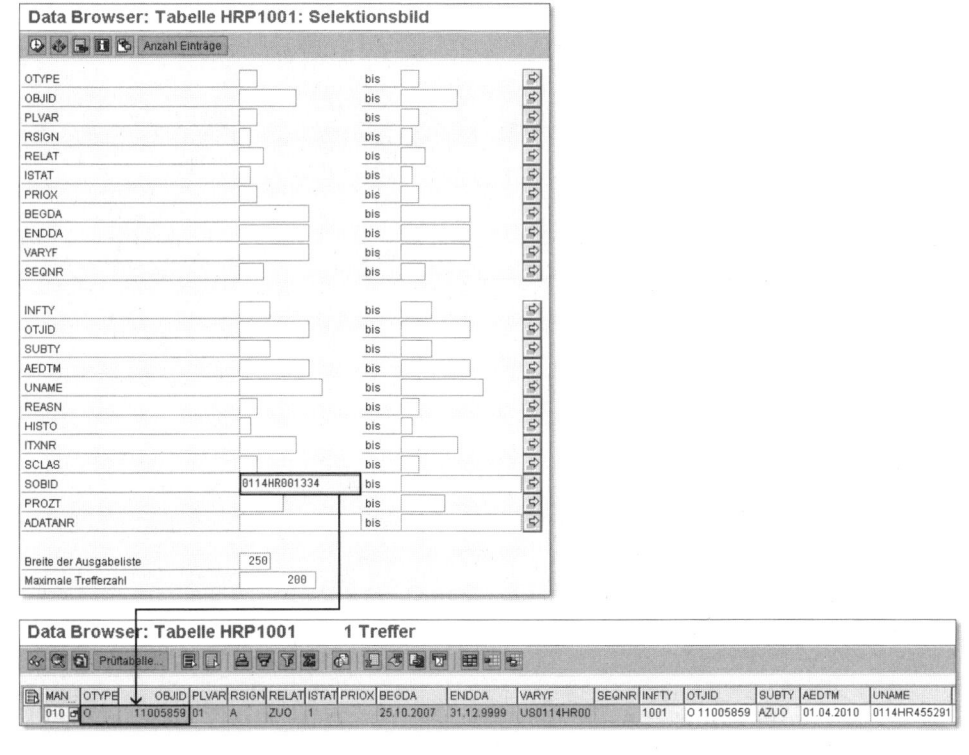

**Abbildung 8.11** Transaktion SE16 – einem Benutzer zugeordnete Organisationseinheiten anzeigen

# 8 | Das Berechtigungs- und Rollenkonzept

Das Customizing der strukturellen Profile erfolgt über den Einführungsleitfaden (IMG) unter Organisationsmanagement • Grundeinstellungen • Berechtigungsverwaltung • Strukturelle Berechtigung • Strukturelle Profile pflegen (siehe Abbildung 8.12) oder direkt über die Transaktion OOSP (Berechtigungsprofil). Sie können aber auch direkt die Tabelle T77PR über die Transaktion SM30 aufrufen und pflegen.

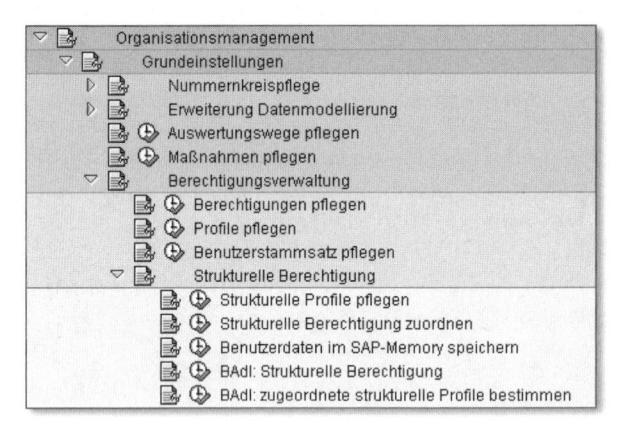

**Abbildung 8.12** Customizing-Pfad für die strukturellen Berechtigungsprofile

Über die Pflege der Tabelle T77PR (Berechtigungsprofilpflege) legen Sie die folgenden Prüfungen fest (siehe auch Abbildung 8.13):

| Profil | Nr. | Planvar. | Objekttyp | ObjektId | Pflege | Ausw. Weg | Statusvek. |
|---|---|---|---|---|---|---|---|
| ORG_USER | 10 | 01 | O | | ☑ | O_S_P_O | 1 |
| ORG_USER | 15 | 01 | O | | ☐ | O-O | 1 |
| ORG_USER | 20 | 01 | 90 | | ☑ | ZC_90 | 1 |
| ORG_USER | 60 | 01 | 91 | | ☑ | | |
| ORG_USER | 70 | 01 | 01 | | ☐ | | |

**Abbildung 8.13** Detailsicht der Berechtigungsprofilpflege in Tabelle T77PR

- **Planvariante**
  Mit der Angabe der Planvariante legen Sie fest, für welche Planvariante der Anwender berechtigt ist. In der Regel ist dies die aktive Planvariante (01).

- **Objekttyp**
  Angabe der Objekttypen, für die der Anwender berechtigt ist. Es muss für jeden Objekttyp eine separate Zeile angelegt werden.

- **Pflege**
  Über dieses Kennzeichen wird festgelegt, ob die angegebenen Objekte auch gepflegt und nicht nur angezeigt werden dürfen.
- **Auswertungsweg**
  Durch die Definition eines Auswertungsweges legen Sie fest, dass der Benutzer nur auf Objekte Zugriff hat, die durch diesen Auswertungsweg berücksichtigt werden. Wenn Sie z. B. den Auswertungsweg ORGEH auswählen, hat der Benutzer von seinem Wurzelobjekt aus Zugriff auf alle Organisationseinheiten entlang dieses Auswertungsweges.
- **Statusvektor**
  Über den Statusvektor können Sie festlegen, dass ein Benutzer nur Zugriff auf Objekte erhält, die einen bestimmten Status haben. Sie können z. B. angeben, dass ein Benutzer alle Objekte bearbeiten darf, die im aktiven Status, aber nicht im Status GEPLANT sind.
- **Anzeigetiefe**
  Die Anzeigetiefe steuert, bis auf welche Hierarchieebene ein Benutzer Zugriff auf die Organisationsstruktur hat. Wenn dieses Feld eine 0 enthält oder leer ist, bedeutet dies, dass alle Hierarchieebenen zugelassen sind.
- **Zeitraum**
  Über dieses Kennzeichen können Sie festlegen, ob ein Benutzer ohne Berücksichtigung des Gültigkeitszeitraums Zugriff auf die Strukturen hat oder z. B. nur auf die Struktur des aktuellen Tagesdatums. Wenn ein Benutzer uneingeschränkten Zugriff bekommen soll, wird kein Datum angegeben, wenn er nur auf die Daten des aktuellen Tagesdatums zugreifen können soll, muss ein D eingegeben werden.
- **Funktionsbaustein**
  Ein Funktionsbaustein kann ein Wurzelobjekt dynamisch bestimmen. Wenn Sie einen Funktionsbaustein angeben, dürfen Sie daher keine Objekt-ID festlegen. In jedem Fall müssen Sie aber die Planvariante und den Objekttyp festlegen. Die Nutzung von Funktionsbausteinen wird empfohlen, um den Pflegeaufwand zu minimieren. Der Funktionsbaustein wird in der Tabelle T77PR (Berechtigungsprofilpflege) in dem Feld FUNKTIONSBAUSTEIN festgelegt (siehe Abbildung 8.14).
  Im SAP-Standard werden zwei Funktionsbausteine bereitgestellt:
  - **RH_GET_MANAGER_ASSIGNMENT**
    Der Funktionsbaustein RH_GET_MANAGER_ASSIGNMENT (Organisationseinheiten für Leiter ermitteln) ermittelt stichtagsbezogen als Wurzelobjekt die Organisationseinheit, der der Benutzer über seine Planstelle zu die-

sem Stichtag als Leiter zugeordnet ist (Verknüpfung: A012 – ist Leiter von).

- **RH_GET_ORG_ASSIGNMENT**
  Der zweite im Standard ausgelieferte Funktionsbaustein ist RH_GET_ORG_ASSIGNMENT (Organisatorische Zuordnung). Dieser Funktionsbaustein ermittelt als Wurzelobjekt die aktuell dem Benutzer zugeordnete Organisationseinheit.

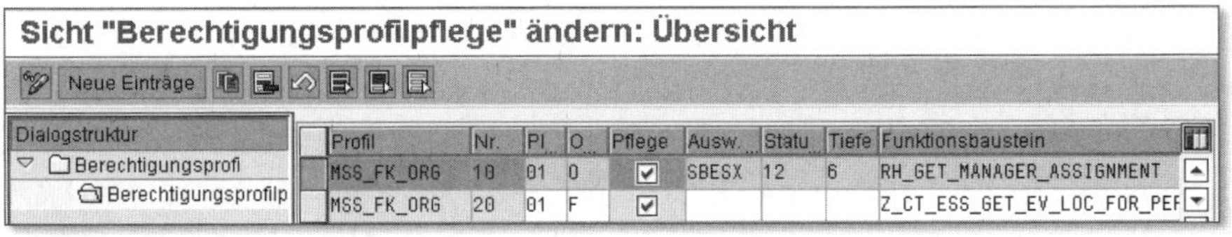

**Abbildung 8.14** Zuordnung eines Funktionsbausteins in Tabelle T77PR (Berechtigungsprofilpflege)

Das in der zuvor beschriebenen Methode erstellte Berechtigungsprofil können Sie nun einem Benutzer zuordnen. Die Vorgehensweise, wie Sie ein strukturelles Berechtigungsprofil einem Benutzer zuordnen können, beschreibt der folgende Abschnitt.

### 8.2.1 Strukturelle Berechtigungsprofile zuordnen

Allgemeine Berechtigungsprofile werden einem Benutzer über den Profilgenerator (Transaktion PFCG) zugeordnet (siehe Abschnitt 8.1.6, »Rollenzuordnung über die Transaktion PFCG«), strukturelle Berechtigungsprofile hingegen über die Tabelle T77UA (Benutzerberechtigungen). Diese Tabelle können Sie entweder direkt über die Transaktion SM30 (Tabelle T77UA) oder die Transaktion OOSB und auch über den Einführungsleitfaden (IMG) ORGANISATIONSMANAGEMENT • GRUNDEINSTELLUNGEN • BERECHTIGUNGSVERWALTUNG • STRUKTURELLE BERECHTIGUNG • STRUKTURELLE BERECHTIGUNGEN ZUORDNEN pflegen.

In der Tabelle T77UA (Benutzerberechtigungen) wird einem Benutzer ein strukturelles Berechtigungsprofil zugeordnet. Wenn ein Benutzer nicht in der Tabelle separat ausgewiesen ist, erhält er automatisch die gleichen Rechte, die im Eintrag SAP* in dieser Tabelle hinterlegt sind. Der Eintrag SAP* wird allen Benutzern automatisch zugeordnet, die bei aktivierter Prüfung der strukturellen Berechtigung keinen Eintrag in der Tabelle T77UA haben. Wenn in der Tabelle T77UA in das Feld BERPROFIL NO eingetragen ist, haben alle Benutzer, die keinen Eintrag in der Tabelle haben, keinen Systemzugriff auf die

Daten der Organisationsstruktur. Wenn der Eintrag ALL ist, haben Benutzer ohne separaten Eintrag in die Tabelle T77UA den vollständigen Zugriff auf die Daten der Organisationsstruktur (siehe Abbildung 8.15).

**Sicht "Benutzerberechtigungen" ändern: Übersicht**

| Benutzername | BerProfil | Beginn | Ende | Ausschluß | Objekte anzeigen |
|---|---|---|---|---|---|
| SAP* | ALL | 01.01.1800 | 31.12.9999 | ☐ | ℹ |
| SAP431107 | ORG_USER | 01.01.2006 | 31.12.9999 | ☐ | ℹ |

**Abbildung 8.15** Zuordnung von Berechtigungsprofilen in Tabelle T77UA

Mit einem Klick auf den Button INFORMATION in der Tabelle T77UA können Sie sich alle Objekte anzeigen lassen, auf die der Benutzer über die strukturellen Berechtigungen Zugriff hat (siehe Abbildung 8.16).

**Sicht "Benutzerberechtigungen" anzeigen: Übersicht**

| Benutzername | BerProfil | Beginn | Ende | Ausschluß | Objekte anzeigen |
|---|---|---|---|---|---|
| 000155120040 | ESS_FK_ORG | 25.10.2004 | 31.12.9999 | ☐ | ℹ |
| 000199900004 | MSS_FK_ORG | 01.08.2008 | 31.12.9999 | ☐ | ℹ |
| 000199900026 | MSS_FK_ORG | 01.08.2008 | 31.12.9999 | ☐ | ℹ |

**Abbildung 8.16** Berechtigungsinformation in der Tabelle T77UA anzeigen

Zusätzlich zu der oben beschriebenen Vorgehensweise im Hinblick auf die Zuordnung von strukturellen Profilen und Systemverhalten müssen Sie in der Systemtabelle T77S0 den Berechtigungsschalter ORGPD in der Gruppe AUTSW definieren. Mit dieser Einstellung legen Sie fest, wie sich das SAP-System verhalten soll, wenn Personalnummern nicht mit einer Organisationseinheit im PA-Infotyp 0001 (Organisatorische Zuordnung) verknüpft sind, da diese Personalnummern der Default-Planstelle (S 99999999) zugeordnet sind. Außerdem schaffen Sie über den Berechtigungsschalter ORGPD die Voraussetzung dafür, dass die strukturellen Berechtigungen auch für die Personaladministration (Objekttyp Person) genutzt werden können. Um dies zu erreichen, können Sie Werte zwischen 1 und 4 eintragen (siehe Abbildung 8.17). In der Auslieferung des SAP-Standards enthält das Feld ORGPD den Wert 0. Die Auswirkungen der einzelnen Werte werden direkt im Anschluss an Abbildung 8.17 beschrieben.

## 8 | Das Berechtigungs- und Rollenkonzept

| Sicht "Systemtabelle" ändern: Übersicht | | | |
|---|---|---|---|
| Gruppe | sm. Kürzel | Wert Kürz. | Beschreibung |
| AUTSW | ORGPD | 1 | HR: Strukturelle Berechtigungsprüfung |

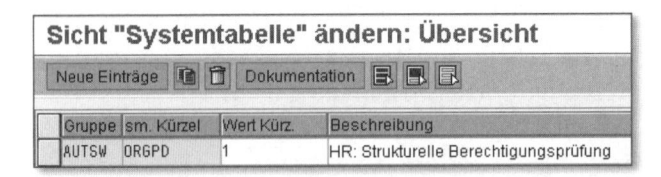

**Abbildung 8.17** Strukturelle Berechtigungsprüfung in der Tabelle T77S0 einstellen

Wenn eine Person der Default-Planstelle zugeordnet ist und keine Zuordnung zu einer Organisationseinheit im PA-Infotyp 0001 hat, ist es nicht möglich, eine Berechtigungsprüfung über die organisatorische Zuordnung durchzuführen. In diesem Fall können Sie nur festlegen, ob systemseitig die Berechtigung grundsätzlich erteilt oder nicht erteilt werden soll. Wenn Sie die Berechtigung in diesem Fall grundsätzlich nicht erteilen möchten, setzen Sie den Wert im Berechtigungsschalter ORGPD auf 1 oder 2, ansonsten auf 3 oder 4.

Zusammenfassend haben die einzelnen Werte folgende Funktionen:

- **Wert 1**
  Organisationseinheit wird ausgewertet; wenn die Organisationseinheit nicht gepflegt ist, wird keine Berechtigung erteilt.

- **Wert 2**
  Organisationseinheit wird nicht ausgewertet. Berechtigungen für Personen ohne Zuordnung zu einer integrierten Planstelle werden abgelehnt.

- **Wert 3**
  Organisationseinheit wird ausgewertet; wenn die Organisationseinheit nicht gepflegt ist, wird Berechtigung erteilt.

- **Wert 4**
  Organisationseinheit wird nicht ausgewertet. Berechtigungen für Personen ohne Zuordnung zu einer integrierten Planstelle werden erteilt.

> **Tipp: Systemverhalten bei abgegrenzten Organisationseinheiten**
>
> Bei Mitarbeitern im Beschäftigungsstatus AUSGETRETEN und einer Zuordnung zur Default-Planstelle (S 99999999) wird je nach oben beschriebener Schalterstellung (1–4) nur noch auf die Organisationseinheit geprüft. Sollte diese Organisationseinheit aber abgegrenzt sein, verliert der Benutzer den Zugriff auf diese Personalstämme. In diesem Fall gibt es folgenden Lösungsvorschlag: Mithilfe der Transaktion PA30 (Personalstammdaten pflegen) ordnen Sie im Austrittsdatensatz beim Infotyp 0001 (Organisatorische Zuordnung) eine andere Organisationseinheit zu.

## Tipp: Strukturelle Berechtigungsprüfung mit der Transaktion SU53

Für die Berechtigungsprüfung eines Benutzers können Sie die Transaktion SU53 (Anzeige Berechtigungsprüfung) verwenden. Ich möchte Sie aber darauf hinweisen, dass diese Anzeige der Berechtigungsprüfung für die strukturellen Berechtigungen nicht einfach zu interpretieren ist (siehe Abbildung 8.18). Die Anzeige des Berechtigungsobjekts P_ORIGIN bei den fehlgeschlagenen Berechtigungsprüfungen ist irreführend. Das Berechtigungsobjekt P_ORIGIN wird bei der Berechtigungsprüfung auf HR-Infotypen verwendet. Die Prüfungen finden statt, wenn HR-Infotypen durch einen Benutzer bearbeitet oder gelesen werden. Eine Korrektur des Berechtigungsobjekts bringt hier keinen Erfolg. Sie finden die weiterführende Fehlermeldung in der Funktion FEHLGESCHLAGENE HR-STRUKTURBERECHTIGUNGEN. In dem Beispiel ist es die fehlgeschlagene Berechtigung für eine Person, die sich außerhalb der zugeordneten strukturellen Berechtigung befindet. Die Lösung wäre hier also, die strukturelle Berechtigung auf diese Person für den Benutzer zu erweitern, falls das überhaupt gewollt ist.

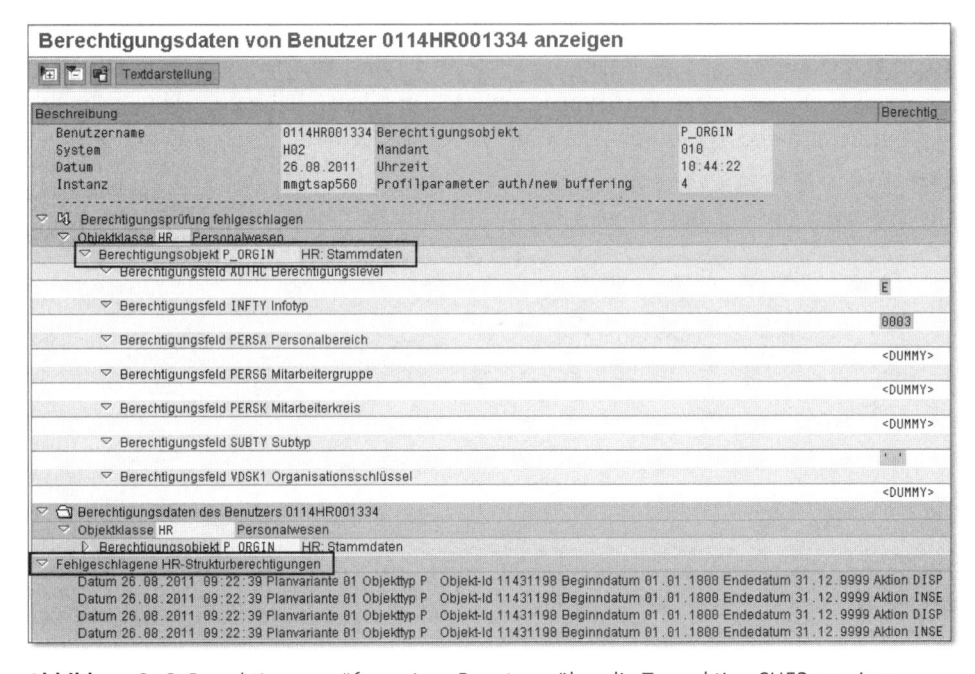

**Abbildung 8.18** Berechtigungsprüfung eines Benutzers über die Transaktion SU53 anzeigen

### 8.2.2 Performanceoptimierung

Bei Benutzern, die sehr umfangreiche strukturelle Berechtigungsprofile zugeordnet haben, kommt es oft zu Performanceproblemen. Diese Performanceprobleme treten z. B. bei Inhabern von Leiterplanstellen auf, die umfassende strukturelle Berechtigungen über die Organisationsstruktur haben. Diese

Benutzer können in die von SAP bereitgestellte Tabelle T77UU (User-Tabelle für Batch-Input) eingetragen werden (siehe Abbildung 8.19).

**Abbildung 8.19** Benutzerdaten für SAP Memory in Tabelle T77UU

Sie können die Tabelle manuell pflegen oder den Report RHBAUS02 (Prüfen und Abgleich in Tabelle T77UU – Benutzerdaten in SAP Memory) nutzen. Dieser Report prüft Benutzer in Verbindung mit einem Schwellenwert. Dieser Schwellenwert ermittelt sich aus der Anzahl der im strukturellen Profil zugelassenen Objekte. Wenn Sie den Report ausführen, wie in Abbildung 8.20 dargestellt, trägt das System alle Benutzer, für die eine Objektmenge größer als 1000 ermittelt wurde, in die Tabelle T77UU ein oder löscht die Benutzer aus der Tabelle, wenn dieser Schwellenwert unterschritten wird.

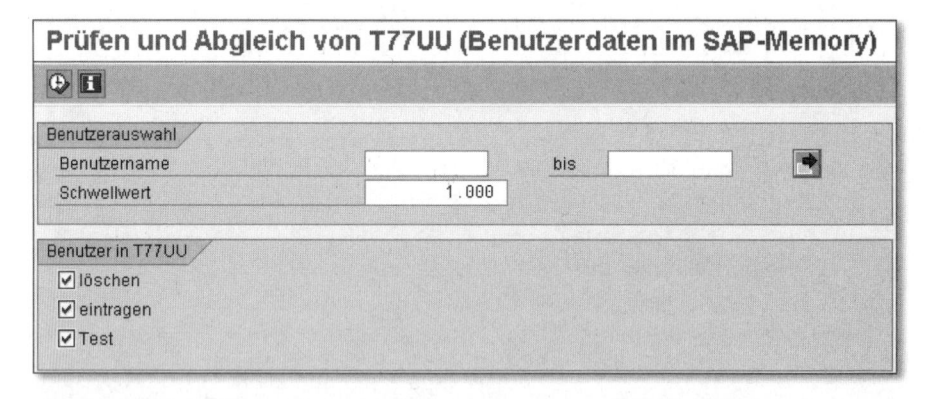

**Abbildung 8.20** Performanceoptimierung durch Prüfen und Abgleich der Tabelle T77UU mit Report RHBAUS02

Wenn Sie das Feld TAGE in der Tabelle T77UU nicht gepflegt haben (siehe Abbildung 8.19), erfolgt keine automatische Füllung des SAP Memorys. In diesem Fall müssen Sie den Report RHBAUS00 (Neugenerierung INDX für Strukturberechtigungen) regelmäßig (z. B. täglich als Batch) laufen lassen (siehe Abbildung 8.21). Dieser Report generiert die Indizes für die strukturellen Berechtigungsprofile neu. Voraussetzung ist, dass der Benutzer in der

Tabelle T77UU eingetragen ist, da nur für diese Benutzer Indizes für einen optimierten Zugriff auf die Organisationsstruktur bereitgestellt werden.

**Abbildung 8.21** Neugenerierung von Indizes für strukturelle Berechtigungsprofile mit Report RHBAUS00

### 8.2.3 Automatische Zuordnung von strukturellen Berechtigungsprofilen

Im Gegensatz zu allgemeinen Berechtigungsprofilen werden strukturelle Profile den Benutzern nicht über den Profilgenerator (Transaktion PFCG) zugeordnet, sondern über die Tabelle T77UA (Benutzerberechtigungen = Zuweisung eines Profils zu Benutzern). Oftmals werden strukturelle Berechtigungsprofile nicht nur einzelnen Anwendern, sondern zur gleichen Zeit einer Vielzahl von Anwendern zugeordnet. Für diese Zuordnung stellt SAP den Report RHPROFL0 (Benutzer-Berechtigungen generieren) zur Verfügung. Der Report RHPROFL0 legt strukturelle Berechtigungsprofile für Benutzer in der Tabelle T77UA (Benutzerberechtigungen) an. Dabei verwendet das Programm den Auswertungsweg PROFL0, der alle in der Organisationsstruktur enthaltenen Anwender ausliest. Für die Anwender werden dann zu einem definierten Stichtag alle verknüpften Objekte, an denen der Infotyp 1017 (Berechtigungsprofil für strukturelle PD-Berechtigungen) gespeichert ist, gelesen. Zusätzlich wird über diesen Report geprüft, ob die gefundenen Benutzer bereits im System angelegt sind. Sollte dies nicht der Fall sein, werden diese Benutzer automatisch angelegt.

Rufen Sie den Report über die Transaktion SA38 auf. In dem Selektionsbild des Reports haben Sie dann folgende Optionen (siehe Abbildung 8.22):

1. Zuerst definieren Sie im Bereich STARTOBJEKT den Objekttyp und die Objekt-ID. Der Auswertungsweg PROFL0 sucht dann vom angegebenen Startobjekt aus alle in der Organisationsstruktur enthaltenen Benutzer. Sie können auch einen spezifischen Benutzer als Startobjekt festlegen. Dann wird auch nur dieser Benutzer selektiert. Zum Stichtag werden alle Verknüpfungen ausgewertet. Über den Testlauf können Sie sich das Ergebnis ansehen, ohne dass die Berechtigungsprofile dem Benutzer zugeordnet werden.

```
┌─────────────────────────────────────────────┐
│ Benutzer-Berechtigungen generieren          │
├─────────────────────────────────────────────┤
│ ⊕ ℹ                                         │
│ ┌─ Startobjekt ─────────────────────────┐   │
│ │  Objekttyp              [O]           │   │
│ │  ObjektId               [      ]  [⇨] │   │
│ │                                       │   │
│ │  Stichtag               [07.08.2011]  │   │
│ │  Auswertungsweg         [PROFL0]      │   │
│ │  ☑ Testlauf (ohne Änderungen)         │   │
│ └───────────────────────────────────────┘   │
│ ┌─ Berechtigungsprofile generieren ─────┐   │
│ │  ☑ Standardberechtigungen             │   │
│ │  ☑ PD-Berechtigungen                  │   │
│ └───────────────────────────────────────┘   │
│ ┌─ Manuell gepflegte Berechtigungsprofile löschen ┐
│ │  ☐ Standardberechtigungen             │   │
│ │  ☐ Profil SAP_ALL löschen             │   │
│ │  ☐ PD-Berechtigungen                  │   │
│ └───────────────────────────────────────┘   │
│ ┌─ Nicht gültige Benutzer ──────────────┐   │
│ │  ☐ berücksichtigen                    │   │
│ └───────────────────────────────────────┘   │
│ ┌─ Neue Benutzer ───────────────────────┐   │
│ │  ☑ generieren                         │   │
│ │  ☐ ohne zugeordnete Basis Profile     │   │
│ │  ┌─ Verknüpfungszeitraum zwischen Person und Benutzer ┐
│ │  │  ☑ übernehmen                      │   │
│ │  └─────────────────────────────────┘  │   │
│ │  ┌─ Benutzerdaten ──────────────────┐ │   │
│ │  │  Initialpasswort   [INIT]        │ │   │
│ │  │  Benutzergruppe    [NORMAL]      │ │   │
│ │  └──────────────────────────────────┘ │   │
│ └───────────────────────────────────────┘   │
│ ┌─ Application-Log ─────────────────────┐   │
│ │  ☑ anlegen                            │   │
│ └───────────────────────────────────────┘   │
└─────────────────────────────────────────────┘
```

**Abbildung 8.22** Berechtigungen mit Report RHPROFL0 generieren

2. Im Bereich BERECHTIGUNGSPROFILE generieren Sie die Standardberechtigungsprofile und/oder die strukturellen Berechtigungsprofile. Dazu müssen Sie die entsprechenden Markierungen in dem Feld STANDARDBERECHTIGUNG und/oder PD-BERECHTIGUNG setzen.

3. Über den Bereich MANUELL GEPFLEGTE BERECHTIGUNGSPROFILE LÖSCHEN löschen Sie manuell zugeordnete Profile. Das bedeutet, dass alle über die Transaktion SU01 gepflegten Profile eines Benutzers gelöscht und nur die

über die Organisationsstruktur abgeleiteten Berechtigungsprofile angelegt werden.

Wenn Sie die Markierung in dem Feld STANDARDBERECHTIGUNGEN nicht setzen, werden nur die Berechtigungsprofile entfernt, die aus einer Benutzerrolle stammen, die dem Benutzer nicht mehr zugeordnet ist. In der Transaktion SU01 sind diese Berechtigungsprofile als generiertes Profil markiert.

Wenn Sie im Feld PD-BERECHTIGUNGEN die Markierung setzen, werden alle in der Tabelle T77UA angelegten strukturellen Berechtigungsprofile gelöscht. Dadurch erhält ein Benutzer automatisch das Profil SAP* zugeordnet, das ihn für alle Organisationsobjekte berechtigt.

Wenn Sie die Markierung nicht setzen, werden nur die Berechtigungsprofile entfernt, die zuvor durch den Report RHPROFL0 zugeordnet wurden.

4. Wenn Sie die Markierung in dem Feld NICHT GÜLTIGE BENUTZER BERÜCKSICHTIGEN setzen, werden auch die zum Stichtag nicht mehr gültigen Benutzer selektiert.

5. Wenn Sie die Markierung in dem Feld NEUE BENUTZER GENERIEREN setzen, werden auch die Benutzer angelegt, die zwar im Personalstammsatz, Infotyp 0105 (Kommunikation), Subtyp 0001 (Systembenutzername SAP-System), einer Person zugeordnet, aber noch nicht im System angelegt sind.

Die so angelegten Standardberechtigungsprofile können Sie mit der Transaktion SU01 (Benutzerpflege) und die zugeordneten strukturellen Berechtigungsprofile mit der Transaktion OOSB (Benutzerberechtigungen) oder direkt in der Tabelle T77UA prüfen.

## 8.3 Zusammenfassung

In diesem Kapitel haben Sie einen Überblick über die allgemeinen und strukturellen Berechtigungen für OM erhalten. Da das Berechtigungskonzept aber als einer der größten kritischen Erfolgsfaktoren eines gut funktionierenden SAP-Systems angesehen werden muss, ist sicherlich mehr als ein solcher Überblick notwendig. Für einen tieferen Einblick empfehle ich Ihnen das Buch »Berechtigungen in SAP ERP HCM« (SAP PRESS, 2008).

Die folgenden wichtigen Erfolgsfaktoren für ein gutes Rollen- und Berechtigungskonzept möchte ich Ihnen mit auf den Weg geben:

- Die Organisationsstruktur Ihres Unternehmens muss sauber gepflegt sein, da ansonsten strukturelle Berechtigungsprofile nicht optimal in der erwarteten Ausprägung greifen können.
- Durch eine Prozessanalyse und gegebenenfalls -optimierung müssen Prozesse und Zuständigkeiten evaluiert sein, bevor entsprechende allgemeine und strukturelle Berechtigungsprofile eingerichtet werden können.
- Eine durchdachte Struktur über Rollen, Sammelrollen und strukturelle Profile verringert den späteren Pflegeaufwand.
- Automatisieren Sie so weit wie möglich die Rollen- und Berechtigungsgenerierung und -zuordnung, um den Pflegeaufwand so gering wie möglich zu halten.
- Trainieren Sie Ihre Anwender in der Nutzung der Transaktion SU53 (Berechtigungsdaten von Benutzer anzeigen), da auf diese Weise der Support bei Berechtigungsproblemen optimiert werden kann.

Das nächste Kapitel beschäftigt sich mit der Integration des Organisationsmanagements in andere Komponenten von HCM.

*SAP ERP HCM besteht aus vielen Komponenten, die miteinander verbunden sind, sodass ein Datenaustausch stattfinden kann. Das Organisationsmanagement in SAP ERP HCM übernimmt im Rahmen des SAP-Integrationsmodells eine zentrale Funktion.*

# 9 Integration des Organisationsmanagements mit anderen SAP ERP HCM-Komponenten

In diesem Kapitel wird die Bedeutung des Organisationsmanagements für andere HCM-Komponenten beschrieben. Dabei bildet das Organisationsmanagement die Basis für die meisten HCM-Komponenten, da die Objekte, Verknüpfungen und Infotypen des Organisationsmanagements auch in anderen HCM-Komponenten eine wichtige Rolle übernehmen.

## 9.1 Verteiltes Organisationsmanagement

Wenn in einem Unternehmen mehrere SAP-Systeme zeitgleich eingesetzt werden, kann es notwendig sein, die Organisationsstruktur (d. h. Organisationsobjekte, Infotypen und Verknüpfungen) auch in mehreren Systemen zu pflegen. Ein mögliches Szenario wäre z. B., dass Sie in einem Ihrer SAP-Systeme die Organisationsstruktur Ihres Unternehmens festlegen und diese dann in einem weiteren SAP-System bearbeiten und/oder ergänzen. Ein weiteres mögliches Szenario wäre, dass Sie in Ihrem HCM-System die Organisationsstruktur anlegen und pflegen und diese Organisationsstruktur im SAP-Accounting-System z. B. um die Kostenstellenstrukturen ergänzen. Möglicherweise sollen dann diese ergänzten Accounting-Strukturen auch im HCM-System verfügbar sein.

Damit Sie Organisationsobjekte auf verschiedene SAP-Systeme verteilen können, müssen Sie im Customizing die entsprechenden Einstellungen vornehmen:

# 9 | Integration des Organisationsmanagements mit anderen HCM-Komponenten

1. Legen Sie zuerst das *Verteilungsmodell* fest. Dazu nutzen Sie im Einführungsleitfaden (IMG) den Pfad ANWENDUNGSÜBERGREIFENDE KOMPONENTEN • ANWENDUNGSÜBERGREIFENDE GESCHÄFTSPROZESSE • ZENTRALE BENUTZERVERWALTUNG EINRICHTEN • MODELLSICHT FÜR ZENTRALE VERWALTUNG AUSWÄHLEN.

2. Anschließend müssen Sie das *Verteilte Organisationsmanagement* im Customizing aktivieren sowie die existierenden Objekte und die Verknüpfungsrichtungen im Originalsystem festlegen. Diese Einstellungen nehmen Sie im Einführungsleitfaden (IMG) unter ANWENDUNGSÜBERGREIFENDE KOMPONENTEN • VORDEFINIERTE ALE GESCHÄFTSPROZESSE • PERSONALWIRTSCHAFT • STAMMDATENVERTEILUNG • VERTEILTES ORGANISATIONSMANAGEMENT EINRICHTEN vor. Wenn Sie diesen Customizing-Schritt aktiviert haben, öffnet sich ein Fenster mit verschiedenen weiteren Optionen (siehe Abbildung 9.1).

**Abbildung 9.1** Customizing des »Verteilten Organisationsmanagements«

Im ersten Schritt müssen Sie für die Aktivierung und Einrichtung des Verteilten Organisationsmanagements im Customizing die folgenden Schritte durchführen:

1. Nachdem Sie – wie zuvor beschrieben oder direkt über die Systemtabelle T77S0 – die Customizing-Funktion VERTEILTES ORGANISATIONSMANAGEMENT EINRICHTEN aufgerufen haben, beginnen Sie mit dem Schritt VERTEILTES ORGANISATIONSMANAGEMENT AKTIVIEREN. Sie aktivieren das Verteilte Organisationsmanagement, indem Sie in das Feld WERT KÜRZ ein »X« eintragen und dann die Daten sichern (siehe Abbildung 9.2).

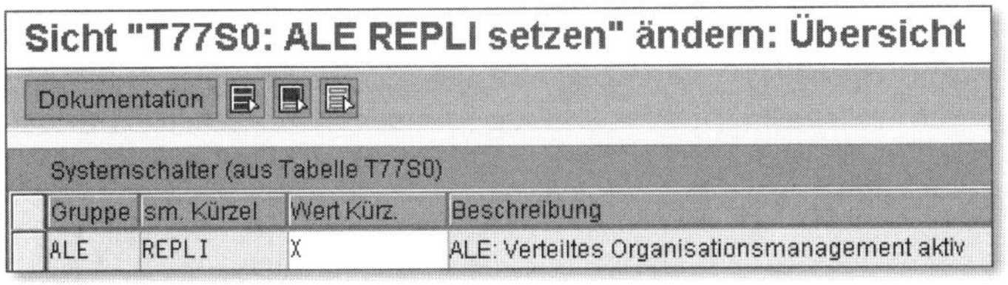

## Sicht "T77S0: ALE REPLI setzen" ändern: Übersicht

| Gruppe | sm. Kürzel | Wert Kürz. | Beschreibung |
|--------|-----------|------------|--------------|
| ALE | REPLI | X | ALE: Verteiltes Organisationsmanagement aktiv |

**Abbildung 9.2** Aktivierung des Verteilten Organisationsmanagements

2. Im nächsten Schritt wählen Sie in der Customizing-Funktion VERTEILTES ORGANISATIONSMANAGEMENT EINRICHTEN den Schritt REGISTRIERUNG DER OBJEKTE aus (siehe Abbildung 9.3). In diesem Schritt legen Sie für die bereits existierenden Organisationsobjekte fest, welches der beteiligten SAP-Systeme das Originalsystem sein soll. Wenn Sie möchten, dass für alle Objekte das aktuelle System das Originalsystem sein soll, führen Sie ohne vorherige Selektion den Report in dieser Funktion aus. In der Ergebnisliste können Sie dann noch bei Bedarf einzelne Objekte entfernen.

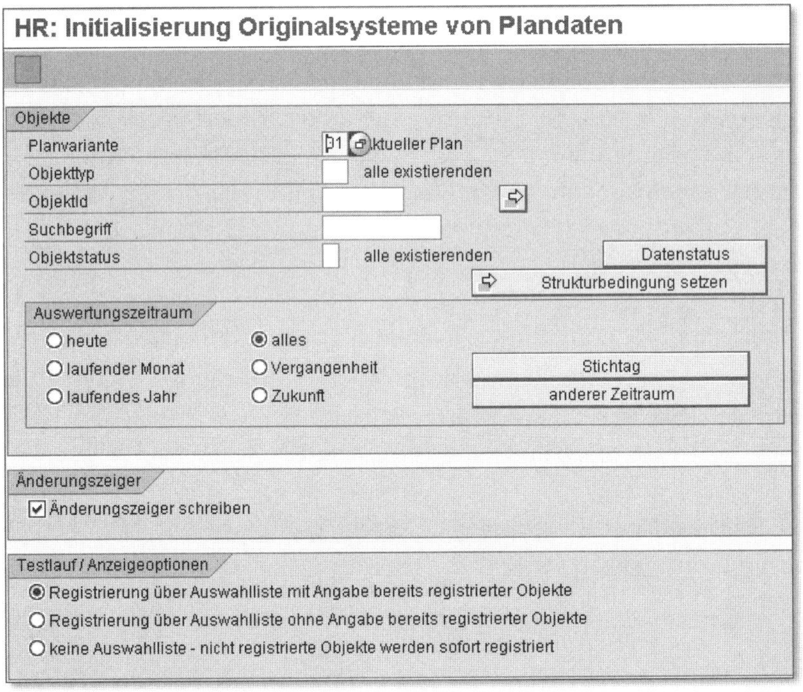

## HR: Initialisierung Originalsysteme von Plandaten

**Objekte**
- Planvariante: 01 aktueller Plan
- Objekttyp: alle existierenden
- ObjektId:
- Suchbegriff:
- Objektstatus: alle existierenden | Datenstatus | Strukturbedingung setzen

**Auswertungszeitraum**
- ○ heute   ● alles
- ○ laufender Monat   ○ Vergangenheit | Stichtag
- ○ laufendes Jahr   ○ Zukunft | anderer Zeitraum

**Änderungszeiger**
- ☑ Änderungszeiger schreiben

**Testlauf / Anzeigeoptionen**
- ● Registrierung über Auswahlliste mit Angabe bereits registrierter Objekte
- ○ Registrierung über Auswahlliste ohne Angabe bereits registrierter Objekte
- ○ keine Auswahlliste - nicht registrierte Objekte werden sofort registriert

**Abbildung 9.3** Registrierung der Objekte für das Verteilte Organisationsmanagement

3. Als nächsten Schritt müssen Sie die Customizing-Funktion VERTEILBARE VERKNÜPFUNGSRICHTUNG ausführen und die Verknüpfungsrichtungen

definieren, die zum Originalsystem gehören sollen. Dazu legen Sie in der ersten Spalte die Verknüpfungsart (z. B. 003 – gehört zu) und in der zweiten Spalte die Verknüpfungsrichtung (A oder B) fest (siehe Abbildung 9.4).

| Verknüpfung | Verteilbare Verknüpfungsrichtung |
|---|---|
| 001 | A |
| 002 | A |
| 003 | A |
| 004 | A |
| 005 | A |
| 006 | B |
| 007 | A |
| 008 | B |

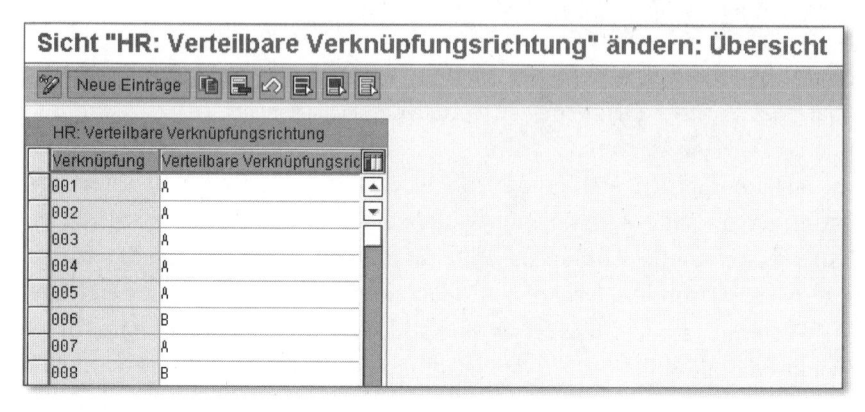

**Abbildung 9.4** Customizing der Verknüpfungsrichtung

4. Im vorletzten Customizing-Schritt VERTEILBARE VERKNÜPFUNG ZWISCHEN ORIGINAL UND REPLIKAT (siehe Abbildung 9.5) legen Sie zu den im vorangegangenen Schritt festgelegten Verknüpfungsrichtungen die Objektkombinationen fest, für die die Definition ORIGINALE VERKNÜPFUNGSRICHTUNG gelten soll. Dafür definieren Sie in der ersten Spalte den Verknüpfungstyp, in der zweiten Spalte den ersten Objekttyp und in der dritten Spalte den zweiten Objekttyp. Die Verknüpfungsrichtung wird automatisch in der vierten Spalte angezeigt.

| Verknüpfung | Objekttyp | Typ verk. Obj. | Verteilbare Verknüpfungsrichtung |
|---|---|---|---|
| 002 | O | O | A |
| 002 | S | S | A |
| 003 | A | A | A |
| 003 | A | S | A |
| 003 | A | U | A |
| 003 | BA | BA | A |
| 003 | BA | BS | A |
| 003 | BU | BU | A |

**Abbildung 9.5** Customizing der »Verteilbaren Verknüpfung« zwischen Original und Replikat

5. Im letzten Customizing-Schritt POPUPS AKTIVIEREN/DEAKTIVIEREN (siehe Abbildung 9.6) können Sie für Änderungen, die an den Replikaten durch-

geführt werden, Pop-ups aktivieren. Im SAP-Standard sind diese Popups deaktiviert. Durch die Markierung des Feldes WERT KÜRZ. mit einem »X« aktivieren Sie diese Funktionalität. Durch diese Pop-ups wird der Anwender darauf hingewiesen, dass die Änderungen an Replikaten nicht durch einen Änderungszeiger dokumentiert werden.

| Sicht "T77S0: ALE POPUP setzen" ändern: Übersicht | | | |
|---|---|---|---|
| Dokumentation | | | |
| Systemschalter (aus Tabelle T77S0) | | | |
| Gruppe | sm. Kürzel | Wert Kürz. | Beschreibung |
| ALE | POPUP | X | ALE: Popup im Dialog |

**Abbildung 9.6** Aktivierung von Popups für Änderungen an Replikaten

Das Verteilte Organisationsmanagement ist nun aktiviert. Wenn Sie Änderungen an Organisationsobjekten in einem System durchführen, werden diese gemäß den vorgenommenen Einstellungen auf die anderen SAP-Systeme verteilt.

## 9.2 Integration mit der Personaladministration

Grundsätzlich werden Mitarbeiterdaten in den entsprechenden Infotypen der Personaladministration gepflegt. Durch die aktivierte Integration zwischen dem Organisationsmanagement und der Personaladministration besteht aber die Möglichkeit, diese Datenpflege teilweise zu automatisieren. Dies bewirkt, dass der Infotyp 0001 (Organisatorische Zuordnung) bei aktivierter Integration teilweise aus dem Organisationsmanagement heraus gefüllt wird bzw. dass auf Basis der Daten aus dem Organisationsmanagement Vorschlagswerte für die Pflege der Daten in der Personaladministration gebildet werden. Durch die Aktivierung der Integration zwischen dem Organisationsmanagement und der Personaladministration ist sichergestellt, dass die Datenstruktur zwischen diesen beiden HCM-Komponenten konsistent ist und bleibt.

> **Beispiel: Integration zwischen OM und PA**
> Sie führen für einen Mitarbeiter einen organisatorischen Wechsel (z. B. Wechsel der Organisationseinheit und/oder der Planstelle) im Organisationsmanagement durch. Wenn die Integration zwischen OM und PA aktiviert ist, wird diese Änderung sofort auch im Personalstammsatz des Mitarbeiters – der in der Personaladministration gepflegt wird – im Infotyp 0001 (Organisatorische Zuordnung) angezeigt.

Bei aktivierter Integration werden die Daten auch in umgekehrter Richtung übertragen: Wenn Sie einen Mitarbeiter durch eine Personalmaßnahme in PA einer anderen Organisationseinheit und/oder einer anderen Planstelle zuordnen, wird diese Veränderung sofort auch in OM sichtbar.

### 9.2.1 Customizing der Integration zwischen OM und PA

Die Parameter für die Integration zwischen dem Organisationsmanagement und der Personaladministration werden im Merkmal PLOGI gesetzt. Die notwendigen Parameter können Sie direkt in der Systemtabelle T77S0 pflegen, die Sie im Einführungsleitfaden (IMG) über den Pfad PERSONALMANAGEMENT • ORGANISATIONSMANAGEMENT • INTEGRATION • INTEGRATION ZUR PERSONALADMINISTRATION • INTEGRATION ZUR PERSONALADMINISTRATION EINRICHTEN • GRUNDEINSTELLUNGEN erreichen (siehe Abbildung 9.7).

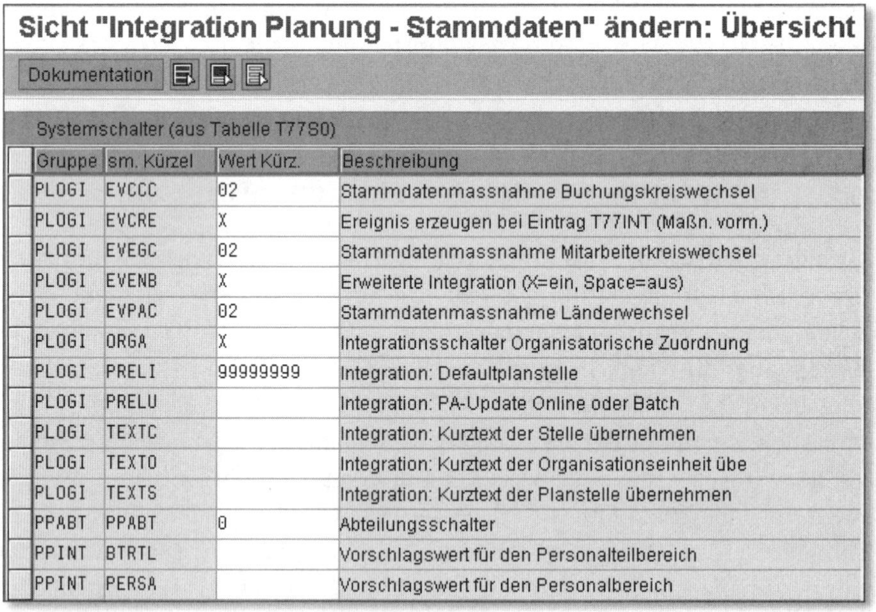

Sicht "Integration Planung - Stammdaten" ändern: Übersicht

Dokumentation

Systemschalter (aus Tabelle T77S0)

| Gruppe | sm. Kürzel | Wert Kürz. | Beschreibung |
|---|---|---|---|
| PLOGI | EVCCC | 02 | Stammdatenmassnahme Buchungskreiswechsel |
| PLOGI | EVCRE | X | Ereignis erzeugen bei Eintrag T77INT (Maßn. vorm.) |
| PLOGI | EVEGC | 02 | Stammdatenmassnahme Mitarbeiterkreiswechsel |
| PLOGI | EVENB | X | Erweiterte Integration (X=ein, Space=aus) |
| PLOGI | EVPAC | 02 | Stammdatenmassnahme Länderwechsel |
| PLOGI | ORGA | X | Integrationsschalter Organisatorische Zuordnung |
| PLOGI | PRELI | 99999999 | Integration: Defaultplanstelle |
| PLOGI | PRELU | | Integration: PA-Update Online oder Batch |
| PLOGI | TEXTC | | Integration: Kurztext der Stelle übernehmen |
| PLOGI | TEXTO | | Integration: Kurztext der Organisationseinheit übe |
| PLOGI | TEXTS | | Integration: Kurztext der Planstelle übernehmen |
| PPABT | PPABT | 0 | Abteilungsschalter |
| PPINT | BTRTL | | Vorschlagswert für den Personalteilbereich |
| PPINT | PERSA | | Vorschlagswert für den Personalbereich |

**Abbildung 9.7** Customizing der Grundeinstellungen für die Integration zwischen OM und PA

Für die Integration zwischen OM und PA definieren Sie im Customizing als ersten Schritt eine aktive Planvariante (siehe Abbildung 9.8). Wenn Sie diese Einstellung nicht vornehmen, lässt sich die Integration von OM und PA nicht aktivieren. Die aktive Planvariante legen Sie im Merkmal PLOGI fest. Der Eintrag PLOGI (SM. KÜRZEL = PLOGI) ist das zentrale Kennzeichnen für die Integration zwischen OM und PA und auch relevant für die Personalentwicklung, die Personalkostenplanung, die Personaleinsatzplanung sowie das Veranstaltungsmanagement. Sie können das Merkmal PLOGI wie oben beschrieben über das Customizing pflegen oder, wie im Folgenden dargestellt, auch direkt über die Systemtabelle T77S0.

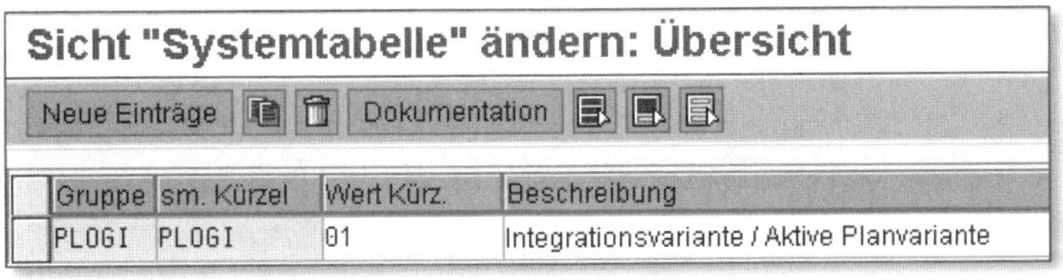
Sicht "Systemtabelle" ändern: Übersicht

Neue Einträge | Dokumentation

| Gruppe | sm. Kürzel | Wert Kürz. | Beschreibung |
|---|---|---|---|
| PLOGI | PLOGI | 01 | Integrationsvariante / Aktive Planvariante |

**Abbildung 9.8** Planvariante festlegen für die Integration zwischen OM und PA

Zusätzlich müssen Sie den Eintrag PLOGI (sm. Kürzel: ORGA) in der Spalte Wert Kürz. mit einem »X« markieren (siehe Abbildung 9.9). Durch diese Kennzeichnung wird die Integration zwischen dem Organisationsmanagement und dem Infotyp 0001 (Organisatorische Zuordnung) aktiviert.

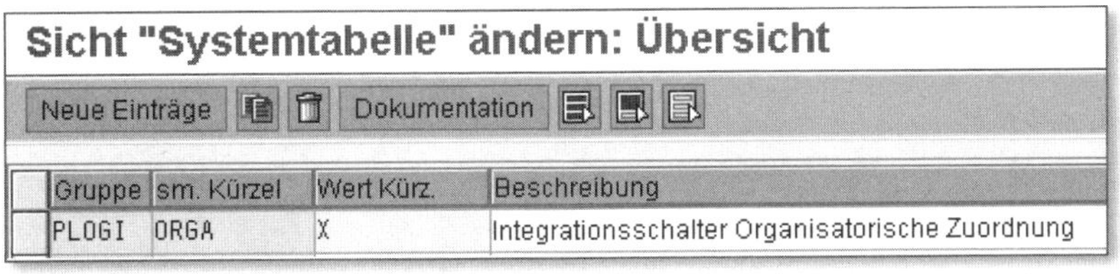
Sicht "Systemtabelle" ändern: Übersicht

Neue Einträge | Dokumentation

| Gruppe | sm. Kürzel | Wert Kürz. | Beschreibung |
|---|---|---|---|
| PLOGI | ORGA | X | Integrationsschalter Organisatorische Zuordnung |

**Abbildung 9.9** Integration zwischen OM und PA aktivieren

Ebenfalls im Merkmal PLOGI (sm. Kürzel: PRELI) befindet sich die Information über die Default-Planstelle (siehe Abbildung 9.10). Diese Planstelle wird immer dann automatisch herangezogen, wenn eine Person keiner Planstelle oder keinem Arbeitsplatz zugeordnet ist. In diesem Fall wird im Infotyp 0001 in dem Feld Planstelle die Default-Planstelle angezeigt.

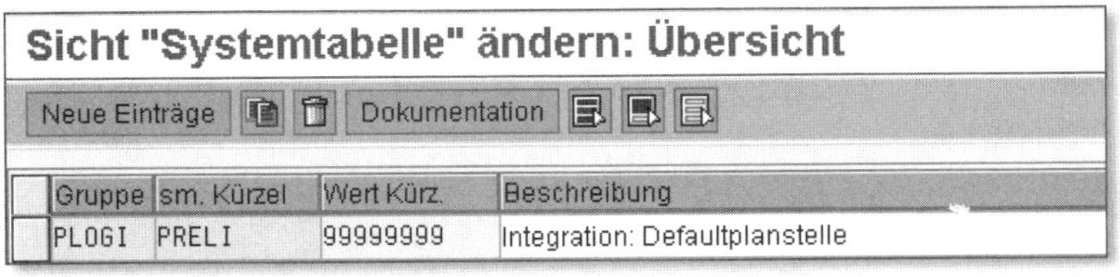
Sicht "Systemtabelle" ändern: Übersicht

Neue Einträge | Dokumentation

| Gruppe | sm. Kürzel | Wert Kürz. | Beschreibung |
|---|---|---|---|
| PLOGI | PRELI | 99999999 | Integration: Defaultplanstelle |

**Abbildung 9.10** Integration zwischen OM und PA – Default-Planstelle festlegen

# 9 | Integration des Organisationsmanagements mit anderen HCM-Komponenten

Durch die oben beschriebenen Einstellungen im Merkmal PLOGI erreichen Sie Folgendes (siehe Abbildung 9.11):

- Objektänderungen im Organisationsmanagement, die wichtig für die organisatorische Zuordnung im PA-Infotyp 0001 (Organisatorische Zuordnung) sind, werden in die Personaladministration – Infotyp 0001 (Organisatorische Zuordnung) – übertragen. Dies betrifft Änderungen an Organisationseinheiten, Stellen, Planstellen und Kostenstellen.
- Änderungen, die an der organisatorischen Zuordnung eines Mitarbeiters – Infotyp 0001 (Organisatorische Zuordnung) – in der Personaladministration durchgeführt wurden, werden in das Organisationsmanagement übertragen.

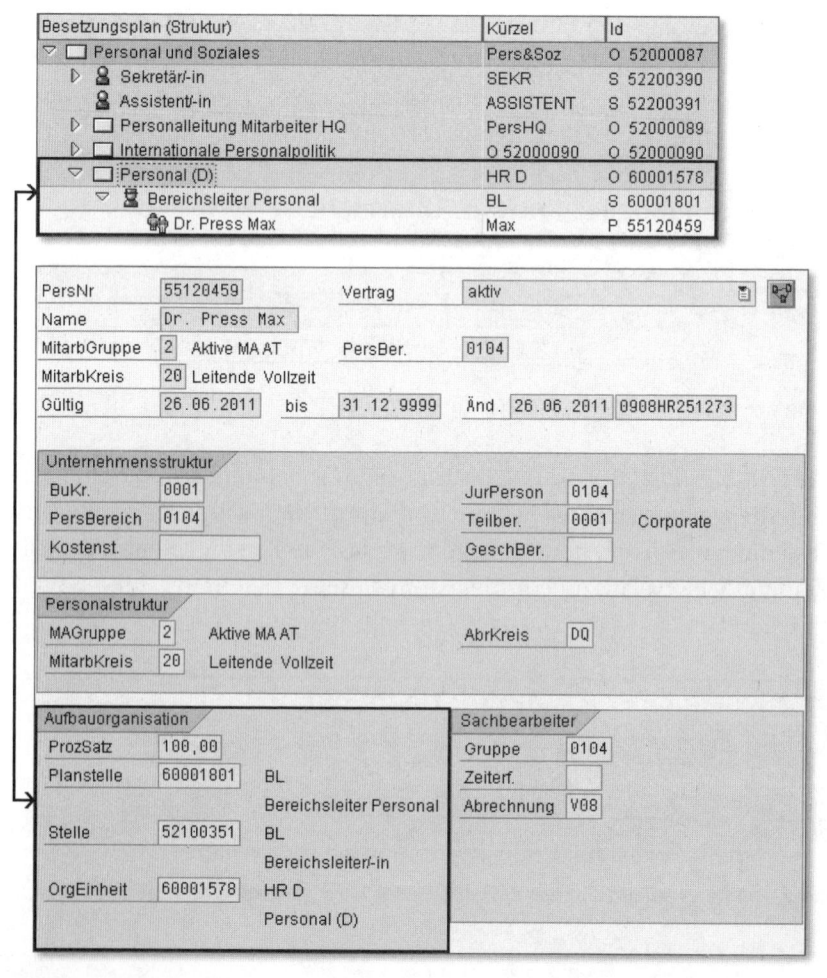

**Abbildung 9.11** Auswirkungen der Integration zwischen OM und PA

Zusätzlich zu den oben beschriebenen Parametern gibt es weitere Parameter, die für die Integration zwischen dem Organisationsmanagement und der Personaladministration relevant sind. Tabelle 9.1 gibt Ihnen einen Überblick über diese Parameter.

| Parameter | Beschreibung |
| --- | --- |
| PLOGI EVCCC | *Stammdaten-Maßnahme Buchungskreiswechsel*<br>Mit diesem Parameter legen Sie die Maßnahme fest, die für alle Mitarbeiter durchgeführt wird, für die ein Buchungskreiswechsel vorgenommen wurde. |
| PLOGI EVCRE | *Ereignis erzeugen bei Eintrag T77INT (vorgemerkte Maßnahmen)*<br>Wenn Sie diesen Parameter aktivieren, definieren Sie, dass bei Mitarbeitern, die in der Tabelle T77INT für eine Maßnahme vorgemerkt sind, ein Ereignis erzeugt wird. Dieses Ereignis ist für die Nutzung von Workflows relevant.<br>Mögliche Einträge:<br>▸ »X« = ein<br>▸ » « (kein Eintrag) = aus |
| PLOGI EVENB | *Erweiterte Integration*<br>Wenn Sie diesen Parameter aktivieren, erreichen Sie, dass Sie innerhalb der Organisationsstruktur eine Person, eine Planstelle oder Organisationseinheit umhängen können, auch wenn diese organisatorische Veränderung gleichzeitig mit einem Buchungskreiswechsel verbunden ist. Wenn der Parameter nicht gesetzt ist, ist die Umsetzung einer Person, die einen Buchungskreiswechsel beinhaltet, nicht möglich. Bei dieser organisatorischen Veränderung wird die Personalnummer der Person in der Personaladministration gesperrt. Erst nach Durchführung der PA-Maßnahme *Organisatorischer Wechsel* für die Person können wieder Änderungen in der Personaladministration vorgenommen werden. Bis dahin erscheint für den Anwender eine Fehlermeldung, dass eine Vormerkung für die Person in der Tabelle T77INT vorliegt (die Sperre wird in diese Tabelle eingetragen). Die Aktivierung des Parameters PLOGI EVENB funktioniert nur in Kombination mit dem Parameter PLOGI ORGA.<br>Mögliche Einträge:<br>▸ »X« = ein<br>▸ » « (kein Eintrag) = aus |

**Tabelle 9.1** Parameter für die Integration zwischen OM und PA

| Parameter | Beschreibung |
|---|---|
| PLOGI EVPAC | *Stammdatenmaßnahme Länderwechsel* <br> Der Parameterwert gibt die Maßnahmenart an, die der zuständige Personalsachbearbeiter für einen Mitarbeiter durchführen muss, bei dem ein Länderwechsel stattfindet, der also z. B. in eine Niederlassung im Ausland wechselt. |
| PLOGI PRELU | *Integration: PA-Update Online oder Batch* <br> Über diesen Parameter können Sie steuern, ob bei aktivierter Integration (PLOGI PLOGI) Änderungen, die im Organisationsmanagement durchgeführt werden, unmittelbar oder zu einem späteren Zeitpunkt über Batch-Input in die Personaladministration (Infotyp 0001) übernommen werden sollen. |
| PLOGI TEXTC | *Integration: Kurztext der Stelle übernehmen* <br> Mit diesem Parameter definieren Sie, ob der Kurztext oder der Langtext einer Stelle aus dem Organisationsmanagement in die Personaladministration übernommen werden soll. <br> Mögliche Einträge: <br> ▸ »X« = Kurztext <br> ▸ » « (kein Eintrag) = Langtext |
| PLOGI TEXTO | *Integration: Kurztext einer Organisationseinheit übernehmen* <br> Über diesen Parameter definieren Sie, ob der Kurztext oder der Langtext einer Organisationseinheit aus dem Organisationsmanagement in die Personaladministration übernommen werden soll. <br> Mögliche Einträge: <br> ▸ »X« = Kurztext <br> ▸ » « (kein Eintrag) = Langtext |
| PLOGI TEXTS | *Integration: Kurztext einer Planstelle übernehmen* <br> Über diesen Parameter legen Sie fest, ob der Kurztext oder der Langtext einer Planstelle aus dem Organisationsmanagement in die Personaladministration übernommen werden soll. <br> Mögliche Einträge: <br> ▸ »X« = Kurztext <br> ▸ » « (kein Eintrag) = Langtext |

**Tabelle 9.1** Parameter für die Integration zwischen OM und PA (Forts.)

| Parameter | Beschreibung |
|---|---|
| PPABT PPABT | *Abteilungsschalter* |
| | Mit diesem Parameter definieren Sie, ob bei aktiver Integration nur die Organisationseinheiten zu einer Planstelle gelesen werden sollen, die im Infotyp 1003 (Abteilung/Stab) als Abteilung gekennzeichnet sind, oder ob generell die einer Planstelle direkt übergeordnete Organisationseinheit gelesen werden soll. |
| PPINT BTRTL | *Vorschlagswert für den Personalteilbereich* |
| | Der in diesem Parameter gepflegte Wert wird bei aktiver Integration zwischen dem Organisationsmanagement und der Personaladministration als Vorschlagswert für den Personalteilbereich angezeigt, wenn Planstellen neu besetzt werden und kein Infotyp 1008 (Kontierungsmerkmale) zu dieser Planstelle angelegt ist. |
| PPINT PERSA | *Vorschlagswert für den Personalbereich* |
| | Der in diesem Parameter gepflegte Wert wird bei aktiver Integration zwischen dem Organisationsmanagement und der Personaladministration als Vorschlagswert für den Personalbereich angezeigt, wenn am Objekt der Infotyp 1008 (Kontierungsmerkmale) nicht gepflegt ist. |

**Tabelle 9.1** Parameter für die Integration zwischen OM und PA (Forts.)

### 9.2.2 Datenabgleich zwischen OM und PA

Nachdem Sie die Integration zwischen dem Organisationsmanagement und der Personaladministration eingerichtet haben, müssen Sie dafür sorgen, dass die Daten in der Personaladministration – Infotyp 0001 (Organisatorische Zuordnung) – und im Organisationsmanagement konsistent sind. Um dies zu erreichen, stellt SAP Standardreports bereit. Welcher Report jeweils der richtige ist, hängt von der Ausgangssituation ab. Im Folgenden beschreibe ich die zwei möglichen Szenarien.

▶ **Variante 1**
  Die Personalstammdaten im Infotyp 0001 (Organisatorische Zuordnung) hinsichtlich der organisatorischen Zuordnung sind in der Personaladministration vorhanden, aber nicht im Organisationsmanagement. In diesem Fall müssen Sie den Report *RHINTE00* (Organisatorische Zuordnung übernehmen PA -> PD) ausführen. Dieser Report liest die Daten aus der organisatorischen Zuordnung in der Personaladministration (Infotyp 0001) und prüft dann, ob diese Daten im Organisationsmanagement bereits vollständig oder nur teilweise vorhanden sind. Wenn die Daten im Organisa-

tionsmanagement bereits vollständig vorhanden sind, wird dies im Reportprotokoll so ausgewiesen. Das Protokoll gibt somit den Hinweis, dass im Organisationsmanagement keine Anpassungen notwendig sind und daher keine Batch-Input-Mappe erzeugt wird.

Wenn die Daten im Organisationsmanagement nur teilweise oder noch gar nicht vorhanden sind, führt der Report die notwendigen Anpassungen im Organisationsmanagement durch. Das bedeutet im Einzelnen, dass folgende Daten in das Organisationsmanagement übertragen werden:

- Infotyp 1000 (Objekte)
- Infotyp 1001 (Verknüpfungen): Übertragen werden die Verknüpfungen zwischen den Objekten Person und Planstelle, Planstelle und Stelle, Planstelle und Organisationseinheit sowie Kostenstelle und Organisationseinheit bzw. Planstelle.

Der Report RHINTE00 berücksichtigt somit nur die Objekte und Verknüpfungen, die für die Personalstammdaten relevant sind.

Zusätzlich prüft der Report RHINTE00, ob sich Datensätze in der Personaladministration und im Organisationsmanagement überlappen oder direkt aneinandergrenzen. Sollte dies zutreffen, wird durch den Report im Organisationsmanagement ein durchgehender Datensatz angelegt bzw. der bereits existierende Datensatz verlängert. Dadurch wird eine Teilung der Gültigkeitszeiträume unterbunden.

- **Variante 2**

Die Daten der organisatorischen Zuordnung sind im Organisationsmanagement vorhanden, nicht aber im Infotyp 0001 der Personaladministration. Für diesen Fall stellt SAP den Report RHINTE10 (Integration vorbereiten OM nach PA) bereit. Mit diesem Report werden Daten aus dem Organisationsmanagement in die Personaladministration übertragen und dort in den entsprechenden HR-Tabellen bereitgestellt. Im Einzelnen sind dies:

| Objekt im Organisationsmanagement | Tabelle in der Personaladministration |
| --- | --- |
| Organisationseinheit Objekt: O | Infotyp 0001 Feld: OrgEinheit (ORGEH) V_T527X (Organisationseinheiten) |

**Tabelle 9.2** Integration der OM-Objekte in die Personaladministration

| Objekt im Organisationsmanagement | Tabelle in der Personaladministration |
|---|---|
| Planstelle/Arbeitsplatz<br>Objekt: S | Infotyp 0001<br>Feld: Planstelle (PLANS)<br>T528B (Planstellen)<br>V_T528T (Planstellentexte) |
| Stelle<br>Objekt: C | Infotyp 0001<br>Feld: Stelle (STELL)<br>T513 (Stellen)<br>V_T513S (Stellenbezeichnung) |

**Tabelle 9.2** Integration der OM-Objekte in die Personaladministration (Forts.)

Durch den Report werden nur Objekte berücksichtigt, die sich im Status 1 (AKTIV) der Integrationsplanvariante (Eintrag PLOGI PLOGI) befinden. Sie können den Report entweder für einen oder für alle Objekttypen ausführen.

Wenn Sie zusätzlich die Zuordnung einer Person zu einer Planstelle bzw. einer Organisationseinheit in die Personaladministration übernehmen möchten, müssen Sie noch den Report RHINTE30 (Organisatorische Zuordnung in Batch-Input-Mappe für Infotyp 0001 übertragen) laufen lassen. Mit diesem Report erstellen Sie eine Batch-Input-Mappe, mit der der Infotyp 0001 (Organisatorische Zuordnung) für die selektierten Personen aktualisiert wird. In den Infotyp 0001 der Personaladministration werden dabei die organisatorischen Zuordnungen aus dem Organisationsmanagement übernommen. Voraussetzung für die Nutzung des Reports ist, dass Sie das Customizing für die Aktivierung der Integration zwischen dem Organisationsmanagement und der Personaladministration durchgeführt haben. Darüber hinaus prüft der Report, ob die im Merkmal PLOGI definierten Bedingungen erfüllt sind (z. B. Zuordnung zu einem bestimmten Mitarbeiterkreis). Die Pflege des Merkmals und der damit verbundenen Entscheidungsbedingungen erfolgt über die Transaktion PE03 (Merkmalpflege). In das Feld MERKMAL geben Sie PLOGI ein. Anschließend klicken Sie im Bereich TEILOBJEKTE auf den Button ENTSCHEIDUNGSBAUM und bestätigen dies über den Button ÄNDERN (siehe Abbildung 9.12). Alternativ können Sie auch den Weg über das Customizing wählen; der entsprechende Pfad im Einführungsleitfaden (IMG) lautet PERSONALMANAGEMENT • ORGANISATIONSMANAGEMENT • INTEGRATION • INTEGRATION ZUR PERSONAL-

ADMINISTRATION • INTEGRATION ZUR PERSONALADMINISTRATION EINRICHTEN • TEILNAHME AN DER INTEGRATION.

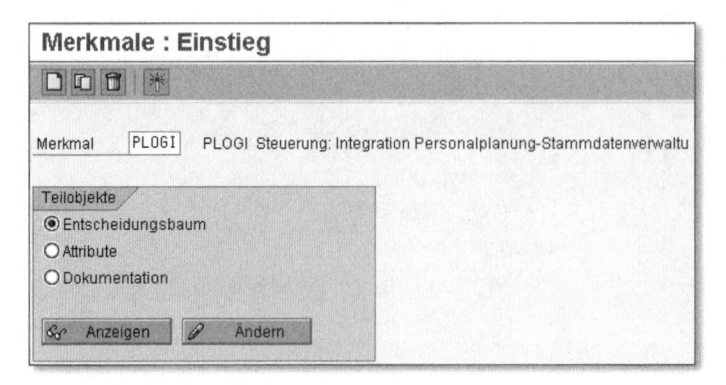

**Abbildung 9.12** Merkmal PLOGI – Integrationsbedingungen für die Integration zwischen OM und PA pflegen

Im Entscheidungsbaum des Merkmals PLOGI können Sie entscheiden, ob die Integration für alle Mitarbeiter oder gegebenenfalls nur für bestimmte Buchungskreise, Personalteilbereiche, Mitarbeitergruppen oder Mitarbeiterkreise aktiviert werden soll. Sie können auch Kombinationen der soeben genannten Kriterien verwenden.

Über die Funktion ATTRIBUTE können Sie sich die Struktur (Entscheidungskriterien) für die Teilnahme von Personen an der Integration zwischen dem Organisationsmanagement und der Personaladministration anzeigen lassen und auch pflegen (siehe Abbildung 9.13). Außerdem können Sie sich über den Button DOKUMENTATION die Beschreibung des Merkmals sowie die Pflegeoptionen ansehen.

Mit dem Report RHINTE20 können Sie prüfen, ob die integrationsrelevanten Objekttypen sowohl in der Personaladministration als auch im Organisationsmanagement vorhanden sind. Dazu vergleicht der Report die Einträge in den Tabellen V_T527X, T528B, V_T528T, T513 und V_T513S mit den entsprechenden Objekten, die in der Integrationsplanvariante angelegt sind. Die Objekte, die entweder im Organisationsmanagement oder in der Personaladministration fehlen, werden durch den Report angelegt.

In diesem Abschnitt wurden alle Schritte beschrieben, die zur Einrichtung der Integration zwischen der Personaladministration und dem Organisationsmanagement notwendig sind. Der nächste Abschnitt befasst sich mit der Integration zwischen dem Organisationsmanagement und der Personalkostenplanung.

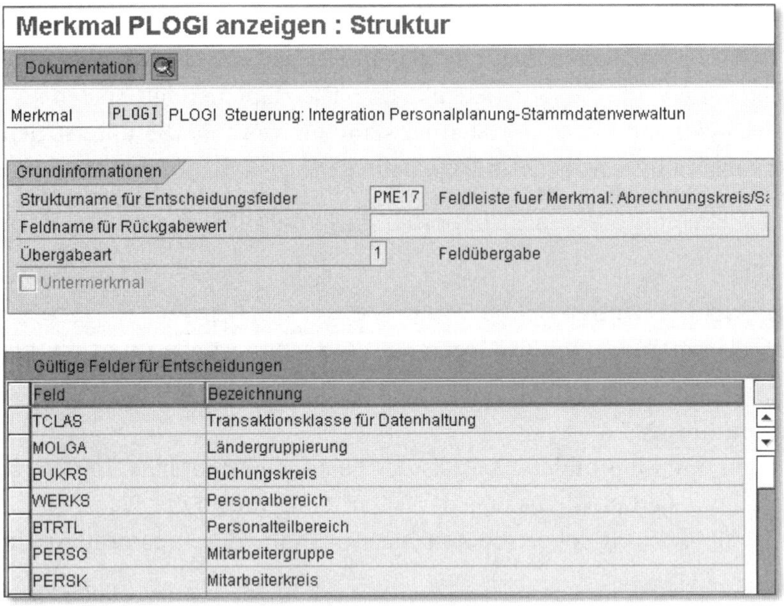

```
Merkmal PLOGI anzeigen : Struktur
Dokumentation
Merkmal    PLOGI   PLOGI Steuerung: Integration Personalplanung-Stammdatenverwaltun

Grundinformationen
Strukturname für Entscheidungsfelder      PME17   Feldleiste fuer Merkmal: Abrechnungskreis/S:
Feldname für Rückgabewert
Übergabeart                               1       Feldübergabe
☐ Untermerkmal

Gültige Felder für Entscheidungen
| Feld  | Bezeichnung                        |
|-------|------------------------------------|
| TCLAS | Transaktionsklasse für Datenhaltung |
| MOLGA | Ländergruppierung                  |
| BUKRS | Buchungskreis                      |
| WERKS | Personalbereich                    |
| BTRTL | Personalteilbereich                |
| PERSG | Mitarbeitergruppe                  |
| PERSK | Mitarbeiterkreis                   |
```

**Abbildung 9.13** Merkmal PLOGI – mögliche Entscheidungsbedingungen

## 9.3 Integration mit der Personalkostenplanung

Personalkosten zählen oft zu den größten Posten unter den Ausgaben eines Unternehmens. Deshalb ist es wichtig, diese Kosten exakt zu planen, zu steuern und zu kontrollieren. Diese Anforderung wird durch die HCM-Personalkostenplanung folgendermaßen unterstützt:

- Simulation *geplanter organisatorischer Veränderungen*, z. B. Berücksichtigung geplanter Einstellungsmaßnahmen/NN-Planung (Planung von neuen Mitarbeitern), Stellenaufbau und Stellenabbau
- Simulation *geplanter monetärer Veränderungen* (z. B. Anpassung von Lohn- und Gehaltszahlungen, Anpassungen der arbeitgeberrelevanten Sozialversicherungsleistungen)
- Durchführung von *Analysen* bzw. *Soll-Ist-Vergleichen* (z. B. Vergleich verschiedener Planungsszenarien)
- *Integration mit dem Controlling* zwecks Berücksichtigung der Personalkosten im Kontext der gesamten Kosten eines Unternehmens

### 9.3.1 Elemente der Personalkostenplanung

Mit der HCM-Personalkostenplanung planen Sie die Entwicklung der Löhne und Gehälter sowie die Personalnebenkosten. Die zu planenden Kosten können in verschiedenen Planungsszenarien simuliert werden, die unterschiedliche Planungsprämissen als Grundlage haben.

Der Personalkostenprozess in HCM besteht im Wesentlichen aus den folgenden Schritten:

- **Planungsvorbereitung**
  Bei der Planungsvorbereitung legen Sie die Planungsregeln und die planungsrelevanten Szenarien fest.

- **Datensammlung**
  Die Datensammlung bildet die Basis des Personalkostenplans. In der Datensammlung werden die Bezüge der Mitarbeiter, die an der Planstelle gepflegte Sollbezahlung sowie die Kontingentplanung der Organisationseinheit berücksichtigt.

- **Kostenplanungslauf**
  Im Kostenplanungslauf wird der eigentliche Personalkostenplan auf Basis der Organisationsstruktur sowie der definierten Planungskriterien erzeugt.

- **Detailplanung**
  In der Detailplanung können durch einen Kostenstellen- bzw. Planungsverantwortlichen die letzten Detailanpassungen am Kostenplan vorgenommen werden.

- **Folgeprozesse**
  Nach der Erzeugung des Kostenplans wird dieser in das Controlling übergeleitet. Die Planungswerte stehen dann für Analysen und Auswertungen bereit.

Die HCM-Personalkostenplanung basiert auf einer breiten Datenbasis und ist daher auch mit anderen SAP ERP-Modulen und HCM-Komponenten verknüpft. So werden z. B. die Kosteninformationen für die Erstellung der Personalkostenpläne aus den Basisbezügen, den Abrechnungsergebnissen, aus Einmalzahlungen und aus wiederkehrenden Zahlungen abgeleitet. Zusätzlich können Sie Planungskosten auch direkt an den Organisationsobjekten *Planstelle* und *Stelle* speichern und so zur Planung Ihrer Personalkosten verwenden.

Eine weitere Planungsmöglichkeit in der Personalkostenplanung ist die Planung von Headcount/FTE (*Full Time Equivalent*) über die *Kontingentplanung*. Im Customizing können Sie definieren, ob Sie bei der Kontingentplanung immer mit ganzen Planstellen (Headcount) oder aber auch mit anteilig besetzten Planstellen (FTE) planen möchten. Diese Einstellungen nehmen Sie in der Tabelle T77S0 (Systemtabelle) in dem Parameter WORKT (SM. KÜRZEL FTEQ) vor. Mit diesem Schalter definieren Sie, ob Sie den Planungswert eines FTEs ausschließlich über die Soll-Arbeitszeit der Planstellen – in diesem Fall bleibt das Feld leer – oder auf Basis des Besetzungsprozentsatzes der Planstelle mit Berücksichtigung des Beschäftigungsgrades der Mitarbeiter ermitteln wollen. In diesem Fall tragen Sie in das Feld ein »X« ein (siehe Abbildung 9.14).

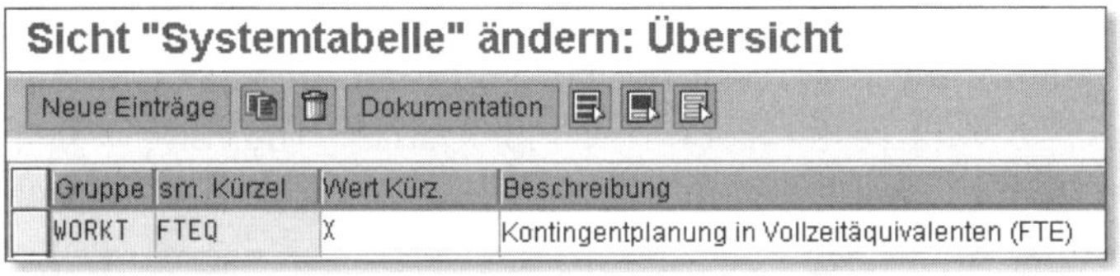

**Abbildung 9.14** Customizing – Kontingentplanung in FTE

Wenn Sie die Kontingentplanung auf FTE-Basis durchführen möchten, müssen Sie den Infotyp 1011 (Arbeitszeit) an den Organisationseinheiten und den Planstellen der planungsrelevanten Organisationsstruktur pflegen. Dadurch erreichen Sie, dass die an der Organisationseinheit gepflegten Werte als Vorgabe für die Planstelle herangezogen werden. Das System vergleicht dann die an der Planstelle gespeicherten Beträge – Infotyp 1011 (Arbeitszeit) – mit den Vorgabewerten. Auf diesem Weg werden Planstellen auch anteilig in der Personalkostenplanung mit berücksichtigt.

Die zuvor beschriebenen Einstellungen und Prozesse dienen dazu, die Ist-Situation in Ihrem Unternehmen abzubilden. In der Personalkostenplanung werden aber auch zukünftige personelle, organisatorische und strukturelle Veränderungen innerhalb der planungsrelevanten Organisationsstruktur berücksichtigt. Diese Änderungen können entweder organisatorischer oder kostenrelevanter Art sein. Aus diesem Grund werden diese Veränderungen entweder im Organisationsmanagement oder direkt in der HCM-Komponente Personalkostenplanung berücksichtigt. Kostenrelevante Veränderungen (z. B. Erhöhung des Arbeitgeberanteils an der Sozialversicherung oder Bonuszahlungen) werden in eigenen Planungsszenarien geplant. Organisatorische Veränderungen (z. B. Planung eines neuen Bereichs oder Schließung einer Abteilung) werden direkt im Organisationsmanagement abgebildet. In einem Szenario können Sie die einzelnen Kostenbestandteile unterschiedlich bewerten und somit Ihre Zukunftsplanung abbilden.

### 9.3.2 Customizing der Personalkostenplanung

Für die Strukturierung Ihrer Planung müssen Sie die im Folgenden beschriebenen Customizing-Schritte durchführen. Das Customizing der HCM-Personalkostenplanung erreichen Sie im Einführungsleitfaden (IMG) über den Pfad PERSONALMANAGEMENT • PERSONALKOSTENPLANUNG UND -SIMULATION (siehe Abbildung 9.15):

1. Zuerst legen Sie die für die Kostenplanung zu nutzenden Szenarien fest (z. B. Worst-Case-Szenario, Best-Case-Szenario).
2. Danach definieren Sie die organisatorischen Gruppierungen der Kostenobjekte (z. B. welche Mitarbeitergruppe soll eine Gehaltserhöhung bekommen, wer einen Bonus, und wer geht leer aus). Die Gruppierung der Mitarbeiter erfolgt über die Pflege des Merkmals HCP01 – Transaktion PE03 (Merkmalpflege) –, die Gruppierung der Organisationsobjekte hinsichtlich der Kostenbestandteile erfolgt über die Pflege des Merkmals HCP02 – Transaktion PE03 (Merkmalpflege). Über diese Merkmale legen Sie fest, wer welcher organisatorischen Gruppierung zugeordnet ist.
3. Im letzten Schritt müssen Sie noch für jedes Planungsszenario die zu berücksichtigenden Werte festlegen.

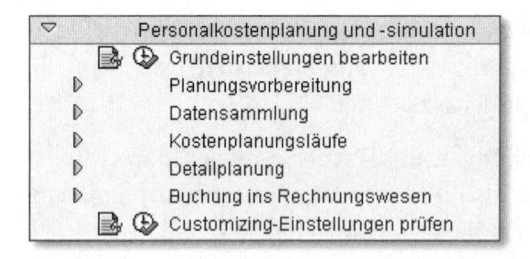

**Abbildung 9.15** Customizing – Personalkostenplanung

In den vorangegangenen Abschnitten haben Sie einen Überblick über die relevanten Bestandteile der Integration zwischen dem Organisationsmanagement und der Personalkostenplanung sowie über die Planungsvorbereitung und das Customizing erhalten. Diese Integrationsschnittstelle ist wichtig, da Sie die Personalkostenplanung nicht ohne das Organisationsmanagement einsetzen können.

## 9.4 Integration mit dem Vergütungsmanagement

Ein gutes Vergütungsmanagement in einem Unternehmen ist elementar für die Motivation der Mitarbeiter und für die Gewinnung neuer Talente. Das Vergütungsmanagement in SAP ERP HCM ist eine Lösung, mit der Sie eine strategische Entgeltplanung für Ihr Unternehmen durchführen können. Mit dem Vergütungsmanagement können Sie alle Elemente einer flexiblen Vergütung (z. B. variable Gehälter, flexible Gehälter, leistungsbezogene Vergütung, Bonussysteme und auch Aktienoptionen) planen. Dabei greift das Vergütungsmanagement u. a. auf Infotypen des Organisationsmanagements – 1005 (Sollbezahlung), 1050 (Stellenbewertungsergebnis) und 1051 (Umfrageergebnisse) – zurück, die an Organisationsobjekten (Organisationseinheiten, Stellen und Planstellen) gepflegt sind. Folgende Funktionen sind innerhalb des SAP-Vergütungsmanagements verfügbar:

- Vergütungsanpassungen planen und verwalten
- Durchführung monetärer Stellenbewertungen
- Definition von Gehaltsstrukturen für die Unternehmensstruktur (Organisationseinheiten, Stellen, Planstellen)
- Verwaltung von Unternehmensbeteiligungen
- Budgetanlage

Für den Einsatz des Vergütungsmanagements müssen zwei Voraussetzungen erfüllt sein:

- Sie setzen auch die HCM-Personaladministration ein – damit können Sie auf die Personalstammdaten eines Mitarbeiters zugreifen und diese gegebenenfalls auch anpassen.
- Sie setzen das HCM-Organisationsmanagement ein – darüber können Sie eine Selektion der Mitarbeiter durchführen.

### 9.4.1 Elemente des Vergütungsmanagements

Das Vergütungsmanagement beinhaltet folgende Funktionen:

- **Monetäre Stellenbewertung**
  Die Funktion MONETÄRE STELLENBEWERTUNG bietet Ihnen die Möglichkeit, Daten aus externen Stellenbewertungssystemen oder aus Benchmark-Studien zu speichern und auch zu bearbeiten. Diese Daten können Sie verwenden, um eigene Vergütungsstrukturen für Ihr Unternehmen zu definieren.

▸ **Budgetierung**
Über die Funktion BUDGETIERUNG können Sie entweder einzelnen Strukturzweigen oder Ihrer gesamten Organisationsstruktur bestimmte Vergütungsbestandteile (z. B. Aktien, Bonus-Töpfe) zuteilen. Die Budgetierung unterstützt Sie dann bei der Verteilung dieser Vergütungsanpassung und der Kontrolle des Budgets.

▸ **Vergütungsanpassungen**
Mit der Funktion VERGÜTUNGSANPASSUNG planen und verwalten Sie die Vergütungsbestandteile (z. B. Gehaltserhöhung). Die systemseitig nach den Verteilungskriterien vorgenommenen Vergütungsanpassungen können dann noch z. B. für einzelne Mitarbeiter angepasst werden. Das System führt Plausibilitätsprüfungen durch und warnt Sie, wenn Ihre Planungen inkonsistent werden oder Sie das vorgegebene Budget überschreiten.

### 9.4.2 Customizing des Vergütungsmanagements

Das Customizing für die Grundeinstellungen des Vergütungsmanagements führen Sie im Einführungsleitfaden (IMG) unter PERSONALMANAGEMENT • VERGÜTUNGSMANAGEMENT • GRUNDEINSTELLUNGEN durch. Bei den Grundeinstellungen definieren Sie z. B. die Vergütungsbereiche nach geographischen (z. B. Land) und organisatorischen (z. B. Abteilung/Organisationseinheit) Gesichtspunkten. Außerdem legen Sie noch die Planperioden fest, also die Zeiträume, für die Sie die Vergütungsplanung für Ihr Unternehmen durchführen möchten (siehe Abbildung 9.16).

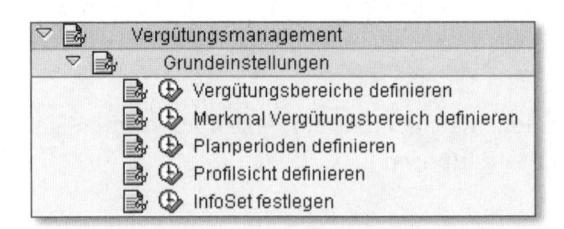

**Abbildung 9.16** Customizing Vergütungsmanagement – Grundeinstellungen

Nachdem Sie die Grundeinstellungen vorgenommen haben, müssen Sie die Gehaltsstrukturen für das Vergütungsmanagement definieren und die Einstellungen für die Verarbeitung von Stellenbewertungsergebnissen und Benchmark-Daten vornehmen. Diese Einstellungen werden im Customizing unter PERSONALMANAGEMENT • VERGÜTUNGSMANAGEMENT • MONETÄRE STELLENBEWERTUNG durchgeführt (siehe Abbildung 9.17).

**Abbildung 9.17** Customizing Vergütungsmanagement – Monetäre Stellenbewertung

Die technischen Einstellungen für die Nutzung der Komponente BUDGETIERUNG erfolgen unter PERSONALMANAGEMENT • VERGÜTUNGSMANAGEMENT • BUDGETIERUNG. Dabei legen Sie u. a. die Referenzwährung und auch die Budgettypen sowie die Budgetperioden fest (siehe Abbildung 9.18).

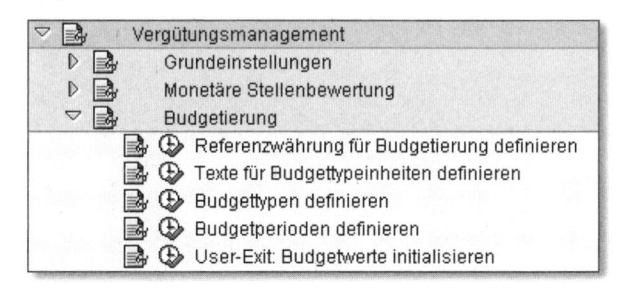

**Abbildung 9.18** Customizing Vergütungsmanagement – Budgetierung

In der Customizing-Funktion PLANUNG UND VERWALTUNG legen Sie die Vergütungsmethoden fest. Dazu gehören u. a. die Werkzeuge für die Entgeltplanung, die Vergütungspakete, die Richtlinien sowie die Berechnungsregeln. Diese Einstellungen nehmen Sie unter PERSONALMANAGEMENT • VERGÜTUNGSMANAGEMENT • PLANUNG UND VERWALTUNG (siehe Abbildung 9.19) vor.

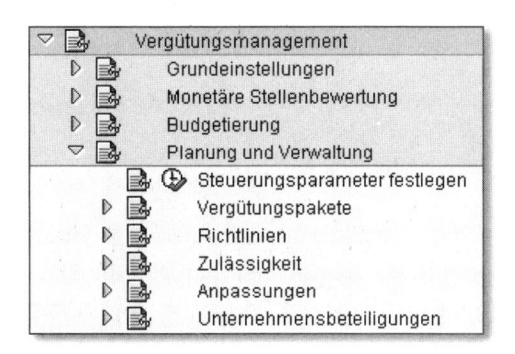

**Abbildung 9.19** Customizing Vergütungsmanagement – Planung und Verwaltung

Zum Schluss müssen Sie noch die Einstellungen für die Nutzung des Berichtswesens innerhalb des Vergütungsmanagements vornehmen. Dazu gehören z. B. die Definition von Vorschlagswerten für die Teilnahme an Gehaltsumfragen sowie die Festlegung der Lohnarten, die in der Vergütungsübersicht angezeigt werden sollen (siehe Abbildung 9.20).

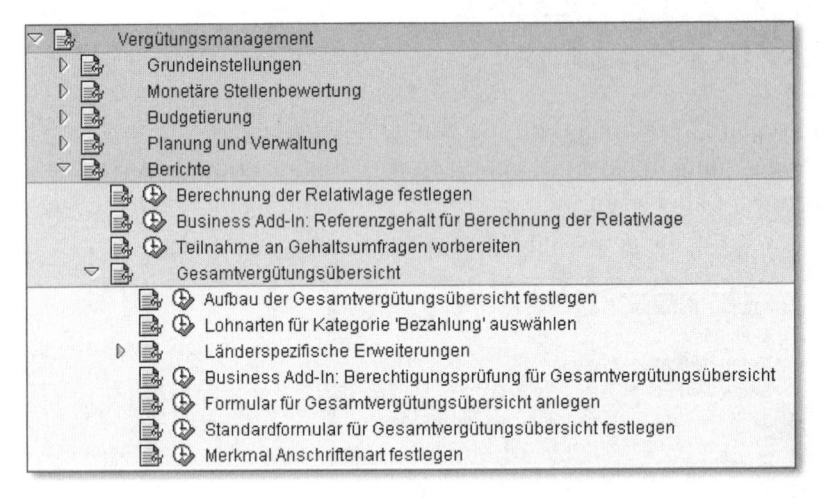

**Abbildung 9.20** Customizing Vergütungsmanagement – Berichte

Es besteht nun noch die Möglichkeit, die Integration des Vergütungsmanagements in die Personalkostenplanung vorzunehmen. Das Customizing dazu finden Sie ebenfalls in der zuvor beschriebenen Struktur.

Ziel dieses Abschnitts war, Ihnen einen Überblick über die Abläufe des Vergütungsmanagements und die Customizing-Einstellungen zu geben. Sie haben sicherlich dadurch einen Eindruck gewinnen können, wie wichtig auch beim Vergütungsmanagement eine optimal gepflegte Organisations- und Datenstruktur im Organisationsmanagement sowie in der Personaladministration ist.

## 9.5 Integration mit der Personalentwicklung

Die HCM-Komponente *Personalentwicklung* ist eine Lösung, die Sie bei der Weiterentwicklung der Mitarbeiter unterstützt, damit diese den ständig steigenden Anforderungen gewachsen sind. Grundlage der Personalentwicklung ist ein durchdachtes und zukunftsorientiertes Personalentwicklungskonzept, das wiederum die Basis für den Einsatz der HCM-Komponente Personalentwicklung ist. Mit dieser Komponente können Sie die bei den Mitarbeitern vorhandenen Qualifikationen erfassen und weiterentwickeln. Darüber hinaus können Sie planen, welche Einsatzmöglichkeiten es für Ihre Mitarbeiter in Zukunft in Ihrem Unternehmen gibt. Den Personalentwicklungsbedarf ermitteln Sie, indem Sie das Anforderungsprofil der Stellen/Planstellen mit dem Qualifikationsprofil der Mitarbeiter vergleichen und dabei gegebenenfalls identifizierte zukünftige Anforderungen und Weiterentwicklungswünsche der Mitarbeiter berücksichtigen. Daraus resultieren dann generelle Qualifizierungsmaßnahmen, Qualifizierungen, die gezielt auf bestimmte Positionen ausgerichtet sind, oder Maßnahmen im Rahmen von Laufbahn- und Nachfolgeplanungen. Ein weiterer Bestandteil des Personalentwicklungsplans eines Mitarbeiters können Personalbeurteilungen sein; diese können als Basis für durchzuführende Qualifizierungsmaßnahmen dienen oder auch zur Erfolgskontrolle bereits erfolgter Qualifizierungsmaßnahmen herangezogen werden.

Für einen optimalen Einsatz der HCM-Komponente Personalentwicklung ist der gleichzeitige Einsatz des Organisationsmanagements notwendig.

### 9.5.1 Elemente der Personalentwicklung

Die Komponente Personalentwicklung besteht aus den folgenden Funktionen:

- **Qualifikationen und Anforderungen**
  Mit dieser Funktion erstellen und verwalten Sie einen Qualifikationskatalog. Mithilfe der Organisationsstruktur und des Qualifikationskatalogs erstellen Sie Profile, mit denen Sie Objekte verwalten und auswerten können. Mittels dieser Profile können Sie die Anforderungen einer Planstelle festlegen und auch die Qualifikationen und Entwicklungsvorstellungen der Mitarbeiter abbilden. Durch Profilvergleiche können Sie z. B. nach Mitarbeitern suchen, die für eine bestimmte Planstelle im Unternehmen geeignet sind, bzw. nach einer Planstelle, die für einen bestimmten Mitarbeiter geeignet ist. Wenn Sie dabei Qualifikationsdefizite feststellen, können Sie Weiterbildungsmaßnahmen planen und einleiten.

- **Beurteilungssysteme**
  Mit der Funktion BEURTEILUNGSSYSTEME können Sie Beurteilungen planen, erstellen und auswerten. Beurteilungen sind notwendig für die Nachbereitung individueller Entwicklungsmaßnahmen.

- **Entwicklungspläne**
  Die Funktion ENTWICKLUNGSPLÄNE ermöglicht die Erstellung kurz- oder langfristiger Aus- und Weiterbildungspläne.

# 9 | Integration des Organisationsmanagements mit anderen HCM-Komponenten

▶ **Laufbahn- und Nachfolgeplanung**
Die LAUFBAHNPLANUNG nutzen Sie, um individuelle Entwicklungsziele für Mitarbeiter zu planen, während Sie mit der NACHFOLGEPLANUNG die Neubesetzung zukünftig vakanter Planstellen planen.

### 9.5.2 Planung für eine bestimmte Organisationseinheit

Im Folgenden erfahren Sie, welche Prozesse mit den oben beschriebenen Funktionen abgedeckt werden und wie diese in das Organisationsmanagement integriert sind. Außerdem erhalten Sie einen Einblick in das Customizing der Komponente Personalentwicklung.

Für die Planung der Personalentwicklung in einer bestimmten Organisationseinheit eignet sich die Funktion PLANUNG FÜR ORGANISATIONSEINHEIT. Diese Funktion finden Sie im SAP Easy Access-Menü unter PERSONALMANAGEMENT • PERSONALENTWICKLUNG • PLANUNG FÜR ORGANISATIONSEINHEIT oder direkt über die Transaktion PPEM. Die planungsrelevanten Objekte werden Ihnen grafisch angezeigt (siehe Abbildung 9.21).

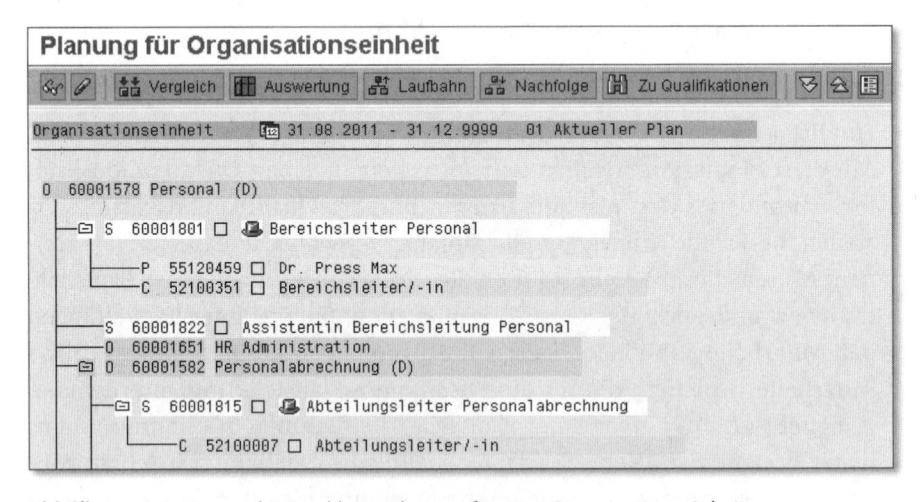

**Abbildung 9.21** Personalentwicklungsplanung für eine Organisationseinheit

Aus dieser Sicht heraus können Sie alle Funktionen der Personalentwicklung starten, wenn Sie das entsprechende Objekt markieren und die Funktion in der Menüleiste auswählen. Im Einzelnen sind das die Funktionen:

▶ Profile anlegen, anzeigen und auswerten sowie vergleichen

▶ Qualifikationen suchen

▶ Laufbahnplanungen für einen Mitarbeiter durchführen

- Nachfolgeplanungen für eine Planstelle vornehmen
- Auswertung von Beurteilungen
- individuelle Entwicklungspläne aufrufen

### 9.5.3 Qualifikationen und Anforderungen

Mit der Funktion QUALIFIKATIONEN UND ANFORDERUNGEN können Sie für Mitarbeiter einen Qualifikationskatalog anlegen und pflegen, den Sie wiederum benötigen, um Profile anzulegen. Mit diesen Profilen können Sie z. B. die Entwicklungsvorstellungen der Mitarbeiter und auch die Anforderungsprofile der Planstellen abbilden. Außerdem können Sie diese Profile für Profilvergleiche nutzen, Sie können z. B. das Potenzial verschiedener Personen für eine bestimmte Planstelle ermitteln.

Im Einzelnen stehen Ihnen innerhalb der der Funktion QUALIFIKATION UND ANFORDERUNGEN folgende Optionen zur Verfügung:

- Sie können Qualifikationen zu *Qualifikationsgruppen* zusammenfassen und im Qualifikationskatalog bereitstellen.
- Im Einführungsleitfaden (IMG) können Sie über den Pfad PERSONALMANAGEMENT • PERSONALENTWICKLUNG • STAMMDATEN • SKALEN BEARBEITEN quantitative und qualitative Ausprägungsskalen definieren, die Sie auch bei den *Beurteilungssystemen* verwenden können. Abbildung 9.22 zeigt ein Beispiel für eine qualitative Ausprägungsskala. Bei einer Quantitätsskala legen Sie die niedrigste und höchste Ausprägung, die Schritte und die Einheiten fest, Quantitätsskalen können Sie nur in der Funktion BEURTEILUNGSSYSTEME verwenden.

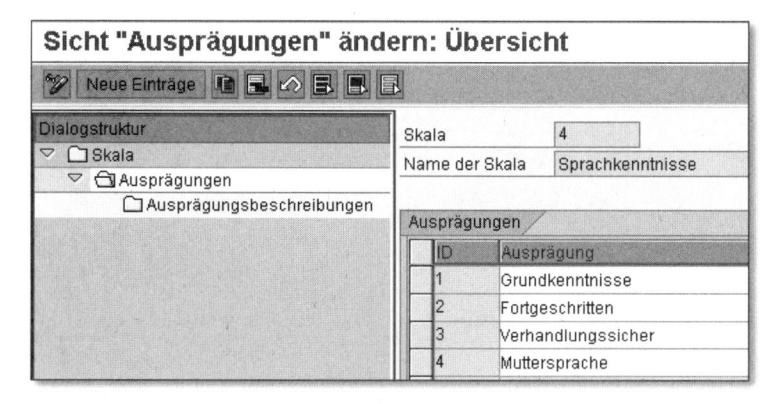

**Abbildung 9.22** Definition von Ausprägungsskalen

# 9 | Integration des Organisationsmanagements mit anderen HCM-Komponenten

- Über *Profile* ordnen Sie Objekten Eigenschaften zu. So können Sie z. B. dem Objekt Person Qualifikationen, Potenziale und Abneigungen zuordnen und dem Objekt Planstelle Anforderungen. Diese Profile können Sie dann auswerten und auch miteinander vergleichen. So können Sie leicht besondere Qualifikationen oder gegebenenfalls vorhandene Defizite identifizieren. Im SAP-Standard werden Ihnen folgende Profile bereitgestellt:
  - Qualifikationen
  - Anforderungen
  - Potenziale
  - Interessen
  - Abneigungen
  - Erhaltene und erstellte Beurteilungen
  - Individuelle Entwicklung
  - Entwicklungsplanhistorie

Ein Profil besteht aus unterschiedlichen Elementen. Ein Element ist der *Header*, in dem Ihnen generelle Informationen zu einem Objekt angezeigt werden (z. B. die Personalnummer). Außerdem gibt es noch verschiedene Teilprofile (z. B. Qualifikationen, Potenziale, Abneigungen). Welche dieser Elemente für einen Objekttyp angezeigt werden, können Sie im Customizing festlegen (siehe Abbildung 9.23). Die entsprechenden Customizing-Funktionen finden Sie unter PERSONALMANAGEMENT • PERSONALENTWICKLUNG • FUNKTIONEN • PROFILSICHT DEFINIEREN.

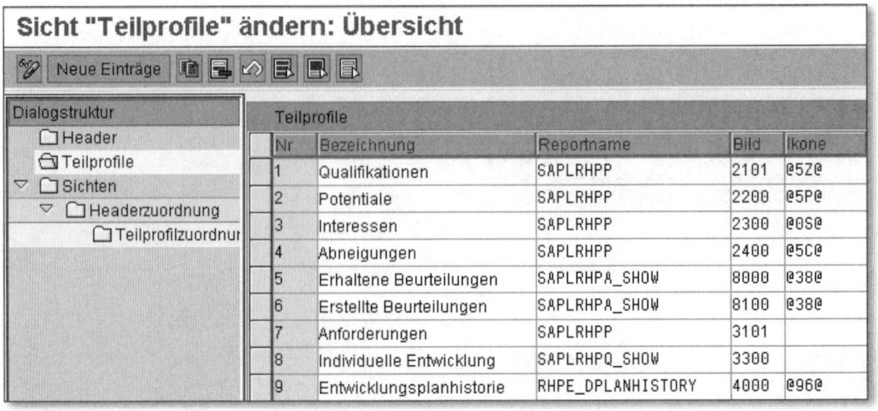

| Nr | Bezeichnung | Reportname | Bild | Ikone |
|---|---|---|---|---|
| 1 | Qualifikationen | SAPLRHPP | 2101 | @5Z@ |
| 2 | Potenziale | SAPLRHPP | 2200 | @5P@ |
| 3 | Interessen | SAPLRHPP | 2300 | @0S@ |
| 4 | Abneigungen | SAPLRHPP | 2400 | @5C@ |
| 5 | Erhaltene Beurteilungen | SAPLRHPA_SHOW | 8000 | @38@ |
| 6 | Erstellte Beurteilungen | SAPLRHPA_SHOW | 8100 | @38@ |
| 7 | Anforderungen | SAPLRHPP | 3101 | |
| 8 | Individuelle Entwicklung | SAPLRHPQ_SHOW | 3300 | |
| 9 | Entwicklungsplanhistorie | RHPE_DPLANHISTORY | 4000 | @96@ |

**Abbildung 9.23** Elemente der Profilsichten im Customizing anpassen

▶ Sie können eine Vielzahl von Standardauswertungsmöglichkeiten nutzen. Eine Auswahl beschreibe ich Ihnen im Folgenden:

**Profilvergleich (Transaktion PEPM)**
Im Profilvergleich können Sie Anforderungen (z. B. von Planstellen und Arbeitsplätzen) und Qualifikationen (z. B. von Personen oder Benutzern) miteinander vergleichen und so Befähigungen bzw. Defizite feststellen.

**Qualifikationskatalog (Transaktion PPQD)**
Der Qualifikationskatalog wird Ihnen angezeigt (siehe Abbildung 9.24).

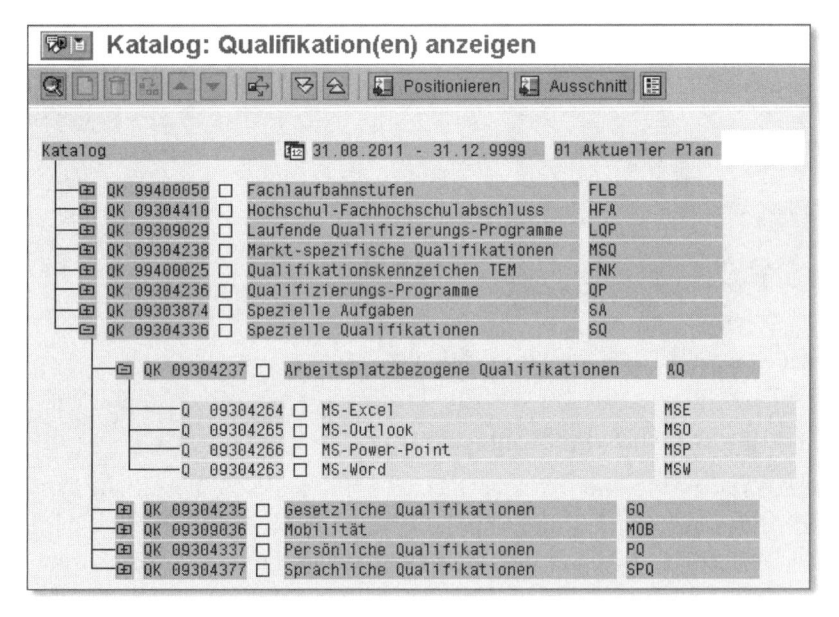

**Abbildung 9.24** Anzeige des Qualifikationskatalogs

**Auswertung von Profilen**
Mit dieser Auswertungsmöglichkeit können Sie sich einen Überblick über die Profile von Personen, Planstellen usw. verschaffen.

**Suche zu Qualifikationen**
Sie können nach Objekten (z. B. Personen, Bewerber) suchen, die über bestimmte Qualifikationen mit bestimmten Ausprägungen verfügen (siehe Abbildung 9.25). Wenn Sie nach Personen suchen, können Sie zusätzlich auch die Verfügbarkeit dieser Personen prüfen.

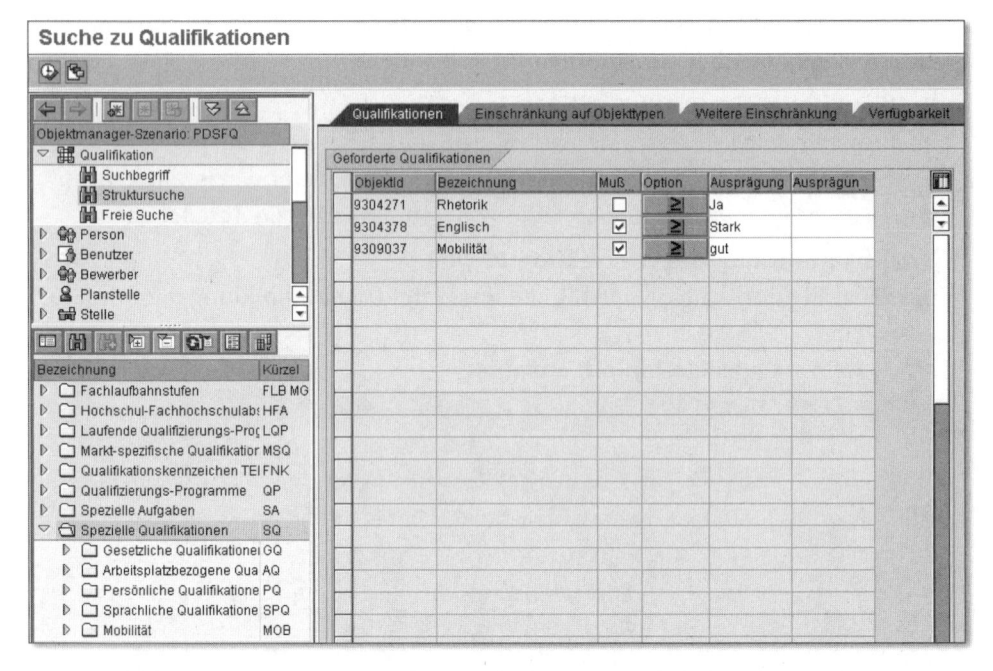

**Abbildung 9.25** Suche nach Objekten mit bestimmten Qualifikationen

### 9.5.4 Laufbahn- und Nachfolgeplanung

Mit der LAUFBAHN- UND NACHFOLGEPLANUNG können Sie die berufliche Laufbahn der Mitarbeiter planen und dabei die individuellen Ziele berücksichtigen. Für in der Zukunft vakant werdende Planstellen können Sie eine qualifizierte Nachfolgeplanung durchführen. Das Ziel dabei ist, dass Sie Ihre Mitarbeiter durch eine gezielte Laufbahn- und Nachfolgeplanung motivieren und gleichzeitig den Personalbedarf Ihres Unternehmens mit Weitsicht identifizieren und decken.

Sie können mit der LAUFBAHN- UND NACHFOLGEPLANUNG folgende Aufgaben erfüllen:

- individuelle Entwicklungsmöglichkeiten für Mitarbeiter planen, Laufbahnen definieren und so auch für Nachfolgeplanungen bereitstellen
- nach unterschiedlichen Kriterien und stichtagsbezogen Laufbahn- und Nachfolgeplanungen durchführen
- bestimmen, ob bei den individuellen Laufbahnplanungen Muss-Anforderungen, Ersatzqualifikationen oder Halbwertzeiten berücksichtigt werden müssen

- für Planstellen eine Nachfolgeplanung vornehmen, um rechtzeitig potenzielle Nachfolger zu identifizieren
- Ranglisten für Laufbahnplanungen und Nachfolgeplanungen erstellen, die eine prozentuale Eignung anzeigen
- definieren, wie mit Überqualifikationen umgegangen werden soll, d. h., wie diese bei der Eignung berücksichtigt werden sollen
- direkt einen organisatorischen Wechsel für eine Person durchführen, wenn für diese durch die Laufbahnplanung eine neue, passende Planstelle identifiziert wurde

### 9.5.5 Entwicklungspläne

Die Funktion ENTWICKLUNGSPLÄNE innerhalb der Komponente Personalentwicklung bietet die Möglichkeit, generelle und individuelle Aus- und Weiterbildungspläne für kurz- und langfristige Entwicklungsmaßnahmen zu erstellen und zu pflegen. Sie können für jeden Mitarbeiter einen eigenen Entwicklungsplan anlegen und diesen fortschreiben und so die Ausbildung eines Mitarbeiters dokumentieren. Wenn ein Mitarbeiter einen Entwicklungsplan absolviert hat, können die so erworbenen Qualifikationen seinem Qualifikationsprofil hinzugefügt werden. Über die *Entwicklungsplanhistorie* können Sie dann erkennen, welche Entwicklungspläne ein Mitarbeiter bereits durchlaufen hat und welche noch anstehen.

### 9.5.6 Zielvereinbarungen

Mit der Funktion ZIELVEREINBARUNGEN UND BEURTEILUNGEN können Sie standardisierte Beurteilungen planen und durchführen. Sie werden bei allen notwendigen Schritten (Planung, Review, Durchführung und Auswertung) unterstützt. Der Beurteilungskatalog bietet Ihnen die Möglichkeit, Standards für Beurteilungsdokumente anzulegen und zu verwalten. Sie können außerdem in diesen Beurteilungsdokumenten Zielvereinbarungen integrieren und automatisierte Folgeprozesse (z. B. Anpassung des Gehalts oder Anpassung des Qualifikationsprofils) anstoßen.

### 9.5.7 Beurteilungssysteme

Die Funktion BEURTEILUNGSSYSTEME unterstützt Sie bei der Erstellung analytischer Beurteilungssysteme und bei der Planung, Durchführung und Auswertung von Beurteilungen. Sie können u. a. folgende Beurteilungssysteme abbilden:

- Personalbeurteilungen
- 360°-Feedback-Beurteilungen
- Beurteilung von Veranstaltungen und Events
- Test- und Umfrageverfahren
- Erstellung von Arbeitszeugnissen

Für jedes Beurteilungssystem können Sie eigene Beurteilungsmuster definieren, die dann im Beurteilungskatalog verwaltet werden. Wenn Sie für mehrere Beurteilungen die gleichen Beurteilungsmuster definiert haben, können Sie diese Beurteilungen miteinander vergleichen. Über ein Beurteilungsmuster können Sie folgende Merkmale festlegen:

- Rollenverhältnisse
- Beurteilungsart
- Bewertungsskala
- Berechnungsverfahren

Eine Beurteilung kann von beliebig vielen Beurteilern und auch für beliebig viele zu beurteilende Personen durchgeführt werden. Dabei können sowohl mehrere Beurteilungsphasen als auch mehrere Erstellungszeiträume berücksichtigt werden. Die Genehmigung von Beurteilungen kann mithilfe von Workflows erfolgen, wofür ein sauber gepflegtes Organisationsmanagement notwendig ist (z. B. Pflege von Leiterplanstellen).

Sie erstellen eine Beurteilung auf Basis eines Beurteilungsmusters, das die folgenden Details enthält:

- erlaubte Objekttypen
- Art der Beurteilung (z. B. Einzel- oder Gruppenbeurteilung)
- Beurteilungskriterien und Kriteriengruppen
- Beurteilungsskala mit der entsprechenden Ausprägungsbeschreibung
- Berechnungsart für die Berechnung der Beurteilungsergebnisse für jedes Beurteilungselement
- Gewichtungsprozentsatz der einzelnen Beurteilungselemente
- Möglichkeit für die Hinterlegung von Notizen

Das Customizing der Beurteilungen führen Sie im Einführungsleitfaden (IMG) unter PERSONALMANAGEMENT • PERSONALENTWICKLUNG • BEURTEILUNGSSYSTEME durch (siehe Abbildung 9.26).

```
▽ 📑   Personalentwicklung
   ▷ 📑   Grundeinstellungen
   ▷ 📑   Integration
   ▷ 📑   Stammdaten
   ▷ 📑   Funktionen
   ▷ 📑   Werkzeuge
   ▷ 📑   Employee Self-Service (ESS)
   ▷ 📑   Entwicklungspläne
   ▷      Zielvereinbarungen und Beurteilungen
   ▽ 📑   Beurteilungssysteme
      📑 ⊕  Beurteilungsform bearbeiten
      📑 ⊕  Skalen bearbeiten
      📑 ⊕  Zulässige Funktionen definieren
      📑 ⊕  Beurteilungskatalog bearbeiten
      📑 ⊕  Zuordnung Beurteilungsmuster zu Personalbereich/-teilber./MA-gruppe/-kreis
      📑 ⊕  Profilsicht definieren
      ▷ 📑   Erweiterungen
```

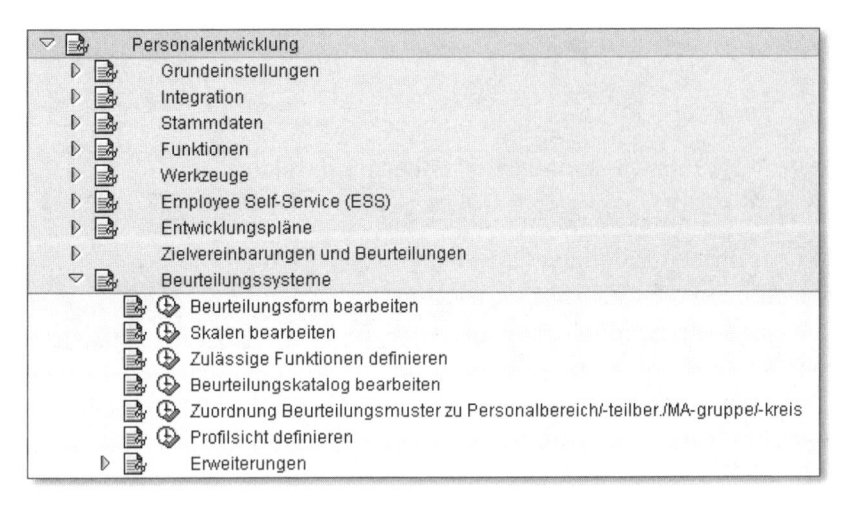

**Abbildung 9.26** Customizing von Beurteilungssystemen

Um ein Beurteilungssystem einzurichten, sind die folgenden Arbeitsschritte im Customizing notwendig:

1. Zuerst legen Sie Rahmenbedingungen fest, die Sie miteinander kombinieren können. Rahmenbedingungen sind das Beurteilungsverfahren, die Beurteilungsart, die Beurteilungsform und die Beurteilungskriterien. Jede Kombination der einzelnen Rahmenbedingungen bedeutet ein eigenes Beurteilungsmuster.

2. Im ersten Customizing-Schritt definieren Sie die Beurteilungsformen. Für jede Beurteilungsform müssen Sie folgende Details festlegen (siehe Abbildung 9.27):

   ▶ die Bezeichnung der Beurteilungsform
   
   ▶ die Festlegung, wer wen oder was beurteilt
   
   ▶ die erlaubten Objekttypen für die Rollen der Beurteiler und der beurteilten Objekte
   
   ▶ Auswertungswege und weitere Selektionsparameter

3. Im nächsten Schritt legen Sie die Beurteilungsskalen sowie die Ausprägungen fest, die in den Funktionen QUALIFIKATIONEN UND ANFORDERUNGEN sowie bei den BEURTEILUNGSSYSTEMEN verwendet werden (siehe Abbildung 9.28).

## 9 | Integration des Organisationsmanagements mit anderen HCM-Komponenten

**Sicht "Beurteilungsform" ändern: Übersicht**

| Beurteilung | Beurteilungsform | Beurteiler | Beurteilte |
|---|---|---|---|
| 1 | Trainingsbeurteilung | | |
| 2 | Seminarbeurteilung | Teilnehmer | Veranstaltung |
| 3 | Veranstaltungsbeurteilung | Teilnehmer | Veranstaltung |
| 6 | Potenzialeinschätzung | Vorgesetzter | Mitarbeiter |

**Sicht "Erlaubte Kombinationen" ändern: Übersicht**

Beurt.formID: 2

Erlaubte Kombinationen

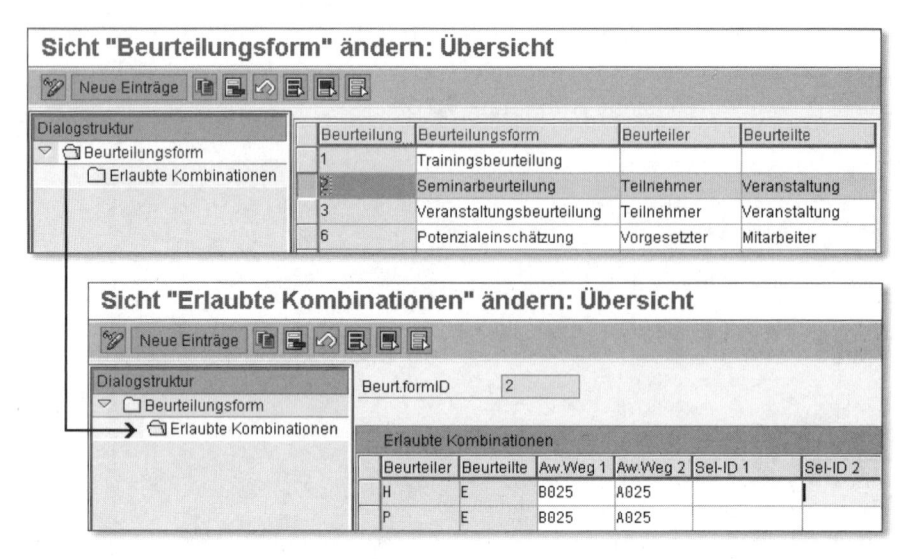

| Beurteiler | Beurteilte | Aw.Weg 1 | Aw.Weg 2 | Sel-ID 1 | Sel-ID 2 |
|---|---|---|---|---|---|
| H | E | B025 | A025 | | |
| P | E | B025 | A025 | | |

**Abbildung 9.27** Customizing der Beurteilungsformen und Kombinationen

**Sicht "Skala" ändern: Übersicht**

Skalen

| ID | Skala |
|---|---|
| 1 | Kernkompentenzen |
| 2 | Mobilität |
| 3 | Nein/ Ja |
| 4 | Sprachkenntnisse |
| 5 | Zusammenfassende Beurteilung |

**Sicht "Ausprägungen" ändern: Übersicht**

Skala: 4
Name der Skala: Sprachkenntnisse

Ausprägungen

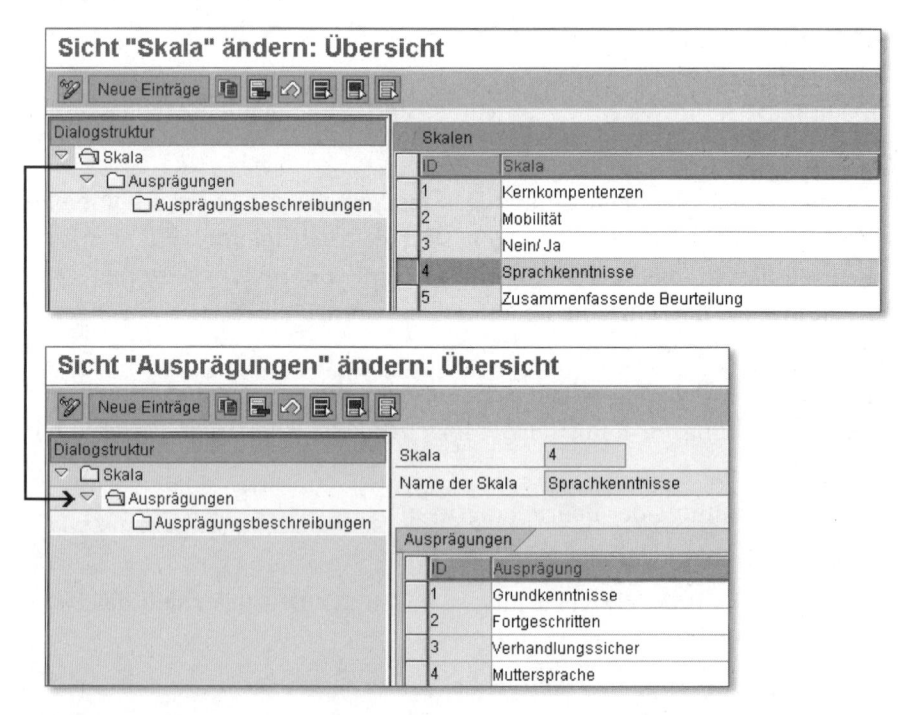

| ID | Ausprägung |
|---|---|
| 1 | Grundkenntnisse |
| 2 | Fortgeschritten |
| 3 | Verhandlungssicher |
| 4 | Muttersprache |

**Abbildung 9.28** Customizing der Beurteilungsskala und der Ausprägungen

4. Für die *Ergebnisberechnung* sowie für die Verarbeitung von Beurteilungen werden Funktionsbausteine verwendet. Diese Funktionsbausteine legen

Sie im Customizing-Schritt ZULÄSSIGE FUNKTIONEN DEFINIEREN fest (siehe Abbildung 9.29).

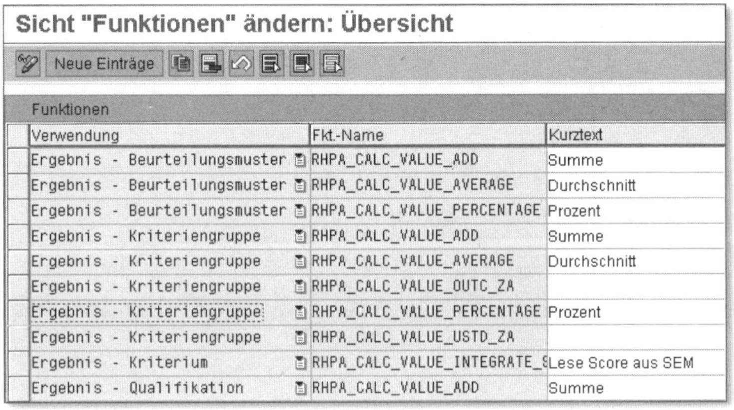

Sicht "Funktionen" ändern: Übersicht

Neue Einträge

Funktionen

| Verwendung | Fkt.-Name | Kurztext |
|---|---|---|
| Ergebnis - Beurteilungsmuster | RHPA_CALC_VALUE_ADD | Summe |
| Ergebnis - Beurteilungsmuster | RHPA_CALC_VALUE_AVERAGE | Durchschnitt |
| Ergebnis - Beurteilungsmuster | RHPA_CALC_VALUE_PERCENTAGE | Prozent |
| Ergebnis - Kriteriengruppe | RHPA_CALC_VALUE_ADD | Summe |
| Ergebnis - Kriteriengruppe | RHPA_CALC_VALUE_AVERAGE | Durchschnitt |
| Ergebnis - Kriteriengruppe | RHPA_CALC_VALUE_OUTC_ZA | |
| Ergebnis - Kriteriengruppe | RHPA_CALC_VALUE_PERCENTAGE | Prozent |
| Ergebnis - Kriteriengruppe | RHPA_CALC_VALUE_USTD_ZA | |
| Ergebnis - Kriterium | RHPA_CALC_VALUE_INTEGRATE_S | Lese Score aus SEM |
| Ergebnis - Qualifikation | RHPA_CALC_VALUE_ADD | Summe |

**Abbildung 9.29** Funktionsbausteine für die Ergebnisberechnung

5. In einem weiteren Customizing-Schritt definieren Sie die *Beurteilungsmuster*. Der Beurteilungskatalog enthält alle Beurteilungsmuster, die Sie als Vorlage für die Erstellung konkreter Beurteilungen verwenden können. Ein Beurteilungsmuster enthält eine Vielzahl von Qualifikationen und anderen Merkmalen und ist das Template für die Anlage einer konkreten Beurteilung (siehe Abbildung 9.30).
6. Nun können Sie einem Beurteilungsmuster Personalbereiche und/oder Personalteilbereiche sowie Mitarbeitergruppen und Mitarbeiterkreise zuordnen. Sie gruppieren die Personalteilbereiche und die Mitarbeiterkreise, bevor Sie die Gruppierungen einem Beurteilungsmuster zuweisen. So können Sie Beurteilungsmuster nur für bestimmte Personengruppen zulassen. Daten, die im Infotyp 0025 (Beurteilungen) gepflegt sind, werden dabei berücksichtigt.
7. Im letzten Schritt definieren Sie die PROFILSICHT. Dazu legen Sie zuerst pro Objekttyp den *Header* und die *Teilprofile* an. Danach definieren Sie die Profilsichten und ordnen einen Report zu, der den Aufruf des Bildes steuert, das Sie in dem Feld BILD in der Funktion TEILPROFILE festgelegt haben.

In den vorangegangenen Abschnitten haben Sie einen Überblick über die Möglichkeiten der HCM-Komponente Personalentwicklung erhalten und erfahren, welche Rolle das Organisationsmanagement für die Personalentwicklung spielt. Für weitergehende Informationen empfehle ich Ihnen das Buch »Personalplanung und -entwicklung mit SAP ERP HCM« (SAP PRESS, 2009).

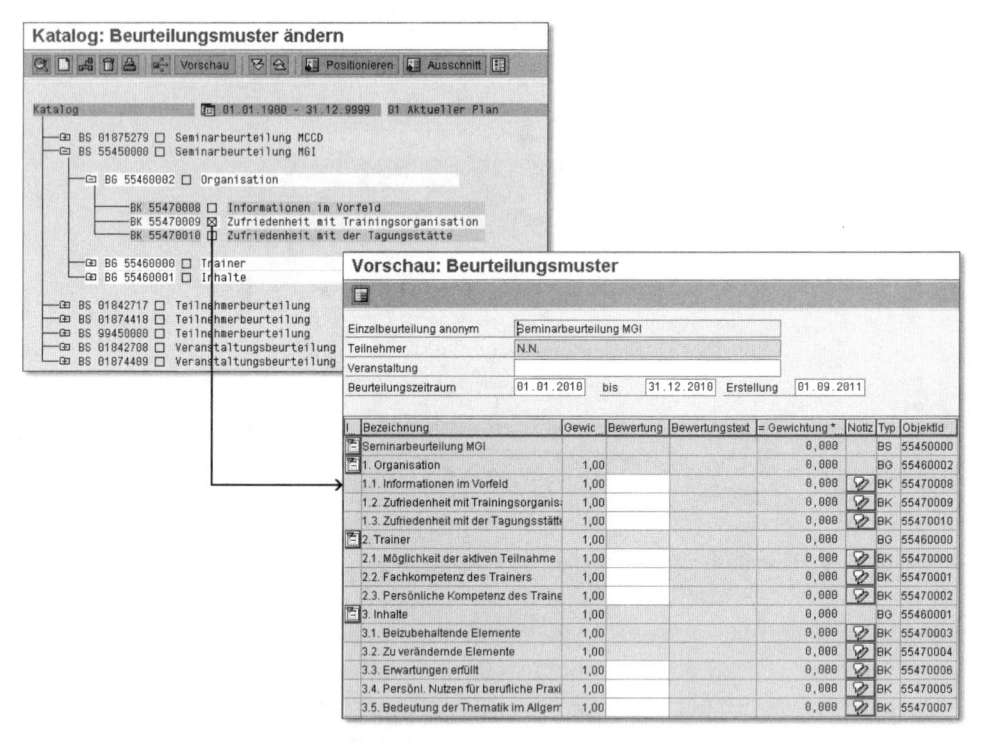

**Abbildung 9.30** Beurteilungsmuster anlegen

## 9.6 Integration mit dem Veranstaltungsmanagement/der SAP Learning Solution (LSO)

Über das *HCM-Veranstaltungsmanagement*/die *SAP Learning Solution (LSO)* können Sie Events planen, durchführen, verwalten und nachbereiten. Die SAP Learning Solution (LSO) baut auf dem HCM-Veranstaltungsmanagement auf und nutzt die dort vorhandenen Elemente (z. B. den Veranstaltungskatalog). Die im Folgenden beschriebenen Elemente des Veranstaltungsmanagements werden also in der LSO ebenfalls genutzt. Aus diesem Grund beschreibe ich nachfolgend das klassische Veranstaltungsmanagement.

Bei einem integrierten Einsatz mit dem Organisationsmanagement verwenden Sie z. B. Organisationseinheiten als Ausrichter von Veranstaltungen und die Aufbauorganisation als Basis für Workflows sowie für das Reporting. Durch die Integration mit der Personaladministration können Sie auf die Daten der Mitarbeiter zugreifen, die als Teilnehmer zur Verfügung stehen. Durch die Integration mit der Personalentwicklung haben Sie z. B. die Möglichkeit, auf einen festgestellten Qualifizierungsbedarf mit gezielten Weiterbildungsmaßnahmen im Veranstaltungsmanagement zu reagieren. Die integrative Nutzung mit anderen HCM-Komponenten ist nicht zwingend notwendig. Das Veranstaltungsmanagement kann auch ohne Anbindung an andere Komponenten eingesetzt werden.

Das HCM-Veranstaltungsmanagement basiert auf folgendem Datenmodell (siehe Abbildung 9.31): Einer Trainingsgruppe (z. B. SAP-Trainings) werden weitere Trainingstypen (z. B. HCM-Trainings und SAP-Finance-Trainings) zugeordnet. Jeder der Trainingsgruppen werden Trainingstypen (z. B. HCM-PA-Training, HCM-OM-Training) zugeordnet. Einzelne Trainings (z. B. HCM PA am 12.09.2011) werden dann mit dem jeweiligen Trainingstyp verknüpft. Jedes einzelne Training wird dann noch mit einem Ort verknüpft und erhält eine Zuordnung zu den notwendigen Ressourcen. Das beschriebene Datenmodell bildet lediglich die Basisobjekte ab. Natürlich können Sie weitere Objekttypen (z. B. P – Person, H – Externe Person) verwenden.

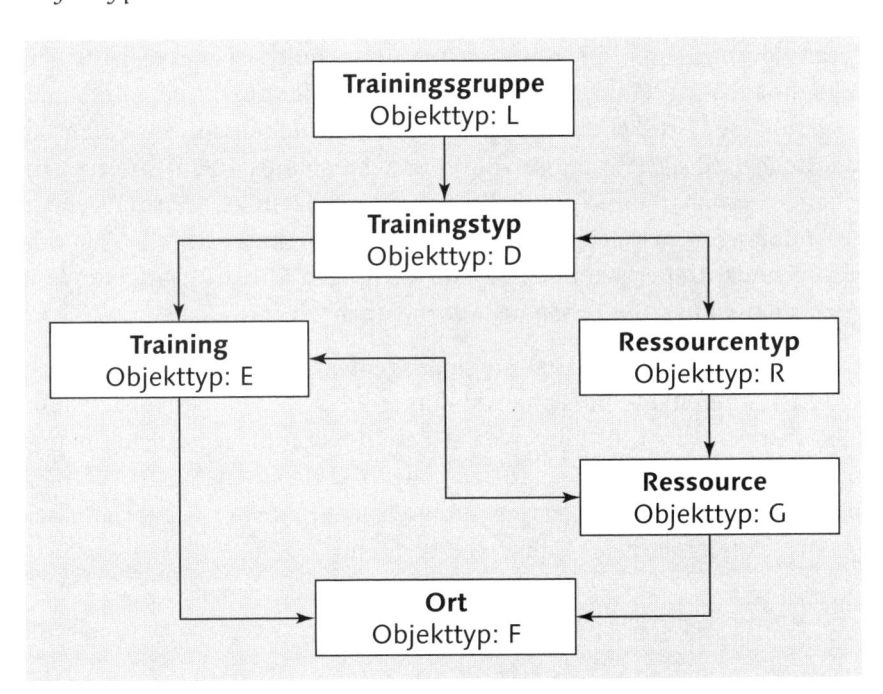

**Abbildung 9.31** Datenmodell im Veranstaltungsmanagement

Das Veranstaltungsmanagement unterstützt Sie in allen Phasen der Veranstaltungsorganisation, bei der Durchführung von Veranstaltungen und bei der Nachbereitung:

- **Planung einer Veranstaltung**
  Zur Planung bzw. Vorbereitung einer Veranstaltung gehört das Anlegen der Stammdaten sowie des Veranstaltungskatalogs. Sie ermitteln den Bedarf, planen daraufhin die Veranstaltungstermine sowie die benötigten Ressourcen, kalkulieren die Veranstaltungskosten und erstellen – wenn gewollt – auch eine Veranstaltungsbroschüre.

- **Bearbeiten einer Veranstaltung**
  Wenn die Veranstaltungsvorbereitungen abgeschlossen sind, beginnt das Tagesgeschäft. Sie merken Teilnehmer für eine Veranstaltung vor oder buchen diese fest für eine Veranstaltung ein. Gegebenenfalls sind Umbuchungen, Ersetzungen oder Stornierungen notwendig. Sie prüfen, ob gegebenenfalls definierte Voraussetzungen für die Teilnahme an Veranstaltungen durch die Teilnehmer erfüllt sind, und bearbeiten die Korrespondenz.

- **Nachbereitung einer Veranstaltung**
  Nachdem eine Veranstaltung stattgefunden hat, steht die Verrechnung der Veranstaltungskosten an. Sie erstellen Teilnahmebestätigungen für die Teilnehmer und Veranstaltungsbeurteilungen, die durch die Teilnehmer ausgefüllt werden. Sie übertragen die Qualifikationen auf die Veranstaltungsteilnehmer. Dafür müssen Sie eine Ausprägung der Qualifikation angeben, damit das System diesen Wert als Zusatzdaten in die anzulegenden Verknüpfungen zwischen Qualifikation und Teilnehmer schreibt. Über diverse Standardreports können Sie Auswertungen über die stattgefundene Veranstaltung und die Teilnehmer vornehmen.

Die Funktionen des Veranstaltungsmanagements werden im SAP Easy Access-Menü bereitgestellt (siehe Abbildung 9.32). Einige Funktionen können Sie aber auch über die Employee Self-Services für die Mitarbeiter bereitstellen (z. B. VERANSTALTUNGSKATALOG oder MEINE BUCHUNGEN). Bei den Employee Self-Services können Genehmigungsworkflows (z. B. zur Genehmigung von Trainingsanfragen) eingesetzt werden.

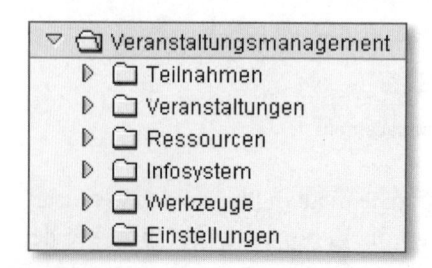

**Abbildung 9.32** Benutzermenü für das Veranstaltungsmanagement

In diesem Abschnitt haben Sie einen Überblick über die Integration von Veranstaltungsmanagement und Organisationsmanagement, über das zugrunde liegende Datenmodell und die einzelnen Phasen des Veranstaltungsmanagements erhalten.

## 9.7 Integration mit der Personalbeschaffung

Mit der HCM-Komponente *Personalbeschaffung* können Sie den gesamten Personalbeschaffungsprozess – von der Erfassung der Personalstammdaten bis zum eigentlichen Einstellungsprozess im SAP-System (also der Besetzung von vakanten Planstellen) – abbilden. Damit die vakanten Planstellen in der Personalbeschaffung genutzt werden können, empfehle ich Ihnen die gleichzeitige Nutzung des Organisationsmanagements. Wenn Sie das Organisationsmanagement nicht einsetzen, können Sie die Vakanzen auch manuell in der Personalbeschaffung anlegen. Sollten Sie die Personalbeschaffung zusammen mit dem Organisationsmanagement nutzen, stehen Ihnen im Organisationsmanagement alle Planstellen Ihres Unternehmens zur Verfügung, die Sie im Falle einer notwendigen Neubesetzung im Infotyp 1007 (Vakanz) als vakant kennzeichnen. Die Beschreibung des Infotyps 1007 finden Sie in Kapitel 4, »Infotypen im Organisationsmanagement«. Alle Planstellen, die im Organisationsmanagement als vakant gekennzeichnet sind, stehen Ihnen dann automatisch in der Personalbeschaffung zur weiteren Verarbeitung und Auswertung zur Verfügung.

### 9.7.1 Der Personalbeschaffungsprozess

Der Personalbeschaffungsprozess läuft in jedem Unternehmen anders ab. Mit der HCM-Personalbeschaffung haben Sie die Möglichkeit, den in Ihrem Unternehmen üblichen Prozess zu beschreiben. Durch dynamische Maßnahmen werden viele Schritte automatisiert, und auf diese Weise wird der manuelle Aufwand minimiert. So können Sie z. B. steuern, dass abhängig von einzelnen Prozessschritten direkt auch der entsprechende Schriftverkehr automatisiert erstellt wird (z. B. wird nach der Erfassung der Bewerberdaten eine Eingangsbestätigung oder nach Eingabe eines Bewerbungstermins ein Einladungsschreiben erstellt).

In den folgenden Abschnitten gebe ich Ihnen einen Überblick über die verfügbaren Funktionen innerhalb der einzelnen Prozessschritte in der Personalbeschaffung.

Der Personalbeschaffungsprozess beginnt mit der *Personalwerbung*. In der HCM-Personalbeschaffung werden Sie dabei mit folgenden Funktionen unterstützt:

- Anlegen und Verwalten von Vakanzen und Zuordnung von Vakanzen und Bewerbungen zu Ausschreibungen
- Verwalten von Personalbeschaffungsinstrumenten
- Verwalten von Ausschreibungen
- Auswertungen über die eingesetzten Beschaffungsinstrumente, über die Kosten sowie über den Bewerbungseingang für bestimmte ausgeschriebene Vakanzen

Nachdem Sie eine Vakanz ausgeschrieben haben (Prozessschritt PERSONALWERBUNG), gehen die ersten Bewerbungen ein, die verwaltet werden müssen (BEWERBERVERWALTUNG). Dafür ist eine Klassifizierung der eingegangenen Bewerbungen notwendig. Sie klassifizieren eine Bewerbung, d. h., Sie geben an, ob es sich um eine interne oder eine externe Bewerbung handelt und ob sich der Bewerber initiativ oder auf eine Ausschreibung beworben hat. Über diese Klassifizierung ist eine Zuordnung der eingegangenen Bewerber zu bestimmten Bearbeitergruppen oder für die Durchführung von Auswertungen möglich. Die Klassifizierung ist auch eine der Basiseinstellungen, die für eine automatische Generierung des Schriftverkehrs notwendig ist.

Nach Eingang der Bewerbungen erfolgt die BEWERBERAUSWAHL. Für diesen Prozess stellt SAP Ihnen diverse Funktionen zur Verfügung:

- Sie können die verschiedenen Prozessschritte, die ein Bewerber während des Auswahlprozesses durchläuft, im System abbilden (z. B. Einladung zum Vorstellungsgespräch, Vertragsangebot, Einstellung, Absage). Für administrative Tätigkeiten (z. B. Interviewtermin vereinbaren, Vertrag versenden) steht Ihnen die Funktion VORGANGSBEARBEITUNG zur Verfügung.
- Zur Unterstützung bei der Entscheidungsfindung können Sie ein Kurzporträt des Bewerbers erstellen, das dann den Entscheidern zur Verfügung gestellt wird. Unter der Voraussetzung, dass Sie SAP ArchiveLink einsetzen, können Sie auch die vollständigen Bewerbungsunterlagen archivieren und so für den Entscheidungsprozess bereitstellen. Wenn Sie die Personalbeschaffung zusammen mit der Personalentwicklung einsetzen, können Sie das Anforderungsprofil einer vakanten Planstelle mit den Qualifikationen des Bewerbers vergleichen und so nach geeigneten Personen suchen.

Nachdem Sie sich für einen Bewerber entschieden haben, können Sie die Bewerbungsdaten automatisch in die Personaladministration übernehmen. Aus dem Bewerber wird dann ein Mitarbeiter mit Personalnummer.

### 9.7.2 Customizing der Personalbeschaffung

Damit Sie die HCM-Komponente Personalbeschaffung wie oben beschrieben nutzen können, sind Einstellungen im Customizing notwendig, die ich Ihnen im Folgenden in Grundzügen beschreibe. Das Customizing führen Sie im Einführungsleitfaden (IMG) unter PERSONALMANAGEMENT • PERSONALBESCHAFFUNG durch (siehe Abbildung 9.33).

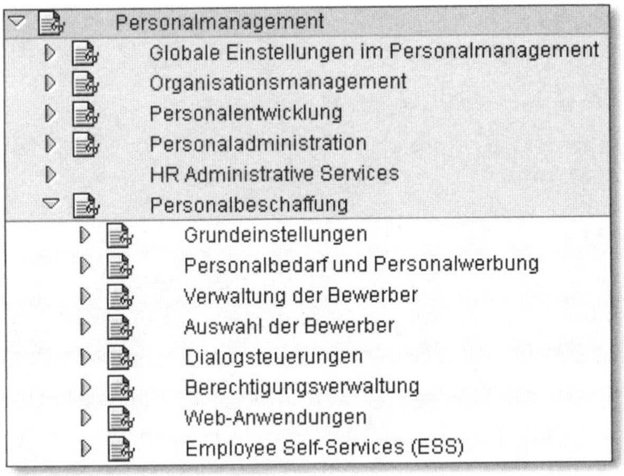

**Abbildung 9.33** Customizing – Personalbeschaffung

**Grundeinstellungen**

Damit Sie die im Organisationsmanagement angelegten vakanten Planstellen in der Personalbeschaffung nutzen können, muss die Integration zwischen dem Organisationsmanagement und der Personalbeschaffung aktiviert sein. Dafür müssen die folgenden Einträge in der Tabelle T77S0 (Systemtabelle) vorhanden sein:

| Gruppe | Sm. Kürzel | Wert |
|---|---|---|
| PLOGI | PLOGI | 01 |
| PLOGI | PRELI | 99999999 |
| PPVAC | PPVAC | 1 |

**Tabelle 9.3** Einträge in der Tabelle T77S0 für die Nutzung vakanter Planstellen

Durch den Eintrag PLOGI/PLOGI wird die aktive Planvariante für die Integration festgelegt. Der Eintrag PLOGI/PRELI legt die Default-Planstelle fest, und mit dem Schalter PPVAC/PPVAC definieren Sie die Nutzung des Infotyps 1007 (Vakanz) für die Personalbeschaffung.

Weitere Grundeinstellungen für die Personalbeschaffung (z. B. Nummernkreise und Suchhilfen festlegen) erfolgen im Einführungsleitfaden (IMG) unter PERSONALMANAGEMENT • PERSONALBESCHAFFUNG • GRUNDEINSTELLUNGEN (siehe Abbildung 9.34).

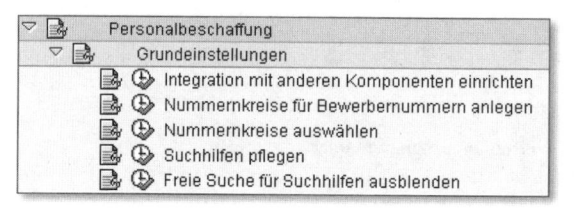

```
▽ 📋    Personalbeschaffung
   ▽ 📋    Grundeinstellungen
         📋 🔄  Integration mit anderen Komponenten einrichten
         📋 🔄  Nummernkreise für Bewerbernummern anlegen
         📋 🔄  Nummernkreise auswählen
         📋 🔄  Suchhilfen pflegen
         📋 🔄  Freie Suche für Suchhilfen ausblenden
```

**Abbildung 9.34** Grundeinstellungen der Personalbeschaffung

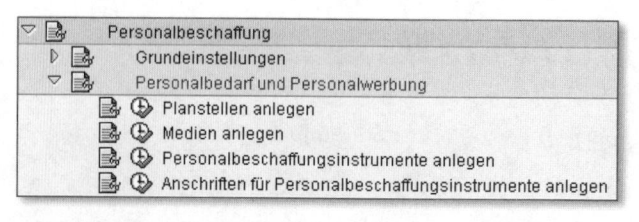

### Personalbedarf und Personalwerbung

Ein weiterer Customizing-Schritt beinhaltet die Systemeinstellungen, die für die Verwaltung des Personalbedarfs und für die Personalwerbung notwendig sind (siehe Abbildung 9.35). Der Personalbedarf wird in der Personalbeschaffung durch Vakanzen ermittelt. Als *Vakanzen* bezeichnet man neu zu besetzende Planstellen. Vakanzen können nur dann erzeugt werden, wenn Sie zuvor die entsprechenden Planstellen angelegt haben. Als Unterstützung für die Neubesetzung von Planstellen/Vakanzen werden Vakanzen in Ausschreibungen veröffentlicht. Ausschreibungen werden durch den zuständigen Sachbearbeiter in der Personalbeschaffung angelegt, während Personalbeschaffungsinstrumente und die entsprechenden Medien über das Customizing definiert werden. Das notwendige Customizing für den Personalbedarf und die Personalwerbung erfolgt im Einführungsleitfaden (IMG) unter PERSONALMANAGEMENT • PERSONALBESCHAFFUNG • PERSONALBEDARF UND PERSONALWERBUNG.

```
▽ 📋    Personalbeschaffung
   ▷ 📋    Grundeinstellungen
   ▽ 📋    Personalbedarf und Personalwerbung
         📋 🔄  Planstellen anlegen
         📋 🔄  Medien anlegen
         📋 🔄  Personalbeschaffungsinstrumente anlegen
         📋 🔄  Anschriften für Personalbeschaffungsinstrumente anlegen
```

**Abbildung 9.35** Personalbedarf und Personalwerbung

Zum Customizing gehört u. a. die Definition der Medien, die in Ihrem Unternehmen für die Personalbeschaffung eingesetzt werden. Jedes Medium ordnen Sie einer Bewerberklasse zu und legen so fest, ob das Medium für einen internen oder externen Bewerber eingesetzt wird (siehe Abbildung 9.36).

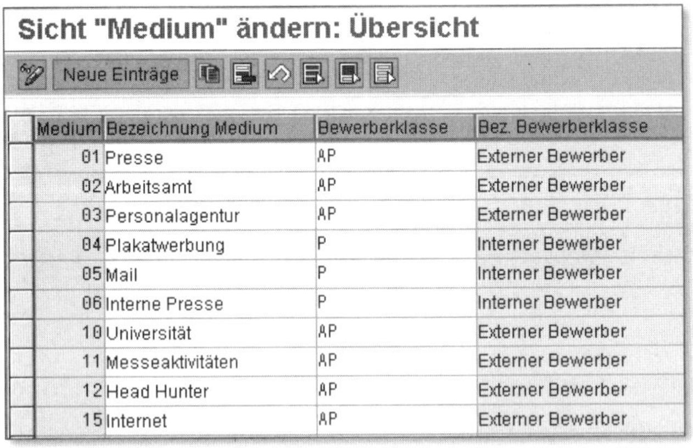

Sicht "Medium" ändern: Übersicht

Neue Einträge

| Medium | Bezeichnung Medium | Bewerberklasse | Bez. Bewerberklasse |
|---|---|---|---|
| 01 | Presse | AP | Externer Bewerber |
| 02 | Arbeitsamt | AP | Externer Bewerber |
| 03 | Personalagentur | AP | Externer Bewerber |
| 04 | Plakatwerbung | P | Interner Bewerber |
| 05 | Mail | P | Interner Bewerber |
| 06 | Interne Presse | P | Interner Bewerber |
| 10 | Universität | AP | Externer Bewerber |
| 11 | Messeaktivitäten | AP | Externer Bewerber |
| 12 | Head Hunter | AP | Externer Bewerber |
| 15 | Internet | AP | Externer Bewerber |

**Abbildung 9.36** Customizing der Medien

Nachdem Sie die Medien definiert haben, müssen Sie noch die Personalbeschaffungsinstrumente festlegen, die Sie dann den Medien zuordnen (siehe Abbildung 9.37).

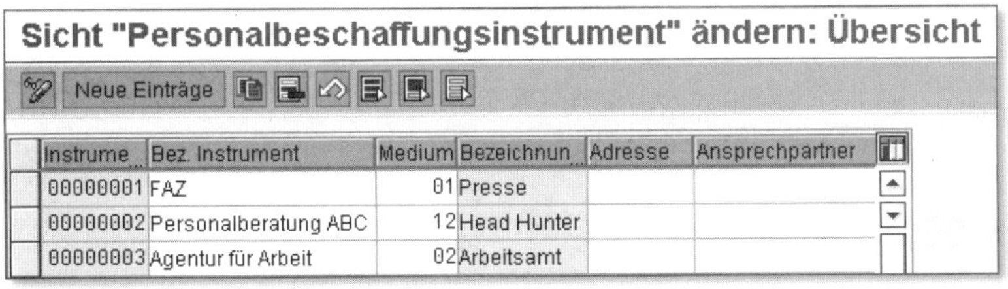

Sicht "Personalbeschaffungsinstrument" ändern: Übersicht

Neue Einträge

| Instrume... | Bez. Instrument | Medium | Bezeichnun... | Adresse | Ansprechpartner |
|---|---|---|---|---|---|
| 00000001 | FAZ | 01 | Presse | | |
| 00000002 | Personalberatung ABC | 12 | Head Hunter | | |
| 00000003 | Agentur für Arbeit | 02 | Arbeitsamt | | |

**Abbildung 9.37** Customizing der Personalbeschaffungsinstrumente

### Bewerberverwaltung

Für die Bewerberverwaltung werden ebenfalls Einstellungen im Customizing vorgenommen. Wenn Sie die Integration zwischen der Personaladministration und der Personalbeschaffung aktiviert haben, prüft das System automatisch, ob es sich bei dem erfassten Bewerber um einen internen Bewerber oder um einen ehemaligen Mitarbeiter handelt. Außerdem stellt das System auf Grundlage bestimmter Personendaten (Name, Vorname und Geburtsdatum) fest, ob es sich um einen Mehrfachbewerber handelt.

Die BEWERBERSTRUKTUR ermöglicht ein systematisches Verwalten und Bearbeiten von Bewerbungen. Diese systematische Strukturierung der Bewerbungen erfolgt in der HCM-Personalbeschaffung nach den folgenden Faktoren:

- **Bewerbergruppe**
  Die Bewerbergruppe gruppiert die Bewerber nach der Art des Arbeitsverhältnisses (z. B. befristet oder unbefristet).

- **Bewerberkreis**
  Die Definition für den Bewerberkreis können Sie selbst festlegen. Möglich ist z. B. eine Gruppierung nach Hierarchieebenen (z. B. Führungskraft, AT-Mitarbeiter, Auszubildender), nach Fachgebieten (z. B. Personal, Marketing, Vertrieb) oder nach Fachlaufbahnen (z. B. Junior Consultant, Senior Consultant, Principal).

- **Spontanbewerbergruppe**
  Welche Kriterien bei der Strukturierung der eingegangenen Spontanbewerbungen zugrunde gelegt werden, ist ebenfalls Ihnen überlassen. Sie können die Bewerber z. B. nach dem Fachgebiet oder nach der angestrebten Tätigkeit im Unternehmen gruppieren.

**Bewerberauswahl**

Nachdem Sie nun die Einstellungen für die Personalwerbung und die Bewerberverwaltung im Customizing vorgenommen haben, müssen Sie das Customizing für die Bewerberauswahl durchführen. Dieses erfolgt im Einführungsleitfaden (IMG) unter PERSONALMANAGEMENT • PERSONALBESCHAFFUNG • AUSWAHL DER BEWERBER (siehe Abbildung 9.38).

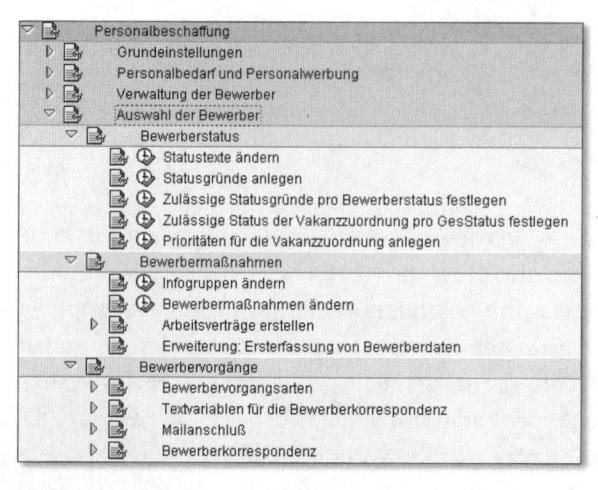

**Abbildung 9.38** Bewerberauswahl

In der HCM-Personalbeschaffung wird die Bewerberauswahl über zwei verschiedene Möglichkeiten realisiert:

- **Globaler Auswahlprozess**
  Jeder Bewerber nimmt zunächst einmal am globalen Auswahlprozess teil. Im globalen Auswahlprozess entscheiden Sie, ob ein Bewerber für Ihr Unternehmen grundsätzlich infrage kommt. Wenn dies so ist, nimmt der Bewerber an einem Auswahlprozess für eine Vakanz teil. Dazu ordnen Sie den Bewerber einer oder mehreren Vakanzen zu. Bei der Auswahl eines Bewerbers im globalen Auswahlprozess können Sie sich z. B. durch einen Profilvergleich zwischen dem Anforderungsprofil einer Vakanz und dem Qualifikationsprofil eines Bewerbers unterstützen lassen.

- **Auswahlprozess über eine vakante Planstelle**
  Der Auswahlprozess über eine vakante Planstelle schließt sich an den globalen Auswahlprozess an und setzt sich aus mehreren Schritten zusammen. In der PERSONALVORAUSWAHL wählen Sie Bewerber aus und ordnen diese einer Vakanz zu, wenn die Bewerber für die Besetzung einer Vakanz geeignet sind. Nur wenn Sie einen Bewerber einer Vakanz zugeordnet haben, ist dieser für den vakanzbezogenen Auswahlprozess verfügbar. Über die Besetzung einer vakanten Planstelle entscheiden Sie unter Berücksichtigung der Qualifikationen sowie der Bewertung des Bewerbungsgesprächs. Dabei werden Sie systemseitig bei der Entscheidungsfindung unterstützt: Das System generiert z. B. automatisch – natürlich nur nach erfolgtem Customizing – ein Kurzporträt des Bewerbers, mit dem Sie sich einen kumulierten Überblick über den Bewerber verschaffen können. Wenn Sie sich für einen Bewerber entschieden haben, werden Sie durch den im Customizing definierten Prozess geführt, der mit der Einstellung des Bewerbers, also mit der Übernahme der Bewerberdaten in die Personaladministration, endet.

Sowohl im globalen Auswahlprozess als auch im Auswahlprozess für eine Vakanz können Sie jederzeit neu entscheiden, ob Sie das Bewerbungsverfahren eines Kandidaten fortführen oder beenden möchten. Den Status eines Kandidaten in einem Auswahlprozess bilden Sie im BEWERBERSTATUS ab. In der HCM-Personalbeschaffung wird zwischen zwei unterschiedlichen Status unterschieden:

- **Gesamtstatus**
  Der GESAMTSTATUS bildet den aktuellen Stand einer Bewerbung im globalen Auswahlprozess ab (z. B. IN BEARBEITUNG, ZURÜCKGESTELLT, ABGELEHNT) und wird direkt bei der Erfassung einer Bewerbung vergeben.

- **Status der Vakanzzuordnung**
  Der Status der Vakanzzuordnung gibt an, welchen aktuellen Stand (z. B. in Bearbeitung, zurückgestellt, abgelehnt) ein Bewerber im Auswahlprozess für eine bestimmte Vakanz hat, und wird vergeben, sobald ein Bewerber einer Vakanz zugeordnet wird. Ein Bewerber kann auch mehreren Vakanzen zugeordnet werden. Den Status der Vakanzzuordnung erhält er dann für jede zugeordnete Vakanz.

Der Auswahlprozess für eine Vakanz ist abgeschlossen, wenn alle zugeordneten Bewerber entweder den Status abgelehnt oder eingestellt haben.

### Bewerbermaßnahmen und Bewerbervorgänge

Alle Bewerbermaßnahmen für einen Bewerber werden im Infotyp 4000 (Bewerbermaßnahmen) abgelegt. Als Bewerbermaßnahmen werden z. B. Prozesse zur Datenerfassung bezeichnet (z. B. die Erfassung der Bewerberdaten) oder auch Prozesse, die den Gesamtstatus eines Bewerbers beeinflussen (z. B. die Ablehnung eines Bewerbers). Wenn Sie z. B. einem Bewerber die Maßnahmenart Bewerber zurückstellen zuordnen, erhält dieser Bewerber automatisch den Gesamtstatus zurückgestellt (siehe Abbildung 9.39). Für jede durchgeführte Bewerbermaßnahmenart wird im SAP-Standard ein neuer Satz des Infotyps 4000 (Bewerbermaßnahmen) für einen Bewerber erzeugt. Durch die Integration mit dem Organisationsmanagement wird die organisatorische Zuordnung eines Bewerbers als Vorschlagswert angezeigt. Sie können diesen Vorschlagswert übernehmen oder überschreiben.

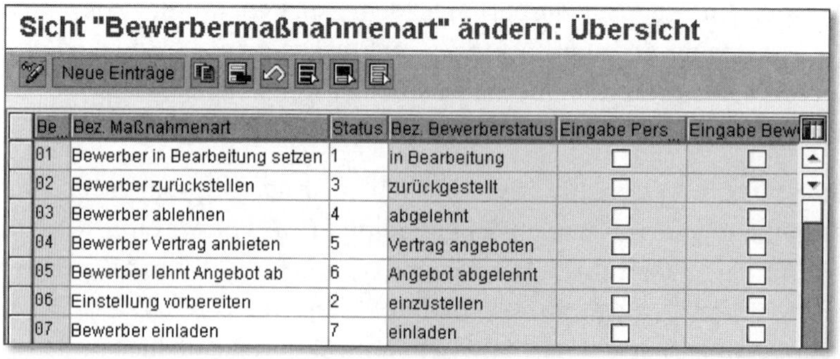
Sicht "Bewerbermaßnahmenart" ändern: Übersicht

Neue Einträge

| Be | Bez. Maßnahmenart | Status | Bez. Bewerberstatus | Eingabe Pers | Eingabe Bew |
|---|---|---|---|---|---|
| 01 | Bewerber in Bearbeitung setzen | 1 | in Bearbeitung | ☐ | ☐ |
| 02 | Bewerber zurückstellen | 3 | zurückgestellt | ☐ | ☐ |
| 03 | Bewerber ablehnen | 4 | abgelehnt | ☐ | ☐ |
| 04 | Bewerber Vertrag anbieten | 5 | Vertrag angeboten | ☐ | ☐ |
| 05 | Bewerber lehnt Angebot ab | 6 | Angebot abgelehnt | ☐ | ☐ |
| 06 | Einstellung vorbereiten | 2 | einzustellen | ☐ | ☐ |
| 07 | Bewerber einladen | 7 | einladen | ☐ | ☐ |

**Abbildung 9.39** Customizing der Bewerbermaßnahmenart

Bewerbervorgänge bilden den Durchlauf einer Bewerbungsunterlage im Einstellungsprozess ab. Jeder Bewerbung eines Bewerbers wird dabei ein eigener Bewerbungsvorgang – unabhängig von der Reihenfolge des Bewerbungseingangs – zugeordnet. Im Customizing können Sie festlegen, ob ein Bewerbungsvorgang automatisch angelegt oder manuell erzeugt werden soll. Über Textvorlagen mit Textvariablen, in Kombination mit den Daten des Bewerbers, kann automatisch die Bewerberkorrespondenz erzeugt werden (siehe Abbildung 9.40).

| Vorga | Kurztext Vorgang | Langtext Vorgangsart | S | Bez. Systemfunktion |
|---|---|---|---|---|
| 001 | Eingangsbest. | Ausgang Eingangsbestätigung | P | Bewerberkorrespondenz |
| 002 | Übergabe Akte | Übergabe Bewerberakte | | |
| 003 | Akte zurück | Akte zurückerhalten | | |
| 004 | Einladung Int. | Ausgang Einladung Interview | P | Bewerberkorrespondenz |
| 005 | Termin Interv. | Termin Interview | | |
| 006 | Tel. Einladung | Telefonische Einladung | | |
| 007 | Einladung Test | Ausgang Einladung Test | P | Bewerberkorrespondenz |
| 008 | Termin Test | Termin Bewerbertest | | |
| 009 | Beurteilung | Beurteilung abgeben | | |
| 010 | Ausgang Vertrag | Ausgang Vertrag | P | Bewerberkorrespondenz |
| 011 | Ablehnungsschr. | Ausgang Ablehnungsschreiben | P | Bewerberkorrespondenz |
| 012 | Abr.Reisekosten | Abrechnung Reisekosten | | |
| 013 | Genehm. Einst. | Genehmigung Einstellung | | |
| 014 | EinstellTermin | Einstellungstermin | | |
| 015 | Übernahme Bew. | Übernahme Bewerberdaten | D | Datenübernahme in die M |

**Abbildung 9.40** Customizing der Bewerbervorgangsart

In den vorangegangenen Abschnitten habe ich Ihnen einen Überblick über die Funktionalitäten der Personalbeschaffung, das Customizing sowie die Integration zwischen der Personalbeschaffung und dem Organisationsmanagement gegeben. Da die Personalbeschaffung jedoch nicht Schwerpunkt dieses Buches ist, wurde auf den Prozess der Personalbeschaffung und das notwendige Customizing nicht detailliert eingegangen. Weiterführende Informationen dazu erhalten Sie z. B. in dem Buch »Personalplanung und -entwicklung mit SAP ERP HCM« (SAP PRESS, 2009).

## 9.8 Das Organisationsmanagement als Basis für den SAP Manager's Desktop und den Manager Self-Service

Der *SAP Manager's Desktop* unterstützt Führungskräfte bei ihren täglichen Aufgaben. Damit die Führungskräfte ihre Aufgaben ausführen können, brauchen sie Daten aus den unterschiedlichsten Quellen. Über den Manager's

Desktop können Linienvorgesetzte z. B. Informationen über zugeordnete Mitarbeiter abrufen und sich alle Mitarbeiterdaten (z. B. persönliche Daten, Gehaltsinformationen, Urlaubsdaten) direkt ansehen. Auf dem gleichen Weg können auch Daten aus dem Finanz- und Controllingbereich (z. B. Kostenstellenauswertungen) sowie Budgetauswertungen aus der Personalkostenplanung für die bezugsberechtigten Führungskräfte bereitgestellt werden. Sie können den Manager's Desktop auch mit der Ad-hoc Query integrieren und somit alle mitarbeiterbezogenen Daten für den Linienvorgesetzten verfügbar machen. Voraussetzung für die Nutzung des SAP Manager's Desktop ist die sauber gepflegte Aufbauorganisation im Organisationsmanagement einschließlich des Besetzungsplans. Zusätzlich muss die Verknüpfung A/B012 (leitet/wird geleitet von) für Führungskräfte gepflegt sein. Damit die Kostenstellen angezeigt werden, muss die Kostenstellenstruktur zu den Organisationseinheiten angelegt sein.

Wenn eine Führungskraft sich am SAP Manager's Desktop anmeldet, werden systemseitig alle Organisationseinheiten ermittelt, die von dieser geleitet werden. Die so selektierten Organisationseinheiten einschließlich der entsprechenden Planstellen und zugeordneten Mitarbeiter werden der Führungskraft dann in einer Baumstruktur angezeigt und können von dort aus auch bearbeitet werden.

Die Führungskraft kann zwischen verschiedenen Sichten wählen und sich so z. B. nur die direkt unterstellten oder auch alle unterstellten Organisationseinheiten mit den entsprechenden Planstellen und Mitarbeitern anzeigen lassen. Im Customizing können Sie einstellen, welche Sicht pro Fachgebiet und Zuständigkeitsbereich angezeigt werden soll.

Die im SAP Manager's Desktop angebotenen Funktionen sind im SAP-Standard folgendermaßen gegliedert:

- Mitarbeiter
- Organisation
- Kosten und Budget
- Personalbeschaffung
- Workflow-Eingang
- Spezialgebiete

Sie können diese Gliederung aber an Ihre eigenen unternehmensspezifischen Anforderungen im Customizing anpassen bzw. erweitern.

Ebenfalls im Customizing können Sie definieren, ob die Führungskraft selbst per Drag & Drop Veränderungen an der Baumstruktur durchführen darf (z. B. Umhängen einer Planstelle).

Das Customizing für den SAP Manager's Desktop nehmen Sie im Einführungsleitfaden (IMG) unter PERSONALMANAGEMENT • MANAGER'S DESKTOP vor.

Der Manager's Desktop wird noch häufig eingesetzt, inzwischen aber auch schon sehr oft durch den *Manager Self-Service* abgelöst. Mit Hilfe des Manager Self-Service binden Sie Führungskräfte durch die Nutzung von Workflows direkt in Freigabeprozesse ein (z. B. in die Genehmigung von Urlaubsanträgen und Reisekosten, Personaleinstellungsfreigabe, Budgetplanungen). Führungskräfte können über den Manager Self-Service aber auch Projektkosten verfolgen sowie Personalkosten- und Personaleinsatzplanungen durchführen.

## 9.9 Das Organisationsmanagement als Basis für SAP ERP HCM-Workflows

Durch den *SAP Business Workflow* werden Aufgaben auf elektronischem Weg zum Bearbeiter geleitet. Bei dem zuständigen Bearbeiter kann es sich z. B. um eine Organisationseinheit, eine Stelle, eine Planstelle, eine Person oder einen Benutzer handeln. Die Struktur im Organisationsmanagement bildet dafür die Basis und muss für die optimale Nutzung des SAP Business Workflows vorhanden sein.

Der SAP Business Workflow bietet Ihnen eine Vielzahl von Möglichkeiten, um Workflows zu definieren, zu analysieren sowie zu monitoren. Sie können für alle Schritte des Workflows individuell die geeigneten Bearbeiter ermitteln. Der zeitliche Ablauf des Workflows kann überwacht werden, und somit kann auf Terminüberschreitungen individuell reagiert werden. Der Anwender wird über seine auszuführenden Aufgaben über den *SAP Business Workplace* informiert und kann von dort aus auch direkt die Bearbeitung starten.

Im *Workflow Builder* können Sie sich einen Workflow anzeigen lassen und ihn bei Bedarf modifizieren. So können Sie im Workflow Builder z. B. Änderungen an der Bearbeiterzuordnung oder der Terminüberwachung vornehmen.

Bei der Anlage von Workflows werden Sie durch diverse *Workflow Wizards* unterstützt. Die Workflow Wizards stehen Ihnen im Workflow Builder zur Verfügung.

Im *Business Object Builder* definieren Sie Business-Objekte, um SAP-Funktionen im Workflow nutzen zu können. Die Business-Objekte werden dem Workflow in Form von Aufgaben zugeordnet.

Über den *Business Workflow Explorer* erhalten Sie einen Überblick über alle vorhandenen Aufgaben.

## 9.10 Zusammenfassung

In diesem Kapitel bin ich auf das Integrationsmodell des Organisationsmanagements mit anderen HCM-Komponenten eingegangen. Es wurde deutlich, dass OM die Basis für die meisten HCM-Komponenten sein kann, aber nicht unbedingt sein muss. Die Objekte, Verknüpfungen und Infotypen von OM spielen auch in anderen HCM-Komponenten eine wichtige Rolle. Zusammenfassend ist zu sagen, dass Sie durch den integrativen Einsatz von OM mit anderen Komponenten den administrativen Aufwand in Ihrem Unternehmen reduzieren können.

# Anhang

| | | |
|---|---|---|
| A | Objekttypen im Organisationsmanagement | 409 |
| B | Infotypen im Organisationsmanagement | 415 |
| C | Transaktionscodes im Organisationsmanagement | 417 |
| D | Reports im Organisationsmanagement | 419 |
| E | Literaturempfehlungen | 423 |
| F | Die Autorin | 425 |

# A   Objekttypen im Organisations-management

Im Folgenden finden Sie eine Auflistung der Standardobjekttypen im Organisationsmanagement.

| Objekttyp | Objekttyptext |
|---|---|
| A | Arbeitsplatz |
| AC | Regel |
| AG | Rolle |
| AP | Bewerber |
| B | Entwicklungsplan |
| BA | Beurteilung |
| BG | Kriteriengruppe |
| BK | Kriterium |
| BL | Entwicklungsplangruppe |
| BP | Geschäftspartner |
| BS | Beurteilungsmuster |
| BU | Haushaltselement |
| C | Stelle |
| CP | Zentrale Person |
| D | Veranstaltungstyp |
| DC | Curriculumstyp |
| E | Training |
| EC | Curriculum |
| EG | Belastungsgruppe |
| EP | Inv.Programmposition |
| ET | eTraining |
| F | Ort |
| FA | Anwendungskomponente |

# A | Objekttypen im Organisationsmanagement

| Objekttyp | Objekttyptext |
|---|---|
| G | Ressource |
| H | Externe Person |
| I1 | Personalteilbereich |
| I2 | Mitarbeiterkreis |
| I3 | Mitarbeitergruppe |
| IA | Gesellschaft |
| IB | Kreditkontr.bereich |
| IC | Buchungskreis |
| ID | Geschäftsbereich |
| IE | Funktionsbereich |
| IF | KonsGeschäftsbereich |
| IG | Finanzkreis |
| IH | Kostenrechnungskreis |
| II | Ergebnisberich |
| IJ | Werk |
| IK | Standort |
| IL | Sparte |
| IM | Verkaufsorganisation |
| IN | Vertriebsweg |
| IO | Vertriebslinie |
| IP | Vkorg-Sparte-Zuordnung |
| IQ | Vertriebsbereich |
| IR | Verkaufsbüro |
| IS | Verkäufergruppe |
| IT | Versandstelle |
| IU | Ladestelle |
| IV | Transportdispostelle |
| IW | Werkslager |

| Objekttyp | Objekttyptext |
|---|---|
| IX | Einkaufsorganisation |
| IY | Lagerkomplex |
| IZ | Personalbereich |
| K | Kostenstelle |
| KA | Kapazität (Logistik) |
| KG | Kostenstellengruppe |
| KI | Interessent |
| KU | Kunde |
| L | Veranstaltungsgruppe |
| LA | Logistik-Arbeitsplatz |
| LB | Laufbahn |
| M | Material |
| M0 | Prozessgruppe |
| M1 | Prozess |
| M2 | Lokaler Prozessschritt |
| M3 | Prozessschritt |
| M4 | Prozess (Scope) |
| M8 | Lokale Kontengruppe |
| M9 | Lokale Mgmt-K./Gruppe |
| MA | Kontengruppe |
| MG | Zentrale Prozessgruppe |
| MM | Mgmt-Kontrolle/Gruppe |
| MO | Kontrollziel |
| MP | Zentraler Prozess |
| MR | Risiko |
| MT | Zentraler Prozessschritt |
| NA | Kandidat |
| NB | Suchauftrag |

| Objekttyp | Objekttyptext |
|---|---|
| NC | Ausschreibung |
| ND | Bewerbung |
| NE | Kandidatur |
| O | Organisationseinheit |
| OD | Auftrag |
| OJ | Lernziel |
| OR | Rechtlich selbst. Einheit |
| P | Person |
| PC | Profit-Center |
| PG | Geschäftsprozessgruppe |
| PH | Profit-Center-Gruppe |
| PJ | PSP-Element (Projekt) |
| PR | Geschäftsprozess |
| PT | Ansprechpartner |
| Q | Qualifikation |
| QK | Qualifikationsgruppe |
| QP | Anforderungsprofil (Log.) |
| R | Ressourcentyp |
| RA | Advertisement |
| RE | Report (mit Variante) |
| RI | Recruitment-Instrument |
| RQ | Requisition |
| RR | Requisition Request (ISR) |
| RY | Zuständigkeit |
| S | Planstelle |
| SO | SAP-Organisationsobjekt |
| SR | Personalbedarf dispositiv |
| T | Aufgabe |

| Objekttyp | Objekttyptext |
|---|---|
| TG | Aufgabengruppe |
| TR | Transaktion |
| TS | Standardaufgabe |
| U | Firma |
| UG | Benutzergruppe |
| US | Benutzer |
| VA | Beurteilungsformular |
| VB | Kriteriengruppe |
| VC | Kriterium |
| VE | Versorgungseinrichtung |
| WA | Arbeitsbereich |
| WE | Workflow-Ereignis |
| WF | Workflow-Aufgabe |
| WI | Workitem |
| WM | Workflow-Objektmethode |
| WO | Workflow-Objekt |
| WS | Workflow-Muster |
| WT | Workflow-Objekttyp |
| XC | ALE – FilterobjKombination |
| XF | ALE – Verteilte Funktion |
| XG | Expertengruppe |
| XO | ALE – Filterobjekt |
| XP | Experte |
| XS | ALE – Logisches System |

# B    Infotypen im Organisationsmanagement

Im Folgenden finden Sie die am häufigsten genutzten Standardinfotypen aus dem Organisationsmanagement, die auch in diesem Buch erwähnt und beschrieben werden.

| Infotyp | Infotyptext |
| --- | --- |
| 1000 | Objekt |
| 1001 | Verknüpfungen |
| 1002 | Verbale Beschreibung |
| 1003 | Abteilung/Stab |
| 1005 | Sollbezahlung |
| 1006 | Einschränkungen |
| 1007 | Vakanz |
| 1008 | Kontierungsmerkmale |
| 1009 | Gesundheitsvorsorge |
| 1010 | Kompetenzen/Hilfsmittel |
| 1011 | Arbeitszeit |
| 1013 | Mitarbeitergruppe/-kreis |
| 1014 | Obsolet |
| 1015 | Kostenplanung |
| 1016 | Standard-Profile |
| 1017 | PD-Profile |
| 1018 | Kostenverteilung |
| 1027 | Ortsabhängige Zusatzinfo |
| 1028 | Adresse |
| 1032 | Mail-Adresse |
| 1039 | Einsatzgruppe |
| 1050 | Stellenbewertungsergebnis |

| Infotyp | Infotyptext |
|---|---|
| 1051 | Umfrageergebnisse |
| 1208 | SAP-Organisationsobjekt |

# C  Transaktionscodes im Organisationsmanagement

Im Folgenden finden Sie die am häufigsten genutzten Transaktionscodes aus dem Organisationsmanagement zur Anlage und Pflege der Organisationsstruktur.

| Transaktion | Name der Transaktion |
|---|---|
| PO01 | Arbeitsplatz pflegen |
| PO02 | Ausbildungsplan pflegen |
| PO03 | Stelle pflegen |
| PO04 | Veranstaltungstyp pflegen |
| PO05 | Veranstaltung pflegen |
| PO06 | Ort pflegen |
| PO07 | Ressource pflegen |
| PO08 | Externe Person pflegen |
| PO09 | Veranstaltungsgruppe pflegen |
| PO10 | Organisationseinheit pflegen |
| PO11 | Qualifikation pflegen |
| PO12 | Ressourcentyp pflegen |
| PO13 | Planstelle pflegen |
| PO14 | Aufgaben pflegen |
| PFCT | Aufgabenkatalog pflegen |
| PP01 | Plandaten pflegen (menügeführt) |
| PP02 | Plandaten pflegen (beliebig) |
| PP03 | Plandaten pflegen (OM-Maßnahme ausführen) |
| PPOCE | Organisation und Besetzung – Anlegen |
| PPOME | Organisation und Besetzung – Ändern |
| PPOSE | Organisation und Besetzung – Anzeigen |
| PPSC | Strukturen allgemein – Anlegen |

| Transaktion | Name der Transaktion |
|---|---|
| PPSM | Strukturen allgemein – Ändern |
| PPSS | Strukturen allgemein – Anzeigen |
| PPME | Matrixorganisation pflegen |
| PPMS | Matrixorganisation anzeigen |
| PPOC_OLD | Organisationseinheiten anlegen |
| PPOM_OLD | Aufbauorganisation ändern |
| PPOS_OLD | Aufbauorganisation anzeigen |

# D    Reports im Organisationsmanagement

Im Folgenden erhalten Sie eine Übersicht über die im Buch erwähnten Reports. Die Seitenzahlen geben an, wo der entsprechende Report erwähnt oder näher beschrieben wird.

| Technischer Name | Bezeichnung | Seite |
|---|---|---|
| RH_DELETE_COL_USER_SETTINGS | Initialisieren der benutzerspezifischen Spaltenkonfiguration | 298 |
| RH_DELETE_NF_USER_SETTINGS | Benutzereinstellungen des Navigationsframeworks löschen | 299 |
| RH_DELETE_OM_USER_SETTINGS | Benutzereinstellungen des Objektmanagers löschen | 213, 300 |
| RHAKTI00 | Status von Objekten ändern | 89, 268 |
| RHBAUS00 | Neugenerierung INDX für Strukturberechtigungen | 354 |
| RHBAUS02 | Prüfen und Abgleich in Tabelle T77UU – Benutzerdaten in SAP Memory | 354 |
| RHCHECK1 | Datenbankkonsistenz prüfen | 79 |
| RHCHECKP | Konsistenzprüfung PD Datenbank Tabellen- und Zusatzdaten-Pointer | 79 |
| RHCHECKV | Anzeigen und Anlegen fehlender Umkehrverknüpfungen | 79 |
| RHCMPCOMPARE_ACTUAL_PLANNED | Vergleich tatsächlicher Grundgehälter mit Soll-Bezahlungen | 168 |
| RHCMPJOBPLCOMP | Gehaltsstruktur für Stellen | 167 |
| RHCOPL00 | Planvariante kopieren | 85 |
| RHCOPLPT | Planvariante abgleichen | 86 |
| RHCOPYSTRUCT | Strukturen kopieren | 93 |
| RHINFAW0 | Auswertung eines Infotyps | 141, 316 |
| RHINFT00 | Infotypen pflegen | 268 |
| RHINTE00 | Organisatorische Zuordnung übernehmen PA_PD | 369 |

| Technischer Name | Bezeichnung | Seite |
|---|---|---|
| RHINTE10 | Integration vorbereiten OM nach PA | 78, 370 |
| RHINTE30 | Organisatorische Zuordnung in Batch-Input-Mappe für Infotyp 0001 übertragen | 371 |
| RHMOVE30 | Manueller Transportanschluss | 75 |
| RHMOVE50 | Transport von Objekten über Objektsperre | 76 |
| RHNAVIG0 | Struktur-Navigationsinstrument | 140, 315 |
| RHPROFL0 | Benutzer-Berechtigungen generieren | 181, 181, 181, 355 |
| RHRELAT0 | Erlaubte Verknüpfungen von Objekttypen | 36, 36, 36, 118, 159 |
| RHSBES00 | Besetzungsplan | 128, 178, 309 |
| RHSTEL00 | Stellenplan | 307 |
| RHSTRU00 | Strukturanzeige/Strukturpflege | 134, 314, 314 |
| RHTRANS0 | Sprachabhängige Sätze übersetzen | 155, 155 |
| RHVAKRI0 | Vakanzen richtigstellen | 312 |
| RHVOPOS0 | Vakante Planstellen | 54, 137, 311 |
| RHVOPOS1 | Obsolete Planstellen | 56, 312 |
| RHXEXI00 | Existierende Organisationseinheiten | 304 |
| RHXEXI02 | Existierende Stellen | 308 |
| RHXEXI03 | Existierende Planstellen | 310 |
| RHXHFMT0 | Kompetenzen und Hilfsmittel | 172 |
| RHXIAW00 | Arbeitsplätze mit Einschränkungen einer Organisationseinheit | 67 |
| RHXIAW01 | Einzelne Arbeitsplätze mit Einschränkungen | 67 |
| RHXIAW02 | Arbeitsplätze mit Gesundheitsvorsorge einer Organisation | 68 |
| RHXIAW03 | Einzelne Arbeitsplätze Gesundheitsvorsorge | 68 |

| Technischer Name | Bezeichnung | Seite |
|---|---|---|
| RHXIAW04 | Charakterisierung einer Aufgabe in einer Organisation | 65 |
| RHXSBES0 | Besetzungsplan | 178 |
| RHXSCRP0 | Komplette Stellenbeschreibung | 46, 308 |
| RHXSCRP1 | Komplette Planstellenbeschreibung | 310 |
| RHXSTAB0 | Stabsfunktionen für Organisationsstrukturen | 163, 306 |
| RHXSTAB1 | Stabsfunktion für Planstellen | 163, 313 |
| RHXSTR01 | Organisationsplan mit Planstellen | 305 |
| RHXSTR02 | Organisationsplan mit Personen | 305 |
| RHXSTR03 | Organisationsplan mit Arbeitsplätzen | 307 |
| RHXSTR04 | Berichtsstruktur mit Person | 137 |

# E   Literaturempfehlungen

Im Folgenden empfehle ich Ihnen einige Publikationen, die mir als ergänzende Literatur sehr geeignet erscheinen.

**Weiterführende Literatur zum Thema SAP ERP HCM:**

- Figaj, Hans-Jürgen; Haßmann, Richard; Junold, Anja: *HR-Reporting mit SAP*. Bonn: SAP PRESS, 2007.
- Esch, Martin; Junold, Anja: *Berechtigungen in SAP ERP HCM*. Bonn: SAP PRESS, 2008.
- Haßmann, Richard; Krämer, Christian; Richter, Jens: *Personalplanung und -entwicklung mit SAP ERP HCM*. Bonn: SAP PRESS, 2009.
- Eding, Jörg; Krämer, Christian; Lübke, Christian; Ringling, Sven: *Personalwirtschaft mit SAP ERP HCM*. Bonn: SAP PRESS, 2008.

**Webseiten:**

- *http://help.sap.com*
  Dieses Portal der SAP AG enthält Hilfedateien zu allen SAP-Produkten und ist strukturiert nach Releaseständen.
- *http://www.dsag.de*
  Internetseite der Deutschsprachigen SAP Anwendergruppe. In diesem Portal finden Sie viele Beiträge zu den unterschiedlichsten SAP-Themen und Veranstaltungshinweise.
- *http://www.admanus.de/LDB*
  Lösungsdatenbank rund um das Thema SAP ERP HCM

# F    Die Autorin

**Elke Nigge** ist seit 1995 in landesweiten und internationalen Projekten als verantwortliche Beraterin und Projektleiterin tätig. Bevor sie 2008 bei der METRO AG ihre Tätigkeit als HCM-Projektleiterin aufnahm, war sie als SAP ERP HCM Senior Consultant und Projektleiterin bei der IBM und bei ZUENDEL & PARTNER beschäftigt. Elke Nigge verfügt über umfangreiche Praxis- und Projekterfahrung in nahezu allen HCM-Komponenten, insbesondere aber im Organisationsmanagement, in der Personaladministration, im Travel Management und in der Personalkostenplanung. Weitere Schwerpunkte ihrer Arbeit sind die Prozessberatung, Durchführung von Trainings sowie die konzeptionelle Begleitung von Eigenentwicklungen im SAP ERP HCM-Umfeld.

# Index

## A

ABAP Dictionary  200
Abteilung  161
Abteilungsschalter  369
   *aktivieren*  163
abweichende Kostenstelle  112
Ad-hoc Query  329
Aktive Planvariante  84, 364
Aktuelle Planvariante  83
Allgemeine Berechtigung  335f
Änderungsauftrag  74
Änderungskennzeichen  76
Anforderungsprofil  45
Anzeigetiefe  145, 349
Arbeitsbereich  210, 271
   *Detailbereich*  210, 271
   *Überblicksbereich*  271
   *Übersichtsbereich*  210
Arbeitsplatz  78
Arbeitszeit
   *Regelwerte*  175
Arbeitszeitgruppen  175
Attribute des Objektmanagers löschen  214
Aufbauorganisation  29, 34, 103, 127, 207, 208
   *Grundstruktur*  241
Aufgabengruppe  62, 63
Aufgabenkatalog  63
   *Aufgabe anlegen*  263
Aufgabenprofil  45
Aufgabenprofile
   *anlegen*  254
   *zuordnen*  254
   *Zuordnung von Aufgaben*  254
Ausprägungsskala
   *qualitativ*  383
   *quantitativ*  383
Ausschlussobjekte  183
Auswahlbereich  210, 215
   *Schaltflächen*  215
Auswertungsweg (Einzelpflege)
   *Objekttyp*  133
   *Priorität*  133

Auswertungsweg (Einzelpflege) (Forts.)
   *Skip*  133
   *Typ verknüpftes Objekt*  133
   *Verknüpfung/Verknüpfungsbezeichnung*  133
   *Verknüpfungsausprägung*  133
Auswertungswege  127, 157, 349
   *Berechtigungsprüfung*  146
   *Customizing*  131
   *Einzelpflege*  132
   *ORGEH*  128
   *O-S-P*  128
   *PROFL0*  355
   *Reporting*  136
   *Selektionsmöglichkeiten*  142
   *strukturelle Berechtigungsprüfung*  146
   *WF-ORGUN*  134
Automatischer Transport  75

## B

BAdI (Business Add-In)  341
   *HRBAS00_STRUAUTH (Strukturelle Berechtigung)*  341
Basisobjekttyp  32
Baumstruktur  236
Bearbeitungsmethode
   *Detailpflege*  88
   *Einfache Pflege*  88
   *Strukturgrafik*  88
Bearbeitungsoptionen  207
   *Auswahlbereich*  216
   *Einfache Pflege*  208, 241
   *Matrixorganisation*  208, 236
   *Organisation und Besetzung*  208, 209
   *Strukturen allgemein*  208, 232
   *Übersichtsbereich*  229
Benchmarkstellen  190
Benutzerabgleich  345
   *automatischer*  346
Benutzereinstellungen
   *zurücksetzen*  298
Benutzergruppe  344
Benutzerparameter  274
Benutzerstammdaten  343

Benutzerstammsatz  342
Benutzervorgabe  276
  Benutzerparameter  274
Berechtigungen  180, 341
Berechtigungkonzept  335
Berechtigungsarten  335
Berechtigungsfelder  339
Berechtigungsobjekte  337
  Kontextabhängig  341
  P_ORGIN (HR:Stammdaten)  338, 353
  PLOG (Personalplanung)  339f
  PLOG_CON  341
Berechtigungsprofil  180, 342
Berechtigungsprüfung  336, 346
  Benutzerstammsatz  342
  Berechtigungen  341
  Berechtigungsobjekte  337
  Berechtigungsprofil  342
  Objektklasse  337
Berechtigungsschalter ORGPD  351
  Werte  352
Berichtsstruktur  29, 49, 98, 103, 127
Besetzungsgrad  43
Besetzungsplan  127, 309
  anlegen  249
  Aufgaben zuordnen  255
  Inhaber zuordnen  253
  Leiterplanstelle anlegen  252
  pflegen  249
  Planstelle anlegen  250
  Stelle anlegen  249
Besetzungsplan (Struktur)  226
Besetzungsprozentsatz  108
Besetzungsstatus  311
Beurteilungsmuster  391
Beurteilungsskala  389
Beurteilungssysteme  387, 389
Bewerberverwaltung  52
Bewertungsgruppe  190
BEx Analyzer  326
BOR (Business Object Repository)  44
Bottom-up-Verknüpfung  100
Buchungskreiswechsel  367
Business Content  326
Business Object Builder  406
Business Object Repository  44
Business Object Repository (BOR)  44, 193
Business Workflow Explorer  406

## C

Customer Includes  199
Customizing
  Einfache Pflege  256
  Objektverknüpfungen  113

## D

Darstellungsformen
  Stellenverwendung  225
Datenabgleich  369
Datenmodell  99
Datum und Vorschauzeitraum  217
Default-Planstelle  110, 351, 365
Detailbereich  210, 219
  Registerkarten  219, 271
Direkte Rollenzuordnung  71
Dynamische Spaltengruppe  283

## E

Eigene Objekttypen  72
Eigene Verknüpfungen  124
Einfache Pflege  208, 241
  Aufbauorganisation ändern  245, 246
  Aufgabenprofil  241
  Aufgabenprofile zuordnen  254
  aufrufen  242
  Bearbeitungsoptionen  247
  Besetzungsplan  241, 249
  Bezeichnung einer Organisationseinheit
    ändern  248
  Customizing  256
  Darstellungsform wählen  241
  Gültigkeit einer Organisationseinheit
    abgrenzen  248
  Kontierung pflegen  244
  Kostenverteilung  245
  Objekte anlegen  241
  Organisationseinheiten anlegen  243
  Organisationseinheiten löschen  248
  Organisationseinheiten neu anordnen
    248
  Organisationseinheiten priorisieren  248
  Organisationseinheiten umhängen  248
  Organisationseinheiten zuordnen  249
  Organisationsstruktur ändern  246
  Organisationsstrukur  241

# Index

Einfache Pflege (Forts.)
  *Planstelle anlegen* 250
  *Sichten wählen* 241
  *Standardaufgaben* 255
  *Stelle anlegen* 249
  *Transaktionen* 242
Einfachselektion 282
Einführungsleitfaden (IMG) 32
Employee Self-Service (ESS) 20
Entscheidungsbaum 371
Entwicklerschlüssel 199
Entwicklungspläne 387
Erlaubte Verknüpfungen 36, 45, 50, 117, 125
Erweiterte Integration 231, 367
ETL-Prozess 326
Expertenmodus 88, 208, 258
  *Aufgabenkatalog anlegen* 262
  *Aufgabenkatalog pflegen* 262
  *Freie Suche* 260
  *Infotypen ändern* 269
  *Infotypen anlegen* 266
  *Infotypen pflegen* 266
  *Objekte bearbeiten* 259
  *Objekte suchen* 260
  *Organisationseinheiten anlegen* 260
  *Organisationseinheiten pflegen* 260
  *Statusänderung Infotypen* 268
  *Struktursuche* 260
  *Suchbegriff* 260
  *Suchvarianten* 260
  *Transaktionen* 259
Externe Nummernvergabe 80
Externe Objektverknüpfungen 119

## F

Fehlermeldungen
  *definieren* 114
Feldinfotyp 200
Freie Suche 212, 260
Freundschaftsbeziehungen 289
FTE 42, 375
FTE-Planung 41
Full Time Equivalent → FTE
Funktionen
  *abgrenzen* 154
  *Auswertungsweg anzeigen* 222
  *Datum und Vorschauzeitraum* 217, 222

Funktionen (Forts.)
  *Detailbereich öffnen/schließen* 221
  *erlaubte Verknüpfungen* 159
  *Kopieren* 228
  *Rangfolge ändern* 228
  *Springen* 225
  *Zeitraumabfrage/Mehrere Objekte anlegen* 222
Funktionsbausteine 349f

## G

Gebäudeanschriften 186
Gehaltsumfragen 47, 191, 193
Gewichtungsprozentsatz 36
Grunddaten 220
Gültigkeitszeitraum 153
  *ändern* 261

## H

HCM-Workflows 405
Headcount 375
Hierarchieframework 271
  *Arbeitsbereich* 271
  *Grundeinstellungen* 273
Hilfsmittel 169
Human Resource Information System (HIS) 319
  *Ansichten Strukturgrafik* 321
  *Anwendungsfunktionen* 324
  *Auswertungen erzeugen* 319
  *Customizing* 322
  *Datenbeschaffung* 324
  *Datenbeschaffungsmethode* 324
  *Datensichten* 323
  *Einstieg* 320
  *Strukturgrafik* 320
  *Teilgebiete* 323

## I

IMG (Einführungsleitfaden) 32
Importsperre 74
indirekte Rollenzuordnung 71
InfoCubes 327
InfoObjects 326
InfoProvider 326
InfoSet 284

429

Infotyp 149
　0001 (Organisatorische Zuordnung) 58, 78, 109, 371
　0008 (Basisbezüge) 43
　0027 (Kostenverteilung) 185
　1000 (Objekt) 37, 38, 46, 51, 64, 65, 152, 261
　1001 (Verknüpfungen) 35, 37, 38, 46, 51, 64, 65, 98, 156
　1002 (Verbale Beschreibung) 38, 46, 51, 66, 159
　1003 (Abteilung/Stab) 39, 51, 161, 306, 313
　1004 (Charakter) 64
　1005 (Sollbezahlung) 46, 51, 66, 163
　1006 (Einschränkungen) 66
　1007 (Vakanz) 52
　1008 (Kontierungsmerkmale) 39, 54, 112, 168
　1009 (Gesundheitsvorsorge) 68
　1010 (Kompetenzen/Hilfsmittel) 54, 69, 169
　1011 (Arbeitszeit) 39, 54, 70, 115, 173
　1013 (Mitarbeitergruppe/-kreis) 55
　1014 (Obsolet) 56, 115, 312
　1015 (Kostenplanung) 46, 56, 70, 178
　1016 (Standardprofile) 39, 47, 57, 65, 180
　1017 (Berechtigungsprofil für strukturelle PD-Berechtigungen) 355
　1017 (PD-Profile) 40, 47, 57, 182
　1018 (Kostenverteilung) 40, 57, 70, 184, 245
　1019 (Kontingentplanung) 40
　1027 (Ortsabhängige Zusatzinformation) 43
　1028 (Adresse) 44, 57, 70, 186
　1032 (Mail-Adresse) 44, 57, 70, 188
　1039 (Einsatzgruppe) 44
　1050 (Ergebnis Stellenbewertung) 47, 58
　1050 (Stellenbewertungsergebnis) 188
　1051 (Umfrageergebnis) 47, 58, 191
　1208 (SAP-Organisationsobjekt) 44, 193
　4000 (Bewerbermaßnahmen) 402
　anlegen 199
　auswerten 316
　erweitern 199, 203

Infotyp (Forts.)
　Vorschlagswerte 150
　Zeitbindung 197
Infotypbezeichnungen anpassen 151
Infotypdokumentation 142
Initialkennwort 343
Integration 59, 60, 359
　PA/OM 110
　Parameter 367
　Personaladministration 162, 363
　Personalbeschaffung 395
　Personalentwicklung 380
　Personalkostenplanung 373
　Veranstaltungsmanagement 392
　Vergütungsmanagement 377
Integrationsplanvariante 83
Interaktionswerkzeug 283
interne Nummernvergabe 80

## K

Kalenderinformationen 43
Kohärenzbeziehungen 289
Kompetenzen 169
Konsistenzprüfung 78
Kontierungsmerkmale 39, 168
　Vererbung 124
Kontingentplanung 375
Kostenbestandteile 178
Kostenstelle 59
　abweichende 112
Kostenstelleninformationen 60
Kostenstellenzuordnung 40, 60, 111
　Vererbung 111
Kostenverteilung 245
kundeneigener Namensraum 158

## L

Länderwechsel 368
Laufbahn- und Nachfolgeplanung 386
Leiter der eigenen Organisationseinheit 221
Leiterplanstelle 48, 105, 221, 251
　abgrenzen 252
　anlegen 251
Lizenzdaten 345
logische Datenbank PCH 330

Logondaten 343
Lohnbestandteile 178

# M

Manager Self-Services (MSS) 20
Manager's Desktop 403
manueller Transport 75, 77
manueller Transportanschluss 76
Maßnahmegründe 231
Maßnahmen 90
   *Ablaufdetails festlegen* 92
   *ausführen* 90
   *definieren* 91, 92
   *Transaktionscodes definieren* 93
Matchcode 80
Matrix 208
Matrixorganisation 34, 49, 236
   *Customizing* 238, 239
   *Einstieg* 238
   *Matrixpflege* 238
   *Matrixsicht* 239
   *Matrixtypen* 239f
   *Produkt-Matrixorganisation* 237
   *Projekt-Matrixorganisation* 237
   *Team-Matrixorganisation* 237
Mehrfachselektion 282
Merkmal
   *HCP01 (Gruppierung Mitarbeiter)* 376
   *HCP02 (Gruppierung Organisationsobjekte)* 376
   *PLOGI* 109, 364, 367, 371
   *PLOGI – PRELI* 110
   *PPABT* 369
   *PPINT* 369
Merkmalpflege
   *Attribute* 372
   *Dokumentation* 372
   *Entscheidungsbaum* 372
Mitarbeiterdaten bearbeiten 229
Mitarbeitergruppen 55
Mitarbeiterkreise 55

# N

Namensraum 31, 158
   *kundeneigener* 158
Nummernintervalle
   *Subgruppen* 80

Nummernkreis
   *externer* 81
   *interner* 81
Nummernkreise 79, 80
Nummernkreisintervall 80
   *ändern* 81
Nummernkreisstand 79
Nummernkreisvergabe
   *automatische* 79
   *manuelle* 79
Nummernvergabe
   *externe* 80
   *interne* 80, 90
   *planvariantenübergreifende* 80, 82

# O

Objekt 29
   *abgrenzen* 154
   *anlegen* 72
   *bearbeiten* 228, 265, 266
   *Details pflegen* 224
   *kopieren* 228
   *Kurzbezeichnung* 155
   *Langbezeichnung* 155
   *löschen* 154
   *Rangfolge ändern* 228, 229
Objektbezeichnung 32, 155
   *übersetzen* 155
Objektklasse 337, 340
Objektkürzel 61
Objektmanager 210, 271, 276
   *Attribute löschen* 214
   *Auswahlbereich* 210, 271, 276
   *Customizing* 278
   *Suchbereich* 210, 271, 276
Objektmanager-Szenario 277
   *Anzeige* 276
Objektorientiertes Design 29
Objektschlüssel 32
Objektsperre 76
Objekttyp 29, 33, 61, 72, 78, 348
   *Arbeitsplatz* 29, 65, 307
   *Aufgabe* 29, 61
   *Benutzer* 71
   *eigener* 72
   *externer* 33, 58f, 100, 119
   *interner* 33, 100, 119
   *Kostenstelle* 29, 111

Objekttyp (Forts.)
  *Organisationseinheit* 29, 34
  *Person* 58
  *Planstelle* 29, 47
  *Stelle* 29, 44, 307
Objektverknüpfungen 97, 158
  *Customizing* 113
  *externe* 119
  *Rekursionsprüfung* 116
OCI 331
Organisation und Besetzung 208, 209, 271
  *aktuelle Spaltengruppe* 287
  *Benutzereinstellungen zurücksetzen* 298
  *Customizing* 272
  *Detailbereich* 219
  *Layout* 271
  *Layout anpassen* 285
  *Mitarbeiterdaten bearbeiten* 229
  *neue Objekte anlegen* 222
  *Objekte bearbeiten* 228
  *Registerkarten* 290
  *Sicherungsaufforderung* 275
  *Sichtbarkeit einer Spalte* 289
  *Spaltenkonfiguration* 289
  *Stellen anlegen* 227
  *Suchbereich* 211
Organisationscharts 331
Organisationsdiagramme 331
Organisationseinheit 78, 101
  *anlegen* 223, 243
  *kopieren* 228
  *Listanzeige* 101
Organisationsmanagement
  *Infotypen* 149
  *Maßnahmen* 90
  *Reporting* 303
  *Standardreports* 304
  *Subtypen* 195
Organisationsplan 34, 305
Organisationsstruktur 35, 99, 127
  *anlegen* 232
  *anzeigen* 232
  *kopieren* 93
  *pflegen* 232
Organisatorischer Wechsel 58
Organizational-Charting-Schnittstelle
  *Datenextraktion* 331

## P

PD-Profil 183
Performanceoptimierung 353
Person 58
Personalbeschaffung
  *Auswahlprozess* 401
  *Bewerberauswahl* 396, 400
  *Bewerbergruppe* 400
  *Bewerberkreis* 400
  *Bewerbermaßnahmen* 402
  *Bewerberstruktur* 400
  *Bewerberverwaltung* 399
  *Bewerbervorgänge* 402
  *Customizing* 397
  *Entscheidungsfindung* 396
  *Gesamtstatus* 401
  *Globaler Auswahlprozess* 401
  *Grundeinstellungen* 397
  *Personalbedarf und Personalwerbung* 398
  *Personalwerbung* 396
  *Spontanbewerbergruppe* 400
  *Status der Vakanzzuordnung* 402
Personalbeschaffungsprozess 395
Personaleinsatzplanung 44
Personalentwicklung
  *Ausprägungsskalen* 383
  *Beurteilungssysteme* 381, 387
  *Elemente* 381
  *Entwicklungspläne* 381, 387
  *Laufbahn- und Nachfolgeplanung* 382, 386
  *Profilvergleich* 385
  *Qualifikationen und Anforderungen* 381, 383
  *Qualifikationsgruppen* 383
  *Qualifikationskatalog* 381, 383, 385
  *Zielvereinbarungen* 387
Personalkostenplanung 374
  *Customizing* 376
  *Datensammlung* 374
  *Detailplanung* 374
  *Elemente* 374
  *Folgeprozesse* 374
  *Kontingentplanung* 375
  *Kostenplanungslauf* 374
  *organisatorische Gruppierungen* 376
  *Planungsszenario* 376

Personalkostenplanung (Forts.)
   *Planungsvorbereitung* 374
   *Szenarien* 376
Personalmaßnahme 58, 108
Planstatus 86
   *abgelehnt* 88
   *aktiv* 87, 90
   *beantragt* 87
   *genehmigt* 88
   *geplant* 87, 90
Planstelle 78
   *anlegen* 225, 226
   *Eigenschaften* 107
   *obsolete* 312
   *vakante* 311
Planstellenbeschreibung 159, 310
Planstellenbesetzungsplan 309
Planstellenhierarchie 106, 127
Planstelleninhaber 58
Planungsart 41
Planungsmöglichkeiten 83
Planvariante 83, 348
   *aktive* 83, 84, 364
   *aktuelle* 83
   *kopieren* 85
   *Planstatus* 87
   *Szenarien* 83
Planvariantenpflege 84
planvariantenübergreifende Nummernvergabe 81, 82
PPREL 122
PPWAY 122
Produkt-Matrixorganisation 237
Profilgenerator 350
Profilsicht 391
Profilzuordnung 182
Projekt-Matrixorganisation 237

# R

Registerkarte 219, 225, 271
   *anlegen* 290, 296
   *ausblenden* 294
   *Bezeichnung anpassen* 292
   *Customizing* 291
   *einblenden* 294
   *Grunddaten* 220
   *Register zuordnen* 297
   *Reihenfolge ändern* 293

Registerkartenschlüssel 290
Rekursionsprüfung 116
Reparaturkennzeichen 77
Report
   *RH_DELETE_OM_USER_SETTINGS* 213
   *RHAKTI00* 89, 268
   *RHBAUS00* 354
   *RHBAUS02* 354
   *RHCHECK1* 79
   *RHCHECKP* 79
   *RHCHECKV* 79
   *RHCMPCOMPARE_ACTUAL_PLANNED* 168
   *RHCMPJOBPLCOMP* 167
   *RHCOPL00* 85
   *RHCOPLPT* 86
   *RHCOPYSTRUCT* 93
   *RHINFAW0* 141
   *RHINFT00* 268
   *RHINTE00* 369
   *RHINTE10* 78, 370
   *RHINTE30* 371
   *RHMOVE30* 75
   *RHMOVE50* 76
   *RHNAVIG0* 140
   *RHPROFL0* 181, 182, 183, 355
   *RHRELAT0* 36, 45, 50, 118, 159
   *RHSBES00* 128, 178
   *RHSTRU00* 134
   *RHTRANS0* 155, 161
   *RHVOPOS0* 54, 137
   *RHVOPOS1* 56
   *RHXHFMT0* 172
   *RHXIAW00* 67
   *RHXIAW01* 67
   *RHXIAW02* 68
   *RHXIAW03* 68
   *RHXIAW04* 65
   *RHXIAW05* 65
   *RHXSBES0* 178
   *RHXSCRP0* 46
   *RHXSTAB0* 163
   *RHXSTAB1* 163
   *RHXSTR04* 137
Reportingergebnisse 145
   *einschränken* 145
Reporting-Werkzeug 319
   *Ad-hoc Query* 329

Reporting-Werkzeug (Forts.)
  Human Resource Information System 319
  SAP NetWeaver BW 326
  SAP Query 330
Rolle 341
Rollenkonzept 335
Rollenpflege
  PFCG 345
Rollenzuordnung
  direkte 71
  indirekte 71
Root-Organisationseinheit 102
Rückrechnung 185
Rückverknüpfung 35
Rückwirkende Kostenverteilung 185

## S

SAP Business Suite 20, 21
  SAP CRM (Customer Relationship Management) 22
  SAP ERP (Enterprise Resource Planning) 22
  SAP PLM (Product Lifecycle Management) 22
  SAP SCM (Supply Chain Management) 22
  SAP SRM (Supplier Relationship Management) 22
SAP Business Workflow 193, 405
SAP CRM (Customer Relationship Management) 22
SAP ERP (Enterprise Resource Planning) 22
SAP ERP Corporate Services 21
SAP ERP Financials 21
SAP ERP HCM 19, 31
  Talent Management 23
  Workforce Deployment 26
  Workforce Process Management 25
SAP ERP HCM-Komponenten 26
  Organisationsmanagement 26
  Personalabrechnung 26
  Personaladministration 26
  Personalbeschaffung 27
  Personaleinsatzplanung 27
  Personalentwicklung 27
  Personalkostenplanung 27

SAP ERP HCM-Komponenten (Forts.)
  Personalzeitwirtschaft 27
  Reisemanagement 27
  Veranstaltungsmanagement 27
  Vergütungsmanagement 27
SAP ERP Human Capital Management 20
SAP ERP Operations 21
SAP ERP Solution Map 22
SAP ERP-Lösungen
  SAP ERP Corporate Services 21
  SAP ERP Financials 21
  SAP ERP Human Capital Management 20
  SAP ERP Operations 21
SAP License Administration Workbench 345
SAP Memorys 354
SAP NetWeaver 20, 21
SAP NetWeaver BW 326
  BEx Analyzer 326
  Business Content 326
  Datenquellen 327
  ETL-Prozess 326
  InfoCubes 327
  InfoObjects 326
  InfoProvider 326
  Standard-Queries 328
SAP PLM (Product Lifecycle Management) 22
SAP Query 330
SAP Referenz IMG 32
SAP SCM (Supply Chain Management) 22
SAP SRM (Supplier Relationship Management) 22
SAP Travel Management 21
SAP-Hierarchieframework 271
SAP-Online-Hilfe 199
SAP-Standarddokumentation 142
Secure Network Communications (SNC) 343
Sicherungsabfrage
  Customizing 276
Sicherungsaufforderung 275
Sichten
  Besetzungsplan (Struktur) 226
Soll-Arbeitszeiten 39, 173
Spaltenframework 285
  Modifikation der Spalten 285

Spaltenframework (Forts.)
  *Spalte definieren* 287
  *Spalten ändern* 287
  *Spalten einer Spaltengruppe zuordnen* 287
Spaltengruppen 286
Spaltenkonfiguration 286
Sperreintrag 74
Stabskennzeichen 313
Stabsstelle 161, 221
Stammkostenstelle 111, 185
  *ersetzen* 111
  *zuordnen* 245
Standardaufgaben 255
Standardauswertungswege 128
Standardberechtigungsprofile 181
Standardinfotypen 152
Standardreport
  *RH_DELETE_COL_USER_SETTINGS* 298
  *RH_DELETE_NF_USER_SETTINGS* 299
  *RH_DELETE_OM_USER_SETTINGS* 300
  *RHFILLPOS* 309
  *RHINFAW0* 316
  *RHNAVIG0* 315
  *RHSBES00* 309
  *RHSTEL00* 307
  *RHSTRU00* 314, 331
  *RHVAKRI0* 312
  *RHVOPOS0* 311
  *RHVOPOS1* 312
  *RHXEXI00* 304
  *RHXEXI02* 308
  *RHXEXI03* 310
  *RHXSCRP0* 308
  *RHXSCRP1* 310
  *RHXSTAB0* 306
  *RHXSTAB1* 313
  *RHXSTR01* 305
  *RHXSTR02* 305, 307
Standardsoftware 31
Standardsuche 283
Standardsuchwerkzeug 283
Statusüberlagerung 145
Statusvektor 145, 349
Stelle 78
  *anlegen* 226
  *Aufgabe zuordnen* 264
Stellenbeschreibung 45, 159, 308

Stellenbewertung 188
  *Bewertungspunkte* 190
Stellenbewertungsergebnisse 378
Stellenbewertungssysteme 189
Stellenkatalog 227
Stellenplan 44, 307
Stellenverwendung 225
Strukturanzeige 314
Strukturbedingungen 89
Strukturelle Berechtigungen 335, 346
Strukturelle Berechtigungsprofile
  *automatische Zuordnung* 355
  *zuordnen* 350
Strukturelle Berechtigungsprüfung 146, 346
Strukturelle Profile
  *Customizing* 348
Strukturelles Berechtigungsprofil 346
Strukturen allgemein 129, 208, 232
  *Bearbeitungsoptionen* 235
  *neue Strukturen anlegen* 233
  *Strukturen anzeigen* 235
  *Strukturen pflegen* 234
  *Transaktionen* 232
  *Wertehilfe* 130
Strukturgrafik 102, 162, 319
Strukturpflege 314
Struktursuche 212, 260, 284
Subtyp 149
  *anlegen* 171, 177, 179
  *Customizing* 195
  *eigene Subtypen* 160
  *pflegen* 73
  *Zeitbindung* 151, 196
Suchbegriff 212, 260
Suchbereich 210, 211, 212
  *anpassen* 279
  *Suchknoten* 279
Suchfunktion
  *Struktursuche* 215
Suchknoten 279
  *anlegen* 280
  *Suchknotenschlüssel* 280
  *Suchwerkzeug zuordnen* 283
Suchmethode 279, 281
Suchoptionen
  *Freie Suche* 212
  *Struktursuche* 212

Suchoptionen (Forts.)
  Suchbegriff 212
Suchvariante 213, 260
  anlegen 213
  löschen 213
Suchwerkzeug 281
  Freie Suche 284
  Struktursuche 284
Syntax 100
Systemreaktion 35
Systemtabelle T77S0 41, 53, 75, 76, 77, 84, 162, 169, 175, 186, 230
Systemvermessung 345
Szenarien
  Attribute 279
  Customizing 282
Szenario
  Suchknoten zuordnen 282
  Suchwerkzeuge zuordnen 283

# T

T77S0 (Systemtabelle) 41, 53, 75, 76, 77, 84, 162, 169, 175, 186, 230
Tabelle
  PLOGI 76
  PLOGI_DEL 76
  T513 (Stellen) 371
  T530_ALL (Maßnahmegründe) 231
  T750X (Vakanz) 53
  T777A (Gebäudeadressen pflegen) 186
  T777E (Externe Verknüpfungen) 119
  T777E (Objektverknüpfungen pflegen) 113
  T777E (Verknüpfungen) 72, 117
  T777I (Infotypen pro Objekttyp) 151, 201
  T777Z (Zeitbindung der Infotypen) 127, 151, 202
  T778A (Auswertungswege) 131
  T778C (Einschränkungen) 66
  T778O (Objekttypen) 33, 72, 280
  T778P (Planvariante pflegen) 85
  T778T (Infotypen) 150, 152
  T778U (Subtypen) 41, 126
  T778V (Verknüpfungen ändern) 98
  T778V (Verknüpfungen) 124, 127
  T778X (Begründungen) 66

Tabelle (Forts.)
  T77CD (Kundenspezifische Infotypeinstellungen) 202
  T77EO (Externe Objekttypen) 33
  T77FSEAN (Definition Szenario/Suchknoten) 280
  T77FSEAS (Definition Suchwerkzeuge) 281
  T77INT (Vorgemerkte Maßnahmen) 367
  T77KL (Lohnbestandteile der Personalkostenplanung) 179
  T77NI (Länderspezifische Infotypen) 202
  T77OCTABUS (Szenariospezifische Verwendung Registerkarten) 293
  T77OMTABUS (Registerkarte ein- oder ausblenden) 279, 293
  T77OS (Objekttypen ändern) 284
  T77POSBUD (Grunddaten für Kontingentplanung) 41
  T77PR (Berechtigungsprofilpflege) 348
  T77S0 (Systemtabelle) 41, 53, 75, 76, 77, 84, 162, 169, 175, 186, 230
  T77TR (Transportsperre für Infotypen und Subtypen pro Objekt) 74, 75, 76, 77
  T77UA (Benutzerberechtigungen) 183, 350, 355
  T77UU (User-Tabelle für Batch-Input) 354
  T77ZR (Zeitbindung abhängig vom Zielobjekt) 127
  V_T513S (Stellenbezeichnung) 371
  V_T527X (Organisationseinheiten) 370
  V_T528T (Planstellentexte) 371
Tabelleninfotyp 200
Talent Management 20, 23
  Bewerbermanagement 23
  Kompetenzmanagement 23
  Mitarbeiterbeurteilungen 24
  Nachfolgeplanung 24
  Vergütungsmanagement 24
Team-Matrixorganisation 237
Transaktionen
  OOIT (Infotypen ändern) 152
  OOIT (Infotypen pflegen) 150
  OOOBJMANCUST (Objektmanager-Customizing) 278

Transaktionen (Forts.)
   *OOSB (Benutzerberechtigungen)* 357
   *OOSP (Berechtigungsprofile)* 348
   *OOSU (Subtypen pflegen)* 171
   *OOVK (Verknüpfungen)* 98, 124
   *PE03 (Merkmalpflege)* 371
   *PEPM (Profilvergleich)* 385
   *PFCG (Rollenpflege)* 345, 350
   *PFCT (Aufgabenkatalog pflegen)* 259, 262
   *PFWS (Workflow-Muster pflegen)* 230
   *PO01 (Arbeitsplatz pflegen)* 259
   *PO03 (Planstellen pflegen)* 259
   *PO10 (Organisationseinheit pflegen)* 102, 259f
   *PO13 (Planstellen pflegen)* 105, 259
   *PP01 (Objekt pflegen)* 89, 102, 104, 258, 259, 262, 265, 266
   *PP01_DISP (Objekt anzeigen)* 142
   *PP03 (OM-Maßnahme ausführen)* 90f
   *PPCI (Infotypkopierer der Personalplanung)* 199, 203
   *PPEM (Planung für Organisationseinheit)* 382
   *PPME (Einstieg Matrixorganisation)* 238
   *PPOC_OLD (Organisationseinheit anlegen)* 242
   *PPOCE (Organisation und Besetzung anlegen)* 210
   *PPOM_OLD (Aufbauorganisation ändern)* 242
   *PPOME (Objekt kopieren)* 228
   *PPOME (Organisation und Besetzung)* 105, 107, 111, 210, 226, 271
   *PPOS_OLD (Aufbauorganisation anzeigen)* 242
   *PPOSE (Organisation und Besetzung anzeigen)* 210
   *PPQD (Qualifikationskatalog)* 385
   *PPSC (Struktur anlegen)* 232
   *PPSS (Struktur anzeigen)* 135, 232
   *PPSS (Strukturen allgemein)* 129
   *PQ01 (Maßnahmen zu Arbeitsplatz)* 91
   *PQ03 (Maßnahmen zu Stelle)* 91
   *PQ10 (Maßnahmen zu Organisationseinheit)* 91
   *PQ13 (Maßnahmen zu Planstelle)* 91

Transaktionen (Forts.)
   *PQ14 (Maßnahmen zu Aufgabe)* 91
   *PSO4 (Infotypen pflegen)* 268
   *RE_RHMOVE30* 75
   *SA38* 76, 128
   *SE09* 77
   *SE09 (Transport-Organizer)* 74
   *SE10* 77
   *SE10 (Transport-Organizer)* 74
   *SE16 (Data Browser Einstieg)* 347
   *SE16 (Tabellen anzeigen)* 203
   *SPRO (Customizing - Projektbearbeitung)* 31
   *SU01 (Benutzerpflege)* 214, 343, 357
   *SU01 (Benutzerstammdaten)* 274
   *SU01 (Rolle ändern)* 342
   *SU21 (Pflege Berechtigungsobjekte)* 340
   *SU53 (Anzeige Berechtigungsprüfung)* 353
transparente Tabelle 200
Transport
   *automatisch* 75
   *manuell* 75, 77
Transport über die Objektsperre 76
Transportauftrag 77
Transporte 74
Transport-Organizer 74, 77

# U

Übersichtsbereich 210, 216
   *Darstellungsformen* 218
   *Datum und Vorschauzeitraum* 218
   *Spaltenkonfiguration* 216
Umkehrverknüpfung 158
Unternehmensstruktur 127

# V

Veranstaltungsmanagement
   *Bearbeiten einer Veranstaltung* 394
   *Datenmodell* 393
   *Nachbereitung einer Veranstaltung* 394
   *Planung einer Veranstaltung* 394
Vererbung 39, 70, 179
   *Kontierungsmerkmale* 169
Vererbungsprinzip 59, 70, 123

Vergütungsmanagement
  *Berichte* 380
  *Budgetierung* 378
  *Customizing* 378
  *Elemente* 377
  *Gehaltsstrukturen* 378
  *monetäre Stellenbewertung* 377
  *Planung und Verwaltung* 379
  *Vergütungsanpassungen* 378
  *Vergütungsmethoden* 379
Verknüpfung 30, 158
  *A 011 (Kostenstellenzuordnung)* 60, 111
  *A/B 002 (berichtet an/ist Linienvorgesetzter von)* 101, 103, 106
  *A/B 003 (gehört zu/umfasst)* 50, 65, 99, 104
  *A/B 007 (beschreibt/wird beschrieben durch)* 50, 100, 107, 250, 254
  *A/B 008 (Inhaber)* 50, 59, 111, 253
  *A/B 011 (Kostenstellenzuordnung)* 50
  *A/B 012 (leitet/wird geleitet von)* 48, 50, 99, 104, 221, 252, 404
  *A/B 014 (Kostenstellenverteilung)* 50
  *A/B 017 (wird ausgeübt von/übt aus)* 59
  *bottom-up* 100
  *definieren* 117
  *eigene* 124
  *eindimensional* 111
  *einseitige* 100
  *erlaubte* 36, 45, 50, 125
  *externe* 119
  *flache* 100
  *hierarchische* 100, 158
  *Kürzel* 122
  *laterale/flache* 100, 158
  *pflegen* 72
  *Syntax* 100, 158
  *unilaterale* 100
  *unilaterale/einseitige* 158
  *Vererbungsprinzip* 123
  *wechselseitige* 158
  *Zeitbindung* 120, 126
Verknüpfungen pflegen 72
Verknüpfungsart 35, 98
Verknüpfungseigenschaften 114
Verknüpfungskürzel 122
Verknüpfungsmethodik 97
Verknüpfungsprozentsatz 115

Verknüpfungsrichtung 158
  *aktiv* 100
  *bottom-up* 100
  *Logik* 100
  *passiv* 100
  *top-down* 100
Verknüpfungssuche 118
Verknüpfungszeitraum 222
Verknüpfungszusatz 36, 115
Verteiltes Organisationsmanagement 359
  *Aktivierung* 360
  *Customizing* 360
  *Popups* 362
  *verteilbare Verknüpfung zwischen Original und Replikat* 362
  *verteilbare Verknüpfungsrichtung* 361
  *Verteilungsmodell* 360
Vollzeitäquivalent 41
Vorschauzeitraum 217
Vorschlagswerte 150, 163, 168, 173

## W

Warnungen
  *definieren* 114
Workflow Builder 405
Workflow Wizards 406
Workforce Analytics 20
Workforce Deployment 20, 26
  *projektbezogene Ressourcenplanung* 26
  *Ressourcen- und Projektmanagement* 26
Workforce Process Management 20, 25
  *Altersversorgung* 25
  *Lohn- und Gehaltsabrechnung* 25
  *Organisationsmanagement* 25
  *Personalverwaltung* 25
  *Zeitwirtschaft* 25
Wurzelorganisationseinheit
  *anlegen* 243

## Z

Zahlenraum 72
Zeitbindung 72, 73, 120, 126, 151
  *Ausprägungen* 121
  *Customizing* 198
  *Infotypen* 197
  *Subtypen* 196, 198

Zeitbindung (Forts.)
   *Zeitbindung 0* 197
   *Zeitbindung 1* 197
   *Zeitbindung 2* 197
   *Zeitbindung 3* 198
Zeitintervall 41
Zeitraumabfrage 222
Zielvereinbarungen 387

www.sap-press.de

Customizing und Ablauf der Personalabrechnung

Folgeaktivitäten und Besonderheiten der deutschen Personalabrechnung

Mit neuen Informationen zur Formulargestaltung und zu Berechtigungen

Jörg Edinger, Richard Haßmann, Gerold Heitz

# Personalabrechnung mit SAP

Mit diesem Buch meistern Sie die Personalabrechnung mit SAP ERP HCM! Sie lernen das Schema D000 von der Bruttofindung bis zum Abschluss kennen und werden durch die Folgeaktivitäten geleitet. Die Autoren zeigen Ihnen hierbei, wie Sie mit Besonderheiten der deutschen Personalabrechnung umgehen, z.B. betriebliche Altersversorgung und Mutterschaftsgeldzuschuss. Selbstverständlich lernen Sie auch das Customizing sowie die Customizing-Werkzeuge kennen.

ca. 690 S., 2. Auflage, 69,90 Euro
ISBN 978-3-8362-1807-8, Februar 2012

>> www.sap-press.de/2925

**SAP PRESS**

www.sap-press.de

Alle wichtigen HR-Funktionen Schritt für Schritt erklärt

Zahlreiche Übungen, anschauliche Beispiele und Tipps für die tägliche Praxis

Mit Informationen zur Formularerstellung und zu Self-Services

Anja Junold, Christian Buckowitz, Nathalie Cuello, Sven-Olaf Möller

# Praxishandbuch SAP-Personalwirtschaft

In diesem Buch werden alle für Sie wichtigen Themengebiete von SAP ERP HCM schrittweise, detailliert und leicht verständlich erläutert. Viele Screenshots, anschauliche Beispiele, praktische Tipps sowie Übungsaufgaben versetzen Sie in die Lage, Ihre Arbeit in der Personalwirtschaft effizienter zu gestalten. Diese dritte Auflage wurde komplett überarbeitet und aktualisiert. Der bewährte Inhalt wurde um ein Kapitel zur Nutzung von Online-Formularen erweitert.

588 S., 3. Auflage 2011, 59,90 Euro
ISBN 978-3-8362-1766-8

\>\> www.sap-press.de/2868

**SAP PRESS**

www.sap-press.de

Prozesse, Funktionen und Customizing der PEP

Anpassungs- und Erweiterungsmöglichkeiten mit User-Exits

Schnittstellen, Integration und Praxisbeispiele

Martin Esch, Hans-Jürgen Figaj, Markus Kiener, Thomas Schüttler

# Personaleinsatzplanung mit SAP ERP HCM

Mit diesem Buch lernen Sie, wie Sie die Personaleinsatzplanung mit SAP ERP HCM voll ausschöpfen können – egal ob Sie die PEP implementieren, erweitern oder effektiver nutzen möchten. Sie erfahren, welche Prozesse unterstützt werden, und werden mit den Standardfunktionen sowie dem Grundcustomizing vertraut gemacht. Darüber hinaus steigen Sie in das kundenindividuelle Customizing und die Erweiterung mit User-Exits ein und lernen die entsprechenden Werkzeuge kennen. Auch die Themen Berechtigungen, Reporting, Schnittstellen und Integration werden behandelt.

308 S., 2. Auflage 2010, 69,90 Euro
ISBN 978-3-8362-1482-7

\>\> www.sap-press.de/2221

**SAP PRESS**

www.sap-press.de

Prozesse, Funktionen, Customizing

Implementierung von Produktsicherheit, Gefahrgutabwicklung, Arbeitsschutz, Unfallmanagement u.v.m.

Rechtliche Anforderungen, Integration und Prozessbeispiele

Stephan Eisenacher, Klaus Kammerer, Andreas Riepe, Dr. Jan Schuur

# SAP Environment, Health, and Safety Management

## Das umfassende Handbuch

Dieses Buch zeigt Ihnen, wie Sie SAP Environment, Health, and Safety Management optimal einrichten und nutzen. Sie lernen die Anforderungen an Produktsicherheit und Arbeitsschutz kennen, und erfahren, wie Sie sie mithilfe der EHS-Funktionen erfüllen. Dabei werden auch die wesentlichen Customizing-Einstellungen erläutert. Ob Ihr Team SAP EHS Management implementiert oder optimiert – mit diesem Buch sind Sie fit für's Projekt.

ca. 500 S., 79,90 Euro
ISBN 978-3-8362-1726-2, Januar 2012

>> www.sap-press.de/2557

www.sap-press.de

Einsatz des SAP-Standard-MetaNet und des HR-Formular-Workplace

Formulargestaltung mit dem Form Builder für Smart Forms und SAP Interactive Forms by Adobe

Erweiterungen, Integration mit Abrechnung und Zeitwirtschaft sowie Berechtigungsobjekte

Stefan Kauf, Viktoria Papadopoulou

# Formulargestaltung in SAP ERP HCM

Dieses Buch erklärt Ihnen, wie Sie in SAP ERP HCM selbst Druckformulare erstellen und die Instrumente dazu im SAP-System customizen. Die Gestaltung des Layouts wird Ihnen anhand des Entgelt- und Zeitnachweises konkret erläutert. Außerdem erfahren Sie, wie Sie die Anwendung durch BAdIs erweitern, Formulare in bestehende Anwendungen, z.B. die Gehaltsabrechnung, integrieren und Berechtigungen zuweisen. Sie erhalten eine praxis- und problemorientierte Anleitung und können die Formularerstellung anhand dieses Buches Schritt für Schritt nachvollziehen.

231 S., 2009, 49,90 Euro
ISBN 978-3-8362-1220-5

>> www.sap-press.de/1836

SAP PRESS

www.sap-press.de

Schritt für Schritt richtig einkaufen mit MM

Von der Bestellanforderung bis zur Rechnungsprüfung

Mit vielen SAP-Abbildungen und Arbeitsanleitungen

Tobias Then

# Einkauf mit SAP: Der Grundkurs für Einsteiger und Anwender

So arbeiten Sie schnell und sicher im Einkauf mit SAP: Dieses Buch führt Sie Klick für Klick durch Ihre täglichen Aufgaben im SAP-Modul MM – von den Stammdaten über die einzelnen Einkaufsschritte bis zur Rechnungsprüfung. Der klare, handlungsorientierte Aufbau des Buches macht es Ihnen leicht, das Gelernte praktisch im SAP-System nachzuvollziehen.

357 S., 2011, 39,90 Euro
ISBN 978-3-8362-1712-5

\>\> www.sap-press.de/2531

**SAP PRESS**

www.sap-press.de

Ihr praktischer Einstieg in FI

Geschäftsabläufe verständlich dargestellt: mit vielen Buchungsbeispielen und SAP-Abbildungen

Schritt-für-Schritt erklärt: Debitoren, Kreditoren, Hauptbuch, Anlagen u.v.m.

Ana Carla Psenner

## Buchhaltung mit SAP: Der Grundkurs für Einsteiger und Anwender

Dieses Buch führt Sie anschaulich und jederzeit verständlich durch Ihre täglichen Aufgaben in der Buchhaltung mit SAP. Sie lernen Klick für Klick, wie Sie Stammdaten und Belege erfassen und Rechnungen, Gutschriften oder Zahlungen buchen. Durch den klaren, handlungsorientierten Aufbau und die verständliche Sprache ist dieser Grundkurs ein idealer Begleiter für den Einstieg in die Software.

396 S., 2012, 39,90 Euro
ISBN 978-3-8362-1713-2

>> www.sap-press.de/2532

**SAP PRESS**

www.sap-press.de

Schnell und zuverlässig mit SAP arbeiten

Die wichtigsten SAP-Module verständlich erklärt

Schritt für Schritt und mit vielen Beispielen und Abbildungen

Keine Vorkenntnisse erforderlich!

Olaf Schulz

# Der SAP-Grundkurs für Einsteiger und Anwender

So einfach kann SAP sein! Mit diesem Grundkurs lernen Sie das SAP-System kennen und bedienen: Klick für Klick führt das Buch Sie durch die Software und zeigt Ihnen alle Funktionen, die Sie in Ihrer täglichen Arbeit benötigen. Auch die zentralen SAP-Module MM, SD, FI, CO und HR/HCM werden verständlich erklärt. Mit zahlreichen Übungsaufgaben können Sie Ihr Wissen überprüfen und festigen.

398 S., 2011, 29,90 Euro
ISBN 978-3-8362-1682-1

\>\> www.sap-press.de/2488

**SAP® PRESS**

**SAP PRESS**

# MITMACHEN & GEWINNEN!

Sagen Sie uns Ihre Meinung und gewinnen Sie einen von 5 SAP PRESS-Buchgutscheinen, die wir jeden Monat unter allen Einsendern verlosen. Zusätzlich haben Sie mit dieser Karte die Möglichkeit, unseren aktuellen Katalog und/oder Newsletter zu bestellen. Einfach ausfüllen und abschicken. Die Gewinner der Buchgutscheine werden persönlich von uns benachrichtigt. Viel Glück!

▶ **Wie lautet der Titel des Buches, das Sie bewerten möchten?**

▶ **Wegen welcher Inhalte haben Sie das Buch gekauft?**

▶ **Haben Sie in diesem Buch die Informationen gefunden, die Sie gesucht haben? Wenn nein, was haben Sie vermisst?**
☐ Ja, ich habe die gewünschten Informationen gefunden.
☐ Teilweise, ich habe nicht alle Informationen gefunden.
☐ Nein, ich habe die gewünschten Informationen nicht gefunden.
Vermisst habe ich:

▶ **Welche Aussagen treffen am ehesten zu?** (Mehrfachantworten möglich)
☐ Ich habe das Buch von vorne nach hinten gelesen.
☐ Ich habe nur einzelne Abschnitte gelesen.
☐ Ich verwende das Buch als Nachschlagewerk.
☐ Ich lese immer mal wieder in dem Buch.

▶ **Wie suchen Sie Informationen in diesem Buch?** (Mehrfachantworten möglich)
☐ Inhaltsverzeichnis
☐ Marginalien (Stichwörter am Seitenrand)
☐ Index/Stichwortverzeichnis
☐ Buchscanner (Volltextsuche auf der Galileo-Website)
☐ Durchblättern

▶ **Wie beurteilen Sie die Qualität der Fachinformationen nach Schulnoten von 1 (sehr gut) bis 6 (ungenügend)?**
☐ 1 ☐ 2 ☐ 3 ☐ 4 ☐ 5 ☐ 6

▶ **Was hat Ihnen an diesem Buch gefallen?**

▶ **Was hat Ihnen nicht gefallen?**

▶ **Würden Sie das Buch weiterempfehlen?**
☐ Ja ☐ Nein
Falls nein, warum nicht?

▶ **Was ist Ihre Haupttätigkeit im Unternehmen?**
(z.B. Management, Berater, Entwickler, Key-User etc.)

▶ **Welche Berufsbezeichnung steht auf Ihrer Visitenkarte?**

▶ **Haben Sie dieses Buch selbst gekauft?**
☐ Ich habe das Buch selbst gekauft.
☐ Das Unternehmen hat das Buch gekauft.

# KATALOG & NEWSLETTER

**Ja, bitte senden Sie mir kostenlos den neuen Katalog.** Für folgende SAP-Themen interessiere ich mich besonders: (Bitte Entsprechendes ankreuzen)

- ■ Programmierung
- ■ Administration
- ■ IT-Management
- ■ Business Intelligence
- ■ Logistik
- ■ Marketing und Vertrieb
- ■ Finanzen und Controlling
- ■ Personalwesen
- ■ Branchen und Mittelstand
- ■ Management und Strategie

▶ **Ja, ich möchte den SAP PRESS-Newsletter** abonnieren. Meine E-Mail-Adresse lautet:

www.sap-press.de

◀ Absender

Firma

Abteilung

Position

Anrede    Frau ☐    Herr ☐

Vorname

Name

Straße, Nr.

PLZ, Ort

Telefon

E-Mail

Datum, Unterschrift

**Teilnahmebedingungen und Datenschutz:**
Die Gewinner werden jeweils am Ende jeden Monats ermittelt und schriftlich benachrichtigt. Mitarbeiter der Galileo Press GmbH und deren Angehörige sind von der Teilnahme ausgeschlossen. Eine Barablösung der Gewinne ist nicht möglich. Der Rechtsweg ist ausgeschlossen. Ihre freiwilligen Angaben dienen dazu, Sie über weitere Titel aus unserem Programm zu informieren. Falls sie diesen Service nicht nutzen wollen, genügt eine E-Mail an service@galileo-press.de. Eine Weitergabe Ihrer persönlichen Daten an Dritte erfolgt nicht.

Antwort

SAP PRESS
c/o Galileo Press
Rheinwerkallee 4
53227 Bonn

Bitte freimachen!

**SAP PRESS**

Wir informieren Sie gern über alle
Neuerscheinungen von SAP PRESS.
Abonnieren Sie doch einfach unseren
monatlichen Newsletter:

>> **www.sap-press.de**